《安徽通史》编纂委员会

《安徽通史》编纂委员会 编

安徽通史

秦汉魏晋南北朝卷

2

主 编◎王鑫义
张子侠

全国百佳图书出版单位
时代出版传媒股份有限公司
安徽人民出版社

图书在版编目（CIP）数据

安徽通史·秦汉魏晋南北朝卷/王鑫义,张子侠主编.—合肥:安徽人民
出版社,2011.9

ISBN 978 - 7 - 212 - 04291 - 2

Ⅰ.①安… Ⅱ.①王…②张… Ⅲ.①安徽省—地方史—秦汉魏晋南北朝
时代 Ⅳ.①K295.4

中国版本图书馆 CIP 数据核字（2011）第 186328 号

安徽通史·秦汉魏晋南北朝卷

王鑫义　　张子侠　　主编

出 版 人:胡正义
总 责 编:杨咸海
责任编辑:陈　娟　杨咸海　　　　　　　装帧设计:宋文岚

出版发行:时代出版传媒股份有限公司 http://www.press－mart.com

安徽人民出版社 http://www.ahpeople.com

合肥市政务文化新区翡翠路 1118 号出版传媒广场八楼

邮编:230071

营销部电话:0551－3533258　　0551－3533292(传真)

制　　版:合肥市中旭制版有限责任公司
印　　制:安徽新华印刷股份有限公司
　　　　　(如发现印装质量问题,影响阅读,请与印刷厂商联系调换)

开本:710×1010　　1/16　　印张:38.5　　字数:540 千　　插页:8
版次:2011 年 9 月第 1 版　 2011 年 9 月第 1 次印刷

标准书号:ISBN 978 - 7 - 212 - 04291 - 2　　定价:130.00 元

西汉　镂空柄短剑
剑身长28.7厘米，茎长7.1厘米，剑宽3.5厘米
1991年天长县三角圩汉墓出土

西汉　六安王错银铜壶
高46厘米，口径18.7厘米
2006年六安市金安区三十铺镇双墩村出土

西汉　鎏金铜朱雀
通高16.9厘米，双翅宽15.9厘米，首尾长11.8厘米
1996年巢湖市放王岗汉墓出土

西汉　鎏金香薰
通高15.5厘米，口径8.5厘米，底径6.8厘米
1975年涡阳县石弓山稽山崖墓出土

东汉　龙首长柄香薰
通高18厘米，腹径10.4厘米
1977年当涂县新桥乡塔桥村出土

西汉　错金银弩机
通高17.3厘米，通长14厘米，通宽6.5厘米
1979年寿县北门废品收购站拣选

新莽　铭文铜镜
直径15.1厘米，厚0.45厘米
1978年阜阳市郊万庄大队刘庄生产队出土

东汉　重列式神兽铜镜
直径13.3厘米，厚0.4厘米
1975年和县卜集黄圩出土

东汉　翼兽形座

通长24.5厘米，高14.3厘米

1967年阜阳县刘家坟1号墓出土

汉　鎏金龟衔羽觞

长13.2厘米，宽6厘米，高5.2厘米

1978年固镇县文物管理所

三国　人骑兽形灯

通高16.5厘米，长13厘米
1964年合肥市出土

北魏　鎏金弥勒像

通高19.5厘米，底径4.5厘米
1966年阜阳县行流乡出土

秦 玉俑
1954年寿县东淝河闸出土

西汉 鎏金铜座玉杯
1975年涡阳县石弓山崖墓出土

西汉 玉人
1975年涡阳县石弓山崖墓出土

西汉　S形玉龙
1991年天长县三角圩汉墓群出土

西汉　朱雀衔环玉卮
1997年巢湖市北山头汉墓出土

西汉　朱雀纹玉卮
1997年巢湖市北山头汉墓出土

西汉　环形鳞纹玉龙
1996年巢湖市放王岗汉墓出土

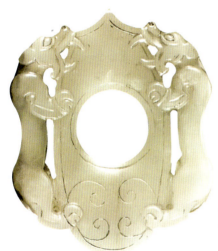

西汉　虎纹蝶形佩
1996年巢湖市放王岗汉墓出土

西汉　龙形玉觿
1997年巢湖市北山头汉墓出土

汉　兽面纹玉剑格
1996年马鞍山市寺门口汉墓出土

东汉　蟠螭纹玉饰件
1984年怀远县唐集汉墓出土

东汉　玉蝉
2003年合肥市颐和花园工地出土

东汉　玉司南佩
1972年亳县凤凰台1号汉墓出土

东汉　银缕玉衣
1973年亳县城南董园1号墓出土

南朝　凤首玉带钩
2003年当涂县青山南朝墓出土

汉　银釦贴金银漆盒

1991年天长县三角圩汉墓出土

汉　彩绘鸟兽纹碗形漆盒

1997年巢湖市北山头1号汉墓出土

汉　彩绘龙凤纹漆盘

1997年巢湖市北山头1号汉墓出土

西汉　红陶鼎

1991年固镇县濠城镇汉墓群出土

东汉　青瓷四系麻布纹罐
1970年舒城县出土

东汉　酱釉瓷罐
1972年淮南市谢家集九里岗墓葬出土

三国·吴　青瓷卣形壶
1996年马鞍山市雨山区朱然家族墓出土

三国·吴　青瓷羊
1996年马鞍山市雨山区朱然家族墓出土

三国·吴　青瓷虎子
1996年马鞍山市东苑小区东吴墓出土

西晋　青瓷簋
1992年宣州市城区外贸巷墓葬出土

西晋　青瓷唾盂
1992年宣州市城区外贸巷墓葬出土

西晋　青瓷翼兽形插座
1989年霍邱县孟集镇墓葬出土

南朝　寿州窑青瓷贴塑罐
1982年寿县出土

总　　序

　　盛世修史,是中华民族的优良传统。2004 年 8 月,时任安徽省委副书记张平同志主持召开了《安徽通史》编纂委员会第一次会议,《安徽通史》作为省哲学社会科学规划重大项目立项并启动。在中共安徽省委、省政府领导的关心下,经过我省数十位专家历时近 8 年的辛勤笔耕,现即面世以飨读者。

　　《安徽通史》8 卷 10 册,600 万字,对上自洪荒,下迄 1952 年的安徽历史作了全面系统的表述。

　　编撰《安徽通史》我们坚持三个基本原则:

　　一是坚持以马克思主义的辩证唯物主义和历史唯物主义为指导思想,实事求是,从纷繁复杂的历史表象入手,去伪存真,去粗取精,真实地、本质地反映安徽历史。尊重历史事实,是则是,非则非,秉笔直陈,不用春秋笔法,把编写者的主观判断排除在《安徽通史》之外,把历史事实展现给读者,把评说的空间留给读者。

　　二是略远而详近。古代是我们的前天,近现代是我们的昨天。近现代是传统向现代转变时期,直接影响当代。自夏代算起,安徽历史

有4000年,其中鸦片战争至新中国成立之初不过百年,叙述这百余年历史的卷数为《安徽通史》全书的25%,字数约为全书的30%;《新中国卷》虽只写四年亦立为一卷。历史著作的社会价值主要在于有助于人们深刻了解当代社会和当代人,为解决现实问题提供经验教训。因此而言,略远而详近是必然选择。

三是史料务求翔实。史料是史著的基本元素,史料丰富与否往往决定了史著价值高低。几年来,参加编写《安徽通史》的专家用于爬梳资料的时间远多于撰写时间,经多方罗掘,发现了很多新的资料。先秦部分用近年发现的大量考古资料以补充文献资料,近现代部分则大量利用了报刊资料及档案。新资料的发现和使用是本书一系列亮点的基础。

中国是一个整体,但各省(区、市)的历史各有特色,造成差别的原因很多,地理位置和自然条件的差异是最基本的原因之一。安徽连贯东西、融会南北,左江浙,右湖北,上接中原,下邻江西。长江淮河穿省而过将安徽切成比较均匀的三大块。淮北平原属典型的北方,皖南山区是标准的南方,江淮之间是南北过渡地带。全省气候温和,水资源丰富,适宜农耕。

安徽历史的特点约略有五:

一、安徽历史发展受惠外部较多。自给自足的自然经济一般有很强的封闭性,但封闭不是绝对的,安徽与周边地区交往较多,对安徽历史发展起了明显的促进作用。安徽本为东夷活动区域,大禹为治水来到安徽,并在涂山(今属安徽怀远)大会诸侯,安徽的东夷积极响应,自此开始融入中国主流。东晋至南宋是中国经济重心南移、中原文化南播时期,安徽作为主要通道,社会经济发展水平显著提高。明清时期安徽和江浙关系密切,其时江浙正是中国经济最富庶、文化最发达地区,安徽经济、文化与之同时发展,且不遑多让。鸦片战争后,上海成为中国经济发展的龙头,八百里皖江成了近代意义上的黄金水道;

新中国成立前,号称"小上海"的城镇遍布我省各地,在安徽人心目中,上海是先进和繁华的代名词。

二、安徽的历史发展特别艰难曲折。安徽历史上灾难之多之惨烈绝非其他省可以相比。江淮之水患频仍世人皆知,但对安徽历史损害最大的是兵祸。自古以来,淮北和江淮就是各方争夺之地,楚汉,魏吴,东晋、南朝、南宋、南明和北方政权,都曾在安徽进行过恶战;历史上大规模农民战争除两汉外,如秦末、隋末、唐末、元末、明末、晚清农民战争,无不以安徽为主战场。每当战乱,除交战双方相互砍杀之外,就是对人民烧杀抢掠,一时白骨遍野,数百里不见人烟,惨不忍睹。在历史上淮北和江淮之间因兵燹损失半数以上人口有十余次。面对深重苦难,安徽人民顽强坚毅,一次次在废墟上重建家园。显示了超强的生聚能力。

三、安徽南北社会、经济、文化和国家的南北社会、经济、文化同步变化。三国以降,国家分裂时,表现为南北政权对峙,安徽则分属南北两个对立的政权。自东晋至南宋,中国经济重心南移,中原文化南播,改变了中国经济、文化态势,与此同时,安徽沿江江南在经济文化方面一跃超过原先先进的淮北。在上述两方面没有一省像安徽那样酷似国家的变化。

四、人才之盛,世所公认。安徽独特的环境为中华民族造就一大批精英人物,其中一些人分别在不同领域为华夏文明创立了标志性历史功业。改革家首推生于涂山的夏启(对先秦时代的人常以出生地为其籍贯),启废禅让为世袭,中国遂由原始社会进入阶级社会、文明时代。李鸿章兴办洋务新政是中国向近代迈出的第一步。思想领域老子把朴素的辩证法教给了中国人,陈独秀高举科学、民主旗帜,从根本上否定传统的价值观。在文化领域,庄子、曹操、方苞、程长庚,各领风骚,为五彩缤纷的中华文化作出巨大贡献。胡适倡导白话文学,促成白话文代替文言文成为"正宗"载体,其功至伟。

五、独特的历史遗憾。明以前,今安徽总是分属于几个不同行政区域或不同政权管辖,并且这些行政区域或政权治所或不在安徽或在安徽却旋设旋撤,以致秦以后安徽没有出现规模较大的都市。工商辐辏的都市对一个地区社会、经济、文化有显著的拉动作用,即使在农业社会也是如此。此外,未形成可基本覆盖全省的皖文化。这两点在内地各省中绝无仅有。

每一代人都在创造历史,我们这一代人的使命是创造安徽崛起、中华复兴的历史。人们是在历史的基础上创造历史,先辈的经验教训对于后人是一笔宝贵的财富,前贤的精神是激励后代的动力。本书对全面深入了解安徽有较大帮助,希望能引起读者兴趣。

历史已成过去,完全复原绝不可能。作者有其局限,洵为常理,众人之作难以避免风格上不统一,《安徽通史》中可商榷处所在多有。盼望读者批评,如切如磋,如琢如磨,以期繁荣学术,俾安徽历史的研究水平更上层楼。

《安徽通史》编纂委员会

2011 年 9 月

目　　录

第一章
秦朝统治下的安徽

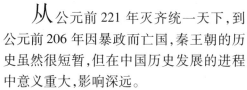

从公元前221年灭齐统一天下,到公元前206年因暴政而亡国,秦王朝的历史虽然很短暂,但在中国历史发展的进程中意义重大,影响深远。

秦灭魏国和楚国之后,先后在今安徽地区设置了三十余县,分属六个郡,并通过"坏城郭"、"治驰道"、巡游等措施加强了对江淮地区的控制。然而楚人对秦朝的统治并不心服,他们甚至相信"楚虽三户,亡秦必楚"。公元前209年秋七月,戍卒陈胜因失期当斩率九百人在蕲县大泽乡揭竿而起,江淮豪杰纷纷响应,由此拉开了推翻秦王朝残暴统治的序幕。陈胜失败后,继承其亡秦大业的主要是项梁、项羽和刘邦。项氏起于江东,但其力量壮大于渡江渡淮之后。刘邦起于丰沛,其将士也主要来自于泗水郡、砀郡和薛郡。楚汉相争,双方在江淮地区展开过激烈的争夺,最后决战垓下,项羽兵败南逃,至乌江自刎而死。

第一节　秦对江淮地区的控制

一、"楚虽三户，亡秦必楚"

公元前 223 年，秦将王翦、蒙武攻破楚都寿春（今寿县），楚王负刍被俘，楚国灭亡。楚国虽然已经灭亡，但楚人似乎并不甘心，也不服气，甚至有人预言："楚虽三户，亡秦必楚"①。对于这样的预言，楚人很相信，所以当时在江淮地区流传很广。之所以会出现这种情况，一是楚人对秦有着特殊的历史积怨，二是楚国曾经是一个诸侯强国，国家虽亡但仍具有灭亡秦朝的潜在力量。

楚秦结怨主要是在战国时期，特别是战国晚期。公元前 313 年，为了拆散齐楚联盟，秦惠文王派张仪出使楚国，以割让商於之地六百里为诱饵，劝楚怀王绝齐亲秦。楚怀王信以为真，等与齐绝交后，秦却以六里之地赠楚。怀王大怒，出兵伐秦，不仅损兵折将，而且失去了汉中之地。此后，秦不断出兵攻楚，蚕食其地。到公元前 299 年，秦昭王突然致书楚怀王，表示愿意与楚修好，约怀王至武关订立盟约。当时楚怀王正苦于秦国的进逼，求和心切。大臣昭雎等人认为"秦虎狼，不可信"。怀王不听，贸然前往。到了武关，秦军马上将怀王劫持而去，囚于咸阳。两年之后，怀王乘秦人不备，逃出秦国，投奔赵国，因主父在代，赵人不纳，被秦人追及，仍囚禁于咸阳，最后病死秦国。怀王的这番遭遇令楚人很悲伤，也很气愤。据史书记载，楚人闻怀王客死秦国，"皆怜之，如悲亲戚"②。几十年后，居巢（今巢湖市）人范增还说："夫秦灭六国，楚最无罪。自怀王入秦不反，楚人怜之至今。"③这说明楚怀王的遭遇，不仅激起了楚人的同情，同时也激起了楚人对秦国刻

---

① 《史记》卷七《项羽本纪》。
② 《史记》卷四十《楚世家》。
③ 《史记》卷七《项羽本纪》。

骨的仇恨。

引起楚人切齿之恨的另一件事是白起破鄢都,烧夷陵之事。公元前279年,秦将白起率兵进攻楚国的鄢(今湖北宜城县西南)。鄢距楚都郢(今湖北江陵县北)很近,所以楚人全力防守,双方展开了决战。白起本来就是一个杀人不眨眼的武将,有人曾赠给他"人屠"的称号,为了尽快拿下鄢城,他使出了惨无人道的手段:他下令在鄢城之外百里许的地方开挖长渠,引水灌鄢。滔滔大水从鄢城的西面流向东面,整个鄢城很快成了一个大水潭,全城军民皆淹没水中,结果"水溃城东北角,百姓随水流,死于城东者数十万,城东皆臭"①。后来人们把这一池陂称之为"臭池",称淹没鄢城的水渠为"白起渠"。白起攻取鄢城后又取安陆(湖北云梦、安陆一带),并攻下郢都。当秦兵打下西陵(今湖北宜昌市)后,白起竟然将楚先王的陵墓烧毁。白起的所作所为令楚人切齿,其史官特意写道:"(顷襄王)二十一年,秦将白起遂拔我郢,烧先王墓夷陵。"②

楚人对秦国的仇恨固然与秦国的欺诈和残暴行为有关,与楚国重复仇的传统亦有关系。在春秋战国时期,中原各国的复仇意识相对淡些,而楚国却特别强烈。如春秋晚期,楚平王荒淫无道,又听信谗言,欲诛太子建,召太子太傅伍奢而囚之。为了铲除后患,又使人召伍奢的两个儿子。长子伍尚应召而往,结果与父亲一道被杀。次子伍员则投奔吴国,受到吴王阖庐的重用。后来,伍员率师伐楚,五战五捷,入据郢都。为报父仇,他"掘楚平王墓,出其尸,鞭之三百"③。另一个楚人复仇的典型事例是白公之乱。楚平王欲杀太子建,太子建奔郑,郑杀之。太子建之子胜奔吴。楚惠王二年(前487),令尹子西召胜于吴,以为巢大夫,号白公。六年,白公请兵于子西,欲伐郑报父仇,子西许之而未为发兵。八年,晋伐郑,郑告急于楚,楚使子西率兵救郑。白公怒,十年,与勇士石乞等袭杀子西、子綦于朝,劫楚惠王,自立为王,

---

① 《水经注》卷二十八《沔水中》。
② 《史记》卷四十《楚世家》。
③ 《史记》卷六十六《伍子胥列传》。

后事败自杀。① 伍子胥和白公都是楚国人，为报父仇竟不惜危害国家，而楚国上下竟然认可这种行为。据《史记·楚世家》记载，顷襄王十八年（前281），有个自称"小臣"的人对顷襄王说："夫先王为秦所欺而客死于外，怨莫大焉。今以匹夫有怨，尚有报万乘，白公、子胥是也。今楚之地方五千里，带甲百万，犹足以踊跃中野也，而坐受困，臣窃为大王弗取也。"这位"小臣"举白公、伍子胥之事激励顷襄王，要求他也能为自己的父亲楚怀王向秦国复仇。顷襄王接受了这一建议，"遣使于诸侯，复为纵，欲以伐秦"。这段史料说明楚国不仅有重复仇的历史传统，随着楚秦结怨日深，这种复仇情绪也日渐强烈，而那句"亡秦必楚"的预言正是这种复仇情绪的直接表现。

当然，楚人之所以预测并相信"楚虽三户，亡秦必楚"，除了怨恨秦国并具有强烈的复仇精神外，与其大国情结和潜在的反秦力量亦不无关系。

楚原本是西周初期分封的一个偏远小国，居于今河南西南部的丹水流域，但到西周末年已逐渐强大起来。春秋时期的楚国不断扩张，其势力范围包括今天的湖北全部以及河南南部、陕西东南部、四川东部、江西和安徽的一部分。其地大物博，兵力强盛，不仅能与春秋首霸齐桓公相抗衡，而且能与晋国长期争霸，堪称春秋一等大国。到了战国，楚国的疆域进一步扩大，不仅奄有二湖及河南南部，而且东收吴、越，北灭宋、鲁，其地与周、齐、魏、韩、秦相接，在"七雄"中仍是一等大国。战国时期，楚国的威胁主要来自秦，特别是楚怀王时期，不仅丢失了汉中，而且国土被秦一步步蚕食。即便如此，当时人们仍视楚国为天下强国。如苏秦合纵，推楚为纵长，称："楚，天下之强国也……楚地西有黔中、巫郡，东有夏州、海阳，南有洞庭、苍梧，北有汾陉之塞、郇阳。地方五千里，带甲百万，车千乘，骑万匹，粟支十年。此霸王之资也！"②另一位纵横家张仪也承认"凡天下强国，非秦而楚，非楚而秦"③。后来楚因受秦国侵逼，徙都郢陈，力量大不如从前，但当时依然

① 参见《史记》卷四十《楚世家》。
② 《战国策》卷十四《楚一》。
③ 《战国策》卷十四《楚一》。

是"人皆以楚为强"①,虞卿甚至说:"夫楚亦强大矣,天下无敌!"②"天下无敌"的说法是有些夸大,但楚国的实力不久在秦灭楚的战争中得到了验证。

秦灭楚的战争正式开始于公元前226年,秦将王贲伐楚,连下十余城。当时三晋已破,秦王嬴政被胜利冲昏了头脑,以为灭楚指日可待,问李信需要多少兵力,李信年轻气盛,夸口说"不过用二十万人"。嬴政又问老将王翦,王翦谨慎,坚持"非六十万人不可"。秦王以为王翦年老胆怯,便派李信、蒙武率二十万大军伐楚。公元前225年,秦兵分两路,李信攻平舆(今河南平舆县北),蒙武攻寝邑(今河南沈丘县),初战告捷,然后两军会师于城父(今亳州市东南)。这时候楚军主力在项燕的率领下,见秦军轻敌冒进,跟踪反击,"三日三夜不顿舍,大破李信军,入两壁,杀七都尉,秦军走"。李信败回后,秦王嬴政在事实面前认识到轻信李信的错误,立即亲赴王翦老家,请其率兵出征。当时"荆兵日进而西",大有反守为攻之势。秦王见形势严峻,能否灭楚成败在此一举,所以"空秦国甲士"而专委于王翦,让他统领60万大军伐楚。公元前224年,王翦沿着李信的进军路线攻楚,取陈以南至平舆。楚王见秦军来势凶猛,出动全部兵力拒敌。这时王翦吸取了李信轻敌冒进的教训,他选择有利地势扎下营盘,屯兵练武,坚壁不战,采用以逸待劳的战术。这样双方相持了一段时间,楚军数次挑战而秦不应,斗志渐渐松懈,"乃引而东"③。王翦见楚军东撤,下令出击,一直追到蕲县(今宿州市南)之南,双方展开决战,秦大破楚军,楚将项燕被杀,楚军溃散。王翦乘胜攻城略地,又经过一年多的艰苦征战,至公元前223年才兵破寿春,俘楚王负刍。又经过一年左右的时间,王翦等人才平定楚国的江南之地。从公元前226年王贲伐楚到公元前222年王翦平定楚江南地,秦灭楚用了整整五年的时间,几乎占了统一六国的一半时间,而且这还是在倾全国之兵力的情况下完成的,足见攻灭楚国的艰难。从楚国一方看,国家虽然亡了,但他们的抵抗很

---

① 《史记》卷七十八《春申君列传》。
② 《战国策》卷十七《楚四》。
③ 《史记》卷七十三《王翦列传》。

顽强,也很悲壮,这也是楚人虽亡国而心有不甘的原因之一。

值得注意的是,楚国灭亡后,楚人不仅有故国之思,而且在各地正积蓄着或大或小的反秦力量。譬如,在楚国的旧都郢陈,聚集了周文、武臣、张耳、陈余等人。据《史记·陈涉世家》讲:"周文,陈之贤人也,尝为项燕军视日,事春申君,自言习兵。"陈胜入陈后他奉命西征。武臣也是陈人,与陈胜有旧交,后奉陈胜之命北徇赵地。张耳、陈余皆魏国名士,魏亡后遭秦通缉,二人"乃变名姓,俱之陈,为里监门以自食"①。还有张良,韩国贵族后裔,韩国灭亡后曾拿出全部家产求刺客行刺秦始皇,后又与一力士在博浪沙(今河南原阳县)狙击出巡的秦始皇,受到通缉,"良乃更名姓,亡匿下邳"②。当时项羽的叔父项伯也在下邳,还有位神秘莫测的黄石公,在下邳教张良兵法,以备他日反秦之用。③ 项氏是楚国的贵族,世世为楚将。当时项燕的儿子项梁、孙子项羽避仇吴中(今江苏苏州市),"吴中贤士大夫皆出项梁下。每吴中有大繇役及丧,项梁常为主办,阴以兵法部勒宾客及子弟,以是知其能"④。这说明他们也在做起兵反秦的准备。沛人刘邦,因在半路上纵骊山徒而亡命芒、砀山泽之间(今河南永城与砀山交界处),跟随他的竟有"数十百人"⑤之多。六(今六安市北)人英布(又称黥布)大约也是在公元前211年与在骊山陵服役的一批同伴"亡之江中为群盗"⑥,实际上也是一支反叛秦王朝的力量。由此可见,秦始皇虽然灭楚统一了天下,但楚人并不甘心,楚地也并不平静,许多地方正在积蓄着反抗秦王朝的力量,甚至有不少人已经或正在准备起兵反秦。《史记·陈涉世家》讲陈胜在大泽乡振臂一呼,"当此时,楚兵数千人为聚者,不可胜数"。这说明楚人不仅有强烈的反秦意识,而且早已有所准备,这也正是楚南公等人预言"亡秦必楚"的现实依据。

---

① 《史记》卷八十九《张耳陈余列传》。
② 《史记》卷五十五《留侯世家》。
③ 参见《史记》卷五十五《留侯世家》。
④ 《史记》卷七《项羽本纪》。
⑤ 《史记》卷八《高祖本纪》。
⑥ 《史记》卷九十一《黥布列传》。

二、置郡设县

谈到分封制与郡县制的演变,很多人总是笼统地认为先秦是分封制,至秦始皇开始实行郡县制。实际上早在春秋战国时期,包括楚国在内,很多国家都在置郡设县,并且逐步地制度化。谈到秦推行郡县制的时间,人们常误认为秦始皇灭六国统一天下后,为了加强中央集权和君主专制,才废除分封制,改行郡县制。实际上秦国早已实行郡县制,而且在兼并过程中,每得新地便置郡设县。秦始皇灭六国的过程,也就是郡县制遍行天下的过程。

秦朝的郡县制虽然不是统一后才开始的,但在统一之后关于分封制和郡县制的优劣确实有过争论。公元前221年,秦初并天下,丞相王绾等人鉴于燕、齐、楚地太偏远,远离秦朝的政治中心咸阳,靠郡县系统不便实行有效的控制,建议在这些地区分封子弟加以镇服。廷尉李斯则认为周朝的分封制导致后来诸侯攻伐不已,而现在天下尽为郡县,便于控制,是安宁之术。秦始皇赞成李斯的看法,继续维持郡县制度。

秦刚刚统一的时候,"分天下以为三十六郡"①。以后,随着边境的不断开拓和郡治的调整,郡的总数曾多达46。郡置守、尉和监御史,郡守治民,郡尉典兵,监御史则负责监督百姓和官吏。郡下设县,长官称令或长(大县为令,小县为长)。县下设乡、亭。十里一亭,亭有亭长。十亭一乡,乡有三老、啬夫、游徼,分别负责教化、听讼、征收赋税和维持治安等。

秦王朝置郡设县,在今安徽境内设31个县,分属6郡:

砀郡,秦王嬴政二十二年(前225),王贲灭魏,分其西南地区置,治砀县,领19县。② 在今安徽境内设谯、下邑2县。

谯县:古焦国,春秋时为陈国焦邑。公元前637年,楚子玉伐陈,

---

① 《史记》卷六《秦始皇本纪》。
② 关于秦置砀郡,谭其骧《中国历史地图集》(中国地图出版社1982年版)和马非百《秦集史》(北京出版社1982年版)都认为领县19,后晓荣《秦代政区地理》(社会科学文献出版社2009年版)则认为领县21,此从前说。

取焦邑,后置焦县。秦因之,治所在今亳州市区。

下邑:古邑名,本属宋,后属楚,秦置县,治所在今砀山县城东3里。

泗水郡,本名四川郡,后来盖因境内有"泗水"而误作"泗水郡"。[1] 秦王嬴政二十三年(前224),王翦于蕲南杀项燕,略定楚淮北之地后置,治相(今淮北市相山区),领16县。在今安徽境内设10县。

相县:本春秋宋邑,因境内有相山而得名,宋共公曾迁都于此。秦置县,治所在今淮北市相山区。

城父:古邑名,先属陈,后属楚,置县,秦因之,治所在今亳州市东南70里城父镇。

铚县:本春秋宋国铚邑,后入楚,置县,秦因之,治所在今濉溪县临涣镇。

蕲县:本楚邑,秦置县,治所在今宿州市城南45里蕲县镇。

僮县:秦置,治所在今宿州市泗县东北骆庙潼城村,县因僮水而得名。

取虑:古邑名,曾为徐偃王子食邑,秦置县,治所在今宿州市灵璧县东北高楼镇潼郡集。

徐县:古徐子国,后灭于吴,秦置县,治所在今泗县西北。

符离:本宋邑,后入楚,是楚东北边境上的军事要塞。秦置县,治所在今宿州市东北灰古镇。

竹邑:古邑名,本属楚,秦置县,治所在今宿州市北老符离。

萧县:古萧叔之国,宋国的附庸。公元前597年,楚灭萧,为楚邑。秦置县,治所在今萧县县城西北约10里欧村。

淮阳郡,秦王嬴政二十三年(前224),王翦伐楚取陈以南至平舆后设置,治陈(今河南淮阳县),领10余县。[2] 在今安徽境内设5县。

平舆:本春秋时沈子国,战国时属楚。秦置县,治所在今阜阳市临

---

① 参见周晓陆《秦封泥所见安徽史料考》,《安徽大学学报》2003年第5期。

② 淮阳郡,也有人称之为陈郡。谭其骧《中国历史地图集》(中国地图出版社1982年版)第二册列辖县12,马非百《秦集史》(北京出版社1982年版)列辖县13,后晓荣《秦代政区地理》(社会科学文献出版社2009年版)列辖县27。

泉县城西侧。

女阴：古胡子国旧都，公元前495年，楚昭王灭胡子国，入为楚邑，改称汝阴，因在汝水之南而得名。秦灭楚，置县，治所在今阜阳市区。

新阳：秦置，治所在今界首市小黄乡尹城子村。颍水有支流曰新水，又称"新沟"，因县治在新水之阳（北）故名新阳。

慎县：本楚邑，秦置县，治所在今阜阳市颍上县江口镇。

新郪：本魏邑，秦置县，治所在今阜阳市太和县北。

东海郡，原为楚地，秦统一后分薛郡南部而置。治郯（今山东郯城县），领10余县。在今安徽境内设1县。

东阳，秦置县，治所在今安徽天长与江苏盱眙交界处。

九江郡，秦王嬴政二十四年（前223），王翦、蒙武破楚国，虏楚王负刍，灭去楚名，置九江郡，治寿春（今寿县城西），领10余县。在今安徽境内设10县。

寿春：战国时为楚邑，楚考烈王二十二年（前241）迁都于此，遂成为楚国的最后都城。秦灭楚，置县，治所在今寿县城西，后人称为老寿春。

襄安：秦置，治所在今巢湖市无为县襄安镇。县因襄河而得名，襄河源出今无为县北部，流经今全椒县境，襄安即襄水安流之义。

居巢：今巢湖地区古称南巢，又称居巢。殷周时巢国，故址在今巢湖市东北。春秋时期吴楚两国曾在此地反复争夺，后为楚邑。秦灭楚，置居巢县，治所仍在今巢湖市东北。

历阳：古长江沿岸名邑，秦置县，治所在今和县城关历阳镇。县城西北约40里有历山，县因在历山之阳而得名。一说是县南有历水，故名"历阳"。

东城：秦置，治所在今定远县东南。《括地志》云：秦东城县故址，"在濠州定远县东南五十里"。《水经注》卷三十记淮水支流池水，"水出东城县，东北流，径东城县故城南"。古池水即今池河，从方位推断，秦东城县故址当在今定远县朱马乡下马铺一带。

阴陵：秦置，以殷陵山而得名，治所在今定远县西北。

钟离：本徐国的附庸，后为楚灭。楚为备吴大其城并置县。秦灭楚,仍因故城设钟离县。故城在今凤阳县临淮关东北。

曲阳:秦置,因在淮曲之阳而得名,故城在今淮南市上窑镇东南及凤阳县龙坝乡西一带。

六县:因古六国而得名。公元前 622 年,楚灭六。秦灭楚,置六县,治所在今六安市北。

舒县:本楚邑,秦置县,治所在今六安市舒城县境(一说在今庐江县西南)。

会稽郡,秦王嬴政二十五年(前 222),王翦定楚江南地,降百越之君,置会稽郡。治吴(今江苏苏州市),领 20 余县。在今安徽境内设3 县。

丹阳:亦作"丹杨",吴、楚相争期间就为江南名邑,秦灭楚,因邑设县,治所在今当涂县东北丹阳镇。

黝县:黝,又作黟。秦置,辖今黟县、休宁、祁门、石台等地,治所在今黟县城东 5 里。

歙县:秦置,因南有歙浦而得名。辖今歙县、休宁、绩溪等地,治所在今歙县城关徽城镇西北。

秦王朝在今安徽境内置郡设县有两点值得注意:一是秦统一前安徽几乎是全境属楚,楚在与吴、齐、魏相争过程中,在今皖东和沿淮淮北地区形成很多军事重镇,有些地方甚至设了县。秦灭楚,不少县是在楚邑或楚县基础上设立的。二是秦在安徽所置郡县,绝大部分在沿淮淮北,江南仅有黝、歙、丹阳 3 县,明显的是北密南疏。这与当时安徽各地区的人口分布和经济文化发展水平有关,说明当时安徽的政治和经济文化重心在沿淮淮北。

三、修驰道、南巡及其他

秦灭六国,为了巩固刚刚建立的、统一的秦王朝,进一步加强对天下的控制,秦始皇在政治、经济和文化方面采取了一系列的措施,修驰道便是其中之一。

战国时期,由于长期的战争,各国都修筑了不少关塞堡(壁)垒。同时,各国的道路也宽窄不一,影响各地之间的交通往来。秦统一后,

立即下令拆除各地的关塞壁垒。从公元前 220 年开始,秦始皇广辟交通,修筑了两条以咸阳为中心的驰道。据《汉书·贾山传》所载贾山《至言》云:"(秦)为驰道于天下,东穷燕、齐,南极吴、楚,江湖之上,濒海之观毕至。道广五十步,三丈而树,厚筑其外,隐以金椎,树以青松,为驰道之丽至于此。"显然,两条驰道,一条向东通向燕、齐,另一条向东南,通过安徽,直达江浙。在构筑了以咸阳为中心的四通八达的道路网后,秦又规定道路和车轨的统一宽度,即"车同轨","舆六尺"。与此同时,秦始皇还下令整修鸿沟,使安徽北部的淮、泗诸水与济、汝诸水沟通流畅。这些措施固然有加强控制的目的,但在客观上改善了安徽地区的水陆交通条件,使之与全国各地的联系更加方便。

全国统一后,秦始皇把巡行天下作为一项重要的统治手段。他巡行的目的很复杂,既具有封泰山、刻石"颂秦德"的考虑,又出于巡视边防,炫耀武力,威服天下的需要,同时也明显带有东临大海,"游观"天下的意思。

秦始皇从公元前 220 年开始到公元前 210 年病死沙丘,十年间共有五次出巡,其中有两次涉及安徽地区。公元前 219 年,秦始皇作第二次巡行,随行的大臣有列侯武城侯王离、列侯通武侯王贲、伦侯建成侯赵亥、伦侯昌武侯成、伦侯武信侯冯毋择、丞相隗林、丞相王绾、卿李斯、卿王戊、五大夫赵婴、五大夫杨樛等。车驾浩浩荡荡由咸阳出发,沿渭水南岸东行,出函谷关(今河南灵宝市),经洛阳、荥阳折向东北,达邹峄山(今山东邹城市南)。在泰山行封禅礼后,秦始皇沿胶东半岛海岸由北向南巡游,在琅琊台刻石记功后抵彭城(今江苏徐州市)。在彭城斋戒祷祠求周鼎未果,然后南下进入安徽地区。秦始皇由北向南,由泗水郡南下,渡过淮河到达九江郡。接下来又折向西南,到达当时的南岳衡山(即今潜山县的天柱山)。在南岳祭祀一番之后,又到南郡(今湖北江陵县)。最后经武关(今陕西丹凤县东南)回咸阳。

公元前 210 年,秦始皇进行了他的第五次,也是最后一次巡游。如果说秦始皇的前几次出巡兼有扬威、颂德、游观等目的,这次巡游则主要是出于东南之忧。如前所述,楚人在亡国之后一直怀有强烈的故国之思和复仇情绪,"楚虽三户,亡秦必楚"的说法广为流传。就在这次巡行之前,楚地已不平静。项梁、项羽叔侄已在江东组织力量,做反秦准备。刘邦率壮士数百人亡命芒、砀山泽之间,伺机而动。六(今六安市)人英布大约也在此时率领一些在骊山陵服役的同伴,逃亡到今安徽、江西和湖北交界处的江中起兵反秦。秦始皇可能听到了楚地的这些传言和不稳定的消息,深以为忧。《史记·高祖本纪》称:"秦始皇帝常曰:'东南有天子气',于是因东游以厌之。"这说明秦始皇这次出巡东南,主要是防范、镇压楚人的反抗。这一年岁首,秦始皇一行从咸阳出发,出武关,沿丹水、汉水流域,至云梦(今湖南洞庭湖及湖北武汉市附近一带湖泊区)。然后沿长江东下,进入安徽。在枞阳附近稍事停留,继续向东。经采石矶渡江,来到丹阳(今当涂县丹阳镇),然后再南下浙江。秦始皇这次出巡,在丹徒、金陵、曲阿、由拳等地都留下了掘地以厌天子之气的历史记载,说明他当时确实已有东南之忧。

第二节　大泽乡起义

一、秦王朝的残暴统治

"秦王扫六合,虎视何雄哉!"公元前221年,秦统一六国,结束了长达五个半世纪的分裂割据状态。在春秋战国时期,先是大国争霸,尊王攘夷,然后是七雄兼并,合纵连横。虽然历史在刀光剑影中完成了社会变革,但广大劳动人民却深受分裂之苦和战乱之害,他们渴望社会安定,企盼国家统一。秦的统一不仅是历史的必然,也给劳动人民带来了希望。人们希望天下能从此安定下来,使他们能父子相聚,夫妇相守,发展生产,享受和平安宁的生活。可惜秦始皇已经被胜利冲昏了头脑,他不仅没能体察民意,顺应民心,反而反其道而行之,推行了一系列暴政,不仅激化了矛盾,也把秦王朝推向了灾难的深渊。

在秦始皇的残暴统治下,田赋、口赋、徭役和兵役是压在劳动人民头上的沉重负担。

　　田赋是按土地数量征收的土地税,不论耕种与否,都要按亩征收。口赋即人口税,按人头征收。秦朝田赋、口赋的征收率究竟是多少?史无明文。所谓"收泰半之赋"是极言土地税太重,劳动人民要把土地收获物的二分之一或三分之二上缴给官府。除缴纳粮食外,还要缴纳刍、藁,即牲畜饲料和柴草。规定每顷刍三石、藁二石。据云梦秦简记载,不仅都城咸阳(今陕西省咸阳市东 30 里)和故都栎阳(今陕西省西安市阎良区武屯乡)有大粮仓,每个县城甚至市镇也都建有粮仓。直到秦朝灭亡的时候,各地仓库还积存着大量的粮食,如位于荥阳西北的敖仓,储备的粮食竟能够刘邦十万军队食用三四年,这也从一个侧面说明秦朝对劳动人民剥削数额是多么巨大。秦朝的口赋征收的是钱,具体数字也无从稽考。它之所以招致激烈的批评,原因有二:一是舍地而税人,不合理。秦朝的土地兼并已很严重,按人头征收口赋,对于地少或无地的贫民来说显然是十分不利的。二是剥削苛重,汉朝人讲到秦朝的口赋常用"头会箕敛"来形容。"头会"就是按人头征收,"箕敛"就是"以箕敛之"。《汉书·食货志》讲秦时"田租、口赋,盐铁之利,二十倍于古"。可见,当时劳动人民的赋税负担是多么的沉重。

　　除经济剥削外,秦朝的徭役和兵役也同样给劳动人民带来了巨大的痛苦和深重的灾难。秦始皇生活奢侈,又好大喜功,因此他无休止地征发徭役,大兴土木,劳民伤财。早在统一六国的过程中,他就派人将六国宫殿图样描绘下来,然后动用大批劳力在咸阳照样修建。秦统一的次年,即公元前 220 年,秦始皇就在渭水南岸兴建信宫和甘泉前殿。到公元前 212 年,又在渭水之南的上林苑修建规模更大的朝宫,其前殿称阿房。据记载,仅前殿的面积,东西达 500 步,南北 50 丈,上面可容纳 1 万人,下面可竖立 5 丈大旗。后来曾有诗人形容这一宏大的工程:"蜀山兀,阿房出。"①秦始皇兴建的离宫别馆多达 700 余所,遍布函谷关内外及渭水南北两岸。除大兴宫殿外,秦始皇还为其死后准备了同样豪华的陵墓,这便是与阿房宫齐名的骊山陵。秦始皇初即

---

① 杜牧《阿房宫赋》,《樊川文集》卷一。

位,就在骊山为自己修墓。统一之后,又发全国刑徒70余万人继续营建。这座陵墓规模很大,高50余丈,周围5里多,内筑各式宫殿,陈列各种奇器珍怪,用明珠做成日月星辰,用水银制成江河湖海。像这样大规模的工程,所耗费的人力和物力都是惊人的。在"内兴功作",大兴土木的同时,秦始皇还大肆兴兵征讨,开拓边疆。如公元前215年,命蒙恬发兵30万北征匈奴。在收复河套等地之后,于公元前214年又命蒙恬筑长城,西起临洮(今甘肃岷县),顺黄河北至河套,傍阴山东至辽东,世称万里长城。也就在这一年,秦始皇又派人开凿灵渠,连接湘江和漓江。然后进兵岭南,并发谪戍50万人至岭南。

秦始皇大兴土木,又穷兵黩武,必然会增加劳动人民的徭役和兵役负担。首先是兵役,按照秦朝的法律规定,所有16～60岁的成年男子都必须服兵役。其次是"漕"、"转"、"作"、"事"等各种徭役。"作"、"事",即土木工程和杂泛差役。秦朝兴修了许多规模浩大的工程,如筑长城,凿灵渠,修驰道、直道和五尺道,还有修建阿房宫等离宫别馆,这些工程都旷日持久地役使着数十万、百万计的劳动力。此外,郡县地方政府为了修补城墙、兴建官舍等,也要征调大量的人力物力。"漕"、"转",即输送转运粮食和其他军需物资。由于秦王朝无论在边境的用兵、戍守还是在内地的土木工程,都需要大量的粮食、军需和各种建筑材料,因此漕、转就成为一项经常性的而且是非常沉重的徭役负担。而且长途转运,耗费惊人,据贾谊介绍:"(秦)输将起海上而来,一钱之赋耳,十钱之费,弗轻能致也。上之所得者甚少,而民毒苦之甚深。"[1]秦朝的兵役、徭役如此繁重,男子不够,结果就出现"丁男披甲,丁女转输"[2]的情况。据统计,秦时可统计的人口大约有两千万,而每年所征发的徭役多达两三百万,服役人数竟占全国人口的百分之十以上,难怪后人批评秦滥发徭役,"力役三十倍于古"[3]。

秦朝不仅赋敛无度,徭役繁重,刑罚也十分苛重。秦自商鞅变法以来,就形成了以法治国、用刑苛重的政治传统。秦始皇灭六国统一

---

① 贾谊《新书·属远》。
② 《汉书》卷六十四下《严安传》。
③ 《汉书》卷二十四上《食货志上》。

天下后,自以为是水德之始,所以更是以法为教,"以吏为师","刚毅戾深,事皆决于法,刻削毋仁恩和义,然后合五德之数"①。秦朝的律令条文已经失传,仅从出土的云梦秦简看,其律名已有《田律》、《厩苑律》、《仓律》、《金布律》、《徭律》、《戍律》等 29 种。这些律文十分细密苛酷,如《法律答问》中有许多"防盗"、"惩盗"的条目,对盗牛、马、猪、羊、钱币、衣、丝、桑叶等都立有专条。其中规定,偷盗 110 钱者,要判 6 年徒刑。甚至盗采别人桑叶不满 1 钱者,都要判处劳役 30 天。秦朝的刑罚也同样名目繁多,极为残酷,如关于死刑,见于秦简的就有"戮"、"弃市"、"磔"(凌迟处死于市)、"定杀"(对麻风病之类患者罪犯,抛入水中淹死)4 种。见于史籍记载的还有"族"、"夷三族"、"枭首"、"车裂"、"腰斩"、"体解"、"囊扑"、"剖腹"、"蒺藜"、"凿顺"、"抽胁"、"镬烹"等。此外,还有各种名目的肉刑、徒刑、笞刑等。古人常说"秦法繁于秋荼,而网密于凝脂"②,秦朝刑罚的繁密苛酷的确到了令人吃惊的程度!

公元前 210 年秋,秦始皇病死沙丘(河北平乡县东北),二世胡亥继位。秦二世是一个昏庸的君主,其残暴程度超过秦始皇。由于怕诸公子及大臣不服,为了巩固自己的皇位,二世与赵高共同谋划,罗织罪名,先后将 10 位公主和 12 位公子处死,还有几位公子被迫自杀。对于大臣,凡二世及赵高认为"不可者",便以各种借口杀掉。如北征匈奴立有战功的蒙恬被逼"吞药自杀",与赵高有仇的蒙毅被处死。至于其他宗室大臣则"相连坐者不可胜数",结果弄得"宗室振恐","群臣人人自危"。③ 对于劳动人民,秦二世的剥削、压榨更加残酷。招致天怒人怨的阿房宫、骊山陵等工程在继续修建,驰道、直道、五尺道等也在继续加工筑修。在埋葬秦始皇时,他竟然残忍地将后宫无子女的嫔妃全部殉葬,又怕泄露陵墓的秘密,把修陵的工匠也活埋了。为了防范人民的反抗,秦二世征调材士 5 万人屯戍咸阳。他还豢养了大量的狗马禽兽,供其游猎享用。咸阳粮草不够,便令各郡县转输菽粟刍

① 《史记》卷六《秦始皇本纪》。
② 桓宽《盐铁论》卷十一《刑德》。
③ 《史记》卷八十七《李斯列传》。

藁。服役者需自带粮食,咸阳周围 300 里内不得采办粮食。如果说秦始皇的残暴统治已经引起天怒人怨,二世胡亥的所作所为则进一步激化了各种矛盾,于是乎"天下敖然若焦热,倾然若苦烈,上下不相宁,吏民不相僇"①。一场酝酿已久的全国规模的农民大起义终于爆发了。

二、大泽乡起义

公元前 209 年秋七月,秦二世下令征调淮河流域 900 名贫苦农民到远在数千里之外的渔阳(今北京市密云县西南)去戍守边防,陈胜、吴广也在被征之列,因为他们俩人缘不错,又很会办事,就被指定为屯长,协助上面委派的专门负责押送这批戍卒的两名县尉处理行军、宿营等杂务。

陈胜字涉,阳城(今河南登封市)人②。据史书上讲:"陈涉,瓮牖绳枢之子,氓隶之人。"③"氓隶"指出卖劳动力的农民,"瓮牖绳枢"是说陈胜家用破瓦坛子做窗户,用绳子拴门轴,形容其非常贫困。陈胜虽然出身贫寒,但却胸有大志。少年时期,陈胜曾在一富户家做雇工。有一天,大伙正在田间休息,陈胜对佣耕的同伴说:"假如有一天富贵了,大家彼此不要忘记。"同伴们嘲笑他痴人说梦,说:"你现在还在为别人佣耕,能有什么富贵可言呢?"陈胜长叹一声,说:"燕雀哪里知道鸿鹄的远大志向啊!"吴广,字叔,阳夏(今河南太康县)人,也是贫苦农民出身。

陈胜、吴广等九百戍卒在两名县尉的押送下踏上了北上戍边的路程,但当他们行至蕲县大泽乡(宿州市南约 40 里西寺坡乡刘村集)时遇到了大雨。当时正值初秋季节,阴雨连绵,加上此地地势低洼,连天暴雨淹没了田地,冲断了道路,大泽乡一带成了名副其实的泽国,北上戍边的道路完全断绝了。按照秦朝的法律规定,戍卒误期就要被斩首。计算一下时间和行程,这批戍卒已经无法按期赶赴渔阳,因而每人都面临着死亡的威胁。在这种情况下,陈胜与吴广商议,认为现在

---

① 《淮南子》卷十五《兵略训》。
② 关于陈胜的籍贯,另有河南商水说、方城说、安徽宿州说、阜阳说和由河南迁徙安徽宿州大泽乡说等。
③ 《史记》卷四十八《陈涉世家》引贾谊《过秦论》。

是误期要杀头,逃亡也是死,横竖是死,何不拼命干一番大事业呢?他们分析了当时"天下苦秦久矣"的形势,又听说二世胡亥是秦始皇的小儿子,不应该立为皇帝。长子扶苏因为多次劝谏秦始皇,被贬往北边监军,已经被秦二世害死了,但老百姓只知其贤明,却不知道他已经死了。项燕是楚国著名的将领,多次立有大功,又爱惜士卒,很有威望,可惜在秦灭楚时的蕲之战中兵败自杀,楚国人都很怀念他。有人认为他死了,也有人说他逃亡了。现在如果首举反秦义旗,再以公子扶苏和项燕的名义号令天下,一定会有很多人闻风响应。吴广赞成陈胜的意见,于是决定发动起义。

行事之前,两人又按照当时的风俗习惯,先去问卜。卜者已知其意,所以给了他们一个"有功"的吉兆,并示意他们可以借鬼神制造舆论,发动群众。陈胜领会其意,先用丹砂在一方绢帕上写上"陈胜王"三个字,然后悄悄地塞进附近渔民捕得的鱼腹中。戍卒将鱼买回来烹调时,发现这"鱼腹丹书",十分惊奇。晚上,吴广又偷偷跑到营房附近的一座荒庙里,燃起篝火,学着狐狸嗥叫的声音,大呼:"大楚兴,陈胜王!"戍卒们听了更为惊异,大家议论纷纷,感到陈胜不同寻常。

吴广平时待人亲切,很受戍卒敬重。他见两名县尉昏庸而又骄横,决定乘其醉酒之机,故意说自己想逃跑,从而激怒他们,以招致他们的凌辱、打骂从而引起众怒。果不其然,县尉听到吴广要逃跑,勃然大怒,不仅鞭打吴广,而且还拔出剑来威胁。吴广乘势夺过剑来,在陈胜的帮助下杀掉了两名县尉。然后,陈胜把 900 名戍卒召集起来,对他们说:"我们碰上这连天大雨延误了日期,误期就会被处死,即使不死,去戍边也是九死一生。壮士不死则已,死也要死得轰轰烈烈,难道那些王侯将相都是天生的贵种吗?"经过这番动员,戍卒们群情激昂,表示愿意听从陈胜的号令。于是,这九百戍卒"斩木为兵,揭竿为旗",还一起袒露右臂,举行盟誓,拥戴陈胜为将军,吴广为都尉,正式宣布起义。

在陈胜、吴广的率领下,起义军迅速攻占了大泽乡和附近的蕲县城(宿州市城南蕲县镇)。由于此地靠近楚国晚期的政治中心,有很强的反秦复国意识,人们听到陈胜、吴广起义的消息后纷纷前来投奔。

如符离(今宿州市城北灰古镇附近)人葛婴,避秦乱隐居于山下躬耕,平时好读孙子之书,研究兵法,以战国时期的名将李牧、廉颇自比,又对鲁仲连义不帝秦的行为最为钦佩。大泽乡起义后,他马上起兵响应,并投奔陈胜,壮大了起义队伍。打下蕲县县城后,经过短暂的休整,陈胜将起义队伍分为东西两路,东路由葛婴率领向蕲县以东推进,主力则随陈胜、吴广向蕲县西北方向进军。两路义军进展顺利,势如破竹。陈胜接连攻下铚(今淮北市濉溪县临涣镇)、酂(今河南永城县西南酂城集,一说在今临涣镇西北古城)、谯(今亳州市)、苦(今河南鹿邑县东)、柘(今河南柘城县北)等四五座县城,义军所到之处,农民踊跃参加,起义队伍迅速扩大,陈胜集中力量,经过激烈的战斗,终于拿下了陈城(今河南淮阳县)。这时,陈胜已经拥有兵车六七百乘、骑兵千余、步兵数万的大军了。陈,不仅是秦的郡治,也曾经是楚国的故都,又在陈胜的家乡附近,所以陈胜决定以此为基地。陈胜入据陈城没几天,就召集当地的三老、豪杰,共同商议建立政权的问题。虽然有人建议陈胜暂时不要称王,先遣人立六国后裔,壮大反秦力量,等灭秦后再号令诸侯,成就帝王之业,但三老、豪杰大都认为陈胜"身被坚执锐,伐无道,诛暴秦,复立楚国之社稷,功宜为王"[①]。于是,陈胜便自立为王,国号"张楚",建立了我国历史上第一个农民革命政权。

大泽乡起义和张楚政权的建立,如一声春雷,震动了全国,天下云集响应。不久,刘邦起兵于丰、沛,项梁、项羽叔侄起兵于江东,英布、吴芮起兵于番阳(今江西鄱阳县东),秦嘉、董缲、朱鸡石、郑布、丁疾等起兵于东海(今山东郯城),彭越起兵于巨野(今山东巨野县北),吕臣起兵于新阳(今界首市),郦商起兵于高阳(今河南杞县西南高阳集),王陵起兵于南阳(今河南南阳市),其他小股的起义更是遍地皆是,不胜枚举。

在全国反秦起义形势不断高涨的情况下,陈胜果断地采取了主力西征偏师"徇地"的战略,从各个方面向秦王朝发起总攻。一方面他派武臣、张耳、陈余等人攻掠黄河以北原来赵国的土地,派周市北上夺

① 《史记》卷四十八《陈涉世家》。

取原来属于魏国的土地,派邓宗南下攻取九江郡(治今安徽寿县),又命召平进军广陵(今江苏扬州市),挺进长江下游;另一方面,陈胜把主力部队放在西边,分道出击,直取咸阳,完成灭秦大业。第一路他任命吴广为假王,率军先夺取秦的军事重镇和最大的粮仓所在地荥阳(今河南荥阳市西北)。第二路由周文率领,准备绕开荥阳,经由颍川郡(今河南禹县)直扣函谷关(今河南灵宝县东北),向秦朝腹地关中进军。第三路由宋留统领,从南阳直叩武关(今陕西丹凤县东南),以突破进入关中的另一孔道。这三支西征军一开始都比较顺利,尤其是周文率领的一路,进展神速,队伍发展也很快,抵达函谷关时已有兵车千乘、战士数十万。他们轻而易举地攻破函谷关,一直打到距秦朝都城咸阳仅有百里之遥的戏(今陕西西安市临潼区)。

起义军逼近咸阳,二世胡亥大为恐慌。除组织关中原有秦军进行拼命抵抗外,他接受少府章邯的建议,大赦天下,释放并武装骊山刑徒和奴产子,组成30万大军,由章邯统领主要对付周文起义军。同时又从北方防御匈奴的军队中抽调30万人,由王离、苏角率领,火速南下,镇压起义军。由于周文轻敌,加上孤军深入,后援不继,起义军连战皆败,被迫退出关中。章邯穷追不舍,最后双方决战于渑池(今河南渑池县西),周文兵败自杀,义军溃散。击败周文后,章邯又率军向荥阳反扑。当时,吴广统率的起义军正被秦三川郡守李由阻挡在荥阳一线,欲进不能,欲退不忍,屯兵坚城之下。部将田臧认为吴广不知兵,便假借陈胜的命令,擅杀吴广,引起起义军内部混乱。双方激战于敖仓(今河南郑州市西北)、荥阳,义军惨败,这支起义军也被击溃。

章邯在连续击败几支起义军后乘胜东进,直逼陈。当时留守陈的起义军势单力薄,形势十分危急。张耳、陈余、周市等人只顾割地自保,拒不出兵援救。而召平、邓宗等则远离陈,无法及时赶回。在这种情况下,陈胜只好派上柱国蔡赐率兵阻击章邯,又命将军张贺驻兵陈西以为策应。可是,章邯军来势凶猛,蔡赐、张贺先后战死。陈胜只得率残部离开陈向东南撤退,先至汝阴(今阜阳市),然后又转向东北至下城父(今涡阳县东南)。这时,已是寒风凛冽的腊月,秦军气势汹汹,起义军中笼罩着失败的情绪。陈胜的车夫庄贾残忍地杀害了陈胜,投降了秦军。差不多与此同时,奉命进攻南阳的宋留,攻下南阳后正准备攻取武关,听到陈胜的死讯后发生了动摇,当他辗转撤退到新蔡(今河南新蔡县)时,陷入秦军的包围,宋留投降,全军瓦解。后来秦将宋留押送咸阳,处以车裂的酷刑。

农民起义军的主力虽然失败,陈胜、吴广也先后牺牲,但其余部仍坚持战斗。其中,陈胜原来的涓人吕臣领导的"苍头军"曾二次收复陈,处死叛徒庄贾。后来,项梁、刘邦、吕臣等几支反秦武装联合起来,经过艰苦激烈的战斗,先后歼灭章邯、王离等秦军主力,终于攻入关中,推翻了秦王朝的残暴统治。

大泽乡起义虽然失败了,但陈胜的首义之功是应当充分肯定的。汉代史学家司马迁评论说:"陈胜虽已死,其所置遣侯王将相竟亡秦,由涉首事也。"[①]在秦王朝的残暴统治下,陈胜、吴广敢于挺身而出,率先树起"伐无道,诛暴秦"的义旗,掀起了一场席卷全国的农民革命风暴,并且为推翻秦的残暴统治奠定了基础。作为中国历史上第一次大规模的农民起义,他们的首创精神和光辉业绩是应当永远载入史册的!

这里需要指出的是,大泽乡起义固然是一次全国性的农民起义,但从另一个角度看,它又带有浓厚的安徽地方色彩。

其一,就陈胜的反秦事业而言,他起事于大泽乡,失败于下城父,皆在安徽境内。史书上讲陈胜是阳城人,这个阳城究竟在今天的河南还是安徽,学术界一直有争论,也有学者认为他或者因贫穷由河南流落到皖北,或者被迫迁徙到大泽乡一带。陈胜是不是安徽人我们姑且不论,他之所以能在大泽乡成功地发动起义,绝非偶然。战国晚期,楚为避秦先是将都城由陈迁至巨(钜)阳(今阜阳市北),然后又由巨阳迁于寿春。皖北地区历来民风强悍,富有反抗精神。而楚国晚期的政治中心在皖北,秦灭楚最后一场决战又发生在蕲县,所以这一带一直就有强烈的反秦复国的情绪,像葛婴那样伺机而动的大有人在。陈胜在大泽乡揭竿而起,附近很多人纷纷响应,就充分说明了这一点。陈

---

① 《史记》卷四十八《陈涉世家》。

胜起义后打下的第一个县城是蕲,后来向西北进军,攻占的铚、谯也都在安徽境内,酂和苦也都在豫皖交界处。陈失守后,陈胜先撤往汝阳,然后转至下城父,也都在安徽境内。陈胜起事凡六个月,不仅一头一尾在安徽,而且在安徽境内的活动占了较大的比重。

其二,在陈胜的部将中安徽人居多,而且为反秦事业做出了较大贡献。如符离人葛婴,不仅首先响应陈胜,而且独当一面,领兵攻略蕲县以东。当他攻占东城(今定远县下马坡)后,立襄强为楚王。后来听说陈胜已自立为王,他杀掉襄强,并亲自到陈向陈胜谢罪,陈胜不念他屡立战功,竟然杀了他以泄愤,使义军失去一员大将,实属可惜。裴松之《三国志·诸葛瑾传注》引《风俗通》曰:"葛婴为陈涉将军,有功而诛,孝文帝追录,封其孙诸葛侯,因并氏焉。"这说明后人对葛婴的贡献是充分肯定的。陈胜入据陈后,铚(今淮北市濉溪县临涣镇)人宋留奉命统帅一支西征军经南阳攻武关,汝阴(今阜阳市)人邓宗奉命南下攻略九江郡,铚人伍徐将兵攻占许(今河南许昌市东),后被章邯击破,散走陈,这三位也都是陈胜麾下独领一支军队征战的重要将领。陈胜刚自立为王时,陵(今江苏泗阳县西北)人秦嘉、铚人董𫚨、符离人朱鸡石、取虑(今灵璧县东北潼郡集)人郑布、徐(今泗县西北)人丁疾等各自起兵响应,并率军围攻秦东海郡(治所在今山东郯城县)守于郯城。这五位起义的将领除秦嘉外,其余四位的乡里都在今之安徽。陈胜听说他们起兵的消息,马上任命武平君畔为将军前去监护这支"郯下军"。秦嘉拒不服从命令,自立为大司马,并且杀害了武平君畔。陈胜败亡后,秦嘉等立景驹为楚王,抗拒项梁。项梁进兵攻秦嘉,秦嘉败死,军队投降。其中朱鸡石成为项梁帐下一员别将,奉命引军而西迎战章邯,兵败后被项梁诛杀。陈胜牺牲后,其余部仍坚持反抗秦王朝的斗争,其中最著名的是吕臣。据《史记·陈涉世家》记载,陈胜在下城父被庄贾杀害后,"陈王故涓人将军吕臣为苍头军,起新阳"。秦之新阳县,在今安徽界首市。"涓人",即近侍之臣。陈胜死后,其近侍吕臣能够马上在新阳组织起一支军队,说明他在当地很有号召力,很可能就是新阳人。他统率的这支军队因用青巾裹头,所以号称"苍头军"。吕臣在逆境中重新举起反秦义旗,并决心为陈胜报仇。他率领"苍头军"重新夺回陈,处死叛徒庄贾。后来,秦军又向陈反扑,吕臣寡不敌众,只得率兵转移。这时,一直在鄱阳湖一带活动的六(今六安市)人英布听说秦破吕臣军,引兵北上,与吕臣会合,在青波(今河南新蔡县西南)击败了秦的左、右校尉,又第二次夺回了陈。后来,吕臣和英布都投奔项梁,成为推翻秦王朝的重要力量。楚怀王曾任命吕臣为司徒,以其父吕青为令尹,由此可见吕臣在秦楚之际的重要地位和影响。此外,秦末响应陈胜起兵反秦的还有东阳(治所在今天长市与江苏盱眙交界处)人甯君和东阳令史陈婴。甯君者,史失其名,姓甯,时号称为君。他曾与秦嘉等立景驹为楚王,又与刘邦一道在萧、砀、下邑一带抗击秦军。陈婴原是秦东阳令史,东阳少年杀其令起事,欲立其为王,为其母所阻。陈婴认为项氏世世为将,是楚国的名门望族,于是率所部2万人归属项梁。楚怀王立,为上柱国,在秦楚之际也是一位很有影响的人物。总之,在秦末农民大起义的将领中,见于史籍有姓名可考的安徽人物就多达10余人,他们也都为反秦事业做出了巨大贡献。

第三节　楚汉在江淮地区的争夺

司马迁在《史记·陈涉世家》中说"陈胜虽已死,其所置遣侯王将相竟亡秦"。陈胜死后,继承其亡秦大业的主要是项梁、项羽叔侄和刘邦,而他们的反秦活动,力量的发展壮大以及后来的楚汉之争都与安徽有着密切的联系。

一、项梁渡江北上及其在江淮地区的发展

项梁,秦泗水郡下相(今江苏宿迁市)人,楚国名将项燕的儿子。因其祖上累世做楚国的将军,因功被封于项(今河南沈丘县南),所以以项为姓。其侄项籍,字羽。楚国灭亡之后,项梁携项羽亡命异乡,并让项羽学书学剑,还亲自教他兵法。后来项梁因为杀了人,就与项羽

一起逃到吴中（今江苏苏州市）避仇。项氏叔侄虽亡命他乡，但始终没忘记报国恨家仇。项梁在吴中广泛结交吴中士大夫和其他豪杰之士，并借主办大繇役和丧事的机会，"阴以兵法部勒宾客及子弟"，为起兵反秦做准备。项羽少时就立志学"万人敌"，在会稽见到出巡的秦始皇时又声称"彼可取而代也"。① 这说明项氏不仅有反秦复仇之心，而且有夺取天下之志。当时，不仅项梁在吴中声望很高，项羽也因其身长八尺有余，力能扛鼎，才气过人，成为吴中一带青少年敬畏的对象。

陈胜、吴广大泽乡起义后两个月，消息传到江东。项梁设计指挥项羽杀了会稽郡守殷通，召集吴中子弟，响应陈胜。接着项梁派人迅速攻占了吴中各县，得精兵八千。项梁自立为会稽郡守，任命项羽为裨将，很快成为当时反秦的一支重要力量。

公元前 209 年底，广陵人召平奉陈胜之命攻略广陵（今江苏扬州市），未能成功。后来，他听说陈胜败走，秦兵将至，便渡过长江，矫陈王之命，拜项梁为陈胜"张楚"政权的上柱国，并命令他率兵渡江进击秦军。上柱国本是楚国官名，战国时始置，位极尊宠。在令尹之下，诸卿之上，是统帅楚军的最高级武官。项梁早就有亡秦之志，接受命令后毫不迟疑，马上率领 8000 江东子弟渡江北上。项梁过江后便进入今安徽境内，力量发展很快。当时，陈婴已占据东阳，项梁派人与之联系共同反秦。陈婴本是东阳县令史，平时为人诚信严谨，有很高的威信，被称为长者。陈胜起义后，东阳青少年杀其县令，响应陈胜，并且拥立陈婴为首领，队伍很快发展到 2 万人。当项梁渡江后，陈婴和他的母亲都认为要举大事就必须依靠名族才容易成功，项氏世世为楚将，有名于楚，于是率其 2 万军队归属了项梁。等到从寿县附近渡淮时，又有英布和蒲将军两支义军前来会合。英布，六（今六安市）人，秦时为布衣，后因犯罪被处黥刑，所以又称黥布。英布受刑后被发往骊山服役，他与刑徒中的豪杰交往，并率领一批人逃到今安徽与江西之间鄱阳湖及长江一带为"盗"，开始了其反秦活动。陈胜起义后，英

---

① 《史记》卷七《项羽本纪》。

布往说番阳(今江西鄱阳县)令吴芮起兵反秦,聚兵数千人。然后,英布引兵北上抗击秦军,并在清波(今河南新蔡县西南)与吕臣共同击败秦的左右校尉。在听到项梁渡淮的消息后,英布和蒲将军率领各自的军队归属项梁。这时候,项梁已经拥有一支六七万人的大军了。

与此同时,刘邦在砀郡和泗水郡一带即今苏鲁豫皖四省交界处活动,积极发展力量。刘邦,字季,泗水郡丰邑(今江苏丰县)中阳里人,布衣出身,当过秦沛县泗水亭长。公元前210年,刘邦负责押送一批刑徒去骊山服役,他预料半路上人就会跑光,所以当走至丰西大泽之中,主动释放了这批刑徒,并且聚众百余人隐于砀郡芒、砀山泽之间(今河南永城市与安徽砀山县之间)。大泽乡起义的消息传来后,刘邦与沛县吏萧何、曹参以及樊哙、周勃等一起举事,里应外合,杀死沛县令,占据沛县城,聚合沛县子弟两三千人,公开起兵反秦。刘邦被推为沛公,成了这支起义军的领袖。刘邦在沛县起兵后,首先攻占附近的胡陵(今山东鱼台县)、方与(今山东金乡县),然后回军固守丰邑。秦泗水郡监御史平率兵攻丰,刘邦大破秦军。他留雍齿守丰,自领兵马乘胜追击,并接连在薛(今山东滕州市东南)、戚(今山东微山县)击败秦军。接着,刘邦还军亢父(今山东济宁市南),行至方与时,听说魏王咎的丞相周市招降了雍齿,刘邦大为恼怒,引兵猛攻丰邑。由于久攻不下,刘邦只得还军沛县。这时秦将章邯及其别将兵锋指向陈郡和砀郡,意在清除楚地的反秦武装。刘邦与东阳甯君引兵西上,与秦军战于萧西(今萧县西)。失利后还兵留(今江苏沛县东南),又转攻砀(今河南夏邑县与安徽砀山县之间),苦战三日,占领该城,兵力增至五六千人,继而又攻占了下邑(今砀山县)。

当项梁渡过淮河抵达下邳(今江苏睢宁县西北古邳东)时,另一支反秦武装秦嘉军正活动在彭城一带(今徐海地区)。公元前209年,凌人秦嘉与铚人董緤、符离人朱鸡石、取虑人郑布、徐人丁疾等在淮北起兵反秦,响应陈涉。这支起义军在秦嘉的带领下向郯县(今山东郯城县北)进攻,把秦王朝的东海郡守庆围困在城内。陈胜听到秦嘉等人起兵的消息后,便派武平君畔到郯城做监军。秦嘉拒不受命,自立为大司马,并且假借陈王的命令杀了武平君畔。不久,秦嘉听说陈胜

二、项羽、刘邦亡秦

薛城会议后，项梁的军队休整数月，到公元前 208 年七月，冒着大雨攻破亢父（今山东济宁市南）。这时，秦将章邯率几十万大军进攻魏地，在攻破临济（今山东高青县东南）击溃齐、楚援军后，又围齐将田荣于东阿（今山东阳谷县东北）。田荣求救于项梁，项梁率军昼夜兼程，长驱 400 里，大破章邯军于东阿城下。章邯突围西撤，项梁乘胜追击。他一方面紧追章邯不舍，并且再败章邯于濮阳（今河南濮阳市西南）以东，同时又命项羽、刘邦别攻城阳（今山东菏泽市东北）、雍丘（今河南杞县），大破秦军，斩秦三川郡守李由。然后，刘邦、项羽又转战外黄（今河南民权县西北）和陈留（今河南开封市东南）一带。这时项梁见章邯坚守濮阳，一时难以攻取，便率主力南下定陶（今山东定陶县西北），大破秦军。定陶自战国以来就是中原的一大都会，也是秦王朝的东方重镇。在取得一连串的军事胜利之后，尤其是攻占定陶之后，项梁有些飘飘然，产生了麻痹轻敌的情绪。其部将宋义提醒他"战胜而将骄卒惰者败"，可惜项梁根本听不进去。就在项梁安居定陶体味胜利喜悦的时候，章邯得到了大批援军，在经过较为充分的准备之后，他突然冒雨夜袭定陶，一举成功。项梁战死，起义军遭受了惨重的损失。得到项梁败死的噩耗后，项羽、刘邦为保存力量，决定缩短战线，改攻为守。他们与吕臣等率军东撤，同时让楚怀王自盱台迁都彭城。吕臣驻军彭城东，项羽屯兵彭城西，刘邦则驻守砀，以此构成掎角之势，做好迎战秦军的准备。

章邯在定陶获胜后，认为楚军主力已被击溃，"楚地兵不足忧"，于是他率兵北渡黄河，扑向赵国，与王离、涉间等将赵王歇和张耳、陈余围困于巨鹿（今河北平乡西南）。赵军见形势危急，不断向楚怀王求救。这时楚怀王正忙于对楚国的军政大权重新调整，他先是"并项羽、吕臣军自将之"[①]，把军权集中到自己手中，然后任命吕臣为司徒，吕臣的父亲吕青为令尹；拜宋义为上将军，称卿子冠军；任项羽为次

---

① 《史记》卷七《项羽本纪》。

将,封长安侯,号鲁公;任范增为末将;任刘邦为砀郡长,封武安侯,将砀郡兵。在与各位大臣和将领商议后,楚怀王决定兵分两路:一路由宋义、项羽统领,率楚军主力北上救赵。另一路由刘邦率偏师西进,直捣关中。当救赵大军到达安阳(今山东曹县东南)后,宋义久留不进,项羽盛怒之下杀了宋义,然后率军渡过漳水,"破釜沉舟",向巨鹿发起猛攻。项羽率领的楚军与秦军接连激战,九战九捷,大获全胜。这一仗不仅消灭了秦军主力,成为推翻秦王朝的关键一战,同时在救赵的各路诸侯将领面前也打出了楚军的气势和项羽的威严,项羽因此被推举为"诸侯上将军",成为各路义军和诸侯军的最高军事统帅。

在项羽北上救赵的同时,刘邦也从砀郡出发,奉命西进。一路上,他不断收集陈胜、项梁的散卒,并且得到了彭越的支援,又收编了楚怀王故将刚侯柴武的军队,力量大增。然后,他过高阳(今河南杞县南),降陈留(今河南开封市东南),战白马(今河南滑县南)、曲遇(今河南中牟县东),破宛城(今河南南阳市),最后经武关(今陕西丹凤东南),至霸上(今陕西西安市东南)。刚刚继位的秦王子婴见大势已去,向刘邦投降,秦朝灭亡。

就在刘邦入关不久,项羽也率40万大军冲破函谷关(今河南灵宝市东北),屯兵新丰鸿门(今陕西西安市临潼区东北)。"鸿门宴"后又率军入咸阳,杀秦王子婴,烧秦宫室,然后发号施令,分割天下。他尊怀王为义帝,都于郴(今湖南郴州市),接着又派人暗杀了义帝。项羽封刘邦于巴蜀汉中,称为汉王。又三分关中,封秦降将章邯等三人为王,以牵制刘邦。另外又将自己的亲信将领以及一些起兵反秦的旧贵族分封为王,总共分封了18个诸侯王。项羽则自立为西楚霸王,都彭城,占有齐、梁9郡。分封之后,诸侯各就国,项羽也东归彭城。

项羽的这次分封,与安徽有不少关系。项羽自王梁、楚,究竟包括哪9郡,历来众说纷纭。如明人陈仁锡、清人全祖望、钱大昕、姚鼐、刘文淇、梁玉绳等都曾作过考辨,虽然见解不尽相同,但大都认为包括秦的会稽郡、郭郡、泗水郡和砀郡,全祖望、姚鼐、梁玉绳还认为应包括陈郡(或曰楚郡)。这样,今安徽长江以南大部分地区以及淮河以北几乎都在项羽的封地之内,而且淮北靠近彭城,成为西楚霸王的腹地。

六人英布自投奔项梁后,击景驹、秦嘉,战巨鹿,降章邯,破函谷关,常常为楚军先锋,以少胜多,屡立战功,"功冠诸侯"①,因此项羽封他为九江王,都六,领秦末九江、庐江两郡,今天的安徽沿江江南的部分地区以及江淮之间差不多都在其封地之内。番君吴芮与英布一道起兵,率越人反秦有功,又随项羽入关,所以被立为衡山王,都邾(今湖北黄冈市),领秦衡山郡地,今皖西南潜山一带是其东部地区。居巢人范增,多智谋,常为项氏出谋划策,深受信任,项梁死后被项羽尊为亚父。为酬其功,项羽封他为历阳侯。历阳秦时为县,属九江郡,故址在今安徽和县城关历阳镇。因亚父范增受封于此,所以旧时历阳城又称亚父城。

三、楚汉决战江淮

项羽主宰天下,分封王侯,本以为天下会从此安定下来,但是分封不久,手握重兵而又未得到封王的田荣,首先在齐地举兵反抗项羽,接着刘邦乘机进兵关中。从此,刘邦与项羽展开了近4年的楚汉战争。

刘邦之所以反抗项羽,按传统的说法是,当初楚怀王有约,先入关者王关中。刘邦先入定关中,但项羽却违怀王之约,封刘邦于巴蜀汉中,使刘邦心有不甘。其实,所谓"怀王有约"是汉朝人的一面之词。据《史记·高祖本纪》讲:"汉王之国,项王使卒三万人从",这说明当时项羽对刘邦并没有多少戒备,是否真有"怀王之约"值得怀疑。刘邦反抗的主要原因在于他不愿居于巴蜀偏远之地,特别是他手下的"军吏士卒皆山东之人","皆歌思东归"。② 刘邦隐于芒砀,起于丰沛,他手下的那批功臣大都从起于丰、沛、薛、砀等地。功臣的从起之地也就是刘邦的主要兵源地。正因为如此,在刘邦就封至南郑(今陕西汉中市)时,这些将士思乡心切,有的半路上逃亡了,有的即使到了南郑也不安心。大将军韩信见此情况,对刘邦说:"吏卒皆山东之人,日夜企而望归,及其锋而用之,可以有大功。"③所以力劝刘邦决策东向,与

---

① 《史记》卷九十一《黥布列传》。
② 《史记》卷八《高祖本纪》。
③ 《汉书》卷一《高帝纪》。

项羽争夺天下。

公元前206年八月，刘邦乘项羽率兵北上镇压田荣反抗之机，暗度陈仓，自汉中攻入关中，3个月之内消灭了项羽分封的三秦王。这时项羽正率领大军集中攻齐，无暇西顾。刘邦乘齐楚相争之际东进，降河南王申阳、魏王豹，掳殷王卬，为义帝发丧，公开宣布与项羽决裂。公元前205年四月，刘邦联合其他诸侯王以及彭越等人的军队共约"五六十万人"，千里奔袭，一举攻下项羽的都城彭城，夺得大批财物，然后沉湎于灯红酒绿的享乐之中。

正当刘邦为轻易取得的胜利而陶醉的时候，项羽听说彭城被占，马上令其部将留齐作战，自己率精兵3万火速南下。兵至萧县，项羽从凌晨开始突然袭击汉军。汉军毫无准备，仓促应战，被打得溃散奔逃，落入谷水和泗水而被淹死者10余万人。其他汉军仓皇南逃，楚军则穷追不舍。追至彭城以南灵璧（今宿州市西北）东面，双方在睢水河畔再次恶战，结果汉军大败，落水而死者又多达十几万人。这时楚军云集，将刘邦重重包围。不料西北风大起，飞沙走石，天昏地暗，刘邦绝处逢生，率数十骑突围。项羽部将丁固追刘邦至彭城以西，当双方短兵相接之际，刘邦巧言劝丁固放过自己，丁固引兵而还，使刘邦得以逃脱。

刘邦彭城惨败，数十万人马损失殆尽，随他东征的诸侯王也大部分反汉归楚。他狼狈不堪地逃到下邑（今砀山县城东），当时吕雉的哥哥吕泽率一支汉军驻守此地，"汉王从之，稍收士卒"[1]，总算暂时脱离了险境。就在这里，刘邦开始谋划转败为胜的方略。他对随之而来的张良说自己准备拿出关东之地用于封赏，问有哪些人可以合作共同完成反楚大业。张良认为九江王英布是一员猛将，现在正好与项羽有些矛盾隔阂。彭越与田荣联合，也已经在梁地起兵反楚。这两人都是可以应急使用的人。而在刘邦的部将中，"独韩信可属大事，当一面"。如果要捐出关东，"捐之此三人，则楚可破也"[2]。刘邦听后，欣

---

① 《史记》卷八《高祖本纪》。
② 《史记》卷五十五《留侯世家》。

然采纳。他马上派随何游说九江王英布，以裂地封王为诱饵，成功地使英布叛楚归汉。与此同时，他又派人联络彭越，使其坚定地助汉反楚。这样有英布、彭越等人牵制楚军，刘邦很快就摆脱了被动的局面，在战略上取得优势地位，而最后帮助他灭楚定天下的也正是韩信、英布、彭越三人。从这个意义上讲，下邑是刘邦的福地，而张良在下邑的"捐地之策"则是刘邦转败为胜的一大关键。

公元前205年五月，刘邦退至荥阳，收合各路败军，又补充了萧何从关中征集来的新兵，大将韩信亦收兵前来会合，于是汉军大振，破楚军于京邑（今河南荥阳市东南）、索亭（今荥阳市境内）之间。刘邦采取以守为攻的策略，据险而守，又控制了荥阳北面的大粮仓敖仓，保障了军粮的供应，这样楚汉战争进入了相持阶段。

在楚汉相持于荥阳、成皋时期，双方"大战七十，小战四十"。刘邦虽然负多胜少，但始终能阻止项羽西进。与此同时，刘邦派韩信出兵燕赵，然后南下攻齐，从北方包抄项羽的后路，另外让彭越活动于梁地，时出游兵断绝楚军粮道。后来又派刘贾、卢绾率2万大军由白马津（今河南滑县）渡河南下，深入楚军腹地，协助彭越扰乱楚之后方。到公元前203年底，项羽见汉军的防线难以突破，自己又腹背受敌，后援不继，只得与刘邦讲和。双方约定划鸿沟为界，中分天下，鸿沟以东属楚，以西属汉。约定之后，项羽便罢兵东归。

当项羽撤兵东归之时，刘邦本来也想引兵而西，但张良、陈平力劝刘邦乘势灭楚，于是刘邦便撕毁和约，率兵追击项羽。公元前202年十月，刘邦尾追项羽至固陵（今河南太康县南）。为了一举歼灭楚军，刘邦命韩信和彭越前来会战。由于韩信和彭越未能应约前来参战，项羽掉头猛烈反击，刘邦大败，只得坚壁自守。刘邦问计于张良，张良认为韩信、彭越之所以不应约主要是因为还没有得到明确的封地，因此建议刘邦与其"共分天下"，并明确划分其封地范围。刘邦从其计，派使者告诉韩信、彭越，只要他们"并力击楚"，等楚灭之后，"自陈以东傅海"尽予韩信，"睢阳以北至谷城"则封给彭越。见到使者后，二人都答应出兵灭楚。与此同时，刘邦命刘贾攻入楚地，围攻寿春（今寿县），又诱降楚大司马周殷，使其举兵叛楚归汉。英布也奉刘邦之命回

到九江郡,招降纳叛,扩充力量。周殷以自己舒县之兵攻破六(今六安市),举九江之兵迎接英布。这样刘邦就清除了项羽的南方一翼,也切断了楚军向南的退路。接着周殷、英布率军北上,攻取城父(今亳州市东南),随刘贾一道与刘邦会师。这时,韩信先命灌婴由齐南下,降彭城,攻取楚淮北之地,然后也与刘邦会合。刘邦在得到韩信、灌婴等人的支援后,将项羽围困于陈,大破楚军。项羽突围东去,刘邦乘胜追击,至垓下(今固镇城东约50里濠城集附近,一说在今灵璧县境),双方展开了最后的决战。刘邦会同韩信、彭越、英布、周殷、刘贾等各路兵马共计40万,摆开阵势:齐王韩信领兵30万居中,孔聚和陈贺两位将军分居左右,为两翼。汉王刘邦居后,周勃和柴将军又居汉王后,作为护卫。这时项羽虽然只有10万军队,但韩信仍不敢大意。他先引兵与项羽交锋,稍有不利便一步一步地后撤,引诱项羽跟进。等楚军战线拉长,前后不能相顾时,韩信命孔聚和陈贺左右夹击,自己也从正面发起反攻,结果大败楚军,并将项羽团团围住。此时,项羽"兵少食尽",夜里又听到四面都有汉军大唱楚歌,以为刘邦已尽得楚地。因此,他内心惶恐,夜不成寐,借酒消愁。面对宠妾虞姬和心爱的乌骓战马,项羽不禁慷慨悲歌:"力拔山兮气盖世,时不利兮骓不逝。骓不逝兮可奈何,虞兮虞兮奈若何!"①这悲怆而又激昂的歌声,在铁马寒风、夜传刁斗的营帐中回荡,令人伤感欷歔。虞姬听罢起身而舞,哀婉悲凉地唱和道:"汉兵已略地,四方楚歌声。大王意气尽,贱妾何聊生!"②歌罢,拔剑自刎而死。

项羽诀别虞姬后,深夜率800余骑突围南逃。天亮之后汉军才发觉,刘邦派骑将灌婴率5000骑兵追击。项羽匆忙渡过淮河,逃至阴陵(今定远县西北),跟随的骑兵只剩下百余人,慌乱之中又迷失了道路。向一农夫打听,农夫骗说向左,结果陷于大泽之中。等他回过头来,灌婴率领的追兵已经赶到。项羽只好且战且走,等奔逃至东城(今定远县东南)时,身边仅剩28骑。项羽见追兵越聚越多,自料难以脱

---

① 《史记》卷七《项羽本纪》。
② 《史记》卷七《项羽本纪》张守节《正义》引《楚汉春秋》。

身,但又不甘心认输。他认为自江东起兵以来,身经 70 余战而未尝败北,"然今卒困于此,此天之亡我,非战之罪也"①。为了证明这一点,他率领这 28 骑,四面冲击,斩将刈旗,作了一番轰轰烈烈的表演,也博得了部下的喝彩拜伏。接着,项羽想从乌江(今和县东北乌江镇)东渡,于是他又从东城逃向东南。等他到达长江岸边时,乌江亭长正划船等待,并劝他渡江而东。此时的项羽见前有大江,后有追兵,败局已定,加上他带领的 8000 江东子弟无一人生还,感到无颜见江东父老,于是他改变了主意,先是谢绝了亭长的好意,并赠送乌骓马作为答谢,然后命跟随的部下皆下马步行,持短兵接战,在击杀汉军数百人后,项羽也身受重伤,最后拔剑自刎而死。

　　楚汉相争,刘胜项败,楚亡汉兴。这是中国历史上的一件大事,更是安徽历史上重要的一页。因为无论是刘邦还是项羽,他们的兴起,他们的成败,都与这江淮大地以及许许多多的江淮人物有着非常密切的关系。

---

① 《史记》卷七《项羽本纪》。

第二章

西汉时期安徽的政治与经济

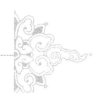

西汉时期,安徽政治、经济和文化呈现由北而南逐渐发展的态势。西汉实行郡、国并行制,但诸侯国势力在汉景帝、武帝之后已逐渐走向衰落。在安徽境内,从汉初异姓诸侯王国、同姓诸侯王国到汉武帝中期以后六安王国的出现,比较典型地反映了这一历史发展趋势。在这个过程中,安徽境内的经济逐渐得到恢复和发展。另一方面,郡县力量的增强和汉武帝的南巡江淮,则体现了西汉中央王朝对安徽统治的逐步加强。在这种背景下,地方吏治出现一时之盛,西汉时期出现了文翁、朱邑、召信臣等著名的安徽籍循吏。在西汉后期的动乱和王莽改制中,西汉王朝在安徽的统治终于走向崩溃。

第一节　西汉时期安徽的行政建置

汉初统治者从服务于楚汉战争和反思秦朝速亡的教训出发,分别推出"无为而治"和"郡国并行"的国策与制度安排。就后者而言,西汉前期封建的诸侯国,如《汉书·诸侯王表》所说:"大者夸州兼郡,连城数十,宫室百官同制京师。"周振鹤认为:"从'封建'的意义上严格说来,汉初诸侯王国并非一级政区,而是皇帝与诸侯划定的势力范围,但实际上可当成一级政区对待。"[①]在分封诸侯的同时,西汉延续秦郡县二级行政区划的制度。

同其他王朝相比,西汉政区的建置沿革极为复杂,此间封国与郡县此消彼长,呈现为一个动态的历史过程。整个西汉时期,先后有楚国等 12 个诸侯王国领有安徽境内的郡、县。在西汉前期,安徽境域几乎全为诸侯国势力所覆盖。而到西汉末年,全境却逐渐形成了 6 郡 75 县侯邑和 4 个王国分领境域的局面。这些国、郡、县侯邑,又分别位于豫州刺史部等 3 个监察区域之内。就此而言,从封国的沿革开始,次及于郡县的建置,正反映了这个动态的过程。

清代以来,研究西汉沿革地理的学者如钱大昕等人,已经注意到《汉书·地理志》未能反映西汉政区演变动态过程的缺憾。今人周振鹤则从诸侯王国的置废入手,渐及于郡县系统,试图复原西汉政区演变的动态过程。遵循这一学术路径,本节将封国沿革和郡县设置分别列目叙述,尝试探讨和复原西汉安徽政区沿革的动态历史。

一、封国及其沿革

西汉一代,地方郡国的变动很大,而从地域上看,这些变动又存在着较大的差异。自汉高帝末年到武帝初年的 60 年间,西部的 15 汉郡

---

① 周振鹤《西汉政区地理》,人民出版社 1987 年版,第 6 页。

在建置和领域方面几乎没有变化,武帝以后虽然有所变化,但变动幅度并不大。相反,在东部 10 王国①地区,由于汉廷接连实行割裂、削夺王国领域的各项政策,建置和领域遂不断发生变动:一方面,王国数目有所增加而又置废无常;另一方面,王国领域逐渐缩小,分化出许多汉郡。终西汉一代,这一地区的王国与汉郡在数目和领域方面的相互消长从来没有停止过。另外,从武帝建元六年(前 135)起,西汉领域持续向外扩张,到元帝初元三年(前 46),终于演变成 21 郡和 1 个都护府的形势。而西汉新开郡地域的政区变迁又与上述两大地域有所不同,可以说它自成一个相对独立的体系。

相对而言,西汉 3 个地域政区变动的性质和程度有别,东部 10 王国地区无疑属于西汉政区变动最复杂的地域。而西汉时期的安徽地区,又恰处于这一变动最复杂的重要地域。其关键是诸多诸侯国的变迁。

西汉时期诸侯国的建立,可以追溯到秦汉之际。在亡秦战争中,项羽首先打破秦朝旧制,分封诸侯王。楚汉相争中,刘邦为争取力量,对抗项羽,也采取了封置异姓诸侯王的措施。西汉立国后,汉高帝先后翦灭异姓诸侯王,另立了一批同姓诸侯王。西汉一代,安徽境内封国除汉末尚存的楚国、梁国、六安国、广德国 4 国外②,其他如荆国、吴国、江都国、淮阳国、九江国、淮南国、衡山国、庐江国等 8 国在安徽领有的县邑都先后归于汉设郡县及六安国等。

(一)楚国

高帝五年(前 202),刘邦采用张良的建议,将"从陈以东傅海"的广大淮北之地封给齐王韩信。春正月,高帝又下令:"齐王信习楚风俗,更立为楚王,王淮北,都下邳。"③韩信楚国领有秦设陈、薛、泗水、东海等郡地,其中陈、泗水、东海 3 郡在皖北、皖东境内各有若干属县。

① 汉高帝十二年(前 195),西汉王朝以同姓诸侯王取代异姓诸侯王的历史活动基本完成。这一年,在东部地区先后出现 9 个同姓诸侯国,即刘交楚国、刘肥齐国、刘如意赵国、刘恒代国、刘恢梁国、刘友淮阳国、刘长淮南国、刘濞吴国、刘建燕国,异姓诸侯国仅余吴氏长沙国。

② 参见《汉书》卷二十八下《地理志下》。

③ 《汉书》卷一下《高帝纪下》。

高帝六年（前201），楚王韩信废，其东部地分为二：楚国，立刘交为楚王，都彭城（故址在今江苏铜山县）；荆国，立刘贾为荆王。韩信原所领楚国淮西薛郡、泗水郡及东海郡北部地区由刘交领属，原泗水郡在安徽境内属县也归于刘交楚国。韩信原所领楚国陈郡归于汉，其安徽境内陈郡南部属县也归于西汉。

景帝前三年（前154）后，楚国仅保有彭城郡（即秦泗水郡）北部数县地，其他郡县或收为汉郡（东海郡），或置为鲁国（薛郡），或为西汉沛郡之地。宣帝地节元年（前69），楚国除为彭城郡，宣帝黄龙元年（前49）复故。楚国此后在安徽领有梧、甾丘2县。楚国仍都彭城。王莽新朝易为"和乐郡"。

梧：汉置，故城在今淮北市北山境。王莽新朝易县名为"吾治"。

甾丘：汉置，故城在今宿州市东北60里处①。王莽新朝易名为"善丘"。

（二）荆国

高帝六年，分韩信楚国东部淮东地置，都于吴（今江苏苏州）。荆国包括东阳、鄣、吴3郡地，其中东阳郡为析东海郡南部地区置，鄣郡析秦会稽郡西部地置，会稽郡析出鄣郡后或称吴郡，或仍称会稽②。荆国东阳、鄣2郡在皖东江北、江南地区各领若干县邑。高帝十一年（前196）秋，英布发动叛乱，东向攻击荆国，刘贾为英布军所杀，荆国为吴国取代。

（三）吴国

高帝十二年（前195），刘邦"立沛侯刘濞为吴王，王故荆地"③。荆国皖东江北、江南地区所领县邑悉由吴国领属。景帝前三年，七国之乱平。七月，吴国废。吴国都于广陵（故城在今江苏扬州市东北）。

（四）江都国

汉景帝前三年七国之乱平定后，吴国原领吴郡属汉，景帝又以吴

---

① 故城址《安徽省志·文物志》（安徽省地方志编纂委员会编，方志出版社1998年版）作"宿州支河乡"，见该书第43页。

② 参见周振鹤《西汉政区地理》，人民出版社1987年版，第34页。另据《后汉书》志第二十二《郡国四》"丹阳郡"刘昭注补，鄣郡可能是秦郡。

③ 《史记》卷五十一《荆燕世家》。

国原领东阳、鄣2郡置江都国,徙汝南王刘非为江都王,都于广陵。吴楚乱后,所置王国一般仅一郡之地,刘非是汉景帝爱子,因得例外。江都国立后,原吴国东阳、鄣郡在皖东江北、江南地区所领县邑由江都国领属。武帝元狩二年(前121),江都王刘建谋反,国除,地入于汉,原东阳、鄣郡在安徽境内县邑也归于汉。武帝元狩六年(前117)后,又分属临淮郡、丹阳郡。

(五)淮阳国

高帝十一年,刘邦封刘友为淮阳王时置,都于陈(治今河南淮阳县)。淮阳国以陈郡与颍川郡合置。陈郡本为韩信楚国淮北地,韩信国除之后,刘邦以陈郡自属。惠帝元年(前194),刘友徙为赵王,淮阳国复除为陈郡、颍川郡。高后元年(前187),复置淮阳国。此时淮阳国封域仅有陈郡。高后八年(前180),吕氏败,淮阳国除为汉郡。文帝前四年(前176),为推行以亲制疏的政策,汉复置淮阳国,以文帝子代王刘武为淮阳王。文帝前十二年(前168),文帝采贾谊策,除淮阳国,徙淮阳王为梁王,又以淮阳北鄙3城增益其领地。文帝并于此时析陈郡南部地区置汝南郡①。汝南郡析出后,原淮阳国在安徽所领县邑由汝南郡领有,地属今安徽阜阳市、亳州市。

(六)梁国

高帝五年,刘邦采张良策,在将淮北地封给齐王韩信的同时,"取睢阳以北至谷城皆以王彭越"②。春正月,又下令:"魏相国建城侯彭越勤劳魏民,卑下士卒,常以少击众,数破楚军,其以魏故地王之,号曰梁王,都定陶。"③彭越梁国以秦砀郡置。高帝十一年,彭越被诛,刘邦更立刘恢为梁王。刘恢梁国领有砀、东2郡。此后梁国曾更名吕国,吕氏败后复名梁国。文帝前元年(前179),梁国除为砀、东2郡。后复立文帝子刘揖为梁王,领砀郡。文帝前十二年,淮阳国除后,淮阳王刘武徙为梁王,并增益淮阳郡北鄙3城。景帝中六年(前144),梁国剖分为五,刘买为新建梁国国王。后又经多次削割和推恩分封,至西

<hr />

① 参见周振鹤《西汉政区地理》,人民出版社1987年版,第42页。
② 《汉书》卷一下《高帝纪下》。
③ 《汉书》卷一下《高帝纪下》。

汉末,梁国领有 8 县①,其在安徽境内置有柲秋、下邑 2 县,为今宿州市辖地。

柲秋:汉置,故城在今萧县西北 75 里处。王莽新朝易名为"予秋"。

下邑:秦置,属砀郡。汉复置,故城在今砀山县城东 3 里。王莽新朝易名为"下洽"。

（七）九江国

亡秦战争中,"当阳君黥布(即英布)为楚将,常冠军,故立布为九江王,都六"②。英布九江国建为都城的六邑,故址即今六安市区北城北乡张巷村淠河东岸西古城,又名白沙城③。

英布九江国的境域与秦九江郡相关。秦王政"二十三年……荆将项燕立昌平君为荆王,反秦于淮南。二十四年,王翦、蒙武攻荆,破荆军"④。秦九江郡应在秦王政二十四年(前 223)平定淮南地之后置。九江置郡后又析出衡山郡⑤。项羽以秦末九江郡、庐江郡封英布。⑥ 庐江郡在西汉初年又析出豫章郡。楚汉战争后期,英布九江国更名淮南国。

（八）淮南国

汉王四年(前 203),英布降汉,被封为淮南王。汉高帝六年,"布遂剖符为淮南王,都六,九江、庐江、衡山、豫章郡皆属布"⑦。4 郡中九江、庐江、衡山为秦郡,豫章为汉高帝五年析庐江郡而增置。这时,吴

① 周振鹤认为,《汉书·地理志》梁国 8 城所表明的可能是成帝元延中末削 5 县以前的形势。到绥和以后梁国只余 3 县,因为已在《汉书·地理志》所据版籍之外,故《汉书·地理志》未能体现出来。见周振鹤《西汉政区地理》,人民出版社 1987 年版,第 59 页。

② 《史记》卷七《项羽本纪》。

③ 1981 年 9 月公布该遗址为省级重点文物保护单位。

④ 《史记》卷六《秦始皇本纪》。

⑤ 谭其骧认为衡山应为秦郡。见谭氏为《中国大百科全书·中国历史Ⅱ》(中国大百科全书出版社1992 年版,第 799 页)"秦郡"所撰文字,并见《复旦学报》1982 年第 5 期。

⑥ 庐江郡,秦时可能已设为郡。《水经·赣水注》:豫章,"秦以为庐江南部"。可证。

⑦ 《史记》卷九十一《黥布列传》。

第二章 西汉时期安徽的政治与经济

041

芮被刘邦徙为长沙王,衡山改属英布淮南国封域。①

高帝十一年,英布叛汉失败后,刘邦改封其子刘长为淮南王,王都由六迁寿春(今安徽寿县寿春城南),"王黥布故地,凡四郡"②。可见,淮南厉王刘长的封域与英布相同。

文帝前七年(前173),刘长因案被废,"王无道,迁蜀,死雍,为郡"③。淮南4郡归于汉。但此后淮南又有复国之举,文帝前十二年,"徙城阳王王淮南故地"④。文帝前十六年(前164),"徙淮南王喜复王故城阳",而改立淮南厉王刘长3子为王,三分淮南故地,"阜陵侯安为淮南王,安阳侯勃为衡山王,阳周侯赐为庐江王"⑤。刘安淮南王国领九江郡,仍都寿春。武帝元狩元年(前122),刘安因案被废,淮南国除为九江郡。

(九)衡山国

项羽分封时,曾以秦末衡山郡封吴芮为衡山王,建都于邾(今湖北黄冈)。高帝五年吴芮徙为长沙王后,衡山改属淮南国。文帝前十六年,原淮南4郡分为3国时,刘勃以衡山郡建新衡山国。景帝前四年(前153),刘勃徙为济北王,庐江王刘赐转为衡山王。刘勃、刘赐衡山国的国都,已经移到六⑥。此时的衡山国,应位于淮南国之西南。"元朔五年秋,衡山王当朝,六年,过淮南。淮南王乃昆弟语,除前隙,约束反具。衡山王即上书谢病,上赐不朝。"⑦显然,刘赐这次入朝本应在元朔五年(前124)秋,他拖到第二年已属后期。而且刘赐这次在经过淮南国都寿春时,又受到刘安影响,终于放弃了"当朝"的机会。如果刘

---

① 《汉书》卷一下《高帝纪下》:"五年……诏曰:'故衡山王吴芮与子二人、兄子一人,从百粤之兵,以佐诸侯,诛暴秦,有大功,诸侯立以为王。项羽侵夺之地,谓之番君。其以长沙、豫章、象郡、桂林、南海立番君吴芮为长沙王'。"实际上,此时象郡、桂林、南海3郡为南越赵佗所据,豫章则属英布。周振鹤疑"豫章"当为"武陵"之讹。见周振鹤《西汉政区地理》,人民出版社1987年版,第119页。

② 《史记》卷一百一十八《淮南王列传》。

③ 《史记》卷十七《汉兴以来诸侯王年表》。

④ 《汉书》卷四十四《淮南王传》。

⑤ 《汉书》卷四十四《淮南王传》。

⑥ 位今六安市区。清人钱大昕在《通鉴注辩证》中指出:项羽封吴芮为衡山王,都邾;汉文帝封淮南王长子勃为衡山王,都六。钱说当来自《史记》卷五十九《五宗世家》的记载:"封[刘]庆于故衡山地,为六安王。"而六安的一些旧志和新志也采信此说。

⑦ 《汉书》卷四十四《衡山王传》。

赐入朝是从邾地出发,则很难想象他会从鄂东绕道皖西,再经寿春西向长安。

武帝元狩元年,刘赐因案被废,衡山国除为衡山郡。在次年的郡境调整中,衡山郡被削割,其部分版籍被划为六安国的主要政区。

(十)庐江国

文帝前十六年以刘长淮南国庐江郡、豫章郡置,都鄱阳(今江西鄱阳县境)。"孝景三年,吴楚七国反,吴使者至淮南,淮南王欲发兵应之……吴使者至庐江,庐江王弗应,而往来使越。吴使者至衡山,衡山王坚守无二心。孝景四年,吴楚已破,衡山王朝,上以为贞信,乃劳苦之曰:'南方卑湿。'徙衡山王王济北,所以褒之。及薨,遂赐谥为贞王。庐江王边越,数使使相交,故徙为衡山王,王江北。淮南王如故。"[1]可见汉景帝因为三王对于吴楚和越人的态度有别而做出了不同的处理。也可见景帝前三年以前,庐江国应位于江南。庐江国以庐江郡置,所以汉初庐江郡也位于江南。时庐江国所属庐江郡领有今安徽境内宣城以西、以南地区。景帝前四年庐江王刘赐徙为衡山王后,庐江国除为庐江、豫章2郡。在武帝元狩二年的郡境调整中,庐江郡移至江北,原江南庐江郡各县分入鄣(丹阳)、豫章2郡。

(十一)六安国

西汉六安国是淮南、衡山除国后在今六安市境出现的一个刘姓王国。武帝元狩元年,淮南国、衡山国除为九江郡、衡山郡。二年七月丙子,武帝封景帝孙、胶东康王刘寄少子刘庆为六安王,六安国正式设置[2]。六安国分辖原刘赐衡山国北部数县及淮南国部分领地,都于六。

西汉六安国立国时,西汉帝国的政区版籍发生了一次大的变动。武帝元狩元年,衡山、淮南国除;二年,江都国除为广陵郡,江都之别郡鄣郡亦随之属汉,武帝借机对几个郡的领域作了如下较大的调整:

① 《史记》卷一百一十八《淮南王列传》。
② 封王时间据《史记》卷十七《汉兴以来诸侯王年表》。又,《汉兴以来诸侯王年表》集解引徐广曰:"一云[七月]壬子。"而《汉书》卷十四《诸侯王表》也云:"元狩二年七月壬子,恭王庆以康王少子立",但《汉书》卷六《武帝纪》称刘庆于元狩三年夏五月立为六安王。清夏燮《校汉书八表》卷二云,《武帝纪》据下诏之年月。故有不同。

第一，设立江夏郡。割衡山郡西部和南郡东部数县置，其领域如《汉书·地理志》所载。

第二，撤销江南庐江郡，以其东部4县属鄣郡，并改鄣为丹阳；以其余各县入豫章郡，豫章郡遂有《汉书·地理志》之规模。

第三，设立江北庐江新郡。以衡山郡东部与九江郡南部数县置①。

第四，置六安国。

除个别县的情况有变动外，汉元狩二年的这次调整一直维持至西汉末没有改变②。

关于六安国封域的由来，《史记·五宗世家》载："封［刘］庆于故衡山地，为六安王。"《汉书·景十三王传》也说："封［刘］庆为六安王，王故衡山地。"《汉书·地理志下》则记载了六安国政区沿革的详细情况："六安国，故楚，高帝元年别为衡山国，五年属淮南，文帝十六年复为衡山，武帝元狩二年别为六安国。"显然，六安国主要由故衡山国分置而来，但也领有故淮南国部分领域③。

但六安国立国后发生过多次封域变化。武帝以后，六安国在昭帝始元五年（前82）曾推恩分封④六安共（恭）王刘庆之子刘霸为松兹侯，置松兹王子侯国，历子、孙、曾孙4世；宣帝元康二年（前64），推恩分封六安夷王刘禄之子刘赐为富阳侯，置富阳王子侯国，"建昭二年，坐上书归印绶免八百户"；元帝竟宁元年（前33），推恩分封六安缪王刘定之子刘交为博乡侯，置博乡王子侯国，历2世；成帝元延三年（前10），又推恩分封六安顷王刘光之子刘宰为庸乡侯，置庸乡王子侯国⑤。

---

① 根据松兹县的沿革情况，应还有他郡地划入。

② 参见周振鹤《西汉政区地理》，人民出版社1987年版，第53页。

③ 参见周振鹤《西汉政区地理》，人民出版社1987年版，第51～52页。但周振鹤以《汉书·地理志》六安国5县全在弋阳、期思2县以东，而又断弋阳、期思2县原属刘安淮南国，后削入汝南郡为据，断六安国封域全由故淮南国地改置，恐不确。

④ 推恩令的具体实施情况是：元朔二年（前127），"武帝施主父之册，下推恩之令，使诸侯王得分户邑以封子弟，不行黜陟，而藩国自析"（《汉书》卷十四《诸侯王表》）。推恩分封时，诸侯王割一县或一乡之地分其子弟，汉廷封以王子侯的名义，但该侯国一般别属汉郡所有。推恩分封的性质无异于削地，只是规模小而已（类同削县、削乡）。参见《汉书》卷五十三《景十三王传》；周振鹤《西汉政区地理》，第16页。

⑤ 据《汉书》卷十五下《王子侯表》，参见马育良、郭文君《西汉六安国政区地理》，《皖西学院学报》2007年第4期。

刘霸所受封松兹侯国,为王莽建立新朝后181个免国的侯国之一。博乡侯国,别属九江郡。① 博乡、庸乡皆一乡之地。富阳仅800户,也是一乡之地,免侯后省入他县。

《汉书·地理志下》载西汉末年成帝元延、绥和之际(前9—前8)六安国辖六、安风、安丰、蓼、阳泉5县。如将松兹、博乡、庸乡还诸六安,则得六安国元狩二年始封之领域至少应有7县之地,即《汉书·地理志》所载5县,加上松兹、博乡、庸乡3侯国之地②。六安国属县除六为秦故县外,其余均为汉县。王莽新朝除六安国为安风郡。西汉末,六安国在今安徽境内属县有六、安风、阳泉3县,均为今六安市辖地。

六:旧县,西汉仍之。西汉六安国都。故址即六安城北西古城,又名白沙城;一说位今六安市区东南10里许东城都,或六安市区西裴家滩。③

安风:汉置。故城在今霍邱县城西南邵岗乡130里处,古安风水源出其境④。王莽新朝易为安风亭。

阳泉:汉置。故城在今霍邱县西临水镇。

新朝王莽始建国元年(公元9),贬六安王刘育为公,次年除六安国为安风郡。到更始元年(公元23),李宪占据六安地,称淮南王。东汉光武帝建武六年(公元30),李宪兵败,地入东汉。⑤

(十二)广德国

西汉时期,安徽境内出现的王国,还有成帝鸿嘉二年(前19)所置广德王国⑥,位于今黟县境,以封中山宪王孙、中山怀王从父弟子刘云客,为广德夷王。一年后,国绝。平帝元始二年(公元2),复立广川戴王弟子刘伦为广德王,王莽时国绝。广德国前后存续共8年。西汉末

---

① 参见《汉书》卷二十八下《地理志下》。

② 参见马育良、郭文君《西汉六安国政区地理》,《皖西学院学报》2007年第4期。

③ 故城址《安徽省志·文物志》(安徽省地方志编纂委员会编,方志出版社1998年版)作"六安城北乡",见该书第44页。

④ 故城址《安徽省志·文物志》(安徽省地方志编纂委员会编,方志出版社1998年版)作"霍邱邵岗乡",见该书第44页。安风水,一名穷水,今名沣河。《水经注》卷三十《淮水注》:"淮水又东北,穷水入焉。水出六安国安风县穷谷。"《左传·昭公二十七年》:楚救潜,沈尹戌"与吴师遇于穷",即此。

⑤ 以上多参考周振鹤《西汉政区地理》一书的相关研究成果。

⑥ 参见《汉书》卷二十八上《地理志上》"丹阳郡"。

继绝①。

二、郡县的设置

汉初，安徽所设郡、县均隶属于不同的诸侯王国。高帝初年，它们分别为楚王韩信、梁王彭越、九江王与淮南王英布、衡山王吴芮等异姓诸侯王所领。高帝中期以后到武帝元狩初年，在翦灭异姓诸侯王后，安徽大多数郡、县又曾先后分属于刘姓诸侯王所立的楚国（首立者刘交）、荆国（首立者刘贾）、吴国（首立者刘濞）、江都国（首立者刘非）、淮阳国（首立者刘友）、梁国（首立者刘恢）、淮南国（首立者刘长，复国者刘喜和刘安）、衡山国（首立者刘勃）、庐江国（首立者刘赐）、六安国（首立者刘庆）、广德国（首立者刘云客）等。

按照汉制，郡设守、尉、监各一人：守称太守，为一郡行政首长；尉掌军事；监即监御史，主监察。一般太守秩两千石，不得如京辅太守"奉朝请"（即参与朝会）。每郡下领若干县、侯国、邑及道。道是在少数族群区域设置的特殊县。万户以上的县设令，万户以下的县设长。与县相当的侯国和邑是列侯和皇太后、皇后、公主的食邑（汤沐邑）。侯国享有政治、经济上的种种特权。这些特权在七国之乱后渐被取消。此后侯国分属所在郡管辖，不再直属中央。侯国和邑变动性大，邑一般在食邑者逝后即收归中央。

刘姓淮南国两次事变、吴楚七国之乱后，汉王朝实行削藩和推恩政策，安徽境内的诸侯王国和汉属郡县出现了互为消长的变化。汉武帝元封五年（前106），在过去以"州"域为范围进行君主视察巡省地方活动的基础上，分全国为豫、冀、兖、徐、青、荆、扬、益、凉、朔方、并、幽、交等十三州（部），州设刺史一人，秩六百石，位下大夫，秩卑而权重，实行君主代理人巡视监察地方的制度，即所谓州部刺史监察制度。这时的州部刺史直接受朝廷御史中丞管辖，以所谓"六条"问事。从"六条"内容看，州部刺史初时只负监察地方官员和豪强之责，不亲理民

---

① 参见《汉书》卷十四《诸侯王表》、卷五十三《景十三王传》。但《诸侯王表》有误，参见清人梁玉绳等撰《史记汉书诸表订补十种》上夏燮《校汉书八表》卷二，中华书局1982年版，第195页。广德国领地情况参见本书"二、郡县的设置"黟县。

事,但它毕竟开启了地方行政体制向州、郡、县三级制的过渡。这一过渡到东汉后期最终完成。此间,全国及安徽郡县体制也逐步发生了变化。根据《汉书·地理志》及其他古今文献记载或研究成果①所反映的西汉末年郡国县侯邑的情况,当时安徽境域已分属 6 郡 4 国。为了叙述方便,我们按照这些郡国在当时所属的监察州域,将它们分别归入豫州、徐州、扬州 3 个监察区进行监察区－政区沿革地理分析。

(一)豫州刺史部

安徽境内监察区分属汝南、沛郡和梁国。梁国建置沿革情况见本节"一、封国及其沿革(六)梁国"。

1. 汝南郡

文帝前十二年淮阳除国后,析陈郡南部地区置汝南郡。陈郡秦置。景帝前二年(前 155),以汝南郡置汝南国,次年国除,仍为汝南郡。汝南郡治上蔡(今河南上蔡县境),西汉末领 37 县及侯国、邑,其在安徽境内置有富波、铜阳、细阳、汝阴、慎、濦、新郪、新阳等 8 县,属县多为今阜阳市、亳州市辖地。王莽新朝易郡名为"汝汾"。

富波:汉置。故城在今阜南县谷水之滨。因境内多陂塘,也称富陂。

铜阳:汉置,位于铜河之北,故名。故城在今临泉县城西 60 里铜城镇北街。

细阳:汉置。故城在今阜阳市西北。因居细水之北,故名。王莽新朝易县名为"乐庆"。

汝阴:旧县,西汉改"女阴"曰"汝阴"。汝南都尉治所。故城位今阜阳市区。王莽新朝易县名为"汝坟"。

慎:旧县,西汉仍之。故城在今颍上县城西北 40 里江口镇,南濒颍河。王莽新朝易县名为"慎治"。

濦:楚寝丘邑,汉置濦县。治今临泉县城关。王莽新朝易县名为

---

① 本目参考文献主要有:(北魏)郦道元撰《水经注》(上海古籍出版社 1990 年版)、(唐)李吉甫撰《元和郡县图志》(中华书局 1983 年版)、(清)顾祖禹《读史方舆纪要》(中华书局 1955 年版)及今人谭其骧主编《中国历史地图集》(中国地图出版社 1982 年版)、周振鹤《西汉政区地理》(人民出版社 1987 年版)、安徽省地方志编纂委员会撰《安徽省志·建置沿革志》(方志出版社 1999 年版)。

"闰治"。

新郪:旧县,西汉仍之。故城在今太和县城北 70 里,即古郪丘邑。王莽新朝易县名为"新延"。

新阳:旧县,西汉仍之。治今界首市北。王莽新朝易县名为"新明"。

2. 沛郡

故秦泗水郡地,汉高帝或景帝时析泗水郡或彭城郡地置,更名沛郡。

武帝后,郡境发生多次变动。沛郡治相(今安徽淮北市相山区),西汉末,领 37 县及侯国,其安徽境内置有相、龙亢、竹、谷阳、萧、向、铚、下蔡、谯、蕲、垬、山桑、郸、符离、夏丘、洨、城父、扶阳、平阿、义成等 20 县及侯国,多为今淮北市、宿州市、蚌埠市、阜阳市、滁州市辖地。王莽新朝易郡名为"吾符"。

相:旧县,西汉仍之。秦泗水郡、汉沛郡治所在地。在今淮北市相山区。王莽新朝易为"吾符亭"。

龙亢:汉置。故城在今怀远县西北 75 里处,即今龙亢镇,俗名柴王城。

竹:旧县,西汉仍之,自泗水郡割属沛郡。治今宿州市北老符离。王莽新朝易为"笃亭"。

谷阳:汉置。在谷水之阳。清乾隆年间,谷阳故城遗址犹存。《清一统志》:谷阳故城在灵璧县城西南 75 里,固镇在灵璧县城西南 70 里。两说相距仅 5 里,应指一地。

萧:旧县,西汉仍之,自泗水郡割属沛郡。治今萧县西北。

向:汉置。故城位今怀远县西北。

铚:旧县,西汉仍之,自泗水郡割属沛郡。治今濉溪县临涣镇。

下蔡:汉置。西汉故城位今淮南市凤台县城。

谯:旧县,西汉仍之,自砀郡割属沛郡。故城位今亳州城关。王莽新朝易为"延成亭"。

蕲:旧县,西汉仍之,自泗水郡割属沛郡。都尉治所。治今宿州市蕲县镇。王莽新朝易县名为"蕲城"。

珵("虹"的异体):汉置,东汉作"虹"。故城在今五河县城西北。王莽新朝易县名为"贡"。

山桑:汉置。今蒙城县城北 40 里有檀公城,位北淝河北岸,即汉山桑县故城。

郸:汉置,故址在今涡阳县东北丹城镇。汉景帝时郸康侯周应封邑,宣帝时国除为县。王莽新朝易县名为"单城"。

符离:旧县,西汉仍之,自泗水郡割属沛郡。治今宿州市东北灰古镇。王莽新朝易县名为"符合"。

夏丘:汉置。故城即今泗县城,一说在今五河县境。王莽新朝易县名为"归思"。

洨:汉置,侯国。因洨水而得名。清乾隆时《灵璧县志》有《河渠原委》、《境内古地》等文,称濠城集即洨之故城,集有霸王城,即垓下。王莽新朝易名为"育成县"。

城父:旧县,西汉仍之,自泗水郡割属沛郡。故城位今亳州市东南城父镇。王莽新朝易县名为"思善"。

扶阳:汉侯国,故城在今萧县西南。王莽新朝易名为"合洽县"。

平阿:汉侯国,后为县。今怀远县西南 60 里有平阿集,位于与凤台县接界的平阿山下,俗称平峨,即汉时平阿故城。王莽新朝易县名为"平宁"。

义成:汉侯国,后为县。故城在今怀远县东北 15 里。义成,民间也称楮城,地当涡水入淮处,一名涡口。

(二)徐州刺史部

安徽境内监察区分属临淮郡和楚国。楚国建置沿革情况见本节"一、封国及其沿革(一)楚国"。

临淮郡

武帝元狩六年以广陵郡部分辖地合沛郡东部数县置。广陵郡前身即高帝六年析东海郡南部地区而置之东阳郡。临淮郡治徐(今安徽泗县境),西汉末,领 29 县及侯国,其安徽境内属县多为今宿州市、滁州市辖地,置有徐、取虑、僮县、淮陵、东阳等 5 县。王莽新朝易郡名为"淮平"。

徐:古国名,周徐子国。"至春秋时徐子章禹为楚所灭。"旧县,西汉仍之。故城在今泗县西北。王莽新朝易县名"徐调"。

取虑:旧县,西汉仍之,自泗水郡割属沛郡,后属临淮郡。治今灵璧县东北潼郡集。

僮:旧县,西汉仍之,自泗水郡割属沛郡,后属临淮郡。治今泗县东北。王莽新朝易县名为"成信"。

淮陵:汉侯国,后为县。故城在今明光市东北。王莽新朝易县名为"淮陆"。

东阳:旧县,西汉仍之。故城在今天长、盱眙 2 县交界处,遗址尚存。

(三)扬州刺史部

安徽境内监察区分属九江、庐江、丹阳郡及六安国广德国。六安国、广德国建置沿革情况见本节"一、封国及其沿革(十一)六安国、(十二)广德国"。

1. 九江郡

旧郡,亡秦战争中为英布九江国所领。高帝五年属英布淮南国,后属刘长淮南国。文帝前七年后属汉。文帝前十二年复属淮南国。武帝元狩元年,淮南国除,复为汉九江郡,治所寿春。此后郡境又经多次变动,至西汉末领 15 县及侯国、邑,全设于安徽境内,多为今阜阳市、淮南市、六安市、滁州市辖地,置有寿春、浚遒、成德、橐皋、阴陵、历阳、当涂、钟离、合肥、东城、博乡(析自六安国)、曲阳、建阳、全椒、阜陵等 15 县及侯国、邑。王莽新朝易郡名为"延平"。

寿春邑:旧邑,西汉仍之。故城在今寿县城南。曾为淮南国都。

浚遒:汉置。故城在今肥东龙城集,一说今梁园镇南 30 里。

成德:汉置。故城在今寿县东南。王莽新朝易县名为"平阿"。

橐皋:春秋吴邑。汉置橐皋县。故城在今巢湖市区西北 50 里,今为柘皋镇。

阴陵:旧县,西汉仍之。治今定远县西北靠山乡。王莽新朝易县名为"阴陆"。

历阳:旧县,西汉仍之。九江都尉治所。治今和县历阳镇。王莽新朝易县名为"明义"。

当涂:汉置,侯国。故城在今怀远县东南 3 里,涂山北麓。王莽新朝易名为"山聚县"。

钟离:旧县,西汉仍之。治今凤阳东北临淮镇。王莽新朝易县名为"蚕富"。

合肥:汉置。今合肥市区北有合肥故城,即汉合肥县所在。一说故城位今合肥水西门外。

东城:旧县,西汉仍之。治今定远县东南。王莽新朝易县名为"武城"。

博乡:汉置,侯国。元帝时成为六安王子侯国。故城位今六安市裕安区北分路口滑联乡,一说位今六安市西南裕安区石婆店乡石婆店村塘埂。王莽新朝易名为"扬陆"。

曲阳:旧县,西汉仍之。治今淮南市上窑镇东南及凤阳县龙坝乡西一带。侯国。王莽新朝易为"延平亭"。

建阳:汉置。故城在今来安县水口镇以东。

全椒:汉置。治今全椒县襄河镇。

阜陵:汉置。文帝前八年(前 172),封淮南王刘长之子刘安为阜陵侯。汉阜陵县故城,在今全椒县东南。王莽新朝易县名为"阜陆"。

2. 庐江郡

旧郡,秦与汉初设于江南。汉初先后属九江国、淮南国。文帝前十六年,与豫章郡合置为庐江国。景帝前四年,庐江国除,复为汉郡。武帝元狩二年,改置庐江郡于江北。新庐江郡治于舒。西汉末,新庐江郡领 12 县及侯国、邑,其安徽境内属县多为今巢湖市、六安市、安庆市辖地,置有舒、居巢、龙舒、临湖、襄安、枞阳、灊、皖、湖陵邑、松兹等 10 县及侯国、邑。

舒:旧置春秋舒国为舒县,西汉仍之。故城在今六安市舒城县境(一说在今庐江县西南)。王莽新朝易县名为"昆乡"。

居巢:旧县,西汉仍之,自九江郡割属庐江郡。治今巢湖市东北。

龙舒:汉置,"群舒之邑"①。群舒分布于今舒城周围地区,故址难考。清光绪时《续修舒城县志》:今县城西18里有寒城,其东北数里有花家城,其北又有余家城等。几处遗址中,或有汉龙舒县故城旧址。

临湖:汉置。故城在今无为县城西南80里临壁山下,今为临湖圩。一说位今和县境。

襄安:旧县,西汉仍之,自九江郡割属庐江郡。治今无为县襄安镇。王莽新朝易为"庐江亭"。

枞阳:汉置。故城即今枞阳镇。

灊:汉置春秋楚灊邑为灊县。故城位今霍山县衡山镇上元街。

皖:汉置春秋皖国为皖县。故城即今潜山县城。

湖陵邑:汉置。故城在今太湖县境。

松兹:汉置,侯国。高后四年(公元184)以封徐后。武帝建元六年松兹侯徐偃有罪,国除为县。据考,松兹国是文帝时从刘长淮南国迁出的3个侯国之一。② 松兹侯国城初位于安风县东,文帝时移至今宿松县北凉亭河。昭帝时,刘霸受推恩分封为六安王子侯,又于安风县东重置松兹侯国。③ 松兹亦作"松滋"。王莽新朝易名为"诵善"。

3. 丹阳郡

原为鄣郡。汉初属韩信楚国淮东之地。高帝六年,易为荆国属郡。十二年,更属吴国。景帝前三年,吴国除,以鄣郡、东阳郡置江都国。武帝元狩二年,江都国除为广陵郡,鄣郡合庐江郡东部4县更名丹阳郡,治宛陵。西汉末领17县,其安徽境内属县多为今安徽江南各市辖地,置有宛陵、石城、丹阳、春谷、泾、陵阳、芜湖、歙、黟、宣城等10县。

宛陵:汉初置,丹阳郡治,位于今宣城市区。王莽新朝易县名为"无宛"。

石城:汉置。故城在今池州市区西南70里石城村,旧名铁店,也称苍埠潭。因东西有两石山夹立如城,故名。

① 《汉书》卷二十八上《地理志上》应劭注。
② 参见陈苏镇《汉文帝"易侯邑"及"令列侯之国"考辨》,《历史研究》2005年第5期,第23、24页。
③ 参见周振鹤《西汉政区地理》,人民出版社1987年版,第52页。

丹阳:旧县,西汉仍之。治今当涂县丹阳镇。

春谷:汉置。故城在今繁昌县西北。

泾:汉置。因境有泾水获名。汉代故城原跨泾溪,在今泾县西,水毁后移至泾溪西岸。

陵阳:汉置。故城在今青阳县南 60 里陵阳镇。

芜湖:汉置春秋吴鸠兹邑为芜湖县。故城在今芜湖县城北约 54 里处,又称楚王城。

歙:旧县,西汉仍之,丹阳都尉治所。治今歙县城关徽城镇。

黝:旧县,又作黔县,西汉仍之,西汉末曾为广德王国地。治今黟县东。王莽新朝易名为"愬虏县"。

宣城:汉置。汉代宣城与宛陵为邻。汉宣城县故城,地名青弋。青弋,即今南陵、宣城二县交界之弋江镇。清嘉庆《一统志》:"宣城故城,在南陵县东 40 里青弋江上。汉置。隋初,改宛陵县为宣城,故城遂废。"

第二节　西汉时期安徽的重要诸侯王与列侯

楚汉战争后期,刘邦迫于形势,先后分封了 7 个异姓王,他们是楚王韩信、梁王彭越、淮南王英布、燕王臧荼、赵王张敖、韩王韩信、长沙王吴芮。除赵王之封外,其余大多出于"徼一时之权变,以诈力成功"。异姓诸侯王作为功臣集团的代表,在楚汉战争中与刘邦平起平坐。西汉建国后,这种情况很难再延续下去,汉王朝与异姓王之间的矛盾很快暴露出来。后来,臧荼、韩信、彭越、英布、卢绾(继臧荼为燕王)相继因案被杀。异姓王既灭,刘邦又大封同姓王,以之作为朝廷的屏障,卫护中央,西汉于是形成了郡国并行的地方行政格局。西汉前期,分封国经济获得了较大的发展,它们恢复了生产力,国力日益雄厚,逐渐形成了与中央对立的局面,为汉王朝埋下了分裂动乱的祸根,

以致到景帝时酿成了七国之乱,武帝时出现了淮南、衡山之狱。

西汉前期,封地及于安徽境域,并对安徽乃至全国政治带来重大影响的封国有楚国、淮南国、吴国等,其中影响重大的诸侯王主要有楚王韩信、淮南王英布、吴王刘濞、淮南王刘长及刘安等。当然,他们对安徽的经济与文化也带来了情况或程度不同的影响。给安徽乃至全国带来较大或一定影响的还有堂邑侯陈婴、汝阴侯夏侯婴、羹颉侯刘信等列侯。刘安淮南狱后,西汉安徽诸侯王国步入后期历史,此间新置的六安王国比较典型地反映了西汉后期一般诸侯王国逐渐走向衰落的情势。

一、楚王韩信

韩信(?—前196),淮阴(今江苏淮安市淮阴区境)人,汉初杰出军事家,与萧何、张良并称"汉初三杰",在西汉政权的建立过程中功勋显赫,先后被封为齐王、楚王、淮阴侯等。他熟谙兵法,在中国古代战争史上以灵活用兵著称。他曾与张良整理古代兵家著述,著有兵法3篇(亡佚)。韩信一生,为后世留下了大量传说典故,"成败一萧何,生死两妇人",可说是对其一生的概括。司马光在《资治通鉴·汉纪四》中对韩信给予了高度评价:"汉之所以得天下者,大抵皆信之功也。"

(一)韩信的出身

《史记·淮阴侯列传》称韩信"始为布衣时,贫无行,不得推择为吏,又不能治生商贾,常从人寄食饮,人多厌之者"。苦于生计无着,韩信微时常到城郊淮水边钓鱼充饥。韩信曾寄居在下乡县南昌亭长家里一连数月,亭长之妻嫌弃他。为了使韩信离开她家,她甚至改变习惯,每天很早就起来烹饪,一家人在床上吃早餐,等到韩信来讨吃时,食物已尽。"信亦知其意,怒,竟绝去。"①一次,有个屠夫少年公然侮辱韩信说:"信能死,刺我;不能死,出我袴下。"②韩信没有逞一时之

---

① 《史记》卷九十二《淮阴侯列传》。
② 《史记》卷九十二《淮阴侯列传》。"袴",股。《汉书·韩信传》作"跨",或作"胯"。

勇,而是隐忍着伏出少年胯下。日后回忆往事时,韩信对自己这一做法的解释是:"此壮士也。方辱我时,我宁不能杀之邪? 杀之无名,故忍而就于此。"①

少年韩信常常因钓不到鱼而挨饿,有位漂母送食给他,并鼓励他树立鸿志。此后韩信努力上进,开创了一番事业。韩信封侯后,"召所从食漂母,赐千金",并以百钱馈下乡亭长,甚至还提拔当年让他受胯下之辱的少年为中尉。后人为纪念这位大将军,在今江苏淮安专建了汉韩信祠、袴(胯)下桥和漂母祠等。

(二)韩信与楚汉战争

公元前209年,陈胜、吴广领导的大泽乡起义爆发,韩信投身项梁的西楚军。项梁死后,他又追随项羽。韩信多次向项羽献策,但都未被采纳,也始终没有受到重用。于是,他断然决定逃出楚营,投奔汉王刘邦。后坐法当斩,临刑时夸言:"上不欲就天下乎? 何为斩壮士!"滕公夏侯婴见其器宇轩昂,言语豪壮,神态非凡,便释放了他,并把他推荐给刘邦,但刘邦只任命他为治粟都尉。韩信又决定离开汉营。但刘邦大臣萧何了解韩信的才能,便自作主张将韩信追回。此举为后世留下了"萧何月下追韩信"的佳话。当时,项羽凭借实力,号令天下,大封诸侯。刘邦被封为汉王,辖巴蜀、汉中偏僻之地。韩信借机向刘邦献"汉中对策"。在对策中,韩信分析了项羽的为人,指出他表面强大,实际上是逞"匹夫之勇",因此"天下多怨","其强易弱"。同时指出刘邦虽弱,但深受三秦民众欢迎,从而得出必能取胜的结论,要刘邦树立必胜的信心。韩信对当时形势和发展态势的分析,使刘邦"大喜,自以为得信晚"。②

汉王元年(前206),刘邦拜韩信为大将军,并接受韩信袭取关中、还定"三秦"的建议,举兵东出,楚汉战争正式爆发。汉军以曹参、樊哙等人为先锋,利用秦岭栈道③被汉军烧毁的情势,施展明修栈道、暗

① 《史记》卷九十二《淮阴侯列传》。
② 《史记》卷九十二《淮阴侯列传》。
③ 古代陕、甘、川、滇境内在峭岩陡壁上凿孔架桥连接而成的一种道路,是当时这些地区重要的交通要道。

度陈仓之计,一面派樊哙等率军大张声势地抢修栈道,一面由刘邦亲率部队潜出故道,翻越秦岭,袭击陈仓(雍王章邯部驻地)。章邯兵败,韩信分兵略地,迅速占据关中大部。汉王二年(前205)二月,汉军出函谷关。四月,汉军进至楚都彭城。项羽听说彭城危急,急率3万精兵连夜赶回,终将刘邦击败。韩信赶到荥阳,对楚军进行了成功的阻击。十一月,刘邦封韩信为左丞相,领兵攻魏王豹。韩信佯装从正面渡河,一面派军从上游阳夏(今河南太康县)奇袭安邑(今山西夏县),大破魏军,定魏地为河东郡。接着又与张耳北略代地,东向攻赵。在井陉口(今河北获鹿县境),韩信背水列阵,三路合兵,大破赵军,斩杀陈余,擒赵王歇。这时刘邦派郦食其说齐王田广,促其归顺汉王。韩信却在谋士蒯通的劝说下,发兵攻齐,袭齐历下军,郦食其遭田广烹杀。韩信连败田广、龙且军,齐国平定。

汉王四年,韩信在平定齐地后,自立为"假齐王"。刘邦虽不满,但仍在次年封他为齐王,划陈(今河南淮阳县)以东至海滨之广大淮北地区为其封地。项羽曾派人游说韩信,以三分天下为诱饵,希望与韩信联合对汉,但被韩信拒绝。韩信的谋士蒯通也借相人之术劝韩信与刘邦、项羽鼎足而立,但韩信自以为刘邦对他礼遇有加,便没有采纳蒯通的建议。汉高帝五年十二月,楚汉两军在垓下展开决战。韩信以侧翼攻击的战法对楚军实施合围。汉军夜间四面楚歌,以涣散楚军斗志。楚军终被汉军聚歼于垓下,项羽自刎于乌江边。

(三)韩信之死

韩信是汉初异姓王中实力最强者。项羽被打败后,刘邦立即用突然袭击的办法夺取了齐王韩信的军权,改封韩信为楚王,建都下邳(今江苏邳州市),把韩信从富庶强盛的齐地调到相对落后一些的楚地。

韩信初到楚地,到各县乡邑巡查,进出都派军队戒严。项羽旧部钟离昧是汉王朝缉拿的要犯,韩信却把他留在楚地,这引起了刘邦的不满。

高帝六年,有人告发韩信谋反。刘邦用陈平之计,伪称巡游云梦,命令受封各王到陈地相见。韩信赴会,立被缚捉。韩信感叹道:"果若人言,'狡兔死,良狗亨;高鸟尽,良弓藏;敌国破,谋臣亡。'天下已定,我固当亨！"①汉高帝取消了韩信的楚王封号，改封他为淮阴侯。韩信被革职后，常常推说自己有病，不去朝见。高帝十年（前197），韩信的部下陈豨谋反，自立为代王。刘邦亲自到邯郸指挥平定。韩信称病不随刘邦远征，据说还暗地里派人到陈豨处联络，约与陈豨暗中策应。史载韩信还曾与家臣谋划伪传诏旨，试图乘夜间释放官府囚徒和官奴，然后率领他们去袭击吕后和太子。此事被韩信门下告发。高帝十一年，吕后和萧何使计诱骗韩信至长乐宫钟室，以谋反罪杀之。韩信临被杀时叹道："吾不用蒯通计，反为女子所诈，岂非天哉！"②韩信成为汉初开国功臣中第一个被夷三族者。刘邦听说韩信死了，且喜且怜之。

西汉建立后，韩信曾为定军法。刘邦称赞他"连百万之军，战必胜，攻必取"③。

司马迁在《史记·淮阴侯列传》中慨叹："假令韩信学道谦让，不伐己功，不矜其能，则庶几哉，于汉家勋可以比周、召、太公之徒，后世血食矣。不务出此，而天下已集，乃谋畔逆，夷灭宗族，不亦宜乎！"

关于韩信谋反之说，后世史家或以为诬陷之辞。

二、淮南王英布

汉王四年七月，刘邦立英布为淮南王。项羽失败后，"布遂剖符为淮南王，都六，九江、庐江、衡山、豫市章郡皆属布"④。

英布（？—前195），汉六（今安徽六安市）人。英布出身贫寒，年少时有人给他相面，说他在受刑之后会被封王。此后，他确因触犯秦律被处黥刑，并被送往骊山服刑，故又称黥布。英布在刑徒中结交豪杰，并率领他们亡逃江中。秦末农民起义爆发后，英布先是投奔吴芮，后改投项梁。英布作战勇敢，"常冠军"，多次以少胜多。楚怀王立时号之当阳君。巨鹿之战中，英布作为先锋，渡河击秦，立下大功。项羽

① 《史记》卷九十二《淮阴侯列传》。
② 《汉书》卷三十四《韩信传》。
③ 《史记》卷八《高祖本纪》。
④ 《史记》卷九十一《黥布列传》。

曾命英布坑杀章邯降兵20余万。函谷关战役中,项羽命英布抄小道破关得入,因封英布为九江王,都六。汉王元年,项羽尊楚怀王为义帝,但又密令英布杀害义帝。英布派人追杀义帝于郴县,成为项羽滥施暴虐的帮凶。汉王二年,项羽为攻击反叛自己的齐王田荣而征兵于英布,英布称病没有随行,后来又称病坐视彭城陷落。刘邦派随何游说英布,随何为英布分析当时的形势,"楚不如汉,其势易见也"①,并许诺:"臣请与大王提剑而归汉,汉王必裂地而封大王,又况淮南,淮南必大王有也。"②英布于是起兵反楚。项羽听说消息后,派项声、龙且等人追击英布。英布吃了败仗,与随何从小道归汉。但刘邦对英布的到来并没有任何欢迎的表示,他边洗脚边召见英布,英布非常生气,甚至要自杀。然而当他回到寓舍后,发现"帐御饮食从官如汉王居","又大喜过望",终于归汉。③

高帝五年,英布派兵进入九江,接着与诸军联合攻楚,在垓下大破楚军。高帝十一年,吕后诛杀韩信、彭越。对汉王朝诛杀异姓王的举措,英布惊恐万分。为逃脱坐以待毙的结局,英布暗地里聚集人马,准备起兵。

后来英布部下中大夫贲赫因被怀疑与英布宠姬淫乱,英布欲捕之,贲赫逃到长安上书告发英布谋反。刘邦派汉使者到六调查,英布在杀了贲赫全家后起兵反叛。汝阴侯夏侯婴向刘邦推荐故楚国令尹薛公献谋。薛公分析英布虽然有上、中、下计可施,但英布出身骊山刑徒,他只会做对自己有利的事,不会为子孙、百姓谋福,所以只会出下策。果然,英布对形势作了错误估计,他在造反之初曾对其将士说:"上老矣,厌兵,必不能来。使诸将,诸将独患淮阴、彭越,今皆已死,余不足畏也。"④于是,他向东击杀荆王刘贾,又渡淮击楚,大破楚军,然后率军西行,与刘邦在蕲西(今安徽宿州境)相遇。双方大战,英布败

①　《史记》卷九十一《黥布列传》。
②　《史记》卷九十一《黥布列传》。
③　《史记》卷九十一《黥布列传》。
④　《史记》卷九十一《黥布列传》。

亡。后来,长沙成王吴臣①使计诱英布南逃,英布死于番阳人之手。

对英布谋反的原因,史家有许多猜测。《史记》中司马迁用英布自己的话作过解释:"欲为帝耳。"其实,这一事件也是刘邦铲除异姓王以巩固刘家天下的举措带来的必然结果。

英布死后,刘邦正式立其子刘长为淮南王,辖英布故地。刘邦平定英布后,路过故乡沛县,邀请故人饮酒。酒酣时,刘邦击筑而歌,情不自禁地唱道:"大风起兮云飞扬,威加海内兮归故乡,安得猛士兮守四方!"②豪迈之中,刘邦对四境守卫隐隐流露出些许忧虑。

三、吴王刘濞与七国之乱

吴国始封于高帝十二年。此时淮南王英布败走吴越,刘邦认为东南之地与汉廷悬隔,非强权不能镇之。而刘邦亲子均尚年少,于是分封兄子刘濞为吴王。吴国是拥有五十余城的大国,吴地资源丰富,而且具有比较深厚的历史文化传统。

(一)吴王刘濞

刘濞(前216—前154),丰(今江苏丰县)人,汉高帝刘邦之侄。高帝十一年,刘濞受封沛侯。高帝十二年英布失败后,刘邦封刘濞为吴王,统辖吴地3郡53县。授其封印之后,刘邦又有悔意,因为他认为刘濞"状有反相"。但已封立,他只好拍着刘濞的脊背说:"天下同姓为一家也,慎无反!"刘濞顿首道:"不敢。"③

汉惠帝、高后时,天下刚刚安定,一些郡国的官员、诸侯开始在自己的辖境中努力经营,安抚百姓,吴国也凭借辖地的资源优势发展起来。吴国的鄣郡产铜④,滨海地区产盐,刘濞招募天下亡命之徒私下铸钱、煮盐,吴国私铸的钱币流通于整个西汉境内。吴国还利用地理之便,多用运输能力超出马车数十倍的舟船作运输工具。刘濞凭借封国铜、盐的收益,对百姓不征赋税,减轻了农民负担,百姓在吴地得以安

---

① 《史记》卷九十一《黥布列传》误为长沙哀王。
② 《汉书》卷一下《高祖纪下》。
③ 《史记》卷一百六《吴王濞列传》。
④ 《史记》卷一百六《吴王濞列传》误作"豫章郡"。

居乐业。吴国还以政府给付工钱的方式,加强公共工程建设。又鼓励人们学习,才华出众者予以奖励和公开表彰,逢年过节给予慰问,给乡里以赏赐。从其他郡国逃亡到吴国的士人,刘濞一律招纳,以至门下宾客众多。四方大量游士、文士归于刘濞,又带动了吴国文化的发展。当时,吴地出现了许多辞赋家,枚乘和邹阳就是其中佼佼者。"邹阳,齐人也。汉兴,诸侯王皆自治民聘贤。吴王濞招致四方游士,阳与吴严忌、枚乘等俱仕吴,皆以文辩著名。"①枚乘善于文辞,《汉书·艺文志》著录枚乘有赋9篇,其中《七发》是名篇。他曾是吴国的郎中,在得知刘濞准备反叛朝廷时,曾及时上书进行劝阻,但刘濞没有采纳他的意见。邹阳也是刘濞的门客,刘濞谋反时,邹阳进《上吴王书》。邹阳先追述秦朝历史,表明汉朝远没有秦控制天下的能力,然后解说自己投奔吴国是因为仰慕吴王特有的才华,最后举出幽王被害、淮南王刘长被废之事,试图劝说吴王放弃谋反的打算。但刘濞也未能纳其言。

吴地经过刘濞几十年的经营,经济迅速发展,"夫汉并二十四郡,十七诸侯,方输错出,运行数千里不绝于道,其珍怪不如东山之府。转粟西乡,陆行不绝,水行满河,不如海陵之仓"②。这是说,文帝后期汉廷拥有的珍宝、由关东经漕路运向长安的粟谷,还没有吴国东山府、海陵仓宝粟丰多。至此,吴国成为当时诸封国中最强大的一个。

孝文帝时,吴王刘濞让太子入朝长安,陪伴皇太子刘启饮酒下棋,以此消除朝廷对自己的猜忌。吴太子的老师浮躁强悍,所以吴太子平日也比较骄纵放肆。在与刘启下棋时,双方发生争执,吴太子被刘启用棋盘击杀毙命。刘濞因为儿子的缘故,此后二十余年称病不上朝。汉文帝赦免了刘濞,还赐给他几杖,允许他不进京朝见。这时吴国经过长期的发展,"积金钱,修兵革,聚粮食,夜以继日,三十余年"③,势力已经强大到足以与中央抗衡的地步,"夫吴有诸侯之位,而实富于

---

① 《汉书》卷五十一《邹阳传》。

② 《汉书》卷五十一《枚乘传》。

③ 《汉书》卷三十五《吴王传》。

天子"①。

(二)七国之乱

景帝即位后,中央皇权和地方王国势力的矛盾日益激化。景帝前三年(前154),晁错看到诸侯王势力与中央集权的尖锐矛盾已经到了非解决不可的地步,便主张通过削减诸侯王封国领域的办法来达到维护西汉政权的目的。他指出:削藩,诸侯会反;不削,诸侯也会反,而到那时对中央造成的危害会更大。景帝接受晁错所上《削藩策》,下诏削割赵王刘遂河间郡、胶西王刘卬6县、楚王刘戊东海郡。

削藩之举激起了诸王的强烈反对。当景帝准备继续扩大削藩,削夺吴国的会稽、郢郡时,吴王感到难以自保,"汉廷臣方议削吴。吴王濞恐削地无已,因以此发谋,欲举事"②。他私下联络胶西王刘卬,又由刘卬联络齐地诸王,决定一起叛汉。当汉王朝削割会稽、郢郡的诏书发到吴国时,刘濞率先起兵。胶西王卬、胶东王雄渠、菑川王贤、济南王辟光、楚王戊、赵王遂也随之发难。他们打起"诛晁错,清君侧"的旗号,共同叛乱,史称七国之乱。

刘濞命国内14至62岁的男子悉数出征,聚集了20万人从广陵向西汉统治中心进发,胶西、胶东、菑川、济南、楚、赵国发兵响应,东越也发兵随从。吴军西渡淮河,并合楚军,遣使致书各诸侯国,声称他的财物"诸王日夜用之弗能尽"③,如果各诸侯王起事发兵,需要赏赐部下,吴国可以尽量提供。刘濞还重赏能捕获西汉诸将大臣及率军或城邑投降者。

七国反叛,朝廷非常震动。景帝最初以为只要杀了晁错,"复其故地,则兵可毋血刃而俱罢"④。然而景帝采袁盎之谋杀晁错后,七国并未罢兵,刘濞甚至公然对景帝使者声称:"我已为东帝。"⑤此时景帝才下决心以武力镇压叛乱,命周亚夫以中尉的身份代行太尉之职,率领

---

① 《汉书》卷五十一《枚乘传》。
② 《史记》卷一百六《吴王濞列传》。
③ 《史记》卷一百六《吴王濞列传》。
④ 《汉书》卷四十九《晁错传》。
⑤ 《史记》卷一百六《吴王濞列传》。

36 位将军,攻打吴、楚军;派遣曲周侯郦寄攻打赵国;将军栾布攻打齐国;大将军窦婴驻扎荥阳,监视齐、赵的军队,策应前方。

周亚夫采纳宾客的建议,出武关,抵洛阳,控制敖仓。吴楚七国反叛之初,年轻将领桓将军曾劝吴王濞直取洛阳武库、荥阳粮仓,但吴王没有听从。吴王渡淮,与楚王破棘壁(今河南柘城县境),乘胜而前。[①]开始时,梁国进行抵抗,但不敌叛军。吴楚军队继续向梁都推进,梁国上书汉景帝请求救兵。梁国的地理位置很重要,是拱卫京洛的要地。如果吴楚破梁而西进,后果将不堪设想。但周亚夫出于全局的考虑,还是采纳了邓都尉的计策,用梁国之力消耗吴楚军力。梁王几次遣使求救,景帝亦下诏救梁,但周亚夫仍按兵不动。梁国求援无助,只好与吴楚决一死战。由于久攻梁国不下,吴楚只好回击东南。但周亚夫早有准备,汉军坚壁昌邑(今山东金乡县境),以精兵出淮泗口[②],截断吴楚军粮道,拟待吴楚军力疲粮尽,再以主力袭击之。等到楚军攻梁已受到相当消耗,周亚夫即将主力推进至下邑(今安徽砀山县城东)。吴楚军攻梁不克,又不敢越过梁国向西进兵,遂转兵下邑,寻找汉军主力决战。此时吴楚军粮道断绝,士卒饥疲,所以急于挑战,但周亚夫坚壁不战。吴楚求战不得,即以一部兵力佯攻汉军壁垒东南角,主力强攻西北角。这一企图被周亚夫识破,当吴楚军进攻东南角时,汉军却加强了西北角防御。吴楚军攻而不破,终因兵疲粮尽,士卒叛逃,被迫引兵撤退。周亚夫乘机遣精兵追击,大败吴楚军。吴王刘濞乘夜率数千精壮士卒南逃至东越,东越王被汉廷收买,诱杀吴王于丹徒(今江苏镇江市东南)。楚王刘戊兵败自杀。下邑之战成为中国古代历史上疲敌制胜的典型战例。

在齐地围攻临菑的胶西王、胶东王、菑川王以及济南王、赵王相继自杀。

七国之乱仅 3 个月时间就被平定。此后在窦太后的干预下,景帝废吴国,削楚国,新置江都国,复置鲁国,吴郡归汉。景帝继续推行贾

---

① 参见《史记》卷五十八《梁孝王世家》。

② 淮河与泗水合流处,位于今洪泽湖内。

谊提出的"众建诸侯而少其力"的方针,在吴、楚、赵、齐4国旧地,陆续封置皇子13人为诸侯王。此后,朝廷又颁令不准诸侯王干预封国的政务,并剥夺了诸侯王国的置吏权,此后,诸侯王便只能享受封国的"衣食租税"了。

四、淮南王刘长、刘安与淮南狱

(一)淮南厉王刘长

淮南厉王刘长出身于一个显赫的家庭,刘长的母亲原为赵王张敖的美人,被张敖献给刘邦,怀孕生下刘长。刘长母亲因贯高谋反案被收捕,后来愤而自杀。

高帝十一年"秋七月,淮南王黥布反……高祖自往击之。立子长为淮南王"①。刘长淮南国定都寿春。"及孝文帝初即位,淮南王自以为最亲,骄蹇,数不奉法。""三年,入朝,甚横。从上入苑囿猎,与上同车,常谓上'大兄'。"②刘长"有材力,力能扛鼎"③,而又性格暴烈,因为母亲的缘故,袖揣铁锤锤杀吕后宠臣审食其。但汉文帝还是容忍了他的言行,刘长"以此归国益骄恣,不用汉法,出入称警跸,称制,自为法令,拟于天子"④。刘长甚至在淮南国内不顾汉法,擅自任命王国丞相及二千石官吏。史载文帝前六年(前174),刘长"令男子但等七十人与棘蒲侯柴武太子奇谋,以辇车四十乘反谷口"⑤。还让人暗地里出使闽越和匈奴。张苍等人上书文帝,要求将刘长弃市。汉文帝遂废去刘长诸侯王爵位,流刘长及子女到蜀郡,并诛杀所有与谋的僚属。在流放途中,刘长认识到自己悲惨下场的原因是"以骄不闻过,故至此",最终绝食自杀,等囚车到达雍县(今陕西凤翔县境)时,才被发现已经

① 《史记》卷八《高祖本纪》。
② 《史记》卷一百一十八《淮南王列传》。
③ 《史记》卷一百一十八《淮南王列传》。
④ 《史记》卷一百一十八《淮南王列传》。
⑤ 《汉书》卷四十四《淮南王传》。

死去多日了。①

（二）淮南王刘安及淮南狱

文帝前八年,汉王朝封刘长的 4 个儿子为列侯,即:阜陵侯刘安、安阳侯刘勃、阳周侯刘赐、东城侯②刘良。

文帝前十一年（前 169）,贾谊上疏称:"今淮南地远者或数千里,越两诸侯,而县属于汉。其吏民徭役往来长安者,自悉而补,中道衣敝,钱用诸费称此,其苦属汉而欲得王至甚,遁逃而归诸侯者已不少矣。"③认为淮南国除为郡后,给地方百姓和中央王朝带来许多严重后果,不利于汉朝的统治,这种情况亟须解决。"臣之愚计,愿举淮南地以益淮阳,而为梁王立后。"④由于顾忌刘长案后,民间流传的"一尺布,尚可缝;一斗粟,尚可舂。兄弟二人不能相容"⑤的民谣,汉文帝的态度比较复杂,所以他没有完全采纳贾谊的建议,而是于文帝前十二年,徙城阳王刘喜为淮南王。到前十六年,汉文帝又将淮南国一分为三,分别立刘长的 3 个儿子为诸侯王,即:淮南王刘安、衡山王刘勃、庐江王刘赐。

刘安（前 179—前 122）,淮南厉王刘长长子。刘安"为人好读书鼓琴,不喜弋猎狗马驰骋,亦欲以行阴德拊循百姓,流誉天下"⑥。这与当时以骄奢淫逸为能事的一般刘姓诸侯王自有不同。刘安在王国内实施与西汉中央王朝与民休息政策一致的统治。由于刘安通晓天下事理,四方之士纷纷归附于他。当时刘安蓄养宾客达数千人,其中有苏非、李尚、左吴、田（陈）由、雷被、毛周、伍被、晋昌及大山、小山等,从而逐渐形成了一个以刘安为核心的淮河流域学术文化中心。

这时汉武帝"方好艺文",对刘安执子侄礼,比较尊重。给刘安写

---

① 刘长时期淮南国的遗存极少,20 世纪在今安徽寿县一带出土一批汉代蟠螭纹铜镜,不少镌有文字,其中有避刘讳者,应属刘长时淮南国之物,其铭文如:"相思愿毋绝,愁思悲,顾见怨,君不说。"这类铜镜当系男女馈赠之物,以表达爱情。参见杜泽逊《文献学概要》,中华书局 2008 年版,第 14~15 页。

② 《史记》卷一百一十八《淮南王列传》作"东成侯"。依《汉书》卷四十四《淮南王传》作"东城侯"。

③ 《汉书》卷四十八《贾谊传》。

④ 《汉书》卷四十八《贾谊传》。

⑤ 《史记》卷一百一十八《淮南王列传》。

⑥ 《史记》卷一百一十八《淮南王列传》。

的书信,武帝常常要召司马相如等文士看过草稿修改后才发出。刘安入朝献上新作,武帝常常表现得非常喜爱。刘安曾受命撰写《离骚传》,早上受诏,午食时就撰毕献上。又曾献《颂德》及《长安都国颂》。每宴见,谈论政治及方技赋颂,直到黄昏才得罢休。

吴楚七国叛乱时,吴王刘濞曾约淮南三王连兵直捣长安。据说"吴使者至淮南,淮南王欲发兵应之"①。淮南相发现情况有异,就骗取了兵权,派兵守卫寿春城,不听刘安指挥。此时汉廷派曲城侯率兵救援淮南,"淮南以故得完"。武帝建元二年(前139),刘安入朝。与他原有交谊的田蚡对他说:"方今上无太子,大王亲高皇帝孙,行仁义,天下莫不闻。即宫车一日晏驾,非大王当谁立者!"淮南王大喜,自此始"为畔逆事"。② 元朔二年(前127),汉武帝接受主父偃的建议,下令诸侯国推恩分封,刘安仅有两个儿子,其庶长子不害竟不得封侯,以此隐伏下家庭矛盾。元朔三年(前126),武帝"赐淮南王几杖,不朝"。元朔五年,淮南王太子刘迁与郎中雷被比剑,雷被误伤太子。接着,雷被想借投军攻击匈奴的机会,逃离淮南国,但遭到刘安拒绝。随后雷被逃往长安,上书朝廷以自明,并揭发了淮南国事。武帝派中尉殷宏赴淮南调查案情,最终以武帝下诏削去淮南两县作罢。此后,刘安加紧防卫,史称其"日夜与伍被、左吴等案舆地图,部署兵所从入"③。他向伍被了解用兵计谋及卫青的军事才能,以确定对策。元朔六年(前123),淮南国事被刘不害之子刘建告发。对于这个庶出的孙子,刘安很不喜欢,刘建因此暗中结交友人,欲以己父不害取代太子,因与太子结下怨仇。据称刘建获知太子要谋杀汉中尉的阴谋,就让寿春人庄芷④上书武帝告发淮南王后、太子迁对自己及父亲的迫害,并牵出淮南国内隐情。

刘安见情势日益危殆,"锐欲发,乃令官奴入宫中,作皇帝玺,丞相、御史、将军、吏中二千石、都官令、丞印,及旁近郡太守、都尉印,汉

---

① 《史记》卷一百一十八《淮南王列传》。
② 《史记》卷一百一十八《淮南王列传》。
③ 《史记》卷一百一十八《淮南王列传》。
④ 《史记》卷一百一十八《淮南王列传》作"庄芷",而《汉书》卷四十四《淮南王传》作"严正"。

使节法冠"①。汉武帝派廷尉监到淮南,伍被自首供出谋反之情,太子、王后与参与反叛的宾客均被捕。汉吏审理此案及此后衡山王案,"皆穷根本"②。刘安自杀,与淮南王案有牵连的列侯、二千石、豪杰数千人被处死,王后、太子迁被杀。淮南国除为九江郡。

衡山王刘赐此后也因案被逼自杀,国除为衡山郡。

汉王朝在处理淮南、衡山王案时,又颁行或援用左官律和附益法。

左官、附益等律法,在七国之乱后实已设立。"自吴楚诛后,稍夺诸侯权,左官附益阿党之法设。"③元狩元年,汉武帝在镇压淮南、衡山王时,又利用它们对两王势力进行严厉打击,"武有衡山、淮南之谋,作左官之律,设附益之法,诸侯惟得衣食税租,不与政事"④。

所谓"左官",《汉书·诸侯王表》注引应劭曰:"人道上右,今舍天子而仕诸侯,故谓之左官也。"师古曰:"左官犹言左道也……汉时依上古法,朝廷之列以右为尊,故谓降秩为左迁,仕诸侯为左官也。"左官律首先规定在诸侯王那里做官降秩为左,如果犯法则更得严厉惩处。所谓附益法,就是指对投靠诸侯王为虎作伥者重加镇压。⑤ 刘向《新序》说汉武帝"重附益之法"。元狩元年十一月,"淮南王安、衡山王赐谋反,诛。党与死者数万人"⑥。这种严厉的镇压诛杀之威,不能不波及淮南、衡山国之后的安徽地区,致使此后包括新立的六安王在内的诸侯王难以引进优秀人才,也不再容易与中央官吏相互交结,参与政事。

七国之乱平定后,景帝为进一步削弱诸侯王权力,曾缩减王国的统治机构,降低王国官职的等级,改丞相为相,掌王国政事,内史治民与郡太守相同,直接听命于中央;取消御史大夫、廷尉等官,重要官员

---

① 《汉书》卷四十四《淮南王传》。

② 《史记》卷一百二十二《酷吏列传》。

③ 《汉书》卷三十八《高五王传赞》。注引师古曰:"皆新制律令之条也。"

④ 《汉书》卷十四《诸侯王表》。

⑤ 参见《汉书》卷三十八《高五王传赞》。赞注引师古曰:"附益,言欲增益诸侯王也。"《汉书》卷十四《诸侯王表》注引张晏曰:"律郑氏说,封诸侯过限曰附益。或曰阿媚王侯,有重法也。"引师古曰:"附益者,盖取孔子云'求也为之聚敛而附益之'之义也,皆背正法而厚于私家也。"

⑥ 《汉书》卷六《武帝纪》。

均由中央任命。"令诸侯王不得复治国,天子为置吏,改丞相曰相,省御史大夫、廷尉、少府、宗正、博士官,大夫、谒者、郎诸官长丞皆损其员。"[①]此后,诸侯王国虽仍存在,但王国的主要官吏秩别一再降低,除了一个无权干预王国政事的诸侯王外,已经和郡基本相同。

景武时期,中央还从经济上加强对诸侯国的控制和约束。汉初封国不仅在政治上独立行使职权,而且在经济上权力很大。诸侯王在封国内可以征收汉廷规定的各种赋税。王国赋税的征收和汉中央政府一样,主要有两大类:一是租赋,即田租和人口税;一是山川园池和市井之税。前者作王国官吏俸禄、军队给养以及政府日常开支之用,后者则主要用于王室自身的开支,亦即诸侯王的"私奉养",并设少府掌管。武帝在经济上实行了盐铁官营,禁止私铸钱币,诸侯王逐渐沦为一般地主了。

这样,诸侯王原来掌握的行政、军事、经济权力几近丧失。

从此,诸侯王在政治上不能再有所作为,而其经济来源也仅余田租一项,最终的结局,只能是逐渐走向衰微。"诸侯稍微,大国不过十余城,小侯不过数十里……而汉郡八九十,形错诸侯间,犬牙相临,秉其阸塞地利,强本干,弱枝叶之势,尊卑明而万事各得其所矣"[②],这正是武帝统治中后期形势的写照。汉中央政府在逐渐剥夺诸侯王的政治权力、军事权力,扩大和巩固了中央王朝的控制范围后,汉初郡国并行的地方行政制度渐趋于瓦解。

五、六安王刘庆与西汉六安国

公元前 122 年淮南、衡山除国后,在今安徽六安市境出现了一个新的诸侯王国——六安国。建国者为汉景帝孙刘庆,历 5 世。

刘庆,出身于一个显赫而又富有传奇色彩的皇族家庭。其祖父汉景帝有 14 个儿子,其中 5 个儿子是景帝后王娡及其妹妹王兒姁所生。刘庆父亲刘寄是王兒姁之子,被封为胶东康王。淮南国和衡山国出事

① 《汉书》卷十九上《百官公卿表上》。
② 《史记》卷十七《汉兴以来诸侯王年表》。

时,刘寄实际上身有嫌疑。后来刘寄感到莫大压力,终于发病而死,并不敢立后。但汉武帝还是原宥了这一家族,并特别为其家族的出处作了安排,让刘寄长子刘贤继位为胶东王,又立刘寄少子刘庆为六安王。新立的六安国分辖原刘赐衡山国、刘安淮南国部分领地。

六安国能够建立,是由两个因素促成的:一是淮南、衡山王案中,刘寄虽然嫌疑在身,但因刘寄、刘庆家世显要,同武帝关系亲近①,所以汉武帝对刘寄一族采取了带有一定宽抚意味的措施。二是为了解决刘寄家族的矛盾。刘寄诸子中,原以刘贤为长,刘庆是少子,但刘寄幸爱刘庆之母,刘贤母亲无宠,刘寄常想让刘庆继其位。刘寄病死后,武帝出面解决了这个难题。

西汉六安国的设置,是西汉专制皇权与地方割据力量之间复杂关系的反映。六安立国后的历史变化,则反映了西汉分封制度的衰变和中央专制皇权的确立。

武帝时期,诸侯王畏惧更激进的中央集权改革,便纷纷向主父偃行贿,通过主父偃提出了推恩分封的建议。武帝权衡之后,接受了主父偃之议,于元朔二年颁行推恩令,逐步蚕食王国封域。推恩以外,又罢郡国盐铁,悉禁郡国铸钱,使诸侯王财政收入锐减。

西汉后期,由于推恩令的蚕食,王国封域已远比一般汉郡为小,诸侯王地位亦随之江河日下,地方行政制度已归于实际上的郡县制。所以,《汉书》反映刘庆之后的六安国历史,只能记述各位六安王的即位、薨逝纪年,而鲜有大事可言了。② 其中需要一提的,应该是武帝以后的四次推恩分封王子侯③,使六安国的政区版籍逐渐缩小,到西汉末,只剩下《汉书·地理志》所载 5 县之地了④。

班固认为,西汉王侯"率多骄淫失道",清代赵翼也有过类似的评

---

① 《汉书》卷五十三《胶东康王传》:"寄于上最亲。"师古注:"寄母王夫人即王皇后之妹,于上为从母,故寄于诸兄弟之中又更亲也。"

② 《汉书》卷五十三《胶东康王传》:"六安共王庆立三十八年薨。子夷王禄嗣,十年薨。子缪王定嗣,二十二年薨。子顷王光嗣,二十七年薨。子育嗣,王莽时绝。"

③ 见本章第一节"一、封国及其沿革"。

④ 参见马育良《西汉六安国史实钩沉》,《安徽史学》2008 年第 6 期;马育良、郭文君《西汉六安国政区地理》,《皖西学院学报》2007 年第 4 期。

说,少数例外者或能兴文崇学,如刘安、河间献王刘德等,刘寄、刘庆应属诸侯王中比较谨慎的一类,所以胶东国、六安国在西汉一直存续了下来,直到王莽时才退出历史舞台。

2006 年,位于今六安市金安区三十铺镇双墩村境内的双墩一号汉墓,因合武铁路施工而被发现,并进行了发掘。2007 年 4 月,这一重要发现以"安徽六安双墩墓地"定名,被评为 2006 年度全国十大考古新发现之一。

出土资料显示,双墩一号汉墓应为西汉时期的墓葬,具体年代应在武帝元狩元年到王莽始建国初年(前 122—公元 8)。

双墩一号汉墓墓内椁室为"黄肠题凑"制式,此类制式属于汉代诸侯王、显贵特有的葬制。迄今,这种棺椁制式仅在北京、河北石家庄、陕西西安、江苏扬州、湖南长沙等地有过发现,并均为诸侯王或王后之陵,其中以北京丰台区大葆台一号汉墓最为完整壮观。此次六安双墩汉墓的"黄肠题凑"葬式,在安徽尚属首次发现。该墓的"黄肠题凑"棺椁以栗木为制。结合墓内出土封泥上模印有"六安飤(饲)丞"字样的文字,以及其他相关证据,基本上可以确定该墓墓主的身份为西汉某代六安王①。

该墓的出土文物主要有铜器、玉器、漆器、木器等。外藏室随葬物保存较好,发现上百件人形木俑、残破车轮、木马。从外椁室西南角等处发现 22 件随葬铜壶,造型优美,有的壶壁上采用了错金银工艺技术,壶下纹饰丰富,有多至 6 圈者。不少漆木器贴有精美的金箔或银箔质飞禽走兽图案,有的还镶嵌银扣和玉石;玉器精雕细琢,光洁温润。这些文物做工精湛,精美华丽,属于奢华物品,非常人能够使用。外椁的木椁与石椁之间置放有青铜或铁制兵器,漆绘,器型有戟、戈、刀、弩机、弓等。墓内发现稻谷及栗、枣、瓜子和杏、李果核等,色泽尚

---

① 秦始皇陵西侧的遗址中曾发现刻有"骊山飤官"铭文的陶壶盖,并引起了史学家、古代陵寝研究专家杨宽的关注,在《中国古代陵寝制度史研究》一书中,杨宽认为:"'飤'和'饲'通用,'飤官'当即供奉饮食的官。"并指出:"汉代宫中设有'飤官'……汉代一些诸侯王的宫中也设有'飤官'……汉代一些陵寝中也设有'飤官'。"这提示我们注意:"飤官"、"飤丞"一类官员的器具、印章、封泥等在君王墓葬中出现,似是秦汉陵寝制度中的一种惯例。参见杨宽著《中国古代陵寝制度史研究》,上海古籍出版社 1985 年版,第 29 页。并参见马育良《六安双墩一号汉墓墓主考》,《合肥师范学院学报》2008 年第 4 期。

鲜。外藏室还发现 2000 多年前的陈酿。

墓内出土的铜壶中有 3 件发现有"共府"、"共政"字样的铭文。20 世纪，收藏界曾发现镌有"上林共府"铭文的铜升，这一发现因其在书法史及度量衡史上的重要价值而受到重视，形成了较大的影响。陈直在《三辅黄图校证·苑囿》校证文字中曾引述刘体智《小校经阁金文拓本》卷十一"有上林共府鼎，初元三年造"文，解释道："共府，即供府，供给资生之具也。"因此，双墩墓中的"共府"应即"供府"，此系汉武帝以后水衡都尉管辖的上林苑中一个负责物资供应的机构。此种物件的出土，进一步凸显出西汉中后期水衡上林系统在社会政治经济生活中的广泛且重要的影响；同时，"共府"器物现身于双墩汉墓，也反映了西汉六安王国同中央政府之间比较密切的关系。①

西汉六安王陵的发现，对于研究汉代六安国历史和汉代政治、经济、文化以及工艺技术、墓葬制度等，均具有重要的科学、历史和艺术价值。② 以此为契机，西汉六安国的尘封历史开始受到海内外关注。

六、西汉时期安徽重要列侯及侯国

西汉时期，汉王朝在今安徽境内先后分封了一些功臣侯、王子侯和外戚恩泽侯，其主要代表有堂邑侯陈婴、汝阴侯夏侯婴、羹颉侯刘信等。

堂邑侯陈婴（？—前 183），东阳人。秦时任东阳令史，谨慎诚实，是当地公认的忠厚长者。秦末陈胜起兵大泽乡后，项梁在会稽起事响应，并率领 8000 人渡江西进。这时，东阳一批年轻人杀死县令，聚合数千人，请陈婴做他们的首领。陈婴辞谢，但众人强拥陈婴为领袖，县中追随者达 2 万人。陈婴母亲建议他"不如有所属"③。这时，恰好项梁遣使与陈婴联系，要求联合起来，一道西进。于是陈婴拒绝了众人

---

① 参见马育良、郭文君《汉代"百官所聚"之"府"》，《古代文明》2008 年第 3 期（亦见中国人民大学书报资料中心复印报刊资料《先秦、秦汉史》2008 年第 6 期）；马育良《六安双墩汉墓铜壶"共府"铭文再解》，《皖西学院学报》2008 年第 1 期。

② 由国家文物局主编、收录有六安双墩汉墓部分重要出土文物照片的《2006 中国重要考古发现》一书，已由文物出版社于 2007 年 4 月出版发行。

③ 《史记》卷七《项羽本纪》。

立其为王的计划,并动员部属共同归附了项梁。

项梁得到陈胜败亡的确切消息后,听从范增的建议,立楚王后裔心为楚怀王,并以陈婴为上柱国,封 5 县地,与怀王共同奠都盱眙。

项羽失败后,陈婴归汉,帮助汉王朝平定豫章及附近一带的战乱,讨平称王者壮息。陈婴因功封堂邑侯,食 600 户,都于渐(位今安徽黟县境)①。据《汉书·高惠高后文功臣表》,陈婴后又任楚元王相12 年。

汝阴侯夏侯婴(? —前 172),沛人。秦时,夏侯婴在沛县官府的马厩掌管牧马驭车之事,与刘邦友善。刘邦起兵后,夏侯婴一直追随刘邦,亲自为刘邦驾车,率领车骑部队参加各种战斗,并逐渐成为高祖身边亲近而得力的将领。作战中,夏侯婴既能驱车疾进,勇猛出击,迅速消灭敌人,又能在关键时刻沉着稳重地完成自己的使命。在亡秦战争中,夏侯婴因洛阳之战中的出色表现,被刘邦赐予滕公的封号。秦亡后,刘邦赏赐夏侯婴列侯的爵位,号昭平侯,为太仆,从汉王攻入蜀、汉地区。

汉王二年,刘邦率军东进,与项羽楚军爆发彭城大战,汉军大败。刘邦奔逃途中,幸遇也在逃亡中的亲生儿女——后来的汉惠帝刘盈和鲁元公主,便载其西逃。但楚军紧追不舍,马匹疲惫,刘邦无奈,几次把两个孩子踢下车去,打算抛弃二人。夏侯婴不忍,屡屡下车将他们抱救上车。他先让车辆徐行,等把两个孩子捆抱好之后,再放车奔驰。刘邦为此多次要斩杀夏侯婴,但终于还是在夏侯婴的一再坚持下,和大家一起脱离了险境。

刘邦称帝后,夏侯婴以太仆身份跟随刘邦征讨臧荼,逮捕韩信。汉高帝六年,夏侯婴改封为汝阴侯,食邑汝阴。刘邦剖符于夏侯婴,爵邑得世世相传。

第二年,夏侯婴跟随刘邦在晋阳附近大败韩王信军及匈奴骑兵,但随后遭遇平城之围。刘邦七日不得脱围,传后向匈奴阏氏送去厚

---

① 《汉书》卷十六《高惠高后文功臣表》师古曰:"渐,水名。在丹阳黟县南蛮中。婴既定诸地而都之。"

礼,才得冒顿单于网开一面。刘邦出城时要驱车疾奔,夏侯婴却坚持全军徐行,并要弓箭手拉满弓弦,一起向外,汉军因此得以逐步脱离险境。夏侯婴因功被加封细阳 1000 户。此后,夏侯婴又跟随刘邦多次打败匈奴军,屡屡建功。最后,夏侯婴的食邑被确定在汝阴,食 6900 户,以前的封邑一起收回。

夏侯婴长期担任太仆一职。刘邦去世后,他仍作为太仆事奉汉惠帝和吕后。两人十分感念夏侯婴脱救惠帝、鲁元之事,特地把最靠近皇宫的地方赐给夏侯婴建造宅第,以示尊崇。吕后去世后,夏侯婴又与东牟侯刘兴居一起清理宫室,废去少帝,以天子法驾迎接代王刘恒,并与众臣共同迎立刘恒为孝文皇帝,夏侯婴仍然担任太仆之职。

夏侯婴去世后,谥号为文侯,子夷侯夏侯灶继立。7 年后,夏侯灶去世,子共侯夏侯赐立。31 年后,夏侯赐去世,子夏侯颇娶平阳公主(汉景帝女),继立。汉武帝元鼎二年(前 115),夏侯颇与父亲御婢奸情事发,自杀,国除。①

20 世纪 70 年代,第二代汝阴侯夏侯灶及其妻子的墓在今阜阳市西南郊双古堆被发现和发掘。夏侯灶卒于汉文帝前十五年(前 165)。墓内出土漆器、铜器、铁器、陶器以及金、银器文物 390 多件。夏侯灶墓还出土竹简 9000 余片、木牍 3 块。经初步整理研究,竹简内容主要有《仓颉篇》、《诗经》、《周易》、《年表》、《万物之本》、《作务员程》、《算经》、《行气》、《相狗经》、《日书》、《刑德》、《楚辞》、《庄子》、《吕氏春秋》等古籍中的残篇断句以及与《孔子家语》、《说苑》、《新序》、《荀子》、《国语》等古籍相关的文字。② 其中《仓颉篇》120 余片 540 余字,内有《爰历篇》首句"爰历次貤,继续前图",因知其中还应包括《爰历篇》简文③。《诗经》170 余片,涉及《国风》65 篇,《小雅》4 篇残文。

① 汝阴侯夏侯氏史事见《史记》卷九十五《滕公列传》、《汉书》卷四十一《夏侯婴传》。

② 参见安徽省文物工作队等《阜阳双古堆汝阴侯墓发掘简报》,《文物》1978 年第 8 期,第 12～31 页;国家文物局古文献室等《阜阳汉简简介》,《文物》1983 年第 2 期,第 21～23 页;安徽省地方志编纂委员会编《安徽省志·文物志》,方志出版社 1998 年版,第 82～83 页。

③ 据《安徽省志·文物志》,夏侯灶墓竹简《仓颉篇》还包括胡毋敬《博学》篇内容。见该书第 457 页。

《周易》近 600 片,其中与今本不同的卜事之辞约 400 片。《吕氏春秋》40 余片,涉及《孟夏》、《劝学》、《荡兵》等 20 余篇。《庄子》约 20 片。《离骚》残文 4 字,《涉江》残文 5 字。《万物之本》130 余片,《作务员程》170 余片等①。

墓中还发掘出多种极有价值的器物,如西汉天文仪器"二十八宿圆盘"、"六壬栻盘"、"太乙九宫占盘"。这 3 件栻盘,是我国迄今发现的最早的天文仪器实物。3 件栻盘均为木胎髹黑漆漆器,制作十分精美,每件上均有针刻篆书涂朱文字②。

器物中还有几件银扣夹纻胎漆器,也很名贵。其中包括柿蒂纹银平脱漆奁、夹纻漆奁、漆盘各 1 件,分别自铭为"布检"、"布平盘",与长沙马王堆一号汉墓"遣策"关于夹纻胎漆厄的称谓一致。

夏侯灶夫妇墓中出土铁器中还有铠甲,由 3038 块铁片连缀而成,内外髹漆,重达 40 余斤,也是珍贵文物。另外还有甜瓜籽、葫芦籽等。

羹颉侯刘信是刘邦的侄儿。羹颉侯,是刘邦给予刘信的戏谑性封号。刘邦兄弟 4 人,长兄伯早卒。刘邦初时乡居时,常与朋友去长嫂家就食。长嫂讨厌刘邦等人,便故意在刘邦等前来就食时"栎釜"(以杓击釜),佯示"羹尽"。刘邦发现有诈,颇为不满。汉朝建立后,刘邦分封昆弟亲属为王侯,唯独不封刘伯后人。后经"太上皇"劝说,才于高帝七年(前 200)封刘伯之子刘信为"羹颉侯"③。羹颉侯封地有河北说④,但据王象之《舆地纪胜》、顾祖禹《读史方舆纪要》等古籍记述,刘信羹颉侯封地应在汉龙舒境(今安徽舒城县境)。

史载羹颉侯刘信在龙舒看到封地人民常为干旱所苦,便发动民众

---

① 参见《中国大百科全书》文物博物馆卷胡平生撰"阜阳汉简"条,中国大百科全书出版社 1993 年版;胡平生《阜阳汉简〈年表〉整理札记》,《文物研究》第 7 期,第 392～402 页。根据阜阳汉简整理组等提供的材料,方术类尚有《五星》、《星占》、《楚月》、《天历》、《杂方》等,参见胡平生《阜阳双古堆汉简数术书简论》,《出土文献研究》第 4 辑,第 12～30 页;李零《简帛古书与学术源流》,北京三联书店 2004 年版,第 398～420 页。

② 安徽省地方志编纂委员会编《安徽省志·文物志》,方志出版社 1998 年版,第 452～453 页。

③ 《史记》卷五十《楚元王世家》。

④ 《史记》卷五十《楚元王世家》"羹颉侯"张守节《正义》引《括地志》:"羹颉山在妫州怀戎县东南十五里。""高祖取其山名为侯号者,怨故也。"《汉书》卷三十六《楚元王传》"羹颉侯"颜师古注:"颉音戛。言其母戞羹釜也。"妫州怀戎县在今河北怀来县。

兴修水利,筑七门堰等,储水灌溉农田。①

舒城旧有"三堰、十塘、九陂"之说。三堰中的七门堰位今舒城城关西南七门岭东杭埠河北岸,因山麓溪侧有石洞如门者七而获名。《舆地纪胜》载:刘信发现舒城水源出于西山之峻岭,势若建瓴,乃"于七门岭下,阻河筑堰,曰七门。开渠建闸,引河流东北,载之平陆,条分支贯,灌田八万亩"。七门堰东为乌羊堰,今舒城西门外则有牌牍堰。其中七门堰效益最大,今堰上尚存女儿桥等遗址。乌羊堰原可溉田万余亩。明代河道南迁,堰废。清光绪年间,已仅存伏虎荡以东故沟数道。今龙王庙北侧有龙荡,庙西有井荡,即旧乌羊堰口②。龙王庙东南侧有一小堰口称四刘堰,又称乌鸦堰,堰水尚可下行。牌牍堰原可溉田两万余亩,堰绕舒城县城而东,分为三沟。后堰塘半废。

汉代以后,历代都曾对七门堰等进行过修治,其中影响较大的是东汉刘馥、明代刘显的重修。民国《安徽通志》记载:"东汉建安五年,曹操命刘馥为扬州刺史镇合肥,实行屯田,循羹颉侯故迹,兴治七门堰,断龙河舒水,灌田千五百顷(清制 15 万亩),利民甚溥。"明宣德年间,县令刘显于龙王荡口筑坝引水灌诸堰,开十五荡(上五荡,下十荡),溉田近 13 万亩。并对引水渠进行疏导修浚,又分闲忙制定引水规例,设置堰长实行。由于刘信、刘馥、刘显治水业绩显著,后人深荷其利,咸感其德,曾于七门堰口建"三刘祠",勒石矗碑,以志纪念。

七门堰、乌羊堰、牌牍堰皆位于今舒城西南境,旧为"龙舒八景"之一,称"三堰余泽"。

羹颉侯刘信受封 13 年,高后元年削为关内侯③。

---

① 参见《六安地区志》,黄山书社 1997 年版,第 171 页。一说七门堰为汉初淮南王刘长始建。

② 1978 年,曾在龙荡出土带有图案的条石,可能是旧乌羊堰口建筑用石。

③ 见《汉书》卷十五上《王子侯表上》,《史记》卷五十《楚元王世家》"羹颉侯事"裴骃《集解》引徐广曰。

西汉时期今安徽境内封侯一览表①

始封者	隶属或封侯原因	始封情况	存续情况
汝阴文侯夏侯婴	高帝功臣	高帝六年（前201）十二月甲申封于汝阴。	历4世，武帝元鼎二年（前115），侯颇有罪自杀，国除。宣帝元康四年（前62），夏侯婴玄孙之子长安大夫信诏复家。
堂邑安侯陈婴	高帝功臣	高帝六年（前201）十二月甲申封于黥。	历4世，武帝元鼎元年（前116），侯季须有罪，当死，自杀。
新阳胡侯吕清②	高帝功臣	高帝六年（前201）正月壬子封于新阳。	历6世，武帝元鼎五年（前112），侯谭坐酎金，国除。宣帝元康四年（前62）二月，吕清玄孙长陵太守阳诏复家。
城父严侯尹恢③	高帝功臣	高帝六年（前201）封于城父。	历2世，高后三年（前185），侯开方夺爵为关内侯。
羹颉侯刘信	高帝刘邦兄子	高帝七年（前200）封于龙舒境。	历13年，高后元年（前187），侯信有罪，削爵一级，为关内侯。
龙阳敬侯陈署	高帝功臣	高帝八年（前199）封于龙舒境④。	历2世，文帝后元年（前163），侯坚有罪，免。
东阳武侯张相如	高帝功臣	高帝十一年（前196）十二月癸巳封于东阳。	历4世，武帝建元元年（前140），哀侯彊蠹，无后，国除。宣帝元康四年（前62），张相如玄孙之子茂陵公乘宣诏复家。
松兹夷侯徐厉⑤	高后功臣	高后四年（前184）四月丙申封于安风东。	历3世，武帝建元六年（前135），侯偃有罪，国除。

---

① 参考《史记》之《高祖功臣侯年表》《惠景间侯者年表》《建元以来侯者年表》《建元已来王子侯者年表》,《汉书》之《王子侯表》《高惠高后文功臣表》《景武昭宣文成功臣表》《外戚恩泽侯表》《地理志》,夏燮《校汉书八表》(见[清]梁玉绳等撰,吴树平、王伙之、汪玉可点校《史记汉书诸表订补十种》上,中华书局1982年版),杨树达《汉书窥管》上卷二(上海古籍出版社1984年版)等制成此表。

② 《汉书》卷十六《高惠高后文功臣表》作"阳信胡侯吕青"。

③ 《史记》卷十八《高祖功臣侯者年表》作"故城庄侯尹恢"。

④ 《史记》卷十八《高祖功臣侯者年表》司马贞《索隐》:"庐江有龙舒县,盖其地也。"此说存疑。

⑤ 《汉书》卷十六《高惠高后文功臣表》作"祝兹夷侯徐厉",误。据《史记》卷十九《惠景间侯者年表》作"松兹夷侯徐厉"。

续表

始封者	隶属或封侯原因	始封情况	存续情况
阜陵侯刘安	淮南厉王刘长子	文帝前八年（前172）五月丙午封于阜陵	历8年，文帝前十六年（前164）为淮南王，国除。
东城哀侯刘良	淮南厉王刘长子	文帝前八年（前172）五月丙午封于东城。	历7年，文帝前十五年（前165）侯良薨，无后，国除。
郸康侯周应	汉御史大夫、汾阴侯周昌弟	景帝中元元年（前149）封于郸。	历3世，汉宣帝元康四年（前62），侯禹薨，无子，国除为县。①
丹杨（阳）哀侯刘敢	江都易王刘非子	武帝元朔元年（前128）十二月甲辰封于丹阳②。	历6年，武帝元狩元年（前122）侯敢薨，无后，国除。
湖孰顷侯刘胥③	江都易王刘非子	武帝元朔元年（前128）正月丁卯封于丹阳。	历2世，武帝元鼎五年（前112）侯圣有罪，免。
淮陵侯刘定国④	江都易王刘非子	武帝元朔元年（前128）正月丁卯封于淮陵。	历16年，武帝元鼎五年（前112）侯定国坐酎金免。
东城侯刘遗	赵敬肃王刘彭祖子	武帝元朔二年（前127）六月甲午封于东城。	历11年，武帝元鼎元年（前116），侯遗有罪，国除。⑤
符离侯路博德⑥	武帝功臣	武帝元狩四年（前119）六月丁卯封于符离。	历15年，武帝太初元年（前104），侯博德有罪，国除。
当涂康侯魏不害	武帝功臣	武帝征和二年（前91）十一月封于当涂⑦。	历5世，王莽居摄二年（公元7）更侯坚居为翼汉侯，王莽新朝后为翼新侯，王莽败，绝。

---

① 《史记》、《汉书》表志缺载，据《水经注》卷三十等补。
② 《汉书》卷十五上《王子侯表上》：在芜湖。
③ 《汉书》卷十五上《王子侯表上》作"胡孰顷侯胥行"。
④ 《史记》卷二十一《建元已来王子侯者年表》作"睢陵侯"。
⑤ 《汉书》卷十五上《王子侯表上》作"元鼎元年，为孺子所杀"。师古曰："孺子，妾之号也。"
⑥ 《汉书》卷十七《景武昭宣成功臣表》作"邗离侯路博德"，在朱虚。
⑦ 封年据（清）夏燮《校汉书八表》卷五补。"不害"一作"平"，见《汉书》卷八《宣帝纪》。

始封者	隶属或封侯原因	始封情况	存续情况
松兹戴侯刘霸	六安共王刘庆子	昭帝始元五年(前82)六月辛丑推恩分封于六安国安风县东。	历4世,侯均王莽新朝时绝①。
富阳侯刘赐	六安夷王刘禄子	宣帝元康二年(前64)五月丙戌推恩分封于六安国境。	历28年,元帝建昭二年(前37),侯赐坐上书归印绶免。
扶阳节侯韦贤	宣帝恩泽	宣帝本始三年(前71)封于扶阳②。	历5世,宣帝甘露年间,韦贤子侯玄成坐祠庙骑,夺爵,为关内侯。元帝永光二年(前42)二月丁酉复以丞相侯。侯湛③王莽败,绝。
安远缪侯郑吉	宣帝功臣	宣帝神爵三年(前59)四月壬戌封于慎。	历3世,元帝永光三年(前41)侯光薨,无后。王莽居摄元年(公元6),侯永以吉曾孙绍封,王莽败,绝。
信成侯王定	宣帝功臣(匈奴来降)④	宣帝五凤二年(前56)九月癸巳封于细阳。	历3世,平帝元始五年(公元5),侯杨以定孙绍封,千户。
乐安侯匡衡	恩泽(以丞相侯)	元帝建昭三年(前36)七月癸亥封于僮。	历7年,成帝建始四年(前29)坐事免。
博乡节侯刘交	六安缪王刘定子	元帝竟宁元年(前33)四月丁卯推恩分封于六安国境。	历2世,侯就免。
曲阳炀侯王根	外戚(元帝王皇后弟)	成帝河平二年(前27)六月乙亥封于曲阳。	历2世,侯涉王莽新朝时为莽所杀。
新阳顷侯刘永	鲁项王刘封子	成帝鸿嘉二年(前19)五月戊子封于新阳。	历2世,侯富嗣,免。

① 王莽建立新朝后,免绝侯国之一。
② 《汉书》卷十八《外戚恩泽侯表》:在萧。
③ (清)夏燮《校汉书八表》卷六:"湛,传作沈,谥节侯。"
④ (清)夏燮《校汉书八表》卷五:"今以表传互校,似信成即新城,音义相似。而所谓王定者,疑即乌厉屈之异名。"乌厉屈,匈奴乌桓屠耆单于子、左大将军。

始封者	隶属或封侯原因	始封情况	存续情况
庸乡侯刘宰	六安顷王刘光子	成帝元延三年(前10)七月庚午推恩分封于六安国境。	历15年,侯宰免。
孔乡侯傅晏	外戚(哀帝傅皇后父)	成帝绥和二年(前7)四月壬寅封于夏丘。	历6年,坐事免,徙合浦。
平周侯丁满	外戚(哀帝母丁太后侄)	成帝绥和二年(前7)五月己丑封于湖阳。	历10年,平帝元始三年(公元3),坐非正免。
杨乡侯朱博	恩泽(以丞相侯)	哀帝建平二年(前5)四月乙亥封于湖陵。	哀帝建平二年八月,坐诬罔,自杀。
方阳侯孙宠	恩泽(以告东平王反谋侯)	哀帝建平四年(前3)八月辛卯封于龙亢。	历2年,元寿二年(前1),坐事免,徙合浦。
陵阳侯刘嘉	东平思王刘宇孙	平帝元始元年(公元1)二月丙辰以思王孙封于陵阳。	历8年,侯嘉免。

西汉时期,安徽境内还出现过浚、平阿、义成等侯国,皆属沛郡。[①]

七、诸侯国对安徽经济文化的影响

西汉一代,诸侯国在安徽境内的存在情况,同整个东部地区诸侯国的存在状况一样,基本上可以分为三个时期,即高帝末年前的异姓诸侯国时期,惠帝以后至武帝元狩元年的同姓诸侯国强势时期,武帝元狩二年以后至王莽新朝的同姓诸侯国衰落时期。在这三个时期中,诸侯国对安徽的经济文化也分别发生了各自不同的影响与作用。

早在亡秦之初,项羽已在"分天下,立诸将为侯王"[②]时在安徽境内分封了九江王英布。项羽自立为西楚霸王,王九郡,又分封吴芮为

---

① 参见《汉书》卷二十八上《地理志上》及周振鹤《西汉政区地理》,人民出版社1987年版,第240页。

② 《史记》卷七《项羽本纪》。

衡山王。两国属地也包括了安徽的一部分领域。楚汉战争爆发后,刘邦也封置了一些异姓王国,到高帝五年汉王朝建立时,刘邦正式剖符分封异姓功臣韩信等7人为诸侯王。7国中,英布淮南国建于安徽境内,韩信楚国和彭越梁国在安徽境内均有一部分领地。3国中,韩信楚国存在的时间很短,彭越梁国、英布淮南国勉强维持到高帝十一年。当时,安徽尚处于局势甫定阶段。高帝十一年,英布掀起反汉战争,引得刘邦亲自征讨,双方在江淮间厮杀,造成死者无数,这无疑给汉初安徽经济文化的恢复带来了一定的负面影响。

诸侯国对安徽经济文化的发展产生较大影响的时期,是在汉惠帝以后的六七十年间。

由于刘邦认为秦朝速亡的原因在于未封置同姓诸侯以拱卫中央政权,所以从高帝六年起,在翦灭异姓诸侯的同时,刘邦逐步分封了一批同姓诸侯王。到高帝十二年时,"高祖子弟同姓为王者九国,唯独长沙异姓……内地北距山以东尽诸侯地,大者或五六郡,连城数十,置百官宫观,僭于天子。汉独有……十五郡"①。同姓诸侯国进入鼎盛时期。

西汉前期,统治者为恢复经济,采用道家黄老之术,主张休养生息,无为而治。在地方行政体制上,西汉推行郡国并行制度,两淮地区的吴、楚、淮南等国在这种体制下,致力于发展王国经济,他们实际上承担起了恢复和发展地方经济的责任。譬如吴国利用资源和交通之便,发展农业,开凿茱萸沟等水利工程,专铸钱、煮盐之利,很快地发展为东方富庶之国。吴国在发展经济的同时,还采取措施减轻人民负担,让百姓安居乐业,使吴国迅速崛起为当时诸侯封国中最强大的一个。这无疑为汉初安徽东部地区的经济恢复和社会发展发挥了一定作用。淮南王刘安"欲以行阴德拊循百姓,流誉天下"②,他主张道家"无为"政治,在王国内也确实推行了与民休息的政策。他在位时间达40余年,统治期间注意利用丰富的水利资源,广开水田,种植水稻,

---

① 《史记》卷十七《汉兴以来诸侯王年表》。
② 《史记》卷一百一十八《淮南王列传》。

使淮南国逐渐成为鱼米之乡。应该说,刘安的治理对安徽中部地区的发展是起了相当大的作用的。汉初分封于今舒城县境的羹颉侯刘信通过修建七门堰等水利工程,更对其辖境内的经济社会发展产生了久远的影响。

汉初,诸侯王可以在封国内征收汉廷规定的各种赋税。汉初田赋实行"十五税一";文帝时十五税一或三十税一,甚至免征天下租税;景帝前元年(前156)为三十税一。至于人口税,西汉政府规定:"民年十五以上至五十六出赋钱,人百二十为一算,为治库兵车马。"①此外,政府还征收献费,献费主要供皇帝享用。由于西汉政府开始没有规定统一的征收额度,由郡国自行收取,所以诸侯王往往借此假公济私,加重人民负担。

当时,诸侯国贵族对农民土地的兼并也渐趋严重。淮南王刘安的王后、子女在寿春倚势夺取人民的田宅,衡山王刘赐在六安也屡屡侵占人民的田地,并毁坏人民的祖宗坟墓及耕地。②

不可否认,这一时期分封或领辖于安徽境域的诸侯王,一方面确实对恢复和发展经济做出了很大的努力,产生了明显的积极作用;而另一方面,因最大化攫取社会经济利益之动机的驱使,也导致其对安徽经济社会的发展产生了一定的负面作用。

但这一时期的诸侯国对安徽乃至全国文化建设、发展的贡献和影响作用是应该充分肯定的。

譬如刘濞在吴国实行了诸多有利于文化建设和发展的政策,使得吴地文化在西汉前期出现了一个欣欣向荣的局面。最明显的是大批士人涌向吴国,吴王刘濞身边聚集了一大批纵横游说之士,其中以邹阳、严忌、枚乘最为有名,甚至一时间出现了文学辞赋之盛。枚乘、邹阳等人的创作,在西汉前期的文学史上占有重要地位。待七国之乱被平息后,这些宾客名士才四下散亡。

而汝阴侯夏侯灶墓出土简牍文献之丰富,不仅彰显了西汉前期安

---

① 《汉书》卷一上《高帝纪上》汉王四年"八月,初为算赋"如淳曰引《汉仪注》。
② 参见《汉书》卷四十四《衡山王传》。

徽淮北地区文化的长足发展,更显示了当时这一地区文化发达所达到的水平。它对此后安徽境内儒家经学的崛起和发展起到了明显的铺垫作用。

西汉前期安徽境内的诸侯国地处江淮,是中国古代文化发展较早的地区之一。而在当时最为显著的是,在淮南国刘安时期,刘安努力把战国晚期寿郢楚文化的辉煌延续下去,谱写了以道家文化为主体的文化新篇章,它明显有异于当时正在形成的独尊儒术的西汉新文化。这个时期,经过刘安和苏非及大山、小山等著名士人的努力,淮南国都寿春实际上已成为一个以刘安为核心的淮河流域学术文化中心、全国道家思想中心。《盐铁论·晁错》记述御史大夫桑弘羊的言论说:"日者淮南、衡山修文学,招四方游士。山东儒墨咸聚于江、淮之间,讲议集论,著名数十篇"①。安徽数千年来在哲学、史学、文学等方面英才辈出,著述如林,有的名著、巨著在当时及后世都产生过重要影响。淮南王刘安主持撰写的《淮南子》就是其中的杰出代表。《淮南子》这部旷世奇书,在汉代安徽思想文化史乃至中国思想史、哲学史、文学史、文化史和科技史上的崇高地位是毋庸置疑的。《汉书·艺文志》著录的淮南国著述非常多,可见淮南国是当时西汉帝国的文化中心之一,并以思想活跃、学术宏富而著称。

从上面的情况可以看出,西汉时期的安徽已经是全国文化与经济得到较快发展的地区之一,特别是吴国、淮南国的学术文化活动对汉代学术文化的兴起产生了很大的影响。

由于黄老思想对汉初政治的影响,西汉帝国的皇权和中央集权都受到了一定程度的冲击。皇帝虽然号称"天子",拥有最高的政治权力,但在思想上并未被视为绝对的权威。淮南王刘安标榜道家,会聚宾客,多所著述,仅此一点,已足以对正在形成中的西汉帝国独尊儒术的国策构成挑战。从某种意义上说,它成了汉初以来儒道之争的最后一幕。这场斗争在某种程度上可以说是当时统治集团内部王国与朝廷对抗和斗争的反映。汉王朝在处理淮南、衡山王案时,针对淮南国、

---

① (汉)桓宽撰、(明)张之象注《盐铁论》,上海古籍出版社1990年版,第30页。

衡山国的政治、文化现状,特别颁行或援用了左官律和附益法。以淮南、衡山狱为标志,自此以后,西汉前期同姓诸侯国的一时之盛已一去不复返,而汉初郡国并行的地方行政制度也逐渐趋于瓦解。但值得一提的是,由于刘安在文化上采取兼容并蓄的政策,在他招致的士人中也有一些儒生,这又为西汉中后期九江郡这一安徽经学中心之一的形成奠定了一定的基础。

武帝元狩二年七月,六安国正式设置。此后,西汉诸侯国,包括安徽境内的诸侯国逐渐步入衰落时期。

西汉六安国的设置,本身就是西汉中央与地方割据势力力量对比发生重大倾斜的结果。六安立国后安徽境内的诸侯国,已经失去对抗中央的可能。这从另一方面也促使安徽加强了同中央的联系,并进入一个政治相对稳定、经济有所发展、文化趋于统一的时期。西汉六安王墓出土的“共府”铜壶等器物,便反映了武帝以后水衡上林系统在全国范围内的广泛而重要的影响,也反映了六安王国同中央政府之间比较密切的关系。

需要指出的是,西汉建立后,由于刘姓诸侯国在江淮地区的不断产生和发展以及中央王朝不断平乱用兵,安徽人民不免灾难深重。譬如刘长之狱,汉王朝曾“尽诛所与谋者”[1]。刘濞举兵时,动员境内14~62岁者悉充兵卒,景帝下令讨伐,“深入多杀”,死者不可计数[2]。刘安之狱,牵连被杀者达数万之众。汉王朝利用当地的水利之便,在庐江郡设置楼船官训练水师。在武帝平定南越、东越的叛乱时,庐江船卒做出了巨大的牺牲。

但西汉王朝的经济社会还是在历史的曲折中得到了发展,无疑,这也促进了当时安徽经济社会的发展,它使两淮地区的经济文化交流日益频繁起来。

---

[1] 《史记》卷一百一十八《淮南王列传》。
[2] 《史记》卷一百六《吴王濞列传》。

第三节　西汉中后期安徽的政治变化

西汉中期,中央集权的政治体制和独尊儒术的基本国策逐渐形成。在这种背景下,安徽的政治得到了发展,其突出表现是汉武帝的南巡和一批安徽籍循吏的出现。到西汉后期,安徽政治也与全国一样,逐渐走向衰落。这为王莽代汉提供了条件。王莽废汉兴建新朝后,为解决激烈尖锐的社会矛盾,曾附会《周礼》,进行改制。但在以绿林军、赤眉军为代表的农民起义的打击下,王莽新朝很快归于灭亡,其在安徽的统治也演变为动乱的割据局面。

一、汉武帝南巡

中国古代先民早有期求最高统治者在统治期间巡行视察地方的愿望。《尚书·舜典》曾以追述的口吻说到传说中的帝舜巡狩四方,即二月东巡岱宗、五月南巡南岳、八月西巡西岳、十一月北巡北岳的情况。①《史记》追述传说中的五帝巡狩各地的情况,已经较为具体。一般认为,古代统治者巡狩地方,有两个主要目的:一是督导社会活动,特别是农业生产;二是通过祭祀名山大川、接见四方诸侯、订正历法、整顿典章礼制等行为来体现宗教崇拜意识和统治权威,以巩固政权。②另外,这种巡狩活动,一般还应包括养老尊贤和观览风俗等项内容③。传说周王朝时,周王曾派员巡视地方,代表他进行劝农、慰问、赈灾等活动,这在《周礼》和《礼记》等文献中有所反映。

从战国时期开始,与当时的监察制度相平行,国家已施行君主视

①　参见(清)阮元校刻《十三经注疏》上册。

②　参见杨宽《战国秦汉的监察和视察地方制度》,原刊《社会科学战线》1982 年第 2 期,此据作者文集《杨宽古史论文选集》,上海人民出版社 2003 年版,第 94 ~ 112 页。

③　参见葛志毅、张惟明《周代巡行遣使制度及其演变》,原刊《金景芳九五诞寿纪念文集》(1996),此据作者文集《先秦两汉的制度与文化》,黑龙江教育出版社 1998 年版,第 123 ~ 132 页。

察地方的制度。这种视察,战国时往往被称作"巡行"、"循行"或"行县"。这种君主视察地方的制度,是由实行分封制时期的天子"巡狩"制度演变而来。

秦汉时期,仍延续着战国时的视察制度。在秦朝,它主要体现为秦始皇率领群臣巡行天下。西汉时期的皇帝视察活动,更趋于制度化。汉元鼎四年(前113),汉武帝在巡幸汾阴后土祠、荥阳、洛阳等地后,曾下诏:"祭地冀州,瞻望河洛,巡省豫州,观于周室。"①这种巡省,正是直接由秦始皇那里承续下来的君主视察地方的制度,即《周易》所说的"先王以省方观民设教"②。

西汉皇帝巡行地方的活动,最突出的还是汉武帝。

汉武帝雄才大略,喜好活动,一生巡游无度。武帝从元鼎四年起的巡行郡县,以封禅和求仙为重要内容,旨在宣扬汉朝威德,巩固统治,同时宣示宗教意识。秦汉人认为,封禅是一种古礼,经秦王朝到汉代,封禅古礼得到进一步发展。汉初实行黄老无为政治,到武帝时文治武功,拓边开疆,获白麟,得宝鼎。经过几年准备,武帝于元封元年(前110),亲率封禅大军,"行自云阳,北历上郡、西河、五原,出长城,北登单于台,至朔方,临北河。勒兵十八万骑,旌旗径千余里,威震匈奴"③。巡行中,先祭嵩山等,又东巡,夏四月封泰山。武帝于封禅当年改年号为"元封",并且确定了五年一修封的制度。汉武帝频繁的封禅活动对后世产生了重大影响。

与泰山封禅活动相关的是对五岳的祭祀巡游。事实上,早在春秋战国时期,各诸侯国就十分重视祭祀自己领域内的重要山岳。据《山海经》记载,上古受到崇祀的山岳共有26个山区、451座山岳,并已形成了不同层次的祭祀礼仪。到汉代,则突出了对五岳的祭祀崇拜。

五岳在汉代分别指东岳泰山、西岳华山、中岳嵩山、南岳天柱山④、

---

① 《汉书》卷六《武帝纪》。
② 《易·观》"象曰",孔颖达《周易正义》卷三,参见清阮元校刻《十三经注疏》上册,中华书局1980年版,第36页。
③ 《汉书》卷六《武帝纪》。
④ 汉宣帝时曾称"灊山"。《汉书》卷二十五下《郊祀志下》:宣帝时正式确定,"五岳、四渎皆有常礼。东岳泰山于博,中岳泰室于嵩高,南岳灊山于灊,西岳华山于华阴,北岳常山于上曲阳"。

北岳恒山①。在中国历史上,五岳有着重大的影响和崇高的地位。《礼记·王制》说:"天子祭天下名山大川,五岳视三公。"汉代崇信五岳,认为五岳各有尊神,分别掌管着自然、人间的养育和生衍,并认为它们与当时盛行的五行相生的学说有着密切关系。

五岳中的南岳,在汉代指灊县"天柱山"。元封五年,武帝南巡,"登灊天柱山"②。"灊音若潜。南岳霍山在灊。灊,县名,属庐江。""天柱山在灊县南,有祠。"③直到隋文帝开皇九年(公元589),才改称湖南衡山为南岳。

汉武帝南巡祭祀天柱山发生于元封五年冬以后。司马迁也参加了这次巡行,他记述道:"其明年冬,上巡南郡,至江陵而东。登礼潜之天柱山,号曰南岳。浮江,自寻阳出枞阳,过彭蠡,祀其名山川。北至琅邪,并海上。四月中,至奉高脩封焉。"④班固的记述更具体一些:"五年冬,行南巡狩,至于盛唐,望祀虞舜于九嶷。登灊天柱山。自寻阳浮江,亲射蛟江中,获之。舳舻千里,薄枞阳而出,作《盛唐枞阳之歌》。遂北至琅邪,并海,所过礼祠其名山大川。春三月,还至泰山,增封。"⑤"寻阳",汉时在今湖北黄梅西南。"枞阳"即今枞阳县枞阳镇。"彭蠡",古彭蠡泽为江水所汇,其范围约当今长江北岸鄂东之源湖、皖西龙感湖、大官湖及泊湖等滨江诸湖区。三地均在长江北岸。元封五年武帝南巡的具体行程是:一干人马至江陵,向东抵盛唐,遥祭传说中舜帝南巡崩葬之地——苍梧九嶷山。再辗转登天柱山礼祭。祭毕,武帝一行又南下巡行大江,路线是从寻阳、彭蠡进入江道,东下至枞阳。出枞阳后,武帝一行北上山东琅邪,到达黄海边上,进行礼祀,返登泰山进行封祀。

汉武帝在结束这次南巡和封禅活动后,曾下诏简述自己的行程及巡行的目的:"夏四月,诏曰:'朕巡荆扬,辑江淮物,会大海气,以合泰

① 汉代避汉文帝讳,改称"常山"。
② 《汉书》卷六《武帝纪》。
③ 《汉书》卷六《武帝纪》"登灊天柱山"应劭注、文颖注。
④ 《史记》卷十二《孝武本纪》。
⑤ 《汉书》卷六《武帝纪》。《史记》作"潜",《汉书》均作"灊",当依《汉书》之《地理志》、《郊祀志》作"灊"。

山。上天见象,增修封禅。'"①可见,汉武帝元封五年的南巡,是围绕其再一次封禅泰山的主旨而展开的一系列封禅前礼祀名山大川的活动。但因这次南巡是汉武帝在安徽境内进行的一次十分重要的巡行活动,所以在客观上也彰显了汉王朝对于原衡山、淮南国境的统治权威,并加强了这些地区与西汉中央王朝的联系。

武帝历次出巡,规模浩大,历时长久。所过之地,观省民风,十分排场。其狩猎活动,气派雄伟壮观。这次元封五年南巡大江,"登灊天柱山"②,北至泰山,从冬十月至夏四月,历时7个月。浮江时,"舳舻千里"③,气势非凡。途中举行的礼祀山川百神的活动,都包含着极其丰富的宗教、历史文化内容。④

二、西汉安徽籍著名循吏⑤

"循吏"之称始见于《史记》的《循吏列传》,后为班固《汉书》和范晔《后汉书》所承袭。从此,循吏便成为中国正史列传的一个典型,直到民国初年所修的《清史稿》仍然沿用不变。在汉代,循吏是作为与"俗吏"、"酷吏"相对立的一种官吏类型而存在的。所谓俗吏,原是汉儒加于某些职能官员的称谓,这些官员的作为都程度不同地带有否定礼德传统、迷恋笃行战国以来得到发展的政刑法术的倾向,而其极端则为酷吏。⑥ 西汉循吏除文翁外,比较集中地出现在汉宣帝时期⑦。在《史记》、《汉书》中,循吏的思想及表现其实有着很大的不同,甚至可以说名同而实异。《史记·循吏列传》共收5人,都是春秋、战国时期

---

① 《汉书》卷六《武帝纪》。
② 《汉书》卷六《武帝纪》。
③ 《汉武》卷六《武帝纪》。
④ 汉武帝元封五年"登礼"之"天柱山"所指有两说,一说指今潜山县天柱山,一说为今霍山县南岳山。
⑤ 本部分参考了余英时《士与中国文化》一书中《汉代循吏与文化传播》的研究内容,见该书上海人民出版社1987年版,第129~216页。
⑥ 俗吏的典型表现是:"吏道以法令为师。""奉三尺律令以从事。"(《汉书》卷八十三《薛宣朱博传》)汉代一些论者提到的所谓"文吏"、"文史法律之吏"、"刀笔吏"、"执法之吏"、"文法吏"等,内涵基本上同俗吏一致。其走向极端,则为"酷吏"、"憯酷之吏"、"治狱之吏"、"刻薄之吏"、"刚猛之吏"等。
⑦ 参见《汉书》卷八十九《循吏传》。

的人,首位是孙叔敖。从《太史公自序》、《循吏列传》的内容看,司马迁心目中的循吏应指黄老无为式的治民官,他们奉行的是"我无为而民自化"的路线。而从《汉书·循吏传》的内容看,班固心目中的循吏,则属于儒家"有为"型的官员,他们的思想源自孔子"先富后教"和"无讼"的主张。班固从这些官员中选取了文翁、王成、黄霸、朱邑、龚遂、召信臣等人为代表,撰成《循吏传》。《汉书·循吏传》6人中有3人是安徽人。

(一)文翁

文翁,名党,字仲翁(一说翁仲),西汉庐江舒人。文翁少年好学,精通《春秋》,为人仁爱,崇尚教化。汉景帝末年被任命为蜀郡太守。他到任后,兴修水利,兴办教育,移风易俗。

在任郡守期间,为开发当地农业,使百姓增加收入,文翁进一步扩建和完善了都江堰北部灌区的工程,组织民工"穿渝江口,灌溉繁田千七百顷"[①]。据《都江堰水利述要》称:文翁是第一个扩大都江堰灌区的官员。由于注重兴修水利,发展农业,蜀郡出现了"世平道治,民物阜康"的局面。

文翁在任时,蜀地仍属边陲,文化很不发达,即《汉书》所谓"蜀地辟陋有蛮夷风"。文翁针对这种情况,决定从教育入手,来改变落后状况。他的得力措施之一就是选派有培养前途的低级官员到京城西安留学,其二则是在成都创办"官学"。从此以后,四川文风大盛。班固在《汉书》中评论说:"至今巴蜀好文雅,文翁之化也。"创办郡学在中国教育史上是一个重要的事件。班固把文翁列为循吏之首,可见他对文翁的重视,因为若论爵位、职务,后面几位都比文翁高。

由于对蜀地经济、文化建设和社会进步做出了巨大贡献,文翁在蜀地病逝后,当地人民为他修建了祠堂,世代敬奉。在文翁原籍舒地的乡贤祠(移建后易名"忠义祠")中,文翁也以首立地位获得崇祀。文翁作为中国地方官学的首创者,其崇文重学的举措对汉代巴蜀乃至全国儒学传播都产生了重要影响。

---

① 《华阳国志·蜀志》。

（二）朱邑

朱邑，字仲卿，西汉庐江舒人。朱邑是西汉名臣，位至大司农，与文翁籍属同县。

朱邑年轻时做过舒县桐乡啬夫，廉洁自守，待人宽容，因而深得当地吏民的敬爱。朱邑与王成、黄霸等名臣一样，都以富民为当务之急。朱邑在任上以身作则，以德服人，因贤能优秀先后被提拔为太守卒史、大司农丞、北海太守。后来由于政绩和德行第一，升迁至大司农。朱邑为人淳朴厚道，和故旧的关系十分深厚，禀性公正，并努力向朝廷举荐贤才。他虽然身在高位，但生活节俭，自己的俸禄多分给族人和乡亲们使用，家中没有剩余的钱财。朱邑于神爵元年（前 61）去世，汉宣帝非常悯惜，特下诏书称赞他：“大司农邑，廉洁守节，退食自公，亡强外之交，束脩之馈，可谓淑人君子。”①

在当时，循吏不仅会得到最高统治者的褒奖，也深受百姓的爱戴。《汉书·循吏传》称朱邑“存问耆老孤寡，遇之有恩，所部吏民爱敬焉”。他为官清廉、执法公允的治民原则得到了百姓的认同和赞扬。朱邑死后，其子遵其遗言，葬其于曾任啬夫的桐乡西郭外，百姓“共为邑起冢立祠，岁时祠祭，至今不绝”②。

（三）召信臣

召信臣，字翁卿，西汉九江寿春（今安徽寿县）人，是西汉时期一位勤政爱民、政绩颇丰的地方官员。他历任谷阳长、上蔡长、零陵太守、南阳太守、河南太守、少府等官职，列于九卿。汉元帝时，他在南阳太守任上，根据当地实际，积极倡导修陂建塘，开挖渠道，发展农业生产，把“富民”当作为政之本。

汉元帝建昭元年（前 38），召信臣深入各地走访，了解民情，发现南阳当地百姓因为缺水而过着非常疾苦的生活，于是决定兴修水利。他“行视郡中水泉，开通沟渎”③，先后修建引水渠数十处，灌溉良田最多时达 3 万顷。南阳人民因兴修水利之惠，生活逐渐富裕起来。

---

① 《汉书》卷八十九《循吏传》。
② 《汉书》卷八十九《循吏传》。一说朱邑墓冢位今舒城县城西南 9 公里处范岗镇朱公村。
③ 《汉书》卷八十九《循吏传》。

在召信臣兴建的数十处水利工程中，最著名的是六门埽（又称六门陂、六门堰）。六门埽位于穰县（今河南邓县）之西，兴建于建昭五年（前34）。该工程筑坝壅遏湍水，初设3座水门引水灌溉。元始五年（公元5）又扩建3座石门，合为6门，因称六门埽。六门埽"溉穰（邓县）、新野、昆阳（叶县）三县五千余顷"①，形成了一个具有相当规模的大灌区。汉末六门埽曾一度荒废，晋太康中杜预和南朝宋时刘秀之又相继修复使用。唐元和年间，六门埽仍在继续发挥作用②。

为了使水利设施得到长期维护与利用，召信臣还制定了加强灌溉用水管理的制度——《均水约束》，让人将《均水约束》刻在石碑上共同遵守，并指定专人对斗门进行管理。召信臣在《均水约束》中明确规定上下游之间要相互协商，按分配的数量用水，保证陂中留有一定的水量以应对旱灾。

召信臣任南阳太守期间，奉法循理，对不法之徒予以严惩与打击。召信臣要求百姓平时努力耕作，对乡间那些游手好闲、恣意生事之人，则视其危害的轻重给予处罚。他试图通过这种手段来确保社会秩序和农业生产所需的充足劳动力。

召信臣认识到，仅仅依靠引导农民通过努力耕织致富还不够，政府还应减少用度，减轻农民负担。他任少府时，先后奏请省减乐府黄门倡优诸戏，及宫馆兵弩什器，请罢太官园培植冬生葱韭菜茹等事宜。这使得政府每年节省了大笔开支。

史载召信臣任南阳太守期间，"其化大行，郡中莫不耕稼力田，百姓归之，户口增倍，盗贼狱讼衰止。吏民亲爱信臣，号之曰'召父'"③。为表彰其勤政恤民的精神和突出的政绩，南阳百姓为他修建了祠庙以示纪念。召信臣对南阳的开发，极富特色且成效显著，他的务实精神对后世影响极大。

---

① 《水经注》卷二十九《湍水注》。

② 《水经注》卷三十一《淯水注》，《宋书》卷八十一《刘秀之列传》，《元和郡县图志》。参见武汉水利电力学院、水利水电科学研究院《中国水利史稿》编写组《中国水利史稿》上册，水利电力出版社1979年版，第141~142页。

③ 《汉书》卷八十九《循吏传》。

从文翁、召信臣等人的政治实践看,他们确实反映了西汉循吏活动的主要特色——富民、教民和理讼。文翁、朱邑、召信臣等循吏在当时及后世都具有很大而深远的影响,他们在试图将先秦孔子以来的儒家理想化为现实的历史进程中,同汉代儒家一道,成为最重要的先驱人物。譬如文翁在蜀郡是鉴于"蜀地僻陋有蛮夷风"而推行教化,这促使后来的循吏也以"移变边俗"为己任,从而形成了东汉循吏"移变边俗"的重要特色①。召信臣的循吏政绩,主要是在南阳太守任上展现的,东汉初年的南阳太守杜诗,曾效法召信臣,"修治陂池,广拓土田,郡内比室殷足",并也受到当地人民的称颂:"时人方于召信臣,故南阳为之语曰:'前有召父,后有杜母。'"②杜诗还曾发明"水排"。西晋杜预"修邵(召)信臣遗迹,激用滍、淯诸水以浸原田万余顷"③。据《水经注》记载,西晋太康三年(公元282),杜预于六门堨"复更开广,利加于民"④。朱邑的影响则在于他在桐乡啬夫这一比较低级的职位上就表现了循吏的特色,并且在乡里治理教化中有突出的表现,这在一定程度上推动一批郡守以下的循吏在西汉末年至东汉时期涌现出来。

以文翁、朱邑、召信臣等为代表的汉代循吏在中国文化史上有着长远的影响。宋、明新儒家在义理的造诣方面超过汉儒,但是他们一旦成为治民之官,则仍不能不奉汉代循吏的言行为最高准则,最明显的一点是,程颢、程颐、朱熹、陆九渊、王守仁等人无一不是一身而兼两"师":大传统的"传道、授业"之师和小传统的"教化"之师⑤。

三、王莽新朝统治与安徽

新朝(公元9—23)是西汉末年外戚王莽利用当时的社会、政治危机以及外戚专政而建立起来的。汉成帝继位后,国家大权旁落到外戚王氏家族手中,王莽于成帝去世前一年升任大司马。成帝死后,王莽

---

① 《后汉书》卷七十六《循吏列传》。
② 《后汉书》卷三十一《杜诗传》。
③ 《晋书》卷三十四《杜预传》。
④ 《水经注》卷二十九《湍水注》。
⑤ 参见余英时《士与中国文化》,上海人民出版社1987年版,第213~214页。

退位避居。汉平帝即位后,王莽再任大司马,百官总己以听。公元6年,2岁的孺子婴象征性地继位为帝,王莽"居摄",改年号为居摄元年。两年后,即公元8年,王莽假借天命,废孺子婴,自立为帝,改国号为新。

王莽当政后,面临着严重的社会危机。为了缓和阶级矛盾,维持新朝的统治,王莽附会《周礼》,托古改制。客观地说,王莽有些改制措施一开始还是颇有吸引力的,譬如他于始建国元年宣布实行"王田"制,把全国土地改称"王田",规定一家男子不满8口而占田超过一井(900亩)的,要把余田分给本族或乡邻。原来无地的,按男口每人授田百亩。1978年,阜阳市郊曾出土王莽当政时铜镜1枚,上有铭文:"刘氏去、王氏持,天下安宁乐可喜,井田平,贫(?)广其志。"所谓"井田平",即指王莽实行"王田"制之事,镜铭直接颂扬了王莽"王田"制的改革。①

又如王莽兴建官学,也曾受到广大士人的欢迎。《汉书·王莽传上》记载:汉平帝元始四年(公元4),"莽奏起明堂、辟雍、灵台,为学者筑舍万区"。1976年阜阳出土的"新兴辟雍"镜的铭文中也反映了与此相关的内容②。

但在地主阶级的强烈反对下,王莽很快被迫收回成命,到始建国四年(公元12),"王田"制宣告失败。

在政治制度方面,为了全盘恢复周代典章制度,王莽重新调整划定地方行政区域,更改郡县及长官的名谓。王莽对中央和地方的官名、官制屡加改变,如改大司农为羲和,后又改为纳言,改少府为共工,大理改作士,太常改秩宗,光禄勋改司中,太仆改太御,卫尉改太卫等。地方官制方面,改郡太守为大尹,都尉为太尉,县令为宰,御史为执法。把汉时尚未最终确立的州、郡、县三级制,擅改为州、部、郡、县四级。分合郡县,总为万国。他先据《尧典》正十二州名分界,后又据《禹贡》改为九州。有的郡甚至五易其名,最后又恢复旧称。在安徽地区,新

---

① 安徽省地方志编纂委员会编《安徽省志·文物志》,方志出版社1998年版,第372页。
② 参见安徽省地方志编纂委员会编《安徽省志·文物志》,方志出版社1998年版,第371页。镜铭曰:"新兴辟雍建明堂,然于举土圻侯王,将军令尹民户行,诟主万周在北方,子孙复具治中央。"

朝曾改汝南郡为汝汾郡,改临淮郡为淮平郡;黝县改称愬虏,曲阳改名延平亭,平阿改名平宁等。① 这些改革不仅未能解决安徽的社会矛盾,反而使社会危机更为加重。朝廷组织机构的变化和郡县的一再分割,使得官员数量大大增加,行政效率更为降低。频繁更改的地名也在实际生活中造成了混乱。

王莽还先后4次进行币制改革。第一次改币于公元7年进行,主要是铸造了"大泉五十"及"契刀"、"错刀"3种高额虚值币。第二次于公元9年进行废刀钱、禁五铢,行大小泉——"大泉五十"与"小泉直一"。第三次改革,始于始建国二年(公元10),实行宝货制,分5物(金、银、铜、龟、贝5种贝材)、6名(金、银、龟、贝、钱、布6种货币的名称),6名又按币值分出钱币5品、布币10品等,共28品,但仅一年就被迫废除,只留小钱值一、大钱五十继续使用。天凤元年(公元14),王莽进行了第四次改革,废除小钱、大钱,作货布、货泉并行。20世纪,安徽天长安乐乡纪庄村民在挖掘水塘时,曾发现20余座古墓,墓内出土了不少王莽时期不同形制的古钱币,计有"大泉五十"上百枚、"小泉直一"20枚、"契刀"头1枚、"大布黄千"5枚。② 王莽在当时每作一次币改,过去铸造的货币就不能再在市场流通,而且每次都是以小换大,以轻换重,钱越改越小,价越作越大。所以每当王莽改变币制时,很多农民和小手工业者就要破产或失业一次。这4次币制改革,违背了经济规律,给社会经济造成了很大的混乱。

汉时,黄河水患十分严重。西汉时期,见于记载的黄河决口泛滥就达11次。公元11年,黄河在今河南濮阳一带决口。当时王莽没有采取措施筑堤修河,致使黄河改道。黄河水侵入汴渠(今荥阳西南漕河),许多田地村落被洪水吞没,其中今河南北部、东南部,山东西部,安徽西北部受害最重,民不聊生。这种情况到了东汉才有所改变。

---

① 见本书第二章第一节"二、郡县的设置"。

② 安徽出土的王莽时期的货币或货币铸范还有:利辛县20世纪80年代发现的"一刀平五千"金错刀3枚、"大布黄千"3枚,界首县20世纪80年代发现的"次布九百"布币,萧县祖庄发现的铸钱遗址及"大泉五十"、"货泉"等陶质钱范残块,界首县20世纪70年代发现的"大泉五十"铜模范,桐城20世纪80年代发现的"大布黄千"铜模范,无为县20世纪50年代发现的"货币"、"货泉"铜模范等。参见安徽省地方志编纂委员会编《安徽省志·文物志》,方志出版社1998年版,第414、421~425页。

王莽在位期间,还屡次挑起对东北、西北、西南诸族群的战争。对匈奴曾几度发兵,虽不曾出击,但屯边吏卒达数十万,且持续多年,"吏士放纵,而内郡愁于征发,民弃城郭流亡为盗贼,并州、平州尤甚"①。王莽的改制未能挽救西汉末年的社会危机,反而使各种矛盾进一步激化,最终导致农民大起义爆发,新朝遂告灭亡。

西汉末年的农民大起义是长期以来社会矛盾发展的结果。当时,在两淮流域发生了瓜田仪、王州公起义以及刘永割据梁沛、李宪割据江淮等事件。

四、两汉之际江淮地区的农民起义与割据形势

(一)瓜田仪、王州公起义

王莽天凤四年(公元 17),临淮人瓜田仪凭借会稽长洲(今江苏吴县境)险阻之地,聚众与王莽政权相抗衡。公元 21 年,上谷名士储夏向王莽毛遂自荐,称其愿意前往长洲劝说瓜田仪部众投降。王莽采纳储夏建议,并授其中郎之职,命其前往招降瓜田仪。结果瓜田仪"文降,未出而死"②。王莽派人为瓜田仪举行了隆重的安葬仪式,"为起冢、祠室,谥曰瓜宁殇男,几(冀)以招来其余"③。但瓜田仪部将无人愿意向王莽投降。瓜田仪起义是当时一场有影响的农民起义。

就在瓜田仪起兵的同时,庐江的王州公也起兵倒莽。王州公起义军声势很大,聚众达十多万人,攻下诸多郡县。王莽令李宪前去镇压,李宪很快攻破王州公。此后,李宪遂割据庐江郡自立。

(二)刘永割据梁沛

王莽末年,农民起义军声势日益浩大,最终推翻了王莽政权。为了消灭当时新起的刘玄政权,樊崇率领赤眉军开始了战略西征。此后樊崇迎立刘氏宗室城阳景王的后代刘盆子为皇帝,国号仍为汉,年号建世。就在赤眉军立刘盆子为帝的同时,活动于河北的西汉宗室后裔刘秀在鄗(今河北高邑)称帝。这样,在全国便形成了三大势力角逐

---

① 《汉书》卷九十九中《王莽传中》。
② 《汉书》卷九十九下《王莽传下》。
③ 《汉书》卷九十九下《王莽传下》。

的局面。

赤眉军西征后,东部一时出现了力量空虚地带,于是封建割据势力乘机而起。

刘永(?—公元27),梁郡睢阳(今河南商丘)人,汉梁孝王八世孙。元始中,其父刘立与平帝外家卫氏交通,为王莽所诛。更始元年刘玄称帝后,刘永以宗室后裔的身份赴洛阳朝贺,刘玄封其为梁王,都睢阳。刘永目睹更始政乱及赤眉军西征导致东部空虚的情势,遂广纳沛中豪杰起兵割据。刘永以弟弟刘防为辅国大将军,以防弟刘少公为御史大夫、鲁王,招兵买马,攻下济阴、山阳、沛、楚、淮阳、汝南,得28城。

刘永知道单凭自己的力量不足以争衡天下,于是派遣使节联络董宪和割据齐地的张步等。当时董宪、张步出于各方面的考虑,表示愿意与刘永联合。就这样,刘永与董宪、张步三方结成了以刘永为首的军事联盟。刘永仍称梁王,董宪称翼汉大将军,张步称辅汉大将军、忠节侯,督青、徐二州。刘永还收编了西防(今山东单县北)以山阳佼强为领袖的一支地方农民军,封山阳佼强为横行将军。这样,东汉初年梁沛地区基本上处于刘永势力的覆盖之下。刘玄被赤眉军处死后,刘永遂自称天子。

建武元年(公元25),刘秀称帝,定都洛阳,建立东汉政权。公元27年,刘秀消灭了赤眉军势力,基本上控制了黄河中、下游地区。建武二年(公元26),刘秀派遣虎牙大将军盖延讨伐刘永。盖延包围刘永军并攻克睢阳,刘永败走。不久,刘永在与吴汉、盖延的战斗中,被吴汉、盖延合围,兵败被杀。

刘永死后,其部将苏茂、周建立其子刘纡为梁王,占据了垂惠(今安徽蒙城北)。建武五年(公元29),董宪、刘纡兵败,先后被杀。消灭了刘永、董宪之后,刘秀又把进攻的矛头对准了张步。张步向刘秀投降,刘秀封其为安丘侯,迁至洛阳。建武八年(公元32),张步由洛阳潜逃到临淮,并召集旧部,结果被琅邪太守陈俊追歼。至此,梁沛境内的割据势力被逐个平定。

（三）李宪割据江淮

李宪（？—公元30），颍川许昌（今河南许昌）人，王莽时任庐江属令，职如都尉。王莽统治末年，王州公等发动起义，攻城夺地，势力日盛。王莽急令李宪为偏将军、庐江连率，率军镇压，李宪很快攻破王州公。此后，王莽败亡，李宪遂割据庐江郡自立。更始元年，李宪称淮南王。东汉建武三年（公元27），李宪自立为天子，置公卿百官，据九城，拥兵十余万。① 建武四年（公元28）秋，汉光武帝巡游寿春（今安徽寿县），劝李宪投降，李宪拒绝。光武帝遂派遣扬武将军马成等率军攻击李宪，并围困其所守舒县。李宪多次挑战，马成命令诸军深沟高垒坚壁不出。至建武六年春，城中粮尽，马成率军攻克舒县。李宪逃跑，其麾下原军士帛意追杀李宪，投降汉军，李宪妻儿也尽被杀。光武帝得到消息后大喜，特赐封帛意为渔浦侯。此后李宪余部淳于临等复聚众数千人，屯灊山，继续对抗汉军，后为扬州牧欧阳歙遣从事庐江人陈众乘单车、驾白马宣谕招降，李宪割据势力至此被彻底消灭。而原先占据关东的各地割据势力至此也全部被剪灭，东汉的统治势力延伸到海滨。到建武十二年（公元36），全国基本统一。

第四节　西汉时期安徽的经济

西汉前期，安徽省域诸侯王国从发展和壮大自身统治力量出发，大多重视恢复和发展区域经济。西汉后期，汉宣帝等最高统治者重视地方郡县治理，提倡农耕，兴修水利。这些因素促使农民的生产积极性得到提高，并推动了社会经济的恢复和发展。在这个前提下，西汉时期安徽的农业经济也获得了发展，而这又为手工业的发展与城市商业的繁荣提供了条件。

---

① 参见《后汉书》卷十二《李宪列传》。

一、移民江淮与农业的开发

在秦末农民战争和楚汉战争期间,安徽成为当时各方争夺的重要战区,安徽人民为西汉的建立付出了巨大牺牲,也饱受了战乱之苦。西汉建立后,安徽境内的经济虽较秦代有所发展,但是各地区的发展情况并不平衡。

大体上说,西汉时期安徽省境的经济区域可分为三块:淮北地区、江淮之间、江南地区。淮北及沿淮地区北临华北平原,农业发展比较早,在西汉初年人口密集,但因为秦末农民战争中这里是主战场,又加上西汉末年的战乱,这一地区的经济在东汉以后逐渐衰落。江淮之间开发稍迟于淮北。西汉初年,这里的一些地方还比较落后,司马迁的《史记·货殖列传》曾称楚越之地"地广人稀,饭稻羹鱼,或火耕而水耨",这说明在西汉前期这里有些地方还采用粗放式的耕作方式,百姓生活非常贫困。江南地区的开发比较迟。成书于战国时期的《禹贡》曾将全国土地分成三等九级,即所谓:雍州,厥田上上;徐州,厥田上中;青州,厥田上下;豫州,厥田中上;冀州,厥田中中;兖州,厥田中下;梁州,厥田下上;荆州,厥田下中;扬州,厥田下下。《禹贡》称荆扬之地"厥土惟涂泥","厥田惟下中"和"下下",可见在作者眼中,战国时期江淮一些地区和江南的土质不及中原肥沃,这种评价也反映了这一地区农业生产的落后状况。这种情况一直延续到东汉初年。但江淮之间和江南地区的气候条件较淮北优越,西汉统治者也认识到这一点,所以比较重视江淮之间和江南地区的开发。

(一)移民江淮

江淮一些地区和江南地区开发较晚,农作物因生产水平所限,产量低,有待于进一步提高,所以这些地方可开发性很强。西汉中期以后,江淮和江南地区因地理位置上的优势,逐渐受到汉中央政府的重视,水利兴修的重点也逐渐转移到淮河流域与江南。西汉时期,江淮地区的户口有很大变动,淮河流域经过秦末汉初的战乱,人口大减,西汉政府为大力开发江淮地区,采取了移民江淮的方式。汉武帝时,曾对江淮地区两次移民。

第一次:秦汉之际,今浙江南部的越人称瓯越,又称东瓯;福建地区的越人称闽越。瓯越与闽越并称东越,在汉初对帝国统治构成较大威胁。武帝建元三年(前138),闽越进攻瓯越,瓯越向汉朝中央告急,汉武帝发兵击退闽越。由于畏惧闽越人,东瓯请求内徙,汉武帝遂将东瓯共4万余人安置到庐江郡境内。① 元鼎六年(前111),闽越反汉,武帝发兵平定叛乱后,认为"东越狭多阻,闽越悍,数反覆"②,因此下诏将闽越国城池尽毁,闽越人全部迁徙到江淮之间。

第二次:征和年间(前92—前89),黄河泛滥不断,山东遭受水灾,百姓生活痛苦不堪,《史记·平准书》载:"及岁不登数年,人或相食,方一二千里。"为了救助灾民,西汉政府没有按惯例将他们徙边,而是允许灾民流往江淮,并派官员护送。政府还从巴蜀调集粮食救济江淮之间的灾民。如果流民到达后愿意留在当地,政府则就地解决其户籍问题。

西汉中期以后大量人口迁徙至江淮地区,加速了这里的农业开发,江淮地区的耕地面积得到了扩大。到西汉末年,江淮之间50余县的面积仅为江南会稽、丹阳、豫章3郡61县的1/5,但人口有220万,比前者的178.9万还多出23%左右。③ 当然,在武帝征南越后,江南也得到进一步开发,人口也大量增加。

除了政府有组织的人口流动,西汉末年绿林、赤眉起义之后,大批中原百姓为逃避战乱也纷纷向江南迁移。大量流民的涌入也成为当地经济发展的一个重要推动力。

(二)农业的开发

1. 农田水利建设的开展

西汉政府推行重农政策,非常重视农田水利建设。江淮之间湖泊、陂池众多,河道纵横,有良好的水利条件,《史记·河渠书》说:鸿沟、云梦、江、淮、济、蜀诸水,"此渠皆可行舟,有余则用溉浸,百姓飨其

① 参见《史记》卷一百一十四《东越列传》、卷二十二《汉兴以来将相名臣年表》,《汉书》卷九十五《闽粤传》。

② 《史记》卷一百一十四《东越列传》,《汉书》卷六《武帝纪》、卷九十五《闽粤传》。

③ 参见张南《简明安徽通史》,安徽人民出版社1994年第1版,第58页。

利"。汉代的农田水利建设多系为天然陂池修堤作堰,开设闸门,修治水路,或受蓄山间沟谷之水,成为人工陂池,用来灌田。汉代在汝南和九江地区兴建的陂塘工程相当普遍,仅《水经注》中就记载了与汝水和淮水有关的陂塘各有 17 处之多,其兴建时间虽未作明确记载,但建于汉代的应当不在少数。《史记·河渠书》载:"汝南、九江引淮……皆穿渠为溉田,各万余顷。佗小渠披山通道者,不可胜言。"汝南陂塘工程的普及还可以从富波县的设置得到说明。西汉时在今阜南县境增设该县,古代"波"与"陂"相通,"富波"即"富陂"。西汉时该县境内多建陂塘,故称。春秋时期孙叔敖所修的芍陂(今寿县安丰塘)在西汉时还可以灌溉良田万顷。西汉政府还在芍陂所在的九江郡特设了"陂官"、"湖官"等官员,专门管理芍陂等陂塘及其他灌溉工程的事务。芍陂在西汉时对当地农业生产发挥了重要作用。此外,汉初羹颉侯刘信在舒城修造七门堰,也发挥了重要的灌溉作用。西汉武帝元兴三年(前 132),黄河首次侵淮,使淮河流域洪水成灾。此后 20 余年,安徽淮北地区饱受水患,农业歉收。元封三年(前 109),武帝巡幸至淮泗流域,亲眼目睹灾情后,调兵堵塞瓠子决口,减轻了淮河流域百姓的痛苦。

武帝后期对黄河的治理,更引发了兴修水利的高潮。

西汉时,比较先进的水利工程技术得到普遍运用。譬如《淮南子·诠言训》就记载了一种"激"水法的引水技术:"使水流下,孰弗能治?激而上之,非巧不能。"这里的"激",可能是为了使水位上升而修建的横断河床的潜水坝,以此抬高水势,引水入渠。"激"的水工技术,战国时已见记载,《孟子·告子上》说:"今夫水,搏而跃之,可使过颡;激而行之,可使在山。"到秦汉时应用更加普遍。汉哀帝初年,贾让在论述今河南北部一带黄河堤防情况时,也曾提到如何利用石堤"激"河水以改变流向。这种用于河工意义上的"激",显然已接近近代的挑水坝。[1]

─────────────

① 参见武汉水利电力学院、水利水电科学研究院《中国水利史稿》编写组《中国水利史稿》上册,水利电力出版社 1979 年版,第 155 页。

由于农田水利建设的开展,陂塘增多,农田灌溉也日趋合理。关于陂塘面积及其相应的灌溉效益之间的关系,《淮南子·说林训》粗略地估算道:"十顷之陂,可以灌四十顷。"

汉代水井在安徽更是多有发现,而且分布密集,这说明当时井灌式农田水利技术的发展与使用。今在寿县城郊不到140米的狭长地带,就曾发现9眼汉代水井,其中7眼为陶圈井。井深约7米,用14层陶制井圈叠接而成。每圈高40厘米,径80厘米,壁厚1.5~2厘米,上下口沿各有5道凹槽,使圈与圈之间接缝严密吻合。[①] 在安徽汉画像石中,还发现了辘轳图,这也说明汉代水井技术的提高。

2. 铁器的使用与改进

西汉时期,铁农具和牛耕技术已经普遍使用。《盐铁论·水旱》中说:"铁器,民之大用也。器用便利,则用力少而得作多,农夫乐事劝功。用不具,则田畴荒,谷不殖。"淮河流域这时的农具也已经由铁器替代了木石工具。这一时期的铁器在安徽有大量发现。1991年天长三角圩古墓群出土了不少西汉时期铁器,有剑、戟、削、矛、炉、剪、斧、锯、凿等。1959年寿县安丰塘越水坝汉代闸坝工程遗址出土了大量生产工具,其中90%以上是铁器,如"都水官"铁锤、铁锄、铁斧、铁犁、铁锯、铁凿、铁鱼叉等。临近淮河上游的南阳地区出土的西汉时期铁器有锤、铲、锛、镢、犁、镰、斧等。上述材料证明,在淮河流域铁器已经成为常用工具。甚至连传统的木耒也套上了铁刃,如江苏铜山小李村出土的汉画像石中就有反映这一内容的画像。[②]

当时淮河流域常用的农业工具为铲、犁、锸、镰、锄、锛等。这时不仅出现了新农具,而且原有的铁制农具也大为改进,如汉代淮河流域的铁锄由短柄改为长柄,睢宁双沟画像石《农耕图》便有农夫手握长柄铁锄站立锄草的图像。铁锄由短柄改长柄,劳动者由蹲锄到立薅,生产效率得到了提高。关于牛耕,在淮北白浲山出土的《田畴与耕牛》汉画像石中,有柏树上拴着一头耕牛的图像,牛的肢体健壮,远处

---

① 参见王鑫义主编《淮河流域经济开发史》,黄山书社2001年版,第191页。
② 参见江苏省文物管理委员会编著《江苏徐州汉画像石》,科学出版社1959年版,图版26。

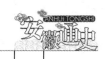
是一望无际的田畴。① 这反映了牛耕技术在淮河流域的基本使用情况。

犁耕技术有了较大进步。西汉时，赵过从关中推广到各地的耦犁法，即二牛拽犁，一人牵牛，一人扶犁，一人压辕以控制犁耕深度的耕法，在江淮之间也已经出现。当时，江淮之间的农民开始使用曲面犁壁。犁铧装上这种犁壁，可以扩大犁铧的土地接触面，还可以增加对土壤切、碎、翻的程度。从汉代画像石资料来看，泗洪重岗犁、睢宁双沟犁都使耕犁起土后能自行将土翻到先前犁过的犁沟内，这样既便于精耕，又利于碎土以平整土地，这是耕犁和犁耕技术的重大进步。泗洪重岗画像石中犁的图像，犁梢和犁床是采用两根木料将榫、铆相连接的办法处理的。②

西汉初期，农民已有"深耕概种，立苗欲疏"的经验。武帝末年，赵过推行代田法。代田法是先把土地开成深广各一尺的沟，叫做圳，圳旁堆成高广各一尺的垄。下种时把种子播入圳中，可以防风保墒。苗长出后进行耨草，用垄上的土和耨除的草培植苗根。盛夏垄土用尽，圳垄培平，作物的根部便既深且固，不畏风旱。圳垄的位置每年互相调换，轮流种植，以恢复土壤肥力。代田法在长安附近试验的结果，使每亩产量比缦田（不作圳的田）超出一斛甚至二斛以上，所以很快就被推广。1964 年在淮北市古城墙外出土的汉代播种工具铁耧角形似牛角，铁耧角长 16.5 厘米，角上有两孔，角根孔呈蛋形。③ 河南南阳也发现西汉的耧足范，角上有孔。史载武帝时赵过在关中地区推广代田法，使用耧车。根据代田法一亩分三圳和三垄同时播种三行的情况，耧车也叫三角耧。使用时，一牛前拽，一人相扶播种，一天可播种 1 顷地，极大地提高了播种效率。耧角与南阳耧足范的发现，说明淮北平原已使用这种耧车，与此一致的是代田法也必然在此时此地得到推行。

---

① 参见高书林《淮北汉画像石》，天津人民美术出版社 2002 年版，第 78 页。

② 参见王鑫义主编《淮河流域经济开发史》，黄山书社 2001 年版，第 183 页。

③ 参见安徽省地方志编纂委员会编，《安徽省志·文物志》，方志出版社 1998 年版，第 461 页。

3. 农业技术的进步

淮南王刘安及其门客所著《淮南子》一书中,有很多关于当时农业气象和生产经验方面的阐述,作者认为"为治之本,在于安民",告诫统治阶级必须"节欲"、"省事",使民"足用","勿夺(农)时"等等,并提出顺应自然、遵循客观规律的发展经济的方针。

关于汉代农业技术的进步,《氾胜之书》提到当时的土壤耕作理论与技术都有了较大提高。"凡耕之本,在于趣时,和土,务粪、泽,早锄,早获",其中"趣时"就是及时,不违农事。"种稻,春冻解,耕反其土",是说为了疏松土壤,便于稻谷发芽生长,要将地表累积的枯枝烂草翻入土中提高土壤肥力。"三月种秔稻,四月种秫稻","稻,地美,用种亩四升"。[①] 当时人们已经认识到春季天冷,水稻生长需要温度,应把被太阳晒热了的水灌入田中,以提高温度。夏至后,把水放到渠中冷却,再灌进田中,以调节水温。氾胜之原籍山东曹县,后来他以轻车使者的身份到关中管理农业生产,因此《氾胜之书》中关于稻作的记载可以看成是淮河流域稻作技术的实录。

此外,史载西汉元帝时召信臣在南阳地区开通沟渎,进行提淤改土工程,利用淤泥改良土壤。两汉时期墓葬中发现猪圈与厕所相连的模型,说明积圈肥在当时已很普遍。

西汉时期新的工具、水利和技术等条件,使水稻播种面积得到增加,产量得到提高。不仅淮南地区水稻种植面积得到扩展,而且沿淮淮北的汝、颍及苏北地区也种上了水稻。这些地方曾出土不少汉代稻谷遗存。[②] 此时水稻品种有籼、糯、粳等。

汉代淮河流域种麦面积比战国时期有所增加,而且有的地方播种面积相当大。根据《氾胜之书》的记载,西汉时,人们已经精通麦类选种技术:"取麦种,候熟可获,择穗大强者,斩,束,立场中之高燥处,曝使极燥。无令有白鱼。有,辄扬治之。"

淮河流域粮食生产增长快,积累多,是当时重要的产粮区。《后汉

---

①　转引自王鑫义主编《淮河流域经济开发史》,黄山书社 2001 年版,第 193 页。

②　参见李修松《两汉时期淮河流域农业生产述论》,《农业考古》1999 年 1 期。

书·郡国志》载："东阳,故属临淮。有长洲泽,吴王濞太仓在此。"东阳郡长洲泽在今安徽天长境内。

与粮食增产相关的是,粮食加工技术得到了提高。脚踏的"践碓",利用水力的水碓和水碓磨,筛谷用的风车,在西汉时都已出现。桓谭在《新论·离事》中说:"宓牺之制杵臼,万民以济,及后世加巧,因延力借身重以践碓,而利十倍杵春,又复设机关,用驴、骡、牛、马及役水而春,其利乃且百倍。"践碓是在杵臼基础上进行的重大改进,一般先掘地安放石臼,上架木杠,杠端装杵或缚石,然后利用杠杆原理用脚踏动木杠使杠上下起落,借以脱出谷壳或春米成粉。这比起原来的手杵春米,无疑提高了效率。

4. 农副作物品种的增多

西汉时期,淮北地区作物主要是黍、稷、麦、粱等品种,尤其是麦类种植增加很快,产量也日益提高。淮河流域麦类的种植技术也有较大进步,种麦的区域也比较广。此外,随着铁制新农具的出现和使用、水利条件的改善,淮南地区水稻种植面积大为增加,沿淮淮北及苏北地区也广泛种植水稻。当时,淮河流域的迅速开发就是以稻田的开垦为特征的。2006年西汉六安王墓出土时,人们惊奇地发现棺木盖板上面居然完好地保存着瓜子、金黄色的谷子、小米等,甚至还有酒。可见当时两淮地区农业生产已经达到较高的水平。

两淮地区经济作物种类繁多,主要有蔬菜瓜果和漆树、桑、麻等。家畜饲养以养猪最为普遍,牛、马、羊、鸡饲养等也普遍受到重视。但渔猎仍是当时百姓生活的来源之一。

二、手工业的快速发展

(一)纺织技术高超

汉代淮河流域盛产桑麻,蚕桑技术得到推广。西汉时期安徽地区的丝织技术已经非常高超,综合宿县褚兰、泗洪曹庄等地出土的汉代画像石材料及相关文献资料来看,当时丝织生产过程包括了缫丝、纺纱、络纬、牵经、织布等程序。①《淮南子·泰族训》说:"茧之性为丝,然非得工女煮以热汤,而抽其统纪,则不能成丝。"可见,"煮以热汤,而抽其统纪"是最初的缫丝过程。此外,《淮南子·氾论训》还介绍了手工旋转纺锤的纺线方法,这种方法至今在民间仍有沿用者。宿县褚兰画像石中的纺织图用梯形画面表现了纺织丝织品的过程:中间方形画面为织机图,一妇女正坐在织机上操作。两侧三角形画面,一侧为缫丝图,一妇女坐于热水锅旁正在抽丝;一侧为纺纱图,一妇女坐于纺车旁,正在摇动车轮纺纱。②

(二)铸铜技术保持较高水平

古代安徽铜矿资源丰富。汉代丹阳郡治宛陵(今安徽宣城)置有铜官,丹阳铜闻名全国。皖南地区的铜矿早在先秦时期就已经开采,产铜地区主要集中在今南陵、铜陵、泾县、繁昌、贵池、当涂一带。汉初允许私人铸钱,这为封国内铜矿资源丰富的诸侯国打开了私铸钱币之门。当时吴国因铸钱技术高,铜质上乘,遂成为汉初铸造货币较多的王国,吴国铸造的钱币当时在全国通用。由于铸币、煮盐之利,吴国积累了大量财富,"以故无赋,国用富饶",百姓负担较少,生活富裕。因铸钱有利可图,安徽成为全国私铸钱币最多的地区之一。七国之乱平定后,朝廷专盐铁、铸钱之利,严禁各地仿造,安徽因铸钱最先遭祸。西汉时的丹阳郡,除了铸钱外,还是当时著名的铜镜产地。早在西汉前期,皖南地区的工匠们就掌握了铜镜的抛光技术,成书于西汉前期的《淮南子·修务训》就记录了这一工艺流程:铜镜铸就之后,抹上锡汞剂,再用白毡布在镜面上反复研磨,直到达到平整光亮、纤毫毕现的程度。这种抛光技术一直沿用到近代。丹阳镜因选料精细、铸工精巧而闻名,在国内各地出土的铜镜铭文中多次发现有"汉有善铜出丹阳,和以银锡清且明"之类的佳誉。甚至到数百年后的南朝,梁简文帝还有诗云"戈镂荆山玉,剑饰丹阳铜"③。1991年宣城发现的丹阳镜,直径11.5厘米,镜重315克,圆形,半球形钮,双线方框钮座,饰平

---

① 参见王鑫义主编《淮河流域经济开发史》,黄山书社2001年版,第214页。
② 参见王鑫义主编《淮河流域经济开发史》,黄山书社2001年版,第214页。
③ 南朝(陈)徐陵编选《玉台新咏》卷七《艳歌篇十八韵》。

素圈纹，每角饰圆座乳丁。这面铜镜整体装饰秀丽，线条流畅，铸造技术精良，镜上也铭有"汉有善铜出丹阳，和以银锡清且明"等字样。[①]此外，20世纪90年代初，天长三角圩汉墓出土了大量西汉时期的铜质鼎、锤、铃、灯、釜、盆、环、染炉等器物。

大量精美铜器的发现，说明西汉时期安徽的铜器制作业虽然受到铁器、漆器业等的排挤，但其冶铸技术仍然保持了较高的水平。

安徽境内发现的古矿冶遗址，开采、冶炼时间包括西汉时期在内的主要有南陵大工山古矿冶遗址（其中大工山以东、以南，以戴镇乡江木冲为中心的区域，开采和冶炼铜矿的时代在西周到西汉之间），铜陵金牛洞古采矿遗址（为春秋时期到西汉的遗址），上两遗址于1996年11月被公布为全国重点文物保护单位；铜陵高联矿冶遗址（汉、唐时期铜矿开采与冶炼遗址），现为铜陵市重点文物保护单位；池州铜山矿冶遗址（汉唐时期铜矿开采与冶炼遗址，上限可追溯到春秋时期）；铜陵市郊铜官山罗家村大炼渣（铜官山因汉代置有铜官而得名，是中国久负盛名的古代铜矿生产基地），1991年被铜陵市人民政府公布为市级文物保护单位。[②]

（三）冶铁技术有很大进步

汉代冶铁业与战国、秦代相比有了较大发展。到西汉后期，铁制器皿和铁兵器基本上代替了铜器皿和铜兵器。铁器品种很多，冶铁技术有很大进步，发明了淬火技术。西汉中期，武帝实行盐铁官营，在全国设立了49处铁官，推动冶铁的管理与发展，其中1处就设在皖县。在淮河流域西汉遗址中曾出土过大量犁、锄、镰、锸、斧、锯等铁工具。这些考古发现为研究西汉两淮地区冶铁业的发展提供了宝贵的实证资料。[③] 1956年在淮南田家庵出土过汉代铁锄、铁镰，口呈圆弧形，口两边有锋，有把柄。1991年天长三角圩汉墓曾出土一套28件铁质木工工具，有斧、铲、钻、凿等，功能齐全。这说明当时的生产普遍使用铁制工具。天长三角圩汉墓还出土有云纹铁剑，系西汉兵器，长84.8厘

① 参见安徽省地方志编纂委员会编《安徽省志·文物志》，方志出版社1998年版，第371页。

② 参见安徽省地方志编纂委员会编《安徽省志·文物志》，方志出版社1998年版，第62~64页。

③ 参见李修松《两汉时期淮河流域农业生产述论》，《农业考古》1999年第1期，第78页。

米、宽 3.2 厘米,剑首呈斗笠柱状顶。此剑含有铁等多种金属成分,尤其是剑腊的纹饰采用硫仪铜特殊工艺进行处理,为后人研究西汉冶炼技艺提供了宝贵资料。

今怀宁洪镇曾发现冶塘湖冶铁遗址。《汉书·地理志上》载:"皖,有铁官。"怀宁汉属皖县,皖为庐江郡辖县之一。冶塘湖为庐江郡境内规模最大的冶铁遗址,因此考古人员认为它极有可能是皖铁官遗址。①

(四)髹漆器物精美

漆器制造在我国的历史非常悠久,据史书记载,在尧舜禹时代就已经将漆器用作食具或礼器。秦汉时期,漆器业与战国时期相比,生产规模更大,漆工间的分工更细,产地分布更广,并出现了大件器物。这一时期的漆器,在安徽发现的也较多,如阜阳双古堆西汉汝阴侯墓曾出土精美漆器 110 余件,其中不少器皿有"女(汝)阴"之类的铭文或戳记,表明这些漆器是当地作坊生产的。汝阴侯墓出土的天文仪器"六壬栻盘"、"二十八宿圆盘"、"太乙九宫占盘"均为木胎髹黑漆漆器,另外还有一些银扣夹纻胎漆器等。1975 年,在天长也出土了许多汉代漆器,造型巧妙,线条流畅。② 1991 年 12 月,天长三角圩汉墓群出土有三角形漆器,一组 4 件,通体髹黑漆,高 16.6 厘米,盖面嵌一银柿蒂,为西汉饮食器具,造型秀美,线条流畅。六安双墩汉墓也有漆器出土,这些漆器色泽淳厚,底面贴有金箔或银箔质地的飞禽走兽图案,刻画精细,有的还镶嵌银箔和玉石。

(五)砖雕与石雕工艺水平高

汉代砖雕、石雕工艺水平高,艺术成就大,给后世留下了大量艺术珍品。

砖雕是在特制的砖坯上进行雕刻纹样,一般有 3 种:①模印纹砖,用事先制好的文字、几何图案或人物、动物图案的印模,在制砖泥坯上模印,待阴干后再烧制。②泥塑烧制砖雕,对细腻的无沙泥土进行沉

---

① 参见安徽省地方志编纂委员会编《安徽省志·文物志》,方志出版社 1998 年版,第 65~66 页。

② 参见安徽省地方志编纂委员会编《安徽省志·文物志》,方志出版社 1998 年版,第 455 页。

淀,用沉积泥土进行捏塑,有高浮雕纹饰或基本圆雕纹饰,阴干泥坯再烧制。③雕刻砖雕,直接在烧制好的淡青色砖块上按预先设计的纹饰进行雕刻。

石雕是以石为原料、刻以文字或图案的艺术品,广泛用于墓室、祠堂、民宅、庙宇等。安徽出土了大量画像石、墓碑、石兽天禄、石羊等,这些艺术品形象逼真,线条流畅。

汉画像砖与画像石是汉代在墓室、祠堂、墓阙等建筑上雕刻画像的建筑构材,是古代为丧葬礼俗服务的一种雕刻艺术。它产生于西汉中期,至西汉晚期得到发展,东汉中期以后达于鼎盛,魏晋时衰退。两汉厚葬之风盛行,富贵人家迷信神仙,做不成神仙,仍想死后享乐,于是"厚资多藏,器用如生人"①。汉画像砖和画像石寄托了汉代人升天的愿望,其图像更是一种有代表性的装饰。它把生活中的自然形象经过艺术加工,使其造型、构图等适于审美原则。它是实用与装饰相结合的一种艺术形式。汉画像砖和画像石因为其所处的独特的地理环境和历史文化背景,产生了带有浓郁地方特色的艺术风格。安徽发现的汉代大型画像砖,其制砖技艺与烧制水平都相当高超,具有重要的历史价值。1986年在涡阳县城南三里丁庄曾发现一批汉画像砖,砖为青灰色,粗沙泥夹草烧制而成。砖上均模印富有装饰意味的图案:同心圆窝纹和四方雷纹。1981年,芜湖市鸠江区西汉墓出土28件滑石冥器,有鼎、壶、仓、耳杯等,都是用整块滑石雕琢而成,制作工整,造型朴实。② 在已经发现的汉画像石上,有表现丰收与宴乐的,表现宗教和神话故事的,表现生活技艺的,有描写冶炼、纺织、射弋、播种、收割、采莲、采桑等内容的。新中国成立后,在寿县曾出土一汉代素面空心画像砖(已残),砖面画有神鸟、楼阙及人物等。人物大多作施礼状,且姿态各异。砖的右上角有两个半圆形窗,棱形窗棂,窗下方框似为居室,中有二人对坐而语。总之,汉画像石、画像砖的内容极为广泛,其特点是写实。刻画以讲究线条,粗细交错,变化转折,简朴拙质,奔

---

① 桓宽《盐铁论·散不足第二十九》。

② 参见安徽省地方志编纂委员会编《安徽省志·文物志》,方志出版社1998年版,第446页。

放活泼为特色。

（六）其他手工制作业的发展

玉器制作：古代中国人认为玉能防腐，在视死如生的西汉时期，玉器常被作为随葬品使用。1991 年，天长三角圩汉墓群曾出土大量玉璧、玉带钩、七窍玉饰等文物，这些玉器设计精巧、刀法精练、动感十足，表现出娴熟的技艺。其中玉带钩作钩连腰带之用，通长 9.5 厘米、宽 1.9 厘米，带钩用镂雕和浮雕手法，雕刻出龙形图案，玉质晶莹，雕琢精湛，造型别致。

瓷器制作：瓷器制作到西汉时已经比较成熟了。1985 年出土于巢湖的青釉刻花双系壶，长颈，鼓腹，采用浸釉法施釉，釉质晶润透明，胎骨比较坚细，器形规整。

酿酒：《淮南万毕术》记载："凡冬月酿酒，中冷不发者，以瓦瓶盛热汤，坚塞口，又于釜汤中煮瓶令极热，引出，著酒瓮中，须臾即发。"六安双堆汉墓曾出土一壶类似酒汁的液体。

造船业：淮河流域的造船业在西汉时期得到发展。淮南王刘安的谋臣伍被曾有言——"吴王……上取江陵木以为船，一船之载当中国数十两（辆）车。"①庐江郡在西汉成为全国著名的造船基地。其建造的楼船高大雄伟，有 2～4 层船舱。武帝在巢湖一带设置称为"楼船"的水师，充当征服南越的精锐部队。元鼎五年（前 112），武帝命主爵都尉杨仆为楼船将军，率 10 万江淮楼船为主力，平息南越叛乱。次年，武帝派大军平息东越的叛乱，西路军为江淮楼船。

三、交通、商业与城市的发展

西汉时期，安徽地区的交通比较方便，在农业、手工业发展的基础上，商业与城市也有了显著的发展。

安徽凭借淮水大江之利，与中原地区交通顺畅。皖南地区由于山高地险，在汉初交通很不便利，到武帝平定南越叛乱后，这里逐渐与外界沟通。当时，交通工具主要有马车与船只等。根据淮北汉画像石中

---

① 《史记》卷一一八《淮南王列传》。

车马出行图像分析,当时有立乘的高车和坐乘的安车,一般都用马拉且多为双辕。吴王刘濞在吴国境内用马车运输物品,史载其装载能力是普通车辆的 10 倍。秦汉时期,陆运往往要花费很多人力物力,而且成效甚小①,因此,水运代替陆运渐渐成为趋势,尽管这种替代的代价高昂。史载吴国在海陵设仓,为了便于运输,特开凿了直通海陵的茱萸沟,带动了当地经济的发展。在庐江郡,西汉政府特设有管理造船业的"楼船官",楼船生产规模很大。楼船除作为水军的运载工具外,还承担丹阳郡铜材、铜器的外运。

因为交通便利,当时来往安徽的商人很多,西汉政府曾在合肥等地设市令以管理工商业和征收货物税。

西汉时期,鸿沟(当时称狼汤渠)虽仍通航,但联系黄河与淮河两大水系的水运枢纽,已经逐渐为汴渠所取代。汴渠是济水向东南流入泗水的一条支流,它在汉代以后逐渐成为漕运的骨干水道。这种变化导致鸿沟、颍水、寿春一线的水运地位逐渐被东部的汴渠、泗水一线所取代。西汉武帝至宣帝年间,每年一般需漕运关东谷粟 400 万石到关中②,其中有相当一部分是通过汴渠和鸿沟转输的。然而到了西汉末年,黄河决溢频繁,特别是王莽始建国三年(公元 11)黄河大改道之后,汴渠水运深受其害,"河、汴决坏","汴渠东侵,日月弥广,而水门故处,皆在河中,兖、豫百姓怨叹"。③ 这使得西汉、新朝以及后来的东汉统治中心同淮河流域间的水路交通遭到阻塞,从而直接威胁到政权的巩固,所以东汉初年不得不连续整治汴渠。④

由于水运发达,西汉时期安徽地区的商业活动十分繁盛。《史记·货殖列传》记载:"越、楚则有三俗。夫自淮北沛、陈、汝南、南郡,此西楚也。其俗剽轻,易发怒,地薄,寡于积聚。江陵故郢都,西通巫、巴,东有云梦之饶。陈在楚夏之交,通鱼盐之货,其民多贾……衡山、

① 参见《史记》卷一百一十二《平津侯主父列传》。
② 《汉书》卷二十四上《食货志上》。
③ 《后汉书》卷七十六《循吏列传》。
④ 参见武汉水利电力学院、水利水电科学研究院《中国水利史稿》编写组《中国水利史稿》上册,水利水电出版社 1979 年版,第 162~164 页。

九江、江南、豫章、长沙，是南楚也，其俗大类西楚。郢之后徙寿春，亦一都会也。而合肥受南北潮，皮革、鲍、木输会也。与闽中、干越杂俗，故南楚好辞，巧说少信。"

当时人口密集的城市是寿春和合肥。寿春，地处淮河南岸、江淮要冲，是江淮、江南与中原地区南北贸易交通的枢纽，这里自战国中后期以来至于秦汉，就是江淮地区的经济、文化中心，曾是战国晚期楚国的政治、文化中心。寿春水陆交通都很发达，其交通、经济、文化上的地位声名远播，在《史记·货殖列传》和《汉书·地理志下》中，司马迁和班固分别留下了凝重的一笔，《汉书·地理志下》称："寿春、合肥受南北湖皮革、鲍、木之输，亦一都会也。"曹魏曾在寿春屯田，当时"自寿春到京师，农官兵田，鸡犬之声，阡陌相属"[1]。寿春引人注目的通衢地位，在晋代伏滔《正淮论》中得到反映："寿阳者，南引荆汝之利，东连三吴之富；北接梁宋……西援陈许。"[2]合肥地区的历史比较悠久，远古时是有巢氏及其后裔繁衍的地方。《尚书·仲虺之诰》记载："成汤放桀于南巢。"南巢就在合肥南巢湖一带，战国时为楚地。秦统一后，推行郡县制，合肥属九江郡。西汉设合肥县，隶属淮南国。当时合肥是沟通江淮，直达河、济、汝、泗四大水运网的重要枢纽之一。淮南王刘安从南方购进大批皮革鲍木之类物资，都是从合肥转运过来的。《史记·货殖列传》称合肥为南楚都会，《太平寰宇记》称其为淮南重镇，经济、军事地位十分重要。到刘安之狱发生，淮南国被废后，合肥的转运贸易受到很大影响。东汉建武六年，光武帝刘秀置合肥侯国。到汉献帝建安五年（公元200），合肥又除国设县。

汉代安徽省域已设郡县80多个，至今仍留有许多古城遗址，它们大多分布在淮北与江淮之间。因年代久远，许多城址已成断壁残垣。譬如阜陵城，系西汉初到东晋孝武帝太元年间的阜陵县故城，今经勘探，确定为位于今全椒县东南15里处的百子村。此城处于滁河北岸，西北为丘陵地。遗址呈长方形，长500米、宽300米，故城周围有汉代

---

① 《晋书》卷二十六《食货志》。
② 《晋书》卷九十二《文苑列传》。

古墓群。西汉初年,汉高帝置阜陵县,属淮南国。汉文帝八年(前172)封淮南厉王刘长子刘安为阜陵侯,后复为县。汉武帝元狩元年,阜陵县隶属九江郡。西晋仍为阜陵县。东晋孝武太元年间,县废。至清代阜陵城址仍保存完好。由其可见汉代侯国及县城的规模与城墙建筑艺术之一斑。①

四、经济发展的水平、特点与波动

西汉时期的安徽经济是在春秋战国时期安徽经济社会的基础上继续向前发展的。经过秦末农民战争的打击与破坏,安徽经济曾遭受重创。西汉建立以后,统治者采取了一系列休养生息、轻徭薄赋等有利于社会经济恢复发展的政策和措施,"至武帝之初七十年间,国家亡事,非遇水旱,则民人给家足,都鄙廪庾尽满,而府库余财。京师之钱累百巨万,贯朽而不可校"②。在这个过程中,安徽经济也得到恢复与发展。西汉初年以来,大量人口逐渐迁徙到江淮地区,加速了这里的农业开发,耕地面积呈不断扩大的趋势,淮河流域、江南的土地都得到一定程度的开发。这一时期,农田水利建设兴起,农作物品种不断增多,生产工具和生产技术水平也显著提高。特别值得注意的是,当时安徽地区经济作物的品种非常丰富,冶铁、铸铜、漆器制造等手工业得到较快发展。西汉时期安徽地区的交通比较方便,商业与城市较先秦有了显著的发展。由于各行各业之间相互补充,相互促进,社会经济出现了"待农而食之,虞而出之,工而成之,商而通之"③的景象。

自先秦以来,安徽就可分为淮河以北、江淮之间、江南三大区域。由于自然条件不同,各地之间经济发展的不平衡就成为西汉安徽经济的显著特征,它们具体地表现为淮河以北经济发展水平较高;中部江淮之间一些城市(如寿春、合肥)经济发展水平较高,其他地区则表现一般;皖南开发较迟,经济还比较落后。到汉武帝平定南越后,江南经

---

① 参见《安徽文化史》编纂工作委员会、《安徽文化史》编委会编著《安徽文化史(上)》,南京大学出版社 2000 年版,第 296 页。

② 《汉书》卷二十四上《食货志上》。

③ 《史记》卷一百二十九《货殖列传》。

济得到了较快的发展。

此外,西汉实行的郡国并行制度对安徽经济影响很大。诸侯国为发展实力与中央对抗,纷纷凭借封国的资源及有利条件,开辟具有地区特色的经济发展途径。在这方面,吴王刘濞和淮南王刘安更有出色的表现。

总之,西汉一代,是安徽经济有较大发展的历史时期。但在这一大的趋势之下,安徽经济在西汉时期,也因为各种原因,出现过一些波动。秦汉之交,秦在短暂的统治时期内"内兴功作,外攘夷狄,收泰半之赋,发闾左之戍。男子力耕不足粮饷,女子纺绩不足衣服。竭天下之资财以奉其政,犹未足以澹其欲也。海内愁怨,遂用溃畔"①,结果爆发了秦末农民大起义。在战争中,兵祸连年,如汉王二年,刘邦在彭城和灵璧东睢水上败于项羽,"汉军却,为楚所挤,多杀,汉卒十余万人皆入睢水,睢水为之不流"②。汉王五年(前202)十一月,"刘贾入楚地,围寿春。汉亦遣人诱楚大司马周殷。殷畔楚,以舒屠六,举九江兵迎黥布,并行屠城父"③。这样的战祸,必然对当时的安徽经济社会造成破坏。

继起的汉王朝是在前代大破坏之后的废墟上建立起来的。西汉初年到武帝年间,社会经济逐步走向空前的繁荣。而从武帝到平帝的130多年中,经济社会生活逐渐累积起一些问题,预示着动荡将要出现。这一时期,表面上是"百姓訾富虽不及文景,然天下户口最盛矣"④。就是在王莽代汉之后,也还"因汉承平之业","府库百官之富,天下晏然"。⑤ 但在这种平静状态的掩盖下,由土地占有不均发展到土地兼并等引发的社会阶级矛盾正在日益激化。这种激化,在安徽主要表现为中央及地方诸侯国的统治者凭借政治特权,通过种种合法或非法的手段,巧取豪夺,扩大对土地的占有。如汉武帝就曾利用水利兴

① 《汉书》卷二十四上《食货志上》。
② 《史记》卷七《项羽本纪》。
③ 《汉书》卷一下《高帝纪下》。
④ 《汉书》卷二十四下《食货志下》。
⑤ 《汉书》卷二十四上《食货志上》。

建来扩大包括安徽在内的官有土地。官府还通过没收商贾土地来扩大对土地的占有,史载政府得到商贾土地后,乃由"水衡、少府、太仆、大农各置农官,往往即郡县比没入田田之"①。刘安、刘赐等王公贵族也凭借特权,霸占侵夺农民的土地,淮南王刘安"王后荼、太子迁及女陵得爱幸王,擅国权,侵夺民田宅"②;衡山王"又数侵夺人田,坏人冢以为田。有司请逮治衡山王。天子不许"③。王莽改制本为解决全国范围内类似的社会阶级矛盾,但是他的许多不切实际的改革举措和与之相辅而行的暴政,不仅打击了地主和富商大贾,而且打击了农民和小工商业者,结果弄得"农商失业,食货俱废,民涕泣于市道。坐卖买田宅奴婢铸钱抵罪者,自公卿大夫至庶人,不可称数"④。整个社会经济走向崩溃的边缘。

但是,由于经济社会发展的不平衡以及安徽境内诸侯国贵族势力的日趋衰落,上述因封建贵族统治者凭借政治特权而造成的土地占有关系的局部变化并未导致西汉时期安徽地区的整个生产关系领域发生重大变化。司马迁在《史记·货殖列传》中指出:"楚越之地……无积聚而多贫。是故江淮以南,无冻饿之人,亦无千金之家。"这说明,到西汉中期时,安徽大部分地区的农业经济仍以自耕农经营为主要模式。西汉后期,这一情况也未发生大的变化。

对西汉时期安徽经济社会真正造成严重破坏的应是西汉后期严重的自然灾害。早在西汉中期,安徽就频发自然灾害。景帝后二年(前142)十月,"大旱。衡山国、河东、云中郡民疫"⑤。武帝建元六年,淮南王刘安上书称:"间者,数年岁比不登,民待卖爵赘子以接衣食……四年不登,五年复蝗,民生未复。"⑥自平帝到王莽年间,全国更是

---

① 《汉书》卷二十四下《食货志下》。以上阶级构成及土地占有状况的分析,主要根据白寿彝、廖德清、施丁主编《中国通史》第四卷《中古时代·秦汉时期(上册)》(上海人民出版社1995年版)丙编《典志》第二章的相关内容写成。

② 《史记》卷一百一十八《淮南王列传》。

③ 《史记》卷一百一十八《衡山王列传》。

④ 《汉书》卷二十四下《食货志下》。

⑤ 《史记》卷十一《孝景本纪》。

⑥ 《汉书》卷六十四上《严助传》。

连年不断的"蝗,遍天下"①、"枯旱蝗虫相因"②、"常苦枯旱,亡有平岁"③。此时,包括安徽在内的关东、南方地区也灾害频仍,元帝初元元年(前48),"六月,关东大饥,民多饿死,琅邪郡人相食"④。元帝时,贾捐之曾指出:"今天下独有关东,关东大者独有齐楚,民众久困,连年流离,离其城郭,相枕席于道路。"⑤元帝永光五年(前39),"夏及秋,大水。颍川、汝南、淮阳、庐江雨,坏乡聚民舍,及水流杀人"⑥。"王莽末,南方饥馑,人庶群入野泽,掘凫茈而食之,更相侵夺。"⑦

自然灾害,加上王莽改制造成的一些负面影响,以及两汉之际的兵祸,导致安徽经济和社会生活出现了又一次大波动,并一直延续到东汉建武年间才得舒缓。

总体上说,西汉时期的安徽经济社会仍处于早期农业经济社会阶段,是一种简单再生产式的农业经济。由于生产力有限,经济基础薄弱,致使任何一种内在的或外来的扰乱因素都可以破坏它的平衡,导致社会经济发生剧烈变动。

---

① 《汉书》卷二十七中之下《五行志中之下》。
② 《汉书》卷二十四下《食货志下》。
③ 《汉书》卷二十四上《食货志上》。
④ 《汉书》卷二十六《天文志》。
⑤ 《汉书》卷六十四下《贾捐之传》。
⑥ 《汉书》卷二十七上《五行志上》。
⑦ 《后汉书》卷十一《刘玄传》。

第三章

东汉时期安徽的政治与经济

　　东汉时期，今安徽地区在全国的地位得到进一步加强。朱浮、桓荣、徐防、陈宠、范滂等人对东汉政治发生了重大影响，留下了浓墨重彩的一笔。江淮地区农民与少数民族起义是全国农民起义的重要组成部分，沉重地打击了东汉政权。世家大族开始兴起，出现了沛国刘氏、龙亢桓氏、谯县曹氏等盛极一时的世族。水利灌溉工程不断增多，农业、手工业、商业经济发展，人口增殖，江南地区得到了前所未有的开发。

第一节 东汉时期安徽的行政建置

东汉建立后,仍然沿用郡国双轨的地方区划,封同姓子弟为诸侯王,同时在地方上设立郡作为一级行政区划,郡与王国之下设县,是为郡(国)县二级行政区划制。而其上之州,建武初仍沿西汉末旧制,设置州牧以方便军事控制。光武帝建武十八年(公元42),废州牧,置刺史,恢复为一级监察区划。东汉末年,黄巾军起,灵帝中平五年(公元188),为了方便镇压黄巾起义,派九卿出任州牧,"镇安方夏","州任之重,自此而始"。① 此举将原为一级监察区划的州变为一级行政区划,从而形成了州—郡—县三级区划制。

在东汉时期的 14 个州中,今安徽淮河以北地区主要在豫州刺史部辖区内,淮河以南则主要在扬州刺史部辖区内,东部少量地区在徐州刺史部辖区。我们即以司马彪《续汉书·郡国志》所载东汉顺帝永和五年(公元 140)的郡国设置为准,简述今安徽在东汉时期的地方区划建置沿革。

一、郡县的设置

(一)豫州刺史部

汝南郡

旧郡,明帝永平十五年(公元 72),封皇子刘畅为汝南王,遂为王国。② 章帝建初四年(公元 79),刘畅徙封梁国,复为汉郡。永和五年,辖 20 县、1 公国、16 侯国。在今安徽省境内的有 6 县、1 公国、5 侯国。献帝建安初,分置阳安郡。③ 建安十八年(公元 213),析置谯郡。建安

---

① 《后汉书》卷七十五《刘焉传》。

② 《后汉书》卷五十《孝明八王列传》。

③ 参见钱大昕《廿二史考异》卷十五。

末，又析置弋阳郡①、汝阴郡②。

新阳县，旧县，王莽改名新明。建武中，外戚阴就改封新阳侯，为侯国。治今界首市北。③

汝阴县，旧县，王莽改汝坟。更始中，封宗室刘信为汝阴王，建武中，降为汝阴侯，明帝永平十三年（公元70），因楚王英之狱牵连，国除，复为县。治今阜阳市。

细阳，旧县，王莽改名乐庆。建武初，复其旧。建武中，徙封岑彭之子岑遵细阳侯，为侯国。安帝元初三年（公元116），遵孙岑伉"坐事失国"，复为汉县。安帝建光元年（公元121），安帝复封岑伉为细阳侯。治今阜阳市西北。

铜阳，旧县。明帝永平元年（公元58），封帝舅樊兴之子樊庆为铜阳侯。治今临泉县铜城镇。

慎，旧县，王莽改名慎始。建武二年（公元26），光武帝封族兄刘赐为慎侯，建武十三年（公元37），改封为安成侯。建武三十年（公元54），封宗室刘隆为慎侯。后复为县。灵帝中平元年（公元184），以发黄巾密谋之功，封何皇后异母兄何进为慎侯。治今颍上县江口镇附近。

富波，旧县。建武二年，改封平乡侯王霸为富波侯，十三年，王霸更封向侯。后来，光武帝又封"伯父姊子周均为富波侯"④。治今阜南县东南谷水之滨。

思善，侯国。《水经注》云东汉章帝章和二年（公元88）分城父置⑤。治今亳州市古城镇。

宋公国，西汉新郪县，王莽改为新延。建武十七年（公元41），光

---

① 参见《三国志》卷二十六《魏书·田豫传》。

② 参见《后汉书》卷五十六《陈球传》。

③ 改封时间史书记载不详。然永平二年（公元59），阴就之子阴丰杀其妻郦邑公主，阴就夫妇被迫自杀。则其改封时间当在建武中。

④ 清姚之骃《后汉书补遗》卷一。《续汉书·地理志》云："富波侯国，永元中复。"李晓杰《东汉政区地理》（山东教育出版社1999年版）认为东汉初年被省并，和帝永元中复置。又《水经注》卷三十引《十三州志》曰："汉和帝永元九年，分汝阴置，多陂塘，以溉稻，故曰富陂县也。"姑存疑待考。

⑤ 王莽曾改城父为思善，章帝乃因之。

武帝封郭皇后从兄郭竟为新郪侯。建武五年（公元 29），绍封殷后孔安为绍嘉公,建武十三年二月,改绍嘉公孔安为宋公,章帝建初四年,徙于新郪,为宋公国①。治今太和县北。

原鹿,建武十五年（公元 39）,封外戚阴识为原鹿侯。治今阜南县西南。

固始,西汉寖（寝）县。光武帝建武二年,更名为固始,封李通为固始侯。治今临泉县城关。

山桑,旧县,属沛郡。建武二年,封王常为山桑侯。三十年,徙封常子王广于石城,复为县。治今蒙城县坛城镇。

城父,旧县,属沛郡,王莽改为思善。桓帝永兴二年（公元 154）,封梁不疑之孙梁桃为城父侯。汉末复为县②。建安末,置谯郡,以城父属之。治今亳州市城父镇。

(二)徐州刺史部

广陵郡

广陵郡,旧王国,王莽改名江平。明帝永平元年八月,徙封山阳王刘荆为广陵王。十年（公元 67）春二月,广陵王荆有罪自杀,国除,复为汉郡。十四年（公元 71）五月,封刘荆之子刘元寿广陵侯,为侯国。永和五年,辖 9 县、1 侯国。在今安徽省境内的是东阳县的一部分。

东阳,旧县,属临淮郡。建武十三年泗水省并入广陵郡,东阳、射阳等 6 县亦入广陵郡。

(三)扬州刺史部

1. 九江郡

旧郡,王莽更名为延平。明帝永平十六年（公元 73）分九江郡东部析置阜陵国,献帝建安十一年（公元 206）,阜陵国除,其地还属九江。永和五年,辖 11 县、3 侯国,均在今安徽省境内。

阴陵,旧县,王莽改名为阴陆。东汉九江郡治所在。治所在今定远县靠山乡。

---

① 《汉书》颜师古注引应劭曰:"秦伐魏,取郪丘。汉兴,为新郪。章帝封殷后,更名宋。"当有误。
② 参见陈寿《三国志》卷二十九《魏书·方技·何夔传》。

寿春，旧县。《续汉书·地理志》刘昭注引《汉官》云为扬州刺史治所。章帝章和元年（公元87），以4县划归阜陵国，因阜陵地势低下卑湿，徙都寿春，遂为王国县。和帝永元二年（公元90）下诏，全部削除原增益之县，复为汉县①。治今寿县寿春镇。

浚遒，旧县。章帝章和元年，以四县益阜陵国，浚遒在其中。和帝永元二年复为汉县。治今肥东县东南龙城一带。

成德，旧县，王莽改名为平阿。章帝章和元年，以四县益阜陵国，成德在其中。和帝永元二年复为汉县。治今寿县东南。

西曲阳，旧侯国，王莽改名为延平亭。东汉复为县，因东海郡亦有曲阳县，遂改为西曲阳。治今淮南市上窑镇东南及凤阳县龙坝乡西一带。

合肥，旧县。建武六年（公元30），封坚镡为合肥侯。灵帝中平五年，冀州刺史王芬听信术士襄楷之言，欲起兵诛宦官，废灵帝，立合肥侯，此侯当为宗室。② 东汉末复为县。治今合肥市。

历阳，旧县，王莽改名为明义。东汉为县，是扬州刺史治所。建初四年以九江郡之历阳等17县益下邳国。顺帝永建元年封下邳贞王成兄二人、惠王衍孙二人皆为列侯，侯钟离、当涂、历阳、全椒，改属九江郡。建安二十二年（公元217），又封曹操之子曹徽为历阳侯。治今和县历阳镇。

当涂县，旧侯国，王莽改名为山聚。东汉为县，属九江郡。建初四年以九江郡之当涂等17县益下邳国。顺帝永建元年封下邳贞王成兄二人、惠王衍孙二人皆为列侯，侯钟离、当涂、历阳、全椒，改属九江郡。治今怀远县城近傍。

全椒县，旧县。建武二十七年（公元51），为侯国。后复为县。建初四年以九江郡之全椒等17县益下邳国。顺帝永建元年封下邳贞王

---

① 参见李晓杰《东汉政区地理》（山东教育出版社1999年版）第221～222页，但作者认为汉冲帝永熹元年（公元145），阜陵节王刘代薨，"无子，国绝"。是寿春等复为汉县的时间，值得商榷。下三县同。

② 曹操《拒王芬等谋废立议》云："诸君自度，结众连党，何若七国？合肥之贵，孰若吴楚？"若然，则合肥侯当疏支也。见《三国志》卷一《魏书·武帝纪》裴注引王沈《魏书》。钱大昭《后汉书补表》亦云："属未详。不得封年。"

成兄二人、惠王衍孙二人皆为列侯,侯钟离、当涂、历阳、全椒,改属九江郡。治今全椒县襄河镇。

钟离,旧县,王莽改名蚕富。东汉初,为侯国[1],后复为县。建初四年以九江郡之钟离等 17 县益下邳国。顺帝永建元年封下邳贞王成兄二人、惠王衍孙二人皆为列侯,侯钟离、当涂、历阳、全椒,改属九江郡。治今凤阳县临淮镇。

阜陵县,旧县,王莽改名阜陆。明帝永平十六年,徙封淮阳王刘延为阜陵王,遂为王国,领阜陵、浚遒 2 县。章帝建初元年(公元 76),国除,复为县。章和元年,复置王国,增寿春、成德、合肥 3 县,并徙都寿春。冲帝永熹元年(公元 145),国绝。质帝本初元年(公元 146),复置。献帝建安十一年,阜陵国除,复为县,还属九江。治今全椒县东南。

下蔡县,旧县。东汉初属沛郡,约建武二十年(公元 44)徙中山王刘辅为沛王时,改属九江郡。治今凤台县城关镇。

平阿县,旧侯国,王莽改平宁。东汉复县,属沛郡,建武十三年,封耿阜为平阿侯[2]。约建武二十年徙中山王刘辅为沛王时,改属九江郡。治今怀远县西南。

义成县,旧县。东汉初属沛郡,约建武二十年徙中山王刘辅为沛王时,改属九江郡。治今怀远县东北。

2. 丹阳郡

旧郡。在建安之前领域无大变化,仅省宣城县,至桓帝时复置。永和五年,辖 15 县、1 侯国,在今安徽省境内的有 9 县。灵帝中平二年(公元 185),析丹阳郡故鄣县置安吉、原乡 2 县[3]。献帝建安十三年,析丹阳郡置新都郡,辖黟县、歙县以及自歙县分出之始新、新定、黎阳、休阳共 6 县,治始新县。[4] 建安末,孙权"分丹杨为临川郡,(朱)然为

---

① 参见《东观汉纪》卷一。
② 参见《水经注》卷三十。
③ 参见《续汉书·郡国志》刘昭注引《吴兴记》。
④ 参见《三国志》卷四十七《吴书·吴主权传》。

太守"①,不久废置。

汉末,丹阳郡为孙氏父子兄弟占据,开发较快,新置8县:宁国、怀安自宛陵析出;广德自故鄣析出;始安;安吴;永平;临城;臼阳。又吴增仅《三国郡县表》卷七以为献帝兴平中,孙策平江东,九江之历阳、庐江之临湖、襄安、居巢皆先后属吴之丹阳郡②。

宛陵县,旧县,王莽改无宛。东汉复其旧,为丹阳郡治所,省宣城入宛陵。桓帝时析置宣城县,汉末又析置宁国等县。治今宣城市宣州区。

丹阳县,旧县。治今当涂县丹阳镇。

泾县,旧县。治今泾县西青弋江西岸。

歙县,旧县,丹阳都尉治所。献帝建安十三年置新都郡,自歙县分出始新、新定、黎阳、休阳等县,与歙县共属之。治今歙县徽城镇。

黝县,又作黟县,旧县,王莽改为愬虏。东汉复其旧,建安十三年置新都郡,以黝属之。治今黟县东郊。

陵阳县,旧县。东汉初,徙封新安乡侯丁綝为陵阳侯。綝子丁鸿继之,章帝建初四年,徙封鲁阳乡侯,复为县。治今青阳县陵阳镇。

芜湖县,旧县。建武七年(公元31),昆阳侯傅俊卒,其子傅昌徙封芜湖侯,章帝建初中,昌母去世,乃上书以国贫不愿之封,乞钱五十万为关内侯,章帝怒,贬其为关内侯。章和元年,齐王刘晃有罪,贬为芜湖侯。和帝永元二年,复封晃子刘无忌为齐王。复为县。治今芜湖县北黄池镇一带。

春谷县,旧县。治今繁昌县西北境。

石城县,旧县。建武三十年,徙山桑侯王常子王广为石城侯③,永平十四年(公元71),因楚王英之狱牵连被废,复为县。治今池州市西南境。

① 《三国志》卷五十六《吴书·朱然传》。
② 参见李晓杰《东汉政区地理》,山东教育出版社1999年版,第225~227页。
③ 《后汉书》卷十五《王常传》章怀太子注云:"石城故城在今复州沔阳县东南也。"姑存疑。但东汉侯国徙封、王国被贬,多是江南尚未开发之地,疑王广所徙之石城当即丹阳郡属县。

3. 庐江郡

旧郡。王莽末年为李宪所据。建武六年江淮尽平,复为郡。建武十三年,省六安国,诸县并入庐江。章帝元和二年(公元85),改庐江郡为六安国。章和二年(公元88),复为郡。《续汉书·地理志》庐江郡领 14 县,西汉之枞阳(今枞阳县)、松滋(今太湖县西南)两县皆未见载。然《太平御览》引谢承《后汉书》云"刘騊駼除枞阳长",在安帝时;又《三国志·吴书·陈武传》云陈武"庐江松滋人"。或者旧有枞阳县,顺帝时省,汉末复置松滋县。永和五年,辖6县、8侯国。在今安徽省境内的有 4 县、6 侯国。建安中,孙曹相争,庐江正处南北要冲,南境频繁易主。建安十九年(公元214),孙权复占皖城(今潜山县),置庐江郡,领有皖、寻阳、松滋 3 县。从此,曹、孙各置庐江郡。

舒县,旧县,王莽改为昆乡。莽末为李宪所据,东汉复旧,初为六安国都,后为庐江郡治所。治今庐江县西南,一说在今舒城县境内。

灊县,旧县。治今霍山县东北。

临湖,旧县。安帝永宁二年(公元121)四月,乐成王刘苌"坐轻慢不孝",废为临湖侯。① 治今无为县西南。

龙舒,侯国,旧县。明帝永平元年,封楚王英舅子许昌为龙舒侯。治今舒城县西南。

襄安县,旧县,王莽改为庐江亭。东汉复其旧。汉末建安间一度属孙权丹阳郡②。治今无为县襄安镇。

皖县,旧县。东汉初为侯国。建武十七年,李广攻陷皖城,杀皖侯刘闳③,复为县。建安十九年,孙权于此置庐江郡。治今潜山县梅城镇。

居巢,旧县。明帝永平元年,徙宗室楚思王子、抒秋侯刘般为居巢侯。后复为县。治今巢湖市东北。

六安,西汉六县。明帝永平间有六安侯刘盱④。章帝建初二年,楚

---

① 该年七月己卯,改元建光。
② 参见《三国志》卷五十一《吴书·孙静传附孙瑜传》。
③ 参见《后汉书》卷二十四《马援传》。钱大昭《后汉书补表》云:"属未详。不得封年。"姑存疑。
④ 钱大昭《后汉书补表》云:"属未详。不得封年。"姑存疑。

王英之子刘种封楚侯,章和后,徙封六侯,传国于后。治今六安市北郊。

阳泉,旧县。建武八年(公元 32)闰月,以安丰、阳泉、蓼、安风 4 县封窦融为安丰侯。汉末,刘豹为阳泉侯①。治今霍邱县临水镇。

安风,旧县,王莽改安风亭。东汉复为县。建武八年闰六月,以安丰、阳泉、蓼、安风 4 县封窦融为安丰侯。永平十四年,明帝封窦融之孙嘉为安丰侯。安风侯国之封则无考。治今霍邱县南。

二、王国的设置

(一)豫州刺史部

1. 梁国

更始初,绍封宗室梁孝王八世孙刘永为梁王,都睢阳。建武三年(公元 27),为汉郡。

章帝建初四年,徙汝南王刘畅为梁王,以鄢、宁陵、薄、单父、己氏、成武 6 城益梁国。加上原有的睢阳、谷熟、蒙、虞、下邑、砀,共 12 城。和帝永元五年(公元 93),削成武、单父入济阴郡,己氏亦当于此时划归济阴郡。永和五年,辖 9 县,其中在今安徽省境内的有下邑县。曹魏建国,以梁王刘弥为崇德侯。

下邑县,故址在今砀山县城东,旧县,王莽改下洽,东汉复旧,又作夏邑。

2. 沛国

建武初,沛郡为刘永政权所有。建武五年,刘永之子刘纡与余部苏茂、佼强等为汉军所败,奔董宪,沛郡属汉。建武十五年,广戚县别属楚国。二十年,徙中山王刘辅为沛王。国都在相县(今淮北市)。原沛郡之下蔡、平阿、义成 3 县别属九江郡;夏丘县别属临淮郡;山桑、城父 2 县别属汝南郡。建武间,芒县改名临睢。明帝永平元年,杼秋县由梁郡来属,改敬丘为太丘,沛国规模大定,下属 21 城。永和五年,辖 20 县、1 侯国。在今安徽省境内的有 13 县、1 侯国。

---

① 《三国志》卷三十二《蜀书·先主备传》。

汉末,沛国除,复为郡。建安末,自沛郡析出谯郡,领谯、酂及来自汝南之城父 3 城。

相县,在今淮北市,旧县,王莽改为吾符亭。东汉复其旧,初为沛郡治所,后为沛王国都。

萧县,在今萧县西北,旧县。更始二年(公元 24),刘玄封刘秀为萧王,秀不就,故《续汉书·郡国志》谓:"萧,本国。"①

谷阳县,在今固镇县南郊,旧县。建武十三年,封岑彭次子岑淮为谷阳侯。后复为县,时间不详。

谯县,今亳州市,旧县,王莽改为延成亭。东汉复旧,为豫州刺史治所。献帝建安末,析沛郡、汝南郡置谯郡,以谯、酂、城父三城属之。②二十二年(公元 46),曹操之子、饶阳侯曹林徙封为谯侯,遂为侯国。

洨县,在今固镇县东,旧侯国。建武十三年,封寇恂庶子寇寿为洨侯。后国除,复为县。③

蕲县,在今宿州市南蕲县镇,旧县,王莽改为蕲城。东汉复其旧。

铚县,在今濉溪县临涣镇,旧县。

郸县,在今涡阳县东北,旧县,王莽改为单城。东汉复其旧。

竹邑,在今宿州市北,侯国。西汉竹县,王莽改为笃亭。东汉改竹邑县,安帝永初六年(公元 112),封彭城王刘恭之子刘阿奴为竹邑侯。

龙亢县,在今怀远县西北龙亢镇,旧县。

向县,在今怀远县西北,旧国。建武十三年,更封富波侯王霸为向侯。三十年,定封王霸为淮陵侯,复为县。

符离县,在今宿州市东北灰古镇,旧县,王莽改为符合。东汉复其旧。

---

① 《后汉书》卷一《光武帝纪》云:"更始遣侍御史持节立光武为萧王,悉令罢兵诣行在所。光武辞以河北未平,不就征。自此始贰于更始。"但当时人仍称刘秀为"萧王",如《后汉书·冯异传》所载《遗李轶书》即是明证。

② 吴增仅《三国郡县表》据《献帝起居注》载,建安十八年三月"省州并郡",其时尚无谯郡,则谯郡乃建安十八年五月曹操魏国初建时置,可以信从。《水经注》卷三十则云:"魏黄初中,文帝以酂、城父、山桑、铚置谯郡。"陈桥驿《水经注校证》,中华书局 2007 年版,第 711 页。

③ 洨国废除的具体时间不详。但《后汉书·寇恂传》云:"恂女孙为大将军邓骘夫人,由是寇氏得志于永初间。"安帝永初,邓太后临朝,寇氏得志。国除当在安帝建光元年邓骘败时。《许慎传》云:"再迁,除洨长,卒于家。"许慎卒于安帝延光三年(公元 124)。

虹县,在今五河县西北,旧侯国(县),王莽改为贡。东汉复其旧。

杼秋县,在今萧县西北黄口镇老黄口,旧县,王莽改为予秋。东汉复其旧,属梁郡。建武十七年,徙封宗室葍丘侯刘般为杼秋侯。明帝永平元年,改属沛国,徙封刘般为居巢侯,复为县。

(二)徐州刺史部

1. 彭城国

东汉初为楚郡。建武十五年,封皇子刘英为楚公,建楚国。国都在彭城县(今江苏省徐州市)。十七年,晋爵为楚王。三十年,益以取虑、昌阳2县。明帝永平十三年楚王英之狱,国除为楚郡。章帝章和二年,以楚郡为彭城国,徙六安王刘恭为彭城王,领8城,传国至魏受禅。永和五年,辖8县。在今安徽省境内的有2县。

梧县,在今淮北市东北,旧县,王莽改为吾治。东汉复其旧。

葍丘县,在今宿州市东北,西汉甾丘县。建武九年,封宗室刘般为葍丘侯。建武十七年,楚国建,以葍丘属楚国,徙般为杼秋侯,复为县。

2. 下邳国

东汉初为临淮郡。建武十五年,封皇子刘衡为临淮公,建临淮国。十七年,衡薨,无子,国除,为汉郡。三十年,以取虑、昌阳2县益楚国。明帝永平十五年四月,封皇子刘衍为下邳王。国都在下邳县(今江苏省邳州市南)。章帝建初四年,以临淮郡及九江郡之钟离、当涂、东城、历阳、全椒合17县益下邳国。顺帝永建元年,封下邳贞王刘成兄二人及惠王衍孙二人为侯,侯钟离、当涂、历阳、全椒4县,还属九江郡[1]。刘成薨,子刘意立,中平元年,黄巾军起,侵犯下邳,刘意弃国奔逃,黄巾军被镇压后复国。献帝建安十一年,下邳哀王宜薨,无嗣,国除为汉郡。又建安年间,曾一度从下邳析出东城郡。

僮,侯国,在今泗县东北,旧县,王莽改为成信。东汉复其旧,明帝永平元年,封沛王刘辅之子刘嘉为僮侯。

高山县,在今来安县东北。

淮陵县,在今明光市东北,旧县,王莽改为淮陆。东汉复其旧,建

---

①　参见钱大昕《廿二史考异》卷十一及李晓杰《东汉政区地理》第78页。

武三十年,徙封向侯王霸为淮陵侯,明帝永平二年(公元 59),王霸卒,子符嗣,徙封轵侯,复为县。

取虑县,在今灵璧县东北,旧县。建武三十年,以取虑县益楚国。明帝永平十三年,楚国除,还属临淮郡。

东城县,在今定远县东南,旧县,王莽改为武城。东汉复其旧,属九江郡。章帝建初四年,以东城等县益下邳国。建安间析为东城郡,旋废。

夏丘县,今泗县泗城镇东,旧县,王莽改为归思。东汉复其旧,属沛郡。建武二十年,夏丘别属临淮郡。章帝建初四年,又以夏丘属下邳国。

总的来说,东汉地方行政建置虽然从州、县两级看相对比较稳定,但受改朝换代及王国兴废影响较大。东汉初年,全面恢复了被王莽改动的全国地名,是一大变化;境内王国的兴废,对于郡的废置与辖区、县及侯国的归属有较大影响;汉末政局的巨变尤其是曹氏权力集团的形成及其与江东孙氏的政治军事对峙导致了又一次建置变革,只是由于史料不足,无法考知详情,是为遗憾。

第二节　东汉时期安徽的政治与社会

公元 25 年六月,刘秀在鄗县(今河北柏乡县北)即皇帝位,改元建武,东汉政权建立。十月,定都洛阳。此后的十余年时间,刘秀先后消灭了更始政权与赤眉军,平定了刘永、张步、董宪、李宪、隗嚣、公孙述、卢芳等军事集团,全国统一的局面基本形成。

一、朱浮与东汉初期的政治

东汉建立之初,光武帝刘秀鉴于西汉一代诸侯专横、地方权重以至尾大不掉,权臣当政、外戚专权乃至篡权的沉痛教训,采取了一系列加强中央集权的政治措施,取得了较好的效果。

在中央,刘秀"退功臣而进文吏"①,除少数任边将外,大多数建国时功臣都以列侯奉朝请,享有尊荣的政治地位与优厚的经济待遇,却被剥夺了实职实权。虽然以三公(司徒、司空、太尉)担任宰相之职,但扩大尚书机构,形成了所谓"虽置三公,事归台阁"的局面,以至于"自此以来,三公之职,备员而已"。②

在地方上,把西汉一级监察区划——州,改为一级地方行政区划,刺史也由监察官员变成了封疆大吏,处理地方政务,直接对皇帝负责,举劾官吏,不须三公案验,可直接黜免。同时,裁并四百多个县,削减吏职十分之九。

刘秀吸取西汉末年与新莽时期地方官吏腐败的教训,特别注重整顿吏治,根据谣言劾举,随意更换地方守、令,也造成了吏政严峻,官吏更替频繁、人人自危的负面影响。"建武、永平之间,吏事刻深。亟以谣言单辞,转易守、令。"③且内外群臣,大多为皇帝亲自选任,督责极严,乃至捶扑牵曳尚书诸臣于前。时任执金吾的朱浮看到这一政治弊病,几次上书光武帝规谏。

朱浮,字叔元,沛国萧(今萧县西北)人,新莽末年,跟随刘秀起兵,刘秀为大司马,朱浮任大司马主簿。吴汉下幽州,刘秀拜朱浮为大将军幽州牧,建武二年,封舞阳侯。因激起渔阳太守彭宠之叛,尚书令侯霸劾之,光武未罪,使代贾复为执金吾。④

建武初年,天下甫定,光武帝吏治深刻,凡二千石长吏有微过,立罢斥之,长吏更迭过频,以致百姓难得安宁。建武六年九月晦,日食,朱浮乃借日食之机上书劝谏刘秀。

朱浮认为,太阳代表尊上之位,而地方二千石长吏"居官治民,据郡典县"⑤,亦属万民之尊长。如今动辄易换长吏,尊长不安,感通上天,所以有日食之验。他强调,自上古至西汉,长吏的考课制度完善,

①《后汉书》卷一《光武帝纪》。

②《后汉书》卷四十九《仲长统传》。

③《后汉书》卷七十六《循吏列传》。

④ 参见《后汉书》卷三十三《朱浮传》。

⑤《后汉书》卷三十三《朱浮传》。

对于其之处罚也比较审慎，以至于"吏皆积久，养老于官，至名子孙，因为氏姓"①。

他进一步指出，现在官吏极易得罪，更替频繁，有一系列负面影响。首先，地方官员常常更换，疲于路途旅行，而地方送故迎新，滋扰尤甚；其次，官员在位时间短，本来就不足以显现政绩，督责过严，劾举迫切，更使得官员们人人自危，犹豫观望，不能将精力投入政务；其三，皇帝对待各级长吏过于严厉，使得监察机构的官员能够趁机公报私怨，打探隐私，钩求过失，劾举长吏，奉迎皇帝。而面对如此局面的官吏们，由于形势所迫，不得不伪造政绩，粉饰太平，以图取虚假的社会声誉，逃脱被刺举得罪免职的结局。

最后，他尖锐地指出，对待各级长吏的这种做法，无疑是"摧长久之业，而造速成之功"，而"天下非一时之用也，海内非一旦之功也"，希望刘秀能从长远利益出发，"游意于经年之外，望化于一世之后"。②刘秀下其议，令群臣讨论，群臣大多同意朱浮的见解。建武七年三月晦，又发生日食，太中大夫郑兴也上书光武帝，云："今陛下高明，而群臣惶促，宜留思柔克之政，垂意《洪范》之法。"③刘秀部分地听取了意见，史称"自是牧守易代颇简"④。

但实际上，上述问题并未得到根本的解决，所以直到明帝时，仍"好以耳目隐发为明，故公卿大臣数被诋毁"⑤，尚书仆射钟离意上疏谏诤，劝明帝"慎人命，缓刑罚，顺时气，以调阴阳，垂之无极"⑥，但仍不为所用。《后汉书·循吏列传》云："朱浮数上谏书，箴切峻政，钟离意等亦规讽殷勤，以长者为言，而不能得也。"当属事实。

西汉时，凡州刺史举奏二千石长吏，皆先下三公处理，三公遣属吏案比查验，如果事情属实，才予黜退。刘秀鉴于西汉末年权臣专政，不再倚重有丞相之责的三公，而是听任刺史举劾黜退二千石。朱浮针对

① 《后汉书》卷三十三《朱浮传》。
② 《后汉书》卷三十三《朱浮传》。
③ 《后汉书》卷三十六《郑兴传》。
④ 《后汉书》卷三十三《朱浮传》。
⑤ 《后汉书》卷四十一《钟离意传》。
⑥ 《后汉书》卷四十一《钟离意传》。

由此产生的弊端,上疏光武帝,认为刘秀对宗室诸王和外家后亲的控制是极为有效的,使得"法令整齐,下无作威者"①。但鉴于西汉"上威不行,下专国命"②,刘秀将举劾罢黜二千石官员的权力由三公那里收回,只要有监察官员刺举,皇帝即行罢免发遣,不经复核、查证和落实。皇帝以监察官员作为心腹臣子,而监察官员则只是信任从事这种小吏为耳目,这样做,无疑是把决定二千石大员命运的权力交到了那些百石小吏的手中。而如此一来,下级官吏就会各显其能,竞相举报大吏,甚至出现以个人憎爱和私怨相互中伤的情况。真正有罪者得不到惩治,而很多无辜的官员却遭黜免,这种做法是不能垂范后世的。实际上,政绩的出现需要较长的时段,所谓"事积久则吏自重,吏安则人自静",希望刘秀能"留心千里之任,省察偏言之奏"。③

东汉初年,刘秀特别重视学术文化的恢复与发展,下车伊始,先访儒雅,搜求阙文,补缀漏逸。立《五经》博士,成今文十四博士。建武五年,建立了太学,刘秀亲临太学,赏赐博士弟子。建武七年,转任太仆的朱浮上书刘秀,颂扬其重视礼义教化,建立太学并亲临劝勉的作为,同时提出了改革博士策试制度的建议。他指出,传统上博士选用是在全国范围内进行的,只有这样,才能做到唯贤是举,使得任博士者均属学术精进之士,能够得到士人的羡慕与认同。可是现在诏书规定只从洛阳一地选用,势必会使各州郡的学者被遗漏,从而起不到劝学的作用。刘秀听取了朱浮的建议,在全国范围内策试博士。建武中元元年(公元56),又建三雍。明帝时,亲自讲学于辟雍,"观听者盖亿万计"④。《后汉书·儒林列传》载:"其后复为功臣子孙、四姓末属别立校舍,搜选高能,以受其业。自期门、羽林之士,悉令通《孝经》章句。匈奴亦遣子入学。济济乎,洋洋乎,盛于永平矣!"东汉学术文化迅速进入了繁荣期。

东汉建立之初,国家礼仪制度尚未完全恢复,政治体制不尽完善,

---

① 《后汉书》卷三十三《朱浮传》。
② 《后汉书》卷三十三《朱浮传》。
③ 《后汉书》卷三十三《朱浮传》。
④ 《后汉书》卷七十九《儒林列传》。

朱浮在东汉礼仪体制建设中也发挥了重大作用。

在"五德终始"的政治运演模式下,每一新王朝初建,必然要进行一系列的政治符号移易,以表明新受命于天,所谓"帝王必改正朔,易服色,所以明受命于天也"①。而其中的关键在于历法,"故自殷周,皆创业改制,咸正历纪,服色从之,顺其时气,以应天道"②。西汉武帝太初元年(前104),使用邓平、唐都、落下闳等人所制《太初历》,终西汉一代。建武八年,担任太仆的朱浮与太中大夫许淑等人先后数次上奏光武帝,认为《太初历》行用已百余年,与实际天体运行已经有了差度,"历稍后天,朔先于历"③。以至于出现实际的朔日在晦日,而朔日则偶有月出的情况,因此应该尽快改正历法,使其与天体运行相符合。刘秀认为天下初定,尚有许多事情要做,而历法的差错也不是特别明显,因此暂时没有采纳朱浮等人的提议。到明帝永平五年(公元62),按《太初历》推定,七月望日(十六日)当有月食,但是,杨岑所推与实际月食均在十五日,说明旧历差错已相当严重,于是明帝乃令杨岑等考订弦望月食,十二年(公元69),始施用《四分》之术。

敬天法祖是古代王朝政治体制中的又一重要环节。建武二年,在洛阳建立高祖庙,四时祭祀太祖(高帝)、太宗(文帝)、世宗(武帝);三年又于洛阳立诸亲庙,祀光武帝之父南顿君以上至春陵节侯,但是并未制定完整系统的祭祀礼仪,所谓"宗庙未定,昭穆失序"④。五官中郎将京兆人张纯,是西汉名臣张安世之后,累世仕汉,张纯又先后在哀、平、新莽间出仕,官至列卿,明习朝廷故事。东汉初年礼仪朝章恢复,张纯多有建树。建武十九年(公元43),朱浮与张纯共同奏议,认为既然光武帝是兴复汉室,自认为是长沙定王刘发中子春陵节侯刘买之后,就应该事大宗而降私亲,为孝宣帝之后诸帝立庙祭祀,以代诸亲庙,另立皇考之庙。光武帝下其议于公卿、博士、议郎讨论,大司徒戴涉以下大都认同张、朱的建议,虽然也有一些不同意见,但光武帝最后

---

① 《汉书》卷二十一上《律历志上》。
② 《汉书》卷二十一上《律历志上》。
③ 《续汉书·律历志》。
④ 《后汉书》卷三十五《张纯传》。

还是认可了戴涉等人的提议，并很快付诸实施。当年正月十五，于洛阳高帝庙加祭孝宣、孝元二帝，而成、哀、平三帝神主虽处长安故高帝庙，也在四时加祭于高帝庙。这样就奠定了东汉宗庙祭祀制度的基本格局。

建武二十年，朱浮为大司空，二十二年（公元 46），免。二十五年（公元 49），徙为新息侯。朱浮才智过人，年少得志，心高气傲，凌轹同僚，以致激起彭宠之乱。汉建国后，习性不改，引起了光武帝的反感，但念其为开国功臣，且才能出众，所以一直隐忍未发。明帝永平初，有人上书告朱浮，明帝不顾群臣反对，立即下令赐死，朱浮被迫自尽。

范晔《后汉书》论赞对朱浮给予了很高的评价，他说："光武、明帝躬好吏事，亦以课核三公，其人或失而其礼稍薄，至有诛斥诘辱之累。任职责过，一至于此，追感贾生之论，不亦笃乎！朱浮讥讽苛察欲速之弊，然矣！焉得长者之言哉！"

二、江淮牧守与安徽政局

与西汉相比，东汉的刺史制度已经有了很大的变化：终年在州，不亲入京奏事，而是遣计吏奏事；事迳奏行，三府不得挠其权；督察对象遍及州内任何官员；推荐亲贤假摄守、令；每岁举茂才；总揽民、刑、军事诸权。[①] 所以"秩卑而命之尊，官小而权之重"[②]，实质上仍是地方最高行政长官。

在郡国双轨地方行政区划体制下，郡太守、国相等二千石大员为一级行政长官。郡守拥有以下重要权力：对于郡府官员有绝对控制权；对于属县行政有绝对控制权；对于郡境吏民有向中央察举的特权；对于刑狱有近乎绝对的决断权；对于地方财政有近乎绝对的支配权；对于地方军队有相当支配权。

西汉末年，罢王国内史，王国"相如太守"，其职位转变与郡守相同，且仍保有辅弼督察国王的权力，东汉一以延之。

---

① 参见严耕望《中国地方行政制度史·甲部·秦汉地方行政制度》，上海古籍出版社 2007 年版，第 284～290 页。

② 顾炎武《日知录》卷九"部刺史"条。黄汝成《日知录集释》，上海古籍出版社 2006 年版。

这些二千石大员既然拥有地方政、财、刑、军事等权力,他们能否廉秽也就直接关乎地方社会治乱与经济发展状况。根据现有传世与出土史料,在东汉一代,今安徽省所属区域见于记载的豫州刺史(牧)24人,徐州刺史(牧)22人,扬州刺史(牧)27人;汝南郡太守33人,九江郡太守20人,丹阳郡24人,庐江郡太守18人;沛王国相23人,彭城王国相15人,下邳王国相14人。[①] 现有史料记载表明,这些地方长官绝大部分合格,有些则相当优秀。

(一)绥靖地方,安定社会

建武年间,东汉光武政权初建,今安徽地区尚存许多农民起义的余绪、旧部或地方割据武装,如所谓"沛郡贼苗虚"[②]、"六安贼"[③]、"沛、楚、东海、临淮群贼"[④]等。新任牧守的重要职责就是通过各种手段,消弭这些反抗斗争,将他们纳入新政权的体制之中。

建武三年,寇恂任汝南太守,在骠骑将军杜茂的协助下,彻底击败汝南境内的其他武装力量,"盗贼清静,郡中无事"[⑤]。同年,积弩将军傅俊东徇扬州,军纪严明,"无掩人不备,穷人于厄,不得断人支体,裸人形骸,放淫妇女"[⑥],民众心悦诚服,傅俊军攻无不克,顺利占领扬州。鲍永迁任扬州牧,"南土尚多寇暴,永以吏人痍伤之后,乃缓其衔辔,示诛强横而镇抚其余,百姓安之"[⑦]。

建武六年,李忠迁丹阳太守,时海滨、江淮之间有许多拥兵割据的豪强。李忠到郡之后,服者归附,不服者悉数被诛。旬月之间,郡境皆平。又提倡教育,招抚流亡,致力垦殖。经过短短三年时间,各地流民在丹阳入籍的就达五万余口,建武十四年(公元38),三公奏岁课,以

① 参见严耕望《两汉太守刺史表》,上海古籍出版社2007年版。行政区划改变包含于其中,如沛相包含沛郡时期的太守,彭城相包含楚郡太守与楚相,丹阳太守包含汉末新分之新都、临川两郡太守,余可类推。汉末地方军阀举荐或任命的牧守亦在其中,如初平中,袁术表孙坚为豫州牧,而袁绍则任周㬂为豫州牧,即此例。

② 《后汉书》卷十五《王常传》章怀太子李贤注引《东观汉记》。

③ 《后汉书》卷十四《刘顺传》。

④ 《后汉书》卷三十八《张宗传》。

⑤ 《后汉书》卷十六《寇恂传》。

⑥ 《后汉书》卷二十九《郅恽传》。

⑦ 《后汉书》卷二十九《鲍永传》。

李忠为天下郡守第一。①

安帝以后，社会矛盾日益激化，农民起义、少数民族暴动不断爆发。而维护统治秩序与地方安定，也就成了地方刺史与郡守的首要任务。

马棱在章帝章和至安帝永初间，先后出任广陵、汉阳、丹阳、会稽、河内诸郡太守，所在有治声。永元间，东南诸郡骚动不已，马棱任丹阳太守，出动军队袭击剿灭了当地的农民起义。

镡显安帝时曾任豫州刺史，适逢天下饥荒，饥民转而为"盗贼"，镡显于"州界收捕且万余人"②。

熹平四年，"九江蛮反"，才兼文武的卢植担任九江太守，反叛者慑于卢植的名望，表示降服。后来分布于庐江郡的南夷部族起义，鉴于卢植在九江顺利解决民族矛盾与争端的成就，朝廷又任命他为庐江太守，他依然采用和平解决的方式，"深达政宜，务存清静，弘大体而已"③，维持了社会秩序的安定。

陆康于灵帝光和初，历任武陵、桂阳、乐安等郡太守。灵帝欲调民田每亩十钱以铸铜人，陆康援引秦始皇铸铜人十二而亡国之事，极力劝谏，槛车征诣廷尉，免归乡里。光和三年（公元180），江夏蛮复起，而且与"庐江贼黄穰"互相联合，发展至10余万人，攻没四县。朝廷拜陆康为庐江太守，率军讨伐，攻破黄穰，余众皆散。④

中平元年爆发了声势浩大的黄巾起义，"众徒数十万，连结郡国，自青、徐、幽、冀、荆、扬、兖、豫，八州之人，莫不毕应"⑤。"所在燔烧官府，劫略聚邑，州郡失据，长吏多逃亡。旬日之间，天下响应，京师震动。诏勑州郡修理攻守，简练器械"⑥。王允被选拜为豫州刺史，他征辟名士荀爽、孔融等为从事，上书请求解除党禁。率领重兵进击并击溃黄巾军，受降数十万众。

---

① 参见《后汉书》卷二十一《李忠传》。
② 《后汉书》卷七十六《循吏列传·王涣传》。
③ 《后汉书》卷六十四《卢植传》。
④ 参见《后汉书》卷三十一《陆康传》。
⑤ 《后汉书》卷七十一《皇甫嵩传》。
⑥ 《后汉书》卷七十一《皇甫嵩传》。

中平年间,黄琬为豫州牧,其时豫州境内有许多黄巾军活动,所谓"寇贼陆梁",连绵的战争对社会经济与人民生活造成了很大的影响,使得"州境凋残"。① 黄琬到任后,平定乱局,恢复秩序,赢得了较高的社会声誉。

东汉一代,贪官酷吏残害地方,地方豪强纵横乡里是一大社会问题。刺史职在监察,责无旁贷,而太守亦有"检举郡奸,举善黜恶,诛讨暴残"②的职守,因此举劾官吏、屠戮游侠、珍灭豪强也是东汉牧守的要务。

刘祐任扬州刺史,大将军梁冀从弟梁旻为会稽太守,刘祐至州,即举奏梁旻之罪,旻坐征召离职。③ 陈翔迁任扬州刺史,对阉宦子弟及党羽痛下杀手,举劾豫章太守王永奏事于宦官,吴郡太守、中常侍徐璜之弟徐参在郡贪残,两人并被征赴廷尉。④

折狱听讼,处理各种民事、刑事案件,同样是地方长吏的一大要务。东汉江淮牧守多能宽和为政,平理冤狱,维护社会的和谐安定。

明帝永平十三年,楚王英之狱起。各地方长吏迎合明帝的心理,极力勾连,成千上万的人被牵连获罪。时人说"广陵、楚、淮阳、济南之狱,徙者万数"⑤,当非夸张。其时,鲍昱正在汝南太守任上。几年后,到章帝建初元年,天下大旱,鲍昱趁机建议:"臣前在汝南,典理楚事,系者千余人,恐未能尽当其罪。先帝诏言,大狱一起,冤者过半。又诸徙者骨肉离分,孤魂不祀。一人呼嗟,王政为亏。宜一切还诸徙家属,蠲除禁锢,兴灭继绝,死生获所。如此,和气可致。"⑥鲍昱以"政化仁爱"、"奉法守正"著称,又有如此认识,其典理楚王之狱,当平理存活不少。

建初初年(公元76),张禹任扬州刺史,志在监察不法枉狱。当他准备渡江去江南巡行时,下属吏员以传说长江有伍子胥之神,涉渡危

---

① 《后汉书》卷六十一《黄琼传附黄琬传》。
② 王隆《汉官解诂》,孙星衍辑《汉官六种》,中华书局1990年版,第20页。
③ 参见《后汉书》卷六十七《党锢列传·刘祐传》。
④ 参见《后汉书》卷六十七《党锢列传·陈翔传》。
⑤ 《后汉书》卷四十八《杨终传》。
⑥ 《后汉书》卷二十九《鲍永传附鲍昱传》。

险为难他,张禹声色俱厉地说,伍子胥如果真能显灵,他就会知道我过江是为了理察枉讼,绝对不会危害我。毅然渡江,深入各郡,穷乡僻壤,无所不至。所到之处,亲自讯问囚犯,多有平反。同时还访求人才,举贤荐能。江南诸郡僻远,刺史极少亲自巡行,张禹此举,颇得民心,"人怀喜悦,怨德美恶,莫不自归焉"①。

此外,如张敏永元中任汝南太守,行政简约,不扰民生,用刑平正,亦有治名于世。

(二)兴修水利,发展生产

东汉建立以后,针对西汉末年以来的社会弊病,采取一系列措施,减轻赋徭,招抚流亡;任用良吏,厉行节俭;减省刑法,释放奴婢。实行相对缓和的统治政策,以恢复生产,安定社会。而许多江淮地方官员也致力于兴修水利,扩大垦殖,促进了地方经济发展。

建武四年(公元 28),邓晨从刘秀至寿春,被留镇九江。十三年,任汝南太守。十八年,刘秀幸章陵,征召邓晨行廷尉事,不久又遣归汝南郡。前后在九江、汝南任职近 10 年。郡境汝阳(今河南周口市西南)县东,原有鸿卻陂,西汉成帝时因溢决为害,丞相翟方进奏罢之。邓晨为太守,主持修复,溉田数千顷,汝南郡因之富饶,鱼稻之利,以至对邻近郡国都有很大影响。②

鲍昱于永平十三年前后,任汝南太守。其时,汝南郡水利失修,多所废弃,陂地"岁岁决坏,年费常三千余万"③。经他上奏朝廷,拨款整治陂塘,"作方梁石洫",即用石砌筑水门、渠道,成永久性水利工程,使那里"水常饶足,溉田倍多,人以殷富"。④

章帝建初八年(公元 83),王景任庐江太守,他率领官吏、百姓,重新修复了著名的灌溉工程芍陂,陂塘周长达 120 余里,有 5 个水门用来吐纳水流,便利调节灌溉。

永元年间,何敞任汝南太守,行政以宽和为基本原则,是以郡中无

①《后汉书》卷四十四《张禹传》。

② 参见《后汉书》卷十五《邓晨传》。

③ 参见《后汉书》卷二十九《鲍永传附鲍昱传》。

④《后汉书》卷二十九《鲍永传附鲍昱传》。

怨声,百姓化其恩礼。已经析出分居的子女,又都归养其父母。追行丧服、推财相让者先后有 200 余人。又修理原铜阳溉田渠道,使郡内垦田增加 3 万余顷。①

(三)搜求隐逸,举贤任能

州牧、郡守、国相负有举贤荐能的职责,刺史(州牧)必要时推荐亲贤假摄守、令,每年推举茂才。郡守、国相既要"进贤劝功",更要"举孝廉,郡口二十万举一人",是察举选官制度的重要环节。②

明帝时,韩崇任汝南太守,举拔人才,人称有识才鉴物之能。安帝建光二年(公元 122),王龚任汝南太守,为政崇尚温和,好才爱士,擢拔郡中名士,"后进知名之士莫不归心焉"③。王堂为汝南太守,亦以搜求人才,礼贤下士为务,告诫属下官吏:"古人劳于求贤,逸于任使,故能化清于上,事缉于下。"④东汉今安徽地区人才辈出,与地方牧守的作为是直接相关的。因此,范晔从"理兼天下"的高度对王龚等人的推拔人才给予了很高的评价:"张皓、王龚称为推士,若其好通汲善,明发升荐,仁人之情也。夫士进则世收其器,贤用则人献其能。能献既已厚其功,器收亦理兼天下。其利甚博,而人莫之先,岂同折枝于长者,以不为为难乎?"⑤

当然,现存史料记载,东汉江淮牧守与地方官员中,也有一些贪污、酷虐,为害地方者。章帝即位之初,侍御史中丞马严趁日食之机,向章帝上封事,揭发索取贿赂、选举不实的诸州刺史:"方今刺史太守,专州典郡,不务奉事尽心为国,而司察偏阿,取与自己,同则举为尤异,异则中以刑法,不即垂头塞耳,求取财赂。今益州刺史朱酺、扬州刺史倪说、凉州刺史尹业等,每行考事,辄有物故。又选举不实,曾无贬坐。"⑥章帝乃免去朱酺、倪说等人的职务。

桓帝中期,外戚大将军梁冀专权,任用内外宗亲为各地守、相。沛

---

① 参见《后汉书》卷四十三《何敞传》。
② 司马彪《续汉书·百官志》。
③ 《后汉书》卷五十六《王龚传》。
④ 《后汉书》卷三十一《王堂传》。
⑤ 《后汉书》卷五十六《王龚传》范晔论。
⑥ 《后汉书》卷二十四《马援传附马严传》。

相孙祉乃梁冀之妻兄,贪暴残忍。颍川陈寔任太丘(今河南省永城县西北)县长,修德养性,清静无为,百姓安宁。邻县民户有意归附者,陈寔都劝导令其找本地主管官员。但是不久就由于愤恨孙祉赋敛违法,解印绶而去。① 沛国萧人刘矩,官至尚书令,由于志行高洁,不阿附梁冀,被排挤出朝廷,出为常山国相。后来因病离职,因为怕遭到沛相孙祉的报复,加害于自己,竟然不敢返回老家,只好去投奔彭城国的朋友。② 可见孙祉气焰嚣张已经到了无以复加的地步。

宦官王甫养子王吉,依靠王甫的权势,年仅 20 余岁就成为沛国相。其人秉性残忍,专门挑选剽悍属吏,民有微罪,动辄处死。如若有人生子不养,抛弃或溺亡,即将其父母斩首,埋尸于荆棘丛中。凡被处死之人,都要陈尸车上,标明罪状,游行示众。夏天酷热,尸骨腐烂,即用草绳串起死者的骨殖,直到游遍沛国所有的县才算完事。王吉在沛国任职五年,先后处死 1 万多人,顺帝时沛国见于史载的人口总数为 83 万余口,短短五年,每 80 余人中就有 1 人被杀害,确实是骇人听闻的惨剧。光和二年(公元 179),为王甫案牵连被诛杀。而另一专横阉宦具瑗之兄具恭亦曾出任沛相,"为所在蠹害",延熹八年(公元 165),以赃罪下廷尉,免归。③

三、范滂与"党锢之祸"

东汉自和帝刘肇起,殇帝刘隆、安帝刘祜、少帝刘懿、顺帝刘保、冲帝刘炳、质帝刘缵、桓帝刘志、灵帝刘宏、少帝刘辩、献帝刘协 11 代皇帝,都是年幼即位,最长者不过 15 岁,最幼者仅百余天。皇帝年幼,母后临朝,朝政多依靠父兄处治,从而形成外戚执政的局面。皇帝长大后往往依靠宦官消灭外戚,于是又演变成阉宦专权。外戚、宦官交替擅权长达一百余年,从而使东汉统治阶级日趋腐败,内部矛盾激化,朝政黑暗,政治危机空前加剧,朝野反对派对朝政进行激烈批评,最终导致了统治集团的公开分裂。

---

① 参见《后汉书》卷六十二《陈寔传》。
② 参见《后汉书》卷七十六《循吏列传·刘矩传》。
③ 参见《后汉书》卷七十七《酷吏列传·王吉传》。

早在安帝年间,政治腐败就已引起部分正直官员的强烈反对,代表人物是杨震,这些官员自称"清流",斥责弄权的宦官和依附宦官非由正途仕进的官员称为"浊流"。延光三年(公元 124),宦官操纵安帝迫杨震自杀,斗争暂告段落。顺帝时,左雄、李固等人又发起了对宦官、外戚的斗争,要求"权去外戚,政归国家","罢退宦官,去其权重"。① 依然以李固、杜乔、李云等人被残害而告结束。

桓、灵帝时期,朝政更趋黑暗,而卖官鬻爵盛行,选举不实以及外戚、宦官控制中央地方各级官府,使知识分子的政治出路被严重堵塞。这引起了太学生郡国生徒及士大夫的极大愤懑。他们议论政治,品评人物,对外戚、宦官进行猛烈的攻击。于是,朝廷的"清流"官员与在野的士大夫、郡国生徒、太学生等知识分子联合,形成了政治反对派。他们评议朝廷施政、臧否官吏人品、论说吏治清浊,形成所谓"清议"。以民谣为基本表达形式和流通渠道,迅速播扬,造成了强烈的社会反响,被称为"党人之议"。

延熹年间,在同宦官的斗争中,逐渐形成了以李膺、陈蕃为核心的官僚、士大夫、太学生、郡国生徒的"党人"政治集团。延熹九年(公元166),河南尹李膺捕杀与宦官关系密切、故意犯法杀人的张成之子,宦官集团诬陷李膺等"养太学游士,交结诸郡生徒,更相驱驰,共为部党,诽讪朝廷,疑乱风俗"②,桓帝乃下诏逮捕"党人",李膺等 200 余人被逮捕。灵帝建宁、熹平间又先后数次大肆捕杀、禁锢党人,直到黄巾军起,史称"党锢之祸"。在这场声势浩大的政治斗争中,今安徽地区的正直官吏与士大夫积极参与,甚至付出了生命的代价。

沛相荀昱(? —169),颍川颍阴(今河南省许昌市)人。桓帝时曾任越巂太守,灵帝初年,为沛国相,正身疾恶,志除阉官,凡宦官党与宾客有在沛国者,纤罪必诛。为名士"八俊"之一,后遭禁锢③。建宁二年(公元 169),大将军窦武请为从事中郎,与陈蕃等共同策划诛除中

---

① 《后汉书》卷六十三《李固传》。
② 《后汉书》卷六十七《党锢列传》。
③ 《后汉书》卷六十九《窦武传》:"请前越巂太守昱为从事中郎。"则当时荀昱已经不在沛相任上,应为禁锢失职。

官,事败,与李膺等俱入党狱而死。

朱寓（？—169），沛国人，曾任司隶校尉、庐江太守。任司隶校尉时，河东太守单安为中常侍单超之弟，河内太守徐盛为中常侍徐璜之弟，二人均"凭宠干纪,渎货害政"①。朱寓在调查并一一落实其罪行后,上奏灵帝:"此等皆宫竖昆叔,刀锯之余,横蒙恩私,剖符三河。不能思展命力以答天地,敢张豺狼之口吞噬百姓之命,罪深衅重,人鬼同疾。臣衔命操斤,剪其凶丑,辄考核赃罪,事皆伏。"②迫使灵帝将两人治罪。朱寓亦名列"八俊",后遭禁锢。建宁二年,与窦武、陈蕃等共同策划诛除中官,事败,入党狱而死。

而政治与社会影响最大的则是范滂。范滂（137—169），字孟博,汝南细阳人③。举孝廉、光禄四行,为清诏使,案察冀州。范滂"登车揽辔,慨然有澄清天下之志"④,冀州贪残守、令闻风丧胆,纷纷自解印绶,离职而去。凡所举奏者,均因证据确凿,让大众心服口服。后辟太尉黄琼府,赶上桓帝下诏让太尉、司徒、司空三府属吏举谣言,范滂一下子就举劾刺史、二千石20余人。

汝南太守宗资早闻范滂能名,辟任其为郡功曹,委以政务。在职期间,斥逐奸慝,显拔节士,不徇私情。他有个外甥,名叫李颂,因名行不正,不为乡里所重,无法获得举荐,于是就托宦官唐衡给宗资说情。宗资辟为属吏,但范滂却坚决不予召用。此举也引起了宦官党与的不满,诬蔑范滂所任用的人为"范党"。而宗资则为范滂的正直清廉所感召,郡中政事均委托范滂,凡有功绩,亦推范滂。以至于有了"汝南太守范孟博,南阳宗资主画诺;南阳太守岑公孝,弘农成瑨但坐啸"的著名歌谣,范滂也进入了贤士大夫"八顾"之列。

第一次党锢祸起,范滂被捕入狱,饱受酷刑,不改志节,甚至为保护患病狱友,抢先就刑。宦官王甫责问:"君为人臣,不推忠国,而共造

---

① （东晋）袁宏《后汉纪》卷二十二。
② （东晋）袁宏《后汉纪》卷二十二。
③ 范晔《后汉书》卷六十七《党锢列传》言:"范滂字孟博,汝南征羌人也。"征羌在今河南省漯河市东。唐章怀太子李贤注云:"谢承《（后汉）书》曰:'汝南细阳人也。'"今从谢承说。
④ 《后汉书》卷六十七《党锢列传》。

部党,自相褒举,评论朝廷,虚构无端,诸所谋结,并欲何为?"范滂义正词严地回答:"臣闻仲尼之言:'见善如不及,见恶如探汤。'欲使善善同其清,恶恶同其污。谓王政之所愿闻,不悟更以为党。"并愿意为国家慷慨就死:"身死之日,愿埋滂于首阳山侧,上不负皇天,下不愧夷、齐。"范滂高尚的气节,赢得了全国士人的景仰,当他出狱归乡时,汝南、南阳两郡士大夫数千人前往迎接他们心目中的英雄。

建宁二年,窦武、陈蕃等联合士大夫谋诛宦官曹节、王甫等未果,宦官大肆搜捕党人,第二次党祸遂起。其时范滂闲处乡里,闻讯毅然就狱,从容赴死。县令郭揖自解印绶,想弃官与范滂共同逃亡。但范滂却说:"滂死则祸塞,何敢以罪累君,又令老母游离乎!"范母深明大义,安慰范滂:"汝今得与李、杜齐名,死亦何恨!既有令名,复求寿考,可兼得乎?"范滂临别,不无悲怆地告诫儿子:"吾欲使汝为恶,则恶不可为;使汝为善,则我不为恶。"①表达了对黑暗政治现实与昏庸君主的控诉。不久,范滂与陈蕃等同死于党人之狱,时年仅33岁。

"清流"士大夫、太学生、郡国生徒等知识分子反对宦官专权、横暴的政治斗争终于失败了,东汉政治也更趋腐败,到了不可救药的地步。而波澜壮阔的黄巾农民起义敲响了东汉王朝的丧钟。

四、江淮农民起义

东汉初年,最高统治者汲取西汉末年及新莽丧乱的教训,采取了一系列巩固统治、安定社会、发展生产的措施。退武臣,进文吏,"解王莽之繁密,还汉世之轻法"②,减省刑法,释放奴婢,招抚流民,轻徭薄赋,实行"颇有张弛,而俱存不扰"的统治方针,取得了很大的成效。

但是,自光武帝刘秀统治时期始,新的社会问题就已经不断出现,而且越来越严重。建武十五年六月,刘秀诏令各州、郡检核属内的垦田、户口,结果有大量地方官员贪赃枉法,不以实报。"刺史、太守多不

---

① 上引均出自《后汉书》卷六十七《党锢列传》。
② 《后汉书》卷七十六《循吏列传》。

平均,或优饶豪右,侵刻羸弱,百姓嗟怨,遮道号呼。"①"河南尹张伋及诸郡守十余人,坐度田不实,皆下狱死。"②汝南太守欧阳歙也是其中之一,他接受地方豪强贿赂上千万,事发入狱而死。更重要的是,度田不实很快就造成了严重的政治与社会后果:"郡国大姓及兵长、群盗处处并起,攻劫在所,害杀长吏。郡县追讨,到则解散,去复屯结。青、徐、幽、冀四州尤甚。"③东汉统治者一面镇压,一面安抚,给百姓发放土地,"徙其魁帅于它郡,赋田受禀,使安生业"④,才勉强解决了问题。

这一时期,安徽境内也爆发了李广领导的起义。李广,庐江人,曾师从卷(今河南省原武县西)人淮汜学习方术。淮汜先后收徒数百人,传授宗教巫术,被指控妖言惑众,图谋不轨,为官府捕杀。但他的弟子没有停止活动,李广宣扬淮汜并未死,而是变成了神仙,并以此为信念吸引组织群众。建武十七年,趁郡县度田不实导致民怨沸腾的大好时机,李广自称"南岳大师",率徒众起义,迅速攻占了皖侯国城,杀死了皖侯刘闵,并击败了前来镇压的数千名官军。在坚持了两个月后,被名将马援所率领的官军扑灭。

安帝之后,女主临朝,外戚、宦官交替专权,朝纲不振,吏治日坏,滋扰民间,剥刻百姓,民怨沸腾。诚如王充所言,"文史……舞文巧法,徇私为己,勉赴权利。考事则受赂,临民则采渔,处右则弄权,幸上则卖将。一旦在位,鲜冠利剑;一岁典职,田宅并兼"⑤。土地兼并日益严重,社会其他财富高度集中,使得贫富分化迅速加剧,"豪民占田或至数百千顷,富过王侯……买卖由己"⑥。"豪人之室,连栋数百,豪田满野,奴婢千群,徒附万计。船车贾贩,周于四方;废居积贮,满于都城。琦赂宝货,巨室不能容;马牛羊豕,山谷不能受。"⑦"贫者蹑短而岁踧,历代为虏,犹不赡于衣食。生有终身之勤,死有暴骨之忧。岁小不登,

---

① 《后汉书》卷二十二《刘隆传》。
② 《后汉书》卷一下《光武帝纪》。
③ 《后汉书》卷一下《光武帝纪》。
④ 《后汉书》卷一下《光武帝纪》。
⑤ (东汉)王充《论衡》卷十二《程材篇》,黄晖《论衡校释》,中华书局1995年版。
⑥ (东汉)荀悦《汉纪》卷八,张烈点校本《两汉纪》,中华书局2002年版。
⑦ 《后汉书》卷四十九《仲长统传》。

流离沟壑,嫁妻卖子。"①自然灾害频繁发生,广大农民生活贫困,流离失所。与今安徽直接相关者,如和帝永元六年(公元94),水、旱灾害交加,黄河、济水流域尤其严重,百姓饥荒,流离他乡,转死沟壑。质帝本初元年大灾,次年,荆、扬二州贫民多有饿死者。桓帝延熹九年,司隶校尉部、豫州灾,大饥饿,灾民死亡达四五成,甚至有灭门绝户者。实际上,自章帝起,就已不断下诏安抚流民、赐爵、贷谷、占籍,可见流民问题相当严重,已经威胁到社会安定,并引起了最高统治者的重视。如顺帝永建二年(公元127),诏荆、豫、兖、冀四州流离贫民,即在当地安置。

桓、灵之后,统治者更加无视百姓疾苦,为了满足他们骄奢淫逸的生活需求,随意横征暴敛,加重农民负担。灵帝铸铜人、实西园、修复南宫,一方面卖官鬻爵,另一方面增加田赋,每亩十钱。而各级官员买官所花费用,也无一例外地转嫁到百姓头上。两汉厚葬之风盛行,单是棺材,不管是皇室成员,还是贵族世家,都要使用江南地区的楠木等珍贵材质。楠木主要产于豫章郡(今属江西省),不要说在"深山穷谷"砍伐,光是运输,就要从水路经由长江入东海,北上进入淮河,由淮河通过鸿沟入黄河,溯流至洛阳。不管是沿江而下,还是溯淮而上,都要经过今安徽省,"会众然后能动担,牛列然后能致水",给安徽百姓带来了非常沉重的徭役负担。"计一棺之成,功将千万夫"。而"宠臣贵戚,州郡世家,每有丧葬,都官、属县各当遣吏,赍奉车马帷帐,贷假待客之具,竞为华观。此无益于奉终,无增于孝行,但作烦搅扰,伤害吏民"②。下层民众痛苦不堪,阶级矛盾日益尖锐。

1976年,在亳州元宝坑发现了东汉末年的汉墓群,被确定为曹氏宗族墓。其中一号东汉墓出土了一批墓砖,其中一块砖上刻有"为将奈何,吾真愁怀"八个字,应该是修墓者对于自己艰辛生活无比心酸的真实写照。还有一块刻有"岁不得陼,人谓璧作乐,作璧正独苦,却来却行璧,反是怒皇天。璧长契"③,应该是此次领工的工长所刻,诅咒豪

---

① (东汉)崔寔《政论》,(清)严可均辑《全后汉文》卷四十六,商务印书馆1999年版。
② (东汉)王符《潜夫论》卷三《浮侈》,(清)汪继培《潜夫论笺》,中华书局1979年版。
③ 安徽省亳县博物馆《亳县曹操宗族墓葬》,《文物》1978年第8期。

宗曹氏在灾害连绵、万民悉苦的年岁,还强迫民众为其修造地下天堂,是要触怒皇天,遭受报应的。尤其重要的是 32 号砖上"仓天已死"四字,与张角发动黄巾起义的口号完全相同,可能作墓者就有"太平道"的信徒。下层贫苦百姓对政治与社会的极度不满,自然会发展成为强烈的反抗意识,各地民众陆续发动起义,农民革命的星星之火必将成燎原之势。

安帝永初年间,以毕豪、张伯路等为首的农民起义军首先在平原等郡揭竿而起,掀开了东汉农民起义的序幕。稍后,由于饥荒,豫州境内人民纷起反抗,当时的豫州刺史谭显积极镇压,"州界收捕且万余人",可见规模已经相当大了。

顺帝永建四年(公元 129),青州、冀州、扬州接连爆发人民起义,几年之间,影响到了全国,给统治者以沉重打击。虽然朝廷通过大赦的方式暂时缓和了局势,但地方官吏并未汲取教训,继续施行酷政,以致仅仅数月之后,起义烽火重新燃起。此后,今安徽境内的农民起义此伏彼起,连绵不断,一直到东汉灭亡。

顺帝永和三年(公元 138)四月,九江人蔡伯流率众起义,进攻九江、广陵等郡,他们沿长江一线作战,所到之处,焚烧城郭,处死长吏。攻破江都县城,杀掉了江都县长。由于徐州刺史徐志的威逼利诱,该年闰四月,蔡伯流投降了官府。

从永和四年(公元 139)开始,扬州、徐州各郡农民纷纷发动起义,他们分合不定,"磐牙连岁"①,点燃了遍及江淮大地的农民战争烽火。永和六年②,九江人马勉、丹阳人周生、阴陵人徐凤等相继发动起义,马勉穿黄衣,戴皮冠,称"黄帝",扎营于当涂山中,成立农民政权,建年号,置百官,并派部将黄虎率军进攻并顺利攻克合肥。徐凤起义于当涂马丘聚,称"无上将军",穿绛色衣,系黑衣带。其寓意是要以尚黑

---

① 《后汉书》卷三十八《滕抚传》。

② 关于马勉、周生、徐凤等人起义的时间,司马彪《续汉书·天文志》在永和六年,而范晔《后汉书·顺帝纪》及《滕抚传》在建康元年,《资治通鉴》从范《书》。结合《后汉纪》等书的相关记载,我们可以发现,范《书》所记"建康元年",其着眼点是东汉朝廷派冯绲等前往镇压的时间,马勉等人的起义在这里只是一个背景说明。因此,其起义时间应从《续汉志》,在永和六年。

的水德取代汉王朝的德运——尚红的火德。说明这支农民起义军已经有了相当明确的政治愿望,也有了一定的理论依据。徐凤起义军很快攻占了曲阳、东城,杀掉了两县长吏。

周生则与另一起义军首领范容联合,屯驻于长江北岸的历阳,攻没郡县,进退有据,统治者惊呼为"江淮巨患"。建康元年(公元144),朝廷派遣御史中丞冯绲(又作冯敕)督促扬州刺史尹燿、九江太守邓显率领州郡兵前往镇压,结果为起义军所败,尹燿、邓显兵败被杀。

东汉统治者当然不会甘心失败,永憙(嘉)元年(公元145),又任命滕抚为九江都尉,会同中郎将赵序协助冯绲,调集各州郡数万军队围剿起义军。起义军寡不敌众,被官军击败,马勉、范容、周生及部属1500余义士牺牲。徐凤率领余众继续战斗,攻占并焚烧了东城县城,不久,遭到下邳地主武装谢安的埋伏袭击,不幸身亡。这次声势浩大的农民起义遂告失败。

但是安徽人民的反抗斗争并未因此而被东汉统治者所压制。就在这一年,又连续爆发了多起农民起义。四月,丹阳人陆宫起义,围攻丹阳郡城,焚烧了官府,结果为丹阳太守江汉镇压。七月,庐江爆发农民起义,转战各地,活动范围很大,进攻寻阳(今湖北省黄梅县西南)、盱台(今江苏省盱眙县东北)等地,后为滕抚部司马王章击败。十一月,历阳人华孟自称"黑帝",组织起义,进攻九江郡,杀死了九江太守杨岑,亦为滕抚领兵镇压,义军3800余人牺牲,700余人被俘。

大致同时,广陵人张婴领导的起义军,迅速发展为数万人的大军,"杀刺史、长吏,寇乱扬、徐间,积十余年,朝廷不能讨"[1],是黄巾起义前规模较大的农民起义,他们也经常在安徽境内活动,对安徽农民起义有很大影响。

此后,安徽各地仍不断有零星的农民起义发生。延熹九年,沛国人戴异在锄地时得到一颗无字金印,认为是有异兆,于是自称"太上皇",联络广陵人龙尚准备起事,结果被官府杀害。桓帝永康元年(公元167),庐江又一次发生农民起义。灵帝建宁元年(公元168),九江

---

[1] 《后汉书》卷五十六《张纲传》。

郡山越族发动民族起义。

光和三年,庐江人黄穰举行起义,联合少数民族起义军"江夏蛮",组成 10 余万人的大军,攻下了 4 座县城,江淮震动。后为庐江太守陆康击败,余众散降。

中平元年,由张角领导的组织严密、规模空前的黄巾大起义爆发。"众徒数十万,连结郡国,自青、徐、幽、冀、荆、扬、兖、豫八州之人,莫不毕应。"①起义的中心区域在黄河流域及南阳、颍川、汝南等地。汝南黄巾军是黄巾军的重要组成部分,所到之处,攻城池,杀官吏,焚烧官府,没收豪强财物,开仓济贫,并击败了汝南太守赵谦,对东汉王朝造成了极大的威胁。朝廷派名将皇甫嵩、朱儁等率大军镇压。当年六月,西华(今河南省西华县南)一战,汝南黄巾军损失惨重,转入低潮。中平五年,各地黄巾军余部复起,四月,汝南葛陂黄巾军也重新起义,很快发展到 10 余万众,转战今豫皖边界,声势浩大,攻没郡县,曾聚众万人攻打豪强许褚建立的坞壁,功败垂成。十一月,击败了前来镇压的下军校尉鲍鸿。此后他们利用葛陂良好的农作条件,耕战结合,在军阀混战的间隙中坚持斗争 10 余年,直到汉献帝中叶才失败。

扬州黄巾军进入江淮之间,攻打庐江郡治舒县县城,放火焚烧城郭。庐江太守羊续征调属内 20 岁以上男子数万人守城,年幼及老弱者救火。黄巾军攻城不下,反遭打击,军锋受挫,即退出了江淮地区。不久,安风人戴风等也趁机发动起义,但很快就被羊续镇压,牺牲 3000余人,戴风等起义军首领被俘。

黄巾起义虽然在统治者的残酷镇压下宣告失败,但东汉政权已经风雨飘摇。在镇压黄巾起义的过程中发展壮大的汉末军阀,最后取代了东汉王朝。

① 《后汉书》卷七十一《皇甫嵩传》。

第三节 江淮地区世家大族的兴起

一、东汉选官制度与门阀大族的出现

东汉继承西汉制度,实行察举制、征辟制与任子制相结合的任官制度。察举特别重视孝廉科,其对象多为公卿或郡县的属吏,或者是精通经学的儒生、道德高尚的处士。

随着政治的不断腐败,选举不实的现象日益严重。早在章帝时,就已经有官员上书,揭露郡国选举不按标准,只看门第,造成地方行政效率低下,官吏风气日坏,连章帝本人也不否认这些社会问题的存在。大族为了把持政权,扩大家族利益,结为朋党,互相举荐亲属故旧,使得察举制度成了豪族、官员安插私人亲信的工具。加之任子制本来就是专门为中上层官员设置的,安帝建光后,任子范围进一步扩大,就使得大量豪族子弟非常顺利地进入政权体系,形成了世代为官的家族,甚至出现了累世公卿的家族。这些家族又以"门生"、"故吏"等名义,将一些中下层官员招揽在周围,从而结成了一个个以某一家族为中心的政治集团。

东汉时期出现了一些累世专攻一经,并传授经学的家庭,他们的授业范围上起皇帝,下至州郡乡里。在通经出仕的背景下,许多官吏都出自其门墙,受业者为弟子,弟子的弟子为门生,有些大儒经师,弟子门生动辄千百人。而经学入仕本身也成就了一些累世公卿的家族。老师与弟子门生、荐主与故吏、长官与掾属之间的关系,是具有实质性君臣名分的主从关系,从而形成了世族大家,如著名的弘农杨氏、汝南袁氏等。江淮之间,尤其是沛国、庐江等地,也出现了一些影响较大的世家大族。

二、沛国世家大族

东汉沛国在今安徽北部，距离儒学与道家的中心区域都很近，有着悠久的学术文化传统，重视教育，是两汉经学研习与传授的主要地区。沛国又是西汉王朝龙兴之地，政治优势本来就相当突出，加之曹魏政权建立的两大核心家族——曹氏、夏侯氏也兴起于沛国谯。上述种种原因使得沛国成了东汉世家大族最为集中的地区之一，最具代表性的如龙亢桓氏、沛国徐氏、谯县曹氏等。

（一）沛国刘氏

建武二十年，光武帝徙封子辅为沛王，历八代，至魏建国始废。

刘辅（？—84），光武帝第二子。建武十五年封右翊公，十七年，母郭后废为中山太后，徙辅为中山王。二十年，又徙封沛王，二十八年（公元52），就国。刘辅喜好经书，对于《京氏易》、《论语》、《孝经》诸书皆有深究，且有讲说，旁及图谶。著作《五经论》，时人称《沛王通论》。

刘辅就国前，在京师招揽宾客，其客更始之子刘鲤为报父仇，利用刘辅结客杀了式侯刘恭，刘辅因此事连累被囚禁于牢狱。因有此教训，就国之后，他处处小心谨慎，历光武、明帝、章帝三朝，谨修臣礼，不敢逾矩，被称为贤王。元和元年薨，谥献。有子十余人[1]。

刘定（？—96），刘辅子，嗣王，卒谥釐。有子三人。

刘宝，刘辅子，封沛侯。

刘嘉，刘辅子，封僮侯。

刘正（？—109），刘定子，嗣王，卒谥节。有子二人[2]。

刘广（？—144），刘正子，嗣王，因有痼疾，安帝下诏，由其祖母周氏主事。

---

① 《后汉书·光武十王传》："中元二年，封辅子宝为沛侯。永平元年，封宝弟嘉为僮侯……（辅薨），子釐王定嗣……元和二年，封定弟十二人为乡侯。"

② 《新唐书》卷七十五《宰相世系表五》："独孤氏出自刘氏。后汉世祖生沛献王辅，辅生釐王定，定生节王丐。丐二子：广、廙。廙，洛阳令。生穆，穆生度辽将军进伯，击匈奴，兵败被执。"此说当自唐独孤及撰《朝散大夫颍川郡长史赠秘书监河南独孤公灵表》，载《文苑英华》卷九百七十，姑存疑。

刘荣(？—164)，刘广子，嗣王，卒谥幽。

刘琼，刘荣子，嗣王，卒谥孝。

刘曜，刘琼子，嗣王，卒谥恭。

刘契，刘曜子，嗣王，曹魏代汉，贬为崇德侯，国除。

沛国刘氏世系表：

刘辅———刘定———刘正——刘广———刘荣———刘琼———刘曜———刘契
　　┃　　　　　（刘丐）┗刘廙
　　┣刘宝
　　┗刘嘉

（二）龙亢桓氏

桓氏家族起自桓荣。桓荣(约前23—公元59)[1]，《东观汉记》认为桓氏本为齐桓公之后，用桓公谥号为姓，后由齐地迁至龙亢(今怀远县东北)，至桓荣业已六世。桓荣年轻时游学于长安，以博士九江人朱普为师，研习《欧阳尚书》。此时其家族尚无地位，以致桓荣因为家贫乏资，还要靠做佣工来维持日常生活。但他却非常勤奋，十五年间不曾探家，加上他精力过人，学习从不倦怠，学问日益精进，直到王莽篡位，桓荣才回归故里。

朱普去世，桓荣远赴九江奔丧，继承师志，教授江淮，开始了自己的经师生涯。王莽末，桓荣率弟子逃匿山谷，虽生计艰辛，仍弦歌不辍。东汉光武帝建武初，桓荣仍在江淮间教授生徒。建武十九年，大司徒戴涉以名儒征辟桓荣为其府属吏。正好其弟子豫章人何汤被选为明经，教授太子刘庄《尚书》，他就向光武帝推荐了老师桓荣。刘秀在听桓荣讲授《欧阳尚书》后，非常赏识他精深的经学造诣，拜桓荣为议郎，为太子师，不久又补为太学《欧阳尚书》博士。桓荣每与诸儒博士论辩于光武帝前，总是以理服人，而不徒称口舌，且动必以礼，刘秀称之为"真儒生"。建武二十八年，拜为太子少傅。三十年，为太常。

明帝即位后，非常尊重桓荣，亲往太常府，为桓荣设几杖东面坐，自己执卷为"百官能通经义者及荣门下生数百人"讲经，凡有问难，则

---

① 据《后汉书·桓荣传》、《后汉纪》相关记载，桓荣之卒当在明帝永平二年，生年不详。然《后汉书》本传有建武十九年"年六十余"与"显宗即位……年逾八十"两条记载，则其去世的年龄应是八十二三岁。

称"大师在是"。① 早在建武二十六年（公元50），桓荣即与张纯等人上书光武帝，要求立辟雍、明堂。到永平二年，三雍修成，明帝拜桓荣为五更，封关内侯。该年，桓荣病重，明帝派宦官早晚询问病情，并亲自上门探望，及卒，又亲临送葬。

桓荣传经50余年，穷困之时，不辍于学，一旦尊贵，训诸生徒曰"稽古之力"。早在九江时即有生徒数百人，一生则徒众无数。知名者如张酺、何汤、彭闳、皋弘、胡宪、张禹、鲍骏等，而以"丁鸿学最高"②。桓荣为光武帝、明帝两代帝王师，声名显赫，天下儒者无不称慕。他始终坚持举荐自己的学生进入政府任职，或担任太学教职乃至帝王之师，从而使"门徒多至公卿"，如丁鸿即官至司徒，张酺、张禹均仕至太尉，其余弟子州郡任职者更多。弟子门生也都继承传统，互通声气，彼此援引，如鲍骏荐丁鸿，逐渐形成了一个颇为庞大的政治利益团体，这也是桓氏家族长期繁盛的根本所在。《后汉书·儒林列传》称："沛国桓荣习《欧阳尚书》，荣世习相传授，东京最盛。"桓荣二子，长子雍早亡，少子郁袭爵。

桓郁（？—93）幼承家学，后继承父业，以《尚书》教授，经常有数百人从学。明帝时常召桓郁入宫中讲论经学，并委托桓郁在宣明殿校定自己所著《五家要说章句》。明帝亲临辟雍讲自著《五行章句》，之后还要桓郁再讲一篇，甚至说："我为孔子，卿为子夏，起予者，商也。"③永平十五年，桓郁迁越骑校尉，并成为太子刘炟的老师，讲授诸经。

章帝建初四年白虎观会议，桓郁与丁鸿均奉诏参加讨论，丁鸿"才高，论难最明，诸儒称之，帝数嗟美"，以至有了"殿中无双丁孝公"的说法。④ 丁鸿的学生刘恺、巴茂、朱伥等也都位至公卿。桓氏经学的学术与政治、社会影响在这一时期得到了更为迅速的扩展。和帝即位，窦宪为之选择经学老师，桓郁成为侍讲。永元四年，任太常，次年病

---

① 《后汉纪》卷九。
② 《后汉书》卷三十七《桓荣传》李贤注引华峤《后汉书》。
③ 《后汉书》卷三十七《桓荣传附桓郁传》李贤注引华峤《后汉书》。
④ 《后汉书》卷三十七《丁鸿传》。

逝。桓郁为明帝学友，章、和两代帝师，使得桓氏家族的地位更进一步巩固。而在他众多的弟子门人中，杨震、朱宠均位至三公，对桓氏社会声望的隆盛多所推助。

桓荣当年从朱普学《欧阳尚书》，烦琐冗长，长达 40 余万字。桓荣在给明帝讲授时，就化繁为简，减至 23 万字。到桓郁时，经过更进一步的精炼，写定为 12 万字的《（尚书）桓君大小太常章句》。至此，桓氏《欧阳尚书》家学完全定型，成了家族安身立命的根本。桓郁有 6 个儿子：桓普、桓延、桓焉、桓俊、桓酆、桓良。长子桓普继承了侯位，并传至其曾孙。良至龙舒侯相。三子桓焉最为著名，世传其家学。

桓焉（？—143），永初元年（公元 107），以家学入授安帝刘祜。永宁元年（公元 120），皇子刘保立为太子，拜焉为太子少傅，月余，迁太傅，后为太常。太子被废为济阴王，桓焉与来历等人极谏未果。安帝死后，济阴王刘保被宦官孙程等人迎立，是为顺帝，桓焉等曾有恩于帝的人都得到了升迁。桓焉很快被任为太傅，入宫授经，并与父亲的弟子太尉朱宠共录尚书事。永和五年，桓焉代王龚为太尉，位列三公，桓氏家族的政治地位与影响达到了顶峰。桓焉弟子无数，能传其学者数百人，最著名者如黄琼、杨赐等人，皆位至三公。

桓焉之后，桓氏传学、入仕者代不乏人，虽然没能再现顺帝时的辉煌，但门生故吏遍天下，又与弘农杨氏等大族通婚，结成姻亲关系，如桓良之女为杨赐夫人。其家族势力与政治、社会网络已经成熟，社会影响依然巨大。

见于文献记载的第四代桓氏传人有桓焉之子桓衡、桓顺，焉五弟酆之子桓麟、少弟良之子桓鸾。桓麟，桓帝初年曾入禁中侍讲，后出为许县令。其母去世，悲痛过度而卒，年仅 41 岁。有著作 21 篇流传后世，《七说》《汉故太尉车骑将军特进逯乡昭烈侯刘公之碑》等存留至今。与子桓彬共同被认为是"七体"的重要创作者。桓鸾（108—184），自幼继承家学，贯通五经，敦行砺志，粗食布衣，但乐善好施，救济孤寡，俭于奉己，丰厚养贤。因州郡牧守多非其人，不肯出仕。40多岁时才为沛相向苗举为孝廉，出任胶东县令。可是刚刚到任，举主

向苗去世，他即弃官奔丧，并为守丧三年，从而获得了更高的社会声望。此后又先后任己吾、汲二县令，拜议郎。曾上书桓帝，针对国家政治的积弊，提出了"举贤才、审授用、黜佞幸、省苑囿、息役赋"①五条建议，但并未被采纳。

桓氏第五代见于记载的有桓顺之子桓典、桓麟之子桓彬、桓鸾之子桓晔三人。桓典（？—201），年轻时在颍川郡教授《尚书》，门徒数百人，为沛相王吉举为孝廉。王吉被诛，桓典弃官收葬并服丧三年。后为司徒袁隗所辟，拜侍御史，执政不避权贵阉宦，被称为"骢马御史"，有"行行且止，避骢马御史"②的民谣。灵帝死后，他与何进等曾谋诛宦官，未能成功。董卓逼献帝西迁长安，桓典从入关中，任御史中丞，封关内侯。后又随献帝至许都，官至光禄勋。桓彬（133—178），少年时与蔡邕齐名。举孝廉，为尚书郎。因不齿与中常侍曹节女婿为伍，得罪了曹节，节诬告桓彬等"阿党"，遂被禁锢。年四十五卒，儒者为之伤感。桓彬识见过人，文采斐然，志节高尚。他死后，蔡邕等当世学者一致认为他有四方面过人之处："凤智早成，岐嶷也；学优文丽，至通也；仕不苟禄，绝高也；辞隆从窊，洁操也。"③并为撰辞刻碑而颂。桓晔，又名严。先为郡功曹，后举孝廉、有道、方正、茂才，三公同时征辟，均未应。献帝初年，天下大乱，桓晔南行避乱，至会稽（今浙江省绍兴市），又随海上航行者赴交趾（今越南境内）。所到之处，以德学化人，产生了很大的社会影响，扬州刺史刘繇、会稽太守王朗等争与结交。后为人诬陷，死于合浦（今广西合浦县东北）狱中。

东汉安徽世家大族，首推桓氏。范晔说："伏氏自东、西京相袭为名儒，以取爵位。中兴而桓氏尤盛，自荣至典，世宗其道。父子兄弟代作帝师，受其业者，皆至卿相，显乎当世。"④

东汉之后，桓氏世系出现问题。东晋桓彝自称龙亢桓氏之后，但

---

① 《后汉书》卷三十七《桓荣传附桓鸾传》。
② 《后汉书》卷三十七《桓荣传附桓典传》。
③ 《后汉书》卷三十七《桓荣传附桓彬传》。
④ 《后汉书》卷三十七《桓荣传》。

所叙世系有疑点。田余庆先生经过缜密的考证梳理,认为桓彝应为桓典之子桓范的后代。桓范在魏晋替代的重大事件"曹爽之狱"中被司马氏诛杀,因此其后代在述及这段往事时有所隐讳。① 桓范(?—249),献帝建安末年入曹操丞相府,延康元年(公元220),任羽林左监,与王象等人共集《皇览》。魏正始中官至大司农。

龙亢桓氏世系表:

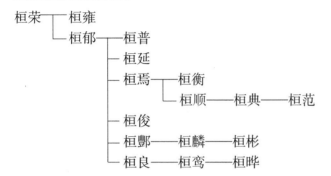

(三)沛国陈氏

沛国陈氏是两汉著名的律令世家,起自西汉陈万年。

陈万年(?—前44),西汉沛郡相人。历广陵太守、右扶风、太仆,官至御史大夫。其人虽称"廉平"、"行修",但却以谄事外戚、丞相而为世所讥。子陈咸。

陈咸,以父任为郎,然为人伉直有节。元帝时以明习律令擢御史中丞,不避权贵,为权阉石显诬陷中伤,下狱被废。成帝时为大将军王凤辟为长史,历冀州刺史、谏大夫、楚国内史、北海太守、东郡太守、南阳太守,所到之处,以严刑峻法惩治豪强、猾吏,令行禁止。然因奢侈贪秽颇为清议所短,因此虽然贵为三公之子,且早有令名,却长期未能升迁。后来,通过向陈汤行贿的方式,得为执政的车骑将军王音征召,入为少府,为丞相翟方进奏免。又被红阳侯王立举为方正,任光禄大

---

① 参见田余庆《东晋门阀政治》,北京大学出版社1996年第3版,第140~147页。

夫给事中,复为翟方进奏免,不久强令归郡,卒于家①。

陈咸三子:陈参、陈丰、陈钦。陈参,传家学,兼通《礼经》,王莽曾从其受《礼经》。丰、钦西汉末、王莽初均曾出仕,仕历不详②。

陈钦子陈躬,东汉建武初年任廷尉左监,早卒。子陈宠。

陈宠(？—106),习家学,明律令,兼通经学。初为州郡小吏,明帝永平末年,以明律为司徒鲍昱辟为掾属。因不尚交游,勤于政事,为鲍昱赏识,用其所长,让他担任主管天下狱讼的辞曹。而陈宠也不负所望,"其所平决,无不厌服众心"③。为了彻底解决司法官吏因缘为奸的积弊,陈宠还编撰了《辞讼比》七卷,将审案判决的相关标准与案例分类编排,作为司法准则,为后世所遵从。且以法律授徒,从学者常数百人。章帝初,任尚书,力主改革苛刻行政的吏风,代之以宽厚平和的执政风格。建议章帝"宜隆先王之道,荡涤烦苛之法",为章帝采纳,"遂诏有司,绝钻诸惨酷之科,解妖恶之禁,除文致之请谳五十余事,定著于令"。④ 得到章帝的赏识,特赐宝剑,并手书"陈宠济南椎成"字样,以示表彰。和帝初,陈宠因得罪外戚窦宪,出为太山太守,历广汉太守。所在摧抑豪强,显拔贤能,其所用良吏王涣等皆至二千石。以守正不阿为和帝所知,入为大司农。永元六年,任廷尉,以经典断狱,坚持宽厚仁和的风格,凡遇疑狱,务从宽恕,存活者甚多。由于陈宠的努力,东汉初年苛刻的政风此后日渐缓和,他本人也获得了更高的社会声望。永元十六年(公元104),为司空,号称"任职相"。子陈忠。

陈忠(？—125),安帝永初年间为司徒府所辟,迁为廷尉正。司徒

---

① 陈咸是陈氏世系中的一大问题。首先是籍贯,《汉书·陈万年传》云:"沛郡相人……子咸字子康。"而《后汉书·陈宠传》:"陈宠字昭公,沛国洨人……曾祖父咸。"其次是生平,《汉书》记载他与外戚王氏关系非同一般,先后得到王凤、王章、王音、王立等赏识与举荐。又《汉书·王莽传》:"莽独孤贫,因折节为恭俭。受《礼经》,师事沛郡陈参。"则陈咸长子陈参曾为王莽之师。而《后汉书》则说他是因不满王莽诛杀不附于自己的名臣何武、鲍宣等人,于是辞职还家。新莽建立,非但自己不应王莽之召出仕,而且还让三个儿子都解职还家。从表面上看,似乎两个陈咸不是同一人,如《康熙江南通志》卷二百即辩证为两人。实际上从生活时代、家学传统上考虑,应是同一人。出现上述矛盾的合理解释是:一是陈咸子孙在莽末、东汉初有徙家之举,自相徙至洨。同时,汉朝复兴,迫使其子孙不得不竭力掩饰祖先与王氏之间过于密切的交往史,并编造出与王莽不合的新家族史,以便在新政权中得到更大的发展机会。

② 其时又有"苍梧陈钦",王莽时有"厌难将军陈钦",籍贯不详。

③ 《后汉书》卷四十六《陈宠传》。

④ 《后汉书》卷四十六《陈宠传》。

刘恺举荐陈忠"明习法律"，陈忠遂被任为主管刑狱的尚书三公曹。西汉后期，汉律已发展至"大辟之刑千有余条，律令繁多，百有余万言，奇请它比，日以益滋，自明习者不知所由"①，而王莽新律愈加繁密。东汉建立，"光武承王莽之余，颇以严猛为政，后代因之，遂成风化"②。此后数代，改革呼声不绝于耳，陈宠任廷尉期间，就有改革的构想，主要目的是简化律令："今律令死刑六百一十，耐罪千六百九十八，赎罪以下二千六百八十一……可使大辟二百，而耐罪、赎罪二千八百，并为三千，悉删除其余令。"③但未及施行，就因离职而止。陈忠任尚书三公曹期间，撰成《决事比》二十三条，施行于世。并按照其父的遗愿，继续推行东汉法律制度的改革，主要内容有：废除汉律当中多出上古刑律《吕刑》所谓"五刑之属三千"的科条；废除残酷的蚕室肉刑；解除原凡赃吏三世禁锢不得出仕的法令；精神不正常者杀人奏明皇帝得减死；有犯死罪者，允许母子兄弟自愿代死，同时赦免所代者。《后汉书》本传载"事皆施行"④，是东汉最重要的一次法律变革。建光元年，邓太后死，安帝亲政。陈忠对皇帝寄予了无限期望，几次上书，推荐人才并陈述政治见解。先后荐举周兴、冯良、周燮、杜根、成翊世、施延等人，成翊世官至尚书，杜根为济阴太守，施延仕至太尉。陈忠不阿权贵，数奏劾宦官内宠。但因其父与邓骘有嫌隙，邓氏败后，忠遂落井下石，陷成其狱，后又因太子刘保被废之事，劾奏名臣来历等人，所以为人所刺讥。后历仆射、尚书令、司隶校尉，复为尚书令，病卒。

　　陈氏六世传律令之学，累世为执法之臣，万年、宠两人位至三公，与颍川郭氏并称东汉律法世家。《后汉书》范晔论赞："陈、郭主刑，人赖其平。宠矜枯骴，躬断以情。忠用详密，损益有程。施于孙子，且公且卿。"则陈氏后世似乎继续家世传统，有位至公卿者。但现有文献记载阙漏，只能存疑。

　　沛国陈氏世系表：

---

①　《汉书》卷九《元帝纪》。
②　《后汉书》卷四十一《第五伦传》。
③　《后汉书》卷四十六《陈宠传》。
④　《后汉书》卷四十六《陈宠传附陈忠传》。

陈万年——陈咸——陈参
　　　　　　——陈丰
　　　　　　——陈钦——陈躬——陈宠——陈忠

(四)沛国铚县徐氏

沛国徐氏也是两汉安徽著名经学世家,起自西汉徐宣。

徐宣,生卒年不详,沛国铚人。王莽曾设置《六经》祭酒与讲学大夫,徐宣任讲学大夫,授《易》于王莽。宣子徐宪,传父之学。宪子徐防。

徐防,生卒年不详。自小即明习家学,永平年间(58—75),举孝廉,明帝特补其为尚书郎,进入权力中枢。徐防在尚书,历明帝、章帝,谨小慎微,没有过失。和帝时,历任司隶校尉、魏郡太守,政绩突出,太尉张酺屡次推荐徐防代替自己。永元十年(公元98),迁少府,历大司农,十四年(公元102),任司空。十六年,为司徒。延平元年(公元106),为太尉,参录尚书事,与太傅张禹总领百官,处理朝政。安帝永初元年,因参与迎立安帝,封为龙乡侯。同年,由于自然灾害频繁,农民起义不断,徐防成了替罪羊,被免职就国。徐防对于东汉经学的发展与繁荣起了很大的推动作用。两汉之交,儒生多尚兼通,专治一经章句者较少,因此出现了苏竟因明《易》为博士讲《书》祭酒这样的现象,东汉更趋严重。徐防上疏和帝,指出当时经学已经有了很多弊病:"《诗》、《书》、《礼》、《乐》,定自孔子;发明章句,始于子夏。其后诸家分析,各有异说……立博士十有四家,设甲乙之科,以勉励学者……伏见太学试博士弟子,皆以意说,不修家法,私相容隐,开生奸路。每有策试,辄兴诤讼,论议纷错,互相是非。"①他建议凡博士弟子及甲乙策试,都严格以各家家法为评判标准,《五经》各取最优秀者六人。《论语》为经学门径,必须能通,而不作为考试科目。不久,他又与樊准共同上书,以为太学教席多不称职,和帝乃下诏命公卿选择精通经学之人入太学任教,使当时的经学教育有了明显的起色。清儒顾炎武、阎

————————

① 《后汉书》卷四十四《徐防传》。

若璩对徐防此举都有表彰①。徐防二子：徐衡、徐崇。

徐衡，父死，欲让爵于其弟，经历数年，后袭侯位。

沛国徐氏世系表：

徐宣——徐宪——徐防┬徐衡
　　　　　　　　　└徐崇

（五）沛国竹邑薛氏

沛国竹邑薛氏出自齐孟尝君，以封邑为姓。刘邦定天下，路过齐地，搜求孟尝君的后代，得到其孙薛陵、薛国弟兄二人。刘邦想恢复其祖的封地，但弟兄相让，都不肯接受，于是至竹邑居家。《三国志》卷五十三《薛综传》裴松之注引张勃《吴录》："自国至综，世典州郡，为著姓。"吴在东汉后不远，薛综家世之说或可信，则薛氏为当地世族。

薛综（？—243），少遭离乱，跟随族人避乱于交州（今越南河内东），从著名学者刘熙学，善属文，有秀才。后为士燮所召，任孙权合浦、交趾太守，历官尚书仆射、奉车都尉，至太子少傅、选曹尚书，赤乌六年（公元243）卒。有文集二卷传于世。子孙为江东名家。

（六）沛国萧县刘氏

据现存史料，沛国萧县刘氏起于刘光，然应劭《风俗通义·十反》说："太尉沛国刘矩叔方，父字叔僚，累祖卿尹。"应劭汉末曾任萧县令，所言当不虚，则萧县刘氏在刘光之前就已经成为大族，可能到刘光、矩叔侄时，有所中衰。另外，从刘矩曾任宗正一职来看，萧县刘氏应属刘汉宗室疏支，族属不详。

刘光，生卒年不详。虽然"好学敦整"，但迟迟不能得到察举入仕。后来由于侄子刘矩的帮助，为太尉徐防、太傅桓焉所举，辟为公府博士，为议郎，步入仕途。累官至尚书令，参与迎立顺帝之谋。顺帝即位，迁太常。永建二年，代朱宠为太尉，录尚书事。四年，以阴阳不和，免。

---

① 　参见顾炎武《日知录》卷二"丰熙伪《尚书》"条，黄汝成等《日知录集释》，上海古籍出版社2007年版；阎若璩《潜邱札记》卷一"赵岐序《孟子》"条，清道光九年广东学海堂"皇清经解"本。

刘矩,生卒年不详,刘光兄子①。矩年少成名,"雅有高问,远近伟之"②。州郡连辟,他却借口叔父刘光尚未出仕而不应征辟,此举也给他赢得了更高的社会声望。同时,他往来京师,游走于高官显宦之门,沛国同乡太尉徐防、太傅桓焉援手,刘光被辟③。于是刘矩举孝廉,为雍丘令,以礼让教化百姓,取得很好的政绩。后来,太尉胡广又举刘矩贤良方正,累迁尚书令,因不阿附权臣梁冀,出为常山国相。复为尚书令,历宗正、太常,桓帝延熹四年(公元161),代黄琼为太尉。与司徒种暠、司空黄琼合力辅佐桓帝,号称"贤相",但次年就因连年灾害、少数民族起义被免。灵帝建宁元年,为窦武所举,复为太尉,未及一年,又以日食免。刘矩任太尉时,正值贤士大夫与专权宦官斗争日益白热化,他抑制宦官,辟召名儒宿德,不与州郡交通勾连。李膺、成瑨、刘锧等党人之狱,他与陈蕃、刘茂等人上书谏诤,极力挽救,因此被称为"国之贞士"。

(七)沛国谯县曹氏

沛国谯县曹氏起自曹腾,又作谯国曹氏。

曹腾,生卒年不详,沛国谯人。父曹节,四子:伯兴、仲兴、叔兴、季兴。季兴即腾,安帝时为内侍,除黄门从官,邓太后派其侍太子刘保。顺帝即位后,为小黄门,一路迁升,为中常侍。顺帝死,曹腾与州辅等人共谋立桓帝。桓帝即位,封费亭侯,为大长秋。曹腾前后历四帝30余年,没有重大过失。而且以荐贤举能为己任,所举虞放、边韶、张奂等后皆成为名臣。为人大度,曾为益州刺史种暠劾奏接受贿赂,但并不计嫌隙,反而到处称赞种暠为能吏,暠后至司徒,常对人说是曹腾之力。在宦官专权横行的东汉,曹腾能够洁身自好,奉公守法,是非常难

① 《后汉书》卷六《顺帝纪》李贤注:"刘光字仲僚,即太尉刘矩之弟。"误,应从卷七十六《循吏·刘矩传》作"叔父光"。参见王利器《风俗通义校注》第214~215页注,中华书局1981年版。

② (东汉)应劭《风俗通义》卷五《十反》,王利器《风俗通义校注》,中华书局1981年版。

③ 《风俗通义》卷五。《后汉书·循吏·刘矩传》云为:"太尉朱宠、太傅桓焉。"按朱宠任太尉、桓焉任太傅是在顺帝永建元年,第二年,刘光即代朱宠为太尉,则辟刘光者不能是朱宠。徐防安帝初任太尉,早于朱宠二十年,其时桓焉教授太子刘保(顺帝)。刘光为公府所辟,积二十年而至太尉,合乎逻辑。因此,辟刘光者应是徐防。《后汉书》有误。

得的。① 养子曹嵩。

曹嵩（？—194），曹腾养子。据《曹瞒传》及郭颁《世语》，嵩本谯县夏侯氏之子，夏侯惇叔父。灵帝时卖官鬻爵，曹嵩输西园钱一亿，又贿赂宦官，历大司农、大鸿胪，中平四年（公元187），代崔烈为太尉。次年，罢。献帝兴平元年（公元194），为徐州刺史陶谦所杀。二子：曹操、曹疾。

曹操（155—220），汉丞相。

曹疾（德）（？—194），与父曹嵩同时被陶谦所杀。

谯县曹氏虽然是宦官出身，为士人所不齿，但在东汉末年，随着曹操政治军事集团的迅速崛起，确实已经具备了世家大族的基本条件。

沛国谯县曹氏世系表：

（八）沛国谯县丁氏

建安二十二年建谯国，因又作谯国丁氏，自丁宫始。

丁宫灵帝时曾任交州刺史、光禄勋，中平四年，代许相为司空。次年代许相为司徒，六年八月，董卓罢免丁宫，自己代为司徒。其时董卓废少帝刘辩为弘农王，立陈留王刘协为帝。丁宫、袁隗阿附董氏，丁宫甚至说："天祸汉室，丧乱弘多。昔祭仲废忽立突，《春秋》善之。今大臣量宜为社稷计，诚合天心，请称万岁。"为董卓歌功颂德。袁宏痛讥丁氏此举："丁宫可谓非人矣……不得豫夫人伦矣！"②子丁斐。

丁斐，以同乡关系为曹操喜爱，官至典军校尉。建安十六年（公元211），随曹操西征马超，曹操在潼关北渡黄河，马超趁半渡而击之。丁斐驱散牛马引诱敌方，接应曹操渡河。曹操经常讲："我有丁斐，犹人

① 官渡之战前夕，陈琳为袁绍撰《讨曹操檄》，有"司空曹操祖父腾，故中常侍，与左悺、徐璜并作妖孽，饕餮放横，伤化虐人"之说，今录于此，以备参考。
② （东晋）袁宏《后汉纪》卷二十五。

家有盗狗。而善捕鼠盗,虽有小损,而完我囊贮。"①其人性贪,经常犯事,从曹操征吴,用自家赢弱之牛偷换官府的壮牛,因此入狱丢官。子丁谧。

丁谧(?—249),少有才略,为人沉毅,曹魏时官至度支尚书。与曹爽交好,魏齐王芳正始十年(公元249),为司马氏诛杀,并夷三族。

又有丁冲,生卒年不详②,当与丁宫同族。献帝兴平中为黄门侍郎,兴平二年(公元195)六月,与钟繇等共谋杀李傕,未遂。建安元年(公元196),随献帝东归洛阳,任侍中,以功封列侯。素与曹操友善,乃劝曹操迎取献帝,至许都后,任司隶校尉,饮酒过量而死。二子:丁仪、丁廙。

丁仪(?—220),建安中为尚书,与曹植交好。延康元年曹丕为魏王,杀丁氏弟兄并全家男口。

丁廙(?—220),建安中为黄门侍郎,与曹植交好。延康元年与兄丁仪为曹丕所诛。

又《鲁峻碑》有鲁峻门生"沛国丁直"③。亳州凤凰台一号汉墓出土一枚阴文"丁崇"印章④。当亦谯国丁氏成员。

沛国丁氏兴起稍晚,维持时间较短。由于是曹氏同乡,因缘际会,迅速上升,但很快就被卷入了血腥的政治斗争漩涡,遭到残酷无情的诛戮,骤然衰落。

沛国谯县丁氏世系表:

丁宫——丁斐——丁谧

丁冲┬丁仪
　　└丁廙

三、汝南细阳张氏

汝南细阳张氏世代久远,起自西汉赵王张敖之子张寿。张寿封于

---

① 《太平御览》卷九百四引《魏志》。
② 曹操为魏公时,丁冲已卒,于是辟丁仪为掾。则丁冲之卒在建安十八年前。
③ 洪适《隶释》卷九《司隶校尉鲁峻碑》。
④ 亳县博物馆《亳县凤凰台一号汉墓清理简报》,《考古》1974年第3期。

细阳的池阳乡,后被废,著籍于当地。

张充,生卒年不详。王莽天凤年间(14—19),在长安从中大夫庐江人许子威学习《尚书》,与刘秀同门。后在乡里教授《尚书》。东汉建立,刘秀曾遣人寻找张充,但张充已经去世。子失名,未出仕,直到张酺任太尉时,仍"常居田里"。充孙张酺。

张酺(?—104),自小即随祖父学习《尚书》,又从名儒桓荣习《欧阳尚书》,学业精进。后亦聚徒讲学,从学者达数百人。永平九年(公元66),明帝为四姓小侯开学于南宫,设《五经》师,张酺为《尚书》师,不久入为皇太子师。章帝即位,张酺以师见重,擢任侍中、虎贲中郎将。出为东郡太守,下车伊始,搏击豪强,惩治赃吏,荐举忠义,体恤饥穷,风气大化。元和二年,章帝东巡,至东郡,与张酺重温师弟之仪。和帝即位,迁魏郡太守,入为河南尹,不阿权贵,数与窦氏抗争。永元五年,迁太仆,十一月,为太尉。十二年(公元100),与司隶校尉晏称有私怨,当廷叱责,被劾奏策免。十六年,复拜光禄勋,七月,为司徒。月余,病卒。张酺身居帝师,两为三公,能忠公律己为范,因此章帝表彰他说:"闿闿恻恻,出于诚心,可谓有史鱼之风矣。"①

张酺子张蕃,和帝永元中(89—105),以郎为和帝侍讲。

张蕃子张磐,生平不详。子二:张济、张喜。

张济(?—184),少好儒学,灵帝初年,杨赐荐张济明习经学,擢为侍讲,与刘宽、杨赐等共同侍讲于华德殿。光和元年(公元178),代陈球为太常。二年,代袁逢为司空。中平元年,黄巾起义爆发,张济以病罢官,不久去世。

张济任职期间,对于宦官及其子弟、宾客贪污违法,听之任之,反而纠察罢免卓有政绩的地方官员26人,为陈耽、曹操等人劾奏,因此被清议认为是宦官党羽。黄巾起义爆发前,他与刘宽、刘陶等人曾向灵帝建议追捕镇压,未被接纳。子张根。

张喜,生卒年不详。历卫尉,献帝初平四年(公元193)为司空,录尚书事。兴平二年,董卓部将李傕焚宫室,胁迫献帝至其军营,并与郭

---

① 《后汉书》卷四十五《张酺传》。

汜相攻。献帝派张喜与杨彪等为李、郭讲和，郭汜不从，反而扣押张、杨等人作为人质。建安元年，随献帝东迁，不久被罢免。

张根，生卒年不详。中平元年，以父张济侍讲灵帝之功，封为蔡阳乡侯。

细阳张氏为两汉名族，自张充之后，又世习《尚书》，以经学传家。两人帝师，三人四为三公，一乡侯。

细阳张氏世系表：

张充——子（佚名）——张酺——张蕃——张磐┬张济——张根
　　　　　　　　　　　　　　　　　　　　└张喜

四、九江世家大族

（一）居巢刘氏①

居巢刘氏为西汉宗室，汉宣帝子楚孝王刘嚣之后。

楚孝王嚣生思王衍，衍生纡。纡袭王位，遭王莽篡汉，废为庶人，居家于彭城，早卒，子般。

刘般（19—78），幼孤，遇王莽末年动乱，流离关西，而"笃志修行，讲诵不息"②。建武八年，隗嚣平，刘般年甫弱冠，带着全家回到洛阳，从师习经学。次年，光武帝绍封刘般为蒲丘侯，使奉楚孝王嚣之祀。后徙封杼秋侯，永平元年，又徙为居巢侯，随诸侯就国，子孙相袭至汉末。刘般很重视保护家族利益，"收恤九族，行义尤著"③，因此其家族在封国所在地得到繁衍发展。刘般属宗室疏支，为人谨慎，口无择言，行无怨怼，因此为沛郡太守、扬州刺史先后荐举，受光武、明二帝表彰，被树立为诸侯的表率。章帝时，历长乐少府、宗正，建初三年（公元78）卒。二子：刘恺、刘宪。

刘恺（？—约125），恺为长子，本应袭父侯爵，而他让爵于弟，逃

---

① 刘纡废侯，居彭城，后代即以彭城为籍，直到刘恺依然称"彭城刘恺"。刘般夫人卒，被赐茔地于明帝显节陵下，由此著籍于洛阳。因此当刘恺致仕，安帝即诏"河南尹常以岁八月致羊酒"。不过，刘般徙封杼秋侯、居巢侯后，子孙数代相袭为侯，其家族主要生活在今安徽境内。

② 《后汉书》卷三十九《刘般传》。

③ 《反汉书》卷三十九《刘般传》。

匿避封。永元十年,其父去世已过 20 年,才由贾逵推荐,征召为郎。累历侍中、步兵校尉、宗正、长水校尉,安帝永初元年,迁太常。六年,代张敏为司空。元初二年(公元 115),为司徒。建光元年,安帝亲政,采纳陈忠等人的建议,拜刘恺为太尉,延光二年(公元 123)罢。岁余卒于家。任三公期间,议丧礼,抑邓氏,轻刑法,皆得其宜,为朝野称道。子刘茂。

刘茂,生卒年不详。历任尚书,掌理机要,桓帝延熹八年,为司空。遇李膺等党人之狱,与陈蕃、刘矩等共同讼其冤,触怒桓帝,宦官集团趁机劾奏,被罢免。灵帝建宁中,复为太中大夫,卒于官。

刘宪,以兄恺让封得袭居巢侯。卒,子刘重嗣。

居巢刘氏世系表:

刘纡──刘般┬刘恺──刘茂
　　　　　└刘宪──刘重

(二)寿春召氏

寿春召氏起自西汉召信臣,世代以儒术经学传家,是典型的经学世家。

召信臣,生卒年不详,九江寿春人。以明经甲科为郎,其后历谷阳、上蔡两县长,零陵、南阳两太守,元帝竟宁元年(前 33)为少府,卒于官。信臣以视民如子,所在为民兴利而号称"召父",西汉著名循吏。子、孙皆史失其名,孙建武年间任卷县令。曾孙召驯。

召驯,字伯春,生卒年不详。自小学习《韩诗》,德行学识过人,社会上流传"德行恂恂召伯春"的谣谚。史书不载师承,其曾祖信臣"明经甲科",则召驯所习应属家学。初仕州郡为小吏,后为司徒府所辟,章帝建初元年,迁骑都尉,为章帝侍讲。不久,拜左中郎将,为诸王讲经。历陈留太守、河南尹。章和二年,任光禄勋,卒于官。子失载,孙召休,官至青州刺史。

寿春召氏世系表:

召信臣──子(佚名)──子(佚名)──召驯──子(佚名)──召休

东汉寿春位至三公者尚有夏勤、朱伥,夏勤习《公羊》"樊侯学",安帝时为司徒,朱伥从丁鸿习《欧阳尚书》,顺帝时为司徒。但据现有

文献,只是及身而止,并未因此形成世家大族①。

五、庐江周氏

庐江周氏起自东汉周荣。

周荣,生卒年不详,庐江舒人。章帝时举明经,为司徒袁安所辟,袁安议论朝政,多出周荣之手。袁安弹劾窦宪等争立北单于的奏章,遭到窦氏的恐吓,使周荣获得了更高的政治声望。和帝时,历颍川太守、山阳太守等,多有政绩。以老病致仕,卒于家。子周兴。

周兴,生卒年不详。以父任为郎中,安帝永宁中(120—121),陈忠举周兴孝友、博闻、辞采,诏拜尚书郎,卒。子周景。

周景(?—168),初为大将军梁冀所辟,历豫州刺史、河内太守,以识拔人才、荐举贤能著称于时。入朝为大司农,不久受梁氏之狱牵累禁锢。复拜尚书令,历太仆、卫尉,桓帝延熹六年(公元163),代刘宠为司空,与太尉杨秉共同遏制宦官专权谋私,奏免宦官子弟、亲信任官者自将军、牧、守以下50余人。八年,以地震罢免。九年,代陈蕃为太尉。灵帝建宁元年四月,去世。因曾参与迎立灵帝之谋,追封为安阳乡侯。二子:周崇、周忠。

周崇,袭安阳乡侯,官至甘陵王相。

周忠,汉末曾与朱儁共败董卓部将李傕,历大司农,献帝初平三年(公元192),代皇甫嵩为太尉,录尚书事。次年以灾异免,复为卫尉,从献帝东归洛阳。子周晖。

周晖,曾任洛阳县令,后弃官归里。中平六年(公元189),灵帝死,袁绍等诛宦官,董卓入京,废少帝立献帝,洛阳大乱。周晖弟兄担心父亲,前往探望,为董卓派人劫杀。

周景从子周异,洛阳令。异从弟周尚,袁术任为丹阳太守。异子周瑜,东吴大都督。

庐江周氏五世二千石,周景、忠父子两代太尉,显赫一时,为江淮

---

① 如田余庆先生在《东晋门阀政治》后论中说:"千乘欧阳生,世传伏氏《尚书》,始自西汉文、景之时,至东汉初年的欧阳歙,八世皆为博士,欧阳歙本人且超擢大司徒。但欧阳氏并未能凭借家学而成显族,《后汉书》歙传犹谓其'门单'。"

间名族著姓,影响及于后世。

庐江周氏世系表:

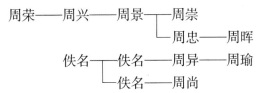

第四节　东汉时期安徽的经济

东汉时期是安徽经济迅速发展的时期。淮河流域兴修农田水利,牛耕与铁制工具使用范围进一步扩展,农业生产技术进步,生产效率提高,在农业发展的基础上,手工业、商业也有长足的发展,总体生产水平与规模已经可以与黄河中下游地区相比拟。皖江流域的农业、手工业也得到了前所未有的开发,人口数量迅速增长,随着东汉末年中原地区的动乱,已经出现了经济与人口重心南移的苗头。

一、水利与农业生产的发展

与秦、西汉相比,东汉时期安徽地区的农业生产环境诸如气候、水资源等有了较大的改变。

秦、西汉时期,气候继续温和,平均气温较现在高 1.5℃左右。东汉时,气温又由暖变冷,平均气温较现在高 0.7℃左右。在北方地区,王莽末年至建武初更是霜灾连年,章帝时甚至出现了"盛夏多寒"、"当暑而寒"的极端天气①,影响而及的是从公元 1 世纪以后,降水量明显减少。在皖江地区,气温的降低使得"暑温"威胁减轻,人居环境改善,有利于人口增加与农业垦殖。

由于秦、西汉黄河流域的不合理开发,西汉时黄河就数度决口,严

① 《后汉书》卷二十六《韦彪传》。

重影响到了淮河流域。王莽时期，黄河改道，洪水在豫东、皖北、苏北、鲁西一带泛滥长达 60 余年，极大地破坏了当地的农业生产环境。直到明帝永平十二年（公元 69），王景领导治河，河道固定，才告解决。在皖江地区，地势低下，河湖密布，不易聚居耕垦，在相当程度上制约着农业生产的发展。这样的自然环境，使得农田水利工程成为农业经济发展中十分重要的因素。

（一）水利事业的发展

东汉初期，政府对于兴修水利十分重视，皇帝经常要求地方官员注意兴修水利，开通灌溉。虽然政府的主导意见是对原有水利工程的修复利用，但淮河流域的农田水利建设继续发展，不仅修复了许多秦、西汉旧渠，还修建了一系列新工程，形成了九江灌溉农业区，促进了安徽农业经济的发展。利用淮河干流及北岸源远流长的众多支流，淮河流域水利工程的主要形式是陂塘的修建，仅《水经注》所载淮河南北的陂塘总数即近百处，淮北达 90 余处（其中汝水两岸就有 37 处）淮南3 处。陂塘与渠道相沟通，形成颇具特色的长藤结瓜式的陂塘渠堰工程，起到蓄水灌溉与防止洪涝的双重作用。永元初，何敞任汝南太守，主持修复了原鲖阳旧渠，使得当地垦田增加 3000 余顷。鲖阳渠在鲖阳侯国，今临泉西，西汉时为县，旧渠当为西汉所修。而在东汉的鲖阳及附近地区，实际存在着一个大范围的水利工程网络。据《水经注》卷二十一《汝水注》记载："澧水又东南，左迤为葛陂，陂方数十里，水物含灵，多所苞育……陂水东出为鲖水，俗谓之三丈陂，亦曰三严水。水径鲖阳县故城南……鲖陂东注为富水，水积之处，谓之陂塘，津渠交络，枝布川隰矣。澧水自葛陂东南，径新蔡县故城东，而东南流注于汝。汝水又东南径下桑里，左迤为横塘陂，又东北为青陂者也，汝水又东南，径壶丘城北……又东与青陂合，水上承慎水于慎阳县之上慎陂"。则以汝水中游及其支流澧水为纽带，鲖阳旧渠、鲖陂、葛陂联为一体，又通过汝水，与横塘陂、青陂、（上、中、下）三慎陂，甚至鸿郤陂互相沟通，形成豫、皖交壤地区一个庞大的农田水利灌溉体系。

今阜南县一带，地近淮水与汝水交汇处，又有淮河支流谷水流经，水资源丰富，境内陂塘密布，以至于称为"富波（陂）县"。

在淮河以南,霍邱县西有穷陂。"淮水又东北,穷水入焉,水出六安国安风县穷谷……川流泄注于决水之右,北灌安风之左,世谓之安风水,亦曰穷水……流结为陂,谓之穷陂。塘堰虽沦,犹用不辍,陂水四分,农事用康。"①穷陂是今霍邱城西湖的前身,其城东湖则是原芍陂的一部分,因此穷陂应该是修建于汉代的水利工程。

古老的芍陂在东汉时得到了重新整修。两汉之际,芍陂一度荒废,灌溉面积减少,章帝建初八年,王景任庐江太守,他率领官吏、百姓,重新修复了芍陂,陂塘周长达 120 余里,修建有 5 个水门,用来吐纳水流,便利调节灌溉。1959 年,在寿县南安丰塘(原芍陂)越水坝,发现一座东汉建造的闸坝工程遗址。闸坝用草土结合的"散草法"筑成,建在一条泄水沟上面。泄水沟面上是一层砂礓石,钉有纵横交错、整齐有序的栗木竖桩,桩尖透过砂礓石深入生土层。砂礓石之上是一层稻草一层黑色胶质土逐层构筑,稻草顺水流方向散开竖铺,直到与坝顶相平为止。土很纯净,丝毫无沙,因此黏性很大,虽然未经夯筑,也很坚实,显然是经过严格筛选的。木桩的疏密、草层的厚度均与不同地点水流的速度与产生的冲力相适应,水流急、冲力大的地方,木桩密,草层厚;反之则木桩稀,草层薄。闸坝水潭前有一道栗树木桩斜纵、斜横筑成的拦水坝,没有竖立的木桩,也几乎没有层草。根据专家按照结构推测,安丰塘内的水,可以通过闸坝的草层少量渗到外面的水潭内,然后有节制地注入田间,更多的水则被拦堵于塘内,长期灌溉附近的农田。当雨水丰盈或洪水暴发,塘内多出的水越坝流出,经坝前水潭与拦水坝缓冲,可减少其破坏力。所以安丰塘是一座蓄泄兼顾,以蓄为主的水利工程。据估计,芍陂全盛时,其灌溉面积在万顷以上。遗址中还出土了一柄铁椎,有"都水官"铭文,"都水官"应是东汉设立的专门管理水利灌溉的官员②。《后汉书·王景传》载:"显宗诏(景)与将作谒者王吴共修作浚仪渠。吴用景堨流法,水乃不复为害。"专家根据此次考古发现推断,安丰塘闸坝的修建,应该是在王景

---

① 郦道元《水经注》卷三十《淮水注》。

② 殷涤非《安徽省寿县安丰塘发现汉代闸坝工程遗址》,《文物》1960 年第 1 期。

主持修复芍陂时,而这种凿地为槽,在水槽之上修筑草土混合闸坝,以达到蓄水、泄洪双重目的的水利工程就是"堨流法"的实际遗存。

东汉水利工程的技术进步还表现在便于蓄、泄洪水的水门设施被广泛运用。水门是治水主要采用筑堤束水方法后逐渐产生完善的一种水利设施,即在堤岸设小型涵闸以沟通堤内堤外,根据水位高低与灌溉需要,随时调节蓄水、灌溉和泄洪,达到节制水量、合理用水和保护堤坝的重要作用。水门被认为实现了从人工蓄水到人工管水的飞跃,是水利灌溉工程史上的一大进步。明帝永平五年,鲍昱任汝南太守,兴修水利,作"方梁石洫",也就是采用石筑的水门,形状像方斗,故名。门呈长方体,横贯堤堰,前后伸出堤堰入水,中有涵洞相通。涵洞两端左右两侧凿槽以安放闸门,内外闸分别凸出堤堰的内外,从而避免了洪水时堤岸崩坍的危险。这一先进技术应该在鲍昱任职期间普遍应用到汝南郡,在很大程度上延长了水利工程的使用寿命,提高了其利用效率。

最大规模的水利工程是王景治河。西汉平帝时,黄河在今河南荥阳县境内决口,向南大幅度摆动,河、济分流堤岸被毁,河、济、汴水乱流,直到东汉初年依然为害。建武间,"济渠所漂数十许县"①,还是居家稀少、田地荒芜的局面。其后,汴水继续东侵,使得原来的水门都浸没河中。永平十二年,明帝亲自召见王景,征发数十万劳力,由王景主持治河。王景"商度地势,凿山阜,破砥绩,直截沟涧,防遏冲要,疏决壅积,十里立一水门,令更相回注,无复遗漏之患"②。此后黄河长期未再决口,淮北的农业生产和生活条件得到了很大的改善。

东汉时期,凿井技术也有明显提高,出现了砖砌井,有五角、六角、八角等多种形制。分布范围进一步扩大,安徽及周边省份都有大量东汉水井发现,部分地区还相当密集。水井已经广泛用于灌溉,东汉王充《论衡·自然篇》明确讲到:"汲井决陂,灌溉园田。"1954 年,考古工作者在合肥西郊东汉墓中发现陶井一件,井圈上置辘轳井架,中装滑

---

① 《后汉书》卷七十六《循吏列传·王景传》。
② 《后汉书》卷七十六《循吏列传·王景传》。

轮,下系双耳陶罐。① 20 世纪 70 年代,亳州东汉曹操宗族墓马园村二号墓出土陶井一件,上有井架。

(二)铁制农具与牛耕的普及

冶铁技术的不断进步,铁制农具种类增多,使用范围继续扩展,使得东汉时铁农具已经完全确立了在农业生产领域的主导与统治地位,也成了农业经济迅速发展的重要原因。

20 世纪下半期,安徽省内发现了大量的东汉铁器遗存。1959 年,寿县安丰塘越水坝东汉闸坝工程遗址出土了大量生产工具,90% 以上是铁制工具,有铁锄、铁犁铧、铁斧、铁凿、铁椎、铁鱼叉、铁箭头等。淮南市东汉遗址也出土铁制镰、锄、锸等农具 4 件,其中铁镰还带有锯齿,保留着春秋以来吴、越、楚等地青铜齿镰的传统。淮河各支流中上游出土的大量东汉画像石,也经常出现人们使用铁制农具劳作的场景。

东汉时期,牛耕作业在淮北地区已经相当普及。明帝永平十八年(公元 75),华北地区爆发牛疫,章帝下诏:"比年牛多疾疫,垦田减少,谷价颇贵,人以流亡。方春东作,宜及时务,二千石勉劝农桑,弘致劳来。"② 和帝永元十六年,"诏兖、豫、徐、冀四州,比年雨多伤稼,禁沽酒……遣三府掾分行四州,贫民无以耕者,为雇犁牛直"③。充分说明牛耕在华北平原农业耕作中的重要性,也反映出政府对牛耕的高度重视。在紧邻淮北的山东滕县、江苏泗洪、睢宁等地,都发现了牛耕的汉画像石,多数是传统的"二牛抬杠"的长辕犁,也有一牛牵挽犁的,还有一牛、一马共同牵犁的情况。犁上已经装有犁壁,使得耕犁起土后自动将土翻到上一垄犁沟中,既有利精耕,又可以碎土平地,是犁耕技术的一大进步。与西汉时"二牛三人"的耦耕相比,东汉时牛耕技术有了明显进步,已经是二牛二人式:前面一人双手牵牛,牛绳系于牛鼻,二牛并排抬杠拉拽直辕犁,后面一人扶犁驱牛。或者是二牛一人

① 参见安徽省博物馆筹备处清理小组《合肥西郊乌龟墩古墓清理简报》,《文物参考资料》1956 年第 2 期。

② 《后汉书》卷三《章帝纪》。

③ 《后汉书》卷四《和帝纪》。

式:并排的两条耕牛间有两条辔,耕者一手扶犁,一手握辔,牵动穿牛鼻的环来控制耕牛。新的牛耕技术节约了劳动力,提高了劳动效率。

在淮北市白渎山发现的两块画像石,一块是在一望无垠、田垅整齐的田畴上,有一棵柏树,树上拴着一头犍牛,近旁有地仙;另一块是在一株扶木上拴一头犍牛。画中的牛体格硕壮,双角长,向上内弯,与滕县等地画像石中的耕牛毫无二致,是用于耕作的水牛。

在淮河以南地区,牛耕也开始得到推广。早在东汉初建武年间,樊晔任扬州牧,即教民耕田、种树、理家之术。王景任庐江太守,"驱率吏民,修起芜废,教用犁耕,由是垦辟倍多,百姓充给"①。在寿县发现的巨型铁铧,表明牛耕也确实在淮南一带得到普及。

(三)农作物品种与粮食产量的增加

农作物品种与西汉相比,没有多大变化,以水稻和小麦种植面积最大。现存史料表明,淮河流域的陂塘灌溉区主要是稻作农业,如富陂县"多陂塘,以溉稻"。寿县马家古堆东汉墓葬里出土了籼稻实物②,说明东汉时淮河流域水稻品种已是籼、粳、糯齐备了。汝水以东,颍、涡、睢、汴水之间的水稻种植开始勃兴。许慎《说文解字》有"稯"字,他的解释是"沛国谓稻曰稯",则淮北地区稻作面积也当不小。东汉时,淮北地区的小麦种植面积进一步扩大,这是牛耕、铁器普及,农田水利建设及农业耕作技术提高,避开伏、秋洪涝以及粮食加工技术进步等因素综合作用的结果。

农作物产量有了比较明显的提高,北方一般旱田中等田地正常年成亩产量在110～120斤。淮河流域土地肥沃,灌溉农业发达,而稻田产量比一般旱田要高,因此粮食产量应当稍高于这一水平。产量提高使得粮食储备有所增加,在紧邻安徽的河南、山东汉画像石与汉墓壁画中,都出现了设计精巧、储满粮食的粮仓图案,且有升、斗等量具。安帝永初元年,山东各郡国受灾,政府下令"调扬州五郡租米赡给东郡、济阴、陈留、梁国、陈国、下邳、山阳"。李贤注:"五郡谓九江、丹

---

① 《后汉书》卷七十六《循吏列传·王景传》。
② 参见安徽省文化局文物工作队、寿县博物馆《安徽寿县茶庵马家古堆东汉墓》,《考古》1966 年第 3 期。

阳、庐江、吴郡、豫章也。"①能够救济如此大范围的荒年,可见九江、庐江诸郡粮食已经相当丰赡,成为重要的粮食生产基地。

粮食加工工具也有新的改进。桓谭《新论·离事篇》:"宓牺之制杵臼,万民以济。及后世加巧,因延力借身重以践碓,而利十倍杵春。又复设机关,用驴、骡、牛、马及役水而春,其利乃且百倍。"所谓"践碓",即以足踏杠杆以举碓春米。桓谭是东汉初沛国相人,他的说法反映出在淮河流域"践碓"已比较普遍。利用畜力带动石碓,效率自然要比人力高出许多。至于"水碓",更是一种利用自然力的简单机械装置,借用水流力量激转水轮带动春米工具,生产效率更高。孔融在《肉刑论》中也说"水碓之巧,胜于斫木掘地"②。只不过迄今为止尚未发现东汉水碓的遗物。

西汉晚期出现的辐射状磨齿的石磨,成为东汉最流行的磨齿样式之一,虽然有出粉流畅的优点,但其性能还不完善,主要缺陷是磨齿分布中间密而边缘稀疏,影响了磨粉效果。东汉时新发明了分区斜线纹磨齿,有四区斜线、六区斜线、八区斜线 3 种样式。八区斜线"各区齿槽排列整齐划一、平行等分、匀称协调、疏密得当、磨面平整、齿槽深度一致,磨粉质量与效率明显提高,为石转磨齿型的最完善形态"③。寿县茶庵马家古堆东汉墓出土的石磨,磨齿样式一为辐射状沟槽,一为八区斜线纹沟槽;青阳县也曾出土八区斜线纹沟槽石磨。

（四）多种经营的发展

东汉时期,在关东地区广泛分布的地主大庄园经济,自身构成一个基本自给自足的生产与消费单位,以农业为中心的副业、手工业等的共同发展是一个基本的经济特征。明帝时刘般上言:"郡国以官禁二业,至有田者不得渔捕。今滨江湖郡率少蚕桑,民资渔采以助口实,且以冬春闲月,不妨农事。夫渔猎之利,为田除害,有助谷食,无关二业也。"④刘般封国在居巢,正好处于"滨江湖郡"的庐江郡,他所说的

① 《后汉书》卷五《安帝纪》及注。
② 孔融《肉刑论》,《太平御览》卷七百六十二引。
③ 张波、樊志民《中国农业通史·战国秦汉卷》,中国农业出版社 2007 年版,第 123 页。
④ 《后汉书》卷三十九《刘般传》。

"民资渔采以助口实"、"有助谷食"等情况,应该是当地农民以渔捕为主要副业的真实写照。在今安徽北部出土的大量反映汉代农业生活的汉画像石中,反映了淮河流域农、牧、副、渔、猎共同发展的情况,宿州褚兰东汉墓画像石就有《捕鱼图》,展现农民捕鱼的场景。在淮北市祁集镇、张院等地,也都发现了雕刻有鲤鱼图像的画像石。

家庭饲养业已经成为农业的重要补充。随着牛成为重要的农业生产力,水牛的饲养成为江淮农业生产的必要组成部分,淮北市白渎山汉画像石所反映的就是在非耕作状态下的水牛,水牛适于水田耕作,役力与耐粗饲性强,饲养比较容易。马除了驾车之外,东汉时已经开始被用来耕田、舂米。驴和骡在西汉时从匈奴传入,当时被认为是与骆驼一样的"奇畜",东汉后,开始对其逐渐熟悉,《说文解字》:"蠃,驴父马母者也。""駃騠,马父蠃子也。"桓谭说当时人们已经役使驴、骡拉碓舂米,说明当地已经普遍饲养驴和骡。

小型家畜禽饲养以猪、狗、鸡、鸭等为主,猪的饲养越来越受到重视,虽仍有不少放牧猪的记载,如梁鸿、吴祐、承宫等人①,但主要方式已经由原来的牧养变成了圈养。在安徽及邻近各省发现了为数不少的东汉陶制猪圈,1974—1977 年亳州发现的 5 座东汉曹操宗族墓葬,在马园村二号墓出土陶楼 1 件,侧旁是很规整的猪圈,同时出土陶鸡 1 对;在元宝坑一号墓、董园村一号墓共发现 5 枚玉猪;董园村二号墓则出土 1 件似铅、锡合金的猪模型。② 1975 年,涡阳县大王店焦窑一号东汉墓也出土了猪、狗、鸡等模型。1975 年在寿县城郊出土的东汉绿釉陶厕猪圈,下为猪圈,上为楼厕。猪圈左右两厢为长方形,大小相等,后部各开 3 个十字形镂孔,每厢内圈一肥猪。上层后半部为楼厕,面阔三间,开三门,中间前有"」"形栏墙,厢后部上承厕所平座,平座后半部为楼厕。厕内与底厢猪圈相通,厕所前部露天,厕所正中一间上起一亭,四面开有天窗。这件陶厕猪圈相当完善精致,是典型的厕

---

① 参见《后汉书》卷八十三《逸民列传》、《后汉书》卷六十四《吴祐传》、《后汉书》卷二十七《承宫传》。

② 参见安徽省亳县博物馆《亳县曹操宗族墓葬》,《文物》1978 年第 8 期。

所猪圈综合构筑。① 鸡、鸭的饲养也极普通，大多地区两者混养，如应劭所说："鸡伏鸭卵，雏成入水，鸡母随岸呼之，雏出而随母。鸭、鸡异类，能相随也。"②东汉安徽北部今豫、皖交界地区出产长鸣鸡与斗鸡，应当已经形成了饲养规模。鸭、鹅多为群饲或在池塘中放养，传世有东汉鸭塘模型，群鸭或游于水上，或栖于塘岸。③ 江淮流域河湖密布，水源丰富，养鸭饲鹅是传统家庭副业。

东汉时期，江淮地区的森林覆盖面积相当大，野生动物资源丰富，狩猎也是重要的副业，淮北出土东汉画像石就有《狩猎图》，形象地展现了田猎活动的场景。有"鹰犬捕小兽图"，猎者纵猎犬追捕野兽，猎犬项上系有圈带，连有长缰握于猎者之手。猎犬上方，有一猎鹰从上空展翅扑向猎物。这种纵犬狩猎的画像石在淮北地区尚有多通。此外，还有骑者纵马紧追奔鹿，张弓欲射的"骑射猎鹿图"，说明狩猎是相当普通的社会生产与生活方式。④ 东汉初，宋均任九江太守，"郡多虎暴，数为民患，常募设槛阱而犹多伤害。均到，下记属县曰：'夫虎豹在山，鼋鼍在水，各有所托。且江淮之有猛兽，犹北土之有鸡豚也'"⑤。《太平御览》引华峤《后汉书》载，全椒县多虎害，刘平为全椒令，以政术治民，虎皆南渡江云云，全椒即为九江属县。宋均将虎、豹、鼋、鼍与北方的鸡、猪相比类，除了说明其之习见之外，还在于强调为人之所资。东汉中叶，丹阳人抗徐任宣城县长，"悉移深林远薮椎髻鸟语之人置于县下"⑥，这些"深林远薮椎髻鸟语之人"，靠山吃山，靠水吃水，主要的生活来源应该是渔猎。

二、庄园经济的繁荣

东汉时期，大土地占有进一步发展，土地规模经营流行，地主庄园经济发展繁荣。淮河以北的汝南、沛国，世家大族特别集中，诸如沛国

---

① 参见苏希圣、李瑞鹏《安徽寿县出土的两件绿釉陶模型》，《文物》1990 年第 1 期。
② 参见应劭《风俗通义》佚文，《太平御览》卷九百一十九引。
③ 参见孙机《汉代物质文化资料图说》，文物出版社 1991 年版，第 213 页，图 53 - 7。
④ 参见高书林《淮北汉画像石》，天津人民美术出版社 2002 年版，第 15 ~ 17 页。
⑤ 《后汉书》卷四十一《宋均传》。
⑥ 《反汉书》卷三十八《度尚传附抗徐传》。

龙亢桓氏、萧县刘氏、铚县徐氏、沛国陈氏、谯县曹氏以及汝南细阳张氏等,都是累代公卿,或家世二千石,长期仕宦的政治优势带来的必然是更加庞大的经济利益,因此这些家族也同时是当地最大的土地所有者,经营方式主要是大庄园经济。除了少量东汉画像石遗存在一定程度上反映出庄园经济生活的某些方面外,现存文献资料尚无安徽地主庄园经济的记载,不过我们可以通过其他相关史料从侧面透视庄园经济发展繁荣的情况。

两汉之际大庄园经营以南阳湖阳(今河南新野东南)樊氏最具代表性。樊氏田庄是一个以农业经营为主,多种产业并重的综合经营单位。而其多种经营的内容,郦道元《水经注》记载较具体:"能治田,殖至三百顷。广起庐舍,高楼连阁,波陂灌注,竹木成林,六畜放牧,鱼蠃梨果,檀棘桑麻,闭门成市,兵弩器械,赀至百万。其兴工造作,为无穷之功,巧不可言,富拟封君。"①包括了畜牧业、林业、纺织业、兵器制造业及其他手工业,达到了"闭门成市"的程度,基本上形成一个自给自足的生产、消费单元。庄园内部的生产活动,有些是由奴婢承担,有些则由农民从事,庄园主派人带领监督劳动。"稼穑不修,果桑不茂,畜产不肥,鞭之可也;杝落不完,垣墙不平,扫除不净,笞之可也,此督课之方也。"②这既反映了庄园主对劳动者的残酷压迫,也从侧面体现出大土地经营的劳动模式。

在淮北地区发现的东汉画像石,除了前述《农耕图》、《狩猎图》、《放牧图》、《捕鱼图》等之外,还有反映庄稼收获之后庄园主收租、入仓的图像,也有庆祝丰收、欢聚饮宴的场景。淮北白渎山汉画像石中一望无垠的田畴,表现出的是大土地占有的集中与庄园式经营。1956年在宿州褚兰发现的东汉墓葬,出土了画像石32块,有60余幅画面,其中就有反映地主庄园副业生产活动的《捕鱼图》、手工业作坊生产的《纺织图》、《庖厨图》,还有反映庄园主日常生活的《宴饮图》、《车马

①　《水经注》卷二十九《比水注》。
②　(北魏)贾思勰《齐民要术·自序》引。

出行图》、《舞乐杂伎图》等。① 而淮北祁集出土的汉画像空心砖,描绘东汉地主庄园的建筑模式,有庭院、门阙和鳞次栉比的巍峨楼宇,院内还植有高大的乔木景观树,空白处刻有"子孙"、"长寿"等字样②,突出体现了人们对于个体生命与家族生命延续的无比关注。1973 年,寿县东汉墓葬出土陶楼一件,红胎绿釉,由四层组装而成,有檐、廊、拱、厅堂、内室、墙、柱、窗、栏,纹饰满布。第二层平座的前、左、右三面均向外伸出超过第一层,不同于一般楼阁自下而上逐层递减的建筑模式。涡县大王店出土的陶楼造型与寿县基本一致,其第二层则有戏剧乐舞表演。这些出土的陶楼反映出庄园主人生前所拥有的大量财富以及显赫的社会与政治地位,也重现了他们沉迷于宴饮、观赏乐舞、结驷连骑出外交游的奢华生活场景,同时从一个重要侧面说明,东汉时期江淮地区的庄园经济十分繁荣,不论是生产结构及水平,还是日常生活消费,都达到了一个新的高度。

三、手工业的发展

(一)金属制造业

东汉,铁农具成为主要农业生产工具,铁器制造无疑是最重要的手工业行业,全国发现的东汉冶铁遗址已经有一百多处。今安徽省区域内,仅庐江郡皖县(今潜山县)设立有铁官,但因缺乏文献记载与考古发现,生产规模与具体情况均不详,迄今为止也未在安徽境内发现汉代铁矿开采与冶铁遗址。但在安徽周边地区,沛郡沛(今江苏沛县)、山阳郡(治今山东金乡西北)、东海郡下邳(今江苏睢宁北)、临淮郡盐渎(今江苏盐城)、楚国彭城(今江苏徐州)、广陵国(今江苏扬州)等都有铁官,而且也发现了众多规模较大的冶铁遗址,如徐州利国驿、泗洪峰山、郑州古荥镇等,皖县铁官情形似乎可以之作为参照。两汉安徽地区使用的铁器,原料应当就来自皖县铁官及上述冶铁场所。

东汉时我国冶铁技术有了实质进步。首先,利用畜力驱动的"牛

---

① 参见王步毅《安徽宿县褚兰汉画像石墓》,《考古学报》1993 年第 4 期;王步毅《褚兰画像石及其有关物象的认识》,《中原文物》1991 年第三期。

② 参见高书林编著《淮北汉画像石》,天津人民美术出版社 2002 年版,第 93 页。

排"、"马排"等进行鼓风冶炼已经得到比较普遍采用,甚至有了"用马百匹"的大型鼓风"马排"。① 1930年山东滕县宏道院出土东汉画像石,有一块《冶铁图》,图中12名工匠正在工场中操作,其中4人在用风橐为炼炉鼓风,其余的人则在持锤锻制器物或检视器物质量。② 其次,铸铁脱碳技术继续发展,出现了在高温下炒炼生铁料,使之氧化脱碳,成为熟铁或钢的炒钢技术。炒钢经过反复加热叠打,有排除杂质、均匀成分、致密组织、细化晶粒的功效,使器物的柔韧性与锋利程度都极大加强,综合性能提高。皖县铁官作为官营大型冶铁场所,这些先进的生产技术也应该均已用于生产了。

20世纪以来,先后在安徽全省各地出土了大量东汉时代遗留的铁制器物,仅在寿县安丰塘越水坝东汉闸坝工程遗址,就出土了为数众多的生产工具,九成以上是铁制工具;亳州曹操宗族墓葬出土了铁灯、铁镜、铁釜等铁制器物10余件;各地先后发现的为数众多的东汉画像石也多有民众使用铁制工具劳动的场景。出土铁器具种类繁多,包括农具、手工业工具、渔具、生活器具、兵器或狩猎器具,说明当时铁器已经成了人们生产与生活中最主要的工具。汉代各铁官所生产的器物,大多刻(铸)有文字标志或统一编号,今安徽各地出土东汉铁器则绝少有标识,因此极大可能并非全部产自政府掌握的大型冶炼地点,而是由各地利用铁原料自行铸型或锻制的。除了皖县铁官之外,安徽各地当有不少由各县小铁官负责管理的小型铁工具制造作坊,或者私营手工业作坊(专卖取消时),方能满足近300万人口日常生产与生活的基本需求。

铜器制造与铜冶业继续发展。东汉以后,铜器制造工艺有了明显变化,主要是各种繁复富丽的器面纹饰日益减少,越来越多的素面铜器出现并流行,但传统的雕饰技术并未中断,细线镂刻工艺与金银、宝石镶嵌工艺甚至有发展与提高,尤其是细线刻镂,开始采用错金银的手法,二者浑然一体,相得益彰,是一种典型的工艺创新。③ 大多数铜

①　参见《三国志》卷二十四《魏书·韩暨传》。

②　参见山东省博物馆《汉画像石冶铁图说明》,《文物》1959年第1期。

③　参见杜迺松《中国青铜器发展史》,紫禁城出版社1995年版,第98~99页。

器制作工艺简单化,直接结果就是铜器制造规模进一步扩大。铜镜制作在东汉时也有了新的变化:一是出现了新的浮雕式的花纹形式,题材是神仙、灵兽的称为"神兽镜",题材为人物、车马的叫"肖像镜";二是半球状的钮变得越来越大。在安徽各地都有新莽、东汉时期铜币、铜镜的发现,还有许多其他铜制器物出土。如在固镇、界首、萧县等地发现的新莽"大泉五十"等货币及钱范,说明这些地方都存在浇铸铜器的手工业作坊。1954 年合肥西郊东汉墓葬出土铜鱼盘、鱼洗、薰炉、雁足灯等器物。1967 年,阜阳刘家坟东汉墓出土了一尊镇墓铜辟邪,长 25 厘米、高 15 厘米、重 2.05 千克,前踞后蹲,敛翼长啸,作欲飞之状。制作工艺精细,毛发毕现,叹为观止。[①] 1974—1977 年在亳州发掘的东汉末年曹操宗族墓葬群,出土了大小各式铜器数百件,特别是大量的鎏金铜器、铜镂玉衣等制作工艺水平较高的器物,其中有一件铜质套印,为方形狮钮,大狮怀抱小狮。从实物看,属三方印套在一起,小的在内,大的在外,现仅发现两方,最小的一方未见。外层的一方,高 2.5 厘米、宽 1.2 厘米,印文为"曹宪印信",造型别致,铸造精美。[②]

丹阳所出铜材仍然以质优见称,是东汉主要的铜材来源,"丹阳出善铜"铭文的铜镜依然有发现。东汉末期以后,又出现了"铜出徐州"的铭文,传世文献与考古发现尚未见徐州的铜矿的证据。[③] 今萧县曾发现新莽时期"货布"、"货泉"、"大泉五十"等钱范,萧县在徐州之郊,既然当地曾有一定规模的铸钱活动,不排除萧县在历史上曾有铜矿开掘与冶炼的可能。

此外,东汉安徽的金银器制造也有较高水平。亳州曹操宗族墓葬群出土金银器物多件,有金花饰、金顶针、银壶、银镂玉衣等,还有大量的鎏金铜器。1954 年合肥西郊乌龟墩东汉墓出土金饰两件,其中一件为钟形饰物,高 2.3 厘米、宽 1.8 厘米、重 2 克。有"宜子孙"篆书铭文,饰连珠纹与瓣叶纹,以极细的金丝和金珠焊接制作花朵,与花茎、

① 参见安徽省文物志编辑室《安徽省文物志稿》下编,1993 年。
② 参见安徽省亳县博物馆《亳县曹操宗族墓葬》,《文物》1978 年第 8 期。
③ 参见王仲殊《汉代考古概说》,中华书局 1984 年版,第 61 页。

花瓣联为一体,巧夺天工。金粒焊缀工艺的发明是汉代黄金细工最重要的成就,将细如粟米的小金珠和金丝焊在金器表面构成纹饰,此件钟形金饰充分体现了金银器物制作的高超工艺水平。①

(二)陶瓷制造业

安徽各地出土了大量东汉时期的釉陶器物,主要是陶院落、陶楼、陶仓、陶井、陶猪圈以及鼎、壶、罐、瓶等,还有鸡、猪、狗等动物模型。大多为绿色釉陶,釉料中含有较高比例的氧化铅,烧制温度并不高,一般在800℃左右,被称为"铅釉"或"软釉",内胎多呈砖红色,不太坚实,釉色易于脱落或变质,大多用作明器随葬,多出土于墓葬中。1976年,涡阳县大王店出土一件陶戏楼,黄绿釉,通高99厘米,分四层,上层是鼓楼,第二层是舞台。舞台又分前台和后台,有上、下场门,前台有五个伎乐俑正作表演或伴奏。固镇垓下遗址发现色泽如新的釉陶鼎、壶、罐、瓶及仓、灶、井、楼等。亳州曹操宗族墓出土有绿釉红胎陶楼、磨、鸡、井等。而合肥出土的刻花釉陶壶,外部自口沿、颈、腹分别刻有凹弦纹和水波纹、斜方格纹、蕉叶纹、兽纹等,灰青色釉,灰红色胎,属低温釉陶。此物造型匀称,纹饰瑰丽,刻工精细,被认为是东汉釉陶佳品。②

与釉陶相比,瓷器更清洁美观,坚固耐用,组织细密,不吸水或吸水甚微。瓷器的胎是以高岭土制成,烧结温度在1200℃～1300℃,釉料为石灰釉,高温焙烧后变成半透明的玻璃质釉。而由釉陶、原始瓷器向瓷器转变的完成,被认为是我国陶瓷发展史,也是我国古代手工业发展史上具有里程碑意义的重大事件。东汉中期以后,青瓷技术日渐成熟。安徽各地先后多次发现东汉晚期的青瓷遗存,1972年,在淮南谢家集东汉晚期一号墓,出土了一件折肩酱釉瓷罐,器身饰斜方格纹,内外酱色釉,有泪痕,底部无釉,是一件早期青瓷产品。③ 1978年,

① 参见安徽省博物馆筹备处清理小组《合肥西郊乌龟墩古墓清理简报》,《文物参考资料》1956年第2期。

② 参见王鑫义《淮河流域开发史》,黄山书社2001年版,第208～209页。

③ 参见安徽省文物志编辑室《安徽省文物志稿》上编,1987年。

在合肥郊区的大郢村也出土了一件精美的东汉晚期青瓷"四系罐"[1]。
亳州曹操宗族墓葬出土了比较典型的青瓷器及大量残片,在董园村一
号墓,出土青瓷罐一件,通高 30 厘米、径 14.8 厘米,直口,削肩大腹,
四横耳,布细网纹,应为"四系罐"。在元宝坑一号墓,发现三种不同
的瓷器片:(1)素面青色玻璃碎釉,胎白质细;(2)黄色玻璃釉,胎白;
(3)黑色釉,有光泽。[2] 这种青瓷、黑瓷在同一地点出土的情况,在东
汉遗址中很少见。青瓷胎质坚实细致,胎釉结合牢固,釉面光亮明快,
青润如玉,造型美观。黑瓷同样为高岭土制造,但原料未经认真粉碎
和淘洗,胎不及青瓷细腻,烧成温度较低,釉层较薄,光泽欠佳,但胎质
坚硬,基本不吸水,也极少脱釉,丰富了瓷器制造的内容。这些瓷器被
认为是制作技术比较成熟的东汉末年早期瓷器,意义重大。

不过,今安徽境内并未发现青瓷、黑瓷窑址,这些瓷器的来历尚存
疑问。而前述亳州出土的"四系罐"等是东汉青瓷的代表性器型,曾
在浙江上虞的东汉青瓷窑址附近及其他地区发现过完整的此种器物,
在今安徽省范围内的汉代遗址中出土总量并不大,出土地点也较为分
散,因此不能排除上述出土瓷器为外来物品的可能性。

(三)纺织业

淮河流域自古就是重要的纺织原料生产地,桑麻种植有着悠久的
传统。王莽时,将西汉钟离县(今凤阳县东)改名为蚕富县,当地的蚕
桑业应该是非常发达的。东汉以后,种桑养蚕又不断向庐江等南方地
区扩展,王景任庐江太守,在修水利、教犁耕的同时,"训令蚕织,为作
法制,皆著于乡亭,庐江传其文辞"[3]。由于南方地区的自然条件更加
适宜,蚕桑事业发展很快,但东汉蚕桑与纺织业的中心区域仍然是在
黄河中下游地区和淮河以北诸支流流域。

东汉时期,安徽的纺织业继续迅速发展。首先,纺织品的种类已
经相当丰富,织物非常精美。见于许慎《说文解字》的就有帛、缯、素、
绢、缣等,而刘熙《释名》中也有绮、縠、锦等纺织品名称,此外,纱、罗

---

① 参见安徽省文物志编辑室《安徽省文物志稿》上编,第 57 页。
② 参见安徽省亳县博物馆《亳县曹操宗族墓葬》,《文物》1978 年第 8 期。
③ 《后汉书》卷七十六《王景传》。

（古文献中也被称作"绮"）等也是常见的丝织品种类。今淮河流域，以锦的织造见称于世，其中心是襄邑（今河南省睢县），《说文解字》直接说："锦，襄邑织文也。"东汉人王充也说："齐郡世刺绣，恒女无不能；襄邑俗织锦，钝妇无不巧。"①《太平御览》引《陈留风俗传》则盛赞襄邑之锦："襄邑县南有睢水、涣水，传曰：'睢涣之水出文章。'故有黼黻藻锦，日月华虫，以奉天子宗庙御服焉。"②说"睢涣之水出文章"，襄邑是在睢、涣水流域发达的蚕桑业与纺织业基础上兴起的丝织中心城市。所以，曹魏初年陈琳作《为曹洪与魏文帝书》，就特别强调："过高唐者效王豹之讴，游睢涣者学藻缋之彩。"③而睢水、涣水流经的主要区域是今安徽省北部。

其次，纺织机械与纺织技术不断进步，劳动效率日益提高。出土东汉画像石上有10多例织机图像，所体现的是一种斜织机，东汉文学家王逸《机妇赋》中也有不少有关织机的描写，著名考古学家夏鼐先生通过对这些图像的补充印证，做出了东汉织机的复原图。当时的织机已经用脚踩蹑提综，即用双脚踏动踏板，带动综一升一降不断形成梭口，腾出两手穿梭打筘，大大提高了劳动生产效率。安徽南陵麻桥东吴墓所出木梭，形似枣核，不能兼作打纬之用，可知至东汉晚期，杼和梭已经分化为两物。④ 东汉末年，马钧因"旧绫机五十综者五十蹑，六十综者六十蹑""丧功费日"，"皆易以十二蹑"⑤，这种多综多蹑纹织机的出现，是汉代纺织技术的又一重大革新。

在安徽宿州褚兰及周边省份如山东滕州、肥城，江苏沛县、泗洪、铜山等地发现的东汉画像石，都有《机织图》或《纺织图》，形象生动地刻画了从缫丝、纺纱、络纬、牵经到织布的纺织工艺全流程。褚兰画像石《纺织图》以梯形画面表现了丝织品制作的三大过程。中间的方形画面为织机图，一妇女正坐在织机上操作；两侧三角形画面，一侧为缫

① 王充《论衡》卷十二《程材篇》，黄晖《论衡校释》，中华书局1995年版。
② 《太平御览》卷一百五十八引《陈留风俗传》。
③ 萧统《文选》卷四十一。
④ 参见安徽省文物工作队《安徽南陵县麻桥东吴墓》，《考古》1984年第11期；孙机《汉代物质文化资料图说》，文物出版社1990年版，第54页。
⑤ 《三国志》卷二十九《魏书·杜夔传》裴松之注引《傅子》。

丝图,一妇女坐在热水锅旁抽丝;另一侧为纺纱图,一妇女坐于纺车前摇轮纺纱。

(四)其他手工业

1. 漆器

东汉的墓葬和遗址中却少有漆器出土,说明东汉后漆器的制造与使用由盛转衰,这应该与硬陶、原始青瓷的广泛使用直接相关。此外,东汉盛行砖室墓,漆器不易保存,导致人们改变了以漆器充明器的习惯做法。合肥西郊乌龟墩东汉墓出土了五种漆器,有羽觞、盒、奁、盘、箱,但均已破碎,箱、盘等较大型器为木胎,羽觞、奁等小型器为砂胎。色泽鲜艳,有朱地黑花和黑地朱花两种款式,花纹为直线纹和斜方格纹,饰于器物边口。小型器还镶鎏金边。亳州曹操宗族墓则仅见少量麻胎漆器残片,与墓中其他器物相比已微不足道,意味着现实生活中漆器用途与地位的衰退。

2. 玉器制造业

东汉时期安徽玉器制造发展到了一个新的高度。亳州曹操宗族墓出土银缕玉衣一件、铜缕玉衣多件,每件玉衣都要用两千多块磨光玉片制成,每块玉片四角穿孔,用金、银或铜镂串联而成。复原的一件银缕玉衣,体长 188 厘米、肩宽 59 厘米、厚 25 厘米,共用大小不等、形状不一的玉片 2664 片,用银缕十字花编缀。同时出土的玉器还有石灯、玉枕、玉猪和松绿石、紫宝石兽形器,其中石灯用青石雕刻而成,通高 30.5 厘米、盘径 13.2 厘米、座径 15 厘米,状如高中足豆,灯柱周围雕有三条蜥蜴,足抱灯柱,头顶灯盘,尾抵灯座,构思巧妙,刀工粗健,整体灵动而不失稳重,体现了相当高超的雕刻技艺。玉猪有碧玉、白玉两种材质,跑式、卧式两样体态,雕工精细,形象逼真。除了玉器、石器,墓中还出土了不少象牙雕刻工艺品,有牙簪、牙尺和龙状、人物状装饰品。引人注目的是这些牙雕已经采用了熟练的微雕技术,以牙尺为例,残长 5.9 厘米、宽 1.48 厘米、厚 0.68 厘米,四面均有雕刻纹饰,奇数寸格内刻小鹿状奔兽,偶数寸格内刻凤凰状飞兽,动物图像造型优美,线刻流畅,整体协调,刻纹之细需用放大镜才能看清,是不可多

得的早期微雕精品。①

3. 陶塑业

东汉安徽陶塑业非常发达,在已经发掘的东汉墓中,基本上都有或多或少的各式陶塑明器,数量可观,也不乏精品。1975 年,涡阳大王店东汉墓出土一件绿釉陶戏楼,通高 108 厘米,最宽处 39.5 厘米,砖红色胎质。楼由四层组成,分合自如。顶层为单檐庑殿式屋顶,屋脊饰一大凤鸟;二层房檐正面两角各饰一小凤鸟,其余屋檐角脊分别饰以小鸠鸟。每层房屋的窗棂栏杆、斗拱、楼梯,靡不毕具。楼中正在进行的杂技、乐舞表演活动活灵活现,众多人物栩栩如生。1990 年,萧县白土乡马楼村东汉墓出土一件釉陶堆塑五联罐,通高 24 厘米、腹径 74 厘米、底径 13.5 厘米,形体近于扁圆球形,由一个主罐和四个附罐组成。主罐腹部有六组等距离间隔的堆塑,构成了一系列生活气息极为浓厚的场景:楼阁式的大门下,有两个门卫峨冠长袍,双手抱着琵琶;一人握杵舂米,一人推磨;又有柴灶、水井、猪圈及猪等。从制作工艺角度看,是采用整体成型拉坯粘贴而成,堆贴、提塑、模印等多种技法并用,是不可多得的古代工艺佳作。②

4. 酿造业

东汉时期,酿酒技术进步,成酒度数提高。西汉末年,粗米二斛得成酒六斛六斗,东汉三国时,“稻米一斗得酒一斗为上尊,稷米一斗得酒一斗为中尊,粟米一斗得酒一斗为下尊”③,出酒量的降低意味着成酒度数的提高。因此王充感叹:“美酒为毒,酒难多饮。”④

(五)交通与商业

东汉时期,安徽的交通条件、交通运输业与商业也有了比较明显的发展。

安徽自古是我国南北交通的重要地区,合肥则是南北陆路交通的

---

① 参见安徽省亳县博物馆《亳县曹操宗族墓葬》,《文物》1978 年第 8 期。

② 参见安徽省文物志编辑室《安徽省文物志稿》及王鑫义《淮河流域开发史》(黄山书社 2001 年版,第 218 页)。

③ 《汉书》卷七十一《平当传》颜师古注引如淳曰。

④ 王充《论衡》卷二十三《言毒篇》。

枢纽之一,从中原地区经合肥至扬州、江东等地,自徐州经合肥至今江西、湖南是传统陆上交通要道。东汉政府重视道路兴建与修缮,地方长吏也动辄以修缮道路作为谄媚朝廷使者和上司的手段,陈忠曾针对这一弊病上书安帝,指责地方长吏"邪谄自媚,发人修道,缮理亭传,多设储跱,征役无度,老弱相随,动有万计"①,但这些活动无疑在客观上有利于交通条件的改善。东汉中期以后,中原地区大量南迁民众,很大部分经由今安徽省流向长江以南的扬州吴郡、会稽、丹阳和荆州各郡。东汉末年,合肥更是成为曹操、孙权两大军事集团在江淮地区进行争夺的要冲,仍然是南北交通枢纽。

陆路交通工具主要是马匹与车辆,车辆种类繁多,数量增加。范滂遭党锢之祸,自京师南归,"汝南、南阳士大夫迎之者数千辆"②。章和二年,章帝去世,庐江郡遣郡掾严麟前往吊丧,"麟乘小车,涂深马死,不能自进。(廉)范见而愍然,命从骑下马,与之"③,可见当时一般官吏出行是乘车的。淮北地区出土的画像石,《车马出行图》是最主要的主题之一,主要车型有轺车、辒车、安车、苇车、辎车、輂车、鼓吹车、戏车等。双辕车已经成为陆路交通运输的主体车型,可驾一马或一牛,节省了运输动力,提高了运输效率,促进了畜力运输车辆的普及。独轮车在东汉时也已成为十分普及的交通运输工具,它制作简便,对道路状况的要求不是太高,在社会经济生活中日益发挥重要的作用。④

水路运输则以长江、淮河两大水系为纲,辐射到各主要支流分布区域,大规模的运输主要依靠水路交通运输。王景治河后,汴水安流入泗,成为江淮漕运的交通要道。东汉皇室、贵族世家风行用江南地区的楠木等珍贵木材制造棺木,当时楠木的主要产地是豫章郡(今江西省),木料砍伐于深山穷谷之中,从水路经由长江入东海,沿海岸线北上进入淮河,由淮河通过鸿沟入黄河,溯流而上,直至洛阳。不管是

① 《后汉书》卷四十六《陈宠传附陈忠传》。
② 《后汉书》卷六十七《党锢列传》。
③ 《后汉书》卷三十一《廉范传》。
④ 参见林甘泉主编《中国经济通史·秦汉经济卷》,中国社会科学出版社 2007 年版,第 545 页。

沿江而下,还是溯淮而上,都要经过今安徽省,"会众然后能动担,牛列然后能致水",运输线路长,规模大,属近海、内河结合的水运。其他大宗物资或商品,如铁器、粮食等的运输也主要通过水路进行,尤其是产于两淮及以南的海盐,更是通过长江、淮河干流及众多支流运往全国各地。

东汉大土地所有制下的地主庄园经济发达,其基本经济特征是自给自足的自然经济,但两汉实行盐铁专卖政策,还有一些特殊生产与生活必需品及漆器、瓷器、精细的工艺品等奢侈消费品,是庄园手工业所无法提供的,加之传统"趋利"风尚的影响,东汉的商业仍然相当繁荣。王符说:"今举世舍农桑,趋商贾,牛马车舆,填塞道路,游手为功,充盈都邑。治本者少,浮食者众,商邑翼翼,四方是极。今察洛阳,浮末者什于农夫,虚伪游手者什于浮末。是则一夫耕,百人食之;一妇桑,百人衣之。以一奉百,孰能供之?天下百郡千县,市邑万数,类皆如此。"[1]王符针对社会弊病发论,痛心疾首,虽有夸张之处,但商末害农的情况应该是真实存在的,也从一个侧面体现了东汉商业经济的发展程度。湖北铜绿山古矿井出土了刻有"江"字铭文的铁工具,被认为是皖铁官所产。而亳州曹操宗族墓出土的青瓷"四系罐"是越窑早期青瓷的典型器形,表明安徽与周边地区的商业贸易往来是相当繁荣的。

四、人口的增长与分布

两汉之际,社会动乱、农民战争、自然灾害及各种疾疫,使全国范围内人口数量锐减。安徽地区既是瓜田仪等首义之地,又是刘永、李宪割据的核心区域,特别是淮河以北地区,反复拉锯式的争夺,对社会经济的破坏非常严重,"扬、徐、青三州首乱,兵革横行,延及荆州,豪杰并兼,百里屯聚,往往僭号。北夷作寇,千里无烟,无鸡鸣犬吠之声"[2]。"江湖之上,海岱之滨,风腾波涌,更相骈藉。四垂之人,肝脑涂地,死

---

① (东汉)王符《潜夫论》卷三《浮侈》。
② 司马彪《续汉书·祭祀志》。

亡之数,不啻太半。"①"北边及青徐地人相食,洛阳以东米石二千。"②"山东饥馑,人庶相食。兵所屠灭,城邑丘墟。"③建武四年,光武帝发会稽、丹阳、九江、六安四郡兵,亲临寿春督战,围李宪于舒。"六年春,城中食尽,乃攻之,遂屠舒,斩李宪。"④舒因李宪惨遭屠城,当地又连遭数年兵祸,户口损耗可想而知。

东汉政府采取了一系列恢复生产、稳定社会、鼓励人口增殖的政策与措施,从光武帝到和帝年间,政治稳定,经济发展,东汉人口进入恢复与增长期。到和帝元兴元年(公元105),全国户数超过了920万户,人口总数达5300余万,接近西汉末年,是东汉人口增长的第一个高峰。

安徽的人口也有很快增长,主要原因有以下几个方面:

东汉政府恢复生产与稳定社会秩序,鼓励流民回归著籍。光武帝自建武二年到建武十四年间(26—38),先后颁布了六道释放奴婢的诏令。同时,光武帝还数次释放刑徒。这些法令,使得大量在两汉之际社会动乱时期沦为依附农民与奴婢的百姓得到解放,重新成为编户齐民,增加了各地的户口数量与农业人口。

东汉初年,实行轻徭薄赋、与民休息的政策,大力号召地方官员兴修水利,发展生产,招抚流民,安定社会。同时限制大土地所有制的继续膨胀,实行严厉的度田措施,取得了显著的效果。建武初,废除王莽时实行的严刑峻法,减轻了农民的田租负担,恢复了西汉的"三十税一"制度。建武十五年,"诏下州郡检核垦田顷亩及户口年纪"⑤。在检核土地占有量的同时,还要核查"户口年纪",即检括非法隐户、隐口。这次度田进行得相当彻底,以至于关东大族不惜以武装反抗来应对,而刘秀也以"度田不实"的罪名,下狱处死了河南尹张汲等十余名郡守二千石,汝南郡太守欧阳歙就是在此次廉政风暴中被杀的,汝南郡的度田工作应该进行得比较彻底。众多隐户、隐口解放,大量多占

① 《后汉书》卷二十八《冯衍传》。
② 《汉书》卷二十四《食货志》。
③ 《后汉书》卷十三《公孙述传》。
④ 《后汉书》卷二十二《马成传》。
⑤ 《后汉书》卷一下《光武帝纪下》。

田产被没收并被重新分配,也成了东汉初年人口数量重要的增长点。

流民问题是大土地所有制发展的恶果,也是户口减少的直接原因之一。东汉建立后,数代统治者都采取措施,努力安抚流民,鼓励占籍定居。安徽各郡国地方长吏在招抚流亡、发展生产方面做出了很大成绩。建武六年,李忠任丹阳太守,"是时海内新定,南方海滨江淮,多拥兵据土。忠到郡,招怀降附,其不服者悉诛之,旬月皆平。忠以丹阳越俗不好学,嫁娶礼仪,衰于中国。乃为起学校,习礼容,春秋乡饮,选用明经,郡中向慕之。垦田增多,三岁间,流民占著者五万余口。十四年,三公奏课为天下第一"①。西汉平帝元始二年(公元2),丹阳郡有107000余户、405000余口。丹阳郡两汉之际受社会动乱影响相对较小,户口减少没有中原地区那么厉害,但也是下降趋势。新占籍的流民"五万余口",能够占到原有总人口的至少八分之一以上,是非常了不起的成就。

两汉之际,中原动乱,有很多士人、百姓避乱,迁往江淮之间甚至江南地区,以吴郡、会稽等郡为多,也有一些是迁往九江、庐江、丹阳等郡,增加了当地的人口。如汝南人郅恽,王莽时以罪入狱,出狱后即南避苍梧,后又至庐江郡。

东汉分封许多王国、侯国于今安徽境内,这些王、侯们就国之时,必然会带来大量的亲属以及依附人口。如刘般先后为杼秋侯、居巢侯,"收恤九族,行义尤著",则其"九族"亲属随其就封是可以肯定的。窦融为安丰侯,食安丰、阳泉、蓼、安风四县,其子窦穆骄纵不法,"以封在安丰,欲令姻戚悉据故六安国,遂矫称阴太后诏,令六安侯刘盱去妇,因以女妻之"②,即一典型事例。丹阳郡地处江南,下湿暑热,尚未得到完全开发,东汉时期是犯罪王、侯贬徙之地。明帝永平十三年,楚王英之狱,"帝以亲亲不忍,乃废英,徙丹阳泾县,赐汤沐邑五百户……明年,英至丹阳,自杀……以诸侯礼葬于泾"③。而"楚狱遂至累年,其辞语相连,自京师亲戚、诸侯、州郡豪杰及考案吏,阿附相陷,坐死徙者

---

① 《后汉书》卷二十一《李忠传》。

② 《后汉书》卷二十三《窦融传》。

③ 《后汉书》卷四十二《光武十王传》。

以千数"①。鲍昱曾经说："臣前在汝南,典治楚事,系者千余人,恐未能尽当其罪。"②汝南郡并不是楚王英之狱的核心区域,受牵累者即有千余人,全国的数字应该相当惊人。此外,还先后有广陵王狱、淮阳王狱、济南王狱,都是大规模的株连。这些人连同家属被流放迁徙,主要去处是南方暑湿,障毒互生之地,具体地点未详,除了合浦、日南、九真等南方极边以及北部边疆外,参照楚王英的徙地,可能也有部分是被徙于江南等郡的。另外,如王常之子王广被徙封为石城侯,马防及马廖之子马遵均坐窦宪之狱徙封丹阳。而傅俊之子傅昌徙封芜湖侯,竟然"以国贫不愿之封,乞钱五十万,为关内侯。肃宗怒,贬为关内侯,竟不赐钱"③。这些事件对江南地区的开发与人口增殖也会产生积极的影响。

社会稳定、土地垦殖、经济发展是人口自然增殖的必要前提。东汉前期汝南太守邓晨、鲍昱、何敞先后修复鸿卻陂、铜阳旧渠等,并新修扩展水利设施。王景、樊晔等人在庐江等南方州郡修复芍陂,推广牛耕技术。庐江、九江、丹阳诸郡地广人稀,自然条件相对恶劣,宋均、刘平等守、令解除虎患,改善生产与生活条件。这些举措使得农田面积增加,农业经济发展,百姓富足,人口繁衍。

安帝以后,东汉社会问题重新出现,水、旱、地震、蝗等自然灾害不断,经济衰退,流民潮、农民起义复起,"自帝即位以后,频遭元二之厄,百姓流亡,盗贼并起"④。就连皇帝的诏书也不得不承认:"朕以不德,遵奉大业,而阴阳差越,变异并见,万民饥流。"⑤到顺帝永和五年,全国户数为9698630户,口数为49150220人。与前举和帝元兴元年时相比,人口总数已经明显减少。司马彪《续汉书·郡国志》详细记载了永和五年全国各郡国的户、口数,让我们能够更加深入地了解东汉安徽人口发展与分布情况,见下表所示。

---

① 《后汉书》卷四十二《光武十王传》。
② 《后汉书》卷二十九《鲍永传附鲍昱传》。
③ 《后汉书》卷二十二《傅俊传》。
④ 《后汉书》卷四十六《陈忠传》。
⑤ 《后汉书》卷五《安帝纪》。

安徽省东汉时期人口分布表①

郡(王国)名	县(侯国)名	户数	口数
汝南郡	新阳、汝阴、细阳、铜阳、慎、富波、思善、宋、原鹿、固始、山桑、城父	约131172	约681337②
广陵郡	东阳	约3814	约18645③
九江郡	阴陵、寿春、浚道、成德、西曲阳、合肥、历阳、当涂、全椒、钟离、阜陵、下蔡、平阿、义成	89436	432426
丹阳郡	宛陵、丹阳、泾、歙、黝、陵阳、芜湖、春谷、石城	约76791	约354682④
庐江郡	舒、雩娄、灊、临湖、龙舒、襄安、皖、居巢、六安、阳泉、安风	约79665	约333680⑤
梁国	下邑	约9256	约47920⑥
沛国	相、萧、谷阳、谯、洨、蕲、铚、郸、竹邑、龙亢、向、符离、虹、杼秋	约133663	约834261⑦
彭城国	梧、蕃丘	约21543	约123257⑧
下邳国	僮、高山、淮陵、取虑、东城、夏丘	约48078	约215676⑨
合计		约593418	约3041884

① 该表采自袁延胜《中国人口通史·东汉卷》,人民出版社2007年版,第57页,有改动。

② 《续汉书·郡国志》所载汝南郡户数为404448,口数为2100788。汝南郡下属37县(国),其中新阳等12县在今安徽省境内。姑且按各县人口大致相同推算,则户数(404448÷37)×12≈131172;口数(2100788÷37)×12≈681337。其他各郡国均按此计算方法,不再详列算式。

③ 《续汉书·郡国志》所载广陵郡有户83907,口410190。广陵郡下属11县(国),虽然没有县城在今安徽境内,但今安徽省天长市几乎全部在东汉广陵陵东阳县境,因此我们按半个县来计算。

④ 《续汉书·郡国志》所载丹阳郡户数136518,口数630545。下属16县(国),在今安徽省境内的有宛陵等9县。

⑤ 《续汉书·郡国志》所载庐江郡户数101392,口数424683。下属14县(国),在今安徽省境内的有舒县等11县。

⑥ 《续汉书·郡国志》所载梁国户数83300,口数431283。下属9县(国),在今安徽省境内的只有下邑县。

⑦ 《续汉书·郡国志》所载沛国"户二十万四百九十五,口二十五万一千三百九十三",平均每户仅有口1.25,显然有误。赵文林、谢淑君《中国人口史》(人民出版社1988年版)经过深入辨正与讨论,认为《续汉志》沛国口数记载脱漏一"百"字,正确的数字应该是"百二十五万一千三百九十三"。下属21县,在今安徽省境内的有相县等14县(国)。

⑧ 《续汉书·郡国志》所载彭城国户数86170,口数493027。属下8县,在今安徽省境内的有梧县等2县。

⑨ 《续汉书·郡国志》所载下邳国户数136389,口数611083。属下17县,然潘旌县无考,可考者16县,在今安徽省境内的有僮等6县(国),其中淮陵、僮、取虑各有部分在今江苏境内,姑以5县计。

如果我们将永和五年安徽省人口数量、分布情况与西汉平帝元始二年进行对比的话，就会发现一些突出的特点。

第一，与全国人口数量下降相应，安徽省长江以北各郡国的人口数量也呈下降趋势，下降幅度在 10% 到 20% 之间，与全国人口下降比率基本一致。其中九江郡户口数量则呈急剧下降趋势，户数减少 40% 以上，口数竟然减少近 45%。其直接原因是风起云涌的农民起义，从顺帝永建四年开始，扬州境内就接连爆发人民起义，永和三年四月，九江人蔡伯流起义，进攻九江、广陵，所到焚烧城郭，处死长吏。永和四年，扬州各地尤其是九江郡，农民又纷纷发动起义，东汉政府不断以兵镇压，导致九江兵祸连年不解，百姓游离失所，户口减耗。永和五年进行户口统计，正是九江农民起义方兴未艾之时，所以有这样的反常结果。

第二，江南的丹阳郡在东汉时期得到了初步开发，经济发展，人口增殖非常明显。户数增长了 27%，口数增长了 55%。这充分说明东汉以后我国南方开发，经济重心与人口稠密地区南移的趋势已经开始出现。

第三，作为传统的中原地区，虽然遭受了两汉之际战争、灾荒的沉重打击，但豫州刺史部仍然是人口最为稠密的地区。各郡国下属每县的平均户数都在 9000 以上，汝南郡更是达到了每县平均 11200 余户。这一数字虽然无法与西汉末年相比，但与同一时期其他地区相比，仍然是相当可观的。这也进一步说明黄淮平原的灌溉农业区在东汉时依然是全国最重要、最富庶的地区。

第四，东汉时，彭城国领 8 县，户 86170，口 493027，平均每户有口 5.72；沛国领 21 县，户 200495，口 1251393，平均每户有口达 6.24。而西汉时，楚国领 7 县，户 114738，口 497804，平均每户有口 4.34；沛郡领县 37，有户 409079，口 2030480，平均每户近 5 口。两者相比，反差相当强烈，而且这一户均口数也与同时期全国户均约 5 口的基本情况差异较大，甚至远远高出户均口数也相对较高的颍川（5.45）等郡国。彭城国、沛国是东汉世家大族最为集中的区域之一，户均口数较高在很大程度上说明这一地区数代共财同居的现象比其他地区更加普遍。

第五，东汉时全国人口最多的省份，依次是今河南、山东、河北、四川、安徽、湖南等。人口和经济中心仍然在黄河中下游地区。四川、安徽、湖南等省的崛起，表明东汉时长江流域的经济得到进一步的开发，人口也迅速增长，地广人稀的状况有了明显改善。而东汉人口的地理分布也与今天有一定的相似，则说明了其历史继承性。①

东汉末年，爆发了黄巾起义，随着黄巾起义的被镇压，又进入了长期的军阀割据混战的局面，影响及于全国，但中心区域是在黄河中下游地区。自灵帝中平元年黄巾起义爆发，到献帝延康元年曹丕代汉自立，30余年间，战乱不休，生灵涂炭，没于战火者无计其数，献帝初平四年，曹操怀杀父之怨，攻徐州牧陶谦，"谦退保郯，操攻之不能克，乃还。过拔取虑、睢陵、夏丘，皆屠之。凡杀男女数十万人，鸡犬无余，泗水为之不流，自是五县城保，无复行迹。初三辅遭李傕乱，百姓流移依谦者皆歼"②。取虑、夏丘两县皆在今安徽境内。

侥幸苟活者为了逃避灾难，纷纷逃离故乡，转向相对安定的区域。要么南下渡江，要么北迁辽东，或者逃往深山密林。而汝南、沛国、九江、庐江等地的流民，则大多是向南迁徙到扬州、荆州，也有少数流向更南端的交州。建安十八年，曹操攻孙权，两军对峙月余，"曹公恐江滨郡县为权所略，征令内移。民转相惊，自庐江、九江、蕲春、广陵户十余万皆东渡江，江西遂虚，合肥以南惟有皖城"③。此次北方向南方的大规模移民，是曹操"征令内移"所引发的。实际上，东汉末年，割据军阀对于人口的争夺是非常残酷的，经常有强制性的规模迁移活动。建安十九年，孙权征皖城，"获庐江太守朱光及参军董和，男女数万口"④。经过连续两年如此大规模的迁移，作为曹、孙拉锯地区的江淮之间损失人口即近20万。

除此之外，小规模或零散进行的流民迁徙潮一直未断，也在很大

---

①　参见袁延胜《中国人口通史·东汉卷》，人民出版社2007年版，第68~69页。

②　《后汉书》卷七十三《陶谦传》。

③　《三国志》卷四十七《吴书·吴主传》。同书卷十四《魏书·蒋济传》则作"江淮间十余万众，皆惊走吴"，可能更接近事实。

④　《三国志》卷四十七《吴书·吴主传》。

程度上导致了北方人口不断减少。"汉末大乱,徐方士民多避难扬土。"①"是时,四方贤大夫避地江南者甚众。"②如鲁肃,临淮东城人,"携老弱将轻侠少年百余人,南到居巢就(周)瑜,瑜之东渡,因与同行"③。他对从行者说:"中国失纲,寇贼横暴,淮、泗间非遗种之地。吾闻江东沃野万里,民富兵强,可以避害,宁肯相随俱至乐土,以观时变乎?"④完全说明了迁徙民众的处境与心态。至于竹邑薛综、龙亢桓晔等人,更是南下交州避乱。

也有一些移民是从其他地方流入安徽境内的,如陈郡人袁涣,"避地江淮间,为袁术所命"⑤;同为陈郡人的何夔也避乱淮南。但是这种移民数量有限,不足以改变江淮间人口急剧下降的趋势。建安初,满宠任汝南太守,汝南全郡只有 2 万户人家,有兵 2000 人,而永和五年汝南的户数是 40 余万,即使我们将其他影响因素考虑到极致,长期殷富的汝南郡人口损耗的程度也是非常惊人的。广陵郡虽然号称"郡境尚全,吏民殷富",也只不过是"若动枹鼓,可得二万人"⑥,与永和五年8 万余户的情况不可相提并论了。王育民先生根据三国末年的人口数量推算出公元 220 年全国的户数是 475.2 万,比永和五年下降49.1%;口数 2653.9 万,比永和五年下降 44.6%⑦,户口下降均接近一半,尚被其他学者认为保守。而广陵郡、汝南郡实际上是黄河中下游地区、江淮之间人口状况的缩影。

---

① 《三国志》卷五十二《吴书·张昭传》。

② 《三国志》卷十三《魏书·华歆传》裴松之注引华峤《谱叙》。

③ 《三国志》卷五十四《吴书·鲁肃传》。

④ 《三国志》卷五十四《吴书·鲁肃传》。

⑤ 《三国志》卷十一《魏书·袁涣传》。

⑥ 《三国志》卷七《魏书·臧洪传》。

⑦ 参见王育民《中国人口史》,江苏人民出版社 1995 年版,第 131 页。

第四章

秦汉时期安徽的学术与教育

秦汉时期的思想学术变化甚巨。秦代以法为教,以吏为师。汉代则以道家及黄老学、儒家经学、史学为中心,文学为辅翼,后世承其余绪而渐有发展。在这一趋势形成的过程中,汉代安徽的思想学术界出现了秉承道家、综合百家的《淮南子》和以批判迷信谶纬为主要内容的《新论》,它们构成了秦汉思想学术史上的两座丰碑,对后世影响很大;这时还逐渐形成了沛郡和九江两个全国学术文化中心。在这一背景下,安徽地方教育也渐获发展。

第一节　《淮南子》

《淮南子》是承胤楚汉古风,在汉代诞生的最后几部诸子学大著之一,也是中国古代哲学史与思想史上具有划时代意义的巨著。在秦即将统一天下之际,吕不韦曾聚集门下宾客,综合当时流行的各家思想,形成一特殊系统,撰成《吕氏春秋》,意图成为秦统治大一统天下的宝典。而在汉代,受到《吕氏春秋》的影响,采取同一方式,抱持同一目的,对汉初思想进行另一次大结集的,便是这部《淮南子》,"这也可算得思想史上的伟绩"①。

《淮南子》撰写中所采集的文献及其他材料涉及当时社会生活的各个方面,其内容以道家思想为主体,广泛地吸纳各家学术之长,特别是集儒家的仁政学说、法家的进步历史观、阴阳家的阴阳变化理论为一体,构建了一整套哲学及社会政治理论,这使它成为当时一部集大成之作。在《淮南子》之后的中国古代历史上,这种具有集大成性质的理论、学术著作就比较少见了。

一、《淮南子》及其作者

《淮南子》初成时书名未定于一。如依刘安本人的意思,应称《鸿烈》、《刘氏之书》(俱见《淮南子·要略》),或《淮南鸿烈》(见高诱注叙)②。如依《史记》、《汉书》刘安传,则应称《内篇》。汉成帝时刘向撰《别录》,始合其内篇、外篇总称《淮南》③。《汉书·艺文志》基本保持了它的原貌,载录为《淮南内》21 篇,或称《淮南内篇》;另载录《淮

---

① 徐复观《两汉思想史》第二卷,华东师范大学出版社 2001 年版,第 108 页。
② 许慎注:"鸿,大也。烈,功也。凡二十篇,总谓之《鸿烈》。"弘大功业义。高诱注叙:"鸿,大也。烈,明也,以为大明道之言也。"意为使"道"弘大光明。
③ 高诱《淮南子注叙》:"光禄大夫刘向校定撰具,名之曰《淮南》。"

南外》33 篇。自《隋书·经籍志》正式著录为《淮南子》①，遂成为通名。从《旧唐书·经籍志》、《新唐书·艺文志》均载录《淮南鸿烈音》一书看，《隋书·经籍志》以后，人们已用"淮南"与"鸿烈"合称此书。但《淮南子》今仅流传内 21 篇，外篇大多散佚，清代学者从《太平御览》辑出《淮南万毕术》，是其外篇的一部分。

《淮南子》成书年代大约在西汉景、武之际。史载武帝初即位，刘安曾入朝亲献《淮南内》篇，并奉命撰《离骚传》。

关于《淮南子》的作者，历代学者有两种意见：一为刘安所作，一为集体创作。自高诱在注叙中提出《淮南子》是刘安"与苏非、李尚、左吴、田（陈）由、雷被、毛周、伍被、晋昌等八人，及诸儒大山、小山之徒"合撰后，集体创作说影响很大。高诱所举作者中，苏飞等 8 人属于道家，所以下句特标"诸儒"以相区别，而方术之士则没有参与《淮南内》21 篇的写作。但由于《史记》、《汉书》都未明确表示《淮南子》出于集体创作，所以学术界围绕这个问题，进行了长期的争论。当然，不管是哪种意见，都没有人否认刘安与《淮南子》的密切关系。事实上，《淮南子·齐俗训》中"细万物，齐生死"的人生态度，在一定程度上也反映了刘安避祸的心态。

《汉书》卷四十四《淮南王传》称刘安"招致宾客方术之士数千人，作为《内书》二十一篇，《外书》甚众，又有《中篇》八卷，言神仙黄白之术，亦二十余万言。时武帝方好艺文，以安属为诸父，辩博善为文辞，甚尊重之……初，安入朝，献所作《内篇》，新出，上爱秘之"。传中所谓《外书》、《中篇》，据《汉书》卷三十六《刘向传》："上（宣帝）复兴神仙方术之事，而淮南有《枕中鸿宝苑秘书》，书言神仙使鬼物为金之术，及邹衍《重道延命方》，世人莫见，而更生（刘向）父德，武帝时治淮南狱，得其书。更生幼而读诵，以为奇，献之。"其中出自方术之士的淮南《枕中鸿宝苑秘书》，或者就是所谓"《中篇》八卷"的一部分。而《史

———————————

① 《西京杂记》卷三："淮南王安著《鸿烈》二十一篇……号为《淮南子》，一曰《刘安子》。"《西京杂记》的作者，《旧唐书·经籍志》、《新唐书·艺文志》题为晋代葛洪，《四库全书总目》题为刘歆撰、葛洪辑（见"子部·小说家类"）。南朝宋范晔《后汉书·马融传》载马融曾注《淮南子》。可见，《隋书·经籍志》之前，《淮南子》书名已出现。

记·龟策列传》中提到的《万毕石朱方》,《隋书·经籍志》载录的《淮南万毕术》、《淮南变化术》各 1 卷,应即所谓"《外书》甚众"之遗。又据《汉书·艺文志》,由刘安主持编撰的还有《淮南道训》2 篇。此事《太平御览》卷六百九引刘向《别传》曰:"所校雠中《易传》、《淮南九师道训》,除复重定,著二篇。"而《汉书·艺文志》班固自注:"淮南王安聘明《易》者九人,号九师说。"此书《隋书》、《唐书》之《经籍志》均不载,亡佚已久,清人马国翰《玉函山房辑古佚书》辑有《周易淮南九师道训辑佚》1 卷①。另有《淮南杂子星》19 卷,亦亡佚。《中篇》《外书》是否包括《淮南道训》、《淮南杂子星》等书,待考。

《汉书·艺文志》载录《淮南王赋》82 篇,已残。沈钦韩《汉书疏证》称刘向《别录》云,淮南王有《熏笼赋》。今存《艺文类聚》载有《屏风赋》1 篇②。《隋书·经籍志》于集部专列《楚辞》家,称"始汉武帝命淮南王为之章句,且受诏,食时而奏之,其书今亡"③。

《汉书·艺文志》还载录《淮南王群臣赋》44 篇,已残。王应麟《汉志考证》称,《楚辞·招隐士》,淮南小山之所作也。淮南王安,招致宾客,客有八公之徒,分造词赋,以类相从。或称大山,或称小山。如《诗》之有大、小雅。今《楚辞》载有《招隐士》1 篇④。

《淮南子》的版本主要有两个系统:21 卷本和 28 卷本。28 卷本以明正统《道藏》本为代表。清代最有影响的庄逵吉校本属于 21 卷本系统。庄逵吉校本于清乾隆五十三年(公元 1788)刊印。此后,"诵习本书者认为唯一之善本,盖百余年"(梁启超语)。庄本沿着翻刻、翻印本及以之为底本的批校、笺释本两种途径流传开来⑤。但也有以北宋本为底本进行校释的,如陈广忠《淮南子斠诠》(黄山书社 2008 年出版)就是以上海涵芬楼景印刘泖生影写北宋小字 21 卷本(收入《四部丛刊·子部》)为底本,以明正统十年(公元 1445)《道藏》28 卷本、清

---

①　参见陈国庆编《汉书艺文志注释汇编》,中华书局 1983 年版,第 14 页。
②　参见陈国庆编《汉书艺文志注释汇编》,中华书局 1983 年版,第 167～168 页。
③　《隋书》卷三十五《经籍志四》。
④　参见陈国庆编《汉书艺文志注释汇编》,中华书局 1983 年版,第 168 页。
⑤　参见王军《〈淮南子〉庄逵吉校刊本之流传》,安徽省《淮南子》研究会编《〈淮南子〉研究》第一卷,黄山书社 2006 年版,第 136～139 页。

光绪三十二年（公元 1906）《道藏辑要》本作对校本，用明刘绩《补注》本、文渊阁《四库全书》本和庄逵吉本作参校本进行校勘的。

二、《淮南子》的基本内容

《淮南子》一书博大精深，内容十分丰富。从包含的思想元素看，《淮南子》以道家思想为主体，以"无为说"为思想基础，兼容儒、法、名、墨、阴阳等各家思想。从著作所涉及的内容看，《淮南子》可说是一部包罗万象的百科全书。

《汉书·艺文志》将《淮南子》归入杂家。后学也有误以为此书杂乱无章，系拼凑而成者。事实上，《汉书》与后来的《隋书·经籍志》的意思都只在于点明《淮南子》具有"兼儒、墨，合名、法"的包容性特点。《淮南子》全书 21 篇中，篇篇既独立成章又合成体系，而且逻辑严谨，结构完整，思想内容并非庞杂无序。《汉书》颜师古注即曾说明：淮南"《内篇》论道，《外篇》杂说"。全书 16 万字，包括《原道训》、《俶真训》、《天文训》、《地形训》、《时则训》、《览冥训》、《精神训》、《本经训》、《主术训》、《缪称训》、《齐俗训》、《道应训》、《氾论训》、《诠言训》、《兵略训》、《说山训》、《说林训》、《人间训》、《修务训》、《泰族训》、《要略》等。[1] 其中《泰族训》是全书的总结，《要略》是全书的叙目。从总体结构看，全书是按照天、地、人的顺序贯穿下来的。每篇围绕一个主题，篇幅大致相当，其中：《原道训》、《俶真训》讲"道"的起源、特征，《天文训》、《地形训》、《时则训》表达作者对天、地、四时及宇宙构成的看法，《览冥训》、《精神训》、《本经训》讲宇宙的一般原则如何与人的精神相沟通，《主术训》、《缪称训》、《齐俗训》、《道应训》、《氾论训》、《诠言训》、《兵略训》则探讨了当时人们所面对的各种社会、政治问题，《说山训》、《说林训》为格言性质的专集，《人间训》、《修务训》主要讨论人间万事。

"道""无为"说，是该书的思想主旨。东汉高诱为《淮南子》作注

---

① 本节《淮南子》称引文字据陈广忠《淮南子斠诠》，黄山书社 2008 年版。少数异文另作处理。《修务训》，《淮南子斠诠》作《俏务训》，但学者多作《修务训》，据此改易。

时说:"其旨近老子,淡泊无为,蹈虚守静,出入经道。"《淮南子》的可贵之处,是它对诸子百家的兼容并包,善于吸取各家学说的有益成分。《淮南子》之所以被称为百科全书,除了其思想上的兼容并包之外,还在于此书涉及的学科知识十分广泛,如:《俶真训》阐释宇宙生成论;《精神训》《览冥训》包含了古代中国人体生理学和养生学的相关内容;《主术训》探讨君王治国之术;《修务训》是古代教育学的经典之作;《时则训》总结了春、夏、秋、冬四季的农事活动规律。该书还涉及物理、化学、医药、音律等诸多学科。正因为《淮南子》一书蕴藏着丰富的思想内涵,才引起了历代学者的广泛关注。梁启超认为:"《淮南鸿烈》为西汉道家言之渊府,其书博大而条贯,汉人著述中第一流也。"[1]

三、《淮南子》产生的时代背景

《淮南子》是西汉前期社会、政治、经济、文化演变和发展的产物。《淮南子》体大思精,包罗万象,它的产生有着深刻而具体的社会历史与学术文化背景。

汉初统治者承敝易变,以道家黄老无为思想为指导,采取与民休息的政策,于是出现了"民则人给家足,都鄙廪庾皆满,而府库余货财……众庶街巷有马,阡陌之间成群"[2]的景象。但在这些表象之后,汉初以来的诸侯王问题日益显露,政治经济发展中出现的新现实要求统治者作出新的思考和新的调整。这时,摆在统治者面前最迫切的时代课题,就是如何在总结秦亡教训与汉初政治经验之中找到一条长治久安之道。

在思想领域,秦始皇的焚书坑儒曾使诸子百家学说遭受重创。但到了西汉文景时期,逐渐出现了社会安定、学术文化氛围相对宽松的所谓"治世",各家学说因此而日渐活跃,并趋向交融,国内逐渐形成了一些学术文化中心。同时,西汉建立以后,政府广开献书之径,也在客观上促进了文化学术的繁荣。

---

[1] 梁启超《中国近三百年学术史》,见朱维铮校注《梁启超论清学史二种》,复旦大学出版社 1985 年版,第369页。

[2] 《史记》卷三十《平准书》。

刘安的淮南国原是楚国故地,刘安承胤战国、古楚文化的遗风,实行开放性的人才政策。他在寿春做了42年王,经过他的长期经营,淮南国都寿春也逐渐成为汉帝国的一个学术文化中心。

上述背景,促使《淮南子》作者站在新的历史高度,对秦汉以来的社会政治与思想文化进行重新审视。《淮南子》虽然仍以道家无为思想为本,但又多少摒弃了老庄尤其是庄子"无为"学说中避世而无所为的因素,在糅合儒、法、名、墨之道中,将道家学说推进到一个新的高度。

《淮南子》的最后一篇文字是《要略》,它是我们了解和把握《淮南子》的关键。《要略》在介绍了全书20篇的主要内容之后,总结道:"故著书二十篇,则天地之理究矣,人间之事接矣,帝王之道备矣。"显然,《淮南子》既是为现实社会政治服务的,又是为古代思想学术的发展服务的。

总之,不论从当时政治、经济发展的角度,还是从思想学术发展的大势来看,《淮南子》都是对先秦以来的道家思想及其治世理论的系统而全面的总结和提升。特别要提出的是,在汉初,道家黄老学因为时代的需要而成为时尚之学,朝廷上从曹参开始,汉文帝、景帝和窦太后都崇信黄老;但到景帝、武帝之际,要求变革的思潮在朝野逐渐兴起,顺应这一变化,儒家由潜流暗动而影响日增。《淮南子》作者可能有见于此,所以特别提出自己的思想,以促使最高统治者能理性地获得一种方向感。

当然,刘安在寿春会聚宾客,多所著述。仅此一点,已足以对正在形成中的汉帝国独尊儒术的国策构成挑战。

四、《淮南子》的思想与成就

《淮南子·要略》的作者认为,先秦以来的各家学说皆本于世变之所急,其得失是非都是相对的,其主张也仅为形式不同而已,所以皆不足以称大道,足称"大道"者乃"淮南"之学。这一要义,从《要略》末段中可以窥知:"若刘氏之书,观天地之象,通古今之论,权事而立制,度形而施宜,原道之心,合三王之风,以储与扈冶。玄眇之中,精摇靡览,弃其畛挈,斟其淑静,以统天下,理万物,应变化,通殊类。非循一迹之路,守一隅之指,拘系牵连于物,而不与世推移也。故置之寻常而不塞,布之天下而不窕。"正是在这种推演终极之"道"的过程中,《淮南子》的作者们展示了自己在各个方面的独特思考。

在两汉时期,思想家们一方面继承先秦诸子"志存闻道"的传统,另一方面,一部分人又承袭屈原以来发愤以抒情的遗风,其所立之言包括了史传、诗赋与论、策、疏等诸体应用性散文。就西汉前期而言,诸子著述发生的最明显的变化,就是由先秦诸子的"博明万事",逐渐转变为汉代以后的"适辨一理为论",也就是由陆贾《新语》开其端,而为贾谊、晁错踵武而进的就具体问题发表议论之特点的日益显露。

但汉武帝初年的刘安和董仲舒,他们的《淮南子》和《春秋繁露》却都具有一定的系统性,而且仍具有先秦诸子"博明万事"的学理倾向。以《淮南子》为例,它的主创者们为了给自己的学说争取话语地位,甚至认为此前的先秦诸子还不够超越,为什么呢?因为在他们看来,诸子之学皆起于救世之弊,应时而兴,本于世变之所急,而他们要奠立的则是《要略》中所宣扬的"刘氏""大道"。而董仲舒的著作,除了《天人三策》针对时政较为明显外,《春秋繁露》基本上是用阴阳五行说等阐发儒家义理。像刘安等人和董仲舒这样的思想家,应是汉魏诸子中比较特殊的。造成这种特殊,可能与两人正好身处"百家争鸣"时代正式结束、"独尊儒术"时代正在开始有关,他们都汲汲于为自己奉行的不同学说争取话语地位,所以也就不能不大力伸张自己所主张的义理。

(一)《淮南子》的哲学思想

春秋战国之际,诸子崛起。到战国中期,应时代之需,各家学说峰立。秦到汉初,墨、法等学派逐渐消歇,独有阴阳家、道家黄老为世所尊。《淮南子》作者本于道家的哲学思考,但对于儒家、阴阳五行家、墨家、法家、兵家之学,也能采兼容态度。

然而,从《淮南子》文本出发,我们又可以发现,刘安等人所提倡的道家思想,与当时流行的道家黄老之学还是有着很大区别的。《淮南子》所主张的道家思想本于老、庄,而在某种程度上是拒绝"黄老"的。这同刘安让方术之士编撰的《中篇》、《外书》等明显有异。

《淮南子》对于儒家也是这样。儒家思想在《淮南子》一书中所占

的地位实际上仅次于道家。书中除大量引用《诗》、《易》外,《礼》、《乐》、《春秋》亦皆为其征引所及,并且多能发挥六经的微言大义。如《春秋经》遍及《公羊传》、《谷梁传》,更大量援引《左氏传》。稽考《淮南子》成书的时代,朝廷虽已于文帝时立经学博士,但五经博士尚未成立,由五经博士而带来的家法、专经等观念,也尚未出现;这个时期也是阴阳五行说对儒家尚掺杂不深的时代。因此可以说,形成《淮南子》思想的另一骨干的儒家思想、经学思想,也还未受到五经博士制度的拘束,未受到阴阳五行掺杂的儒家思想、经学思想的过多渗透。①

1.《淮南子》中关于"道"的思想

在哲学思想上,《淮南子》广泛吸收各家学说,并在此基础上对道家学说中"道"的思想作了进一步发展。《淮南子》认为,"道"是天下万物的本原,无所不在,无时不有,"道"可以说是宇宙的整体,所以《原道训》用"一"来表示"道"。《淮南子》形象地描述了"道"的威力,它生成万物,却不见踪迹,包含阴阳,维系着宇宙,使日月发光,山岳因它而高,海洋因它而深,群兽因它而奔,禽鸟因它而翔。在这一点上,《淮南子》的认识似乎与老庄如出一辙。在关于"道"的特性的认识上,《原道训》的作者认为:"有像之类,莫尊于水。"在这里,作者认识到"道"像水一样无所不在,变化无穷,不为人力所左右。道以其内在的原因在运动变化着,人不能靠强力改变"道"的自然存在状态。人最主要的是要因循"道"的自然特征而行事,"是故天下之事不可为也,因其自然而推之;万物之变,不可究也,秉其要归之趣……脩(修)道理之数,因天地之自然,则六合不足均也"②。

"道"是自然的,也是虚静的。对于人来说,其本性也是虚静的。因此,只有保持人的虚静的本性,才能"体道"。应该说,《淮南子》对"道"的特性所作的总结性论述,达到了当时的最高水平。

《淮南子》用"道"来说明宇宙的起源,《原道训》认为宇宙之本在于"道"。因为"道"具有无限性,所以宇宙也是无限的。但是"道"又

---

① 参见徐复观《两汉思想史》第二卷,华东师范大学出版社 2001 年版,第 115 页。
② 《淮南子·原道训》。

是存在于宇宙之内的,因而它有时又是有限的,我们只是不知其状而已,"朴至大者无形状,道至妙者无度量。故天之员(圆)也不中规,地之方也不中矩。往古来今谓之宙,四方上下谓之宇,道在其间,而莫知其所"①。《俶真训》描述了宇宙生成演化的全过程:"有始者,有未始有有始者,有未始有夫未始有有始者。有有者,有无者,有未始有有无者,有未始有夫未始有有无者。"当然由于时代水平的局限,《淮南子》对宇宙的起源只能持一种模糊的认识,只能有"有"源于"无"、"有始"源于"未始"的抽象思考。

在《淮南子》的宇宙演化论中,"气"的作用得到了特别强调。《天文训》在解释老子"一生二,二生三,三生万物"时,认为"道始于一,一而不生,故分而为阴阳,阴阳合而万物生。故曰:一生二,二生三,三生万物。""道"之所以能生万物,是因为它内部能"阴阳合"。《本经训》说:"天地之合和,阴阳之陶化万物,皆乘人气者也。是故上下离心,气乃上蒸;君臣不和,五谷不为。"这是将自然现象的变化归于阴阳二气间的相互作用所造成。《淮南子》还用阴阳二气的运动变化阐述自然界的变化。"天之偏气,怒者为风;天地之含气,和者为雨。阴阳相薄,感而为雷,激而为霆,乱而为雾。"②当上下之气不和时,气则蒸发,引起社会上下君臣不和。《淮南子》指出:"今夫徙树者,失其阴阳之性,则莫不枯槁。"③在含有阴阳二气的事物发展中,如果扰乱了它们生存的环境,则其内部的阴阳二气势将失去平衡,并最终导致这个事物的消失或死亡。

2.《淮南子》中的"无为"论

"无为"是道家思想的精髓。"无为"最早是《老子》提出的,但《老子》主张的"无为",是顺应客观规律办事,以"无为"追求"无不为",所谓"道常无为而无不为。侯王若能守之,万物将自化"。《庄子》则将"无为"强调为顺应自然而无所作为。

"无为"也是《淮南子》的核心思想之一,其基本特点是"清静"、

---

① 《淮南子·齐俗训》。

② 《淮南子·天文训》。"天地",(明)刘绩《补注》本作"地"。

③ 《淮南子·原道训》。

"因循"、"应时"、"还反于朴"、"清静无为,则天与之时"。① "还反于朴。无为为之,而合于道;无为言之,而通乎德;恬愉无矜,而得于和;有万不同,而便于性。"②

《淮南子》认为,人在认识事物的时候,要排除主观臆测,按事物固有的特性来认识,使客观事物为己所用,这样才可以取得无所不为的效果。"所谓无为者,不先物为也;所谓无不为者,因物之所为。"③ 客观事物的自然法则是不可抗拒的,只有在顺应这些法则的前提下发挥人的主动性,才能使客观事物为人类服务。这种因势利导而"无为"的思想因素也表现在《修务训》中:

> 夫地势水东流,人必事焉,然后水潦得谷行;禾稼春生,人必加功焉,故五谷得遂长。听其自流,待其自生,则鲧、禹之功不立,而后稷之智不用。

所以《修务训》的作者提出:

> 若吾所谓无为者,私志不得入公道,耆(嗜)欲不得枉正术;循理而举事,因资而立[功];权自然之势,而曲故不得容者;政事而身弗伐④,功立而名弗有。非谓其感而不应,攻而不动者。

这里要求人们完全凭借事物已有的形势,按照规律办事,借助于客观具备的条件以取得成功。

《淮南子》的无为思想落实到政治实践层面上,是它总结了历史的兴亡成败,尤其是秦亡于大"有为"的经验教训,主张君主治国的根本就是"无为"。《俶真训》把人类社会发展分为五个阶段,最高阶段

---

① 《淮南子·主术训》。
② 《淮南子·原道训》。
③ 《淮南子·原道训》。
④ "政事",(明)刘绩《补注》本、《四库全书》本作"事成"。

是"至德之世"。而实现"至德之世"的"至人之治"正是《本经训》中所指出的"随自然之性,而缘不得已之化"的"无为而治"。但在《修务训》中,作者还是更多地强调因势利导,遵循自然客观之理,才能"无为"而"无不为"。

3.《淮南子》中的其他哲学思想

关于中国古代一直争议不休的一个重要话题——人性善恶的问题,《淮南子》的观点是:人性自然。《人间训》说:"清净恬愉,人之性也。"即人的本性是自然的。另一方面,它又认为人性中有善的一面,这受到儒家孟子学派性善论的影响。在这个问题上,《淮南子》十分明显地表现为儒、道结合,而又以道家为主。在属于人性论范畴的性情关系说方面,《淮南子》也表现出儒、道结合的特点。大体说来,《淮南子》中的性情观,各有自己的统绪,道家的基本源自老、庄,尤其是庄子,儒家的则多采信孟子一系之说,这集中表现在:情说方面多与郭店楚简《性自命出》①一致,而性情观方面多与孟子相关。但从总体上说,道家在这方面的思考,在《淮南子》中还是占据主导地位的。② 在《原道训》中,作者引用《乐记》中的话:

> 人生而静,天之性也;感而后动,性之害(容)也;物至而神应,知之动也;知与物接,而好憎生焉。好憎成形而知诱于外,不能反己,而天理灭矣。(与《乐记》文字稍有变化)

此段是说,人之性在与外物(各种物质、社会环境)相接中,不能不产生"好憎"之情;这种"好憎"之情,足以使人迷失真性和大道。这可以看作是《淮南子》中道、儒两家关于"情生于性"并发生后天"情"变之缘由的一种共同的基本认识。但对于如何处置这种"情",道、儒两家却存在着分歧。道家主张"反诸性",《淮南子》中处于少数派的儒家则主张"教化"人性。

---

① 参见荆门市博物馆编《郭店楚墓竹简》,文物出版社 1998 年版。
② 参见马育良《中国性情论史》,人民出版社 2010 年 5 月版,第 152～159 页。

自先秦以来,形神问题已开始为一些学人所关注,它主要涉及人的形体与精神之间的关系。对于形神关系,《精神训》有比较详尽的论述,它把"形"看成生命的居所,"气"是生命的物质实体,"神"是生命的机制,三者缺一不可。人的形体之所以能自如运动,区分黑白,都是因为气是实体、神为主使的缘故。因此,我们可以用"神主形从"来概括《淮南子》对形神关系的认识。《精神训》还认为:对于人来说,形神虽然不可分离,但神处于更为重要的地位,神高于形,主宰形。人死了以后,肉体骨血皆化,而神则与天地俱生,并不消失。

天人关系在古代思想史上是占有重要地位的一个话题。《淮南子》认为人与天地万物一样,也是阴阳二气相生的结果。"天有九重,人亦有九窍;天有四时以制十二月,人亦有四肢以使十二节;天有十二月以制三百六十日,人亦有十二肢以使三百六十节。"①在人与自然的关系上,《淮南子》主张二者之间相互联系、相互影响。

《淮南子》认为历史是变化的,后胜于今,今胜于古。但是,《淮南子》又把至德至治的盛世推上上古,对远古时代倍加赞美。

在认识论层面,《淮南子》充分肯定了人的认识能力,认为人通过自己的认知器官,可以认知世界,掌握事物变化的规律。它强调人在认识事物时,不应停留在表面,而要深入内部,抓住本质,把握其规律。

(二)《淮南子》的社会政治思想

汉初意识形态论争的焦点是主张尊王(指汉中央王朝)攘夷(实指诸侯王及其他族群势力)、改制维新的儒家,与主张因循旧制、"萧规曹随"、无为而治的黄老道家之争。汉武帝初即位,即重用主张加强皇权的儒士出任将相,准备采纳文景时期比较失意的贾谊、晁错一派政治家的政治主张,即对内削弱诸侯、加强中央集权,对外抗御匈奴。刘安主持编撰《淮南子》,其所针对的,某种程度上可以说就是这种政治思维。汉武帝等人当时志在尊王攘夷,削诸藩,破匈奴,实施"大有为"之政。而刘安则主张因循旧范,无为而治,由此引申为政策,也就是要坚持汉初旧制。

---

① 《淮南子·天文训》。

就总体而言,《淮南子》一书是由形而上的宇宙图式和形而下的社会秩序论两部分组成的。形而上的"道"与形而下的"事"是《淮南子》的基本内容,"道"是"事"的凭借与依据,"事"是"道"的推演与延伸;讲"道"而不讲"事"则无以"与世浮沉",讲"事"而不讲"道"则无以"与化游息"。《淮南子》中的《主术训》、《缪称训》、《齐俗训》、《兵略训》、《人间训》、《泰族训》等,就是着重阐述形而下的社会政治秩序的,其中既有治国之道,也有"君人南面之术";既有"人间之事",也有修身养性之方。

《淮南子》的社会政治思想,仍主要表现在其受到"道""无为"哲学思想的影响,提出了政治"无为"等主张。"无为",是道家最基本的为政原则和最高的道德境界,它本身即具有政治的和伦理的两方面的涵义。而《淮南子》的政治"无为"思想则是对道家"无为之术"的凝练和提升。

因此,"无为"也是《淮南子》社会政治思想的内核。在《淮南子》中,许多政治主张都是围绕"无为"引申出来的。例如《主术训》专门论述君臣关系:"人主之术,处无为之事,而行不言之教;清静而不动,一度而不摇;因循而任下,折成而不劳。"认为社会风气不好,国家混乱的根源在于上层统治者多事,"政苛则民乱",要想使社会风气向好,只有从上层政治着手,让统治者节欲、省事以安民。既然君主"无为",由谁来治理国家呢?《淮南子》继承庄子"主者天道也,臣者人道也"①、"上必无为而用天下,下必有为为天下用,此不易之道也"②的主张以及战国后期以来道法家的思考,认为君主需要依靠群臣公众的力量和智慧来治理国家。君主只要实现了真正的"无为",就会出现"圣主在上位,廓然无形,寂然无声,官府若无事,朝廷若无人;无隐士,无轶民,无劳役,无冤刑。四海之内,莫不仰上之德,象主之指,夷狄之国,重译而至。非户辩而家说之也,推其诚心,施之天下"③的理想社会。但"君道无为"并不是什么都不做,其要旨在于使臣下各负其责,

---

① 《庄子·在宥》。
② 《庄子·天道》。
③ 《淮南子·泰族训》。

各尽所能，"则君得所以制臣，臣得所以事君，治国之道明矣"①。《主术训》主张人尽其才，物尽其用，"贤主之用人也，犹巧工之制木也，大者以为舟航柱梁，小者以为楫楔，脩（修）者以为榈榱，短者以为朱儒枅栌。无大小修短，各得其所宜。规矩方员（圆），各有所施"。正像物体各有其大小、长短一样，人也各有自己的用武之地。《淮南子》特别赞赏人主不计贵贱、亲疏和敌友而唯才是举的大略远识。

（三）《淮南子》对诸子思想的继承和整合

《淮南子》在吸收法家"法"、"术"、"势"思想的基础上，提出了"周于事"、"利于民"的观念。《淮南子》主张司法平等，"法定之后，中程者赏，缺绳者诛。尊贵者，不轻其罚；而卑贱者，不重其刑"②。《淮南子》以"与化推移"的进化历史观为理论依据，认为礼义法度应当适应时势的发展而加以改变。

关于儒家，《淮南子》虽然对仁与礼持批评指斥的态度，"此使君子小人纷然殽乱，莫知其是非者也"③，但它主要针对的是当时正在形成中的官方儒学，《淮南子》指斥这种儒学是"俗学"，是"暴行越智"。"显然，淮南王刘安的'招致天下诸儒方士，讲论道德，总统仁义'，和汉廷法度之下的独尊儒术，形成两极。"④而对于孟子的仁政思想，《淮南子》还是部分地吸取了过来。《淮南子》认为，末世是统治者苛政所致。《淮南子》对君主专制不以为然，视"无为而治"为德政。在这方面，《淮南子》尤其引人关注的，是《缪称训》思想内容的独具特色。《缪称训》开头即论"道"、论"德"，篇中不少文字与道家的《文子》相同，因此此篇有明显的道家倾向。但清人黄以周、现代学者杨树达都认为《缪称训》内容多取自先儒子思之书⑤。当代学者也认为，此篇保

① 《淮南子·主术训》。
② 《淮南子·主术训》。
③ 《淮南子·泰族训》。
④ 侯外庐等《中国思想通史》第二卷，人民出版社 1957 年版，第 74 页。
⑤ 见杨树达《淮南子证闻》，上海古籍出版社 1985 年版，第 92 页。杨书引黄以周言称："《缪称》作'夫子曰'，盖子思子述夫子之言也。"又说："《淮南》书称'子曰'者，他篇绝未见。盖此篇多本自《子思子》，详具上下文。《子思子》书多称'子曰'，此节盖亦本之，而仍其称耳。"

存子思学派的思想相当丰富①,更有人指出:"《淮南子·缪称训》除首尾两段为编者所加前言后语外,其他悉为子思书佚文。而种种迹象表明,这篇佚文正是《后汉书》李贤注所提到的《累德篇》。"②一般认为,全书叙目《要略》体现的是道家的思想,是要以道家的立场贯通全书。而作为全书总结的《泰族训》则出自儒家之手③。

墨家尚贤、节用、节葬的思想在《淮南子》中也有明显的体现。《淮南子》提倡国君举贤以立功。关于节用,《淮南子》主张"君人之道,处静以修身,俭约以率下,静则下不扰矣,俭则民不怨矣"④。关于节葬,《淮南子》认为口含宝珠、身披玉衣等安葬死人的方式,使得"穷民绝业而无益于槁骨腐肉也"⑤。关于非乐,《淮南子》指出:"乐者,所以致和,非所以为淫也。"⑥

《淮南子》对于阴阳家思想的吸收和发展,在《天文训》、《时则训》、《览冥训》、《本经训》、《泰族训》中表现显著,《天文训》、《时则训》两篇尤为集中。"天地以设,分而为阴阳。阳生于阴,阴生于阳,阴阳相错,四维乃通,或死或生,万物乃成。"⑦《时则训》记载了 12 个月中节气、农事、政事、物候、星宿、音律、祭祀、官制方面的不同变化,它体现了古人对于如何适应自然变化,利用自然规律为人服务的思考,也是君主治理天下的重要依据。文中提出"五位"、"六合"、"六度"之说,对天道规律作了进一步概括。强调只有顺应自然规律,"听政施教"才能成功。这些主张,从宇宙生成到治国原则,皆以阴阳家之说为根据。

(四)《淮南子》的文学成就

西汉淮南国的封地原属楚地,刘安对楚文化既有研究又有传承。汉武帝初年,"安入朝……使为《离骚传》,旦受诏,日食时上"⑧。

---

① 见刘乐贤《〈性自命出〉与〈淮南子·缪称〉论"情"》,《中国哲学史》2000 年第 4 期。
② 郭沂《〈淮南子·缪称训〉所见子思〈累德篇〉考》,《孔子研究》2003 年第 6 期,第 30 页。
③ 参见徐复观《两汉思想史》第二卷,华东师范大学出版社 2001 年版,第 176 页。
④ 《淮南子·主术训》。
⑤ 《淮南子·齐俗训》。
⑥ 《淮南子·本经训》。
⑦ 《淮南子·天文训》。
⑧ 《汉书》卷四十四《淮南王传》。

《淮南子》在编纂过程中受到楚文化和汉文化的影响,这特别表现在其对文学体裁的选择,以及它们对《淮南子》著述时写作手法和事物表现等方面的影响上。

汉高帝起于丰沛,特重楚声。而从贾谊以来,屈原的遭遇及《离骚》的文体,给了汉初文人以莫大的感召,从而酿成新兴汉赋的文学风潮,倾动朝野。刘安及其宾客从事著作之时,也是汉赋尚未遭到朝廷政治干扰而滋衍鼎盛之时。在《淮南子》中,不仅许多地方用了韵,而且全书的表现方式,也有似于刘勰对汉赋的评价——"极声貌以穷文"①。此外,《淮南子》中还有许多圆浑深厚的散体文②。

因此,《淮南子》在汉代赋体文学中表现出特有的价值和地位。对于《淮南子》的赋体色彩,可以从其大量的夸张、排比、对偶等手法来认识,如《原道训》:"夫道者,覆天载地,廓四方,柝八极;高不可际,深不可测。包裹天地,禀授无形;原流泉滂,冲而徐盈;混混汩汩,浊而徐清。故植之而塞于天地,横之而弥于四海……山以之高,渊以之深;兽以之走,鸟以之飞。日月以之明,星历以之行;麟以之游,凤以之翔。"这一长段的手法表现出句式对偶、文采华丽、气势博大、用词讲究等特点,它们从各种角度说明了"道"无所不在的特性。

《淮南子》在文学上的突出表现还在于运用了多种修辞手法。《淮南子》中使用比喻非常多,如《天文训》:"四时者,天之吏也;日月者,天之使也;星辰者,天之期也;虹霓彗星者,天之忌也。"这里把"四时"、"日月"、"星辰"、"虹霓彗星"说成是天文之"吏"、"使"、"期"、"忌",形象地说明了"天"与"四时"、"日月"、"星辰"等的关系,这也是《淮南子》感应说的重要体现。又如《缪称训》称"君,根本也;臣,枝叶也。根本不美,枝叶茂者,未之闻也",作者在这里用"根"与"叶"的关系来比喻君与臣的关系,比较贴切生动。

《淮南子》运用了大量的历史事例与故事来揭示其丰富而精深的思想与理论。高诱曾评价《淮南子》"其义也著,其文也富"。刘勰在

---

① 《文心雕龙·诠赋篇》。

② 参见徐复观《两汉思想史》第二卷,华东师范大学出版社 2001 年版,第 116 页。当然,刘勰所批评的汉赋的一些流弊,《淮南子》也多有表现。

《文心雕龙·诸子》中肯定了《淮南子》的文学价值，认为"淮南泛采而文丽。斯则得百氏之华采，而辞气文之大略也"。

　　《淮南子》保存和记述了大量古代神话传说及寓言故事、民间俗语，并在使用它们来说明事理时，能够运用颇具特色的艺术技巧与手法，化抽象为具体，化平淡为生动，增强了文章的说服力，从而表现出较强的艺术力量，使得《淮南子》不仅在思想史上成为一部承前启后的集学术大成之作，而且在古代汉语言发展史上也作出了一定的贡献。《淮南子》中出现的著名神话传说有"女娲补天"、"后羿射日"、"嫦娥奔月"、"共工怒触不周之山"等。《淮南子》全书共记载了75则寓言故事、传说等，仅《人间训》一篇就多达48则。《淮南子》中的寓言既有继承先秦的，如《说山训》中的"掩耳盗铃"；也有独创之作，如"塞翁失马"等就属于此类。

　　由于《淮南子》中的寓言广泛吸收先秦寓言的优点，能够从小故事中推出大道理，又更多地加入了一些形象创新，这使得"塞翁失马，焉知非福"等寓言，已经成为后人耳熟能详的成语。根据不完全统计，《淮南子》中的成语典故总数在100条左右①。这些成语典故，大致上可以分为两种类型：第一种是原创型，即在《淮南子》中首次出现并使用，如"至高无上"、"居高临下"等；第二种是引申沿用型，就是《淮南子》在前人成语的基础之上或直接引用，或将之沿用、加工而成，如"深不可测"②、"若不胜衣"③等。

　　可以说，《淮南子》文学色彩浓烈，语言表现手法丰富、形象，内容生动有气势，总体结构完整，是中国古代文学中不可多得的优秀作品。

　　就中国文化史、中国文学史而言，《淮南子》中表现出的一些文学特性很值得关注。从整体上说，原来以追求"义理"为旨趣的子书到刘安生活的时代大抵已呈消歇之势，而另一方面，从汉初以来，子书中的文学因素逐渐增强并凸显。这个趋势，在汉初贾谊等人那里已经显

---

① 参见方川《〈淮南子〉成语典故初探》，安徽省《淮南子》研究会编《〈淮南子〉研究》第一卷，黄山书社2006年版，第87页。
② 引自《楚辞·大招》："代水不可涉，深不可测只。"
③ 沿用自《荀子·非相》："叶公子高微小短瘠，行若将不胜其衣。"

示出来,从刘安开始更趋明显。刘安精通众说,又擅长文辞和音乐,能在半日内撰成《离骚传》。无疑,他是一位极富文学修养的思想家。他主持编撰的《淮南子》具有更趋于精致化的文学特点。此后的刘向,除了作《新序》外,也撰写了《说苑》、《世说》、《列女传颂图》等文学色彩很浓厚的著作。《淮南子》等子书的这种变化,从一个侧面显示了复杂而丰富的文学现象在汉魏之间的流变和涌动。

(五)《淮南子·要略》的学术史价值①

《淮南子》能获得崇高的思想文化史地位,同刘安等人超越的学术视野是不可分的。而凝聚了刘安等人学术史思考成果的《要略》篇,也自应有其至今仍不可忽视的学术史价值。

《要略》在汉代学术史上,第一次着重探讨了诸子学缘起的问题。其诸子缘起说的要点有以下诸端:

1. 孔子修成康之道,述周公之训,以教七十子,使服其衣冠,修其篇籍,故儒者之学生焉。

2. 墨子学儒者之业,受孔子之术,以为其礼繁扰而不说,厚葬靡财而贫民,久服伤生而害事,故背周道而行夏政……故节财、薄葬、闲服生焉。

3. 有齐国之地势,桓公之霸业,而后《管子》之书作。有战国之兵祸,而后纵横修短之术出。有韩国之法令,"新故相反,前后相缪",而后申子刑名之书生。有秦孝公之图治而后商鞅之法兴焉。

4.《要略》作者隐然认为,诸子"各家都是因了时势变迁,乘机而兴",犹如"文王之时,纣为天子,赋敛无度,杀戮无止……文王欲以卑弱制强暴,以为天下去残除贼而成王道,故太公之谋生焉"。"周公继文王之业,持天子之政,以股肱周室,辅翼成王。惧争道之不塞,臣下之危上也,故纵马华山,放牛桃林,败鼓折枹,搢笏而朝,以宁静王室,镇抚诸侯"②。

应该指出,《要略》作者在当时特别提出诸子缘起之说,是要以

---

① 参见马育良《〈淮南子·要略〉与近世章、胡诸子学论争》,《中华文化论坛》2007 年第 4 期。

② 侯外庐等:《中国思想通史》第二卷,人民出版社 1957 年版,第 71~72 页。

"辨章学术,考镜源流"的策略,促动最高统治者认识到"淮南""大道"之学的超越性价值。

在《要略》中,作者比较具体地探讨了诸子缘起之历史实相,并首次从外缘方面探讨了诸子学发生的原因,这对后世重视学术缘起之外在理路的研究,是有影响的。这里需要特别关注的是,20 世纪初叶,诸子缘起问题重新受到关注和审视,并围绕这一话题发生了一场涉及者虽不为多,而影响却不可谓不大的学术论争,其代表性人物就是章太炎和皖籍学者胡适。

五、《淮南子》的传播和研究

刘安到长安将《淮南子》内篇献给汉武帝时,武帝的态度是"爱秘之"。《汉书·艺文志》把它归入杂家。

但是,《淮南子》毕竟是一部旷世奇书。它以其博大的体系、丰富的内容、深邃的思想、灿烂的文采,奠定了它在中国思想史、哲学史、文学史、文化史和科技史上的地位。后世学者也对它非常关注,注释、研究者代不乏人。两汉时期最著名的《淮南子》注释家是许慎、高诱。高诱首先指出"其旨近老子"。这本奇书对汉代著名学者刘向与刘歆父子、桓谭、王充等人都产生过不同程度的影响。此后,宋、明、清、近现代各个时期都有一批学者致力于《淮南子》的研究①,其中引人注目者是庄逵吉、王念孙、梁启超、刘文典、胡适等人。皖籍学者刘文典所撰《淮南鸿烈集解》,综汇前人注解,校勘考订,"博采求实,最称精善"。胡适曾称赞说:"吾友刘叔雅教授新著《淮南鸿烈集解》,乃吾所谓总账式之国故整理也……叔雅治此书,最精严有法。"又说:"其功力之坚苦如此,宜其成就独多也。"②《淮南鸿烈集解》于 1923 年由商

---

① 研究《淮南子》的学者,宋代有苏颂、高似孙、黄震,明代有刘绩、张斌如、王莹、焦竑、朱东光、茅一桂、王夫之,清代有黄丕烈、惠栋、顾广圻、陈奂、王念孙、钱塘、庄逵吉、卢文弨、汪文台、孙诒让、陶方琦、俞樾,近代有曾国藩、章太炎、吴汝纶、梁启超、王国维,现当代有胡适、刘文典、刘家立、蒋礼鸿、于大成、刘殿爵、吴则虞、吴承仕、杨树达、刘盼遂、马宗霍、王叔岷、郑良树、牟钟鉴、何宁、张双棣、陈广忠、陈丽桂、陈一平等。

② 胡适《〈淮南鸿烈集解〉序》,见《刘文典全集》第一册,安徽大学出版社、云南大学出版社 1999 年版。

务印书馆出版。1989 年,《淮南鸿烈集解》冯逸、乔华点校本由中华书局出版。1999 年出版的《刘文典全集》(4 卷),将《淮南鸿烈集解》列于全书首卷,并考订以往所出《淮南鸿烈集解》各种版本,附入刘文典1948 年朱笔批语。同时,《刘文典全集》还收入《淮南子校补》、《淮南子逸文》、《淮南子校录拾遗》、《淮南鸿烈集解补逸》及原《集解》附录之《淮南天文训补注》等刘氏《淮南子》研究论著。刘文典认为:《淮南子》"博及古今,总统仁义,牢笼天地,弹压山川,诚眇义之渊丛、嘉言之林府,太史公所谓'因阴阳之大顺,采儒、墨之善,撮名、法之要'者也"①。胡适不仅不遗余力地支持刘文典的《淮南子》研究事业,而且亲撰《淮南王书》,站在现代学理的高度,探讨《淮南子》的思想史价值和哲学价值。他认为《淮南子》"折衷周、秦诸子,'弃其畛挈,斟其淑静,非循一迹之路,守一隅之指',其自身亦可谓结古代思想之总账者也"②。

在现当代,有的学者继续在传统学术的范围内,从事《淮南子》的笺释、考证等方面的研究;有的学者则以新的学术视野观照《淮南子》,在撰著中国思想史、哲学史、文学史时,为《淮南子》辟专章或专节,对其思想、哲学、文学价值及其相关影响进行深入研究。20 世纪80 年代以来,《淮南子》研究的态势日趋多样化,研究方向也各有侧重,重要论著有何宁的《淮南子集释》,张双棣的《淮南子校释》,陈广忠的《淮南子译注》、《淮南子斠诠》,陈一平的《淮南子校注译》,牟钟鉴的《〈吕氏春秋〉与〈淮南子〉思想研究》等。据台湾学者陈丽桂在《两汉诸子研究论著目录》中的统计,仅 1997—2001 年间,海内外就发表了《淮南子》研究论文、专著 174 种,其中"考据"15 种、"综述"31种、"义理"113 种、"其他"15 种,几乎涵盖了社会科学和自然科学的所有领域。

2004 年 12 月,安徽省《淮南子》研究会在淮南市正式成立,它进一步凝聚了《淮南子》研究的学术力量,推动了《淮南子》研究成果的普及。

---

① 刘文典《〈淮南鸿烈集解〉自序》,《刘文典全集》第一册。参见诸伟奇《〈淮南鸿烈集解〉撰事考零》,安徽省《淮南子》研究会编《〈淮南子〉研究》第一卷,黄山书社 2006 年版,第 130 ~ 131 页。
② 胡适《〈淮南鸿烈集解〉序》,《刘文典全集》第一册。

《淮南子》早在唐代就传到了日本。近百年来,日本研究《淮南子》的论文、著作达数百种①,重要研究者有池田知久等。西方学者对《淮南子》的研究兴趣很大,美国夏威夷大学哲学教授 Roger. T. Ames（安乐哲）长期从事东西方文化的比较研究,曾撰专著对《淮南子·主术训》进行探讨②。还有将《淮南子》全书译成法文的,如加拿大学者白光华等。

第二节　桓谭与《新论》

桓谭是两汉之际的哲学家、经学家、无神论者,也是与当时的刘向、刘歆父子和扬雄齐名的杰出学者,是在学术上很有成就的重要人物。他博学多才,其代表作《新论》在中国哲学史和思想史上产生过深刻的影响。

一、桓谭生平

桓谭,西汉末年至东汉初年人,生卒年待考③,一般认为他是公元前 20 年左右到约公元 56 年间人④。桓谭字君山,沛国相人。他的父亲在汉成帝时做过太乐令,他因为父亲的缘故,被任为奉车郎。桓谭好音律,善鼓琴,喜欢歌舞杂戏。王莽时,桓谭曾任掌乐大夫。他博学通达,“遍习五经,皆训诂大义,不为章句。能文章,尤好古学”⑤。“古学”指古文经学。他对当时今文经学“两字之说,至十余万言”繁琐附会

---

① 据何宁《日本淮南子书录》统计,自 18 世纪至 20 世纪 70 年代,日本有 37 种《淮南子》研究著作传世。
② 中译本称《主术——中国古代政治艺术之研究》,译者滕复。
③ 关于桓谭生卒年之说有 10 余种意见,详见张子侠《桓谭生卒年驳议》,《安徽教育学院学报》1997 年第 2 期,第 18~20 页。
④ 见白寿彝、廖德清、施丁主编《中国通史》第四卷《中古时代·秦汉时期（下册）》,上海人民出版社 1995 年版,第 447 页。
⑤ 《后汉书》卷二十八上《桓谭列传》。

的学风十分不满,曾多次追随刘歆、扬雄辩析疑异。桓谭衣着简易,不修威仪,对俗儒轻视讥笑,因此多受排挤,"哀平间,位不过郎"①。

西汉末年,王莽曾利用符命摄政。作为与王莽私交尚好的旧识,桓谭在王莽称帝前后也被任用。居摄元年(公元6),桓谭为谏大夫②。次年,王莽依《周书》作《大诰》,遣桓谭等颁于天下。封桓谭为明告里附城。王莽即位,任桓谭为掌乐大夫。时天下之士多对王莽阿谀奉承,纷纷作符命以求升迁,而桓谭却"独自守,默然无言"③。

刘秀建立东汉政权后,广征博学之才,桓谭被征召待诏,但因"上书言事失旨"④,不符合光武帝的意愿,未被任用。后来大司空宋弘推荐了他,认为他"才学洽闻,几能及扬雄、刘向父子"⑤,桓谭才被拜为议郎给事中。

桓谭屡次上疏奏陈自己的治国思想,冒死上《抑谶重赏疏》,使光武帝看了很不高兴。

中元元年(公元56),汉光武帝筹建灵台。当时的灵台是观测天象的地方。光武帝要以谶来决定灵台的位置,并故意询问不信谶的桓谭。桓谭沉默许久,回答说:"臣不读谶。"并一再坦言谶纬不是经,而是一种迷信。光武帝大怒,指斥桓谭"非圣无法,将下斩之"⑥。桓谭叩头流血,得以幸免。随后,桓谭被逐出京师,贬为六安郡丞。桓谭受此打击,忧郁成疾,病逝于赴任路上。卒后,冢于沛相。

桓谭"见刘向《新序》、陆贾《新语》,乃为《新论》"⑦。

桓谭一生著述较多,除《新论》外,尚有赋、诔、书、奏等,凡26篇⑧。《后汉书》本传载桓谭曾3次上书言事,其中载录疏文的有2次,一为拜议郎给事中时,"上疏陈政事所宜"(《陈时政疏》);二为《抑谶重

① 《后汉书》卷二十八上《桓谭列传》。
② 参见刘汝霖《汉晋学术编年》上,上海书店1992年版,卷三第134页。
③ 《后汉书》卷二十八上《桓谭列传》。
④ 《后汉书》卷二十八上《桓谭列传》。
⑤ 《后汉书》卷二十六《宋弘列传》。
⑥ 《后汉书》卷二十八上《桓谭列传》。
⑦ 《太平御览》卷六百二引。
⑧ 《后汉书》卷二十八上《桓谭列传》。

赏疏》。南朝梁阮孝绪《七录》录有《桓谭集》5 卷，当为其文献别集。《新唐书》卷五十七《艺文志》载录桓谭《乐元起》2 卷、《琴操》2 卷。

纵观桓谭一生，历经西汉、新朝、东汉三朝，正处于两汉之际政局动荡的年代。作为一位官员，桓谭关心百姓疾苦，不谄媚于上；作为一位思想家，他遵循经验，求真务实，反对鬼神迷信；作为一位经学家，他主张对儒家经典作出实事求是的解释，反对烦琐之学。桓谭可贵的斗争精神与哲学思想对于后世思想，尤其是无神论思想的发展具有重要的影响。①

二、《新论》的基本内容

桓谭所著《新论》原共 29 篇②。但《后汉书·桓谭列传》李贤注中，列举其内容为 28 篇，篇名有《本造》、《王霸》、《求辅》、《言体》、《见征》、《谴非》、《启寤》、《祛蔽》、《正经》、《识通》、《离事》、《道赋》、《辨惑》、《述策》、《闵友》、《琴道》等，其中《本造》、《述策》、《闵友》、《琴道》各一篇，其余均分上下篇，《琴道》篇由汉章帝命班固续成。至《隋书·经籍志》，著录为"《桓子新论》十七卷"。

《新论》在唐代尚存，所以《隋书·经籍志》中有录，大约到宋时已亡佚。今存文皆系后人辑佚。

《新论》原书因已散佚，不能统观全貌。但是从残存的内容来看，其朴素明快的风格、强烈的批判精神、独抒己见的文风，应该说都有助于我们对桓谭思想的认识和解读。

《新论》③现存篇章的内容主要为：《本造》阐述撰著《新论》的目的在于述古正今，亦欲兴治也，并将自己的著述比于《春秋》。《王霸》、《求辅》、《言体》、《谴非》等篇主要阐述作者的政治观念，如主张实行"霸王道杂之"的治道，统治者应努力寻求贤能俊杰作为辅佐，统治者

---

①　以上"一、桓谭生平"的内容主要参考了白寿彝、廖德清、施丁主编《中国通史》第四卷《中古时代·秦汉时期（下册）》的研究成果。见该书第 447～453 页。

②　《后汉书》卷二十八上《桓谭列传》。

③　本节《新论》引文据黄霖、李力校点，上海人民出版社 1977 年版《新论》。《形神》篇引文及相关考证据中国科学院哲学研究所中国哲学史组、北京大学哲学系中国哲学史教研室编《中国哲学史资料简编》两汉—隋唐部分上册桓谭《形神》，中华书局 1963 年版，第 174～183 页。

应知大体、知人善用,并对王莽及其政治进行分析。《祛蔽》、《启寤》、《辨惑》、《道赋》等篇则提出了作者的形神关系论和教育思想,对当时流行的谶纬迷信、神仙方术进行批判,还阐述了作者朴素的认识论。《见征》、《闵友》等篇阐述了作者的人生哲学和为人处世之道,介绍了当代著名学者扬雄及其学问。在经学方面,则通过《正经》等篇,提出对《春秋》三传等予以正确认识与评价的主张。在历史方面,则借《识通》、《述策》等篇,对西汉君主进行评价,解说汉初的平城之围等。《离事》、《琴道》等篇则涉及天文、地理、音乐、水利等方面的内容。明吴康虞所辑《新论·形神》篇更是一篇讨论形神关系的重要论文。

三、桓谭思想产生的时代背景

桓谭的学问基础及思想人格的形成,可以说是在汉成帝末年、哀平时期奠定的。这个时代,社会及政治的风气日益发生变化,帝国权力中枢的运作逐渐出现变态,这主要表现在:"成、哀之世,汉岂复有君臣哉!妇人而已矣。"①西汉自从景帝以后,削夺宗室诸侯之力,以致失去了抑制中央权臣、外戚的力量。成帝时,元帝皇后王氏一族专政数十年。哀帝即位,外戚的另一支傅、丁二氏又起,最后再加上一个外戚兼嬖臣董贤。哀帝死后,王太后立即以王莽为大司马领尚书事。汉室政治权力的核心,始终掌握在外戚的手上,这使国政失去了正常运行的可能。在这个过程中,可以说人们的思想信仰问题也日益显露。其一是孔门儒学"天下为公"的思想在西汉,尤其是西汉思想家中极有影响,这从一个方面促成汉儒,甚至包括刘歆、扬雄、桓谭等杰出学者乐于接受王莽取汉而代之的现实,同时又促使桓谭等人对王莽和后来的光武帝取一定的独立批判的立场。二是当时盛行,后世多所关注的"经术之变,溢为五行灾祥之说"(王夫之言)的社会思潮和思想,也就是谶纬之学的巨大影响。所谓谶纬,是谶书和纬书的合称,谶是预言未来吉凶福祸与得失的文字和图像,纬是汉人伪托孔子所著的古书。这些书籍以儒家经典的形式来附会人事吉凶福祸、预言治乱兴废,其

---

① 王夫之《读通鉴论》卷五《哀帝》三。

实多为荒诞无稽之谈。但这种思想却将儒家"天下为公"的理想，"组入于阴阳消息，五行生克的庞大有机体的构造中，将理想化为由天道运行而来的定命论，更以灾祥符瑞，为此定命论的证验，于是王莽取汉而代之，乃天命使然，无可反抗"。"上面两条线索，交混在一起，便形成'合天下奉之以篡'"的局面。① 后来的刘秀，在某种程度上，也是利用"上面两条线索，交混在一起"而起。

这里我们要注意的是，由东汉开始形成的君臣间的比较凝固的关系，由宋儒所强调的君臣大义的关系，在西汉知识分子当中还相当稀薄。桓谭、扬雄，甚至包括刘歆，都生活在这一大的时代背景之下，这自然会影响到他们对现实政治的态度及学问路向。就桓谭而言，他的古文经学取向，他在汉末和王莽新朝时期与当政者的貌合而实不合，他的反对刘秀等人谶纬政治的言行以及著书宣扬独特的思想学说等，都与此相关。②

四、桓谭的思想及其贡献

桓谭在《新论》中提到他的著述宗旨是："术辨古今，亦欲兴治也。"③他的社会政治思想表明了他对东汉初年兴利除弊的一些主张。他的哲学思想，包括反对迷信、谶纬④，提出自己的形神思考等，则是针对当时的一些社会风尚而发的，说到底也是为了"兴治"。

（一）桓谭的哲学思想

在中国哲学史上，桓谭最突出的贡献是从无神论的立场，"以烛火喻形神"，相当程度上解决了形神关系问题。桓谭在《新论》之《形神》、《祛蔽》等篇中，主论形神关系，对战国以来社会上流行的神仙方术迷信进行了严肃的批判，其中《形神》是一篇讨论精神与肉体关系的哲学专论。论文主要驳斥了长生不死的迷信，同时也否定了灵魂不

① 徐复观《两汉思想史》第二卷，华东师范大学出版社2001年版，第282页。
② 参见徐复观《两汉思想史》第二卷，华东师范大学出版社2001年版，第282页。本目写作中参考了徐复观《两汉思想史》第二卷第278～283页的相关内容。
③ 《新论·本造》。
④ 钱钟书曾说："通观《新论》，桓氏识超行辈者有二：一、不信谶纬，二、不信神仙。"见钱钟书《管锥编》第三册，中华书局1986年第2版，第976页。

灭的信仰。其主要观点是：人的生命是由形体和精神结合而成，精神和形体的关系如同火光和烛体的关系一样；火光的强弱是随烛体和油脂的长短多少为转移的，精神的强弱也是随形体的强弱为转移的；烛体燃烧完毕，灯火无法复燃，人的形体衰老死亡，精神也随之消灭，人老如秃灯，人死如灯灭；死亡意味着生命的终结，是一种自然的现象，一切有生命的东西都必然经过生长、衰老和死亡的过程，人的主观愿望是无法改变它的。①

桓谭关于烛火的比喻，包含了进步的人生观、生死观、养生观因素。这一观点的实质是明确了神对形的依赖关系，烛烬火灭，形尽神灭，显示桓谭已开始摆脱形神二元论的影响，逐渐接近了形神一元论，这在当时来说是一个了不起的贡献。但在这篇文章中，桓谭仍认为精神是一种特殊的物质——"神气"，并居住在形体之中，他还没有得到精神是形体的作用这一合乎科学的结论。② 后来晋朝的慧远曾利用"烛火之喻"中"精神居形体"的"居"这个漏洞，提出烛烬后火可以从一根烛传到下一根的说法，由此往复来论证"形尽神不灭"③。到北朝齐时，邢邵重申了桓谭的"神灭论"④。到南朝梁时，范缜在《神灭论》中，更进一步从"形"（肉体）"神"（灵魂）相同合一的观点出发，建立其"神灭论"思想，这一问题才得到了解决。

桓谭的形神论是上承孔子等先秦儒家"不语怪力乱神"的思想路线的。从这个角度讲，桓谭批判精神可以脱离形体单独存在的观点，反对方士的长生说，便带有反对一般宗教迷信的意义。他所提出的"以烛火喻形神"的命题，不仅是对先秦儒家进步思想的一种护教，也一直成为后来的学者用来反对灵魂不死和有鬼论的思想武器，它对稍

---

① 参见中国科学院哲学研究所中国哲学史组、北京大学哲学系中国哲学史教研室编《中国哲学史资料简编》两汉—隋唐部分上册，中华书局1963年版，第175～176页。

② 参见中国科学院哲学研究所中国哲学史组、北京大学哲学系中国哲学史教研室编《中国哲学史资料简编》两汉—隋唐部分上册，中华书局1963年版，第176页。

③ 《全晋文》卷一六一释慧远《沙门不敬王者论》之五《形尽神不灭》："火木之喻，原自圣典……火之传于薪，犹神之传于形。"

④ 《全北齐文》卷五杜弼《与邢邵议生灭论》："邢云：'神之在人，犹光之在烛，烛尽则光穷，人死则神灭。'"

后的王充等思想家有很大的影响,而且对南北朝时期何承天、刘孝标、范缜等人的批判佛教"神不灭论"有着很明显的先导作用。

桓谭在中国哲学史上另一个突出的贡献,就是对谶纬迷信的批判。西汉末年,由于社会危机加剧,使得谶纬符命迷信盛行起来,统治者也视谶纬为统治百姓、争权夺利的工具。在这方面,王莽、刘秀都有突出的表现。桓谭在对社会和历史作了深入研究后,对当时流行的谶纬及占筮、祭祀、求雨等活动给予了批判,他指责王莽笃信符命鬼神,到死都不悔悟,其败亡与所谓的天意无关。

当时,光武帝刘秀十分迷信谶记,多以它来决定疑难。桓谭在《抑谶重赏疏》中劝谏光武帝,他指出,谶纬的预言"虽有时合",然而如同占卜一样,它只是一种偶然性,不足为信。他认为皇帝听纳谶记是一种错误,如果轻信谶纬,其结果必将误国。为了帮助时人认清真相,桓谭还揭露了那些编造图谶的人妄自依托孔子附会儒家经典的骗术。

基于上述观点,桓谭还反对灾异迷信。他说:"灾异变怪者,天下所常有,无世而不然。"①对于怪异现象,只要明君、贤臣等能够以修德、善政应对,就可以逢凶化吉。尽管他的思想中还保留了某些天人感应说的因素,但他反对灾异迷信的言论在当时仍具有显著的进步意义。

(二)桓谭的社会政治思想

桓谭著《新论》的主旨在于"兴治"。

针对西汉元成以来的社会政治,桓谭在《新论·王霸》中提倡"霸王道杂之"的治道,并对王霸之道作了阐释。桓谭"霸王道杂之"的思想大体包括三个要点:一是除害、富民,以礼义教民;二是加强皇权,统一法度;三是百官修理,威令必行。就是说,要把民生问题放在首位,同时注意巩固政权,防止政治腐败。这在两汉之际百姓遭殃、政权不稳、政治腐败的情况下,是有一定的针对性和现实意义的。

桓谭在《陈时政疏》中论说时政,主张任用贤人。他说:"国之废兴,在于政事;政事得失,由乎辅佐。"认为国家兴废的关键取决于是否有贤能的人辅佐君主,为其出谋筹略,以使"政调于时"。桓谭并在

---

① 《新论·谴非》。

《新论·求辅》中集中论述了他在这方面的认识。

桓谭还主张设法禁奸,重农抑商,统一法度。他建议申明法令,惩办行凶违法者,包括知法犯法者,争取社会安宁。他认为:"理国之道,举本业(农业)而抑末利(商贾)。"①他要求劝导百姓务农,多生产粮食以尽地力,同时打击兼并之徒和高利贷者,不让商人入仕做官,商贾的一切非法所得都赏给告发他们的人。同时认为:"法令决事,轻重不齐,或一事殊法,同罪异论"②,这就容易被奸吏乘机钻营,从而导致奸猾逍遥法外,无辜者受害。国家应"校定科比,一其法度"③,通令颁布,使天下人遵守。这才可使吏民有法可依,难以胡作非为。

此外,桓谭还提出了"知大体"论,这也主要体现在桓谭的政治思想中。桓谭继承并发展了孟子"从其大体为大人"④的思想,指出"大体"者即为"是当"之事;知大体要见知于言行,考虑自己一言一行给天下百姓的影响。

五、《新论》的传播和研究

桓谭的论著很受时人和后世学者重视。稍晚的王充很是推许《新论》,认为《新论》的水平高于董仲舒、司马迁、扬雄的著作,甚至可以与孔子的《春秋》相比。范晔在《后汉书》中提到,桓谭是两汉之际著名学者,与杜林、郑兴、陈元等人"俱为学者所宗"⑤。对于他因为坚持反对谶纬迷信而遭受打击以致"流亡"的命运,范晔不胜感慨,慨叹"桓谭、尹敏以乖忤沦败"⑥,"桓谭以不善谶流亡"⑦,对于他坚持明智的学术观点深表赞赏,对于他被迫害致死深表同情。

此后,南北朝、唐、宋、元、明、清各个时期都有学者关注《新论》。唐朝魏徵编《群书治要》,收入了《新论》的若干段落。《隋书·经籍

---

① 《后汉书》卷二十八上《桓谭列传》。
② 《后汉书》卷二十八上《桓谭列传》。
③ 《后汉书》卷二十八上《桓谭列传》。
④ 《孟子·告子上》。
⑤ 《后汉书》卷三十六《陈元列传》。
⑥ 《后汉书》卷八十二上《方术列传上》。
⑦ 《后汉书》卷三十六《贾逵列传·论》。

志》、《旧唐书·经籍志》、《新唐书·艺文志》均著录了《新论》一书。元、明、清学者主要做了大量的《新论》辑佚工作。其中严可均辑本为今人研究桓谭思想及其贡献提供了更多的可能性。

西方学者对桓谭及其《新论》的研究兴趣也很大，美国加利福尼亚大学陈启云教授在《剑桥中国秦汉史》第15章《后汉的儒家、法家和道家思想》中专辟《桓谭：务实的呼声》一目，对桓谭的哲学、社会政治思想进行评价，认为他"目击了高度保守的后汉政权的兴起，他发现自己和后汉政权不相投合。和扬雄温和的理想主义倾向不同，桓谭的态度更重实效，更实际得多"。"在非难当代儒家学者方面，桓谭比扬雄走得远得多。"桓谭重视世俗的"霸功"，"可能是汉代儒家为法家学说所作的最不隐晦的辩护"。①

第三节　两汉时期以沛郡和九江郡为中心的安徽经学

汉初，道家黄老之学对社会经济的恢复和发展起到了一定作用。但是，作为一种社会政治思想，黄老学要旨在于"因循为用"而已，萧何因袭秦朝律法，"萧规曹随"，"文帝宗之"，一般政治层面并非儒家理想的一套。② 同时，清静无为的主张也在客观上削弱了中央皇权。在这个过程中，儒家思想由潜流暗动而逐步走上了历史的前台。到汉文帝时，朝廷开始置儒家经学博士。文景之后，儒家"大一统"思想开始受到重视。建元五年（前136），汉武帝接受董仲舒"诸不在六艺之科，孔子之术者，皆绝其道，勿使并进"③的建议，列儒家经典于官学。随着"独尊儒术"政策的推行，儒学的独尊地位得到确立。

汉代新儒学需要面对的是正在形成中的新的帝国文明。从这个

①　[英]崔瑞德、鲁唯一编，杨品泉等译《剑桥中国秦汉史》，中国社会科学出版社1992年版，第835~836页。
②　参见马育良《汉初政治与贾谊的礼治思想》，《中国哲学史》1994年第2期。
③　《汉书》卷五十六《董仲舒传》。

视角出发,汉代儒家对礼、仁等传统儒学资源进行了新的掘发,并结合阴阳五行说等思想,创造出新的思想理论模式。与先秦儒学相比,汉代儒学自然发生了种种变异,但同时又承胤了某些共同的主题和文化资源,从而在它们之间形成了一条连绵传袭的文化变体链。①

汉代儒学的主要表现形式是经学,《汉书·儒林传》说:"六艺者,王教之典籍,先圣所以明天道,正人伦,致至治之成法也。""六艺"就是"六经"。对经的诠释与阐说则为经学。两汉时期,是"经学昌明"和"经学极盛"的时期②。两汉时期的经学分为今文经学与古文经学,今文经指采用当时通行的文字(隶书)书写的儒家经典,古文经指秦以前用古文书写、又经汉代学者加以训释的儒家经典。今文经学重视《公羊春秋》学,古文经学则注重《周礼》等古文经典的研究。东汉末年,又出现了融合今古文经学的郑(玄)学。今文经学与古文经学,分别从不同方面对儒家思想进行了补充和发展,促使儒学更好地适应了封建统治者的需要。"从这时开始,统治者已经乐于把儒术视为一种长久、安宁之术,而在另一面,则也使统治者多少丢掉了一些粗野。"③

两汉时期,安徽因应时代风尚之流变,境内以沛郡和九江郡为中心的经学传播与经学教育也引人瞩目。

早在西汉前期,经学已经在安徽北部地区传播。这可以从阜阳双古堆汝阴侯夏侯灶墓出土的简牍文献中得到印证。在发掘夏侯灶墓的过程中,共整理出 10 多种竹、木简及木牍古籍残片,其中双古堆汉简《诗经》的出土,被认为是"六艺"《诗》类经典迄今最重要的发现。④双古堆出土《国风》残文,近 60 篇诗,涉及 14 国(惟《桧风》缺);《小雅》残文为《鹿鸣之什》中的 4 篇⑤。双古堆汉简《诗经》按汉初楚地的

① 参见马育良《汉初三儒研究》,黄山书社 1996 年版,第 2 页。

② 参见(清)皮锡瑞著、周予同注释《经学历史》,中华书局 1959 年版。

③ 马育良《董学:宗教神秘思维与文化沟通》,《中国文化研究》1995 年秋之卷,第 33 页。

④ 李零《简帛古书与学术源流》,北京三联书店 2004 年版,第 231 页。参见阜阳汉简整理组《阜阳汉简〈诗经〉》,《文物》1984 年第 8 期,第 1~12 页;胡平生、韩自强《阜阳汉简〈诗经〉简论》,《文物》1984 年第 8 期,第 13~21 页;胡平生、韩自强《阜阳汉简诗经研究》,上海古籍出版社 1988 年版。

⑤ 《安徽省志·文物志》(安徽省地方志编纂委员会编,方志出版社 1998 年版)称为《鹿鸣》、《伐木》等,见该书第 457 页。

阅读习惯抄写,很多字的用法与今本不太一样。与同一时期北方系统的毛诗和齐、鲁、韩三家诗的佚文相比较,无法归入其中的任何一家。它的篇次排列,也与今本不太一样。而今本《诗经》中的常用语气词"兮"字,双古堆简文皆作"旖",相当于古书用作语气词的"猗"。① 双古堆汉简《周易》残文内容包括今本《周易》64 卦中的 40 多卦,其中有卦画、卦辞的 9 片,有爻辞的 60 余片。残文于每条经文之后,多以"卜"字系于卜问事项,内容大抵同于秦汉日书及《史记·龟策列传》的卜问事项。《汉书·艺文志》"六艺略"有《易经》12 篇,而《数术略》中另有《周易》38 卷、《於陵钦易吉凶》23 卷、《大次杂易》30 卷等属于蓍龟家的《易》。双古堆汉简《周易》当属后一类。其卜事之辞有固定的格式,指出各种天象和人事的吉凶,如晴雨、田渔、征战、事君、求官、行旅、出亡、嫁娶、疾病等。其《周易》经文与今本《易经》亦有不少异文,多通假字,因此具有一定的校勘价值。② 双古堆汉简中属于传统小学范畴的有《仓颉篇》,它被认为"是《仓颉篇》亡佚近千年后最重要的一次发现"③。《仓颉篇》文本具有明显的秦代特征,所据之本应为秦本,但篇中字体是隶书,字数、内容超出 20 章。学者认为,秦李斯《仓颉篇》早已失传,过去所获汉简残片,文字较少。双古堆《仓颉篇》字数较多,可能是汉兴"闾里书师"续写的《仓颉》55 章本。简文用韵情况除了罗振玉、王国维归纳的"二句一韵"或"一句一韵"外,也有三句一韵的情况。此书还具有罗列物名和"分别部居"的特点,这种特点被后来的《说文解字》所继承,成为字书的主体。④

夏侯灶墓还出土有 3 枚与儒家有关的篇题木牍,分别与《孔子家

① 李零《简帛古书与学术源流》,北京三联书店 2004 年版,第 231 ~ 232 页。

② 李零《简帛古书与学术源流》,第 244 页。中国文物研究所古文献研究室、安徽省阜阳市《阜阳汉简〈周易〉释文》,韩自强《阜阳汉简〈周易〉研究》,见陈鼓应主编《道家文化研究》第 18 辑,北京三联书店 2000 年版,第 15 ~ 62 页、第 63 ~ 132 页。

③ 《安徽省志·文物志》,第 457 页。参见阜阳汉简整理组《阜阳汉简〈仓颉篇〉》,胡平生、韩自强《〈仓颉篇〉的初步研究》,《文物》1983 年第 2 期,第 24 ~ 34 页、第 35 ~ 40 页;李零《简帛古书与学术源流》,第 247 ~ 248 页。

④ 参见李零《简帛古书与学术源流》,北京三联书店 2004 年版,第 247 ~ 248 页、第 256 ~ 257 页。

语》、《说苑》及《新序》、《荀子》等儒家著作的内容相关①。其中与《孔子家语》有关的木牍有章题 46 条,章题多与孔子及其门人有关,如"子曰北方有兽"、"孔子临河而叹"、"卫人醢子路"等②。这些章题的内容大多能在今本《孔子家语》中见到,它证明早在西汉前期,与《孔子家语》相关的书籍已经流传。学者认为它"是《家语》的原型"③,这些"简牍的发现,证明自汉初已有《家语》,《史记》的《孔子世家》、《仲尼弟子列传》很可能有取于该书……王肃所注《家语》得自孔子二十二世孙孔猛,其本子应经过扩编增改。《家语》和其他不少古书一样,曾有着较长的形成过程"。"西汉晚期的《论语》、《家语》等书的出现,对学术史研究来说是值得纪念的大事。"④

汉代安徽经学的进入"昌明时期",在《汉书·儒林传》中得到反映。该传记载的皖籍学者共有 16 人。从籍贯来看,属于淮北沛郡的有 12 人、江淮之间的九江郡有 3 人。⑤ 在沛郡的 12 人中,有多位属于宗师级学者,他们是:《易》施氏学宗师施雠、《易》高氏学宗师高相、孟氏《易》翟氏之学开创者翟牧、梁丘《易》邓氏之学开创者邓彭祖、今文《礼》学庆氏学宗师庆普、《鲁诗》褚氏之学开创者褚少孙等。

高相。高氏自称其学出于汉代《易》学的重要传人丁宽。丁宽是汉代《易》学开创者齐人田何的弟子。丁氏曾为梁孝王将军,率军抵抗吴、楚叛军,被称为丁将军。高相治学不重章句,专说阴阳灾变,创立《易》高氏学。高相传其学于子高康和兰陵毋将永。高康因为明晓《易》学得为郎,后任豫章都尉,因私语门人东郡反莽起兵事,为王莽所杀。清人唐晏认为,高氏《易》学与后世管辂、郭璞之术相近。⑥

翟牧、邓彭祖则分别将《易》经学中的孟氏学派、梁丘学派进一步发扬光大。汉初言《易》者,皆本于田何。田何三传而有施雠、孟喜、

①　文物局古文献室等《阜阳汉简简介》,《文物》1983 年第 2 期,第 21~23 页;胡平生《阜阳双古堆汉简与〈孔子家语〉》,《国学研究》第七卷,第 515~545 页。

②　参见安徽省地方志编纂委员会编《安徽省志·文物志》,方志出版社 1998 年版,第 459 页。

③　李学勤《竹简〈家语〉与汉魏孔氏家学》,《孔子研究》1987 年第 2 期。

④　李学勤《简帛佚籍与学术史》,江西教育出版社 2001 年版,第 395、389 页。

⑤　参见张南《简明安徽通史》,安徽人民出版社 1994 年第 1 版,第 66 页。

⑥　参见(清)唐晏著、吴东民点校《两汉三国学案》,中华书局 1986 年版,第 59 页。

梁丘贺之学,后皆立于学官。孟氏《易》创始人孟喜从砀郡田王孙受《易》,杂入阴阳灾变。翟牧与孟喜同郡(东海)白光受孟喜学,皆为博士,于是《易》有翟、孟、白之学①。邓彭祖受学于梁丘《易》学重要学者五鹿充宗,曾任真定太傅。西汉末年,梁丘《易》有邓氏之学②。

庆普,字孝公,沛人,西汉经学家,今文《礼》庆氏学开创者,曾任东平王刘宇太傅。汉兴,鲁高堂生传《士礼》17 篇。《士礼》即《仪礼》。高堂生以后传《士礼》者,有宣帝时后仓、闻人通汉、戴德、戴圣、庆普皆其弟子,戴德、戴圣、庆普三家学后立于学官。庆氏学虽有不合古礼之处,但与汉初叔孙通齐学之礼比较,究属渊源有本。后来董钧依据庆氏《礼》制礼于东汉初年③。曹充持庆氏《礼》,追随汉光武帝巡狩泰山,定封禅礼,受诏立七郊、三雍、大射、养老礼仪。经过他的努力,于是有庆氏《礼》学。其子曹褒结发传父业,著有多部礼学著作,终使庆氏之学行于世。后来唐《开元礼》、宋《政和五礼》及唐宋诸家礼,大都本于此。④

褚少孙曾师从著名《鲁诗》学者王式。后褚少孙与王式另一弟子东平唐长宾应博士弟子选,诣博士,礼仪诵说,表现非凡,"诸博士惊问何师,对曰事式"⑤。王式学遂为学者所重,褚生、唐生及王式的另一弟子山阳张长安均立为博士,由是《鲁诗》有张、唐、褚氏之学。褚少孙曾为司马迁《史记》作补⑥,虽从三国张晏始,学者对其价值多有争议⑦,但褚氏对于《史记》完整体系及内容的保存还是有着重大贡献的。

西汉甘露三年(前51),汉宣帝亲自主持"石渠阁论经"盛会,讨论儒家五经异同。沛郡的薛广德、施雠、闻人通汉 3 人以一代大儒的身

---

① 参见《汉书》卷八十八《儒林传》。
② 参见《汉书》卷八十八《儒林传》。
③ 参见《后汉书》卷七十九下《儒林列传下》。
④ 参见《后汉书》卷七十九下《儒林列传下》;(清)唐晏著、吴东民点校《两汉三国学案》,中华书局 1986 年版,第 366~369 页。
⑤ 《汉书》卷八十八《儒林传》。
⑥ 参见《史记》卷六十《三王世家》。
⑦ 参见《史记》中华书局 1962 年版出版说明,第 3~4 页。

份参加了会议。薛广德,沛郡相人,曾师事王式,后在楚国教授《鲁诗》,大儒龚胜、龚舍曾从其学。萧望之为御史大夫时,召薛广德为属下,多次与他议论天下事,非常器重他。薛广德后为博士,参加石渠论经,并任谏议大夫,代贡禹任长信少府、御史大夫。广德为人温雅有酝藉。由于敢于直谏,薛广德任御史大夫仅 10 个月就被免职。他回到沛地后,沛地民众以他为荣,悬挂收藏他乘坐的车子,以留传子孙后世。① 施雠精于《易》经,学本于田氏《易》。他和孟喜、梁丘贺皆受学于丁宽弟子砀人田王孙。施雠谦让,常自称学废,不愿教授。梁丘贺遣子梁丘临、门人张禹等从其问学,并推荐施雠说:"结发事师数十年,贺不能及。"施雠与孟喜、梁丘贺之《易》,皆得立于学官。施雠传《易》12 篇,作易经《章句》2 篇,著作亡于西晋。张禹曾从施雠受《易》,又从王阳、庸生受《论语》,后把《鲁论语》和《齐论语》融合为一,号《张侯论》,为当时所尊,后世所用。张禹又传《易》于淮阳彭宣、沛郡戴崇,戴崇后为九卿,彭宣为大司空。由是施家有张、彭之学②。汉平帝时,戴崇子戴宾授施氏易学于梁孝王后裔刘昆。王莽时,刘昆教授弟子达500 余人,声誉颇隆,引起王莽警觉,乃逮捕刘昆及其家属,系于外黄狱。后以王莽失败得免。其子刘轶传其业,门徒亦盛。③ 而闻人通汉则为《礼经》高堂氏学学者。汉初,高堂生传礼学于鲁人徐生,徐氏传人萧奋以《礼》迁至淮阳太守,萧奋授东海孟卿,孟卿授后仓、鲁闾丘卿,后仓再授闻人通汉。通汉以太子舍人论于石渠,后任中山中尉。④

沛郡学人中著名者还有唐林、蔡千秋。唐林师从《尚书》大夏侯学学者长安许商。许商善为算,著《五行论历》,四至九卿,曾仿孔门四科之说,"号其门人沛唐林子高为德行,平陵吴章伟君为言语,重泉王吉少音为政事,齐炔钦幼卿为文学"⑤。王莽时,唐林、王吉皆为九卿。蔡千秋在《谷梁春秋》学传播过程中有过重要贡献。汉《谷梁春

---

① 参见《汉书》卷八十八《儒林传》、《汉书》卷七十一《薛广德传》。
② 参见《汉书》卷八十八《儒林传》、《汉书》卷八十一《张禹传》。
③ 参见《后汉书》卷七十九上《儒林列传上》。
④ 参见《汉书》卷八十八《儒林传》。
⑤ 《汉书》卷八十八《儒林传》。

秋》传人有鲁人申公、瑕丘江公、鲁人荣广、皓星公等。《汉书·儒林传》记载,蔡千秋先后受学于荣广和皓星公,在二人弟子中,"为学最笃"。汉宣帝有意兴谷梁学,一次召见蔡千秋时,让其"与公羊家并说",宣帝"善谷梁说,擢千秋为谏大夫给事中"。后来千秋因事左迁平陵令。汉宣帝"复求能为谷梁者,莫及千秋"。宣帝为了延续千秋谷梁之学,特任蔡氏为郎中户将,"选郎十人从受"。①

　　伴随着江淮地区的开发,这一区域的经学传播与经学教育也获得了明显的进步,而九江郡则成为这一地区经学传播与经学教育的中心,学者众多。西汉前期,淮南国贲生师从《诗经》韩氏学的创始人韩婴,成为景帝时著名的《诗经》专家。西汉中期以后,经学大盛,名列《汉书·儒林传》的3位九江郡学者都十分知名,其中朱普师事平当。平氏先祖居于下邑(今砀山境),"祖父以訾百万,自下邑徙平陵"。平当学出于《尚书》,"以明经为博士","每有灾异,当辄傅经术,言得失。文雅虽不能及萧望之、匡衡,然指意略同"。平当曾"以经明《禹贡》,使行河"②。后位至丞相。平当子平晏也以明经历位大司徒,封防乡侯。朱普精通《尚书》欧阳氏学,为博士③;陈侠,受学于徐敖,精通《诗》毛氏学,担任过王莽的讲学大夫④;张邯,师事颍川满昌,满昌曾师从《齐诗》著名学者及政治家匡衡。《齐诗》后仓以下,有翼奉、匡衡、师丹、伏理之学。张邯不仅精通《齐诗》,还是王莽改制时的核心人物,曾官至大司徒⑤。另有《毛诗》学者九江人谢曼卿曾为《毛诗》作训。后来卫宏从曼卿受学,作《毛诗序》,因"善得风雅之旨"⑥而传于世。著名循吏召信臣在故乡寿春以通晓经学被当地政府推荐出仕,后官至九卿。信臣曾孙召驯(字伯春),少习《韩诗》,博通书传,以志义闻,乡里号曰"德行恂恂召伯春"⑦。东汉时,召驯侍讲章帝,拜左中郎

① 《汉书》卷八十八《儒林传》。
② 《汉书》卷七十一《平当传》。
③ 参见《汉书》卷八十八《儒林传》。
④ 参见《汉书》卷八十八《儒林传》。
⑤ 参见《汉书》卷八十八《儒林传》。
⑥ 《后汉书》卷七十九下《儒林列传下》。
⑦ 《后汉书》卷七十九下《儒林列传下》。

将，入授诸王，章帝嘉其义学，先后使任陈留太守、河南尹、光禄勋。寿春人梅福少时学于长安，以通晓《尚书》、《春秋》等儒学经典，被举荐入仕。曾上书建议建三统，封孔子之世以为殷后。绥和元年（前8），立二王后，成帝下诏封孔子世为殷绍嘉公。梅福居家，常以读书养性为事。① 另外，东汉时九江籍学者胡宪和鲍骏都曾做过桓荣的弟子，十分杰出，胡宪还得到桓荣的举荐，入为侍讲。②

九江郡还有精通《楚辞》的被公。

两汉时期，一些名儒如戴圣、房凤、服虔、卢植等先后出任九江太守，也对推动地方经学的发展发挥过重要作用。房凤③的学生侯霸曾在临淮做官，熟悉周秦西汉的典章制度。东汉建立后，刘秀于建武四年（公元28）征霸与车驾会于寿春，拜为尚书令。侯霸为东汉王朝收录遗文，"条奏前世善政法度有益于时者，皆施行之。每春下宽大之诏，奉四时之令，皆霸所建也"④，使东汉政治运作逐渐走上正规道路。次年，侯霸被任为司徒，封关内侯。侯霸去世后，临淮吏民共为立祠，四时祭奠。两汉之际的著名《鲁诗》学者高诩，东汉初曾任符离长，后征为博士，拜大司农。高诩"以信行清操知名"，"在朝以方正称"。⑤东汉著名古文经学家许慎也曾出任洨长。

西汉武帝之后，庐江郡有通《春秋》的朱邑、通《尚书》的徐子威。刘秀年轻时曾到长安，在徐子威门下学习《尚书》。

在汉代，以沛郡和九江郡为中心的安徽经学与经学教育几与齐鲁颉颃，其具体表现为经学传播时间较早，如至迟在汉文帝时，《诗经》学已在汝阴（今阜阳）一带流传。学术中心地区学者众多，影响很大，特别是西汉时期的沛郡尤为突出。而从整个趋势上看，又呈现从北而南，由沛郡向九江郡、庐江郡梯度发展的态势。经学在传播过程中，又透过大儒桓荣等人的教学活动，在一定程度上与齐鲁和中原经学实现

① 参见《汉书》卷六十七《梅福传》。
② 参见《后汉书》卷三十七《桓荣丁鸿列传》。
③ 《后汉书》作"房元"。
④ 《后汉书》卷二十六《侯霸列传》。
⑤ 《后汉书》卷七十九下《儒林列传下》。

了互动。而在经学的传播中,突出的又表现为《易》学、《礼》学、《诗经》学、《尚书》学得到长足发展,其中《易》学、《礼》学、《诗经》学均出现了宗师级学者,而《春秋》学则稍逊。

　　汉代安徽经学出现这样的传播状况和发展态势,主要是因为安徽,尤其皖北地区地近儒家经学的发源地——齐鲁,较早地接受了齐鲁经学的影响。刘邦在彻底击败项羽后,曾引兵围攻鲁地,但此时鲁地诸儒仍在讲诵习经,弦歌之音不绝。战乱中,齐、鲁儒家虽志趣不同,但"得修其经学,讲习大射乡饮之礼"①是一致的。这给汉初统治者和一般士人留下了深刻印象。汉初,天下甫定,惠帝时除秦挟书律,于是壁藏先秦儒家经籍者纷纷出世,而口授经籍者亦得书诸简册矣。这时的经学,逐渐地进入了"昌明时代"②。在这个过程中,经学多由齐鲁而首先传播到沛相、燕赵等地。同时,沛郡在西汉时长期处于全国政治及文化重心的地位,这也有助于上述态势的形成。儒家经学在九江郡形成较大的影响,应该是在刘安淮南国除之后。九江郡邑寿春,从春秋战国以来,一直是淮河中游地区的政治文化重心,战国末年更成为晚楚文化的中心。汉初,经过淮南王刘安的长期努力,寿春逐渐成为全国道家学术中心、淮河流域学术文化中心和西汉帝国的学术文化中心之一,并由此而积淀了一定的儒学资源,如在刘安主持撰写《淮南子》的作者团队中,就有儒生大山、小山等人。淮南国除为九江郡后,寿春及九江郡因文化传承之缘和地近沛郡之利,又迅速发展成为安徽境内甚至全国经学传播与发展的一个重要地区,应是顺理成章的事。

　　汉代安徽经学得到发展之后,对当时及后世的经学和儒学发展形成了一定的影响。最突出的是沛郡涌现出的数位宗师级人物对于两汉经学的传衍起到了重要的作用,而庆氏《礼》学在东汉及唐、宋礼制的建设中,更发挥了骨干的作用。汉宣帝时《谷梁春秋》学勃兴,沛郡学者蔡千秋发挥过重要作用。九江郡《尚书》欧阳氏学学者朱普的杰出弟子——东汉大儒桓荣(沛郡龙亢人),则成为汉代经学教育领域的代表人物。

---

　　①　参见《汉书》卷八十八《儒林传》。
　　②　参见(清)皮锡瑞著、周予同注释《经学历史》"三、经学昌明时代",中华书局1959年版。

第四节　两汉时期的安徽教育①

为了推行"独尊儒术"的方针,汉武帝在文化教育方面,建太学,立五经,置博士,授儒生,积极培养经学政治人才;同时在郡国兴学校,立学官,明教化,化民俗。这些作为,促进了教育的发展,促成了经学的昌盛,实现了教育内容的经学化,以尊孔读经为特色的中国传统教育制度由此基本形成。

两汉时期,安徽是学校教育比较发达的地区之一。当时安徽的文化教育事业,一方面表现为地方官员重视教育,兴办郡国学校;另一方面表现为地方儒生、经师聚徒讲学,传授儒家经学,推行教化。此外,《淮南子》等著作也反映了西汉时期先进的教育思想与理念。

一、两汉时期的安徽官学及兴学代表

西汉武帝时期,朝廷采取了一系列推动社会政治发展的政策,其重点之一就是"举贤良,明教化"。举贤良是选拔和任用统治者所需用的人才。明教化是通过倡导、劝勉的手段使人们恪守社会伦常。根据封建伦常的标准选荐出的人才,既能为政府服务,又可成为人们效法的表率。而兴办太学和郡国学,则是明教化的一项重要内容。汉武帝元朔五年(前124),汉廷诏令全国仿效文翁在蜀郡兴办地方学校的做法,"天下郡国皆立学校官"②,地方官学由此而始。到王莽执政时,西汉初步建立了"郡国曰学,县、道、邑、侯国曰校。校、学置经师一人。乡曰庠,聚曰序。序、庠置《孝经》师一人"③的地方教育系统。

---

① 本节参考了《安徽文化史》(《安徽文化史》编纂工作委员会、《安徽文化史》编委会编著)第二编第二章"尊儒兴学"的研究成果。见该书南京大学出版社2000年版。
② 《汉书》卷八十九《循吏传》。
③ 《汉书》卷十二《平帝纪》。

在这个过程中,两汉时期出现了安徽籍循吏创办地方官学及若干地方官员兴办安徽地方官学的代表性人物。

（一）文翁

文翁任蜀郡守时,其地方施政中的最大创举是在教育方面采取了两项史无前例的重要措施,即"省费派遣留学的政策"和"郡国自办学校的政策"。[①]

文翁首先从郡国小吏中选择开明有才者 18 人,亲自教导,然后送到京师长安（今西安）,向博士学习儒家经典或法律。为使这些基层小吏能够在京师顺利完成学业,文翁用节省下来的资金购置了一些蜀郡当时的特产如环刀、细布等,让小吏们交给博士作为资助费用。几年以后,张叔等人学成回蜀,文翁对他们考察后委以重任,并竭力推荐他们到朝廷做官。这些人中有仕宦至郡守、刺史者,如张叔就因精通天文灾异之说,后来做到了扬州刺史的职位。

文翁还拨出专款在蜀郡治所成都创办郡学一所,"招下县子弟以为学官弟子"[②]。这所建于成都城郊的官修学校是用石料修建的,史称"石室"。现在四川省博物馆内尚存一方出土于成都市北郊区的汉代画像砖,上刻有文翁石室传经讲学图。这幅珍贵的砖刻再现了文翁"石室"教学的情景。

为激励学生安心学习,郡学规定凡入学者均可免去徭役。文翁在办学过程中采取开放式的教育方式,主张教学应回归生活。为了培养学生日后处理政务的能力,文翁经常组织学生到属县随从他考察,传达教令,出入官府。等他们学成以后,文翁以学选官,按才德高低分别委以官职,高者补郡县吏,次者为"孝弟力田"[③]。这样一来,百姓看到了认真读书就可以为官的好处,都争着让自己的子弟进官学学习,有钱人甚至出钱请求入学,蜀郡"由是大化"[④]。在文翁办学的影响下,

---

① 胡适《中国中古思想史长编》,见姜义华主编《胡适学术文集》上册,中华书局 1991 年版,第269 页。

② 《汉书》卷八十九《循吏传》。

③ 《汉书》卷八十九《循吏传》。

④ 《汉书》卷八十九《循吏传》。

巴郡、广汉郡也都办起了学校,而"蜀地学于京师者比齐鲁焉"①。

自文翁兴学后,地处偏僻的巴蜀地区逐渐变成一个可以和齐鲁媲美的文化区域。蜀地后来出现司马相如、扬雄等名士,与文翁兴学造成的社会风气应不无关系。汉武帝时,文翁的经验获得朝廷认可,并给予高度赞扬,朝廷下令在全国推广文翁的先进经验,地方官学至此由巴蜀逐步推广到全国。王莽执政时,把建立地方官学体系作为恢复古制的一系列措施之一。在王莽的倡导和主持下,汉廷于平帝元始三年(公元3)颁行了地方官学系统。东汉时,更出现了"四海之内,学校如林,庠序盈门"②的壮观局面。

在中国教育史上,孔子首创了私学,并通过教育教学活动,推动了儒家学派的诞生。而文翁则创办了第一所地方官学。他举办的郡学"石室",历经历史的沧桑,现在,人们在其旧址建起了"石室中学",它至今仍是四川的一所名校。

在《中国大百科全书·教育卷》(中国大百科全书出版社 1985 年版)中,列选了中国古代教育家 29 人,其中"文翁"这一条目写道:"中国西汉蜀郡太守,汉代郡县学的发轫者。"

(二)何武

何武(前71—公元3),字君公,蜀郡郫(今四川郫县)人。汉元帝时诣博士受业,治《易》。历任扬州刺史、沛郡太守、御史大夫、大司空等,封汜乡侯。他一生秉公执法,关心百姓生活疾苦。哀帝时与丞相孔光拟限田、限奴婢方案,以缓和社会矛盾,但遭到反对,未能实行。后王莽谋诛异己时自杀。

何武任扬州刺史时,十分重视教育。他每次到各地履行职务,总是把巡视学校作为各项工作的第一位,他亲自考问学生的学习情况,问其得失,然后才询问农田垦数,五谷丰歉,最后会见郡太守等地方官员,并定为常制。③

---

① 《汉书》卷八十九《循吏传》。

② 班固《两都赋》。

③ 参见《汉书》卷八十六《何武传》。

当时扬州域内 6 个郡国都设有官学,其中有 4 个郡国①治所设在皖地,这说明当时安徽郡国学校至少不少于 4 所。这在某种程度上可以说是何武重视学校教育的结果。

(三)李忠

李忠(？— 公元43），字仲都,东汉莱黄（今山东龙口市）人。李忠父为高密都尉,王莽代汉时李忠以父任为郎,汉光武帝功臣之一。东汉建武二年（公元26）,李忠更封中水侯,食邑 3000 户。建武六年（公元30）,迁丹阳太守。当时海内新定,南方海滨江淮之间,多拥兵据土者。李忠到丹阳郡后,招怀降附,很快平定了叛乱。李忠针对丹阳习俗落后、民众不好学习的现象,开办学校进行教化,帮助那里的人们学习礼仪容止及春秋乡饮酒之礼。他还选用明经之士充任地方官,出长地方官学,执掌教民化俗之职。由是,丹阳郡的面貌迅速改观,垦田增多,流民涌入,几年间人口大增。② 李忠在丹阳郡太守任上,治理有方,三公奏课为天下第一。当时丹阳郡治所为宛陵,其所辖 16 县,包括了安徽长江以南地区,所以应该说李忠对汉代皖南经济与文化教育事业的发展作出了很大贡献。

两汉安徽地方官学水平走在全国前列的原因是当时在安徽境内有何武、李忠等致力于教育的官吏。地方官员设立学校的目的在于培养人才、推进教化,他们往往也是学校教育的参与者,例如侯霸就曾师从九江太守治《谷梁春秋》③,寇恂在任汝南郡太守时也兴办学校,挑选有能力的生徒亲自传授《左氏春秋》④。

二、两汉时期的安徽私学

在经历了秦末大乱之后,私人讲学之风继战国之后,在汉代再度盛行。从秦汉之际至武帝元朔年间的近百年间,汉代教育可以说基本上是依靠私学维持的。此时在相对宽松的文化政策下,各家学者均聚

---

① 六安国、庐江郡、九江郡、丹阳郡。
② 参见《后汉书》卷二十一《李忠列传》。
③ 《后汉书》卷二十六《侯霸列传》。
④ 《后汉书》卷十六《寇恂列传》。

徒讲学。官学制度建立以后,由于中央官学选在京师,名额有限,而地方官学发展迟缓,私学未见削弱,反而成为官学的重要补充。在这种背景下,两汉时期安徽的私学也得到了迅速发展,并出现了一些教育世家。欧阳修在《集古录跋尾·后汉孔宙碑阴题名》中说:"汉世公卿多自教授,聚徒常数百人,其亲授业者为弟子,转相传授者为门生。""公卿"的示范与带动,对推动私学教育无疑也起到了重要作用。到东汉时期,安徽私学教育已非常兴盛,名师门下,常有生徒数百上千人,多者达数千甚至近万人。应该说,两汉安徽私学的水平与成果远远超过官学。

从教育教学内容看,汉代私学与官学一样,主要也是进行经学教育与教学。

由于汉武帝的尊儒政策确立了儒家经学的主导地位,且以"明经"作为选官的重要标准,所以包括安徽在内的两汉学子也自然研习经学蔚然成风。当时不少学子从少时起便游学四方拜师学艺,如沛郡相人薛广德本来在楚国教《鲁诗》,后被御史大夫萧望之推荐到京城当了博士,他的学生楚国人龚舍也到长安追随薛广德完成了学业,后来也精通五经,成为博士。又如沛人施雠,少年时追随砀郡田王孙习《易经》,后来田王孙到京城当博士,施雠也迁居到长陵,继续跟田王孙学习,后形成著名的施氏学派。沛人戴崇也曾经到长安向张乐学习《易》、《论语》。

当时私家教育大致可分为三种类型:一是蒙学性质的私学,通称书馆或家馆,以识字和习字为旨归;二是专业基础教育性质的私学,通称乡塾,是为巩固蒙学识字教育成果和进入更高学习阶段预做准备而设置的,学习内容为《孝经》、《论语》等,对《易》、《韩诗》、《书》则不作硬性规定;三是专经研习性质的私学,多称为精舍或精庐,执教者为名师大儒,多以研讨学问和治术为办学目的。① 总体上看,上述三种类型私学的教学活动都是围绕经学而进行的。譬如阜阳双古堆汉简中的《仓颉篇》,便可能是汉初"闾里书师"用以教学的识字和习字教材。

---

① 参见喻本伐、熊贤君著《中国教育发展史》,华中师范大学出版社 1991 年版,第 129 页。

此书罗列物名和"分别部居"的特点,被古文经学家许慎的《说文解字》所继承。在一定程度上,我们也可视汉初"闾里书师"的《仓颉篇》是为"通经"教育服务的。

在两汉的私学教育中,包括《尚书》、《春秋》、《左传》、《国语》等史籍在内的史学的传授也是极重要的一部分。有的精舍或精庐的教学内容虽以儒经为主,但道家和法家学说、天文、星历、图纬、风角,乃至专门科技知识,也都有学者传其学。

两汉时期,安徽诸儒在各地传经立说,广聚生徒。当时私学采用递相授业的方法,即教师先对少数学业优秀的弟子进行面授,而后再由这些学生向一般学生讲授;同时将学生分为"著录弟子"和"及门弟子"两类①,所以一家经师的弟子门生往往多至数百人,甚至数千人。生徒分散在全国各地,大儒和他的弟子们又在各地传授经学。

总之,经学教育促进了两汉时期安徽文化的发展和学术的繁荣。经学教育自成体系,创立及门弟子与著录弟子制度,把学术文化推向了社会。

在这个过程中,安徽私学领域出现了一些名儒大师,并形成了若干教育世家,他们在教育上的成就远远超过官学,其中著名者有桓荣、张酺、徐防等。

三、两汉时期安徽的教育思想

两汉时期,安徽产生了以崇尚老庄为宗旨的学术名著《淮南子》,其实这部书也是反映两汉时期教育思想的代表作。

《淮南子》讨论教育的内容散见于各篇,其在教育的作用、目的、内容和方法等方面都有所阐述,蕴藏着丰富的思想内涵。

(一)关于教育的作用

《淮南子》充分肯定教育的作用,认为教育能使人成为道德高尚

---

① "著录弟子"指登记在册,认可师生关系,但可以不来聆听教益的学生,义通"私淑弟子"。"及门弟子"也称"受业弟子",即不仅登记入册,还要到校受业的学生。史载有的经师弟子达数千人,甚至上万人,即因计入了"著录弟子"之故。参见喻本伐、熊贤君著《中国教育发展史》,华中师范大学出版社1991年版,第130页。

的"圣人",使人廉洁,而单纯地依靠法规制度则难以做到这一点。教育能够在掌握前人积累的知识技能的基础上,推动社会向前发展与进步。

《淮南子》认为人自身的心力、心智需要通过"学"、"教"来加以提升和强化。一个人如果降生伊始就与世隔绝,不见、不闻、不学和得不到教育,他最终就只能成为一个弱智者。它还以马为例来说明这一点,马的形体是马,样子不可改变,但它可以被人驾驭,这是通过调教造成的结果。马是无意识的动物,但它能通达人意,可以靠调教来达到目的,又何况有意识的人呢?①

在《泰族训》中,作者这样设譬:"茧之性为丝,然非得工女煮以热汤,而抽其统纪,则不能成丝。卵之化为雏,非慈雌呕暖覆伏,累日积久,则不能为雏。"这与荀子关于教育之"积"、"靡"、"渐"的作用的论述颇为一致。

《淮南子》认为,教育是传递知识的重要途径。《修务训》中说,仓颉、容成、胡曹、后稷、仪狄、奚仲是上古的 6 位贤人,他们分别创造了文字、历法、衣服、耕稼技术、酿酒技艺和车驾。当代人没有谁能具备他们中任何一个人那样杰出的才能,但人们却都掌握了他们的技艺,为什么呢? 这是因为通过教育训导代代相传,他们的知识技能得以流传下来,由此看来,学习不能停滞,这是十分明确的。

(二)关于教育的目的

在教育目的方面,《淮南子》一方面继承了道家传统的"真人"观,即主张依靠自身的修炼,返璞归真,达到"与道合一"的"真人"境界。如《俶真训》认为,圣人之学是想让本性返回到初始的混沌质朴状态,让心在虚空的境界里遨游。达人之学是要让性情在辽阔无际中通达,在虚无寂寞中觉醒。而俗世之学则是抛弃德性,内心愁苦忧思,外部劳损耳目。

另一方面,《淮南子》在教育目的观中又很明显地吸纳了儒家的思想。这种教育观把人分成三种:一种是生来就正直善良,不必等待

① 参见《淮南子·修务训》。

学习讨教就能合乎道之规范的人，像尧、舜、周文王等人；一种是沉溺酒色，荒淫无度，不能用道教诲，不能用德晓谕的人，像丹朱、商均等人；而真正需要、也能够通过教训引导使之晓谕的人，是高尚不及尧、舜，卑下不像丹朱、商均之人。《淮南子》并不像儒家那样，把教育的目的集中指向于培养"鸿儒"，而是比较客观地看到了人的天赋能力不一样，因此，教育所培养的人的标准也是不一样的，《泰族训》中就提出了"英"、"俊"、"豪"、"杰"四个层次的人才标准。"英"是智慧超过万人的人，"俊"是智慧超过千人的人，"豪"是智慧超过百人的人，"杰"是智慧超过十人的人。这四个层次的人都是可用的贤才，可以按照各自才能的大小安置在不同的位置，发挥合适的作用。[1]

（三）关于教育的内容

从关于教育内容的主张上看，《淮南子》对道家思想有所继承和发展，如比较突出地强调追求精神自由和人格独立的价值观，并表现出贬抑儒家以教授《诗》、《书》、《春秋》为主要内容的教育主张的倾向。如《氾论训》中说：

> 百川异源，而皆归于海；百家殊业，而皆务于治。王道缺而《诗》作；周室废，礼义坏，而《春秋》作；《诗》、《春秋》，学之美者也，皆衰世之造也。儒者循之，以教导于世，岂若三代之盛哉？以《诗》、《春秋》为古之道而贵之，又有未作《诗》、《春秋》之时。夫道之缺也，不若道其全也。诵先王之《诗》、《书》，不若闻得其言；闻得其言，不若得其所以言；得其所以言者，言弗能言也。故道可道者，非常道也。

《俶真训》中说："弦歌鼓舞，缘饰《诗》《书》，以买名誉于天下。繁登降之礼，饰纷冕之服，聚众不足以极其变，积财不足以赡其费。"在《淮南子》的教育哲学中，儒家仁义礼乐之教只是"外道"和"世俗之学"，而远非道家所推崇的"真道"或"圣人之学"。

---

① 参见《淮南子·泰族训》。

但《淮南子》也吸收了儒家及墨家等学派的思想,它认为"六艺"的本旨是遵循和体现"道"的:温惠柔良,是《诗》的风格;淳朴厚重,是《书》的教义;清明条达,是《易》的内涵;恭俭谦让,是《礼》的规范;宽裕简易,是《乐》的风化;刺讥辩议,是《春秋》的作为。如果把握住"六艺"的本旨,就会把事情办好。而圣人就是把这六种经典兼收并用,剔除消极因素,使它们相互调和而获得成功的。①

（四）关于教育的方法

《淮南子》在教学方法上有一些独到的见解,比如它主张教育要顺应人的自然本性,认为人的学习要与天性相融合。对人的教育要以人所固有的本性为基础,再加以培养教导使之完善。② 要因性而教,因材而教,"铁不可以为舟,木不可以为釜",施教要从人性之七情六欲出发,用之于其所适,施之于其所宜。而儒家"禁其所欲"、"闭其所乐"的教育,在《淮南子》作者看来,简直是对人性的戕害。③《淮南子》还要求因地而教,"入其国者从其俗,入其家者避其讳,不犯禁而入,不忤逆而进"④。

《淮南子》还主张教育要循序渐进。

道家在教育观上一向是反对人为的、外在有意施加之教育的,所以道家有关教育方法的思想多体现在个人的修身和学习方面。

在个人修身方面,《淮南子》认为圣人注重修养内在的本质,而不在外表上粉饰末节;同时强调个人内心修养要有明确的实际体验,反对没有明确的实际体验去盲从他人。⑤

在个人学习方面,《淮南子》指出学习要持之以恒,才能达到最终目的,"夫物常见则识之,尝为则能之"⑥。认为学无止境,学习必须花时间和精力,必须坚持不懈、日积月累。聪明人无所事事,还不如蠢笨的人勤学好问。从人君到百姓,不能自强却功业有成的,天下是没有

---

① 参见《淮南子·泰族训》。
② 如上文引《泰族训》言教育作用所设譬。
③ 参见《淮南子·齐俗训》。
④ 《淮南子·齐俗训》。
⑤ 参见《淮南子·修务训》。
⑥ 《淮南子·泰族训》。

的。此正如《诗》中所说:"日就月将,学有缉熙于光明。"①

《淮南子》还认为,教育要随不同时代的社会情况和民风民俗的变化而变化,学习既成的东西不如学会好的方法。比如,要学习五帝三王的治世之道,但没有得到他们清明玄圣的精神,只是死守他们的法典宪令,这是不能学好治理国家的方法的。所以,得到十把剑,不如得到欧冶子铸剑的技巧;得到一百匹善跑的快马,不如得到伯乐的相马之术。②

学习时应做到虚静专一、学思结合。《道应训》中说,尹需学习驾驭,三年没有收效,他非常痛苦,常常在睡觉时思索这件事,有一天半夜,他却在梦中从老师那里学到了"秋驾"的绝技。在"王寿烧书"的典故中,作者也借徐冯之口提出:人的行为应该应变而动,变化生于时世,所以识时务者没有固定的行为。③

《淮南子·说山训》指出:"尝一脔肉,知一镬之味;悬羽与炭,而知燥湿之气,以小明大。见一叶落,而知岁之将暮;睹瓶中之冰,而知天下之寒,以近论远。"这是要求学习者要善于锻炼推理能力,能透过现象把握事物的本质。

关于使用人才,《淮南子》指出:要知人善用,发挥他们的所长,尤其要重视众人的智慧与力量,"积力之所举,则无不胜也;众智之所为,则无不成也"④。

《淮南子》中丰富的教育思想体现出来的特点,与其全书的思想是一致的。虽然在《淮南子》后半部分的内容中明显地表现出吸收和融合了儒、墨等家学说的教育思想,似乎与前半部分的观点有些矛盾,但作者从积极"无为"的立场出发,始终坚持认为,儒、墨等学派的主张如果究其本旨而言是体现和遵循"道"的,如此,它们就与作者所主张的思想达成了一致。《要略》很清楚地表明了《淮南子》对于这一点的态度:从事教育教学的人,本来应该用不必言传的方法使人达到理

① 《淮南子·修务训》。引文见《诗·周颂·敬之》。
② 参见《淮南子·齐俗训》。
③ 参见《淮南子·道应训》。
④ 《淮南子·主术训》。

解,但是道的学问至深,所以要多用言辞来说明它的实际情形;万物至众,所以要广博地对它论说,来疏通它的意蕴。

上述这些教育教学思想基本上建基于道家老庄的理论,但又杂糅了儒、墨、阴阳等各家观点,反映了当时人们对于教育价值的重视。作为有汉一代学术集大成之作,《淮南子》不失为我们研究两汉时期教育思想史的宝贵资料。

此外,桓谭作为著名的哲学家,同时也是一位教育家,其教育思想具有重实际、尚世务的特色,它的主要内容都体现在其代表作《新论》中。

刘安之狱以后,淮河流域的道家黄老学说虽然沉寂下来,但是以儒家经学传授为中心的文化教育事业得到了发展。在汉代,安徽文化教育的发展是不均衡的:两淮地区比较发达,其中以淮北为最,皖南地区因为欠发达,经济还比较落后,文化教育也相应落后一些。

第五章

秦汉时期安徽的科技文化与社会生活

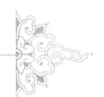

秦汉时期，安徽在科学技术、文化艺术等方面都取得了长足的发展，尤其是《淮南子》体现出的天文、历法、地学、化学等科技思想，桓谭的"浑天说"，华佗的中医药学成就等，在我国古代科技史上占有重要地位。楚辞、楚歌、《孔雀东南飞》及大量精美的雕塑、绘画则极大地丰富了我国古代文化艺术宝库。而这一时期安徽的社会生活方式则开始受到其他地域的影响，明显体现出南北交融的特点。

第一节 科技发展概况

一、《淮南子》中反映的科学技术成就

(一)天文历法成就

《淮南子·天文训》集中体现我国古代天文历法成就。叙述了天文现象量度单位的来源,所谓"夫寸生于黍,黍生于日,日生于形,形生于景,此度之本也"[1],实际上是说明了太阳、阴影、量度三者之间的关系。此外,还明确记载了使用日晷测定太阳高度的方法:"欲知天之高,树表高一丈,正南北相去千里,同日度其阴,北表二尺,南表尺九寸,是南千里阴短寸,南二万里则无景,是直日下也。阴二尺而得高一丈者,南一而高五也,则置从此南至日下里数,因而五之,为十万里,则天高也。若使景与表等,则高与远等也。"[2]其实质是进行间接量度,利用相似三角形的原理来计算日高。[3]

《淮南子》叙述了天地、四时、日月、星辰、虹蜺彗星之行,以及天之九野、五星、八风、二十八宿。保存了《颛顼历》的一些重要内容,如《颛顼历》的回归年长为 $365\frac{1}{4}$ 日,朔望月长为 $29\frac{499}{940}$ 日,闰周为 19 年 7 闰,以寅月为岁首,甲寅年寅月甲寅日合朔立春为历元,营室 5 度为日月五星在历元时刻的起始位置,以 76 年为一纪,20 纪为一大终。

《淮南子》还保留了古代岁星(即木星)纪年法的相关内容:"太阴在四仲,则岁星行三宿;太阴在四钩,则岁星行二宿。二八十六,三四十二,故十二岁而行二十八宿。日行十二分度之一,岁行三十度十六

---

① 《淮南子·主术训》。
② 《淮南子·天文训》。
③ 参见[美]余定国著、姜道章译《中国地图学史》,北京大学出版社 2006 年版,第 92 页。

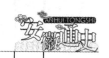

分度之七,十二岁而周。"①木星大约 12 年运行一周天,速度也近似平均,所以中国古代创制岁星纪年法,即根据岁星运行的位置来纪年。具体内容是:将周天平均划分为 12 段(古称"次"),每段有一特殊名称,分别是:星纪、玄枵、诹訾、降娄、大梁、实沈、鹑首、鹑火、鹑尾、寿星、大火、析木,每段对应岁星一年的运行区间,而该段的名称也就是当年的年名。太岁是古人为了纪年方便而虚拟的星宿,与岁星相对应,运行速度相同而方向相反。用太岁(或称作太阴)所在次的地支来纪年,而每一岁又有一个特殊的名称:摄提格、单阏、执徐、大荒落、敦牂、协洽、涒滩、作鄂、阉茂、大渊献、困敦、赤奋若,从而形成了太岁纪年系统,而干支纪年就是在太岁纪年的基础上产生的。《淮南子·天文训》又有:"天维建元,常以寅始起,右徙一岁而移,十二岁而(大)周天,终而复始。淮南元年冬,太(天)一在丙子,冬至甲午,立春丙子。"可见当时淮南王国是兼以太岁纪年的,因此在《淮南子》一书中对太岁纪年系统有着完整详细的说明,诸如每年太岁所在的地支、相应的岁名、所在二十八宿及晨出东方的月份等。为直观起见,表示如下:

《淮南子》太岁纪年系统表②

太岁所在	寅	卯	辰	巳	午	未	申	酉	戌	亥	子	丑
岁名	摄提格	单阏	执徐	大荒落	敦牂	协洽	涒滩	作鄂	阉茂	大渊献	困敦	赤奋若
岁星所在	斗、牵牛	须女、虚、危	营室、东壁	奎、娄	胃、昴、毕	觜巂、参	东井、舆鬼	柳、七星、张	翼、轸	角、亢	氐、房、心	尾、箕
晨出月份	十一	十二	正	二	三	四	五	六	七	八	九	十

但其又与长沙马王堆汉墓出土帛书《五星占》所载岁星纪年系统有歧异,因此成了研究太岁纪年系统的珍贵史料。

《天文训》又有:"太阴元始建于甲寅,一终而建甲戌,二终而建甲

---

① 《淮南子·天文训》。
② 参见《安徽文化史》编纂工作委员会、《安徽文化史》编委会编《安徽文化史》,南京大学出版社 2000 年版,第 247～248 页。

午,三终而复得甲寅之元。"当时历法以 76 岁为一纪,20 纪 1520 岁为一终,又回到正月甲寅朔旦立春七曜俱入营室的原始状态。只是太阴建于甲戌,为了使太阴也回到历元的甲寅岁,才改以三终为周期,这是将干支纪年纳入历术的确证。①

二十四节气是我国古代天文历法的重要成就,根据太阳在黄道上的位置将一年均分为二十四段,作为时序划分以及安排农事活动的参照。《淮南子·天文训》记载有完备的二十四节气名称,并第一次表述了其形成规律,即太阳"日行一度,十五日为一节,以生二十四时之变"。二十四节气的名称依次为冬至、小寒、大寒、立春、雨水、雷惊蛰、春分、清明风至、谷雨、立夏、小满、芒种、夏至、小暑、大暑、立秋、处暑、白露降、秋分、寒露、霜降、立冬、小雪、大雪,与后世节气名称仅有个别差异。而节气与天象运行即北斗所指方位的关系则如下表所示:

《淮南子》节气天象对照表

斗指方位	子	癸	丑	报德之维	寅	甲	卯	乙
节气	冬至	小寒	大寒	立春	雨水	雷惊蛰	春分	清明风至

斗指方位	辰	常羊之维	巳	丙	午	丁	未	背阳之维
节气	谷雨	立夏	小满	芒种	夏至	小暑	大暑	立秋

斗指方位	申	庚	酉	辛	戌	蹏通之维	亥	壬
节气	处暑	白露降	秋分	寒露	霜降	立冬	小雪	大雪

汉武帝时邓平等编撰《太初历》,即以二十四节气入历法,并利用它来置闰,凡阴历月中没有遇到中气(即奇数节气)的,其后应补一闰月,从而调整了太阳周天与阴历纪月不相合的矛盾,成为我国历法史上一个划时代意义的事件。

《淮南子》中记载有古代的立表测向术:"正朝夕,先树一表东方,操一表却去前表十步以参望,日始出北廉。日直入,又树一表于东方,

---

① 参见吕子方《中国科学技术史论文集》,四川人民出版社 1983 年版,第 152 页。白光琦《〈淮南子〉在历法上的创见及其来源》,《史学集刊》1999 年第 1 期。

因西方之表以参望，日方入北廉则定东方。两表之中，与西方之表，则东西之正也。日冬至，日出东南维，入西南维。至春、秋分，日出东中，入西中。夏至，出东北维，入西北维，至则正南。"即分别在冬至、春分、秋分、夏至时，于日出、日落之时，用三个表彼此关系及与太阳之间的直线关系，来测定东、西、南、北的准确方向。

(二)地学成就

《淮南子》卷四《地形训》专门讨论地理问题，其他卷亦多有涉及，既继承了先秦地理学成就，又有重要发展。李约瑟表彰说："在《吕氏春秋》和《淮南子》中，虽然仍有大量的神话成分，但具体的地理资料是越来越多了。特别是《淮南子》一书中谈到地表的那一卷，尤其具有地理学的意义。"[①]

《淮南子》有自己的天地观念，一则说"天道曰圆，地道曰方"，再则说"天之圆不中规，地之方不中矩"[②]，对先秦"天圆地方"的传统观念质疑。它第一次提出了大地东西长、南北短的观念，"阖四海之内，东西二万八千里，南北二万六千里"[③]。虽然这一数据并不符合地表的实际情况，但东西长、南北短的地学观念突破了上古传统的"地方"范畴，本身就是一个巨大的科学认识进步，也对后世天文学的发展产生了深远影响。张衡在《灵宪》中就说："八极之维，径二亿三万二千三百里，南北则短减千里，东西则广增千里。"[④]所以，《淮南子》的天地观念对"浑天说"有一定影响作用。

《天文训》中提出了确定大地准确方位的方法，又记载了与二十四节气、十二音律(黄钟、应钟、无射、夷则、林钟、蕤宾、仲吕、姑洗、夹钟、大吕、太蔟、南吕)相对应的二十四个方位。把这二十四方位表示在盘上，再配以天盘，就形成栻盘，而且比当时流行的"六壬盘"方位多一倍。在平面图上表示地物的位置就更加准确，大大提高了地图的

① [英]李约瑟著，《中国科学技术史》翻译小组译《中国科学技术史》第五卷《地学》第一分册，科学出版社 1976 年版，第 26 页。
② 《淮南子》佚文，《大戴礼记》卢辩注引。上海古籍出版社 1990 年影印文渊阁《四库全书》本。
③ 《淮南子·地形训》。
④ (东汉)张衡《灵宪》，王应麟《玉海》卷一引。清光绪九年浙江书局本。

精确度。

　　《淮南子》在地图学方面也取得了较大成就,非常重视地图的作用,强调"所图画者,地形也"①,"凡地形,东西为纬,南北为经"②。经线与纬线相交所形成的坐标点可以精确地标示某地的地理位置,既是古代大地测量和地图绘制的主要准则之一,也对后世地图学中"计里画方"法有直接影响,是秦汉地图学的重大成就之一。《淮南子》的地图学知识并不仅仅停留在理论上,而是被直接运用于实践之中。淮南王欲谋反,"日夜与左吴等按舆地图,部署兵所从入"③,说明他们不但已经绘制有详备准确的地图,且利用地图计划和布置军事行动。葛洪《西京杂记》载:"淮南王好方士,方士皆以术见,遂有画地成江河,撮土为山岩,嘘吸为寒暑,喷嗽为雨雾。"④刘安招揽的门客方士群体中,有不少对地理学与地图学精研深究的学者,剔除其间神话与附会的成分,所谓"画地成江河"、"撮土为山岩",其实质内容就是早期的地图和用作军事目的的原始地形地貌沙盘。

　　《淮南子》中还对我国的具体地理现象有正确的记载与说明。"西方高土,川谷出焉,日月入焉。""东方川谷之所注,日月之所出。"⑤"地不满东南,故水潦尘埃归焉。"⑥对我国地势西北高、东南低,因而江河水流由西北向东南的趋势,以及我国多西北风,沙尘由西北往东南飘扬的地理特征认识已经相当清楚。该书还对我国最具代表性的地形有具体记载,如九山、九塞、九薮等以及长江、黄河、淮河等40多条河流水道的源头与流向,比先秦时期认识更趋明晰。

　　(三)化学成就

　　中国古老的炼丹术被认为是近代化学的源头。《淮南子》一书提供了较早的炼丹术信息和关于"丹"的最早说明,"夫物无不可奈何,

① 《淮南子·兵略训》。
② 《淮南子·地形训》。
③ 《汉书》卷四十四《淮南王传》。
④ (晋)葛洪辑《西京杂记》卷三,上海古籍出版社1990年影印文渊阁《四库全书》本。
⑤ 《淮南子·地形训》。
⑥ 《淮南子·天文训》。

有人无奈何。铅之与丹,异类殊色,而可以为丹者,得其数也"①。强调铅粉与丹砂虽然物类、色彩皆不同,但在一定条件下,可以将铅粉炼制成(铅)丹,这是由于人们掌握了铅的变化规律所致,说明《淮南子》的修撰者已经具有丰富的炼丹经验。

东汉以后,道家丹鼎派如魏伯阳、葛洪等莫不尊淮南王刘安及其门客尤其是"八公"为炼丹前辈,魏伯阳《周易参同契》甚至将刘安与黄帝并称:"古记题龙虎,黄帝美华金,淮南炼秋石,王阳加黄芽。"②"黄帝临炉,太乙执火,八公捣炼,淮南调和。"③而据说也是由刘安及其门客撰成的《淮南万毕术》,则与炼丹术更加接近,其中有"朱砂为澒"的记载,朱砂又名丹砂,即硫化汞(HgS),呈红色,可通过加热分解出汞。而"澒"为汞之古字,《说文解字》:"澒,丹砂所化,为水银也。"《广雅》:"水银谓之澒。"这一反应过程的化学式为:

$$HgS + O_2 \xrightarrow{\triangle} Hg + SO_2$$

此后,东汉魏伯阳《周易参同契》又记载了水银加硫黄炼制成丹砂的化学反应现象,"河上姹女,灵面最神,得火则飞,不见尘埃……将欲制之,黄芽为根"。"河上姹女"即隐指汞,"黄芽"是硫黄,两者反应,化合为丹砂:

$$Hg + S \longrightarrow HgS$$

由于汞的物理形态特殊,化学性质活跃,容易与其他物质发生化学反应,呈现出反复变化的特征,所以特别受炼丹术士们的青睐,成为历代炼制丹药的主体药物。现有文献记载表明,这一特点就是从《淮南子》开始形成的。

胆水炼铜法,又称胆铜法、水法炼铜、湿法炼铜等,是将一块铁放入天然的胆矾水溶液中,从而获取金属铜的冶金技术。《淮南万毕术》中记载有:"白青得铁则化为铜。"所谓"白青",即胆矾,其主要化学成分是硫酸铜。硫酸铜溶液与化学性质比铜更为活跃的铁相遇,即

---

① 《淮南子·人间训》。
② (东汉)魏伯阳撰、(后蜀)彭晓等注《周易参同契古注集成》卷上,上海古籍出版社1990年影印文渊阁《四库全书》本。
③ 《周易参同契古注集成》卷中。

会发生置换反应,产生出铜与硫酸亚铁。反应式为:

$$CuSO_4 + Fe \longrightarrow Cu + FeSO_4$$

沈括《梦溪笔谈》引唐人著《丹房镜原》,其中载:"信州铅山县有苦泉,流以为涧。挹其水熬之,则成胆矾,烹胆矾即成铜。煮胆矾铁釜,久之亦化为铜矣。"[①]到唐朝末年,已经有了一种专门的"铁铜",当是用铁置换冶炼取得的,而宋代以后,胆水炼铜法被广泛应用于生产。究其原始,是从《淮南万毕术》萌芽的,因此被认为"在世界化学史上是一项重大的发明"[②]。

(四)几何光学成就

《淮南子》一书有很多篇幅涉及对光的认知,并且还有相关的实验结论,充分反映出汉代人的"光"观念。它强调"夫光可见不可握",是物之大祖"无形"之子,发光之物体如"日"、"火"等则是由气而生的,所谓"积阳之热气久者生火,火气之精者为日","天道曰圆,地道曰方,方者主幽,圆者主明,明者吐气者也"。"故阳燧见日,则燃而为火。"[③]属于典型的"气光说",为后世很多学者承袭,甚至到明末,著名学者方以智仍持"气光说"。

《淮南子》对同样属于发光体的日、月有不同的认识,认为日是"火气之精者",是圆的、明的,属于"吐气者","吐气者施","是故火曰外景"。反之,月是"水气之精者",是方的、幽的,属于"含气者","含气者化","是故水曰内景"。[④]实际上是用"火气"、"水气"的概念将自发光的太阳与反射太阳光的月亮做了严格的区分。

《淮南子》中有球面镜聚焦取火的实验记载,并已经有了初步的焦点与焦距观念。"阳燧见日,则燃而为火。"[⑤]"阳燧取火于日。"[⑥]"若以燧取火,疏之则弗得,数之则弗中,正在疏数之间。"[⑦]说明对球面镜

---

① (宋)沈括《梦溪笔谈》卷二十五。
② 张子高《中国化学史稿(古代之部)》,科学出版社 1964 年版,第 105 页。
③ 《淮南子·天文训》。
④ 《淮南子·天文训》。
⑤ 《淮南子·天文训》。
⑥ 《淮南子·览冥训》。
⑦ 《淮南子·说林训》。

的取火点（亦即焦点）一定的性质有了明确的认识，而所谓"疏数之间"既点明了焦点位置，也隐含有焦距概念。而《淮南万毕术》中有关"冰燧"的议论，则更进一步明确了焦点概念，"削冰令圆，举以向日，以艾承其影则火生"。这里的"影"实际上就是冰燧的焦点，在镜后，这是我国历史上有关焦点概念的最早明确叙述，意义重大。而"冰燧"取火的记载在经过西晋学者张华《博物志》的宣传后，影响更大，清代学者郑复光于嘉庆二十四年（公元1819）冬天，对冰燧取火进行了反复实验，最后取得了成功，证明了《淮南万毕术》以冰取火之说的正确性。①

二、西汉汝阴侯墓出土的天文栻盘

1977年，在阜阳双古堆发现了西汉第二代汝阴侯夏侯灶（？—前165）的墓葬，虽然早经盗掘，但仍出土了大量珍贵文物。特别引人注目的是该墓出土的三件漆器天文栻盘：二十八宿圆盘、六壬栻盘、太乙九宫占盘。

（一）二十八宿圆盘

上盘直径23.6厘米，下盘直径25.6厘米，两盘中心有圆孔相通。上盘刻六圆点，与盘心正好构成北斗星图，过圆心画一轻痕十字线，圆盘边缘密布未经穿透的小圆孔，计365个。下盘刻有二十八宿星名及其距度，宿名与上盘小圆孔正好相接。二十八宿的刻画依逆时针方向不等距排列，依次是：角、亢、氐、房、心、尾、箕、斗、牵牛、婺女、虚、危、营室、东壁、奎、娄、胃、昴、毕、觜巂、参、东井、舆鬼、柳、七星、张、翼、轸。这是我国考古学上的新发现，所刻二十八宿名称及各宿距度，是《甘石星经》的相关数据。

（二）六壬栻盘

上为直径9.5厘米的圆盘，下为边长13.5厘米的正方形盘。圆盘圆心为小孔，以铜泡钉与下面的方盘相通。面刻北斗七星星座，边缘分三层刻画：外层按逆时针方向刻有二十八宿，中层刻二十八个圆

---

① 参见郑复光《镜镜泠痴》卷四，《丛书集成初编》本，中华书局1985年版。

点于各宿名顶上,里层刻十二月次。方盘边至圆盘间刻两道方框线,框内外有三层文字:外层二十八宿,每边七宿;中层十二地支,每边三地支;内层十天干,每边二天干,戊、己则被刻在四角,分别是:"天己"、"土斗戊"、"人日己"、"鬼月戊"。全盘保存完整,字迹清晰。上下盘的布局与《灵枢经·卫气行篇》所述相当,应该既作占天之用,又有医学意蕴。

(三)太乙九宫占盘

上圆下方,圆盘直径 8.3 厘米,方盘边长 14.2 厘米,两盘中心有圆孔相连。圆盘过圆心画四条等分线,分别在每条线两端刻有"一君"对"九百姓","二"对"八","三相"对"七将","四"对"六"。绕圆心刻"吏"、"招"、"摇"、"也"四字。方盘在圆盘外至边缘间画一方框线,框内外按四面八方刻字,框外依次是"立春……"、"春分……"、"立夏……"、"夏至……"、"立秋……"、"秋分……"、"立冬……"、"冬至……";框内依次为"当者病"、"当者有喜"、"当者有僇"、"当者显"、"当者死"、"当者有盗争"、"当者有患"、"当者有忧"。方盘背面亦有涉及天文历法的刻画内容,按四面八方分别是"第一子夜半冬至右行"、"第三夏至"、"第二冬至平旦"、"第四夏至"、"第三七年辛酉日中冬至"、"第四夏至"、"第四冬至日入"、"第二夏至"。此盘实际上是《灵枢经·九宫八风篇》的图解,亦当兼有天文、医学功能。[1]

这三件漆器天文栻盘充分体现了西汉初年安徽天文、历法、占候等发展的实际水平。

三、桓谭的"浑天说"

我国古代的天体学说主要分"盖天说"与"浑天说"两种学术观点。"盖天说"是早期人们对天、地位置比较直观的认识,在一般人看来,天在上,有弧度,地在下,相对直平,于是就表述为"天象盖笠,地法覆盘"[2]。而"浑天说"则是相对理性、辩证的看法,认为天就是一个球

---

① 参见安徽省文物工作队等《阜阳双古堆西汉汝阴侯墓发掘简报》,《文物》1978 年第 8 期。
② 《周髀算经》。

壳,地被天包在其中,就像是鸡蛋,蛋壳包着蛋白蛋黄,"天如鸡子,地如中黄"①,因此日、月、星辰都可以在地下穿行,所以才能往复运行。西汉武帝时进行历法修订,由邓平、落下闳等人制定的太初历就是以"浑天说"作为基本理论根据的,也就意味着这一学说得到了西汉政府的认可,成为官方学说。但是持"盖天说"者并没有放弃主张,而是不断修正理论,批判"浑天说",从而形成了我国古代天文学史上著名的"浑盖之争"。在这场科学论争中,安徽学者桓谭坚持"浑天说",并说服了著名学者扬雄,为捍卫"浑天说"做出了巨大贡献。

两汉之际,"盖天说"在学界有更大的影响力,成为所谓的"众儒之说",连桓谭素来尊崇并誉为"通人"的扬雄,也主张"天为如盖转",自右向左旋转,所以日、月、星辰也都随之自东向西运行。他还根据历法知识以及春夏秋冬更替、昼夜变化的规律,画出了一个"盖天图",并标有天体的行度,想作为后世的规范。因为父亲担任太乐令,桓谭青年时被任为郎,曾专门管理计时的漏刻。他刻苦学习天文历算之学,"通历数学算法",并自己推考天象,坚持观测天象,以校正漏刻因气候异常而产生的误差:"余前为郎,典漏刻,燥湿寒温辄异度,故有昏明昼夜。昼日参以晷景,夜分参以星宿,则得其正。"②桓谭以自己的观测所得与实际天象,论证说明《周髀算经》所言"盖天说"的谬误,"考验天状,多有所违",力主"浑天说",并援引西汉学者关子扬的观点,认为"日之去人,上方远而四傍近",至于中午热于早晚,是因为"日中正在上,覆盖人,人当天阳之冲,故热于始出时。又新从太阴中来,故复凉于其西在桑榆间也"。③

桓谭与扬雄间还发生了一次有趣的学术论辩。桓谭首先对扬雄的"盖天图"质疑:"春秋昼夜欲等平,旦日出于卯,正东方;暮日入于酉,正西方。今以天下人视之,此乃人之卯酉,非天卯酉。天之卯酉,当北斗极。北斗极天枢,枢,天轴也。犹盖有保斗矣。盖虽转而保斗不移,天亦转周帀,斗极常在,知为天之中也。仰视之,又在北,不正在

---

① 《隋书》卷十九《天文志上》。
② 桓谭《新论·离事》,《太平御览》卷二引。
③ 《隋书》卷十九《天文志上》。

人上。而春、秋分时,日出入乃在斗南。如盖转,则北道近,南道远,彼昼夜漏刻之数何从等平。"扬雄虽然无法回应桓谭的质难,但也未被完全说服。一天,桓谭与扬雄共同奏事,于白虎殿廊庑下等待处理结果。因为天气寒冷,两人都背着太阳取暖,过了一阵子,由于太阳逐渐升高,照不到廊庑之下,两人就晒不着太阳了。由此,桓谭进一步向扬雄论证"浑天说":"天即盖转而日西行,其光影当照此廊下而稍东耳。无乃是反应浑天家法焉。"①以太阳升高即不能照到廊下这一现象,说明太阳运行并不是像"盖天说"理论中的平行移动,反倒符合浑天学说。这一实例使得扬雄心服口服,立即毁掉了自己所制"盖天图",成为坚定的"浑天说"学者,而且还著成了《难盖天八事》,揭露了"盖天说"的八个内在矛盾,阐述浑天学说的理论根据,对于东汉浑天学说的进一步发展起了重大的推动作用。此后,张衡作浑天仪,著《灵宪》,进一步发展完善了"浑天说",使得两汉成为我国古代天文学进步的关键时期。

第二节　名医华佗

中国传统医学有着悠久的历史,东汉时期,安徽涌现出了一批著名的医学家,取得了辉煌的医学成就,如沈建、费长房、华佗及其弟子李当之、吴普、樊阿等,其中以华佗的医学成就最为突出。

沈建,生卒年不详,东汉丹阳人。家世官吏,但沈建却不愿出仕,爱好修道,沉浸于医学与健身,善于吐纳导引服食,能辟谷、疾行。而且医术精湛,凡给人治病,不拘轻重,皆能痊愈,由是被视为神人。②

费长房,生卒年不详,东汉汝南人。初为市掾,后随一卖药的游医学习,"遂能医疗众病"③。因为费长房的医术神奇,他也被民众尊为

①　桓谭《新论·离事》,《太平御览》卷二引。
②　参见葛洪《神仙传》卷一,上海古籍出版社1990年影印文渊阁《四库全书》本。
③　《后汉书》卷八十二《方术列传·费长房传》。

神仙,相传他能够"鞭笞百鬼及驱使社公",并有杀死伪装汝南太守的老鳖、请雨解除东海三年大旱等神迹。世传重阳节佩戴茱萸、登高、饮菊花酒等习俗始于费长房,其说出自南朝梁吴均《续齐谐记》。吴均去东汉未远,所记当有根据。

左慈,字元放,东汉庐江人,曾为军吏。其神异之举在《后汉书·方术·左慈传》、曹丕《典论》、曹植《辩道论》、张华《博物志》中均有记载,是一位以服食导引、房中术和幻术表演见长的修道者。至于《太平寰宇记》卷一百二十五所记"魏时左慈居潜山,有炼丹房、金丹灶基存"以及道家典籍《真诰》等亦多载左慈各种神异之事,并言葛玄为左慈弟子,则皆后出,姑且存疑。

华佗,生卒年不详,主要活动时段在公元二世纪后半期至三世纪初年。又名旉,字元化,东汉沛国谯人,《三国志》、《后汉书》均有传。华佗继承东汉沛国重视经学教育的学术传统,青年时学习并研究儒家经典,在徐州及附近地区游学问师,受东汉后期学术风气的影响,能兼通多种经典,为当时人所称道。但华佗淡泊名利,不愿出仕,献帝时,太尉黄琬征辟,沛国相陈珪举孝廉,皆不应。而是精研医术方药,把毕生精力都投入为百姓治疗疾病中,一生行医,足迹遍及今安徽、江苏、河南、山东等地。献帝建安十年(公元205)前后,曹操为"头风"所困扰,征召华佗当侍医,随时治疗自己的"心乱目眩"。华佗读书士人出身,因为医术高明,即以之为一生职业,原本心理就有一丝不平衡。当曹操强留其为侍医后,长期自由行医的他,不习惯被约束的生活,加之思家心切,就托辞归家。之后,以妻子有病为由,拒绝返还许都。曹操多次书信催促无果,就命令地方官员敦促发遣,华佗仍然不从。曹操盛怒之下,不顾荀彧等人的极力劝阻,将其下狱并杀害。

华佗遭遇冤狱,为曹操所杀,其医学著述也未能流传下来,后世所传华佗医书,皆为后人编集或属伪作。好在《三国志·魏书·方技·华佗传》记载了病例16则,裴松之注所引《华佗别传》载有5则,加上《脉经》等其他古代文献的零星记载,可以了解到其医学活动涉及内科、外科、妇产科、儿科、眼科等诸多领域:

1. 诊断与治疗术

诊断是治疗的前提,华佗精于观察病人的面、目、形、色、病状,由此判断病患及轻重缓急,辨证施治,对症下药。《三国志》载:有两个病人同患头痛、发烧,华佗诊断后,给一人开了泻药,另一人则开了发汗药。旁观者疑惑不解,华佗说两人症状相同,但病因不同,一为"外实"(外感风寒),一为"内实"(内伤饮食),因而分别施治,结果病人很快痊愈。文献详细记载了华佗对于濒危病人面容、颜色、动作的预判。

华佗特别善于治虫,有一次他在路途之中碰到呕吐不能进食的病人,即断定是寄生虫所致,让病人去找自己中途所遇"酸甚"之"萍齑",取三升饮之,病可痊愈。病人依法服用,吐出一只虫子后病愈。而他如此治愈的患虫病者数不在少,以至他的小儿子一看到病人车上悬挂的虫子,就认定对方是自己父亲治愈的病人。

2. 外科手术与麻醉法

华佗擅长外科,为许多病人施行过手术,效果都很好。《三国志》本传裴松之注引《华佗别传》记他为河内太守的女儿治腿病,从其腿中取出一条蛇,事情经过很神奇,显然是经过神化的结果。现代学者认为,华佗所取出的"蛇"实际上是慢性骨髓炎的死骨,表面凹凸不平,所以说蛇的眼窝没眼珠,身上又有逆鳞,至今民间还有称死骨为蛇骨的[1]。司马师婴儿时患有严重的眼疾,司马懿请华佗医治,华佗诊断为眼瘤,"出眼瞳割其疾而纳之傅药"[2]。未闻司马师后有目疾,此次治疗应是完全治愈,这样的眼科手术是相当了不起的。其他外科手术类型还有开腹切除肿瘤、肠胃部分切除吻合术等。

为了保证外科手术的顺利进行,华佗还发明了用酒冲服的"麻沸散",对病人施行麻醉,减轻手术时病人的痛苦。"若病结积在内,针药所不能及,当须刳割者,便饮其麻沸散,须臾便如醉死,无所知,因破取。病若在肠中,便断肠湔洗,缝腹膏摩,四五日差,不痛,人亦不自

---

[1] 参见韦以宗《中国骨科技术史》,上海科技文献出版社 1983 年版。
[2] 《太平御览》卷七百四十引沈约《宋书》,今本《宋书》无此内容。《天中记》卷四十、《渊鉴类函》卷三百二十二均引作沈约《晋书》,当是。中华书局 1960 年版。

瘊,一月之间即平复矣。"①这一全身麻醉技术比欧洲要早1600余年,是世界麻醉史上的一大创举,而华佗也被誉为外科鼻祖。

3. 妇科与儿科

华佗对妇科、儿科诊治也很有研究,有不少成功的治疗经验。一位将军的妻子流产后身体不适,华佗诊断为妊娠受伤而胎死未去,将军承认受伤之事,但却说胎确已娩出。华佗认定是双胞胎,其中之一未能娩出,于是施以针灸与汤药,然后让产婆以手探查,果然取出一个死胎。东阳一小男孩自两岁起,经常拉稀啼哭,日益消瘦,华佗诊断认为是自母胎带来的寒气所致,让其服用"女宛丸",十余天就痊愈了。

4. 针灸术

华佗的针灸技术非常高明,主要特点是选穴少而疗效高,如《三国志》本传所言:"若当灸,不过一两处,每处不过七八壮,病亦应除。若当针,亦不过一两处……病亦行差。"他给曹操治疗"头风",就是采用针灸疗法:"太祖苦头风,每发,心乱目眩,佗针鬲,随手而差。"而他所创用的夹脊穴,至今仍被称为"华佗穴"。

5. 积极提倡体育保健

华佗不但治伤疗病,而且积极倡导通过体育锻炼的方式增强体质,达到预防疾病、延年益寿的目的。他教导弟子吴普说:"人体欲得劳动,但不当使极耳。动摇则谷气得消,血脉流通,病不得生,譬犹户枢不朽是也。"本着这样一种认识,他意识到古代修仙者所谓的"导引",实际上就是"熊颈鸱顾,引挽腰体,动诸关节,以求难老"。于是他便模仿虎、鹿、熊、猿、鸟的动作,创造了一套"五禽之戏",进行身体锻炼。据说他的弟子吴普按照这一方法施行,年至90余岁,仍然"耳目聪明,齿牙完坚"。② 这种健身体操的发明,是我国对世界医疗体育的一大贡献。

6. 医疗教育

华佗除了行医济世之外,还重视教授徒众,将自己高超的医术传

---

① 《三国志》卷二十九《魏书·方技·华佗传》。
② 《三国志》卷二十九《魏书·方技·华佗传》。

授给下一辈,能让更多的民众脱离病痛,从而对社会做出了更大贡献,一直到在狱中临刑时,他依然不忘托狱吏将自己的医书传出,并说"此可以活人"。他的弟子当中,传名于后世的就有李当之、吴普、樊阿等3人。吴普将华佗治病的验方编成了《华佗药方》一书,传之后世,继承并发扬了华佗的药学成就,著有《吴普本草》。李当之通医经,尤精药术,有《李当之药录》、《李当之药方》、《李当之本草经》等传世。樊阿则继承了华佗的针灸技术,并有重大发展,打破了背部及胸部不可妄针,即使下针也不可超过四分的禁忌,在背部进针一两寸,胸部用针五六寸,效果良好。

华佗的医术和医德受到历代民众的尊崇,他行医所历之地大多至今仍有纪念他的庙宇,如"华祖庙"、"华祖阁"等。

第三节 绘画与雕塑

秦汉时期,安徽的艺术也取得了较大成就,如《淮南子》、《新论》中所反映的艺术思想;桓谭之父为东汉太乐令,桓谭本人曾任王莽政权的掌乐大夫,桓氏乃造诣不凡的音乐世家;出土文物表现出流行于江淮地区的"百戏"等。其中最具代表性的成就是两汉的绘画与雕塑。

一、《淮南子》的绘画美学思想①

《淮南子》一书多篇有与绘画艺术相关的内容,在继承先秦艺术观的基础上有所发展,体现了西汉时期安徽地区的艺术美学思想。

《淮南子·氾论训》云:"今夫图工,好画鬼魅而憎图狗马者何也?鬼魅不世出而狗马可日见也。"此论最早出自《韩非子·外储说左上》齐王与画工的对话,刘安借用来表达政治见解,说明他也是欣赏以客观现实为描绘对象的艺术,认为反映现实的写实性艺术作品的创作有

① 该段内容主要参考《安徽文化史》,南京大学出版社2000年版,第283~285页。

更大难度。刘安及其门客生活在以浪漫幻想为主潮流的时代,又处于神仙鬼怪和迷信色彩浓厚的楚文化区域中,能够有这样的艺术观点,确属难能可贵。

在反映现实的问题上,《淮南子》强调外形描写的重要性。认为"形"是表现对象和了解对象的必要前提,"嚼而无味者,弗能内于喉;视则无形者,不能思于心"①。绘画既是一种视觉艺术,又是一种造型艺术,一切都要通过艺术形象的塑造来得到最终表达,"以微知明,以外知内"是其典型特征。"鬼神之貌不着于目,捕景之说不形于心。"②既要反映现实,同时还需要观察与体会,假若没有"着于目"的细致观察,"形于心"的深入体会,是不可能使描绘对象得到很好表达并取得较高艺术成就的。

在艺术表现手段上,《淮南子》提出要注意局部与全体之间的辩证关系,绘画首先要求画家通过局部与细节纤毫毕现的描绘,来达到"以小见大,以近喻远"的目的;但更加重要的是,画家必须做到心有全局,要从大处着眼,把握表现对象的全体。如其不然,就会"画者谨毛而失貌,射者仪小而遗大"③,从而造成艺术表现的全面失败。不同的描绘对象,一定要用不同的描绘手段去体现,才能够突出其特色,所谓"明月之光,可以远望而不可以细书;甚雾之朝,可以细书而不可以远望。"④

《淮南子》特别重视绘画等艺术活动"传神"的重要性,表现了非常高的艺术素养和欣赏能力。它处处强调艺术作品对内在的"心"、"神"的描写,认为"心"与"神"是更为内在的东西,是统率形体的,"心者,形之主也,神者,心之宝也"。所以它认为作为人的精神的"君形者",对绘画具有特别重要的意义。绘画时首先应该注意形与神的关系问题,要"以神为主,形从而利",即先追求神似,而形似则为神似服务,神似是绘画的最高艺术境界,也是艺术作品的感染力之所在,"精

---

① 《淮南子·说林训》。
② 《淮南子·说林训》。
③ 《淮南子·说林训》。
④ 《淮南子·说林训》。

神形于内而外谕哀于人心,此不传之道"①。反之,如果仅注重形似而忽视了神似,那就降低了作品的艺术性,是典型的以"形"伤"神"。"画西施之面,美而不可说;规孟贲之目,大而不可畏,君形者亡焉。"②造成这种只传形而不传神的原因,是因为"俗人不得其君形者而效其容"③。也就是说,绘画者只看到了西施面目的艳丽,并没有抓住西施真正吸引人的韵味;仅关注到孟贲的大眼睛,却没有让眼睛带有凛然不可侵犯的威严。《淮南子》尊崇传神的这一艺术思想对于后世产生了巨大而深远的影响。

《淮南子》还充分体现了对从事艺术活动的工艺匠人应有的尊重。《修务训》云:"夫宋画、吴冶,刻刑镂法,乱修曲出,其为微妙,尧舜之圣不能及。蔡之幼女,卫之稚质,捆纂组,杂奇彩,抑黑质,扬赤文,禹汤之智不能逮。"称赞各地工艺美术品的精美,强调各种专门技巧的特殊性与重要性,以至于将他们与上古先圣王进行直接比较,明确指出这些圣人们并不是万能的,在上述专门的艺术领域内,他们是远远赶不上"宋画"、"吴冶"、"蔡之幼女"、"卫之稚质"这些普通民间工艺匠人的。表现出了可贵的平等思想以及对于普通艺人的应有尊重,从所处的时代而言,确属不易。

二、从出土文物看两汉安徽绘画与雕塑

两汉时期,与整个学术、文化、艺术发展进步的潮流相应,我国传统绘画已经有了较高成就,最高统治者也大都爱好并鼓励绘画艺术的发展与应用。汉武帝曾收集天下法书、名画,藏于秘阁,并已在政府置有画工以备应诏作画。到汉成帝时,专门设置主管画工的尚方画工,为政府和宫廷服务。在这样的环境下,两汉时期先后涌现出了许多卓有成就的画家。两汉时期安徽绘画主要是通过墓室壁画和画像石两种形式保存的,雕塑则主要是出土明器。

汉代的墓室壁画,一是反映墓主人生前所过生活,二是描绘人死

---

① 《淮南子·览冥训》。
② 《淮南子·说山训》。
③ 《淮南子·览冥训》。

后要进入的天堂之神及其他,另有一些是装饰性的花纹图案。亳州东汉末年汉墓群,其中董园村二号墓主被疑为曹操祖父曹腾。该墓前室石壁上涂有一薄层石灰,饰有彩绘,但因年代久远,大部分脱落,难以辨认,约略可辨的只有石门额里面的墨绘双兽;前中室石额面上彩绘有帐篷、旌旗、芦苇等,似为游春图;券上绘天象,有 3 人骑鸟或兽遨游其间,极可能是墓主人升仙图。前室北壁有一耳室,石门额亦有彩绘图画,可以辨别的为一绿色阔衣者坐在长方形毡条上。该墓中室之壁、券也都有彩绘壁画,大部脱落,前后壁保存较好的是一排仕女图,图中仕女身着长衫、宽裤、软鞋,红色带,有些手端圆形或方形盘,盘中盛放鲜果、耳杯之类。墙券分界处,朱红彩绘亭台楼阁等仙境图。真实地再现了墓主人生前所过的奢华生活,也展现了东汉安徽高超的壁画艺术水平。

安徽北部是我国汉画像石出土非常集中的区域之一,迄今为止,先后在宿州、淮北、阜阳、亳州、滁州等地都发现了画像石墓,出土了为数众多的汉画像石,以淮北、宿州两地最为集中。这些汉画像石为我们了解安徽的雕刻艺术提供了大量生动的材料。

亳州董园村二号墓甬道两壁各用八块磨光青石砌成,青石上阴线刻对称人物像四幅,每壁两人,一佩剑在前,一执盾居后,造型生动,线条流畅,人物高 1.62～1.78 米,应即“神荼”、“郁垒”。甬道口有门砖一对,雕有吉羊头像,浑厚逼真。门边亦为磨光青石,四周分别阴刻有青龙、白虎、朱雀、玄武。横额为双石砌成,上层石刻有“双凤图”,双凤之间燃着篝火。下层石则刻有“养鹿图”,母鹿口衔灵芝,八只小鹿依偎身旁,神态各异,活泼可爱。鹿的前后各有一羽人,身有羽毛,手执连理。两幅横额图雕刻手法尤其细腻,表现力很强,是汉代雕刻艺术作品中的佼佼者。在董园村一号墓中,出土了四块画像砖,砖面磨光,中间阴刻一匹奔马,马口嘶鸣,前蹄上腾,束尾飘扬,恰如其分地表现了骏马飞奔时的体态,线刻简洁明快,造型生动洗练,既有极强的写实特征,又不乏艺术夸张与抽象色彩。

宿州褚兰东汉墓共出土画像石 32 块、各种刻画 60 余幅,内容涉及伏羲、女娲、东王公、西王母等神话人物形象,纺织、捕鱼、庖厨等日常劳作的情景以及宴饮、车马出行、杂技舞乐等生活娱乐等各种场面，可谓包罗宏富。画像石全部采用剔地浅浮雕，即在磨平的石面上将物象轮廓之外的空白处用刀铲低，从而使物象略微高起于石面，然后再在物象上阴刻眉眼须发、衣褶纹饰、毛羽鳞片等细部，技法娴熟，刻工精良，图像清晰。更加值得注意的是画面构图饱满紧凑，疏密安排匀称，人物、车马比例相对合度。这些是东汉晚期画像石雕刻的代表作品。

秦汉安徽雕塑艺术成就主要体现在陶塑方面。1973 年亳州西汉墓中出土了陶俑 5 件，3 件立姿、2 件坐姿。其中一件女立姿俑，体高45 厘米，肩宽 9 厘米，阔衣大袖，束腰长裙，双手前束，束裙上宽 6 厘米、下宽 17 厘米。女俑神态端庄文静，身材窈窕，带有明显的细腰楚女之遗风。1980 年利辛县出土的两件乐女陶俑，均宽衣博带，神情专注，双手作捧乐器演奏状，人物的动态与表情形象生动，富于个性特征。各地还陆续出土了数量不菲的陶塑动物，以猪、狗、鸡等家畜、家禽为主。如 1974 年界首市征集到一只东汉陶狗。1975 年亳州曹操宗族墓马园村二号墓出土一对陶鸡，绿釉红胎，昂首翘尾，形态逼真。出土更多的陶塑作品为生活用具甚至生活环境，如陶屋、陶楼、陶厨、陶灶、陶井、陶厕、陶猪圈等。1954 年合肥乌龟墩东汉墓即出土了屋、井、灶、磨、缸、豆、钵、罐、甑等大量陶塑明器。涡阳县大王店东汉墓出土的陶戏楼，绿釉红胎，通高 108 厘米。共分四层，其中第二层为舞台，中间有墙，将之隔为前后台。前台有两排伎俑，前排一俑双手着地，举足倒立，表演杂技。后排有 4 俑，均为器乐俑，左边两俑，双手合于嘴部，做吹奏状；第三俑双手持箫吹奏；第四俑双膝置瑟，双手做抚瑟状，面部微仰，似已陶醉于优美的乐曲之中。第四层为望楼，守望料敌之用，四壁敞开，无门窗，中有建鼓一座，体现了雕塑艺术的高超水平。

玉雕、牙雕也有不少精美作品出土。亳州曹操宗族墓出土了石灯、玉枕、玉猪和松绿石、紫宝石兽形器，其中石灯的材质为青石，灯柱周围雕有三条蜥蜴，足抱灯柱，头顶灯盘，尾抵灯座，构思巧妙，灵动而不失稳重。玉猪有跑式、卧式两样体态，其一长身短腿，嘴部上翘，大

鼻,双耳后伏,翘尾盘如蜗牛,做受惊奔跑状,雕工精细,形象逼真。而牙簪、牙尺等牙雕已经采用了熟练的微雕技术,其中牙尺仅残长 5.9 厘米、宽 1.48 厘米、厚 0.68 厘米,但四面雕刻纹饰刻有小鹿状奔兽、凤凰状飞兽等图像,造型优美,线刻流畅,刻纹之细需用放大镜才能看清,是不可多得的早期微雕精品。1975 年涡阳石弓山西汉墓出土一件玉人俑,通高 5.7 厘米、宽 3.2 厘米。玉人五官端正,长髯飞拂,神态安详。头着冠,宽衣博带,足登履,拱手而立,腰部束带上垂下一只绢带结绕的玉璧。面部五官、襟袖、束带用浮雕手法,而衣服纹饰与须发则用线刻处理,充分表现出当时玉雕工匠的精湛技艺。

第四节　楚歌、楚辞与《孔雀东南飞》

一、楚歌与楚辞

楚歌与楚辞产生于楚国,具有鲜明的南方地域特色。秦末,首先是楚人掀开了反秦亡秦的序幕,陈胜、项氏叔侄、刘邦等先皆楚人,受楚文化的长期熏染,有浓厚的故国情怀。所以,"楚声"、"楚歌"、"楚舞"非常流行。

项羽入关以后,嫉恨刘邦,封其为汉王,王汉中地。刘邦率领部属前往汉中,为了向项羽表示自己不再想向东发展,同时防备其他诸侯王的袭击,就边走就边烧毁了沿途栈道。刘邦军队的骨干都是楚人,以为从此便回不了家乡,一路多有逃亡,未逃者也都唱起了楚歌,表达对家乡的思念。垓下之战,项羽军队被围,兵少粮尽,刘邦采取攻心战术,召集人晚上在项羽军营四周高唱楚歌。项羽大惊,以为自己的故地都已被刘邦占领,感觉穷途末路,起而夜饮,慷慨悲歌,"项王泣数行下,左右皆泣,莫能仰视"[①]。"四面楚歌"瓦解了西楚的军心,成为项

---

① 《史记》卷七《项羽本纪》。

羽败亡的重要原因之一,反映出楚歌在楚人情感世界中所占据的重要地位。

汉高祖以楚人立汉,其功臣多为楚人。刘邦自己非常喜爱楚制、楚歌、楚声,如《史记·叔孙通传》所载:"(叔孙通)儒服,汉王憎之。乃变其服,服短衣,楚制,汉王喜。"《汉书·礼乐志》也说:"高祖乐楚声。"高祖十二年(前195),刘邦击英布还,至沛,创作了著名的《大风歌》:"置酒沛宫,悉召故人、父老、子弟纵酒。发沛中儿得百二十人,教之歌。酒酣,高祖击筑,自为歌诗曰:'大风起兮云飞扬,威加海内兮归故乡,安得猛士兮守四方!'令儿皆和习之。高祖乃起舞。慷慨伤怀,泣数行下。"①当他废太子刘盈,另立戚姬之子赵王如意为太子的意图无法实现时,他又感从中来,创作了《鸿鹄歌》:"戚夫人泣。上曰:'为我楚舞,吾为若楚歌。'歌曰:'鸿雁高飞,一举千里。羽翮已就,横绝四海。横绝四海,当可奈何?虽有矰缴,尚安所施。'歌数阕,戚夫人嘘唏流涕,上起去,罢酒。"②以刘邦所言"楚歌"及戚夫人之"楚舞",《鸿鹄歌》属楚歌无疑。但《史记》所载则非楚歌体裁,而近于周诗。唐人白居易编集的类书《白氏六帖》引录《楚汉春秋》所载则作:"鸿鹄高飞兮一举千里,羽翮已成就兮横绝四海,横绝四海兮无奈何,虽有矰缴兮安所施。"当近原貌。而刘邦之妃唐山夫人所作《安世房中歌》,也是楚歌。《汉书·礼乐志》云:"又有《房中祠乐》,高祖唐山夫人所作也。周有《房中乐》,至秦名曰《寿人凡乐》,乐其所生,礼不忘本。高祖乐楚声,故《房中乐》,楚声也。孝惠二年,使乐府令夏侯宽备其箫管,更名曰《安世乐》。"刘邦沛人,其功臣集团中大多数人是今苏、皖一带人,两汉时期,沛郡治、沛国都均在今淮北市,区域主要是今安徽省北、中部,楚声、楚歌、楚舞在这些区域广泛流行是必然的。高祖之后,尚有不少汉代帝王如汉武帝等均爱好并提倡楚文化,因此,楚歌、楚声、楚舞遍及全国,蔚然成风。

西汉时期,研读《楚辞》成为一种风靡一时的专门学问,由于最高

---

① 《史记》卷八《高祖本纪》。
② 《史记》卷五十五《留侯世家》。

统治者的倡导,诵读、研究、拟写《楚辞》者遍布安徽各地。20 世纪 80 年代初,阜阳发现的汉简中,"有两片《楚辞》,一为《离骚》残句,仅存四字;一为《涉江》残句,仅存五字,令人惋惜不已。另有若干残片,亦为辞赋之体裁,未明作者"①。说明在汉文帝时期,《楚辞》在安徽境内的流传是比较广泛的。

安徽学者群体在楚辞注释与研究方面也做出了很大成绩。淮南王刘安被认为是给屈原名篇《离骚》作注的第一人,《汉书·淮南王传》载:"初,安入朝,献所作《内篇》,新出,上爱秘之。使为《离骚传》,旦受诏,日食时上。"则《离骚传》是汉武帝让刘安所作。"传"是中国古代学者对经典的解释与推衍,所以唐颜师古注《离骚传》云:"传谓解说之,若《毛诗传》。"东汉学者王逸说:"至于孝武帝,恢廓道训,使淮南王安作《离骚经章句》,则大义粲然。"②直接称刘安之作为《离骚经章句》。刘安对《离骚》的训释后世佚失,已难于知晓其详。③班固在其所作《离骚序》中对刘安训释有评论:"昔在孝武,博览古文。淮南王安叙《离骚传》,以《国风》好色而不淫,《小雅》怨悱而不乱,若《离骚》者,可谓兼之矣。蝉蜕浊秽之中,浮游尘埃之外,皭然泥而不滓,推此志,虽与日月争光可也。斯论似过其真。又说:五子以失家巷,谓五子胥也。及至羿、浇、少康、贰姚、有娀佚女,皆各以所识有所增损,然犹未得其正也。"④略见《离骚传》大旨在于表彰屈原可与"日月争光"的节操。虽然班固对他的一些具体论点有所质疑,但《离骚传》还是产生了巨大的学术影响,如王逸所言:"后世雄俊,莫不瞻仰,撷舒妙思,缵述其词。"司马迁作《屈原列传》就引用了刘安对屈原的高度评价。有研究者认为,淮南王刘安及其宾客在汉初流行的屈、宋代表作《离骚》、《九辩》合集的基础上,将屈原的作品编定成书,其顺序是《离骚》、《九辩》、《九歌》、《天问》、《九章》、《远游》、《卜居》、《渔父》、《招

---

① 阜阳汉简整理小组《阜阳汉简简介》,《文物》1983 年第 2 期。

② 王逸《楚辞章句》卷一。

③ 班固《汉书·艺文志》已不著录,但班氏《离骚序》对淮南王之说有评论,说明他是见到《离骚传》的。

④ 王逸《楚辞章句》卷五。

隐士》（淮南小山作①），并命名为《楚辞》，这也成了楚辞学史上一件具有划时代意义的大事。

除了收集、整理、注释、研究，刘安及其宾客们还创作楚辞，《汉书·艺文志》"屈原赋之属"著录有《淮南王赋》82篇、《淮南王群臣赋》44篇，可见这些作品都是拟屈之赋。现存只有旧题刘安撰《屏风赋》、《熏笼赋》（仅存目）及淮南小山《招隐士》。《屏风赋》以拟人手法描写树木生长于深山幽谷，无缘得用，等到被雕制成精美的屏风，才为人欣赏，表达"不逢仁人，永为枯木"的思想主旨。《招隐士》则表彰刘安"招怀天下俊伟之士"，后人评价其"奇险独出"，"绍楚辞之余韵"，是汉代拟骚创作的杰出代表。②

汉宣帝时，"修武帝故事，讲论《六艺》群书，博尽奇异之好。征能为《楚辞》九江被公，召见诵读，益召高材刘向、张子侨、华龙、柳褒等待诏金马门"③。则安徽学者的《楚辞》研习在全国仍然占有相当重要的地位。

东汉末年，以曹氏父子为核心的建安文学群体也创作了大量拟骚诗赋，重要的如曹丕《述征赋》、《浮淮赋》、《感离赋》、《寡妇赋》、《临涡赋》等，曹植《登台赋》、《东征赋》、《迁都赋》、《愁霖赋》、《大暑赋》等，最脍炙人口的当数其名篇《洛神赋》。

二、《孔雀东南飞》

两汉时期，我国五言古体诗开始兴起，产生了《古诗十九首》等优秀作品。东汉末建安文学群体的创作活动，更是极大地推动了五言古诗的成熟，《孔雀东南飞》就是建安文学的奇珍。《孔雀东南飞》被誉为中国诗史上第一部长篇叙事诗，原篇名为《古诗为焦仲卿妻作》，原诗有"序"，云："汉末建安中，庐江府小吏焦仲卿妻刘氏为仲卿母所遣，自誓不嫁，其家逼之，乃没水而死。仲卿闻之，亦自缢于庭树。时

---

① 《文选》卷三十四题刘安作。
② 参见李大明《汉楚辞学史》，中国社会科学出版社、华龄出版社2004年版，第65～89页。
③ 《汉书》卷六十四下《王褒传》。

人伤之,为诗云尔。"①则此诗产生于建安年间江淮民间,撰作人不详。② 后来用长诗首句作为题名,称《孔雀东南飞》。

这是一首长篇叙事诗歌,叙述了一个感人的爱情故事。东汉献帝建安年间,庐江府小吏焦仲卿与妻子刘兰芝恩爱和睦,但刘氏是比较有个性的妇女,虽然她承担了相当沉重的日常家务劳动和手工纺织,但却并不甘心受焦母的恶意"驱使"与随意摆布。所以,焦母认定刘氏"无礼节"、"自专由",将来很可能会控制自己的儿子,于是不顾儿子的强烈反对,责谴刘氏,使其回归娘家,并计划为子另娶邻家之女。仲卿难违母命,只好遵从,但私下却与妻子相约互不负心,"誓天不相负"。刘氏被遣归家后,由于她年轻美貌,县令与太守先后托媒为他们的儿子提亲,欲娶其为儿媳。刘氏之兄作为家长,贪图权势利益,也逼迫妹妹出嫁太守之子。可是刘氏忠于爱情,恪守誓言,未为荣华富贵所动,视"太守"、"郎君"、"聘金"、"杂彩"、"金车玉轮"、"青骢马"、"金缕鞍"等如同粪土,坚决不愿另嫁。但又不能不遵从作为家长的兄长之命,万般无奈之下,出门与焦仲卿诀别,"举身赴青池",以牺牲生命的激烈行为来表示自己的坚贞。仲卿闻刘氏自沉,"自挂东南枝",同样以死来表达自己对传统纲常的不满,完成了与妻子的爱情约定。当时人为他们的痴情所感动,把夫妻二人合葬在一起,其后,植于墓旁的松柏与梧桐,"枝枝相覆盖,叶叶相交通。中有双飞鸟,自名为鸳鸯。仰头相向鸣,夜夜达五更。行人驻足听,寡妇起傍徨"。他们的爱情悲剧,确实达到了悲天恸地的程度。

《孔雀东南飞》非常深刻地揭露了纲常礼教的罪恶,表达了人们对美好爱情的颂扬和争取婚姻自立的强烈愿望,不论是从艺术成就来说,还是就思想价值而言,都在我国古代文学史上占有重要的地位。

---

① 徐陵编《玉台新咏》卷一。

② 万绳楠先生认为:"这首无名氏的长诗,实际出自庐江郡舒、皖民间,即出自今安徽省怀宁县西北的小市。"而其创作时间,"当在刘馥最后两三年(庐江太守)任期内,即建安十一年到十三年间"。参见万氏《魏晋南北朝文化史》,东方出版中心 2007 年版,第 167 ~ 169 页。

第五节　秦汉时期江淮地区的社会生活①

秦汉时期,随着政治大一统局面的形成和中央集权的君主专制体制的建立,统治者在促进社会、文化统一以及移风易俗方面做了很大的努力,使得从西汉中期以后,在继承与改造的基础上逐渐形成了与政治大一统相互适应的社会文化风俗,但自先秦以来长期积淀的地域文化仍然具有较强的活力。江淮地区在秦风汉雨的沐浴下,原有的以楚国地域文化为主要特征的民风习俗也有了一定程度的改变,受中原地区的影响越来越明显。

一、秦汉时期江淮地区的衣食住行

(一)服饰

虽然传世文献相关记载较少,所幸安徽北部出土的大量汉画像石很好地保存了当时的社会生活场景,为我们提供了比较丰富的研究资料,使我们能够相对全面地了解秦汉时期安徽地区的服饰状况。

1. 冠

秦汉时男子束发,露髻者不多见。下层劳动者暑天、雨天戴笠以遮阳或避雨,冷天则着帽以御寒,小儿亦多着帽。成年男子多着冠,主要着重于礼仪,所以《淮南子·人间训》说冠"寒不能暖,风不能鄣,暴不能蔽"。冠主要用缁布、缟素、漆纚等织物制作。西汉的冠是无帻之冠,东汉的冠为有帻之冠。所谓"帻",《急就篇》颜师古注云:"韬发之巾,所以整婧发也。常在冠下,或单着之。"帻起初是包发的头巾,后来演变为便帽,以冠施于上,身份低微者不能戴冠,便只着帻。帻分为"介帻"与"平上帻"两大类,介帻中间有突起,呈屋状,平上帻则平顶。

① 本节的撰写,主要参考彭卫、杨振红《中国风俗通史·秦汉卷》(上海文艺出版社 2002 年版),杨树达《汉代婚丧礼俗考》(上海古籍出版社 2000 年版),孙机《汉代物质文化资料图说》(文物出版社 1990 年版)等论著,特表谢意。下文涉及者不再一一注明。

淮北汉画像石中的执彗小吏就是单着介帻的;同是执戟门吏,淮北市电厂出土的一通着平上帻,而淮北矿务局中学出土的一通所着为介帻①。跨于帻之上的,是被称为"展筒"的冠体。前部装梁,梁用来表示身份,"公侯三梁,中二千石以下至博士两梁,自博士以下至小史、私学弟子皆一梁。宗室刘氏亦两梁冠,示加服也"②。

汉代文职人员在进贤冠下衬介帻,武职人员在武冠下衬平上帻,所谓"介帻服文吏","平上服武官也"③。但身份较低的士卒不戴武冠,只着平上帻,淮北市电厂出土的《蹶张武士图》,表现的就是一个头戴平上帻的武士正在使出全身力气踩踏强弩。

秦始皇初并天下,更民名为"黔首",是由于秦自以为得水德,色尚黑,普通百姓乃以黑巾裹首,故而以"黔首"名之。

汉高祖刘邦"为亭长,乃以竹皮为冠,令求盗之薛治之,时时冠之,及贵常冠,所谓'刘氏冠'乃是也"④。裴骃《史记集解》引应劭说:"以竹始生皮作冠,今鹊尾冠是也。"冠尾长,形似鹊尾,故名,又名"长冠"。蔡邕《独断》:"长冠,楚制也。高祖以竹皮为之,谓之'刘氏冠'。"⑤则长冠本为楚地旧有,刘邦只是改以竹皮制作而已。刘邦发迹后,仿效刘氏冠者纷起,以至于汉廷下诏规定,只有爵位在公乘以上者才能戴刘氏冠。沛郡(国)为楚国故土,又是刘邦乡里,两汉时期戴刘氏冠者也应不少。《后汉书·舆服志》所载诸种冠中有一种樊哙冠,应当也流行于樊氏乡里。

江南丹阳郡在秦汉时期尚居住有许多山民,服饰简陋,所谓"深林远薮椎髻鸟语之人"。

2. 衣

秦汉时期,上身服装被统称为"衣",包括全身性袍式服装和腰上部分。全身性袍式服装由深衣发展而来,衣、裳相连,以衽交掩,衽放

---

① 参见高书林《淮北汉画像石》,天津人民美术出版社2002年版,第55页。

② 司马彪《续汉书·舆服志》。

③ 《晋书·舆服志》。

④ 《史记》卷八《高祖本纪》。

⑤ 《史记》卷八《高祖本纪》,司马贞《史记索隐》引。

在身后左侧，是上层人士和正式场合的典型服装。《史记·叔孙通传》载："（叔孙通）儒服，汉王憎之。乃变其服，服短衣，楚制，汉王喜。"则楚地的传统服装是"短衣"。

夏季袍式服装只以单薄原料制成，称为"禅衣"，江、淮地区气候温暖，穿单衣时居多，不过称为"襌"，"江、淮、南楚之间谓之襌，关之东西谓之禅"[1]。淮北画像石中为数众多的门吏，身上所着即是曲裾、较窄的禅衣。

襜褕是直裾，不同于曲裾的禅衣，比较宽松。《方言》记载，江、淮、南楚也流行襜褕，不过叫做"襌裕"，《小尔雅》《诗郑笺》又作"童容"，言其宽博而下垂的样式。比较短的叫"裋褕"。两汉之交，沛人桓谭自长安归里，道病，"蒙絮被绛罽襜褕，宿于下邑亭中"[2]。

袍是长至脚踝、袖子肥大、衬有棉絮的秋冬季衣服，因其袖子宽大，又称"逢衣"。淮北地区汉画像石，多见着袍者的形象。

但是，秦汉时期下层百姓为了日常劳作方便，也由于生活条件所限，大多只着长仅及膝的短衣，这在有短衣传统的旧楚之地更加普遍。在淮北地区出土的汉画像石中，《车马出行图》中前面的导引者、供役使奔走的仆役、从事农业、渔猎业和手工业劳动的形象，均身着短衣。如淮北市白渎山出土的《车马出行图》中的导引及纵猎犬、猎鹰捕兽的猎人，就是身穿长及于膝的短衣。还有一种下层劳动者的服装叫"裤"，《释名·释衣服》："裤，禅衣之无胡者也，言袖夹直形如沟也。"与禅衣的主要区别就是直筒形的袖子，比宽袖服装更便于活动。

襦是长至膝盖的外套，相对于禅衣、袍等来说，是短衣。襦有单襦、复襦、要襦等多种形制。单襦主要在夏季天热时穿着，故又称"汗襦"，《方言》说："汗襦，江、淮、南楚之间谓之襜。"可见秦汉时期汗襦是南方温暖地区人们的常见服装。《孔雀东南飞》中刘兰芝自己说："妾有绣腰襦，葳蕤自生光。"

女性的上等服装是袿衣，主要是将交衽的两幅裁去一角，使得掩

---

① 扬雄《方言》卷四。
② 桓谭《新论》，《北堂书钞》卷一百二十九引。

到身后时成了曲裾,与古代的刀圭币相像,形似燕尾。袿衣上还缀有长带作为装饰物,随风飘动。汉画像砖石上,舞伎形象多细腰长袖,翩翩起舞,所着正是袿衣。淮北市青谷村出土的汉画像石《宴乐歌舞图》,就有一女伎身着袿衣起舞。《孔雀东南飞》中,刘兰芝做嫁衣,"晚成单罗衫",衫是去掉袖口的禅襦,单罗衫亦当女性常服之一。

3. 裳

下身服装统称为"裳",裳也包括全身性服装的腰下部分。秦汉时期下身服装主要有袴、裈、裙、毕等。

秦汉时期的袴形制虽多,但主要分为无裆裤与连裆裤两种。包括今安徽在内的楚地,袴又有大小之分,"大袴谓之'倒顿',小袴谓之'校裈'"[①]。贴身穿的内裤被称为裈,"贯两脚上系要中"[②]。普通人则仅以一块布遮住腰和大腿间,形如犊鼻,故称"犊鼻裈"。《方言》云:"裈,陈、楚、江、淮之间谓之裻。"

裙是女性下身服装,当时女性的一般服装是上衣下裙。中上层女子穿丝裙,《孔雀东南飞》:"左手持刀尺,右手执绫罗,朝成绣夹裙。"

4. 履

秦汉时期,着履已经比较普通,在正式场合,更是一定要着履。所以《释名·释衣服》云:"履,礼也,饰足以为礼也。"单底的鞋叫履,一般是以丝缕为面,以麻线编织履底。《孔雀东南飞》中,刘兰芝即是"足下蹑丝履,头上玳瑁光"。内部装有木檀的履称作舄,"中有木者谓之复舄"。用粗线编成的履叫屦,底子较薄,其余和舄相近。出土汉代陶俑所着扁头方口鞋,是革制的鞜,而更趋轻便紧凑的是鞮,淮北出土汉画像石《车马出行图》中的伍伯,做小跑状,脚上所着应该就是鞮。汉代最为普遍、廉价的是用麻、草、韦等编成的"草履",又称"麤",或者叫"不借"。《方言》记载在今淮河流域,"徐土邳圻之间,大麤谓之䩕角"。

除了冠、衣、裳、履外,秦汉时期还有其他一些服饰,如手巾、韠等。

---

① 扬雄《方言》卷四。
② 刘熙《释名》卷五《释衣服》。

手巾用于拭除污物或眼泪、鼻涕，类似后世的手帕，是中上层人日常必须携带之物。《孔雀东南飞》："阿女默无声，手巾掩口啼。"韠又称为韍，"蔽膝也，所以蔽膝前也。妇人蔽膝亦如之"[1]。先秦时期，着韍是尊贵的象征，秦汉以来，开始成为女性尤其是下层妇女所着之服，类似后世的围裙，地位急剧下降。《方言》载："蔽膝，江、淮之间谓之袆，或谓之祓。"

（二）饮食

秦汉时期，人们以谷类食物为主食，蔬菜类、肉类、水产类、果类等食物为副食。今天安徽省淮河以南地区，河湖密布，气候温暖，又有芍陂、穷陂等水利灌溉设施，主要种植水稻。寿县马家古堆东汉墓葬中还发现了籼稻实物遗存。淮河以北地区气候状况远比现代更加温润，又有众多的河流，沿淮河及支流大量的水利设施，使得十分适宜水稻栽培，水稻种植面积较大，如今安徽阜南一带，两汉为富波县，"多陂塘以溉稻，故曰富陂县"，"沛国谓稻曰稬"。而小麦种植也在日益扩大普及，与沛国比邻的东海郡已经大面积地种植宿麦（冬小麦），纬度与自然条件均相近的沛国小麦种植必当不少。

秦汉时期，主要的肉食来源于家养畜、禽与野生动物。一般人食用最多的是猪与鸡，《淮南子·氾论训》："彘者，家人所常备，易得之物也。"但普通下层百姓养鸡主要是为了获取鸡蛋，而非吃肉。在今苏、豫、鲁、皖交界地区，秦汉时期盛行食狗肉，并出现了专门以屠狗为生计的人，西汉名将樊哙就曾"以屠狗为事"。至今淮北、萧县、砀山等地仍以狗肉为美食，养狗屠狗业甚为兴旺。野生动物则主要靠狩猎活动获得，东汉画像石多见狩猎场景，有些《车马出行图》亦附有狩猎内容，说明车马出行的目的是有组织的大规模围猎。常见猎物主要有麋鹿、野猪、兔、雁、鹜、雉等，汉代有专门捕鸟、兔、麋、野猪的工具："鸟罟谓之罗，兔罟谓之罝，麋罟谓之罦，彘罟谓之羉。"[2]先秦时期食肉是官员与老年人的专利，汉代以后随家庭养殖业的发展，肉食者范围稍

---

① 刘熙《释名》卷五《释衣服》。
② 《尔雅·释器》。

有扩展,"今闾巷县陌,阡陌屠沽,无故烹杀,相聚野外。负粟而往,挈肉而归"①。

秦汉时期,安徽省境内河流纵横,湖泊、陂、塘密布,淡水产品资源丰富,食用水产品的数量与频率较高。《史记·货殖列传》叙及各地特产习俗时,说道:"楚越之地,地广人稀,饭稻羹鱼,或火耕而水耨,果隋蠃蛤,不待贾而足。"南方以其特产,食鱼非常普遍,"吴楚之人嗜鱼盐,不重禽兽之肉"②,北方亦有食鱼习俗,宿州市褚兰画像石就有《捕鱼图》,淮北画像石也多有鲤鱼图像。当时,南方还出现了稻田养鱼的方式,汉墓出土的陶水田模型中多有鱼在其中,水稻种植广泛的安徽也应已有此种先进的水产养殖方式。沛国龙亢桓麟《七说》有:"河鼋之美,齐以兰梅,芬芳甘旨,未咽先滋。"③可见东汉时,人们仍然认为龟、鳖、鼋之类的水产品是美味佳肴。

秦汉时期饮酒之风盛行,已经有众多的酒类。西汉初,楚元王刘交的门客穆生没有酒量,每当宴会,刘交就专门为他准备仅有酒味而已的醴酒。在酿造方法上,普遍使用含有大量霉菌和酵母菌的曲进行酿酒的"复式发酵法"。东汉末年,进一步改进酿造工艺与技术,出现了"九酝春酒法"。曹操在《奏上九酝酒法》言其为谯县县令郭芝所发明,其宗旨是减少用曲量,在酿造过程中连续投料,分批追加原料,以保持糖分浓度,使酵母菌充分发酵,将糖转化为酒精,并产生适量的醛和酯,增加酒的醇厚。

两汉时期的厨房一般称为"厨",也称为"爨室"。汉画像石中,灶都被安排在厨房最突出的位置,宿州褚兰画像石《庖厨图》,左边起首就是正在炊煮的灶台。合肥乌龟墩汉墓出土陶灶一件,灶体长方形,灶门壁直立,门方形,两边饰有羽状花纹,后方有烟囱。炊事的燃料主要有薪、苇、草、炭等,以薪的使用最为广泛,以至于有了专门伐薪出售的职业。主要的取火工具是阳燧,《淮南子》即以阳燧取火为例说明事理,可知阳燧肯定是常见之物。汉代还存在利用燧石取火及钻木取

---

① (汉)桓宽《盐铁论·散不足篇》。
② (汉)应劭《风俗通义》佚文,吴树平《风俗通义校释》附"佚文",天津人民出版社1980年版。
③ 《艺文类聚》卷五十七引。

火等多种方式,《淮南子》有"两木相摩而然"的记载。特别值得注意的是,《淮南子》还载有"冰燧"取火的科学试验。

秦汉时期的炊事用具已经相当齐备,涉及盛具及食物清洁、切割和烹饪等炊事的各个方面。安徽各地汉代墓葬出土的各类盛具明器数量较多,如合肥乌龟墩汉墓出土就有缸、豆、钵、罐等食物盛具近10件。在汉代画像石《庖厨图》中,此类器物也属常见。釜在"江、淮、陈、楚间谓之锜,或谓之镂"①。《淮南子·说山》高诱注:"有足曰鼎,无足曰镬。"合肥乌龟墩汉墓出土的陶灶,上面置有两件大小不同的釜。另外出土白釉陶甑一件,底部有9个孔。汉代富贵人家的厨事活动已经相当复杂,厨师人数众多,各自有明确的分工,各地出土的画像石《庖厨图》有形象生动的反映。宿州褚兰出土的画像石《庖厨图》,南段残缺,现存北段部分中,男女厨师共5人:一人烧火炊煮,灶上置釜,釜上架甑,似在蒸煮食物,灶后烟囱正在冒烟;一人淘洗食物;一人张臂望着悬挂的猪、羊、鸭等肉类,似欲选料;一人正在据案操刀,切割原料;一人跪坐于地,由于南段残缺,不详所为。一幅忙忙碌碌为主人准备食物的场景。②

秦汉时期的主食品种主要有饭、饼、饵、粥,还出现了点心类食品。煮熟的饭还可以晒干,制成糒、糗、糇等能长期保存、方便携带的干粮,以便出行。谢承《后汉书》就记载:"胡劭为淮南太守,使铃下阁外吹曝作干饭。"③

秦汉时期的食具分为盛装、取食、饮用三大类,达数十种之多。安徽阜阳西汉汝阴侯墓葬就出土有鼎、盒、平盘、食盘、壶、盂等陶质或漆器盛具;铜勺、玉柄漆匕、圆筒形漆卮等精美的取食器具,而仅漆器耳杯数量即达60余件。④

两汉时期宴饮活动比较普遍,涉及社会生活的诸多方面,成为饮食文化的重要组成部分。《后汉书》记载,庐江周景任河内太守时,

---

① 扬雄《方言》卷五。
② 参见王步毅《安徽宿县褚兰汉画像石墓》,《考古学报》1993年第4期。
③ 《太平御览》卷八百五十引。
④ 参见安徽省文物工作队等《阜阳双古堆西汉汝阴侯墓发掘简报》,《文物》1978年第8期。

"每至岁时,延请举吏入上后堂,与共宴会,如此数四,乃遣之"[1],很明显是为了树立私恩,增强政治与社会影响,可见宴饮已经负载有很强烈的政治功能。

(三)居住

秦汉时期人们非常重视日常居处,对于住宅的选择、经营的准则,一是人们对居住的生活需求,二是对生活中一些不祥事物的规避。《淮南子·天文训》:"何谓七舍?室、堂、庭、门、巷、术、野。"由内及外地展现了人们的日常生活空间:内室、堂屋、庭院、大门、小巷、大街和野外,而由内室、堂屋、庭院、大门等构成的院落式住宅是日常居处的主要形式。

大型院落在两汉时有所发展,不仅占地面积大,建筑设施也更复杂,除一般设施外,还建有宴饮场所、车房、马厩、仓库等,许多都有楼房建筑。楼房的结构通常是下层高于上层,从而使楼房更加稳固。淮北市祁集乡出土的汉画像石,表现了庭院、楼、阙,左侧即植有高大乔木两株。亳州曹操宗族墓出土的绿釉红胎陶楼,形制比较简单,上下两层,庑殿顶,前有楼梯,旁边是猪圈。涡阳县出土的陶戏楼则分四层,上层是鼓楼,第二层是舞台。舞台又分前台和后台,有上、下场门。1975 年寿县出土的绿釉陶楼共四层,由独立的四个部分套成,可以拆卸。第一层前出檐,前出一廊,两角隐作角柱,柱上斜出栌斗,斗拱较大。屋有框无门,门槛较高。余三面墙上各镂三窗,呈品字形分布。第二层四阿顶式,屋前四周做十字形镂空花栏,两梢开角门,中间隔山上做菱形窗格,其余三面墙隐做菱形格窗,并镂有圆孔。第三层亦四阿顶式,平座四周设十字形镂空花栏。正面有窗,背面开门,左右墙各镂一孔。四层四阿顶式,正面设窗,做镂空格纹,其余三面墙各镂一孔。陶楼各层均覆有筒瓦。[2] 淮北地区出土的画像石多见楼房建筑,如柳孜镇出土的《宴乐图》,画像石的主体构图是一幢两层楼房,楼前矗立着一对修饰华美的阙。楼的下层有两位童子正在抚琴奏乐,男童

---

① 《后汉书》卷四十五《周荣传》。

② 参见苏希圣、李瑞鹏《安徽寿县出土的两件汉代绿釉陶模型》,《文物》1990 年第 1 期。

头束尖髻,女童则山字形头饰。上层主人正在准备飨宴,由于左边残缺,仅存一人。宿州曹村出土的《拜谒图》,上部分主体构图亦为两层楼房,下层主人正在接待两位前来拜谒的宾客,上层有一男一女凭栏眺望,下部分则是两位仆役正在照料两匹马。[1]

汉代人特别重视门的设置与装饰,富贵人家的大门通常都设有门环和衔环底盘铺首,"门扇饰谓之铺首"[2],多用金、银、铜等金属制成龟、蛇、兽形状。其功用一是便于开拉门户,一是客人来访时用来叩门。淮北地区出土的大量汉画像石中有很多铺首衔环,形制多样,最常见的是上部饰有凤凰图案的形制,此外尚有饰鱼图案、璧帛图案、桃形或菱形图案的形制,也有上部未经修饰的。大门两侧或侧前方,多建有高大庄严的阙,以显示主人的地位与气派。阙的形制也比较多样,淮北汉画像石所见有写吉祥用语的单阙,有壁面装饰华丽的单阙,甚至有三层阙。祁集出土的标有"太尉府门"的画像石,其两阙与府门距离较远,充分体现了太尉府门的宽敞与威严,而图中的阙,形制是诸侯、二千石以上才可使用的二出阙(子母阙),靠府门一侧是母阙,外侧紧紧相依着阙身窄而低的子阙。[3]

秦汉时期,夜间室内照明普遍使用灯具。亳州曹操宗族墓董园村一号墓出土的豆形灯,系用青石雕刻而成,支柱雕有三个形态逼真的虎形兽,相当精美。

室内陈设主要有坐榻类家具(枰、榻、胡床、胡坐)、几案类家具与寝具。床上多施帐。"帐,张也。张施于床上也。小帐曰'斗帐',形如覆斗也。"[4]主要用来遮避蚊虫。《孔雀东南飞》:"红罗复斗帐,四角垂香囊。"屏风是社会中、上层使用的高档家具,作为直立的板屏,除了"屏障风"的功能,还可以分隔空间,遮挡外人视线。《汉书》载,沛人陈万年教训儿子陈咸,直到夜半,陈咸瞌睡难耐,头触屏风,致万年大怒。

---

① 参见高书林《淮北画像石》,天津人民美术出版社 2002 年版,第 46～47 页。
② 《太平御览》卷一百八十八引《通俗文》。
③ 参见高书林《淮北画像石》,天津人民美术出版社 2002 年版,第 95 页。
④ 刘熙《释名·释床帐》。

（四）行旅

秦汉时期，随着驰道、直道等的修筑与不断延伸，造船技术的日益提高，已经基本形成了通达全国各地的水陆交通网络，人们行旅空前地便利。

陆路交通的主要工具是马匹和各种类型的车辆。供人乘坐出行的车辆主要有安车、立车、轺车、辎车、容车、辒车、辌车等。安车是设有座位的车辆，有低矮的车盖，驾以四马，乘坐比较舒适，一般为老年人或高位者乘坐。西汉沛国相人薛广德，以明《诗》位至御史大夫，请求退休养老，元帝即"赐安车驷马"，"东归沛，太守迎之界上。沛以为荣，悬其安车传子孙"。① 轺车是一种四面敞露、形制较小的车，既可立乘，又可坐乘，大多数只驾一匹马，亦有双驾者，又叫"轻车"。辎车、辒车形制相仿，是一种封闭式的车辆，前者用来载乘妇女，后者既载人，也载物。辒车乘者甚至可以"卧息"，适用于长途旅行。容车设有帷帐，是妇女乘坐的车辆。辒车与辌车均为可以卧于其中的车辆，其形制相似，"如衣车有窗牖，闭之则温，开之则凉"②，故名。此外，还有一些特殊用途的车辆，如用于狩猎的猎车，用于载物及百姓乘坐的役车，捕杀猛兽及押解囚犯的槛车，用于仪仗的斧车、鼓车等。汉代车辆多为两轮，但也已出现四轮车及独轮车。

淮北汉画像石中，有许多《车马出行图》，最为常见的车辆就是轺车，既有单驾的，也有双驾的。另外亦见四驾轩车、高车、辎车、辒车等。宿州曹村出土的汉画像石，有一幅《苇车出行图》。车单驾，形制与轺车相近，但顶上不是华盖，而是芦苇所编车盖，前有骑吏导行，后有骑吏护卫。《后汉书·袁忠传》载袁忠"初平中，为沛相，乘苇车到官，以清亮称"③。袁忠作为二千石，乘苇车到官，自然是为了矫正当时社会的奢靡之风，并昭显气节。曹村画像石可能就是刻画这一场景的。

秦汉时期用来驾车的主要是马和牛，但是直到目前，出土汉画像

---

① 《汉书》卷七十一《薛广德传》。
② 《汉书》卷六十八《霍光传》颜师古注引孟康注。
③ 《后汉书》卷四十五《袁安传附袁忠传》。

石所见牛车甚少。宿州褚兰画像石墓第 21 石,有一桥梁图画,桥为板桥,中段平直,两头斜坡及岸,未设栏杆。一辆牛车正在过桥,车上一人,一人牵牛,后边一人奋力推车。该墓是东汉灵帝建宁四年(公元 171 年)建造的,正是整个社会以牛车为"常乘"的时代,很能说明问题。①

　　贵族子弟、普通小吏等则一般骑乘马匹。东汉章帝去世,庐江郡掾严麟前往吊丧,驾车之马死,"(廉)范见而愍然,命从骑下马,与之"②。汉画像石中,官员们车马仪仗出行时,导引和从行的小吏多骑马;家居宴饮、待客,迎、送宾客的小吏亦多骑马。马也是驿传最主要的交通工具。

　　水路交通的主要工具是船只。规模最大的是楼船,高十余丈,一般作军事用途,东汉以后也为上层生活之用。西汉时庐江郡设有"楼船官",主管战船的建造,对江淮地区造船技术的提高、造船业的发展有很大的推动作用。《淮南子·本经》提及"鹢首龙舟",高诱注:"刻为龙文以为饰","画其(鹢)像著船头,故曰鹢首",是一种华丽的大型游船。《潜夫论》所言自豫章郡向洛阳运送珍贵楠木的船只,循水路经长江入东海,北上入淮河,通过鸿沟入黄河直至洛阳,"会众然后能动担,牛列然后能致水",承重量必当不小。宿州褚兰画像石墓第 21 石的桥梁图捕鱼画,桥下水中,有一条船,其上乘坐五人,一人划桨,其余人正在兴致勃勃地捕鱼。可见东汉时期淮北地区日常所用船只已然不小,除去捕鱼,应该也用作交通运输。

　　当然,骑乘出行者都是社会的中上层,生活在社会底层的普通民众出行的基本方式就是依靠两条腿步行。

二、秦汉时期江淮地区的婚丧嫁娶

(一)婚嫁习俗

东汉王充说:"人民嫁娶,同时共礼,虽言男三十而娶,女二十而

① 参见王步毅《安徽宿县褚兰汉画像石墓》,《考古学报》1993 年第 4 期。
② 《后汉书》卷三十一《廉范传》。

嫁，法制张设，未必奉行。何以效之？以今不奉行也。"①可见其时社会上婚龄与古制是有一定差距的，基本上在20岁以下，特别集中于14～16岁之间。东汉丹阳人陶谦，14岁时为甘公所赏识，许妻以女。《孔雀东南飞》中刘兰芝"十七为君妇，心中常苦悲"，17岁出嫁，就已经是女性中婚龄较大的了。有一些因素会影响婚龄的推迟，如男子专注于事业、家贫无力议婚迎娶、品行不端、容貌丑陋、社会动乱等。东汉末年，周瑜24岁时才迎娶"小桥"，应当与周瑜因社会动荡而迁徙流离相关。

秦汉时期人们择偶的标准较多，如门第、容貌、才能等，甚至有不少卜相以择者。东汉末年，曹操将3个女儿进于献帝为嫔妃，又与张绣及江东孙氏联姻，是典型的政治婚姻，其前提就是门第。龙亢桓良之女为弘农杨赐的夫人，两家均为显赫一时的世家大族。甘公不顾夫人反对，执意将女儿许配陶谦，则是因为他"见其容貌"，认定"彼有奇表，后必大成"②。《孔雀东南飞》中焦仲卿之母准备为子另外议亲，强调："东家有贤女，自名秦罗敷。可怜体无比。"而刘兰芝归家后，很快就有县令、太守上门为儿子提亲，也是因为"指如削葱根，口如含朱丹"。刘兄逼迫妹妹答应婚事，理由则是"先嫁得府吏，后嫁得郎君。否泰如天地，足以荣汝身"。

秦汉时期，由于人们的交往与交通条件所限，择偶的地域范围相对比较狭小，普通百姓大多在同乡、同县，顶多是到邻县寻求配偶，距离大都在百里之内。如沛郡赵孝之女赵阿，嫁于同郡周郁为妻。即使是龙亢桓鸾之女，出于大家族，也是嫁于同郡刘长卿为妻。至于《孔雀东南飞》的男女主角焦仲卿和刘兰芝，两家距离更近，"府吏闻此变，因求假暂归。未至二三里，摧藏马悲哀。新妇识马声，蹑履相逢迎。怅然遥相望，知是故人来"。焦母为儿子议亲的对象，更是近在东邻。议娶刘兰芝的男方，也在本县本郡。不过也有因社会流动或其他原因而造成的相距较远的婚例。如东汉末年，琅邪籍乐伎卞氏来到距家乡

---

① 王充《论衡》卷十八《齐世篇》。
② 《太平御览》卷五百四十一引《吴书》。

千余里的谯郡,成了曹操的妾。而河东人焦先,为了躲避战乱,"东客扬州取妇"①。

秦汉时期,配偶的选择与婚事的操办通常是由父母或家长主持的。一般是由男方家请媒人到中意的女方家提亲,如焦仲卿母向"东家"请婚。也有一些女方主动向男方提亲的,如甘公向陶谦提亲。媒人上门提亲被称作"介",是相当郑重的求婚仪式。刘兰芝"还家十余日,县令遣媒来……遣丞为媒人,主簿通语言"。一旦对方答允求婚,男方即派人会见女方,观其容仪,是所谓"纳采"。纳采时,男方要携带礼物。上等人家甚至要用玄纁、羊、雁等礼物 30 种。如果对女方满意,就要策告祖宗,进行订婚占卜,即问名。占卜主要的目的在于察查对方与自家是否同姓,以避免同姓而婚;此外也有预测婚姻是否吉利的意思。如果占卜的结果吉利,就要将消息及时通知女方,即纳吉。紧接着就是订婚礼节,给女方送聘礼,将双方的婚事确定下来,这就是纳征。聘礼中最重要的是聘金,多少视社会地位和经济状况而定,不同社会等级间差距较大。《孔雀东南飞》中太守为其子向刘家纳征的场面就颇为壮观:"交语速装束,络绎浮云。青雀白鹄舫,四角龙子幡,婀娜随风转。金车玉作轮,踯躅青骢马,流苏金镂鞍。赍钱三百万,皆用青丝穿。杂彩三百匹,交广市鲑珍。从人四五百,郁郁登郡门。"

纳聘之后,男方便开始着手确定婚期,婚期通常由占卜来决定,或者依照历书所规定的吉日进行。《孔雀东南飞》中,太守得到刘家同意婚事的信息后,"心中大欢喜。视历复开书:'便利此月内,六合正相应。良吉三十日,今已二十七,卿可去成婚'"。婚期确定后,男方派人通知女家,女方就要开始为女儿置办衣饰、用具等作为嫁妆,刘家的情况相当典型:"阿母谓阿女:'适得府君书,明日来迎汝。何不作衣裳? 莫令事不举!'阿女默无声,手巾掩口啼,泪落便如泻。移我瑠璃榻,出置前窗下。左手持刀尺,右手执绫罗。朝成绣夹裙,晚成单罗衫。"嫁妆的丰俭主要依据女方家庭社会地位、经济状况或价值观念而定。

① 《三国志》卷十一《魏书·管宁传》裴松之注引《魏略》。

秦汉时期,离婚现象仍然比较普遍。离婚大多是由男方提出的,也有女方主动提出离婚的。焦仲卿与刘兰芝离婚,是刘氏因为"君家妇难为,妾不堪驱使"的缘故主动提出的,但根本原因则是婆媳之间不可调和的矛盾。也有一些妇女,在遇到不良之夫时,不是选择离异,而是更极端的方式。东汉时沛郡妇女赵阿,嫁给同郡周郁为妻,周郁"骄淫轻躁,多行无礼"。周父教子无方,反而将儿子的恶行归因于赵阿没有"以道匡夫",责让:"郁之不改,新妇故也。"①赵阿无奈,选择自杀以示抗议。

由于秦汉时期对男女交往的限制相当松懈、性观念相对开通、妇女在社会中拥有一定地位等原因,妇女在离异或寡居后改嫁他人十分常见。秦朝法律规定:"夫死而自嫁,取者无罪。"②刘兰芝在和丈夫离异后,甚至有县令与太守派人上门给自己的儿子提亲。也有因各种原因不改嫁者,当时"孝"的观念比"贞"的观念更加为社会所重视,曹大家所作《女诫》七篇,强调"妇无二适之文"的"专心"列第五。不过《后汉书·列女传》所载沛郡刘长卿妻则是守节不嫁者,长卿妻乃龙亢桓鸾之女,儿子年仅5岁时长卿去世,其妻为避再嫁嫌疑,甚至不肯回娘家探亲。结果儿子15岁时又夭折了,她预料到娘家一定会让自己改嫁,于是割掉自己的耳朵,以毁容的方式表明了自己不肯改嫁的决心,并强调自己乃帝师之后,世代"男以忠孝显,女以贞顺称",更不可背德。沛国相王吉将其事迹上奏朝廷,长卿妻得到朝廷表彰,并获得了"行义桓鼟"的称号。

富贵人家或者会在正妻之外,另娶小妻,甚至有一妻多妾者,东汉梁节王刘畅至有"小妻三十七人"③。两汉之际,社会动乱,有许多妇女被掠卖为奴婢侍妾,所以,建武七年(公元31),光武帝下诏:"吏人遭饥乱及为青徐贼所掠为奴婢下妻,欲去留者,恣听之,敢拘制不还,以卖人法从事。"④《太平御览》卷六百三十九引《风俗通义》:"沛郡有

---

① 《后汉书》卷八十四《列女传》。
② 江陵张家山汉简整理小组《江陵张家山汉简〈奏谳书〉释文》,《文物》1993 年第 8 期。
③ 《后汉书》卷五十《梁节王畅传》。
④ 《后汉书》卷一下《光武帝纪下》。

富家公,资二千二百余万,小妇子年裁数岁,顷失其母。"

（二）丧葬习俗

秦汉时期的丧葬习俗在承袭先秦时期遗风的同时,又出现了一些新的特点。

金缕玉衣原为皇帝之制,"汉帝送死,皆珠襦玉匣,匣形如铠甲,连以金缕"①。后来贵族也僭用这种物品,到末世,原本没有资格的人也都开始使用。东汉以后,按照死者身份等级的不同,玉衣分为金缕、银缕、铜缕三个等次。亳州曹操宗族墓出土银缕玉衣一件,铜缕玉衣多件,每件玉衣都要用 2000 多块磨光玉片制成,每块玉片四角穿孔,用金、银或铜缕串连而成。复原的一件银缕玉衣,体长 188 厘米,用银缕十字花编缀。薄葬者在下葬时则只用平日所着服装。

长辈去世,外出做官、求学、经商、做工的亲属及已经出嫁的女子都要赶回家中行哀。桓晔之姑为司空杨赐夫人,晔父桓鸾死,其姑即"归宁赴哀",杨赐本人亦"遣吏奉祠"。② 做官者则要告假甚至辞职,龙亢桓焉安帝永宁年间（120—121）任太子太傅,"以母忧自乞,听以大夫行丧"③。东汉时期,世风大变,老师或举主、上司死亡,学生、被荐举者及故吏也多行奔丧。桓荣曾从博士九江人朱普而学,朱普卒,桓荣前往九江奔丧,负土成坟。

吊唁者要向丧家送礼,钱财、实物均可,称"赗礼"或"赗钱"。"严王思（遵）为扬州刺史,居官十八年卒,义送者赍钱百万,欲以赡王思家,其子徐州刺史（羽）不受。"④

归葬本土是秦汉时期的重要丧葬观念,实在无法归葬故土者,也要在铭旌上写明籍贯,以示不忘故乡。甚至出现了号称能使死尸自归的巫术,《淮南万毕术》中就说:"磁石悬入井,亡人自归。"注云:"取亡人衣带裹磁石,悬井中,亡人自归。"⑤

---

① （晋）葛洪辑《西京杂记》卷一。

② 《后汉书》卷三十七《桓荣传附桓晔传》。

③ 《后汉书》卷三十七《桓荣传附桓焉传》。

④ （晋）常璩《华阳国志》卷一。

⑤ 《太平御览》卷九百八十八引。

东汉安帝元初三年（公元116），下诏："大臣得行三年丧，服阕还职。"①从而将大臣居丧三年制度化。此后甚至又有追行服丧、重新服丧等新习俗出现。汝南薛包为父母行六年服。何敞在汝南太守任内，以宽和为政，显孝悌有义行者，举冤狱，"郡中无怨声，百姓化其恩礼，其出居者皆归养其父母，追行丧服"②。范滂之父步矩为兄服丧而辞博士之征。思善侯相杨著为从兄沛相忧，去官服丧。

由于某种特殊原因，皇帝会下令官员中止服丧，继续任职服务，即"夺服"。东汉安帝时，太子太傅桓焉"以母忧自乞，听以大夫行丧。逾年，诏使者赐牛酒夺服"③。不过东汉时夺服并未被纳入制度。

东汉以后祠堂修建日益普遍，淮北、宿州等地发掘的东汉画像石墓如宿州褚兰汉墓，地面残存有石构件，应该就是祠堂的遗存。富贵人家的墓前都修有神道，既是祭祀通道，又有为死者灵魂出入开通道路的意味。神道还要树石或木以为标记，称"标"或"表"。淮南王刘长杀开章灭口，"葬之肥陵，谩吏曰'不知安在'。又阳聚土，树表其上曰'开章死，葬此下'"④。在神道上立墓阙、石人、石兽等也是东汉丧葬的普遍习俗，淮北市高岳镇出土有汉代圆雕石羊，应当就是墓前石兽。墓地大多种植树木，主要树种是松、柏、杨柳、梧桐等。

墓葬形式在秦汉发生了明显的变化。西汉前期，长方形的土坑木椁竖穴墓依然流行。1991年安徽天长发掘的20座西汉早中期墓葬，全部是长方形竖穴土坑木椁墓。西汉中期以后，开始出现流行地下横挖土洞的墓制，砖、石等相应成为重要的建墓材料。西汉流行的主要是空心砖墓，墓室略大于棺，有耳室放随葬品。东汉时，前室穹隆顶、后室券顶的小砖墓室盛行，前室放随葬品，后室置棺。淮北地区在西汉晚期以后出现了大量画像石墓，画像石既是建筑材料，又是绘刻壁画的艺术品，内容涉及死者生前日常生活的方方面面，是现实生活的再现。棺椁是最重要的葬具，2007年六安市双墩集发现的六安王刘

---

① 《后汉书》卷四十六《陈宠传附陈忠传》。
② 《后汉书》卷四十三《何敞传》。
③ 《后汉书》卷三十七《桓荣传附桓焉传》。
④ 《汉书》卷四十四《淮南王传》。

庆墓,有石椁、木椁和双层套棺,棺椁之外,是由柏木段顶端向内组成的墓壁——"黄肠题凑"①。

两汉墓葬中出土的随葬品数量是惊人的。阜阳双古堆汝阴侯墓出土了大量实用器具,如银扣布平盘、食盘(12 个)、耳杯(64 个)、银扣小平盘、玉柄匕、银扣卮、唾器、壶等漆器,鼎(6 只)、盒(7 个)、罐、壶、瓮等陶器以及铜勺(2 件)等。安庆双墩集六安王墓虽然早在唐代就遭盗掘,但还是出土了大量文物,包括铜镜(6 面)、兵器(20 余件)等实用器具和木俑、木车、木马(300 余件),青铜器(22 件),陶器(3件)等明器。其他各地发掘的两汉墓葬如天长西汉墓、亳州曹操宗族墓等都有大量随葬品出土,充分说明了厚葬之风盛行。

三、秦汉时期江淮地区其他社会习俗

(一)信仰与巫术

由于特定的社会历史发展阶段,秦汉时期人们的信仰比较复杂,有自然神信仰、人格神信仰、动物神信仰、职业神信仰等,但更普遍的则是祖先崇拜。也因此而促成了巫术、方术、占卜和宗教的出现与流行。

1. 自然神信仰

秦汉时期,天地是最高自然神,对于天地的祭祀最为隆重、持久。由于和西汉王朝的德运相关,"天有五帝"的理论到西汉时更进一步系统化,与上古的五位圣王直接联系到了一起。《淮南子·天文训》对于五帝与自然的配合有系统的说明:

《淮南子·天文训》五帝自然配合表②

方位	帝	五行	佐	神	兽	音	日干
东方	太昊	木	句芒	岁星(木星)	苍龙	角	甲乙
南方	炎帝	火	朱明	荧惑(火星)	朱鸟	徵	丙丁

---

① 《汉书》卷六十八《霍光传》颜师古注引苏林曰:"以柏木黄心致累棺外,故曰黄肠。木头皆内向,故曰题凑。"

② 彭卫、杨振红《中国风俗通史·秦汉卷》,上海文艺出版社 2002 年版,第 547 页。

续表

方位	帝	五行	佐	神	兽	音	日干
中央	黄帝	土	后土	镇星(土星)	黄龙	宫	戊己
西方	少昊	金	蓐收	太白(金星)	白虎	商	庚辛
北方	颛顼	水	玄冥	辰星(水星)	玄武	羽	壬癸

社稷神信仰在秦汉也相当流行并被社会上下所看重。不过汉代时社神的地位明显下降,一些地方出现了以本朝人为社神或配祀社的情况。社公甚至成了术士驱遣的对象,东汉汝南术士费长房就"能医疗众病,鞭笞百鬼,乃驱使社公"。

汉代人认为,日中有阳精三足乌,承载着太阳的升降。《淮南子·精神训》:"日中有踆乌。"高诱注:"踆,犹蹲也,谓三足乌。"淮北出土画像石中多有日中三足乌的形象,有站立的,有飞翔的,还有日中双乌的例子。月中有蟾蜍、兔的传说在汉代十分流行,《淮南子·精神训》:"月中有蟾蜍。"淮北矿务局林业处出土的汉画像石《月中图》,月中有一只捣药的兔子和一只硕大的蟾蜍,而类似汉画像石在淮北地区数量较多。恒娥奔月的传说在汉代亦已流行,《淮南子·览冥训》中即有记载。

与日月信仰相联系的是星辰信仰,最为流行的是北斗信仰与二十八宿信仰。《淮南子·天文训》:"北斗之神有雌雄……雄左行,雌右行。""五星,八风,二十八宿,五官,六府,紫宫,太微,轩辕,咸池,四守,天阿。何谓九野?中央曰钧天,其星角、亢、氐;东方曰苍天,其星房、心、尾;东北曰变天,其星箕、斗、牵牛;北方曰玄天,其星须女、虚、危、营室;西北方曰幽天,其星东壁、奎、娄;西方曰昊天,其星胃、昴、毕;西南方曰朱天,其星觜巂、参、东井;南方曰炎天,其星舆鬼、柳、七星;东南方曰阳天,其星张、翼、轸。"东汉时,协助刘秀建立政权的所谓中兴二十八将被附会为"上应二十八宿",更进一步助长了民间的二十八宿信仰。

名山大川也是秦汉时人们信仰的重点对象。西汉元封五年(前106),武帝南巡,"登礼潜之天柱山,号曰南岳"。天柱山取代衡山成了五岳之一,受到长期祭祀。直到东汉末年,应劭还说南岳"庙在庐江潜县"①。而各地较小的山岭也会因为传说有神灵,成为当地百姓的信仰对象,如在九江郡浚遒县(今肥东县东),"有唐、居二山,名有神,众巫共为取公妪,岁易,男不得复娶,女不得复嫁,百姓苦之"②。后来,宋均出任九江太守,才破除了这一陋俗。长江、淮河等重要河流在秦汉时期也受到崇拜,秦始皇南巡,渡江时因"水波恶",曾沉璧而祭;两汉朝廷专门在蜀(今成都)、江都(今扬州)设祠祭祀长江。作为"四渎"之一的淮河,在平氏县(今河南省唐河县东南)祭祀,"春以脯酒为岁祠,因泮冻,秋涸冻,冬塞祷祠"③。

2. 人格神信仰

秦汉时期的人格神信仰主要是对历史人物及当代著名人物的崇拜。西汉时,皖人文翁任蜀郡太守,大力倡导文教,死后,"吏人为之立祠堂,岁时祭祀不绝"④。东汉时,张禹出任扬州刺史,欲渡长江巡行所属郡、县,"中土人皆以江有子胥之神,难于济涉"⑤。不过影响最大的当数西王母崇拜,西汉官方"祭西王母于石室,皆在所二千石、令、长奉祠"⑥。民间对西王母的崇拜更加普及,在传世与出土汉镜、汉画像石中,西王母形象成了最为常见的题材之一,有些汉镜与画像石中的西王母与东王公相对。

3. 鬼怪与巫术

秦汉时期人们普遍相信有鬼存在,而所谓"老物成精"的说法也深入人心。《淮南子·说林训》:"兵死之鬼憎神巫,盗贼之辈丑吠狗。"高诱注:"兵死之鬼,善行病人。"《后汉书·费长房传》载,汝南郡年年常有老魅,身穿太守的官服,到府门前击鼓,使郡中纷扰。有次鬼魅又来滋事,正好遇到费长房,即脱衣摘冠,叩头求饶。在长房呵斥下,鬼魅现了原形——一只车轮大小、颈长一丈的老鳖。又有老狸化

① 《风俗通义》卷十《山泽》。
② 《风俗通义》卷九《怪神》。
③ 《史记》卷二十八《封禅书》。
④ 《汉书》卷八十九《循吏传·文翁传》。
⑤ 《后汉书》卷四十四《张禹传》。
⑥ 《太平御览》卷五百二十六引《汉旧仪》。

为书生,黄巾被裘,盗取社公之马,为费长房识破。鬼怪的危害性很大,能够影响人们日常生活的方方面面,能够引起自然灾害、致人疾病,甚至令人死亡。所以,人们对鬼怪充满恐惧,而此时流行的巫术更多的正是缘于这一社会心理状态。

《汉书·地理志》:"江南地广,或火耕水耨。民食鱼稻,以渔猎山伐为业,果瓜蠃蛤,食物常足。故呰窳偷生,而亡积聚,饮食还给,不忧冻饿,亦亡千金之家。信巫鬼,重淫祀。"《淮南万毕术》记载有许多秦汉时期的巫术,可谓巫术大全,反映出其时的江淮地区必然盛行巫术。如其载驱鬼之法:"埋石四隅,象无鬼。"具体办法是"取苍石四枚及桃七枚,以桃弧射之,乃分置四隅,無鬼殃"①。又载守金之法:"收伯劳血以涂金,人不敢取也。"②载挽留妇女之法:"赤布在户,妇人留连。取妇人月事布,七月七日烧成灰,置楣上,即不复去。"③不一而足。费长房从"悬壶老翁"处获得"主地上神鬼"之符,于是可以鞭笞百鬼,后来不慎失符,遂为众鬼所杀。

《后汉书·方术列传》所载左慈则是一个典型的幻术大师。左慈,字元放,庐江人。据传有神道,葛洪在其《抱朴子·金丹》中说左氏是自己祖父葛玄的师父。左慈曾在曹操处做客,曹操宴请宾客,遗憾没有松江鲈鱼,左慈即席盛水钓之,随手而得。又从蜀地取得生姜用于调味。后来曹操举行郊宴,左慈用幻术将曹操府中的酒、脯全部取来饷客,曹操大怒,欲杀以报,结果左慈隐身遁形,百般不能捕获。

(二)节庆与社会风气

秦汉时期的节日,与天文历法有密切关系,而其基调则是中国传统的阴阳合历和历史悠久的农耕文化。

《淮南子·天文训》第一次完整地叙述了二十四节气的设置与顺序,仅有个别名称与现行节气有差异。汉武帝时《太初历》颁行,以正月为岁首,并将二十四节气订入历法,对节令形成产生了重大影响。《汉书·天文志》:"岁始或冬至日,产气始萌。腊明日,人众卒岁,壹

---

① 《太平御览》卷五十一引。
② 《太平御览》卷九百二十三引。
③ 《太平御览》卷七百三十六引。

会饮食,发阳气,故曰初岁。正月旦,王者岁首。立春,四时之始。"汉代人特别重视冬至、腊日、正月旦、立春,谓之"四始",直到今天,冬至、腊八、正旦(春节)、立春仍然是民间重要传统节日。尤其是正旦,除了朝廷盛大的朝会与祭祀活动,在民间,所有的人都要隆重进行祭祀祖先的活动;举办丰盛的家庭或家族宴会;走亲访友,相互恭贺新年。节庆活动要持续数天才告结束。

正月上丁(正月第一个丁日)、正月上巳、社日(二月、八月的元日)、三月上巳日、五月五日、夏至、伏日、立秋、八月节、十月旦等也都是秦汉时期为人们所重视的节日。

三月上巳日亦称"大絜",被认为是洗浴驱除疾病的日子,东汉时发展成为全民性的重大节庆礼仪活动。《续汉书·礼仪志》:"上巳,官民皆絜于东流水上,曰洗濯除去宿垢疢为大絜。絜者,言阳气布畅,万物讫出,始絜者也。"

秦与西汉前期,以十月为岁首,十月旦要举行隆重的迎新仪式。《太初历》实施后,虽改为正月岁首,但十月旦的节庆活动传统却得以保留,直到东汉依然。"汝南旧俗,十月享会。百里内县皆赍牛、酒,到府宴饮。"[1]民间十月的乡饮酒习俗,应当与正月旦节庆有关。淮北汉画像石有许多民间举行乡饮酒礼的盛大场面。

腊日也为秦汉人所极其重视,与正旦合称为"正腊"。当时人选择腊日祭祀自己的先祖,"腊者,猎也,言田猎取禽兽,以祭祀其先祖也。"[2]因此,当西汉末年王莽改制,根据五行说将汉之午日腊改为戌日腊后,沛人陈咸不愿遵循,说"我先人岂知王氏腊乎"?于是,"父子相与归乡里,闭门不出入,犹用汉家祖腊"[3]。细阳县令虞延每年春节及伏日、腊日等,不再让刑徒劳作,而是让他们暂时和家人团聚。腊日前一天,还要举行规模很大的驱鬼避疫及祭祖祀神仪式,称为"大傩"。"大傩,逐尽阴气为阳导也。今人腊岁前一日,击鼓驱疫,谓之逐除是

---

①　《后汉书》卷二十九《郅恽传》。
②　《风俗通义·祀典》。
③　《后汉书》卷四十六《陈宠传》。

也。"①其仪式是由人扮成专门驱鬼的方相氏、强梁等十二兽带领由"纯阳之体"的小男孩——侲子,一边击鼓舞蹈,一边高呼驱鬼的口号。淮北出土的汉代画像石中,就有方相氏、强梁及由小孩充任的侲子等形象,应该就是腊日前"大傩"的真实写照。

秦汉时期,社会一直流行许多游艺活动,比较典型的是"六博棋"。安徽天长市三角圩西汉墓出土有六博棋盘,上面绘有一名壮年男子与一老翁正在对弈,说明"六博"这种游戏在江淮地区也十分流行,参与者不分老少。此外还有围棋,两汉时,围棋纵横各17道,谯人曹操就精于围棋之道,而亳州东汉墓即出土有土石制方形围棋子。

《汉书·地理志》描述各地社会风俗,涉及今天安徽省各地。如言楚地"信巫鬼,重淫祀",在传世两汉文献中就有明确反映。应劭在《风俗通义·怪神》中记载,九江郡浚遒县有唐、居两座山,山上号称有神,当地的巫师就串通起来,共同策划为山神寻找青年男女作为婚配对象,每年都要更换,凡是被指为山神之夫或山神之妻者,不得另行婚嫁,成了当地社会一大祸害。汝南鲖阳县的"鲍君神"崇拜更加可笑,有人在田中设网捕得一只鹿,未及取走。恰逢有商队经过,有一商人拿走了鹿,而易之以鲍鱼。等主人前往取鹿,不见鹿而见鲍,遂以为神。于是辗转相传,方圆数百里的百姓前往"治病求福,多有效验。因为起祠舍,众巫数十,帷帐钟鼓",号称"鲍君神"。② 直到数年后鲍鱼主再次经过,才揭破了"鲍君神"之真相。

秦汉时,以西汉梁国(初都大梁,后徙睢阳)为中心的原战国末年楚、魏、齐交界地区,既是道家产生、传播的中心区域,又靠近儒家学说核心区域,是黄老学说最为流行的地区。又受战国末年魏公子信陵君任侠余风浸染,"其民犹有先王遗风,重厚多君子,好稼穑,恶衣食,以致畜藏"③。秦、西汉时被称颂的所谓"长者",大多出自这一区域,如陈胜妻父、刘邦、刘邦诸将、乌江亭长、张敖、贯赫、司马季主、袁盎、韩安国、壶遂、孔车等,其中有不少就是今安徽人。司马迁也曾慨叹:"世

① 《吕氏春秋》卷十二《季冬纪》高诱注。
② 《风俗通义》卷九《怪神》。
③ 《汉书》卷二十八下《地理志下》。

之言梁多长者,不虚哉!"①所谓"沛楚之失,急疾颛已,地薄民贫";吴地"君皆好勇,故其民至今好用剑,轻死易发","失巧而少信"。② 楚人季布兄弟两人即任侠,声名显著。季布先为项羽将,项氏亡后为大侠朱家所救,仕于汉,当吕后之面指责樊哙"面谀,欲摇动天下"。时人谚云:"得黄金百,不如得季布诺。"其弟"季心气盖关中,遇人恭谨,为任侠,方数千里,士争为死"③。

两汉时期,江淮之间以及江南地区还存在浓厚的重女风尚。"初,淮南王异国中民家有女者,以待游士而妻之,故至今多女而少男。"④与中原地区传统的重男轻女形成了鲜明的对照。

① 《史记》卷一百八《韩长孺列传》。
② 《汉书》卷二十八下《地理志下》。
③ 《汉书》卷三十七《季布传》。
④ 《汉书》卷二十八下《地理志下》。

第六章

三国和西晋短期统一下的安徽

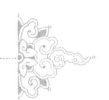

在黄巾农民大起义的沉重打击下，东汉政权名存实亡。经过一段时间的军阀混战，中国历史进入了三国鼎立的时代。在三国时期，皖北属魏，皖南属吴，江淮之地则是魏、吴激烈争夺的战场。

以曹操为首的谯沛集团在汉末的军阀混战中崛起，并且取得了"挟天子以令诸侯"的地位。此后数年间曹操又先后击溃了割据徐州和淮南的吕布、刘备、袁术，从而占领了皖北地区。几乎与此同时，孙氏家族崛起于东南。至孙策去世时，东吴已占领了"江东六郡"，皖南即囊括其中。曹魏与东吴在江淮地区进行了长期征战。从大势看，曹魏一直比较巩固地控制着巢湖、天柱山以北地区，而东吴在江淮南部地区有着明显的优势。曹魏统治下的皖北的社会经济得到了迅速恢复和发展，东吴统治下的皖南也开始跨入了加快发展的新时期。西晋灭吴后，安徽南北各地都归入了同一个中央政权统治的短暂时期。

第一节　魏吴在安徽南北对峙局面的形成

一、谯沛集团的崛起和曹魏占领皖北

黄巾军主力被镇压下去以后，东汉朝中外戚与宦官的斗争又起。中平六年（公元 189），汉灵帝去世，其长子刘辩继立，何太后临朝听政。太后兄大将军何进与中军校尉袁绍谋议召并州牧董卓将兵入洛阳诛宦官，但由于谋事不密，何进反为宦官所杀。其后，袁绍虽"捕宦官无少长悉斩之"①，但不久董卓即率领军队进入洛阳，控制了朝廷，废少帝刘辩为弘农王，不久又杀掉了他，而立灵帝少子刘协为帝，是为献帝。董卓性情残忍，且其军纪极坏。董卓任其军队屠杀人民，劫掠妇女和财物。董卓的倒行逆施激起了朝野共同愤怒，遂成为众矢之的。初平元年（公元 190）春正月，关东州郡牧守"同时俱起兵，众各数万"②，拥立自其高祖四世居三公位、门生故吏遍天下的袁绍为盟主，起兵讨伐董卓。董卓面对山东豪杰并起的严重局面，恐惧不安，乃焚烧洛阳宫室，挟持汉献帝迁都长安。关东诸将亦惧怕董卓兵强，皆互相观望，"莫敢先进"③。董卓退回关中后，关东军阀展开了互相兼并的混战。曹操就是这个特殊的时代造就的"英雄"。

曹操，字孟德，豫州沛国谯县（今亳州市）人。他的义祖父曹腾是东汉后期很有权势的大宦官，历任安、顺、质、桓四朝，官至中常侍、大长秋，封费亭侯。曹腾与其他宦官有所不同，他热衷于拉拢世族名流，为他们讲好话，推荐他们做官，在当时的政治圈里有较好的人缘和影响。《三国志·魏书·武帝纪》谓沛国曹氏为汉相国曹参之后，史无所据，不可相信。在曹腾以前，未见沛国曹氏有做大官者。自曹腾以

---

① 《后汉书》卷七十八《张让传》。
② 《三国志》卷一《武帝纪》。
③ 《三国志》卷一《武帝纪》。

后,沛国曹氏开始在政治上崭露头角。见于史籍记载,曹操家族前辈在东汉后期为官者有:曹操的父亲曹嵩本来是谯县夏侯氏之子,后来被曹腾收为养子。他曾任司隶校尉,灵帝擢拜大司农、大鸿胪,又输钱一亿万,代崔烈为太尉;曹仁的祖父曹褒曾任颍川太守,父亲曹炽曾任侍中、长水校尉;曹洪的伯父曹鼎曾任吴郡太守,官至尚书令;曹休的祖父亦曾任吴郡太守(史失其名,盖其任吴郡太守当在曹鼎之后)。此外,《亳县曹操宗族墓葬》字砖还有"山阳太守曹勋"、"……郡太守谯曹鸾"(疑此人即《灵帝纪》所记"永昌郡太守曹鸾")、"念会稽府君弃离帏屋"、"会稽明府早弃春秋不竟世"(疑此人当指一位佚名的沛国曹氏会稽太守)的刻辞。东汉后期谯县曹氏出了这么多的二千石官吏,当然可以视为是一个二等的世家大族。加之谯县为东汉豫州刺史治所,非偏远小县,谯县曹氏的崛起更容易引起世人的注意。这样的家族背景有利于以曹氏和夏侯氏家族人物为中心的谯沛集团(谯县汉属沛郡或沛国,魏属谯国或谯郡,故学者称谯沛集团)在政治上的发展。所以,当曹操刚刚在政治上崭露头角时便立即被一些官僚和名士赏识。如太尉桥玄对曹操说:"天下将乱,非命世之才不能济也,能安之者,其在君乎!"①当时被称为"有人伦鉴"的南阳名士何颙赞赏曹操说:"汉家将亡,安天下者必此人也。"②而主持汝南月旦评的名士许子将评曰:"子治世之能臣,乱世之奸雄。"③此评虽是从封建正统观念出发论人,但亦极其深刻且符合实际。

曹操出仕较早,20岁举孝廉,赴京师为侍卫皇帝的郎官,不久就被任命为洛阳北部尉,又迁顿丘令,征拜议郎。黄巾起义爆发后,曹操被征为骑都尉从讨颍川黄巾。后迁济南王国相,所在打击豪强,禁断淫祀,结果既"违迕诸常侍",又"为强豪所愤,恐致家祸",故辞官归乡里。"于谯东五十里筑精舍,欲春秋读书,冬春射猎"④,以待时机再起。及袁绍与关东州牧郡守起兵讨伐董卓,曹操亦募兵响应。董卓退

---

① 《三国志》卷一《魏书·武帝纪》。
② 《后汉书》卷六十七《党锢列传》。
③ 《三国志》卷一《魏书·武帝纪》注引孙盛《异同杂语》。
④ 《三国志》卷一《魏书·武帝纪》注引《魏武故事》。

回关中后,关东军的联盟瓦解,乘机互相兼并,形成了军阀混战的局面。当时曹操力量尚非常单薄,仅有千余人,寄居河内(今河南武陟县西南)。初平二年(公元191)七月,曹操乘机引兵据有了兖州的东郡(今河南濮阳县西南)。初平三年(公元192)夏,黄巾军余部青州黄巾进攻兖州,刺史刘岱战死,州郡官吏迎曹操领兖州牧,遂大破青州黄巾于寿张(今山东东平县西南),收其精锐编为"青州兵"。由此曹操势力遂大。初平四年(公元193)春,屯驻于南阳的袁术向黄淮间转移,进入属于兖州的陈留郡,屯封丘(今河南封丘县)。曹操派兵围攻,袁术败走襄邑(今河南睢县)。曹操又派兵追赶,袁术又败走宁陵(今河南宁陵县东南),又追之,袁术遂率军渡淮南奔九江郡寿春县(今寿县),遂以扬州霸主自居,并兼称徐州伯。

曹操占领兖州后,即有向徐州扩张的意图。恰巧这时曹操派人迎接在琅邪避难的父亲曹嵩和弟弟曹德回兖州,被徐州牧陶谦的部将劫杀,于是曹操对陶谦大兴讨伐之师,致使今皖北、苏北交界的地区遭受严重破坏。史称:初平四年秋,曹操东击陶谦,"过拔取虑(今灵璧县东北潼郡村)、睢陵、夏丘(今泗县东),皆屠之。凡杀男女数十万人,鸡犬无余,泗水为之不流,自是五县城保,无复行迹"[①]。兴平元年(公元194),曹操又东征陶谦。会陈留太守张邈与州吏陈宫背叛曹操而迎立吕布为兖州牧,曹操急忙撤军与吕布争夺兖州。经过极其艰苦的战斗,直到次年,才完全收复兖州。吕布争夺兖州失败后,率领军队进入徐州。

此前陶谦已死,刘备代领徐州牧。吕布一代枭雄,自然不甘心屈居于刘备之下,而盘踞淮南地区的袁术则时刻想夺取徐州。吕、刘、袁在徐州自不能相安,由于徐州暂时不会对曹操构成威胁,于是曹操将其发展的战略重点转向豫州。建安元年(公元196)春正月,曹操进军至武平(治今河南鹿邑西北),袁术所置陈相袁嗣投降。二月曹操又进军击溃了汝南、颍川黄巾余部何仪等,其势力遂拓展到豫州腹地,驻屯许县(治今河南许昌市东)。董卓死后,关中大乱。朝臣乘机奉献

---

① 《后汉书》卷七十三《陶谦传》。

帝东归,是年七月至洛阳。九月,曹操接受荀彧、程昱等谋臣的建议,迎献帝都许县,取得了挟天子以令诸侯的政治优势。

袁术出身世家大族,本事不大,极有野心,见汉末大乱,早已蓄谋称帝。建安二年(公元197),因河内张炯作符命,遂在寿春僭号称帝,"以九江太守为淮南尹,置公卿百官,郊祀天地"①。除了他的少数臣僚外,没有任何人支持他的称帝闹剧,连与他时和时战的徐州军阀吕布也对他称帝嗤之以鼻。袁术恼羞成怒,为了挽回自己"皇帝"的面子,遂遣其大将张勋、桥蕤等与韩暹、杨奉连势,步骑数万趋下邳(今江苏睢宁县西北古邳镇)。吕布用陈珪反间计,与韩暹、杨奉联合进攻袁术军,"斩其将十人首,所杀伤堕水死者殆尽"。又"合军向寿春,水陆并进,到钟离(今凤阳县东北临淮镇),所过掳掠,还渡淮北,留书辱术。术自将步骑五千扬兵淮上,布骑皆于水北大哈笑而还"②。

袁术既然称帝,当然不愿龟缩于淮南一隅之地。在进攻徐州失败后,袁术又把攻掠的目标选定为与皖西北相毗邻、当时形势尚比较稳定且比较富庶的陈国(治今河南淮阳县)。袁术对这块汉末战乱中的"绿洲"垂涎三尺,于是派人向陈国调发粮饷,陈相骆俊不应命。袁术非常恼怒,建安二年,他先派刺客谋杀了陈王刘宠和国相骆俊。九月,又率领大军攻掠陈国。陈国地处豫州腹地,曹操不能容忍袁术染指,于是亲率大军迎战,袁军大败而回,损失惨重。《三国志·武帝纪》云:"公东征之。术闻公自来,弃军走,留其将桥蕤、李丰、梁纲、乐就。公到,击破蕤等,皆斩之。术走渡淮。"在此战役中,曹操歼灭了袁术的名将和主力部队,使其元气大伤。从此,袁术自顾不暇,再也没有能力出击淮北了。

袁术称帝本来就是一种失道寡助之举,其生活又极糜烂腐败,加之军事上的溃败,其统治区内的矛盾迅速激化。史称:袁术"荒侈滋甚,后宫数百,皆服绮縠,余粱肉,而士卒冻馁,江淮间空尽,人民相食"③。建安四年(公元199)夏,不愿坐以待毙的袁术"乃烧宫室,奔其

---

① 《后汉书》卷七十五《袁术传》。
② 《资治通鉴》卷六十二《汉纪·献帝建安二年》。
③ 《三国志》卷六《袁术传》。

部曲陈简、雷薄于灊山。复为简等所拒，遂大困穷，士卒散走"①。袁术忧惧不知所措，遂致书袁绍，将归帝号于袁绍。又欲经徐州北至青州投奔袁绍的儿子袁谭，"曹操使刘备徼之，不得过，复还走寿春"。六月，至江亭（约在寿春东 80 里），"问厨下，尚有麦屑三十斛。时盛夏，欲得蜜浆，又无蜜。坐棂床上，叹息良久，乃大咤曰：'袁术至于此乎！'因顿伏床下，呕血斗余而死"②。袁术自初平四年割据淮南六年多，至此彻底灭亡。

建安三年（公元 198）九月，曹操东征徐州。十月，擒杀吕布，遂以车胄为徐州刺史。建安四年六月，曹操派刘备率军赴徐州助车胄截击向北逃窜的袁术。刘备至徐州虽然阻击了袁术，但又杀掉了曹操所置徐州刺史车胄，再次占据了徐州。建安五年（公元 200）春正月，当曹操与袁绍对垒官渡之时，犹以占据徐州的刘备为腹心后患，遂率军东征，速战速决，击溃刘备。刘备被迫率众投奔袁绍。于是，曹操最终占据了徐州。这样皖北地区皆纳入了曹操的势力范围。

曹操虽然身在中原，却一直关注着淮南的形势。袁术灭亡后，曹操即举严象为扬州刺史。不久，严象为孙策所置庐江太守李术袭杀。于是，建安五年十月，曹操表刘馥为扬州刺史。刘馥既受命，"单马造合肥空城，建立州治，南怀（雷）绪等，皆安集之，贡献相继。数年中，恩化大行，百姓乐其政，流民越江山而归者以万数"③。此后，魏、吴虽然战争不断，巢湖、灊山（今安徽霍山县东北）以北的今安徽半壁河山皆为曹魏版图。

二、孙氏家族的崛起和东吴占领皖南

虽然《三国志》称孙权为"吴主"，然而谈到吴国的建立不能不从其父兄孙坚和孙策筚路蓝缕的创业事迹说起。孙坚，字文台，吴郡富春（今浙江富阳县）人。孙坚自幼机智果敢。黄巾起义爆发后，孙坚追随中郎将朱儁镇压黄巾军，积功至别部司马。及关东州郡讨董卓，

---

① 《后汉书》卷七十五《袁术传》。
② 《三国志》卷六《袁术传》注引《魏书》。
③ 《三国志》卷十五《刘馥传》。

孙坚亦起兵响应,至鲁阳(今河南鲁山县)依附于当时很有名望的袁术。袁术表孙坚行破虏将军,领豫州刺史。孙坚遂进军至阳人聚(今河南汝州市西北),大破董卓军,斩其都督华雄等,董卓惧怕孙坚勇猛,遣将军李傕等求和亲,令坚列疏子弟任刺史、郡守,许表用之。孙坚不肯与董卓同流合污,遂更进军至距洛阳九十里的大谷,董卓遂焚烧洛阳宫室,徙都西入关。孙坚率军入洛阳,"扫除汉宗庙,祠以太牢"①,又修复了被董卓发掘的诸汉帝陵墓,然后引军还至鲁阳。初平三年,袁术派孙坚进攻盘踞荆州的刘表,大破刘表将黄祖于樊、邓之间。孙坚乘胜围攻襄阳,单马行岘山(今湖北襄樊市西南),被黄祖军士射杀,卒年三十七。

孙氏先辈无闻,及汉末三国之际,倏然崛起于江东,孙坚有开拓之首功。青年时代的孙坚,机智果敢,名扬吴、会。其后,驰骋中原战场,入为议郎,出为太守、刺史,封乌程侯,特别是在关东州郡征讨董卓的战争中,奋勇进攻,"最有忠烈之称"②,扩大了孙氏家族的政治影响和社会声望,同时又造就了一支有作战经验的队伍,其中名将有程普、黄盖、朱治、韩当、吴景及宗室孙贲、孙河等,为孙策、孙权割据江东创造了条件。后来诸葛亮在《隆中对》中说:"孙权据有江东,已历三世,国险而民附。"所谓"已历三世",即从孙坚数起,颇得其实。

孙坚的长子孙策是东吴政权的奠基人。当孙坚追随朱儁征讨黄巾军时,留家属于寿春。时孙策十多岁,善交游,有声誉,因与周瑜友善,又将母徙居庐江舒县(今庐江县西南)。孙坚死时,孙策年仅17岁,其余部数千人由孙坚长侄孙贲率领依附于袁术,后随袁术退至寿春。袁术对孙策心存戒备,紧紧控制着这支军队,不愿意交给孙策,经孙策一再苦苦哀求,才将孙坚余部千余人移交给孙策。这支部队中有许多孙坚在长期战斗中精选的将士,既英勇善战,又忠诚于孙氏家族,是孙氏赖以开拓江东的最初的军事力量。兴平元年(公元194),袁术派孙策进攻汉朝所置庐江太守陆康。孙策一举攻克了庐江郡。孙策

---

① 《三国志》卷四十六《吴书·孙破虏讨逆传》。
② 《三国志》卷四十六《吴书·孙破虏讨逆传》裴松之按。

攻占了庐江,袁术却任用其故吏刘勋为太守,使孙策很失望。当时朝廷任命的扬州刺史刘繇因袁术占领了淮南,不敢赴淮南州治,遂南渡江治曲阿(今江苏丹阳市)。刘繇逼迫袁术所置丹阳(治宛陵县,今宣城市)太守吴景(孙策舅)和丹阳都尉孙贲(孙策从兄)退屯历阳(今和县)。刘繇又遣樊能屯横江津(今和县东南)、张英屯当利口(今和县东),以拒吴景、孙贲。吴景等进攻樊能等一年多时间,毫无进展。兴平二年,孙策向袁术请求助吴景等开拓江东,袁术"以刘繇据曲阿,王朗在会稽,谓策未必能定,故许之"①。江淮地区的人民非常支持孙策,踊跃从军,待到孙策到达历阳,军队已扩大到五六千人,一举攻克了横江、当利。渡江后,又很快攻占刘繇的军事要地牛渚营(今马鞍山市采石镇),"尽得其邸阁粮谷、战具"②。接着,孙策又乘胜东进,攻占了刘繇部将薛礼、笮融等所占据的秣陵(今江苏南京市)、海陵(今江苏泰州市)、江乘(今江苏句容县北)等处,后又别遣朱治攻占了吴郡(治今江苏苏州市)。刘繇见大势已去,遂溯江西上,逃往豫章郡(治今江西南昌市),于是孙策进据曲阿。"旬日之间,四面云集,得见兵二万余人,马千余匹,威震江东,形势转盛"③。建安元年,孙策继续向东南进军,渡浙江,占领了会稽郡(治今浙江绍兴市),自领会稽太守。及袁术在淮南谋僭号,孙策致书谴责,并与其断绝关系。曹操关注着江东形势的骤变,并企图通过拉拢孙策,控制江东,于是任孙策为讨逆将军,封吴侯。时孙策已平定丹阳郡宣城以东的地区,而泾县以西六县尚被丹阳宗帅祖郎和刘繇部将太史慈所控制。他们煽动山越反对孙策。建安三年,孙策率军进攻丹阳郡西部诸县,擒祖郎于陵阳(治今石台县东北广阳镇),俘太史慈于勇里(今泾县西北),完全控制了丹阳郡。建安四年六月,袁术在内外交困中死去,袁术弟袁胤率其部属、家属投奔庐江太守刘勋于皖城(今潜山县)。由于皖城人口骤增,刘勋面临着极大的粮食供给的压力,遂决定袭取于上缭(今江西永修县地)诸宗帅。时孙策正率军西攻刘表所置江夏太守黄祖,行至石城

---

① 《三国志》卷四十六《吴书·孙破虏讨逆传》注引《江表传》。
② 《三国志》卷四十六《吴书·孙破虏讨逆传》注引《江表传》。
③ 《三国志》卷四十六《吴书·孙破虏讨逆传》注引《江表传》。

（今池州市西南），见有机可乘，遂分遣从兄贲、辅领兵8000人进驻彭泽截断刘勋北归之路，自己与周瑜率领2万军队进克皖城，获袁术、刘勋家属、部属3万余人，徙置于吴（今江苏苏州市），而以李术为庐江太守，领3000人，驻守皖城。孙策则继续向豫章进军，大破刘勋与黄祖的联军，豫章太守华歆迎降。孙策又分豫章之地立庐陵郡（治今江西吉安市西南），以孙贲为豫章太守，孙辅为庐陵太守。

建安五年四月，孙策在丹徒县（今江苏镇江市东南丹徒镇）郊区打猎，被故吴郡太守许贡客射杀，终年26岁。孙策临死前，嘱托张昭、周瑜等辅佐其弟孙权继续开拓孙吴政权的大业。其时，孙氏已占有江东之会稽、吴郡、丹阳、豫章、庐陵5郡，今皖南的池州、芜湖、马鞍山、宣城、黄山5市因皆属于当时的丹阳郡而成为孙氏早期版图的重要组成部分。在江西地带，孙氏还占据了以皖县为治所的庐江郡。虽然在后来魏吴长期争夺江淮的战争中，孙氏不能巩固地占有庐江郡，但较之曹魏还是有着明显的优势。

三、皖人对东吴政权的贡献

自黄巾农民起义爆发以后，中原地区战争频繁。初平四年袁术据有寿春后，战火又蔓延到淮河以南。为逃避战乱，或谋求政治出路，大批江淮地区的地主、士人、农民追随孙氏家族东渡，为孙吴政权的建立和发展作出了重要贡献。据《三国志·吴书》记载，后来成为孙吴名臣或将吏的安徽人主要有：庐江舒县人周瑜、庐江松兹人陈武、九江寿春人蒋钦、九江下蔡人周泰、汝南细阳人吕范、汝南固始人胡琮、临淮东城人鲁肃、汝南富陂人吕蒙、沛郡竹邑人薛综、沛郡蕲县人楼玄、庐江人王蕃等。其中周瑜、鲁肃、吕蒙堪称佼佼者，对东吴政权的创建和巩固贡献巨大，现略述三人事迹如下。

周瑜（175—210），字公瑾，庐江舒县（治今庐江县西南）人。周瑜出身于庐江世家大族，"从祖父景，景子忠，皆为汉太尉。父异，洛阳令"[1]。周瑜自幼受到良好的教育，关心世事。孙策早年居寿春有"声

---

① 《三国志》卷五十四《吴书·周瑜传》。本节以下引此传及裴注皆不再出注。

闻",周瑜自舒县造访,由于二人皆"英达夙成",有共同志趣,在周瑜的劝说下,孙策徙居舒县。周瑜安排孙策居住在道南大宅中,"升堂拜母,有无通共",二人同龄,故史称有"总角之好"。兴平二年,孙策受袁术委派率领军队进攻刘繇,致书周瑜,周瑜遂率领一支军队并筹集粮食、船只等军需物资接济孙策,一举攻克了刘繇部将占领的沿江战略要地横江、当利。接着周瑜又随孙策继续东进,陆续攻克了秣陵、湖孰、江乘、曲阿,赶走了扬州刺史刘繇。然后,孙策组织军队进攻吴、会二郡,而派周瑜还镇丹阳。不久,袁术撤掉了周瑜叔父周尚丹阳太守的职务,但他见周瑜很有才能,想任其为将。周瑜以其"终无所成",故只求为居巢长,意在伺机东渡。建安三年,周瑜渡江投奔孙策。孙策亲自迎接他,并任他为建威中郎将,授兵二千人,马五十四。这时周瑜才24岁,年轻有为,风流倜傥,吴中人皆亲切地呼之为"周郎"。为了加强对丹阳郡的控制,孙策又派周瑜出镇牛渚,领春谷(治今繁昌县西北)长。建安四年,孙策进攻庐江太守刘勋,以周瑜为中护军,大获全胜。得皖城桥公二女,皆姿色出众,孙策娶了大桥,周瑜娶了小桥。这两对英雄、美女的天成婚配,成了人们津津乐道的千古佳话。建安五年,孙策遇刺身亡,其年仅19岁的弟弟孙权继立。周瑜闻讯急忙将兵赴丧,遂留吴(今江苏苏州市),"以中护军与长史张昭共掌众事",稳定了东吴政局。从此,周瑜成了孙吴军政大事的决策人物。建安七年(公元202),曹操为了加强对东吴的控制,下令孙权送子为质。东吴诸大臣张昭、秦松等犹豫不决。孙权带着周瑜到其母亲处商讨对策,周瑜认为,若向曹操送质,将受制于人,不利于东吴的发展,坚决主张不送质子。孙权及其母亲认为周瑜的意见很有道理,于是采纳了周瑜的意见。孙权的母亲还深情地对孙权说:"公瑾议是也。公谨与伯符(孙策字)同年,小一月耳,我视之如子也,汝其兄事之。"由此可见,周瑜与孙氏的亲密关系及其所受到的信任。建安十一年(公元206),周瑜督绥远将军孙瑜讨麻、保二屯宗部,枭其渠帅,因俘万余口。十二年,刘表所置江夏太守黄祖遣其将邓龙攻打柴桑,周瑜率军反击,生擒邓龙。十三年春,孙权西攻黄祖,以周瑜为前部大督,攻克江夏,并斩杀了孙氏的宿仇黄祖,大获全胜。

建安十三年（公元208）九月，曹操率领大军进入荆州。这时刘表已死，其继承者刘琮举州投降。在曹操攻占荆州的过程中，依附于刘表的刘备辗转退至夏口（今湖北汉口）。已经占领江陵的曹操打算顺江东下一举吞并东吴。时代为周瑜提供了一个大展身手的舞台。

曹操占领荆州后立即向孙权下达战书。战书至吴，张昭等诸大臣无不惊恐万分，主张投降。唯有鲁肃主张抵抗，但鲁肃自知当时自己的资望不高，尚不足以决策这样重要的军国大事，所以劝孙权召回驻守鄱阳的周瑜共商国计。周瑜果然主张抗曹，他对孙权说："曹操名为汉相，实为汉贼。孙将军你雄才大略，继承父兄基业，已占有江东辽阔的地域，兵精粮足，人才济济，正应横行天下，为汉朝铲除奸贼，何况曹操自来送死，怎么能不战而降呢？现在北方尚未完全统一，曹操还有后顾之忧。并且曹军擅长陆战，现在却来同我们较量水战，这是舍长用短。目前天气寒冷，马缺草料，中原士兵不习惯南方水土，必然会生疾疫。这些都是用兵之大忌，曹操全然不顾，一意孤行，现在正是我们擒获曹操的大好时机。我请求你拨给精兵3万人，保证打败曹军。"为了彻底消除孙权的思想顾虑，周瑜又指出："曹操虽扬言有水陆军队80万人，其实他率领的中原士兵不过十五六万，经过长途跋涉，已经疲惫不堪。其新近招降的荆州士卒不过七八万人，这些人又心存疑虑。因此，曹军数量虽多，战斗力不强，请您不必忧虑。"周瑜的分析，有理有据，慷慨激昂，使孙权不再犹豫，决心抗曹，于是任命周瑜为主帅，与程普、鲁肃率领3万精兵，与刘备会师，共同抗击曹军。孙刘联军与曹军在赤壁（今湖北蒲圻县西北长江南岸）遭遇，联军获胜，曹军退到长江北岸乌林（今湖北洪湖县东北）。孙刘联军驻扎在南岸，与曹军隔江对峙。

曹军初到南方，水土不服，疾病流传，再加上北方人不习惯水上生活，晕船现象严重。为了减轻风浪颠簸，曹操下令用铁索把战船连接起来，铺上木板，宛如一个整体。周瑜的部将黄盖针对这一情况向周瑜献上诈降、火攻之计。这一计策实施得非常成功，计行之日，曹军水寨变成一片火海。由于火大风猛，还延烧到曹军岸上的营寨，曹军大败。曹操率领残部退往江陵，留下大将曹仁等驻守江陵，自己退回到北方去了。周瑜率领大军继续进攻,经过一年多艰苦战斗,终于在建安十四年(公元209)十二月攻占了江陵。孙权拜周瑜为偏将军,领南郡太守,屯驻江陵城。建安十五年(公元210),周瑜因旧伤复发病逝,终年36岁。

周瑜的一生虽然短暂,但他对孙氏开拓江东和其后东吴政权的巩固都作出了重要贡献。至于周瑜在赤壁之战中指挥孙刘联军以少胜多击败曹操,奠定了三国鼎立局面,则更是一件影响中国古代历史进程的大事。周瑜去世前向孙权举荐鲁肃以自代。鲁肃是周瑜之后孙吴经营荆州的又一位杰出统帅。

鲁肃(172—217),字子敬,临淮东城(治今定远县东南)人①,三国时期著名政治家和军事家。他和诸葛亮是孙刘联合抗魏这一重大战略方针的主要策划人和忠诚推行者。

鲁肃出身于一个大地主家庭。他从小就很有政治抱负,年轻时即爱好击剑骑射,经常聚集一批青少年,"阴相部勒,讲武习兵"。鲁肃家庭富裕,他看到当时天下大乱,民不聊生,就变卖田地,扶贫救危,广交朋友,在当地很得人心。周瑜任居巢县长时,到鲁肃家拜访,请求资助粮饷。当时鲁肃家有两个大粮仓,各储米3000斛。鲁肃慨然应允,挥手一指,就把一仓米送给了周瑜。周瑜很钦佩鲁肃宽厚大度,与他结为知心朋友。

当时盘踞在寿春的袁术想委任鲁肃担任东城县长,鲁肃见袁术统治残暴,不能成大事,毅然拒绝了袁术的任命,然后带领乡亲和部众到居巢投奔周瑜。建安三年,又随周瑜渡江投奔孙策。行前,鲁肃动员部属说:"中国失纲,寇贼横暴,淮泗间非遗种之地,吾闻江东沃野万里,民富兵强,可以避害,宁肯相随俱至乐土,以观时变乎?"由此可见,鲁肃渡江并非是仅为"避害",而是有在政治上寻找发展机会的大目标。孙权继位后,由于周瑜的极力推荐,鲁肃开始崭露头角。有一次孙权单独召见鲁肃,"合榻对饮",密商时局大计。鲁肃精辟分析说:"现在汉室已经衰落得无法复兴了,曹操的势力也不可能很快除掉。

---

① 《三国志》卷五十四《吴书·鲁肃传》。本节凡引此传及裴注不再出注。

今为将军考虑,应该立足江东,发展势力,以待时机。您现在拥有这样的实力,不要小看自己。现在北方的麻烦事很多,我们可以乘机剿除黄祖,进伐刘表,夺取荆州,然后进一步控制整个长江流域,建立帝王称号,统一全国,创立如同汉高祖刘邦那样的功业。"鲁肃的这番议论与数年后诸葛亮的《隆中对》对形势的分析及其确定的战略方针颇多相似之处,只是各自针对的地域及效力对象不同罢了。孙权由此看到鲁肃非凡的政治韬略,因此不顾张昭对鲁肃"年少粗疏"的訾议,而对他更加器重。

建安十三年七月,曹操率领大军南下进攻荆州,曹军还未到荆州,盘踞荆州的刘表就病死了,其少子刘琮继任荆州牧。在这个时局发生重大变化的关键时刻,鲁肃上言,荆州地处上游,战略地位极为重要,与江东安危关系密切。而刘表二子刘琦、刘琮关系不睦,寄居荆州的刘备是天下枭雄,故要求以吊孝之名去荆州探听虚实,借机劝说刘备抚慰刘表部众,与孙吴共同抵抗曹军。孙权采纳了鲁肃的意见,并立即派他去荆州。为了抢在曹操之前到达荆州,鲁肃不辞辛劳,日夜兼程。但是,当他到达江陵时,刘琮已经投降曹操,刘备正匆忙向南撤退。鲁肃继续前进,在当阳长坂与南撤的刘备相遇。鲁肃向刘备介绍了孙吴的实力和孙权联刘抗曹的意向。这个建议正好符合刘备、诸葛亮"外结好孙权"的方针,双方一拍即合。刘备退到夏口后,立即派诸葛亮前往东吴商讨联合抗曹的事宜。经过鲁肃、诸葛亮两位政治家的共同努力,孙刘双方达成了建立联盟关系的意向。

虽然孙刘达成了联合抗曹的意向,但是由于曹操力量强大,所以当曹操将要席卷江东的战书送达孙权时,在会议中以张昭等为代表朝臣皆主张降曹,孙权虽倾向于联刘抗曹,但对于战胜曹军还缺乏信心,犹豫不决。鲁肃虽是坚定的抵抗派,但自知当时自己的资望不敌张昭,没有在大庭广众下力挽狂澜的能力,故他私下对孙权说:"向察众人之议,专欲误将军,不足与图大事。"并建议速从鄱阳召回周瑜,共商大计。周瑜与孙氏家族关系密切,又是协助孙策开拓江东的实力派,由于周瑜也是坚决主张抵抗的,孙权联刘抗曹的决策遂定,终于取得了具有重大战略意义的赤壁之战的胜利。

赤壁之战以后，刘备占领了荆州南部的武陵、长沙、零陵、桂阳四郡。这四个郡在当时皆属偏远之地，又非战略要冲。为了谋求发展，刘备于建安十五年亲至京城（今江苏镇江市）拜见孙权，要求把整个荆州都让给他。周瑜、吕范不但不同意借地，而且认为刘备是东吴的一个潜在的强大敌人，应当把他软禁在江东，限制他的发展。鲁肃对此持不同意见，他不但反对扣留刘备，并且主张借地给他以维护孙刘同盟。他说："将军虽神武命世，然曹公威力实重。初临荆州，恩信未洽，宜以借备，使安抚之。多操之敌，而自为树党，计之上也。"鲁肃考虑问题始终注意把握住曹操"威力实重"这个当时全国形势中的核心问题，他主张借地给刘备，目的在于扶植其成为曹操的一个劲敌，以免东吴单独承受曹操施加的灭顶之灾。孙权认为鲁肃的意见有道理，同意借地，但也没有完全满足刘备的要求，只是把荆州西部的南郡借给刘备。

周瑜死后，孙权以鲁肃为偏将军，屯驻陆口（今湖北嘉鱼县西南），总领荆州军事。鲁肃治军纪律严明，"屯营不失，令行禁止，部界无废负，道无拾遗"。当时，刘备大将关羽驻防南郡，与鲁肃驻地相邻，经常发生边界纠纷。鲁肃总是以维护孙刘联盟的大局为重，不使矛盾激化，妥善解决争端。鲁肃当初力主借地，目的是为了把刘备扶植成曹操的一个劲敌，后来他也不是不想收回荆州，而是想在不破坏孙刘联盟的前提下收回。刘备当初在向孙权借地时表示，一旦夺取益州立即归还荆州。建安十九年（公元214），刘备夺取了益州，仍不愿意归还荆州。孙权非常气愤，于建安二十年（公元215）派将军吕蒙袭取了刘备占领的长沙、桂阳、零陵3郡。刘备不肯相让，命令关羽夺回3郡。孙权也不示弱，亲自坐镇陆口，并派鲁肃进驻益阳与关羽对峙，眼看一场恶战就要爆发。在这千钧一发的紧急关头，鲁肃担心孙刘联盟破裂，曹操坐收渔人之利，故他不顾个人安危，主动要求与关羽"单刀赴会"，通过谈判解决争端。鲁肃向关羽讲述了自赤壁之战以来孙吴方面对刘备的扶植与合作，刘备不当失信。鲁肃理直气壮，说得关羽无言以对。恰巧这时曹操进军汉中，益州的安全受到了威胁，刘备害怕腹背受敌，便与孙吴讲和。双方商定以湘水为界平分荆州，湘水以

东的江夏、长沙、桂阳 3 郡属孙权,湘水以西的南郡、武陵、零陵 3 郡属刘备。

建安二十二年(公元 217),鲁肃去世,终年 46 岁。综观鲁肃一生,他善于把握大局,从战略上考虑问题。鲁肃与诸葛亮倡议和始终不渝地维护孙刘联盟,不但为孙权和刘备在曹操强大势力的威胁下争取到了生存的空间,而且为吴、蜀两国的巩固和发展创造了条件,促成了三国鼎立局面的形成。因此,我们说鲁肃是三国时期一位对时局有重大影响的政治家。鲁肃去世后,孙权以吕蒙代替鲁肃统领荆州军事,驻屯陆口。

吕蒙(178—219),字子明,汝南富陂(治今阜南县东南)人。① 吕蒙出身于一个贫穷家庭,幼年时即随母亲南渡长江,投奔在孙策部下任职的姐夫邓当。吕蒙聪明勇敢,十五六岁时就跟随姐夫出征作战。邓当死后,吕蒙代领其兵,担任别部司马。

建安十三年春,孙权统军进攻江夏太守黄祖,吕蒙冲锋陷阵,挫其前锋,斩其都督陈就,黄祖弃城逃走,兵败被杀。孙权高度评价吕蒙首战斩将克敌之功,晋升他为横野中郎将。在赤壁之战中,吕蒙跟随周瑜、程普出征,打败了曹军。接着吕蒙又随周瑜进攻南郡,周瑜采纳吕蒙的计策,攻克了江陵,迫使曹仁北撤至襄樊。在魏、蜀、吴错综复杂的斗争中,一位年轻、骁勇的将领开始崭露头角。

吕蒙虽然机智勇敢,但从小没有机会读书。孙权认为吕蒙很有培养前途,于是就向他提出了读书深造的要求。他对吕蒙说:"你现在身居要职,应当好好读书,增长见识。"并语重心长地指导说:"你应该先读《孙子》、《六韬》、《左传》、《国语》及'三史'等书。过去光武帝刘秀在南征北战中仍手不释卷,现在的曹操亦自谓老而好学,你应该以他们为榜样来鞭策自己啊!"孙权的劝勉使吕蒙受到深刻教育。从此以后,他于繁忙的军务中挤出时间,勤奋读书,涉猎了大量史籍和兵书,见识大有长进。有一次鲁肃路过吕蒙的驻地寻阳,吕蒙设宴招待,席间二人讨论荆州防务,吕蒙向鲁肃提出了五条应对关羽的计策。鲁肃

---

① 《三国志》卷五十四《吴书·吕蒙传》。本节引此传及裴注不再出注。

听后,非常惊诧地说:"我原以为你只有武功,没想到你现在这样才略出众,再不是当年吴下的阿蒙了!"这个情节就是"士别三日,即更刮目相待"这一千古佳话的由来。

建安十七年(公元212),吴国听说曹军将侵淮南,孙权接受吕蒙的建议,在巢湖东南建筑濡须坞,"备御甚精",成为孙吴防御曹军南下的一个重要军事据点。建安十九年,吕蒙随孙权攻克皖城(今潜山县),俘获魏庐江太守朱光及男女数万口。建安二十年(公元215),因刘备已夺取了益州仍不肯归还荆州,孙权遂命令吕蒙率军袭取长沙、桂阳、零陵三郡,长沙、桂阳二郡望风投降,唯零陵太守郝普据城顽抗。吕蒙找到郝普的老朋友邓玄之,与他制订了一个诱使郝普投降的计划。吕蒙设计的和平攻势非常成功,结果兵不血刃就赚取了零陵。

鲁肃去世后,孙权以吕蒙镇守陆口,总领荆州军事。在孙权的支持下,吕蒙计划夺取整个荆州。建安二十四年(公元219)七月,关羽率其主力部队进攻魏将曹仁坚守的樊城,但仍留下一部分军队驻屯公安(今湖北公安县西)和江陵(今湖北江陵县)以备东吴。吕蒙认为这是夺取荆州的有利时机,于是与孙权制订了一个对关羽欲擒故纵的作战计划。孙权以吕蒙病重为名,公开召吕蒙回建业(今南京市)治病,改派当时声望不高但很有才干的青年将领陆逊代替吕蒙屯驻陆口。关羽一向骄傲自大,根本不把陆逊放在眼里,果然放松了警惕,把留守后方的大部分军队调往襄樊前线,对东吴的防御力量大大削弱。孙权得知这一军情,立即派吕蒙率领军队直趋公安、江陵,自己率领后继部队沿江西上。吕蒙率领军队日夜兼程,进入荆州地界后,又把战船伪装成商船,摇橹的士兵身穿白衣扮作商人模样,而把精兵藏在船舱里,神不知鬼不觉地夺取了关羽在沿江设置的屯堠。直到吕蒙到达公安,蜀军才发觉吴军已经兵临城下。驻守公安、江陵的蜀将士仁、糜芳素与关羽不和,吕蒙利用他们之间的矛盾,招降了士、糜二将,一举夺取了公安和江陵。

吕蒙占领公安和江陵后,实行了收揽人心的政策。他命令将士不得妄杀和侵扰蜀军将士的家属和百姓,疾病者给医药,饥寒者赐衣粮,封存府库财宝,以待孙权来到再作处置,很快稳定了局势。与此同时,

吕蒙又派陆逊率军西上,迅速攻占了宜都郡(治今湖北枝江市),切断了关羽入川的道路。

关羽获悉公安、江陵失守,急忙回师救援。吕蒙安抚蜀军将士家属的情况传到部队,蜀军将士都失去了斗志,纷纷逃亡。关羽见大势已去,不敢回夺江陵,只好退守麦城,不久即兵败被杀。刘备的势力从此被逐出荆州。虽然吕蒙还没有来得及接受封侯就病逝了,但他为东吴向长江中游地区开拓疆域作出了巨大贡献。

第二节　魏吴在江淮间的战争和
司马氏平定"淮南三叛"

本节所讲魏吴在江淮间的战争主要是指魏吴在今安徽所属江淮地区的战争,仅在特别必要时才涉及邻省的某些情况。

一、三国前期魏、吴在江淮间的激烈战争

魏、吴在江淮间的大规模战争始于赤壁之战以后。建安十三年十二月,孙权率军围攻合肥。由于此前扬州刺史刘馥于合肥"高筑城垒。多积木石,编作草苫数千万枚,积贮鱼膏数千斛,为战守备",使合肥城防坚固,成为曹魏在东方的一个战略要地。孙权围攻合肥百余日,由于众寡悬殊,合肥的魏军城守非常危急。建安十四年三月[①],曹操遣将军张喜将兵救援,久而未至。为了欺骗孙权撤围退军,扬州别驾蒋济乃"密白刺史,伪得喜书,云步骑四万已到雩娄(今河南固始县东南),遣主簿迎喜。三部使赍书语城中守将,一部得入城,二部为贼所得。权信之,遽烧围走,城用得全"[②]。七月,曹操亲自率领军队,从谯县(今亳州市)来到合肥,吊唁死亡吏士,抚恤死者家属,又整顿、配置了

---

① 《三国志·魏书·武帝纪》载张喜救合肥在建安十三年十二月,而《孙权传》载在赤壁之战以后,近是也。此处系年据《资治通鉴》卷六十六《汉纪·献帝建安十四年》。

② 《三国志》卷十四《魏书·蒋济传》。

扬州郡县长吏。是时,"庐江人陈兰、梅成据灊(今霍山县东北)、六(今六安市)叛,操遣荡寇将军张辽讨斩之。因使辽与乐进、李典等将七千余人屯合肥"①。合肥原来只有州兵镇守,驻屯由曹操指挥的野战军始于此时,因而防卫力量大大加强。

建安十六年(公元211),吴寻阳(治今湖北黄梅县西南)令吕蒙袭击在皖县(今潜山县)屯田的魏蕲春典农谢奇,谢奇被迫撤退,其部伍孙子才、宋豪等携负老弱投降吕蒙。这次边境武装冲突引发了魏、吴第一次濡须水大战。"濡须水,源出(巢)县西巢湖,亦谓之马尾沟,东流经亚父山,又东南流注于江。"②其出湖之口及入江之口皆名为濡须口。建安十七年,为了加强对曹军的抵御,吕蒙在孙权的支持下,在濡须水上游建置军事城堡——濡须坞(在今含山县西南)。"夹水筑坞,形似偃月",又名"偃月坞"。濡须坞在军事上的意义在于通过驻军,扼控巢湖南口,使曹魏水军不能出巢湖经濡须水进入长江,攻击东吴。又可以保护东吴水军由长江濡须口通过濡须水出入巢湖,再经施水而进攻合肥。同时,濡须坞又是东吴在巢湖以南陆战的一个重要军事城堡,故又名濡须城。当吕蒙开始提出建筑濡须坞的建议时,有的将领不赞成,云:"上岸击贼,洗足入船,何用坞为?"吕蒙曰:"兵有利钝,战无百胜,如有邂逅,敌步骑蹙人,不暇及水,其得入船乎!"③孙权认为吕蒙的话有道理,所以支持吕蒙建筑起了这个重要军事城堡。

曹操不能容忍东吴在巢湖以南地区的拓展,建安十七年冬十月,遂率军东征孙权。《资治通鉴》云:建安十八年(公元213)"春,正月,曹操进军濡须口,号步骑四十万,攻破孙权江西营,获其都督公孙阳。权率众七万御之,相守月余,操见其舟船器杖军伍整肃,叹曰:'生子当如孙仲谋,如刘景升儿子,豚犬耳!'权为笺与操:'春水方生,公宜速去。'别纸言:'足下不死,孤不得安。'操语诸将曰:'孙权不欺孤。'乃撤军还。"④从以上记载可知,这是一场魏、吴两方统帅直接对垒的大战

· ① 《资治通鉴》卷六十六《汉纪·献帝建安十四年》。
② 《元和郡县图志》,中华书局1995年版,第1082页。
③ 《三国志》卷五十四《吴书·吕蒙传》。
④ 《资治通鉴》卷六十六《汉纪·献帝建安十八年》。

役。史言魏军有"步骑四十万",乃虚张声势,不可信,但魏军多于吴军当是事实。故战争初期,其步骑能够长驱直入,攻破孙权江西营,俘获其都督公孙阳,并且一直进军到今无为县的濡须水入江之口。但是,曹操的巢湖水军的进展并不顺利。曹操企图派水军自巢湖由濡须水入江,陆战、水战互相配合,围攻吴军。但当曹操水军由巢湖进入濡须水后,行至濡须坞登岸作战,企图攻占濡须坞,却遭到吴军的围攻,三千多人被俘,数千人溺死于濡须水。这时孙权又亲率水军由长江经濡须口上溯濡须水支援濡须坞。曹操步骑虽众,水军薄弱,面对拥有强大水军的孙权和"春水方生"的不利形势,曹操只好撤军。在这次战役中,魏、吴双方各有胜负。在这次大战中发生了一起孙权向曹操"借箭"的传奇战事。《三国志·吴主传》注引《魏书》云:"权乘大船来观军,公使弓弩乱发,船偏重将覆,权因回船,复以一面受箭,箭均船平,乃还。"此事虽是权宜处置,亦显示了孙权的非凡智勇。《三国演义》将此事移植为诸葛亮预谋的大规模向曹军"草船借箭"故事,张冠李戴,不可信。

建安十九年五月,孙权又出征皖城(今潜山县),"闰月克之,获庐江太守朱光及参军董和,男女数万口"[①]。合肥以南的江淮南部地区又一度为孙吴所有。建安二十年八月,孙权又率领10万大军围攻合肥,当时曹操正忙于征讨汉中的张鲁,仅有张辽、李典、乐进三位将军率7000余人驻守合肥。鉴于张辽、李典虽英勇善战,但二人关系不睦,而乐进持重,为了节制三将协力抗敌,曹操制订了一个作战预案,写于"密教"之中,交付护军薛悌保管,待战时开启。孙权大军掩至,遂启"密教",曰:"若孙权至者,张、李将军出战,乐将军守,护军勿得与战。"诸将皆依"密教"行事,李典亦不计前嫌,积极配合作战。张辽连夜从将士中招募勇士组成一支800人的敢死队,杀牛犒飨。次日早晨,张辽披甲持戟,身先士卒,率领敢死队冲入吴军阵地,杀数十人,斩其两员大将,一直冲到孙权麾下。孙权急忙退到高处躲避。张辽向孙权挑战,孙权看见张辽所率军队不多,乃指挥军队重重包围。张辽率

---

① 《三国志》卷四十七《吴书·吴主传》。

数十人冲出重围,及见其将士尚有被围于敌阵中者,又毫不犹豫杀入敌阵,解救他们出围。孙权"人马皆披靡,无敢当者。自旦战至日中,吴人夺气"①。张辽又重返城中,加强守备。经过这场大战,吴军锐气大挫。孙权围攻合肥十多天,看到没有攻克的希望,遂撤军。张辽见孙权撤退,又率领军队追击,在逍遥津北又展开了一场激战,赖吕蒙、甘宁、凌统拼死护卫,孙权才得突围逃脱。及孙权乘马到达津桥时,桥南已毁,丈余无板,孙权持鞍缓控,其侍卫长谷利对马屁股重抽一鞭以助马势,才使孙权得以乘马跃过断桥,然后由施水乘船逃走。曹操知将善任,将士们奋不顾身,英勇作战,造就了这次著名的以少胜多的合肥保卫战。

建安二十一年(公元216)十一月,曹操又自谯县南征孙权。次年春正月,曹操率军驻居巢(今巢湖市东北)。二月,进屯江西郝谿(今含山县东关镇东北),接着进攻濡须坞。时吴将吕蒙为濡须督,"置强弩万张于其上,以拒曹公。曹公前锋屯未就,蒙攻破之"②,取得了这次战役上的初步胜利。由于在淮南战场,魏、吴处于胶着状态,魏想攻占巢湖以南地区暂时尚不可能,吴亦无力越巢湖而北上,而这时孙权与刘备在荆州地区争夺日益激化,孙权为了集中力量对付关羽,于是在建安二十二年春派"都尉徐详诣曹公请降",曹操亦"报使修好,誓重婚姻"。③ 魏、吴在江淮间的战争暂时告一段落。

孙权归附曹魏,曹魏招降孙权,本来就是吴、魏双方在三国角逐中一种权术的运用,谈不上有什么诚意。孙权的目的是通过缓和与曹魏的矛盾以便集中力量夺取关羽盘踞的荆州,曹魏的目的是利用孙权的力量打击关羽咄咄逼人的气焰。孙权的伪降策略运用得很成功,建安二十四年十二月擒杀关羽,完全夺取了荆州。黄初三年(公元222)六月,又大败刘备于夷陵。曹魏利用孙权打击刘备的目的已经达到,同时也不愿意看到孙权过于强大,于是借口已封孙权为吴王而屡征质子不至,黄初三年十月魏文帝曹丕派三路大军讨伐东吴。曹魏这次大举

①　《三国志》卷十七《魏书·张辽传》。
②　《三国志》卷五十四《吴书·吕蒙传》。
③　《三国志》卷四十七《吴书·吴主传》。

进攻东吴,还涉及荆州战场,这里仅略述魏、吴江淮战场。

这次战役的实际情况是,魏将曹休率军进攻历阳(今和县),击溃了东吴守军,"又别遣兵渡江,烧贼芜湖营数千家"。又"督张辽等及诸州郡二十余军,击权大将吕范等于洞浦(在今和县南),破之"。① 这次战役的胜利,使曹休突发奇想,竟向魏文帝提出了一个渡江作战一举灭吴的建议。这是一个冒险的计划,魏文帝立即加以制止。是时吴国水军列舰江中,严阵以待。冬十一月,刮起了暴风,吹断了船舰缆缆,许多吴国船舰被暴风刮至北岸,曹休乘机指挥将士掩杀,斩首及俘获数千人。曹休又派臧霸"以轻船五百、敢死万人袭攻徐陵,烧攻城车,杀略数千人"②。吴将全琮、徐盛率军反击,追斩魏将尹卢,杀获数百,臧霸退军。

在濡须坞战场,曹仁驻屯于柘皋(今巢湖市柘皋镇),他的战斗任务是首先攻占濡须坞,然后沿濡须水水陆并进,与曹休所督诸军呼应,扩大在江西的战果。为了攻占濡须坞,曹仁采取声东击西的战术,首先率领一支军队袭击羡谿(在濡须坞东,今含山县西南),吴濡须督朱桓分兵救羡谿,曹仁乘机派出水陆两支军队进攻濡须坞。曹仁的儿子曹泰率领步骑由陆路进攻濡须坞,将军常雕督诸葛虔、王双率水军乘油船由巢湖入濡须水进攻坞间的中洲(中洲者,朱桓部曲妻子所在)。时朱桓将士仅有 5000 人,闻魏军掩至,都非常恐惧。朱桓分析了敌我攻守形势,安定军心,鼓励将士斗志。朱桓派遣一支军队抵御由濡须水而来的曹魏水军,又亲自率领一支军队抵御曹泰自陆路的进击,曹泰烧营而退。曹魏水军在濡须坞水域败得更惨,将军常雕战死,王双被俘。曹仁如此部署必然失败是可以预料的。曹仁的儿子曹泰,前无所闻,没有作战经验,对他委以重任,实在不妥。其一触即溃实乃任人唯亲的必然结果。至于派水军由巢湖入濡须水进攻濡须坞,则是重蹈建安十八年曹操水军失败的覆辙,故当曹仁又作此部署时,蒋济即严正告诫说:"贼据西岸,列船上流,而兵入洲中,是为自内地狱,危亡之

① 《三国志》卷九《魏书·曹休传》。

② 《三国志》卷四十七《吴书·吴主传》。

道也。"①曹仁固执己见，故水军覆没。魏文帝这次兵分三路的南征，只是对孙权"外托事魏，而诚心不款"②的一种惩罚，目的在于耀武扬威，宣示正统，并没有渡江作战一举灭吴的战略意图。战争的结果是：在荆州战场上，曹真等围攻江陵数月，无功而还。在淮南战场上，曹休等出洞口之军虽有小胜，而曹仁所遣攻濡须坞之军，水陆两支军队皆败退而还。

由于魏文帝这次声势浩大的三道并征孙权的军事行动并没有达到他宣扬国威的目的。所以，此后魏文帝又接连发动了两次出淮南对孙权的御驾亲征。黄初五年（公元224）八月，"为水军，亲御龙舟，循蔡、颍、浮淮，幸寿春……九月，遂至广陵（今江苏扬州市西北蜀冈）。"③而吴用将军徐盛计，自石头（今南京市西清凉山）至江乘（今江苏句容县北），植木衣苇，为疑城假楼，连绵相接数百里，一夕而成，又大浮舟舰于江。时江水盛涨，魏文帝临江而望，叹曰："魏虽有武骑千群，无所用之，未可图也。"④遂退军。次年八月，魏文帝再度亲征东吴。史称："帝遂以舟师自谯循涡入淮，从陆道幸徐（今江苏泗洪县南），九月，筑东巡台。冬十月，行幸广陵故城，临江观兵。戎卒十余万，旌旗数百里。是岁大寒，水道冰，舟不得入江，乃引还。"⑤从综合国力看，曹魏比东吴强大，但当时曹魏水军还不及东吴，即使魏文帝亲率千军万马，亦只能"望江兴叹"。

魏明帝时期，魏、吴争夺淮南的战争始于太和元年（公元227）。是时，吴将审德屯皖城（今潜山县）。闰六月，魏扬州牧曹休率军攻占皖城，斩审德，吴将韩综、翟丹率众降。太和二年（公元228），吴使其鄱阳太守周鲂伪降诱敌深入。曹休竟不辨真伪，亲率大军出皖城，督诸军向寻阳（今湖北黄梅县西南）以迎周鲂。吴大将陆逊自将中部，令将军朱桓、全琮为左右翼，各率3万人合击曹休。曹休虽发现受骗，

---

① 《三国志》卷十四《魏书·蒋济传》。
② 《三国志》卷四十七《吴书·吴主传》。
③ 《三国志》卷二《魏书·文帝纪》。
④ 《资治通鉴》卷七十《魏纪·文帝黄初五年》。
⑤ 《三国志》卷二《魏书·文帝纪》。

然犹自恃兵马精多,遂与吴军大战于石亭(今潜山县东北),结果魏军大败。曹休仓惶向北逃窜,吴军追杀至夹石(今桐城市北),"斩获万余,牛马骡驴车乘万辆,军资器械略尽"①。这时,由于魏将贾逵率军驰援,吴军始退,曹休获救。这次魏军战败,损失不小,不久曹休即以忧病卒。东吴在巢湖以南的战场上又取得了暂时的优势。

吴国在石亭之役打败曹魏后,不断向巢湖以北扩张,濒临施水的合肥受到极大威胁。代曹休都督扬州诸军事的征东将军满宠认为,吴国长于水战,短于陆战;魏军长于陆战,短于水战。合肥城濒临施水,不利于发挥魏国驻军的战斗力,应该在原合肥城以西30里另筑新城驻军,引吴国水军上岸作战,以便充分发挥魏国军队的陆战优势。他上疏魏明帝说:"合肥城南临江湖,北远寿春,贼攻围之,得据水为势;官兵救之,当先破贼大辈,然后围乃得解。贼往甚易,而兵往救之甚难,宜移城内之兵,其西三十里,有奇险可依,更立城以固守,此为引贼平地而掎其归路,于计为便。"②而护军将军蒋济认为满宠另筑合肥新城的计划是一种"示天下之弱"的消极措施,故魏明帝没有同意满宠的上疏。但满宠没有灰心,再次上疏申说建筑新城驻军"引贼远水"之利,尚书赵咨认为满宠的意见有道理,且为之申说,魏明帝终于批准了满宠另筑新城的计划。后来的战争实践证明满宠建筑合肥新城的建议对魏国是有利的。青龙元年(公元233),孙权率水军出踞巢湖口,由施水至合肥,"欲围新城,以其远水,积二十余日,不敢下船"。满宠估计,孙权既率大军来到合肥,必不肯就此退去,必欲上岸耀兵示威而后撤退。"乃潜遣步骑六千,伏肥城隐处以待之。权果上岸耀兵,宠伏军卒起击之,斩首数百,或有赴水死者"③。由于孙权进攻合肥新城一筹莫展,其所派遣的由将军全琮率领的进攻六安的部队亦无功而返。

青龙二年(公元234)五月,孙权吸取了上次率水军进攻合肥新城无功而回的教训,率领号称水陆大军10万人进攻合肥新城。魏征东

---

① 《三国志》卷五八《吴书·陆逊传》。
② 《三国志》卷二十六《魏书·满宠传》。
③ 《三国志》卷二十六《魏书·满宠传》。

将军满宠自寿春驰援合肥新城。他利用熟悉合肥地形地物的优势，"募壮士数十人，折松为炬，灌以麻油，从上风放火"，烧毁了吴军作战"攻具"，并射杀了孙权弟子孙泰，迫使孙权无功而退。① 当时魏扬州刺史及都督扬州诸军事等高级指挥官皆已移驻寿春，故满宠又建议撤除合肥新城驻军，致敌寿春而击之。魏明帝不同意满宠的意见，曰："先帝东置合肥，南守襄阳，西固祁山，贼来辄破于三城之下者，地有所必争也。"②要求坚决保住这个自建安以来曹魏建立的对吴作战的东方战略据点。孙权这次进攻合肥新城失利后，此后数年间淮南没有发生大的战事。

景初三年（公元239）正月，魏明帝去世，年仅8岁的太子曹芳继位。吴国欲乘魏"幼童莅事"之机，同时从荆州、淮南两个战场上向魏国发动进攻。在淮南战场上，吴国进攻目标直指战略要地寿春，魏国的寿春守将征东将军、假节都督扬州诸军事王凌和扬州刺史孙礼奋力反击，战场主要在著名的水利工程芍陂周围，战争进行得非常激烈。史称，正始二年（公元241）五月，吴国卫将军全琮率领数万人进攻淮南。时芍陂水方盛，全琮一方面派兵决芍陂北堤，企图借水势攻占寿春，同时又分兵焚烧了魏寿春附近的安城邸阁粮库，并掳走了一些民众。寿春地处芍陂下游，一旦北堤被决则寿春不保，故激烈的战斗在这里打响。魏军拼死保护芍陂北堤，王凌"率诸军逆讨，与贼争塘，力战连日"，孙礼则"躬勒卫兵御之，战于芍陂，自旦及暮，将士死伤过半。礼犯蹈白刃，马被数创，手秉枹鼓，奋不顾身，贼众乃退"。吴国的损失也不小，"中郎将秦晃等十余人战死"。③ 魏、吴芍陂之役战斗艰苦，双方各有胜负。魏虽保住了芍陂大堤和寿春，但也付出了很大代价。当芍陂之战正在激烈进行时，屯佃于庐江郡皖口（即皖水入之口，今安庆市西南）的吴威北将军诸葛恪，率"轻兵袭舒（今庐江县西南），掩得其民而还。复远遣斥候，观相径要，欲图寿春，权以为不可"④。因

---

① 《三国志》卷二十六《魏书·满宠传》。
② 《三国志》卷三《魏书·明帝纪》。
③ 《三国志》卷四十七《吴书·吴主传》、卷二十四《魏书·孙礼传》、卷二十八《魏书·王凌传》。
④ 《三国志》卷六十四《吴书·诸葛恪传》。

为这时吴将全琮进攻寿春的部队已经撤退，故孙权不同意诸葛恪再孤军深入攻打寿春，因而诸葛恪亦退还。

二、魏末魏、吴在淮南的战争和司马氏平定"淮南三叛"

魏自高平陵事变后，权归司马氏。寿春军镇连续发生了王凌、毌丘俭、诸葛诞反对司马氏的 3 次军事政变，是谓"淮南三叛"。每当这些政变发生时，或欲引吴国为外援，吴国亦想利用这些政变加速在淮南的扩张，故魏末魏、吴在淮南的战争往往与这些政变交织在一起。王凌对司马氏专权不满，以为魏帝曹芳"不任天位，楚王彪长而才"，于是与兖州刺史令狐愚谋废立，欲迎立楚王曹彪为帝都许昌。由于谋事不密，被人告发。嘉平三年（公元 251）司马懿"将中军乘水道讨凌"，王凌自知势穷，饮药死。[①] 王凌的政变实际上没有发动起来，也没有引发出淮南的战争。

嘉平四年（公元 252）又发生了魏、吴东关之战。是年十月，吴太傅、大将军诸葛恪率众至巢湖东南岸修复了以前孙权兴建的东兴堤（在今巢湖市东南 40 里），以遏巢湖，左右结山，夹筑两城，使将军全端守西城，都尉留略守东城，加强对魏国的战备。魏国以为吴国侵其疆土，耻于受侮。十二月，遂命大将胡遵、诸葛诞等率领 7 万大军讨伐吴国，企图摧毁东兴堤。吴国获知军情，诸葛恪亲率 4 万军队日夜兼程赴救。魏军先至，作浮桥以渡，列阵堤上，分兵攻两城。城高峻，不能及时攻占。这时，吴将丁奉率领的一支 3000 人的先头部队已赶到东关（即濡须山，在今含山县西南），解铠著胄，持短兵，冒着风雪，攀缘上堤。魏军轻敌，诸将会饮，不为设备。丁奉纵兵攻击，大破魏军前屯，及吴国后续部队赶到，"魏军惊扰散走，争渡浮桥，桥坏绝，自投于水，更相蹈藉"，死者数万。魏前军督、吴叛将韩综及乐安太守桓嘉皆被杀。吴军又缴获魏军车乘牛马驴骡各数千，资器山积。[②]

诸葛恪在东关打了一个大胜仗，更加骄傲轻敌。嘉平五年（公元

---

① 《三国志》卷二十八《魏书·王凌传》。

② 参见《三国志》卷四《魏书·三少帝纪》、卷四十八《吴书·三嗣主传》、卷五十五《吴书·丁奉传》、卷六十四《吴书·诸葛恪传》。

253）三月,诸葛恪不顾兵民疲劳和大臣们的不同意见,一意孤行,又"大发州郡二十万众",向淮南进军。五月,诸葛恪围攻合肥新城,企图致魏国大军于合肥,一决胜负。不久,魏太尉司马孚率领20万军队驰援淮南,屯驻于寿春以伺战机。合肥新城虽然驻兵不多,但由于地势险要,易守难攻。当时镇守合肥新城的魏将李特所领将士虽仅有3000人,但他们保卫新城的意志坚决,他们已坚守了90多天,疾病及战死者过半。这时吴军在城外起土山,准备发动总攻击,城将被攻陷,李特被迫施行缓兵之计,传语吴人曰:"今我无心复战也。然魏法,被攻过百日而救不至者,虽降,家不坐也。自受敌以来已九十余日矣,此城中本有四千余人,而战死者已过半,城虽陷,尚有半人不欲降,我当还为相语之,条名别善恶,明日早送名,且持我印绶以为信。"吴人听其辞而不取其印绶,且暂停攻城。李特乘机命令将士连夜修复被攻毁的城垣。次日,李特向吴军宣言:"我但有斗死耳!"吴人大怒,又发动进攻,不能攻克。吴军围攻合肥新城3个多月,战事处于胶着状态,士卒在合肥日久,水土不服,遭遇疾疫,病者大半,死伤涂地,斗志涣散。坐镇寿春的司马孚乘机发动攻势,吴军望风而退,"士卒伤病,流曳道路,或顿仆坑壑,或见略获,存亡愤痛,大小呼嗟"。诸葛恪这次进攻合肥新城的惨败,使他威信扫地,回到吴国不久,即被孙峻所杀。①

　　正元二年(公元255)正月,魏镇东将军、都督扬州诸军事毌丘俭和前将军、扬州刺史文钦再次据寿春发动政变。"迫胁淮南将守诸别屯者,及吏民大小,皆入寿春城……分老弱守城,俭、钦自将五六万众渡淮,西至项(今河南沈丘县槐店)"②,毌丘俭驻屯项县,文钦外为游兵。其进军路线,即自寿春北渡淮水后,经今皖西北地区而至项县,矛头直指曹魏都城洛阳。于是司马师统军迎战。及文钦进击乐嘉大败,毌丘俭即弃军遁逃,结果被安风津都尉部民张属射杀。文钦逃至淮南,寿春城中10余万口,闻军败,恐受株连,"悉破城门出,流迸山泽,

----

　　①　参见《三国志》卷四《魏书·三少帝纪》、卷六十四《吴书·诸葛恪传》、《晋书》卷三十七《安平献王孚传》。
　　②　《三国志》卷二十八《魏书·毌丘俭传》。

或散走吴"①。文钦不能在淮南立足,遂南逃投奔东吴。当吴国获知毌丘俭、文钦发动叛乱的消息,丞相孙峻欲收渔人之利,遂率军入淮南,经东兴至柘皋与文钦父子会合,又北上至寿春城南,见寿春已被诸葛诞占据,无机可乘,乃退走。

毌丘俭、文钦叛变平定后,诸葛诞转任征东大将军,镇寿春。诸葛诞本与亲曹派大臣夏侯玄、邓飏友善,二人皆已被杀,又见王凌、毌丘俭前后夷灭,心不自安,于是也在寿春蓄谋叛变。"倾帑藏振施以结众心,厚养亲附及扬州轻侠者数千人为死士"②。甘露元年(公元256)冬,吴军欲出徐堨(即徐塘,在今巢湖市东南)犯淮南,当时诸葛诞所领军队足以御敌,但他却向朝廷复请10万人守寿春,又求临淮筑城以备寇,目的是要乘机扩张势力,割据淮南。魏廷执政司马昭一眼就看穿了他的阴谋,当然不会答应。次年五月,司马昭征诸葛诞入朝为位望高而无实权的司空,企图解除其军权。诸葛诞接到诏书,惊恐万状,遂举兵反叛。他首先杀掉治所同在寿春的异己军将扬州刺史乐綝,又"敛淮南及淮北郡县屯田口十余万官兵,扬州新附胜兵四五万人,聚谷足一年食,闭城自守。遣长史吴纲将小子靓至吴请救"③。吴国见有机可乘,随即遣将军文钦、全怿、全端、唐咨等率领步骑3万人急赴寿春。司马昭对这次准备充分、外联吴国的淮南叛变极为震惊,督诸军26万临淮讨伐。司马昭屯丘头(在今河南沈丘县东南),而派镇南将军王基与安东将军陈骞率军包围寿春,又派监军石苞、兖州刺史州泰等率精兵为游军,阻击吴国援军。当文钦、全端、唐咨等率领的吴军到达寿春城外时,乘魏军尚未合围,从寿春城东北部的八公山,因山乘险,突入城中。不久,魏军就将寿春完全包围了,"表里再重,堑垒甚峻"。这时由吴将朱异率领的另一支3万人军队已进屯安丰城(约在今霍邱县西南),企图与寿春叛军内外呼应,以解寿春之围。文钦数次率领军队突围都被击退,吴国救兵亦不能解围,寿春形势更加危急。甘露三年(公元258)正月,诸葛诞、文钦、唐咨等集中兵力欲突破寿春南围,

---

① 《三国志》卷二十八《魏书·诸葛诞传》。
② 《三国志》卷二十八《魏书·诸葛诞传》。
③ 《三国志》卷二十八《魏书·诸葛诞传》。

不分昼夜地攻打了五六天,由于魏军城围极固,使得叛军死伤无数,血流遍地,被迫退回城中。这时城中粮饷殆尽,不断有将士出降,城内诸将意见不一,引起了诸葛诞的猜疑,并乘机杀掉了文钦。文钦的儿子文鸯、文虎听说父亲被杀即出城投降。二月,司马昭命令合围总攻,城溃,诸葛诞被杀。诸葛诞的武装叛变和吴国援军的联合抗魏又以彻底失败告终。

曹魏后期,王凌、毌丘俭、诸葛诞先后发动的反对司马氏的政变,实质上是统治阶级内部的斗争。当时北方的经济已经得到恢复和发展,寿春军将发动的一次次政变仅限于统治阶级上层的权力之争,得不到广大人民的支持,所以都归于失败。司马氏平定诸葛诞之叛已是曹魏末年。景元四年(公元263)司马昭遣邓艾、钟会率军灭蜀。咸熙二年(公元265),司马炎废魏帝建立西晋。三国鼎立局面演变成了强大的西晋与据有东南一隅之地吴国的南北对峙。

第三节　曹魏时期皖北政区建置与经济建树

一、曹魏在皖北的政区建置

《三国志》体例不全,只有纪、传,而没有志、表,故使治三国地理者缺乏一篇系统的原始资料作为依据。今依清末吴增仅、杨守敬《三国郡县表附考证》、谢钟英《三国郡县表》①及今人谭其骧主编《中国历史地图集》②、李天敏《安徽历史政区治地通释》③以考魏末豫、徐、扬3州所领有的今皖北范围的县邑、侯国。

---

① 吴增仅《三国郡县表附考证》及谢钟英《三国郡县表》,《二十五史补编》本,中华书局1955年版。
② 谭其骧主编《中国历史地图集》,地图出版社1982年10月版。
③ 李天敏《安徽历代政区治地通释》,安徽省文化厅文物志编辑室印本,1986年。

豫州,治安城(今河南汝南县东南),其所辖谯郡、汝南郡、沛国、安丰郡之部分县邑、侯国属今安徽省。

汝南郡(魏末治所未详),领县邑、侯国24,其中7县邑、侯国在今安徽境内:新阳县(治今界首市北)、汝阴县(治今阜阳市)、固始县(治今临泉县)、鲖阳县(治今临泉县西鲖城镇)、慎县侯国(治今颍上县西北江口镇附近)、原鹿县(治今阜南县西南)、富陂县(治今阜南县东南)。

谯郡,治谯县。谯县,后汉属沛国,豫州治。建安中立郡。魏末,谯郡领县15,其中13县在今安徽境内:谯县(治今亳州市)、宋县(治今太和县北)、城父县(治今亳州市东南城父镇)、山桑县(治今蒙城县北)、萧县(治今萧县西北)、相县(治今淮北市相山区)、竹邑县(治今宿州市北符离镇)、符离县(治今宿州市东北灰古镇)、铚县(治今濉溪县西南临涣镇)、龙亢县(治今怀远县西北龙亢镇)、蕲县(治今宿州市南蕲县镇)、洨县(治今固镇县东濠城镇)、虹县(治今五河县西北)。

梁国,治睢阳县(今河南商丘市商丘县南),领县7,仅有1县在安徽境内:下邑县(治今砀山县东)。

沛国,东汉治相县,魏明帝移治沛县(今江苏沛县),领县邑、侯国5,仅有1县在今安徽境内:杼秋县(治今萧县西北)。

安丰郡,魏文帝分庐江郡置,治安风县,领县4,仅有1县在今安徽境内:安风县(治今霍邱县西南)。

徐州,治下邳县,其下邳郡、彭城国所属5县在今安徽境内。

下邳郡,治下邳县(治今江苏睢宁县北古邳镇东),领县、侯国11,其4县在今安徽境内:取虑县(治今灵璧县东北高楼镇潼郡村)、僮县(治今泗县东北)、夏丘县(治今泗县泗城镇)、淮陵县(治今明光市女山湖东北紫阳乡附近)。

彭城国,治彭城县(今江苏徐州市),领县6,仅有1县在今安徽境内:梧县(治今萧县南)。

扬州,东汉治历阳县(今和县),汉末移治寿春(今寿县),建安五年又移治合肥县(今合肥市),后又移治寿春。东汉时,扬州领有九江、庐江、丹阳、吴郡、会稽、豫章6郡,地域辽阔。三国时,魏、吴争战,魏仅辖有九江（改为淮南）、庐江 2 郡北境。

淮南郡，本汉九江郡，初治寿春县，东汉移治阴陵县（今定远县西北）。黄初二年（公元 221）改为淮南国，四年改为郡。太和六年（公元232）改为楚国，嘉平三年（公元251）复废国为郡，治寿春，实领县 7：寿春县（治今寿县寿春镇）、下蔡县（治今凤台县城关镇）、平阿县（治今怀远县西南）、义成县（治今怀远县东北）、成德县（治今寿县东南）、西曲阳县（治今长丰县北）、合肥县（治今合肥市）。

据清人吴增仅考证，淮南郡之钟离县（治今凤阳县东北临淮关镇）、当涂县（治今怀远县南淮河南岸）、阴陵县（治今定远县西北）、浚遒县（治今肥东县东）、阜陵县（治今全椒县东）、全椒县（治今全椒县）6 县，地处魏吴争战要冲，魏初皆废，正始年间邓艾屯田时或一度复置，而魏末又省。

庐江郡，后汉治舒县（治今庐江县西南），建安四年刘勋徙治皖县（今潜山县），建安末徙治阳泉县（今霍邱县东北），齐王芳时又徙治六安县（今六安市东北），魏末领县 4：六安县（治今六安市东北）、阳泉县（治今霍邱县东北）、博安县（治今六安市西）、潜县（治今霍山县东北）。

按，庐江郡之皖县（治今潜山县）、舒县（治今庐江县西南）、居巢县（治今巢湖市东北）3 县，为魏、吴界上地，归属不定，魏末无固定建置。

二、曹魏时期皖北经济的恢复和发展

黄巾农民大起义爆发后，东汉政府镇压农民起义的战争和随之而来的军阀混战使皖北经济遭到了严重破坏。曹操要想在军阀混战中战胜群雄，并巩固自己不断扩大的地盘，必须首先解决军食民食的问题。曹操首先采取了招募流民开展屯田的措施，此外曹操及其继承者又实行了一系列恢复郡县经济的政策，促进了皖北经济的恢复和发展。

（一）曹魏在皖北的屯田

建安元年，曹操把自己的势力范围由兖州扩张到了豫州。他面对

战乱之后"土业无主,皆为公田"①,同时又有众多嗷嗷待哺的流民可供招募的有利条件,采纳枣祗、韩浩的建议,开始兴办屯田。曹魏屯田有民屯、军屯两种类型。曹魏大规模的屯田始于民屯。建安元年,"募百姓屯田于许下,得谷百万斛",成效显著,于是"郡国列置田官",推广开来。② 分布于皖北地区的曹魏民屯区见于记载者主要有以下几处:

沛国南部民屯区。建安时期,沛国治相县(今淮北市相山区),其铚县、蕲县、龙亢、向县、竹邑、符离、谷阳、洨县、虹县9县,即今濉溪县、宿州市、怀远县和五河县的西北部、灵璧县的西北部和泗县的西部皆为当时沛国南部都尉辖区,其屯区当在上述范围以内。这个屯区是由袁涣开辟的,时间约在建安四年春。《三国志·袁涣传》云:"拜为沛南部都尉。是时新募民开屯田,民不乐,多逃亡。涣白太祖曰:'夫民安土重迁,不可卒变,易以顺行,难以逆动,宜顺其意,乐之者乃取,不欲者勿强。'太祖从之,百姓大悦。"在这个屯区设置之初,虽名为"募民",实际上是强制徙民兴屯,结果招致"不欲者"的反对。由于曹操采纳了袁涣"乐之者乃取,不欲者勿强"的意见,终于建立起了这个屯田区。

淮南民屯区。曹魏淮南民屯区主要集中在天柱山和巢湖以北,天柱山以南则仅有皖县一地。建安四年六月曹操消灭了盘踞淮南的袁术后,次年即以刘馥为扬州刺史开辟了这个屯区。史称:"馥既受命,单马造合肥空城,建立州治",并招抚了庐江地方割据势力雷绪等,"数年中恩化大行,百姓乐其政,流民越江山而归者以万数。于是聚诸生,立学校,广屯田,兴治芍陂及茹陂、七门、吴塘诸堨以溉稻田,官民有蓄"。③ 芍陂在今寿县南,是一个灌田万顷的大型水利工程;茹陂即茹陂,在河南固始县东南,七门堰在今舒城县西南,吴塘在今潜山县西,皆为刘馥主持兴建或修复。这些水利工程的修复或兴建为屯田的开展奠定了坚实的基础,故能取得"官民有蓄"的效果。曹魏淮南民

① 《三国志》卷十五《魏书·司马朗传》。
② 《三国志》卷十六《魏书·任峻传》。
③ 《三国志》卷十五《魏书·刘馥传》。

屯中以芍陂地区的屯田经营时间最长,经营情况最好。建安十三年刘馥去世于扬州刺史任上。次年,曹操又亲至淮南,"置扬州郡县长吏,开芍陂屯田"①。仓慈曾于此时在淮南经营过一个县级民屯区。史称:"建安中,太祖开募屯田于淮南,以慈为绥集都尉。"②所谓"绥集都尉",其职责即招抚流民兴办屯田。曹魏也曾在天柱山东南的皖县开辟屯区。史称:建安十六年,"魏使庐江谢奇为蕲春典农,屯皖田乡",由于吴将吕蒙袭击,谢奇被迫撤退。不久,曹操又"遣朱光为庐江太守,屯皖,大开稻田",结果又被吕蒙击退。③ 由此可见,在建安时期,淮南地区的北部民屯能够比较稳定有序地开展,而在巢湖、天柱山以南的地区,曹魏仅能在其控制的个别地方经营民屯,且由于战争的影响而时兴时废。

在建安时期尤其是建安前期战争频繁、社会动荡不安的形势下,各级屯田官集中管理下的民屯,生产的安全性高,其屯田积谷的效果比向正在恢复中的郡县小农征收赋税更可靠、更显著。曹魏民屯对皖北农业生产的恢复曾发挥过重要作用。但自黄初以后,随着郡县经济的恢复,民屯在曹魏经济中的地位降低了,且在皖北地区鲜有明确的记载。

曹操在兴办民屯的同时,还鼓励军队开展屯田。至建安末年以后,由于曹操已经消灭了北方割据势力,战争主要集中于魏吴、魏蜀边境,皖北曹魏屯田也逐渐由以民屯为主转变为以军屯为主。其主要屯区如下:

徐州军屯区。黄初六年(公元225),魏文帝东征,于马上为诗曰:"兴农淮泗间,筑室都徐方。量宜运权略,六军咸悦康。"④后来,徐州的淮泗军屯又有所发展。大约正始四年至嘉平二年(243—250),征东将军胡质"假节都督青、徐诸军事。广农积谷,有兼年之储,置东征台,

---

① 《三国志》卷十《魏书·武帝纪》。
② 《三国志》卷十六《魏书·仓慈传》。
③ 《三国志》卷五十四《吴书·吕蒙传》。
④ 《三国志》卷二《魏书·文帝纪》。

且佃且守。又通渠诸郡,利舟楫,严设备以待敌"①。其所经营徐州军屯大致在淮河下游的今苏北和皖东北一带。

淮颍军屯区。曹魏军屯以正始年间邓艾兴办的包括皖北在内的淮河流域屯田规模最大,效果最为显著。《三国志·邓艾传》云:"时欲广田蓄谷,为灭贼资,使艾行陈、项以东至寿春。艾以为'田良水少,不足以尽地利,宜开河渠,可以引水浇溉,大积军粮,又通运漕之道。乃著《济河论》以喻其指……陈蔡之间,土下田良,可省许昌左右诸稻田,并水东下。令淮北屯二万人,淮南三万人,十二分休,常有四万人且田且守。水丰常收三倍于西,计除众费,岁完五百万斛以为军资。六七年间,可积三千万斛于淮上,此则十万之众五年食也。以此乘吴,无往而不克矣。'宣王善之,事皆施行。"《中国水利史稿》在记载了颍河下游和淮河中游北岸众多陂塘工程后指出:"这数十成百的陂塘,邓艾时可能利用过。"②从邓艾当时营屯的形势看,这个推测是有道理的。

淮南军屯区。以上所引史料已涉及邓艾淮南军屯,其中虽已言"淮南三万人",然而具体情况语焉不详,需要作进一步论证。《晋书·食货志》云:邓艾"遂北临淮水,自钟离(今凤阳县东北临淮镇)而南,横石以西,尽沘水(即今淠河)四百余里,五里置一营,营六十人,且佃且守"。上述屯区大致分布在今安徽之大别山以东、钟离以西、合肥以北的淮南地区,凡有驻军,非有战事,皆营屯田,其中水利条件极好的芍陂周围是邓艾营屯的重点。曹魏前期芍陂地区是一个重要民屯区,由于魏吴战争的影响,到正始时期民屯衰落了,但军屯繁荣起来。正始以后,两淮军屯在邓艾经营的基础上持续发展。甘露二年(公元257),诸葛诞据寿春叛乱,"敛淮南及淮北郡县屯田口十余万官兵"③,说明直到曹魏末年两淮军屯的规模仍很可观。

(二)郡县农业经济的恢复与发展

包括皖北地区在内的黄淮地区是曹魏政权的发迹之地。为了巩

① 《三国志》卷二十七《魏书·胡质传》。

② 武汉水利电力学院、水利水电科学研究院编写组《中国水利史稿》(上册),水利水电出版社1985年版,第223页。

③ 《三国志》卷二十八《魏书·诸葛诞传》。

固已经取得的地盘并进一步扩大自己的统治范围,曹魏统治者在兴办屯田的同时,又实行了一系列恢复和发展郡县农业生产的措施:第一,对人民的抚恤和蠲免政策。虽然这些抚恤、蠲免的措施实行的范围和时间都很有限,但对于身处水火之中的农民还是有一定的解困作用。第二,打击豪强,创立租调制,平抑农民的租调负担。为了恢复和发展农业生产,曹操在局部地区试行的基础上,于建安九年(公元204)九月正式颁布了租调令:"其收田租亩四升,户出绢二匹、绵二斤而已,他不得擅兴发。郡国守相明检察之,无令强民有所隐藏,而弱民有所兼赋也。"①这样对农民租调负担的制度性规定,比良吏的权宜性惠政更有利于限制豪强徇私舞弊和减轻农民负担。其中按土地数量缴纳田租的数额已很明确,而户调的征收则是采用类似后来西晋"九品相通"的办法,即不是所有农户平均缴纳户调,而是以县为单位按资产评出户等,富户多纳,贫户少纳,而共同完成该县应纳的户调总额。史称:当曹操为司空时,"以己率下,每岁发调,使本县平赀。于时谯令平(曹)洪赀财与公家等,太祖曰:'我家赀那得如子廉(曹洪字)耶!'"②这条史料证实了曹魏户调是按户等征收的,比较严格规范,而且曾经实行于皖北地区。第三,徙民充实皖北地区。谯县是帝王之乡,曹魏前期非常重视恢复和发展这里的经济。黄初二年,以谯县与长安、洛阳、许昌、邺并列为"五都",又将今安徽的淮北划入"中都之地","令天下听内徙,复五年,后又增其复"。③ 这些措施当然皆有利于皖北农业生产的恢复和发展。

　　曹魏前期,皖北地区的郡县官吏大都重视招抚流民,因地制宜兴修水利,促进了农业生产的恢复和发展。建安前期,郑浑曾任下蔡县(今凤台县)长,时"天下未定,民皆剽轻,不念产殖。其生子无以相活,率皆不举。浑所在夺其渔猎之具,课使耕桑,又兼开稻田,重去子之法。民初畏罪,后稍丰给,无不举赡。所育男女,多以郑为字"④。黄

---

① 《三国志》卷一《魏书·武帝纪》注引《魏书》。
② 《三国志》卷九《魏书·曹洪传》注引《魏略》。
③ 《三国志》卷二《魏书·文帝纪》注引《魏略》。
④ 《三国志》卷十六《魏书·郑浑传》。

初初年,郑浑任沛郡太守,"郡界下湿,患水涝,百姓饥乏。浑于萧(治今萧县西北)、相(治今淮北市相山区)二县界,兴陂堨,开稻田。郡人皆以为不便,浑曰:'地势涝下,宜溉灌,终有鱼稻经久之利,此丰民之本也。'遂躬率吏民,兴立功夫,一冬间皆成。比年大收,顷亩岁增,租入倍常,民赖其利,刻石颂之,号曰郑陂"[1]。故史称:"当黄初中,四方郡守垦田又加,以故国用不匮。"[2]太和中,杜恕上疏明帝云:"今荆、扬、青、徐、幽、并、雍、凉缘边诸州皆有兵矣,其所恃内充府库外制四夷者,唯兖、豫、司、冀而已。"又云:"兖、豫、司、冀亦天下之腹心也。"[3]由此可见,包括今安徽淮北之地在内的豫州在曹魏经济中的重要地位。再加之军民屯田,至正始时期淮水南北农业生产呈现出一片繁荣的景象。《晋书·食货志》云:"自寿春到京师,农官兵田,鸡犬之声,阡陌相属。"

(三)手工业、商业的恢复和发展

纺织品如同粮食一样,既是人民生活的必需品,也是国家租调征收的对象。所以,曹魏政府在恢复社会经济的过程中,提倡植桑养蚕,发展纺织业。当兴办屯田时,要求屯田客"专以农桑为务"[4],而郡县官吏对农民则"课使耕桑"。这样农民的家庭纺织业几乎与粮食生产处于同步恢复中。所以曹魏政府能够在包括皖北在内的统治区内向农户按户等征收"户出绢二匹、绵二斤"的户调。

皖北谯县(今亳州市)的酿酒业历史悠久,形成了一种独特的配方和酿造工艺。建安初,曹操《奏上九酝酒法》载故谯令酿造"九酝春酒"的配方和酿造工艺云:"臣县故令南阳郭芝,有九酝春酒法,用曲三十斤,流水五石,腊月二日渍曲。正月冻解,用好稻米,漉去曲滓便酿。法引曰:'辟诸虫,虽久多完。'三日一酿,满九石米止。臣得法酿之,常善。其上清,滓亦可饮。若以九酝苦,难饮,增为十酿,差甘易

---

① 《三国志》卷十六《魏书·郑浑传》。
② 《晋书》卷二十六《食货志》。
③ 《三国志》卷十六《杜恕传》。
④ 《三国志》卷十二《魏书·司马芝传》。

饮,不病。今谨上献。"①谯令郭芝酿造"九酝春酒"的方法,当是总结谯县人民长期积累的酿酒经验而形成的。因为用这种方法能够酿造出优质佳酿,所以曹操不但在自家作坊中如法酿造,而且郑重地将其配方和酿造工艺贡献给汉献帝。延康元年(公元220)七月甲午,魏王曹丕"军次于谯,大飨六军及谯父老百姓于邑东"②,宴席所饮之酒当即当地酿造的"九酝春酒"。

自秦汉以来皖北地区的冶铁业迅速发展,铁器广泛应用。为了保障军民对兵器和生产、生活工具的需求,曹魏政府重视发展冶金业,设司金中郎将、司金都尉以主其事。虽然由于缺乏资料,我们现在无法确知这一时期皖北官营冶铁业经营的具体情况,但是,有关史料还是反映了皖北私营冶铁业发展的一些情况。曹操《军策令》云:"孤先在襄邑,有起兵意,与工师共作卑手刀。"这里是说当曹操起兵讨伐董卓时,曾在襄邑与铁匠师傅锻制兵器。这里的"工师"当是被招至军中的民间工匠。曹操还曾亲手锻造了五枚"百辟刀",其一送给五官中郎将曹丕,其余四枚依次送给其他"不好武而好文学"的儿子③,意在勉励诸子成为文武双全的栋梁之才。类似的事情还有一件。曹魏末年,谯国铚县(治今濉溪县南临涣镇)人嵇康,"性绝巧而好锻。宅中有一柳树甚茂,乃激水环之,每夏月,居其下以锻","尝与向秀共锻于大树之下,以自赡给"。④ 嵇康激水环树以锻,或即沿用东汉杜诗发明的水排鼓风冶铸法锻造工艺。曹操、嵇康都是出自皖北的历史名人,他们的冶铸锻造技术当与他们早年生活的社会环境的熏陶有关,反映了汉末曹魏时期皖北冶铁手工业的发达。在某些战略要地,曹魏驻军往往亦设置冶铁作坊,维修或锻制兵器。如考古工作者在合肥新城遗址发现了冶铁遗址和锈蚀的铁箭镞、刀、剑等兵器。⑤

曹魏统一北方后,企图进一步吞灭东吴。东南多江河湖泽,无论

① 曹操《奏上九酝酒法》,载《曹操集译注》,中华书局1979年版。本处引文吸收了缪启愉《齐民要术校释》(农业出版社1982年版)的相关校勘成果。

② 《三国志》卷二《魏书·文帝纪》。

③ 曹操《军策令》、《百辟刀令》载《曹操集译注》,中华书局1979年版。

④ 《晋书》卷四十九《嵇康传》。

⑤ 参见合肥文物管理处编《合肥新城遗址》,《合肥文物志稿》,1993年内部版。

进攻或防御都离不开水军。为了建立水军,曹魏政府重视发展造船业。在曹魏前期,濒临涡水的谯县(今亳州市)是一个重要造船基地。建安十四年春,曹操驻军谯县,"作轻舟,治水军"①。阮瑀《为曹公作书与孙权》云:"往年在谯,新造舟舡。"②曹丕《浮淮赋·序》云:"建安十四年,王师自谯东征,大兴水运,泛舟万艘。"③由此可知,当时谯县涡水船坞的生产规模可观。此后,曹魏水军常以谯县作为循涡入淮出征淮南进攻孙权的出发地,使谯县成为曹魏前期的一个造船和训练水军的基地;寿春之沿淮地区是曹魏在皖北的另一个造船基地。史称:景元三年(公元262)冬,司马昭"敕青、徐、兖、豫、荆、扬诸州,并使作船,又令唐咨作浮海大船"④。其中扬州治寿春。寿春地处淮河中游南岸,这里河道之宽、深皆非谯县所在的涡水所能比拟,故寿春坞场当能造出更大的军船。这里需要指出的是,寿春坞场造船并非始于魏末,当年曹操、曹丕、曹叡和司马懿东征的水军都曾经过这里,因此寿春沿淮之地当早有维修和制造军船的坞场;巢湖地区也是曹魏的一个造船基地。庐江郡所属的巢湖地区素有造船传统。虽然当魏吴交争之际,魏国不可能在巢湖地区建立巨大的坞场,但为了解决对吴作战的急需仍在这里制造轻便的"油船"⑤,组建水军以配合陆军作战。如,建安十八年正月,曹操率军越巢湖进攻孙权,"出濡须,作油船,夜渡洲上"⑥;黄初四年(公元223),魏将常雕督诸葛虔、王双等乘油船进攻濡须中洲。但由于曹魏水军不如吴国强大,故在巢湖以南的安徽战场上往往败多胜少。曹魏政府亦允许人民制造少量普通船只用于河湖横渡、水产捕捞或运输,但严禁民间拥有军用船舰。曹操《营缮令》曰:"诸私家不得有艨冲等船。"⑦

　　随着农业和手工业的恢复和发展,皖北地区的商业活动也逐渐复

①　《三国志》卷一《魏书·武帝纪》。
②　阮瑀《为曹公作书与孙权》,见《曹操集译注》附录,中华书局1979年版。
③　严可均辑《全三国文》卷四。
④　《三国志》卷二十八《魏书·钟会传》。
⑤　《资治通鉴》卷七十《魏纪二》胡三省注:"油船,盖以牛皮为之,外施油以扞水。"
⑥　《三国志》卷四十七《吴书·吴主传》。
⑦　安徽亳县《曹操集》译注小组译注《曹操集译注》,中华书局1979年版。

苏。为了促进商业的发展,延康元年二月,曹丕下令降低关津之税:"关津所以通商旅,池苑所以御灾荒,设禁重税,非所以便民;其除池籞之禁,轻关津之税,皆复什一。"①曹魏前期对屯田区管理至严,"专以农桑为业",但自黄初以后,屯田官们禁不住商业利益的诱惑,往往抽派吏民"末作治生,以要利入"②,即经商谋利。至于身份比屯田客自由的郡县吏民当然更容易参与商业活动。在三国鼎立时期,魏吴之间有一种聘访贸易形式。其大致情形是,曹魏以马匹等北方特产与吴国的雀头香、大贝、明珠、象牙、犀角、玳瑁、孔雀、翡翠、斗鸭、长鸣鸡等奢侈品和观赏物交换。进行这种南北政权间的聘访贸易,皖北是最便捷的中介地。如咸熙二年四月,"孙皓使纪陟来聘,且献方物"③。其所经历的路线是,自吴都建业(今江苏南京市)出发,渡江后经濡须坞(今含山县西南)、寿春县(今寿县),渡淮后西北至洛阳。

三国时期曹魏统治区的商品交换的媒介是谷帛、钱币并用。自初平元年董卓"坏五铢钱,更铸为小钱⋯⋯于是货轻物贵,谷一斛至数十万",钱币在商品交换中失去了应有地位,"自是后钱货不行"。④ 曹操统一北方后,随着商业活动的复苏,启用钱币的问题又提上了日程。曹操曾罢废了董卓所铸小钱,"还用五铢"⑤。大约由于曹操时五铢钱的流通尚不普遍,故文帝时又重申"复五铢钱"。但是,由于社会经济恢复得尚不够充分,不久又"以谷贵,罢五铢钱"⑥。后来由于在"以谷帛为市"的商业活动中弊端丛生,"巧伪渐多,竞湿谷以要利,作薄绢以为市,虽处以严刑而不能禁",于是"魏明帝乃更立五铢钱,至晋用之,不闻有所改创"。⑦ 这说明自魏明帝以后至西晋大乱以前钱币在商品交换中的地位有一定程度的提高。但我们也不宜对此作过高的估计。

---

① 《三国志》卷二《魏书·文帝纪》注引《魏书》。
② 《三国志》卷十二《魏书·司马芝传》。
③ 《晋书》卷二《文帝纪》。
④ 《三国志》卷六《魏书·董卓传》。
⑤ 参见《通典》卷八《食货八·钱币上》。
⑥ 《三国志》卷二《魏书·文帝纪》。
⑦ 《晋书》卷二十六《食货志》。

第四节　东吴时期皖南的社会与经济

一、北方流民南下和山越人迁居平原

三国鼎立给皖南社会发展创造了新的机遇。汉末中原战乱，北方农民大批渡江南迁。皖北和江淮间农民南渡有三种方式：

第一，在宗主的带领下东渡。本章第二节所述投奔孙氏的安徽将吏，大多都是率领若干部曲南渡的。如汝南细阳县（治今阜阳市西北）人吕范，将私客百余人避乱寿春，后随孙策渡江。鲁肃随周瑜东渡时携宗族、部曲三百余人。其他东渡的宗主当亦往往携数十百人随行。

第二，由于战争而被掳掠东渡（即强迫迁徙）。在数十年的魏吴争夺江淮地区的战争中，每当吴国取胜，都会掳掠一部分战俘和民众东渡，有时数量还很大。如建安四年，孙策与周瑜袭击袁术所置庐江太守刘勋于皖县（今潜山县），"既克之，得术百工及鼓吹、部曲三万余人，并术、勋妻子"①。孙策死后，其所置庐江太守李术不肯臣服孙权，"而多纳其亡叛"。于是孙权进击李术于皖县，"屠其城，枭术首，徙其部曲三万余人"②。建安十六年，吕蒙击退了在皖县屯田的曹魏蕲春典农谢奇，"其部伍孙子才、宋豪等，皆携负老弱，诣蒙降"③。十九年，孙权又征皖城，"克之，获庐江太守朱光及参军董和，男女数万口"④。吴赤乌四年（公元241），卫将军全琮"略淮南，决芍陂，烧安城邸阁，收其人民"⑤。赤乌六年（公元243），诸葛恪"征六安，破魏将谢顺营，收其

---

① 《三国志》卷四十六《吴书·孙破虏讨逆传》注引《江表传》。
② 《三国志》卷四十七《吴书·吴主传》注引《江表传》。
③ 《三国志》卷五十四《吴书·吕蒙传》。
④ 《三国志》卷四十七《吴书·吴主传》。
⑤ 《三国志》卷四十七《吴书·吴主传》。

人民"①。这样的史料很多,不一一列举。

第三,为了逃避战乱,淮南民众主动东渡过江。如在建安十四五年间,曹操担心淮南民众被东吴掳掠,命徙淮南民于北方,结果适得其反,"民转相惊,自庐江、九江、蕲春、广陵户十余万皆东渡江,江西遂虚,合肥以南唯有皖城"②。上述宗主率领的族人、部曲和诸将掳掠所得战俘、民众虽然并非都是安置在皖南地区,但与江淮战区仅一江之隔的皖南,必然有大量民众就近流入或被安置于皖南,故曰"是时诸将宾客多江西人"。《三国志·孙静传》附孙瑜传云:"建安九年,领丹阳太守(时丹阳郡治宛陵县,今宣城市),为众所附,至万余人。"非战争之时,东吴将领一般仅领两三千人,其所领多至万余人当是由于招抚江西流民。至建安后期,丹阳太守孙瑜屯于牛渚(今马鞍山市采石镇),"以永安人饶助为襄安长,无锡人颜连为居巢长,使招纳庐江、(九江)③二郡,各得降附"④。当时皖南沿江军镇诸将和郡县官吏如此招纳江西民众者当非个别现象。至于江西民众自行东渡,皖南则最有形势之便。上述建安十四五年间,庐江、九江、蕲春、广陵四郡十余万户民众东渡江。蕲春郡治今湖北蕲春县西南,广陵郡治今江苏扬州市西北蜀冈,而与皖南隔江相对的庐江、九江二郡民众当大多迁入皖南地区。东汉时期淮南地区的经济已有了显著发展,淮南民众的大量迁入及他们所带来的先进农业和手工业生产技术必然能极大地促进皖南经济的发展。

东吴时期,皖南加速发展的另一个重要原因是大批山越民众迁居平原。山越人是古代越人的后代。三国时期,山越人集中居住于今皖南、江苏西南部、浙西、闽西北及赣东、赣南山区,其中亦有为逃避繁重赋役负担而逃入山区的汉民,越汉人民相互融合,聚族而居,故又称"宗部"或"宗伍"。他们聚居深山,不纳赋役,还时有下山"攻没属县"抢掠生产和生活资料的情况发生。如建安三年,孙权在宣城(治今南

① 《三国志》卷四十七《吴书·吴主传》。
② 《三国志》卷四十七《吴书·吴主传》。本条资料系年据卢弼《三国志集解》的考辨。
③ 据卢弼《三国志集解》补。
④ 《三国志》卷五十一《吴书·孙瑜传》。

陵县东青弋镇），由于驻军不多，仅千人左右，结果被"山贼数千人"所围，赖周泰拼死作战，"身被十二创"，才击退山越，救出孙权①。同时，北方的曹魏还联络其渠帅，授印绶，"煽动山越，为作内应"②。东吴政权不能容忍其境内有化外之民，于是展开了长期的驱赶越人出山的战争。东吴时期，皖南地区属丹阳郡的中部和西部。这里主要讲一下东吴对丹阳郡山越的战争及其驱赶他们迁居平原的情况。东吴对皖南山越的战争始于孙策。兴平二年，孙策击破据有曲阿的刘繇后，刘繇的部将太史慈沿江西逃，"慈因进住泾县，立屯府，大为山越所附"③。袁术为了制约孙策在江东的发展，派遣间谍"赍印绶与丹阳宗帅祖郎等，使激动山越共图孙策"④。建安三年，孙策与诸将吕范等征讨丹阳郡西部六县，擒祖郎于陵阳（今青阳县南陵阳镇），俘太史慈于勇里（今泾县西）。祖郎、太史慈所领山越人成了孙吴臣民。但是，由于皖南地域辽阔，且越人藏匿深山，出入无常，绝非一朝一夕所能彻底征服。故孙权继立后又对皖南山越进行了长期征战。

东吴征讨皖南山越，不但有利于稳定政治局势，而且在客观上对推动皖南社会发展有重要意义。据《三国志·陆逊传》记载，由于"丹阳贼帅费栈受曹公印绶，扇动山越，为作内应"，于是孙权派陆逊前往征讨，结果"应时破散"。"遂部伍三郡，强者为兵，羸者补户，得精卒数万人……还屯芜湖"。《三国志·诸葛恪传》载，"恪以丹阳山险，民多果劲，虽前发兵，徒得外县平民而已，其余深远，莫能擒尽。屡自求乞为官出之，三年可得甲士四万"。孙权接受了诸葛恪的建议，任其为抚越将军、领丹阳太守。诸葛恪到任后，布告越民："山民去恶从化，皆当抚慰，徙出外县，不得嫌疑，有所执拘。"山民"知官唯欲出之而已，于是老幼相携而出，岁期，人数皆如本规"。即出山越人十多万，简拔甲士四万人，于是"恪自领万人，余分给诸将……率众佃庐江皖口"。东吴征讨丹阳山越，出山越民，"强者为兵，羸者补户"，既有利于增加

---

①《三国志》卷五十五《吴书·周泰传》。
②《三国志》卷四十六《吴书·孙破虏讨逆传》注引《江表传》及卷五十八《吴书·陆逊传》。
③《三国志》卷四十九《吴书·太史慈传》。
④《资治通鉴》卷六十二《汉纪·献帝建安三年》。

兵员,加强军事力量,又有利于发展郡县经济。由于山越人迁居平原,民户增加,促使东吴政权析置郡县。建安十三年东吴于丹阳郡西南部(今黄山市地区)析置出新都郡就是一个典型事件。据《三国志·贺齐传》:建安十三年,贺齐受命征讨原属丹阳郡的黟、歙二县山越人,二县山越人在其渠帅的控制下保聚于安勒山(即今歙县北飞布山)、乌聊山(在今歙县城内)和林历山(在今黟县西南)。尤其是林历山"四面壁立",形势险峻,易守难攻。贺齐指挥将士于夜间乘其不备,攀援而上,终于制服了越人。黟、歙二县之地,突然增加众多民户,增设县级政区势在必然,于是析置出始新(治今浙江淳安县西北)、新定(治今浙江淳安县西南)、黎阳(治今黄山市屯溪区黎阳镇)、休阳(治今休宁县西凤山)四县。贺齐又报孙权批准,以此新置四县与原有黟、歙二县设立了新都郡,从此皖南山区有了郡级建置,加强了对皖南山区的统治,促进了皖南山区的开发。

二、东吴在皖南的政区建置

自兴平二年孙策脱离袁术的控制走向独立开拓江东的道路,至建安五年去世,已占有丹阳、吴郡、会稽、豫章、庐陵江东 5 郡及江西的庐江郡。建安十三年,孙权分丹阳南部诸县置新都郡,孙策开拓的江东之地遂有江东六郡之称。当时安徽的江南各县皆属丹阳、新都二郡之地。至于原九江郡东南部的全椒、阜陵、历阳诸县,由于魏、吴战局的影响,忽而属魏,忽而属吴,归属不定,或荒弃而无所依附。东吴时的江东安徽之地虽与江西仅一江之隔,但形势相对稳定,今参考诸家研究成果[1],以吴末永安五年(公元 262)为标准年代将皖南行政区划列述如下。

丹阳郡。西汉元封二年(前 109)改鄣郡置,治宛陵县(今宣城市),后汉因之。黄初二年,吴徙治建业县(今南京市)[2],领 20 县,其

---

[1] 本节参考清吴增仅撰、杨守敬补正《三国郡县表附考证》、清谢钟英撰《三国疆域表》、谭其骧主编《中国历史地图集·三国》、李天敏《安徽历代政区治地通释》、徐学林《安徽省志·建置沿革志》和胡阿祥《六朝疆域与政区研究》。本文于诸家异同,有所斟酌。

[2] 参见李天敏《安徽历代政区治地通释》,安徽省文化厅文物志编辑室 1986 年印行,第 28 页。

中 12 县属安徽:宛陵县(治今宣城市宣州区)、丹阳县(治今当涂县东北丹阳镇)、芜湖县(治今芜湖市区南部)、春谷县(治今繁昌县西)、宣城县(治今南陵县东青弋江镇)、广德县(治今广德县西南)、宁国县(治今宁国市西南)、泾县(治今泾县青弋江西岸)、临城县(治今青阳县南郊)、安吴县(治今泾县安吴镇)、陵阳县(治今青阳县南陵阳镇)、怀安县(治今宁国县东南石口乡)、石城县(治今池州市西南)。按,据《宋书·州郡志》,广德、怀安、宁国、临城 4 县皆为东吴创置。

新都郡。秦汉黟、歙 2 县地,汉属丹阳郡,建安十三年,孙权分丹阳郡置,治始新县(治今浙江淳安县西北),领县 6,其 4 县属安徽:黟县(治今黟县东)、歙县(治今歙县城徽城镇)、海阳县(初名休阳县,吴末避孙休讳改曰海阳,徙治今休宁县东万安镇)、黎阳县(治今黄山市屯溪区黎阳镇)。

庐江郡。治皖县,今潜山县。袁术分原后汉庐江郡南部置,吴初因之。虽由于战争的影响,置废不时,然吴末犹属吴。领县俟考。

于湖督农校尉。郡级民屯区,治今当涂县南境。

三、皖南农业生产和地主田庄的发展

东吴时期是皖南农业生产快速发展的重要时期。江西流民的迁入和山越人出居平原地带为皖南农业的发展提供了大量劳动力和先进生产技术。再加上孙权为了巩固政权和解决军食、民食问题,重视农业生产,"父子亲自受田,车中八牛为四耦"[1]以为劝农示范,这对于将吏们也是一个很大的鞭策,促进了皖南地区农业生产的发展。

吴国也曾在皖南及江西地区开展屯田,如同曹魏一样,吴国的屯田也有军屯、民屯两种类型。据马植杰先生考证,吴国开创之初即施行屯田[2],其规模虽然不及曹魏广大,但至吴末未曾间断。黄武五年(公元226),"陆逊以所在少谷,表令诸将增广农田"[3],孙权称善。吴末丞相陆凯亦言:"先帝战士,不给他役,使春唯知农,秋唯收稻,江渚

---

① 《三国志》卷四十七《吴书·吴主传》。
② 参见马植杰《三国史》,人民出版社 1993 年版,第 290 页。
③ 《三国志》卷四十七《吴书·吴主传》。

有事,责其死效。"①就是要求军队在战争间歇时间开展屯田。我们在研究军屯时,虽然不能每见"屯"字皆指称军屯,但若军队久驻一地,根据吴国开展军屯的原则,则无疑当即屯田兴农;至于明确谈及驻军屯田或务农的记载,则更确凿无疑的军屯史料。今本上述原则对吴国在皖南和沿江地区的军屯考述如下。

兴平二年至建安三年(195—198),太史慈在泾县,"立屯府,大为山越所附"②。太史慈在泾县怀抚了一大批山越人,持续三四年之久,必然能够解决他们的衣食之需。既曰"立屯府",当是开展屯田,只是限于资料,不能辨别太史慈在这里的屯田究竟是军屯还是民屯。如前所述,陆逊征讨山越后,"得精卒数万人","还屯芜湖"。芜湖是吴国在江南的一个重镇,常驻有相当多的军队,当有军屯。黄初三年,魏将曹休征讨东吴,"遣兵渡江","烧芜湖营数千家"。③ 这数千家营户,当是吴国在芜湖从事军屯的士兵之家。后来诸葛恪征讨丹阳郡山越后,得甲士四万人,"自领万人,余分给诸将","率众佃庐江皖口(今安庆市西南)"。④ 这是一条记载明确的军屯史料。与皖南隔江相对的江北地区,是吴国进攻曹魏的要冲之地,吴军亦乘休战之机在这里开展屯田。如建安十七年吴国建立的重要军事据点的濡须坞(今含山县西南),吴国长期在这里驻军,且家属随军,为解决军饷当有军屯。青龙三年(公元235),孙权"遣兵数千家佃于江北,至八月……田向收熟,男女布野;其屯卫兵去城远者数百里"⑤。至于作为吴国庐江郡治的皖城(今潜山县),一直是魏吴争夺的一个战略要地,总的来看吴国占有皖城的时间长,直到吴末在这里仍设有军屯。史称:"吴人大佃皖城,欲谋入寇",咸宁四年(公元278),晋扬州刺史应绰攻破之,斩首五千级,"焚其积谷百八十余万斛,践稻田四千余顷"。⑥ 吴国皖城驻军开稻田4000余顷,除正常消费外尚有积谷180多万斛,说明吴末皖城军

---

① 《三国志》卷六十一《吴书·陆凯传》。
② 《三国志》卷四十九《吴书·太史慈传》。
③ 《三国志》卷九《魏书·曹休传》。
④ 《三国志》卷六十四《吴书·诸葛恪传》。
⑤ 《三国志》卷二十六《魏书·满宠传》。
⑥ 《资治通鉴》卷八十《晋纪二·武帝咸宁四年》。

屯规模可观,且当经营有年。

为了开展民屯,吴国亦设有一套类似曹魏的管理系统,即设有名为典农校尉或督农校尉的郡级屯区和名为典农都尉或屯田都尉的县级屯区。吴国在皖南设置的著名民屯区是于湖督农校尉。既曰校尉,则应是郡级屯区,其治地在今当涂县南与芜湖市接境的地方。这个屯区当是招募江北流民或东吴历次所出皖南山越人屯田。将军蒋钦死后,孙权“以芜湖民二百户、田二百顷,给钦妻子”①。按,孙权赐给蒋钦妻、子的土地和民户当为于湖督农校尉所领屯田户。因为民屯土地属于国有,而屯户则为招募的流民,故可以用于赏赐。而郡县所领编户齐民,是自耕农,不可能随意赏赐。

江北流民的南下和山越人迁居平原,促进了皖南郡县农业生产的发展。这里需要强调的是,不仅江北流民有先进的农业生产技术,当时的山越人也是有相当的农业生产基础的。他们往往在山下平原地带种植“谷稼”,他们聚居山上只是为了逃避官府的繁重赋役。所以当丹阳太守诸葛恪征讨山越时,采取包围诸山切断山民下山道路的办法,而“候其谷稼将熟,辄纵兵芟刈,使无遗种。旧谷既尽,新田不收,平民屯居,略无所入,于是山民饥穷,渐出降首”②。东吴政府对这些江北流民和迁居平原的山越人皆实行“强者为兵,羸者补户”的措施,既增强了自己的军事力量,又增加了郡县编户齐民,促进了郡县经济的复兴和农业生产的发展。

有史料表明,孙吴政权曾实行过通过“授田”扶持流民成为自耕农的政策。黄武五年春,孙权令曰:“军兴日久,民离农畔,父子夫妇,不听相恤,孤甚悯之。今北虏缩窜,方外无事,其下州郡,有以宽息。”及陆逊以所在少谷,表令“增广农田”,孙权报曰:“甚善。今孤父子亲自受田……亦欲与众均等其劳也。”③其中所谓孙权父子“欲与众均等其劳”的“受田”耕作,必然是以此前孙吴政权已有向农民“授田”的政策为前提。但是,虽然当时江南地广人稀,孙吴有授田之制,也并非所

① 《三国志》卷五十五《吴书·蒋钦传》。
② 《三国志》卷六十四《吴书·诸葛恪传》。
③ 《三国志》卷四十七《吴书·吴主传》。

有江北南下的流民都能因此成为自耕农。对于那些丧失任何生产手段的赤贫者,政府绝不会向他们"授田",他们只能成为依靠政府提供生产条件的屯田者,或做投靠地主权贵的依附农民。只有那些拥有耕牛、农具、种子或一定资金,较为富裕的农民才能成为东吴"授田"制下的自耕农。由于自建安中期以后皖南地区自耕农大量增加,所以皖南沿江平原一带成了东吴诸将功臣奉邑或侯邑集中分布的重要地区之一。诸将奉邑、侯爵所得与赐田复客不同,只是衣食所在郡县编户齐民之租税。自建安末年以后,皖南沿江地区有大量诸将奉邑和列侯封地反映了这里自耕农(即县户)大量增加。

在东吴时期的皖南农业生产中,牛耕技术得到了推广。江北南渡的农民一般都有比较熟练的牛耕技术,他们是在皖南推广牛耕的生力军。为了提高农业生产力,孙权亦重视推广牛耕。其"父子亲自受田,车中八牛以为四耦"[①]的示范,促进了二牛耦耕技术的推广。三国以前的安徽墓葬罕见有牛型明器,东吴的墓葬开始出现牛型明器。如在全椒县卜集乡上元村东吴砖室墓中,出土了青瓷牛 1 件,站立状,长 11.4 厘米、高 5.8 厘米,体态肥壮,造型逼真。[②] 在马鞍山市佳山东吴墓中,出土了瓷牛车 1 件,发掘报告称:"棚车由黄牛牵引,黄牛瘦小,四肢直立,尾下垂,埋头拉车。黄牛满施褐色釉。"[③]实际上黄牛犁田也是如此形态。这些资料可作为牛耕在皖南推广的佐证。

大约到东吴中期,随着经济的发展,皖南地区开始出现地主田庄。这些地主田庄的形成大约有两种途径。一种是规模较小的庶民地主田庄,这种田庄是通过土地私有制下的土地买卖形成的。自战国秦汉以来,土地买卖已在中原地区盛行起来,东汉末年南渡的北方人把这种"求田问舍"的习俗带到了江南。吴墓出土资料对皖南当时土地买卖的情况也有所反映。南陵县麻桥东吴墓出土的铅锡合金买地卷刻辞云:"赤乌八年十二月丁未朔六日壬子,因郎中萧整从无湖西乡土主叶敦买地四顷五十亩,价钱三百五十万,即日交毕,乡尉蒋玟、里帅谢

---

① 《三国志》卷四十七《吴书·吴主传》。
② 参见朱振文《安徽全椒县卜集东吴砖石墓》,《考古》1997 年第 5 期。
③ 安徽省文物考古研究所《安徽马鞍山市佳山东吴墓清理简报》,《考古》1986 年第 5 期。

达证知敦卖,证知整买,先相可,这从为析令。"①当涂县龙山桥乡双梅村出土的东吴晚期锡质买地券云:"吴故夷道督、奋威将军、诸暨都乡侯会稽孟赟息男壹,为赟贾男子周寿所有丹杨无湖马头山冢。地一丘,东出大道,西极山,南北左右各广五十丈,直钱五十万,即日交毕。关连桥刾奸齐谨破券以解,是为明。凤皇三年八月十九日共破券。"②虽然上述两件买地券皆属明器,并非真实的土地买卖契约,但它们却是人间土地交易的反映,反映了当时皖南地区土地买卖的盛行。当时皖南地区的中小地主田庄大多是通过土地买卖形成的。南陵县麻桥萧氏家族墓中的三座墓及马鞍山佳山印山村吴墓,皆为砖室墓,虽然规模不大,但出土文物较为丰富,墓主当是家境殷实的庶民地主。

当时皖南地区另一种地主田庄是大地主田庄,其中包括若干官僚地主田庄。皖南官僚地主的田庄大多是通过东吴政府的赐田及"复田"、"复客"制而形成的。如蒋钦死后,孙权"以芜湖户二百户、田二百顷,给钦妻子"。③ 吕蒙死后,"蒙子霸袭爵,与守冢三百家,复田五十顷"④。周瑜、程普死后,孙权特著令:"其有人客,皆不得问。"⑤赐田即赏赐给土地,动辄数十顷,多至二百顷,且又有给予"复田"(即免除赋税)和"复客"(即免除其部曲、佃客等依附农民徭役)的特殊优待,自然有利于大地主田庄的发展。从传世文献和出土资料相结合的角度观察,位于今马鞍山市雨山区的朱然田庄可能是当时皖南规模最大的地主田庄。虽然文献失载,但马鞍山市朱然及其家族墓可以提供许多有价值的信息。中国古代有死葬故里之俗。朱然是丹阳故鄣(治今浙江安吉县北)人,其死后为什么要葬于属于当时丹阳郡丹阳县北部的今马鞍山地区?笔者认为朱然及其家族墓所在地,应是东吴政府给朱然的"赐田"。当然朱然"赐田"的面积当不限于墓地的面积,亦当如同上述诸臣那样有数十顷乃至数百顷之多。据发掘报告,其墓道长

① 安徽省文物工作队《安徽南陵县麻桥东吴墓》,《考古》1984 年第 11 期。

② 王俊《当涂县发现东吴晚期地券》,《文物》1987 年第 4 期。

③ 《三国志》卷五十五《吴书·蒋钦传》。

④ 《三国志》卷五十四《吴书·吕蒙传》。

⑤ 《三国志》卷五十四《吴书·周瑜传》。

9.1米,墓室总长8.7米、宽3.5米,由甬道、前室、过道、后室四部分组成,是六朝时期的一型大墓,共出土器物140多件。其中漆器共约80件,许多漆器上的彩绘人物故事和动植物纹图案生动精彩。如宫闱宴乐图案,长82厘米、宽56.5厘米,画了55个人物,内容是皇帝、皇后、嫔妃与平乐侯及夫人、都亭侯及夫人、长沙侯及夫人等宫闱宴乐的情况。此外,贵族生活图漆盘、童子对棍图漆盘,也是反映上层贵族生活的。至于百里奚会故妻图漆盘和伯榆悲亲图漆盘,则是以作为上层贵族茶余饭后谈资的历史掌故为作画内容的漆盘。凡此皆与朱然与孙权关系亲密、身份高贵相符合。青瓷器33件,皆为实用器。陶器18件,多为明器,其中包括陶鸭、陶猪及陶磨模型等,反映了地主田庄多种经营的情况。铜器不多,仅有6件,但却另有铜钱6000枚。[1] 朱然墓出土文物反映了东吴中后期皖南大地主田庄的富庶。

江南的水稻种植有着悠久的历史。东吴时期皖南的粮食作物种植仍是以水稻为大宗。左思《吴都赋》云:"其四野畛畷无数,膏腴兼倍,原隰殊品,窊隆异等……国税再熟之稻"。吴都建业(今南京市)与皖南土地邻接,又同属丹阳郡,故左思所说建业四野"畛畷无数,膏腴兼倍"及农民种双季稻的情况完全符合皖南沿江平原农业生产的情况。此外,这里需要说明的是,在皖南"原隰殊品,窊隆异等"的土地上,粮食作物的种植虽以水稻为主,但已开始在不适合稻作的旱地播种小麦。《太平御览》卷八百三十八《百谷部》引《诸葛恪别传》云:"孙权尝飨蜀使费祎,祎停食饼,索笔作《麦赋》,恪亦请笔作《磨赋》,咸称善。"张学锋先生就此分析说:"这是目前所知江南有面食的最早记载,饼本作'餅',可知麦面所为。费祎作《麦赋》,而诸葛恪作《磨赋》,以示针锋相对,可见麦与磨的相互关系,从而再次证明旋转磨是面食的标志。"[2]我们赞同张先生的上述意见,只是他尚未及考察皖南墓葬明器磨的出土情况,亦未及皖南麦作。实际上东吴时的皖南墓葬亦有不少明器磨出土,如1983年马鞍山向山区佳山乡印山村东吴墓出土

① 参见安徽省文物考古研究所、马鞍山市文化局《安徽马鞍山东吴朱然墓发掘简报》,《文物》1986年第3期。

② 张学锋《试论六朝时期江南的麦作业》,《中国农史》1990年第3期。

了青瓷明器磨 1 件，圆形，分上、下磨盘，直径均为 13.4 厘米，通高 5 厘米，上磨盘盖面有一个漏斗形圆孔，用隔梁分成两半，各有一个进物孔，上磨盘边侧有一孔供装杆推磨用。两扇磨盘的工作面刻有磨槽，齿面清晰。下磨盘的中心有一个乳钉状的转轴，高 1.3 厘米，与上磨盘工作面中心的凹槽相吻合，可以转动。① 明器磨虽非实用器物，但却是当时现实生活中以磨磨制小麦为面粉的反映。如果说可以旋转的磨是面食的标志，那么佳山东吴墓可以旋转的明器青瓷磨的出土正是小麦等旱粮种植和面食在皖南推广的标志。但是，有学者说以明器磨随葬可能是三国时南渡的北方人的葬俗遗制，尚不足以证明麦作和面食已在江南推广。然而，值得注意的是，1984 年清理的马鞍山市朱然墓和 1996 年清理的朱然家族墓又分别各出土了 1 件与佳山吴墓类似明器磨。② 朱然是丹阳故鄣人，故鄣县治所在今浙江安吉县北，西与安徽广德县、宁国市相邻。朱然及家族皆为江南人，他们的墓葬中出土了明器磨，不能仅仅说成是南渡的北方人故有葬俗的反映。因此应该说，南渡北方人与江南麦作与面食有密切关系，他们把旱地麦作耕作技术和面食的习惯带到了江南，面食丰富了江南人民的饮食品种，并且为一部分南方人所喜爱，所以在某些江南人的墓葬中亦有明器磨随葬。根据以上资料，我们认为东吴时期皖南已经开始种植小麦和面食。当然也不宜对当时皖南麦作估计过高，由于地理环境特点，皖南粮食作物的种植仍以水稻为主，只是开始在水利条件不适合种植水稻的土地上种植小麦。

在皖南农业生产发展的过程中，个体农民和地主田庄里的家畜、家禽饲养也得到了迅速发展。马鞍山市的朱然墓、朱然家族墓、佳山东吴墓、东苑小区东吴墓出土的大量陶瓷鸡、鸭、鹅、狗、牛及鸡笼、鸭笼、鹅笼、羊圈、猪圈、马圈等明器是其证。③

---

① 参见安徽省文物考古研究所《安徽马鞍山市佳山东吴墓清理简报》，《考古》1986 年第 5 期。

② 参见安徽省文物考古研究所、马鞍山市文化局《安徽马鞍山东吴朱然墓发掘简报》，《文物》1986 年第 3 期；周雪梅《马鞍山市出土六朝青瓷器略探》，《文物研究》第 11 辑（1998 年 11 月）。

③ 这里的资料均出自本目前注诸东吴墓葬。

四、皖南手工业和商业的发展

随着农业生产的发展,皖南的手工业也被带动起来。在东吴时期皖南的手工业中,铜、铁矿的开采和器物制作占有重要地位。安徽省考古工作者在长江南岸的铜陵、南陵、繁昌、青阳、贵池、泾县、当涂等市县发现近百处铜矿遗址,这里应当有若干个规模巨大、年代悠久的采冶中心。① 汉代这里属丹阳郡,故所产的铜被称为"丹阳铜"。东吴时期是"丹阳铜"采冶和器物铸造继续发展的重要时期。所以周瑜即曾以江东有"铸山为铜,煮海为盐"等资源优势论说孙氏能够与曹操抗衡。②

《宋书·百官志》:"江南诸郡县有铁者,或置冶令,或置丞,多是吴所置。"铜冶亦当如此,或铁、铜二冶合署而治。皖南的铜铁冶铸除官冶之外,私冶亦较为发达。《三国志·诸葛恪传》云:"丹阳山险,民多果劲……山出铜铁,自铸甲兵。"在东吴皖南墓葬中也不断有铜器出土,如朱然墓出土铜器 6 件:炭炉 1 件、熨斗 1 件、鸡首镳盉 1 件、水注 1 件、铜镜 2 件;马鞍山采石吴墓出土铜器 4 件:熨斗 1 件、灯 1 件、洗 1 件、三足炉 1 件;马鞍山佳山吴墓出土铜镜 1 件;南陵县麻侨吴墓出土铜镜 1 件,如此等等。皖南吴墓出土的铜器基本上都是生活实用器,但其数量与瓷器相比少得多。然而,我们并不认为东吴时期皖南铜冶衰退了。因为铜是国家制作军事器械和铸钱所不可缺少的重要战略物资。当时吴军的兵器仍有一部分是铜合金器物。如马鞍山东苑小区一砖室墓出土了一件铜弩机,弩机的悬刀上有"右将军士俞口弩"的铭文,考古工作者认为是东吴器物。③ 此外,考古工作者还发现了铭文为"征北朱将军士王勇"和望山左侧刻"都尉董嵩士谢举弩"的东吴铜弩机。④ 研究者指出,这里的"征北朱将军"即曾任征北将军的朱

---

① 参见杨立新《安徽沿江地区的古铜矿》,《文物研究》第 8 辑,黄山书社 1993 年 10 月。

② 参见《三国志》卷五十四《吴书·周瑜传》注引《江表传》。

③ 参见吴志兴等《马鞍山东苑小区六朝墓清理简报》,《文物研究》第 11 辑,黄山书社 1998 年。

④ 参见王广礼等《王勇弩机考》,《中原文物》1986 年第 1 期;张吟午《江陵纪南城出土黄武元年弩》,《文物》1991 年第 1 期。

然。这些铜弩机皆当出自吴国官冶。实际上,吴国铜官冶不仅生产某些兵器,也生产将士们的生活器物。因为军队经常野战奔波,故其生活器物多以金属铸造。安徽省考古工作者曾在繁昌县发现一个吴国军用铜洗的窖藏。① 该窖藏共有 5 件铜洗,第 4 号铜洗高 12 厘米,口径 28.8 厘米,底径 17.5 厘米。外壁两侧各有一铺首衔环,口沿阴刻隶书"将军严圭士吴奠鋘"(毛颖认为当作鋘)。严圭是《三国志》记载的一名吴将,黄武二年(公元 223)曾率部在濡须击败魏曹仁别将常雕。洗是古时盛水的器皿,战时亦可改作炊器用。东吴官冶制作军用品是可以理解的。再加上铸钱也需要大量铜材,故一般家居及随葬铜器较少并不能反映东吴时期皖南铜冶的衰退。综合以上资料,我们认为东吴时期皖南铜冶仍在继续发展。

东吴时期的皖南纺织业以麻纺织业为主。左思《吴都赋》夸赞吴国麻织品"纻衣缔服"。李善注:"南方多缔葛,故曰纻衣缔服也。"东吴时期皖南民间麻纺织业很发达,不少吴墓都有纺织工具出土。如南陵县麻桥 2 号墓出土了漆木纺织工具 3 件:织梭 1 件,形似枣核,长 31.6 厘米,中部宽 3.1 厘米;纺锭 1 件,长 20.1 厘米,中部圆经 1.1 厘米;线板 4 件,形制相同,两端呈半圆形,中部长 14 厘米,宽 4.5 厘米。此墓还出土木方 1 件,即登记随葬品的遣策,正反两面为楷隶墨书,记录了 64 条事项。② 但由于多数字迹已脱落或模糊不清,清理报告的作者仅于木方上就其所见而摹写。其能够准确辨识者仅有"纻三斤"、"麻三斤"。在记录随葬衣物的诸条目中有一项是"白纻布上五枚",大概是随葬品有白纻布上衣 5 件。从以上资料可见东吴时期民间麻纺织业发展的大概情况。东吴时期,皖南的蚕桑丝织业也开始起步。左思《吴都赋》云:"乡贡八蚕之绵。"《吴都赋》虽是文学作品,这里表述还是极为准确的。当时东吴丝织业主要集中在京师建业尚方的织室里,而广大农村则是毁茧成絮,絮可御寒,有广泛的用途,故责民贡献。

---

① 参见陈衍麟《安徽繁昌县发现三国吴将严圭铜洗》,《文物》1994 年第 2 期;毛颖《安徽繁昌 4 号铜洗主应为吴奠》,《考古》1996 年第 4 期。
② 参见安徽文物工作队《安徽繁昌县麻桥东吴墓》,《考古》1984 年第 11 期。

東吴造船业的中心虽然在建安（今福建建瓯县）、建业（今南京市）、武昌、番禺（今广州市）等地，但在八百里皖江及其南北支流所经之处，亦有某些制造或维修舰船的船坞。兴平二年周瑜的从父周尚为丹阳太守（郡治宛陵县，今宣城市），周瑜到宛陵探亲。当孙策假袁术之命进攻占据横江、当利的刘繇的部将时，周瑜闻讯，立即"发众及船、粮"支援孙策。[①] 这说明丹阳郡有船只可供调发。宛陵地处长江支流冷水（今水阳江）之滨，这些船只或是在冷水之滨或是在长江南岸的船坞制造。庐江郡汉代即设有楼船官，是一个重要造船基地。东吴庐江郡治皖县（今潜山县），地处皖水之滨，南临长江，是吴国的一个造船基地。《资治通鉴》卷八十《晋纪二》：咸宁四年，晋扬州刺史应绰进攻皖城，斩首五千级，"毁船六百余艘"。东吴于皖南置牛渚督、芜湖督、赭圻督、春谷督，这些沿江军事重镇当亦有相应的制造或维修舰船的工场。

农业和手工业的发展带动了皖南商业的发展。长江是沟通其上、中、下游商品交换的大动脉。建安二十四年，吕蒙为了偷袭荆州，"尽伏其精兵艨艟中，使白衣摇橹，作商贾人服，昼夜兼行"[②]。由于商船航行于长江中是司空见惯的事，果然不被怀疑，吕蒙偷袭成功。到东吴后期，则有更多的州郡吏民乃至诸营将士，"皆浮船长江，贾作上下"[③]。《太平御览》卷八百一十五引山谦之《丹阳记》曰："江东历代尚未有锦，而成都独称妙。故三国时，魏则市于蜀，而吴亦资西道。"《三国志·吴主传》载，黄武二年十一月，蜀遣使者邓芝聘吴，"致马二千匹，锦千端及方物。自是之后，聘使往来以为常。吴亦致方物，以答其厚意焉"。这条黄金水道给皖南带来了各地名优特产，丰富了皖南人的生活。皖南市场上的外地商品特别值得一提的有两种，即漆器和瓷器。如马鞍山市朱然墓出土漆器共有80件之多。其中季札挂剑图漆盘的底部朱红漆书"蜀郡造作牢"五字，童子对棍图漆盘的底部朱红漆书"蜀郡作牢"四字，说明这些漆器为长江上游的蜀郡漆器作坊制

---

① 《三国志》卷五十四《吴书·周瑜传》注引《江表传》。
② 《三国志》卷五十四《吴书·吕蒙传》。
③ 《三国志》卷四十八《吴书·孙休传》。

造。皖南吴墓中随葬瓷器更为常见。以朱然墓为例：该墓出土瓷器33件，其中碗、盘、盏、盆、壶、罐、熏、灯、勺等28件为实用器，仅有5件瓷困为明器。当时的皖南虽然冶金业发达，但迄今尚未发现同时代的瓷窑遗址，因而这些瓷器当是由外地输入的。考古工作者对这些瓷器的釉色、胎质和器底的差异进行了研究，指出其中盆、卣形壶等器物应属于钱塘江流域越窑系统的产品，而盘口壶、困等器物应是长江中游鄂赣地区瓷窑的产品。① 不同窑系的瓷器汇集皖南，反映了当时皖南商业的发达。

为了适应商品交换的需要，东吴政府除了允许旧钱流通，同时也曾新铸钱币。嘉禾五年（公元236），"铸大钱，一当五百。诏使吏民输铜，计界铜直。设盗铸之科"②。赤乌元年（公元238）春，又"铸当千大钱"③。虽然东吴新钱并不限于以上两品，但并不能满足商品交换的需要，故大量杂用汉代旧钱。这种情况在皖南墓葬中有明显反映。朱然墓出土铜钱6000枚之多，其中除"大泉五百"，"大泉当千"为孙氏所铸，"直百五铢"、"太平百钱"为刘氏蜀钱，还有一种铸地不明的"定平一百"。除三国钱外，汉代五铢等旧钱占90%以上。④ 马鞍山市佳山吴墓出土铜钱数百枚，大部分是五铢钱、货泉等汉代旧钱，仅有少量"直百五铢"、"太平百钱"、"定平一百"等三国钱。⑤ 马鞍山市采石吴墓出土钱币11枚，其中有吴钱"大泉当千"9枚。⑥ 这些情况说明钱币在当时皖南商品交换中占有一定地位，吴钱不能满足需要，故大量使用汉代旧钱。蜀钱在皖南的出土，或者是因为吴、蜀有长期同盟的关系，有蜀国商人到皖南做生意。当然我们也不应对钱币在皖南商品交换中的作用估计过高。实际上由于经济发展水平的限制，以谷帛为媒

① 参见安徽省文物考古研究所、马鞍山市文化局《安徽马鞍山东吴朱然墓发掘简报》，《文物》1986年第3期。

② 《三国志》卷四十七《吴书·吴主传》。

③ 《三国志》卷四十七《吴书·吴主传》。

④ 参见杨鸿《三国考古的新发现》，《文物》1986年第3期。

⑤ 参见安徽省文物考古研究所《安徽马鞍山佳山东吴墓清理简报》，《考古》1986年第5期。

⑥ 参见马鞍山市文物管理所《安徽马鞍山采石东吴墓发掘简报》，《文物研究》第14辑，黄山书社2005年。

介的以物易物交换活动还是较为普遍的。当时皖南地区的商品交换还是一种钱币和谷帛二本位货币制。

东吴对皖南的经营与开发，为此后皖南经济进一步发展奠定了基础。

第五节　西晋短期统一下的安徽

一、西晋灭吴及其安徽战场

太康元年(公元 280)西晋灭吴,全国又重归于统一。西晋之所以能够灭吴有两方面原因,其一是由于东吴中后期统治者的日益腐败而造成了国力急剧衰落。江南地区开发较晚,吴国对江南的开发作出了重要贡献。但是,吴国在经营江南时面临着两方面挑战。首先,几十年间吴国始终面临着来自北方的强大军事压力,大小战争不断,即使在各个短暂的休战时期,也不得不在上至荆州和下至扬州的长江沿岸陈列重兵设防,不敢稍有疏忽;其次,广泛分布于今皖、苏、浙、闽、赣 5 省交界山区的山越人,始终是东吴统治者的心腹之患,山越人出没于深山老林,不可能一劳永逸地战胜他们,东吴与山越的战争几乎与东吴政权相始终。内外战争耗费了大量人力物力,人民的负担很沉重。史称:"是时征役繁数,重以疫疠,民户捐耗。"[1]孙权去世以后,东吴的政治和经济形势更是每况愈下。及至暴君孙皓即位后,十几年间,其一系列倒行逆施终于将吴国抛入了覆灭的深渊。孙皓的繁苛征调连长江沿岸的戍兵也不放过,他指派宫廷内臣"妄兴事役,发江边戍兵以驱麋鹿,结置山陵,芟夷林莽,殚其九野之兽,聚于重围之内……兵士疲于运送,人力竭于驱逐,老弱饥冻,大小怨叹"[2]。又向边防军征发繁

_____

① 《三国志》卷五十七《吴书·骆统传》。

② 《三国志》卷六十五《吴书·贺邵传》。

重的赋调,大臣贺邵说:"江边戍兵,远当以拓土广境,近当守界备难,宜特优育,以待有事,而征发赋调,烟至云集,衣不全裋褐,食不赡朝夕,出当锋镝之难,入抱无聊之戚。是以父子相弃,叛者成行。"①皖江兵民近临吴都,必然深受暴君孙皓的虐待。东吴内地及沿江兵民皆百无聊生,国家将何以依存? 无怪吴末丞相张悌说:"吴之将亡,贤愚所知,非今日也。"②

其二是由于北方承魏而起的晋国日益强盛。在曹魏政权内部曹氏和司马氏两大官僚集团的斗争中,司马氏父子是事功派③,司马氏在继承曹魏前期经济建设和拓展疆域成果的过程中,任贤使能,建功立业,把一大批实干家吸引到自己周围,形成了一个务实的政治集团。其后,他们通过一次次政变沉重打击了曹氏集团的抗争,两次擅废魏帝,终于完全控制曹魏政权。魏景元四年,魏军灭蜀。咸熙二年五月,司马懿的孙子司马炎废掉了魏帝,自立为帝,改国号为晋,是为晋武帝。三国鼎立的局面演变成了西晋和吴国短暂的南北对峙局面。在此期间,晋朝开始策划集中力量对付吴国。

咸宁五年(公元279)十一月,司马炎诏令大举伐吴,遣镇军将军、琅琊王司马伷出涂中(今滁河流域),安东将军王浑出江西(本传谓出横江,即今和县、马鞍山之间的长江),建威将军王戎出武昌,平南将军胡奋出夏口,征南大将军杜预出江陵,龙骧将军王濬、广武将军唐彬率巴蜀水军浮江而下,东西各军共20多万。西晋以全国之力攻一隅之吴,自然势如破竹,一举成功。这里略述其安徽战场的情况。

以上6支进攻东吴的军队,其下游的2支军队即琅邪王司马伷率领的军队出涂中和安东将军王浑率领的军队出横江,主要战场皆在安徽。实际上,早在咸宁四年镇守寿春的都督扬州诸军事的王浑已在淮南战场发动了攻势。《晋书·王浑传》称:"吴人大佃皖城,图为边害。浑遣扬州刺史应绰督淮南诸军攻破之,并破诸别屯,焚其积谷百八十斛,稻苗四千余顷,船六百余艘。浑遂陈兵东疆,视其地形险易,历观

---

① 《三国志》卷六十五《吴书·贺邵传》。
② 《三国志》卷四十八《吴书·孙皓传》注引《襄阳记》。
③ 参见马植杰《三国史》,人民出版社1993年版,第173页。

敌城,察攻取之势。"这次战役不但攻占了吴国的江西战略要地皖城（今潜山县），而且又获得了大量有关江淮间地形和吴军城防的军事情报,为后来晋军在江西战场的顺利推进奠定了基础。

太康元年正月,西晋的各路大军集结到位后,开始向既定目标发动进攻。琅邪王司马伷率徐州诸军数万人自下邳出涂中的军队与都督扬州诸军事的王浑率领的扬州诸军自寿春出横江的军队,是两支平行南下的友军,意在牵制江西东吴各军镇不能相互救援。司马伷既至涂中,又派琅邪相刘弘率领一支军队进军至长江北岸,矛头直逼吴都建业。王浑所率扬州诸军自寿春出发,兵分两路,由参军陈慎等率领一支军队自皖城向寻阳(时治今湖北黄梅县西南)进军,俘虏了周兴等吴将5人。王浑则率领主力部队直逼横江。吴主孙皓鉴于江西方面大军临近,乃遣丞相张悌督丹阳太守沈莹、护军孙震、副军师诸葛靓率精兵3万渡江迎战。军至牛渚(今马鞍山市采石镇),沈莹曰:"晋治水军于蜀久矣,上流诸军,素无戒备,名将皆死,幼少当任,恐不能御也。晋之水军必至于此,宜蓄众力以待其来,与之一战,若幸而胜之,江西自清。今渡江与晋大军战,不幸而败,则大势去矣!"①张悌说:"吴之将亡,贤愚所知,非今日也。吾恐蜀兵至此,众心骇惧,不可复整,及今渡江,犹可决战。若其败丧,同死社稷,无所复恨。若其克捷,北敌奔走,兵势万倍,便当乘胜南上,逆之中道,不忧不破也。若如子计,恐士众散尽,坐待敌到,君臣俱降,无一人死难者,不亦辱乎!"②因此张悌没有采纳沈莹的意见。张悌率军自牛渚渡江后,与晋军先遣部队遭遇,张悌以优势兵力将晋将张乔率领的先遣部队7000人包围于杨荷桥(在今和县北)。张乔闭栅请降。诸葛靓请屠之,张悌说:"强敌在前,不应先事其小,且杀降不祥。"诸葛靓曰:"此属以救兵未至,力少不敌,故且伪降以缓我,非真服也。若舍之而前,必为后患。"③张悌不听从诸葛靓的意见,在收编了张乔部晋军后,继续向前推进,与晋扬州刺史周浚大战。沈莹率丹阳锐卒刀楯5000人向晋军发动了3次

---

①　《资治通鉴》卷八十一《晋纪·武帝太康元年》。
②　《资治通鉴》卷八十一《晋纪·武帝太康元年》。
③　《资治通鉴》卷八十一《晋纪·武帝太康元年》。

进攻,无法冲破晋军防线。于是沈莹稍后撤,完全丧失斗志的吴军士卒乘机溃逃,将帅不能止,伪降的晋将张乔又自阵后进攻,大败吴国主力军于版桥(今含山县北),士卒7800多人被杀,将帅张悌、孙震、沈莹皆阵亡。这里我们对张悌在晋吴安徽战场上的决策略加评议。张悌不采纳沈莹驻守牛渚以待晋军的意见是正确的。因为如果等待王濬率领的晋朝水师和王浑扬州诸军会集牛渚决战,而吴军士气低落,绝无胜利的可能,甚至还会不战而溃。故张悌决定乘晋朝水师未至,渡江迎击晋扬州诸军的决策是一种积极举措。至于张悌轻信晋将张乔伪降,其不同意诸葛靓屠杀"降卒"似无可厚非,然其对晋"降卒"既不采取解除武装、遣散部曲的措施,又整编制地加以收编而不采取任何防范措施,以至在后来晋吴战斗的关键时刻这支"降卒"又从后方袭击吴军,加速了吴军的溃败,则是一个重大失误。当然,从当时整个战争形势看,即使张悌无此失措,吴国也是注定要灭亡的。

太康元年三月,晋军三路大军的统帅王濬、王浑、司马伷皆进据建康,孙皓投降,吴国灭亡,全国重归统一。

二、西晋在安徽的政区建置

西晋时期安徽属于豫、徐、扬三州之地。今据《晋书·地理志》、谭其骧主编《中国历史地图集》并参考李天敏《安徽历代政区治地通释》以太康三年(公元282)为标准年代将西晋短期统一形势下安徽政区建置概述如下。

豫州。治陈县(今河南淮阳县)。其所辖谯国、汝阴郡、梁国、安丰郡部分县邑在今安徽境内。

谯国。都谯县,领县7,其中6县在安徽境内:谯县(治今亳州市)、城父县(治今亳州市东南城父镇)、山桑县(治今蒙城县北坛城镇)、龙亢县(治今怀远县西北龙亢镇)、蕲县(治今宿州市南蕲县镇)、铚县(治今濉溪县西南临涣镇)。

汝阴郡。治汝阴县,领县邑、侯国8,其中6县邑、侯国在今安徽境内:汝阴县(治今阜阳市)、慎县(治今颍上县西北江口镇北汤圩子村)、原鹿县(治阜南县西南公桥乡阮城)、固始县(治今临泉县)、铜阳县(治今临泉县西铜城镇)、宋侯国(治今太和县北倪丘镇)。

梁国。都睢阳县(治今河南商丘县南),领县12,仅1县在安徽境内:下邑县(治今砀山县东)。

沛国。魏都沛县,晋徙相县,领县9,其中7县在今安徽境内:相县(治今淮北市相山区)、竹邑县(治今宿州市北符离镇)、符离县(治今宿州市东北灰古镇)、杼秋县(治今萧县西北黄口镇老黄口)、萧县(治今萧县西北境)、洨县(治今固镇东濠城镇)、虹县(治今五河县西)。

安丰郡。治安风县。领县5,其中2县在安徽境内:安风县(治今霍邱县西南)、松滋侯国(治今霍邱县东)。

徐州。治彭城县(今江苏徐州市)。其所辖彭城、下邳、临淮3郡国部分县在安徽境内。

彭城国。都彭城县(今江苏徐州市),领县7,仅1县在安徽境内:梧县(治今淮北市北山乡梧桐村)。

下邳国。都下邳县(今江苏睢宁县西北古邳镇)。领县7,其3县在安徽境内:取虑县(治今灵璧县东北高楼镇僮郡村)、僮县(治今泗县东北骆庙乡潼城村)、夏丘县(治今泗县城关镇)。

临淮郡。治盱眙县(今江苏盱眙县北),领县10,仅1县在安徽境内:淮陵县(治今明光市东北紫阳乡附近)。

扬州。治建邺县(晋平吴,改建业为建邺,今江苏南京市),其所辖淮南、庐江、宣城、新安、丹阳郡全部或部分县邑在安徽境内。

丹阳郡。治建邺(今江苏南京市),领县11,其3县在安徽境内:丹阳县(治今当涂县东北丹阳镇)、于湖县(晋改吴于湖督农校尉置,治今当涂县南与芜湖县相接处)、芜湖县(治今芜湖市)。

淮南郡。治寿春县,领县16,皆在安徽境内:寿春县(治今寿县城寿春镇)、成德县(治今寿县东南境)、下蔡县(治今凤台县城关镇)、义城县(治今怀远县涡口附近)、西曲阳县(治今长丰县北)、平阿县(治今怀远县西南平阿集)、历阳县(治今和县历阳镇)、全椒县(治今全椒县城襄河镇)、阜陵县(治今全椒县东南陈浅乡百子村)、钟离县(治今凤阳县东北临淮镇附近)、合肥县(治今合肥市)、逡道县(治今肥东县东龙城乡)、阴陵县(治今定远县西北靠山乡古城村)、当涂县(治今怀

远县南马城镇)、东城县(治今定远县东南朱马乡下马铺)、乌江县(治今和县东北乌江镇)。

庐江郡。治舒县(汉治今庐江县西南,晋徙治今舒城县城关镇),领县10,其9县在今安徽境内:舒县(晋徙治今舒城县城关镇)、阳泉县(治今霍邱县临水镇)、灊县(治今霍山县东北)、皖县(治今潜山县梅城镇)、六县(治今六安市城北乡张巷村)、居巢县(治今巢湖市区东北)、临湖县(治今无为县襄安镇)、龙舒县(治今舒城县西南境)。

宣城郡。西晋太康二年(公元281)分丹阳郡置,治宛陵县,领县邑、侯国11,皆在今安徽境内:宛陵侯国(治今宣城市)、宣城县(治今南陵县东弋江镇)、陵阳县(治今青阳县南陵阳镇)、临城县(治今青阳县南)、安吴县(治今泾县西南安吴村)、石城县(治今池州市西南灌口乡石城村)、泾县(治今泾县城青弋江西岸)、春谷县(治今繁昌县荻港镇南苏村)、广德县(治今广德县城桃州镇西南郊)、宁国县(治今宁国市南竹峰乡万福村)、怀安县(治今宁国市东南石口乡)。

新安郡。晋改新都郡置,治始新县(今浙江淳安县西)。领县6,其4县在安徽境内:黟县(治今黟县东郊)、歙县(治今歙县城徽城镇)、海宁县(晋改海阳县置,治今休宁县东万安镇)、黎阳县(治今黄山市屯溪区黎阳镇)。

三、西晋的统治政策和安徽的社会与经济

西晋由曹魏"禅让"而来。它继承了曹魏的政治、经济遗产,而又有所变革,故能将历史推进到一个短暂统一的新时期。在平吴以前,西晋统治者还是能励精图治的。泰始元年(公元265)十二月,刚即帝位的晋武帝司马炎,"下诏大弘俭约,出御府珠玉及玩好之物,颁赐王公以下各有差"。又"约法省刑","百姓复其徭役"。二年,"有司请建七庙,帝重其役,不许"。八年二月,"禁雕文绮组非法之物"。[①] 这些措施显示出了司马炎政治上的进取气象。为了增强国力,司马炎重视发展农业生产。《晋书·食货志》云:"是时江南未平,朝廷励精于稼

---

① 《晋书》卷三《武帝纪》。

稽。"泰始二年（公元266）诏："今者省徭务本，并力垦殖，欲令农功益登，耕者益劝。"四年，"立常平仓，丰则籴，俭则粜，以利百姓"。五年正月癸巳，"敕戒郡国计吏、诸郡国守相令长，务尽地利，禁游食商贩"。八年，司徒石苞奏："州郡农桑未有殿最之制，宜增掾属令史，有所循行。"帝从之。司马炎的重农诏令和措施有利于农业生产的发展。西晋初年，自然灾害频发。当自然灾害发生时，统治者皆实行一些抚恤解困的措施。如泰始四年九月，青、徐、兖、豫四州大水，"开仓以振之"。五年二月，"青、徐、兖三州水，遣使者振恤之"。咸宁三年（公元277）九月，豫、徐诸州大水，"伤秋稼，诏振给之"。太康三年冬十二月丙申，"诏四方水旱甚者无出田租"。太康五年秋七月，任城、梁国雨雹子，伤秋稼，诏"减天下户课三分之一"。太康六年春正月，"以比岁不登，免租贷宿负"。八月，又"减百姓绵绢三分之一"。① 这些抚恤振困的措施，为当时安徽境内农业生产的发展创造了一个较好的社会环境。

西晋初年发展农业生产的另一个重要措施是针对连年洪涝灾害暴露出来的问题，对包括皖北在内的兖、豫二州原有的水利工程进行了改造性的修治。咸宁三年十二月，度支尚书杜预上疏云："今者水灾东南特剧，非但五谷不收，居业并损，下田所在停汙，高地皆多硗嶕，此即百姓穷困方在来年。"针对上述问题，杜预建议："今者宜大坏兖、豫州东界诸陂，随其所归而宣导之。交令饥者尽得水产之饶，百姓不出境界之内，旦暮野食，此目下日给之益也。水去之后，填淤之田，亩收数钟。至春大种五谷，五谷必丰，此又明年益也。"道理虽然明确，但由于军方与地方官吏不能达成共识，其中就如何处置位于今皖西北太和县境内的泗陂的问题争论最为激烈。"尚书胡威启宜坏陂，其言恳至"，"宋侯相应遵上便宜，求坏泗陂，徙运道"。但这种意见却遭到了军方的激烈反对，"时下都督度支共处当，各据所见"，不愿采纳宋侯国相应遵"坏泗陂，徙运道"的意见。杜预就此上疏晋武帝说："运道东诣寿春，有旧渠，可不由泗陂。泗陂在遵地界，坏地凡万三千余顷，

① 《晋书》卷三《武帝纪》。

伤败成业,遵县领应佃二千六百口,可谓至少,而犹患地狭,不足肆力,此皆水之为害也,所当共恤。"杜预又指出,豫州界二度支所领州郡军屯,仅有 7500 余顷土地,亦无须多积此无用之水,况且经常造成严重的内涝,故杜预支持宋侯相应遵宣泄泗陂的意见,并建议晋武帝敕刺史二千石诸地方官吏对现有水利工程进行一次普查,对于质量较好的"汉氏旧陂旧堨及山谷私家小陂,皆当修缮以积水";而对于"诸魏氏以来所造立,及诸因雨决溢蒲苇马肠陂之类"质量较差的工程,"皆决沥之"。① 晋武帝接受了杜预的意见,对包括皖北在内的兖、豫水利工程进行了一次大普查,并根据不同情况作了修缮利用或决沥废除的处理,使保留下来的工程都能更好地发挥灌溉效益。

　　魏末晋初,土地制度发生了很大变革。这种变革首先发生在民屯土地上。自黄初以后,随着郡县自耕农经济的恢复,民屯在国家经济中的地位大大降低。屯田客的负担越来越沉重,劳动情绪低落。至魏末,统治者常把民屯土地及客户赏赐公卿大臣,史称:"魏氏给公卿以下租牛、客户,数各有差。"而不堪重负的屯田客也常常主动逃离屯区投奔到大地主田庄上去做依附农民,"自后小人惮役,多乐为之,贵势之门,动有百数"②,因此民屯无法维持了。咸熙元年(公元 264)月,司马昭以魏帝的名义宣布:"罢屯田官以均政役,诸典农皆为太守,都尉皆为令长。"③泰始二年十二月,晋武帝司马炎再次重申:"罢农官为郡县。"④魏末晋初民屯虽已废除,军屯仍继续存在。西晋在安徽的军屯以汝阴王司马骏在寿春经营情况最好。史称:"骏善抚御,有威恩,劝督农桑,与士卒分役,己及僚佐并将帅兵士等人,限田十亩。"于是晋武帝"诏遣普下州县,使各务农事"⑤,大力推广司马骏开展军屯的经验。西晋初年皖北郡县大多各有规模不同的军屯。史称:"豫州界二度支所领佃者,州郡大军杂士,凡用水田七千五百余顷耳。"为了发展兖、豫

　　① 《晋书》卷二十六《食货志》。
　　② 《晋书》卷九十三《王恂传》。
　　③ 《三国志》卷四《三少帝纪》。
　　④ 《晋书》卷三《武帝纪》。
　　⑤ 《晋书》卷三十八《扶风王骏传》。

二州军屯,西晋政府又接受杜预建议,将典虞右典牧所饲养的45000头牛,"分种牛二万五千头,以付二州将吏士庶,使及春耕"①。这些资料皆与当时皖北军屯密切相关。为了加强淮南边防,晋武帝亦重视经营淮南。咸宁元年(公元275)诏曰:"出战入耕,虽自古之常,然事力未息,未尝不以战士为念也。今以邺奚官奴婢著新城,代田兵种稻,奴婢各五十人为一屯,屯置司马,使皆如屯田法。"②这里的新城即合肥新城。以邺城奚官奴婢代合肥新城田兵种稻说明在此之前已有扬州驻军在这里开展军屯。以奴婢代替士兵屯田,是晋武帝准备灭吴的一项重要措施。

魏末晋初,司马氏废除民屯后,尚没有规范的新政策出台,结果出现了一部分官吏乘机哄抢国有土地的闹剧。太康元年,西晋灭吴后,推出了新的土地政策——占田制和与之配套的课田制、户调制。《晋书·食货志》云:"男子一人占田七十亩,女子三十亩。其外丁男课田五十亩,丁女二十亩,次丁男半之,女则不课。""又制户调之式:丁男之户,岁输绢三匹、绵三斤,女及次丁男为户者半输。"《初学记》卷二十七引《晋故事》云:"凡民丁课田,夫五十亩,收租四斛,绢三匹、绵三斤。"《晋故事》这条资料与上述《食货志》的记载有互补的作用,较为全面地反映了占田制下的农民负担。西晋占田制将原来自耕农和屯田客的负担拉平了。占田制下的农民课田50亩,纳租4斛,平均每亩8升,比曹魏时自耕农田租亩4升,增加了1倍。而户调绢三匹、绵三斤,比曹魏时自耕农绢二匹、绵二斤,增加了0.5倍。但与曹魏屯田客自持私牛者官民对分,用官牛者官六民四的分成租相比,占田制下农民的田租负担大大减轻了。同时,由于废除民屯后,大批屯田客变成了自耕农,法定的征役对象增加了,原来自耕农的徭役负担自然也会相应减轻。自占田制施行后,"罢屯田官以均政役"既定目标的实现,促进了户口的增长和经济的发展。据《晋书·地理志》记载:"太康元年,平吴,大凡户二百四十五万九千八百四十,口一千六百一十六万三

---

① 《晋书》卷二十六《食货志》。
② 《晋书》卷二十六《食货志》。

千八百六十三。"而《晋太康三年地记》则云："晋户有三百七十七万。"①从太康元年到太康三年两年之间,全国户数增加了131万,即增加了53%之多。户数增加如此之快,除了和平时期有利于人口快速增长的因素以外,另一个重要原因是,在占田制的激励下,大批无地农民或地主的依附农民脱离地主控制通过开垦荒地而自占为户。占田制在一定程度上促进了自耕农经济的发展,因而形成了一个短暂的"太康之治"局面。史称:"是时天下无事,赋税平均,人咸安其业而乐其事。"②这时的安徽经济自然也出现了一个短暂的繁荣局面。

但是,西晋的占田制毕竟是维护封建统治阶级利益的制度。它除了规定农民的占田、课田和户调以外,又对官品第一至第九所享有的各以贵贱占田等特权作出了明确规定:第一品占田50顷,其下各品各以5顷递减,第九品占田10顷。此外,官吏们还可以官品之高低荫亲属,"多者及九族,少者三世";各级官吏得以荫衣食客及佃客,如规定第六品以上官吏得荫衣食客3人,第一第二品官吏荫佃客50户,等等。③ 这些关于各级官吏享有特权的规定必然促进封建地主田庄在原有基础上的进一步发展。但是,见于记载的西晋时期安徽地主田庄的资料实在太少,这里只能再结合当代考古发掘成果加以探索。大约"八王之乱"时,汝阴县(治今阜阳市)地主隗焰去世前,叮嘱其妻困乏时"慎莫卖宅",因其生前曾将"金五百斤,盛以青瓷,覆以铜柈,埋在堂屋东头,去壁一丈,入地九尺"之处。反映了皖北地主有"藏金以待太平"④的习俗。1986年考古工作者在凤台县北7.5公里的南金村西南岗清理了一处西晋砖室墓群,其墓砖有铭文作"元康元年七月任氏作",元康是晋惠帝年号,元康元年即公元291年。由此可见这3座墓是西晋的任氏家族墓。墓葬反映了西晋时期"世族庄园经济的发展"⑤。

---

① 《三国志》卷二十二《魏书·陈群传》注引《晋太康三年地记》。

② 《晋书》卷二十六《食货志》。

③ 参见《晋书》卷二十六《食货志》。

④ 《晋书》卷九十五《隗焰传》。

⑤ 胡欣民《凤阳县南金三座晋墓》,《文物研究》第2辑,黄山书社1986年12月。

西晋政府重视经营淮南。在灭吴以前西晋主要在合肥以北的地区加强军备,开展军屯。西晋灭吴以后为促进淮南的恢复,实行了奖掖流民和吴人徙入淮南的政策。"孙氏大将战亡之家徙于寿阳(即寿春,今寿县),将吏渡江复十年,百姓及百工复二十年"①。这样的免除赋役优惠政策必然能促使大批在魏晋与东吴对峙时期渡江南下而未能立业的江淮人民返回故里,因而原来江淮间诸多废弃的县邑至晋平吴后又得以复立。为了促进江淮地区社会经济的恢复和发展,地方官吏重视兴修水利,并且建立了对著名水利工程芍陂岁修的制度,"年用数万人",但是由于管理不善,结果却是"豪强兼并,孤贫失业"。及刘颂任淮南相,采用参与修治与用水受益挂钩的管理措施,调动了芍陂流域农民修治和维护芍陂工程的积极性,"使大小戮力,计功受分,百姓歌其平惠"②。1983 年考古工作者在和县戚镇公社复兴大队周庄村东耕地里清理了一座双室砖墓,该墓由墓门、前室、甬道、后室四部分组成,全长 6.18 米。该墓的墓砖模印阳文曰:"太康九年九月二日□周明造作。"是为西晋墓。该墓出文物比较丰富,除破损者外,尚有各类实用瓷器 8 件、陶质明器 20 件、铜器 10 件、银戒指 1 件、银手镯 2 件、料珠 5 粒及铜钱数十枚。发掘报告的结论是:"按西晋葬制,该墓主的官秩等级约在千石左右,或为当地的富豪。"③我们认为这个论断正确可信。这里还需要作一点具体说明,该墓出土的陶明器中有仓 8 件、猪圈 1 件、鸭舍 1 件、磨盘 1 件、鸭 5 件,马 1 件,狗 1 件和破损的牛、舂具等,反映了西晋时期淮南地主田庄粮食生产的发达和农牧业多种经营的发展。随着农业生产的恢复,江淮地区郡县仓储也充实起来。晋惠帝永宁元年(公元 301),由于"八王之乱"导致了"京师仓廪空虚",时任尚书仓部令史的庐江人陈敏建言:"南方米谷皆积数十年,时将欲腐败,而不漕运以济中州,非所以救患周急也。"于是朝廷采纳了他的建议,并任命他为合肥度支,不久又转任广陵度支,策划东南

---

① 《晋书》卷三《武帝纪》。
② 《晋书》卷四十六《刘颂传》。
③ 安徽文物工作队、和县文物组《安徽和县西晋纪年墓》,《考古》1984 年第 9 期。

漕运。东海王司马越致陈敏书云："米布军资,唯将军所运。"①由此可见,陈敏确曾将江淮米布漕转中州。永嘉四年(公元 310),中原大乱,洛阳孤危,平东将军、都督扬州诸军事周馥"建策迎天子迁都寿春",他上书说:寿春"漕运四通,无患空乏。"②虽然周馥的建策未能实现,但由此可以看出西晋时期淮南地区的经济情况是比较好的。实际上,直到晋愍帝建兴四年(公元 316),当移镇建康(今南京市)的琅邪王司马睿召庐江太守胡孟康任丞相军祭酒时,由于"时江淮清宴,孟康安之,无心南渡"③。这说明,直到西晋末年,中原已经大乱,江淮地区社会仍比较稳定,经济尚未受到多大影响。

西晋时期,皖南地区的农业生产和地主庄园持续发展。太康元年,晋平吴后,下令:"其牧守已下皆因吴所置,除其苛政,示之简易。"④这样的政策有利于包括皖南地区在内的原东吴地区的社会稳定和经济的持续发展。马鞍山市、宣城市、青阳县和广德县发现的 4 座西晋砖室墓反映了当时皖南大地主田庄或庶民地主田庄经济迅速发展的情况。⑤

晋初的大分封造就了一批食封地主。随着经济的发展,安徽也成了西晋分封诸王的重要的地区。现将其荦荦大者列举如下。汝阴王司马骏,字子臧,司马懿庶子。泰始元年十二月,封汝阴王,邑万户。咸宁三年,徙封扶风王。司马骏王汝阴郡(治今阜阳市)凡 12 年。谯王司马逊,字子悌,司马懿弟司马进之子。泰始元年受封,邑 4400 户。泰始二年去世,其子司马随继立。司马随去世,其子司马邃继立,永嘉五年(公元 311)没于石勒。司马逊及其子孙王谯郡(今亳州市)凡 46年。沛王司马景,字子文,司马懿弟司马孚的幼子。泰始元年受封,邑

① 《晋书》卷一百《陈敏传》。

② 《晋书》卷六十一《周馥传》。

③ 《晋书》卷七十二《郭璞传》。

④ 《晋书》卷三《武帝纪》。

⑤ 参见马鞍山市文物管理所等《安徽马鞍山桃冲村三座晋墓清理简报》,《文物》1993 年第 11 期;安徽文物考古研究所等《安徽青阳县清理一座西晋残墓》,《考古》1992 年第 11 期;广德县文化局《广德县双河乡长安村西晋墓清理简报》,《文物研究》第 2 期,1986 年。宣州市博物馆《宣州市外贸巷西晋墓清理简报》,《文物研究》第 13 辑,黄山书社 2001 年 10 月。

3400 户,咸宁元年去世,其子司马韬继立,大约也是永嘉五年没于石勒。司马景父子王沛(沛国治今淮北市相山区,领县 9,其中 7 县在安徽境内)凡 46 年。下邳王司马晃,字子明,司马懿弟司马孚之子。泰始元年受封,邑 5176 户。元康六年(公元 296)去世,以子早卒或有笃疾,宗室子司马韡继立。司马韡去世,子司马韶继立,至西晋末。下邳王司马晃及其后人王下邳(下邳国都今江苏睢宁县西北古邳镇,领县 7,其 3 县在安徽境内)凡 40 多年。淮南王司马允,字钦度,晋武帝庶子。咸宁三年封濮阳王,太康十年(公元 289)徙封淮南,都督扬、江二州诸军事、镇东大将军、假节,史缺其食邑数。元康九年(公元 299)去世。司马允王淮南(都今寿县)凡 10 年。吴王司马晏,字平度,晋武帝庶子。太康十年受封,食丹阳、吴兴及吴 3 郡,其中丹阳郡之丹阳、于湖、芜湖 3 县在今安徽境内;永嘉初,琅邪王司马睿移镇建邺(今南京市),晋怀帝"增封宣城郡二万户"为琅邪王奉邑。由此可知宣城郡也是一个靠近建邺的富庶的地区。

西晋时期,安徽的商业随着农业生产的发展也有相应的发展。作为商品交换的媒介仍是钱币和谷帛并用。由于西晋没有另铸钱币,所以当时流通的钱币皆为汉代及三国旧钱。如凤阳县南金村西晋墓出土铜钱 10 多枚皆为五铢、货泉等汉魏旧钱。马鞍山市霍里乡西晋一号墓出土铜钱 250 多枚,亦皆货泉、半两及各类五铢等前代旧钱。和县西晋太康九年(公元 288)墓出土铜钱数十枚,既有五铢等旧钱,还有东吴铸造的"大泉当千"、"大泉五百"和蜀汉"直百"小钱。这些情况反映了在西晋时期安徽地区的商品交换中钱币仍发挥着一定作用。西晋末年,当时的著名学者、庐江灊县(治今霍山县东北)人杜夷隐居家乡教书,不愿出仕。扬州刺史刘陶令庐江郡"以市租供给家人粮廪,勿令缺乏"①。由此可见,随着商业的发展,安徽的淮南郡县有"市租"(即商业交易税)之征。

---

① 《晋书》卷九十一《杜夷传》。

第七章
十六国与东晋对峙下的安徽

在十六国与东晋的南北对峙时期,北方的后赵、冉魏、前燕、前秦、后秦几个政权"走马灯"似的进出皖北。皖北社会经济遭到严重破坏。南方的东晋虽曾多次遣将北伐,但其于皖北之地往往旋得旋失,与北方政权大致维持着以淮河为界的对峙局面。晋太元八年(公元383),前秦皇帝苻坚倾其全部兵力进攻东晋,企图一举灭晋。东晋以少胜多,大败秦兵于淝水,保卫了淮河以南的东晋疆土免受战争摧残。为了安顿不断南下的北方流民,东晋政府采取了侨置政策,其中侨置于江淮间者尤多,造成安徽政区建置的紊乱。这个南北对峙时期的安徽经济,江淮地区胜过皖北,而皖南又胜过江淮间。

第一节 十六国时期的皖北社会与经济

西晋统一的局面维持时间不长就走向了崩溃。晋惠帝永兴元年（公元304），匈奴渠帅刘渊乘"八王之乱"之机建立汉国。晋怀帝永嘉五年（公元311），汉国大将刘曜等攻占西晋都城洛阳，俘获晋怀帝，史称"永嘉之乱"。建兴四年（公元316），刘曜攻占长安，俘获了晋愍帝，西晋灭亡，北方进入了十六国时期。建兴五年（公元317）三月，晋琅邪王司马睿承制改元，称晋王。次年三月，司马睿遂称帝于建康（晋避愍帝司马邺讳，改建邺为建康，今南京市），建立了东晋。十六国与东晋南北对峙的局面正式形成。地跨江淮的安徽分属于南北对峙的不同政权。本节先谈十六国时期的皖北。

十六国时期的皖北是南北政权激烈争夺的战场，与皖北地区关系密切者仅有后赵、冉魏、前燕、前秦、后秦几个割据政权。

一、十六国时期皖北政局的演变

匈奴渠帅刘渊乘西晋"八王之乱"之机建立了汉国（后来刘曜改国号为赵，史称前赵），汉国大将石勒（即后来后赵政权的建立者）是汉国黄河以南疆土重要开拓者。石勒，字世龙，上党郡武乡县（今山西榆社县西北社城）羯人。[①] 在西晋末年大乱之际，石勒乘机而起，经过一段时间的发展，石勒投靠了刘渊建立的汉国。刘渊任命石勒为辅汉将军、平晋王。石勒的军事活动大致可以永嘉五年刘氏汉国攻陷洛阳的事件分为前后两个时期。在前一个时期石勒参与了汉国攻打西晋的多次战争，先是在黄河以北攻城略地，后来扩展到黄河以南。石勒虽然打了不少胜仗，但由于采取流寇主义作战方式，"攻城而不能有其人，略地而不能有其土，翕尔云合，忽复星散"，没有一块巩固的地盘，

---

① 参见《晋书》卷一百四《石勒载记上》。本节以下所引此篇不另出注。

当然更谈不到政权建设了。

几经周折后,石勒的谋士张宾建议他立即返回河北,攻取战略要地,建立政权,然后再图谋向河南扩展。石勒接受了张宾的建议,在部署了辎车、大军辙退以后,仅遣他的侄子石虎率领 2000 骑兵向寿春突袭一下司马睿的"江南运船",然后全军返回河北。石勒在河北发展得很顺利,太兴二年(公元 319)称赵王,定都襄国(今河北邢台市)。后赵前期,恰当祖逖北伐占据了谯城(今亳州市),并以谯城为据点拓展疆土,故后赵在黄河以南拓境一度受阻。太兴四年(公元 321),祖逖去世,加之东晋内乱迭起,北方防务削弱,后赵军事力量又急剧向南推进,皖北之地逐渐沦陷。永昌元年(公元 322)五月,"石勒遣骑寇河南"。七月,"石勒将石季龙(即石虎)攻陷太山,执守将徐龛,兖州刺史郗鉴自邹山退守合肥"。十月,"石勒攻陷襄城、城父,遂围谯,破祖约别军,约退守寿春"。"徐、兖间诸坞多降于后赵,后赵置守宰以抚之"。① 太宁元年(公元 323)三月,"石勒攻陷下邳,徐州刺史卞敦退保于盱眙"。太宁二年(公元 324)正月,"石勒将石季龙寇兖州,刺史刘遐自彭城退保泗口"。太宁三年(公元 325)四月,"石勒尽陷司、兖、豫三州之地"②。《石勒载记》云:"于是尽有司、兖之地,徐、豫滨淮郡县皆降之。"至此安徽的淮北之地皆入后赵版图。

后赵占领淮北后,又继续向淮南进军。咸和元年(公元 326)十一月,后赵大将石聪攻寿春,不克,遂侵掠至逡遒(治今肥东县东)、阜陵(治今全椒县东南),杀掠 5000 余人,京师大震,于是东晋以王导都督中外诸军以御之。历阳(治今和县)太守苏峻遣其将韩晃击退了后赵的军队。咸和三年(公元 328)七月,后赵大将石聪、石碪又率领大军渡淮进攻寿春,寿春镇将豫州刺史祖约溃败,退至历阳。石氏俘获百姓 2 万余户以归,并且于寿春置扬州以统之。后来寿春又一度被东晋收复。永和元年(公元 345)八月,晋豫州刺史路永叛奔于石虎,而石虎又命其为后赵镇守寿春。永和五年(公元 349)六月,镇守寿春的后

---

① 《晋书》卷六《元帝纪》、《资治通鉴》卷九十二《晋纪·元帝永昌元年》。
② 《晋书》卷六《明帝纪》。

赵扬州刺史王浃降晋,总之,在东晋与后赵南北对峙时期寿春的地位忽南忽北,归属不定。

永和六年(公元350)正月,汉人冉闵灭后赵。由于冉闵实行民族仇杀的政策,残酷屠杀后赵宗室和胡、羯将士、百姓,故州郡将吏皆不自安,或与其干戈相向,或叛降东晋,在冉魏政权存在的短短两三年间,尽失原来后赵占有的皖北之地。一度被冉魏占有的寿春之地亦被东晋收复。

永和八年(公元352)四月,鲜卑族慕容部建立的前燕消灭了冉魏,东晋乘机北伐,前燕与东晋在黄淮地区又展开了激烈的争夺。前燕在其对河北的统治基本稳定以后即着手经营黄淮地区。永和十年(公元354)二月,前燕皇帝慕容儁以慕容评为都督秦、雍、益、梁、江、扬、荆、徐、兖、豫十州河南诸军事,权镇于洛水;又以慕容强为前锋都督,都督荆徐二州、缘淮诸军事,进据河南(胡注:此河南,谓大河之南)①,摆出了一副西灭前秦、南灭东晋的架势。升平二年(公元358)冬十月,燕将慕容恪"入寇河南,汝、颍、谯、沛皆陷,置守宰而还"②。升平三年(公元359)冬十月,晋豫州刺史谢万率领军队自下蔡(今凤台县)出发,出涡、颍救援洛阳。谢万怯战,以为燕兵强盛,中途溃败,单骑逃至淮南,"于是许昌、颍川、谯、沛诸城相次皆没于燕"③。其一度收复的谯沛之地,旋又复失。谯、沛二郡治地皆在皖北,这是前燕拓境至皖北地区的明确记载。

晋穆帝升平四年(公元360)三月,前燕以其最有谋略的大将慕容垂镇守位于黄淮平原腹地梁国蠡台(在今河南商丘县城内),又遣护军将军傅颜率领骑兵巡视淮北各地军情。这样宏大的战略部署有利于前燕控制包括皖北在内的整个黄淮大平原。前燕的强大攻势使东晋自淮北节节败退。隆和元年(公元362)十二月,徐、兖二州刺史庾希自下邳退镇山阳(今江苏淮安市),豫州刺史袁真自汝南退镇寿春。故王仲荦先生说:前燕皇帝"慕容晔在慕容恪辅政时,分遣诸将,前后

---

① 参见《资治通鉴》卷九十九《晋纪·穆帝永和十年》。
② 《晋书》卷一百一十《慕容儁载记》。
③ 《资治通鉴》卷一百《晋纪·穆帝升平三年》。

攻陷洛阳、荥阳、许昌、悬瓠（今河南汝南县），继又下泰山，破兖州诸郡，进侵淮南。东晋疆土，自黄河以南、淮水以北，全为慕容氏所占领"①。他的这个概括是符合历史实际的。晋废帝太和四年（公元369），桓温第三次出师北伐，虽曾一度收复了淮北之地，及其溃退，遭到前燕和前秦联军的追击，先后丧失军队4万余人。桓温耻言败，归罪于部将袁真。袁真申诉无门，遂据寿春投降前燕，前燕以袁真为扬州刺史屯据寿春。这样，前燕末年也曾一度拓境至淮南。

当桓温北伐进据枋头（在今河南浚县西南）时，因这里距离燕都邺城仅有200里，前燕君臣惊慌失措，遂遣使邀氏族人建立的前秦共同抗击东晋。继前燕在襄邑（今河南睢县西）大败晋军以后，前秦将军苟池又率领2万军队追击桓温至谯县（今亳州市），又大败晋军，死者万计。由此可知，前燕末年，前秦的势力即已涉足皖北地区。晋太和五年（公元370）十一月，前秦攻灭前燕，丞相王猛执行苻坚"仁爱"政策，"使六州士庶，不觉易主，自非守迷违命，一无所害"，新附之地"州县牧、守、令、长，皆因旧以授之"。② 这样，原来前燕所有淮北之地很快即转入前秦版图。晋咸安元年（公元371）春正月，桓温攻克寿春，擒杀了投靠前燕、前秦的叛臣袁瑾（袁真之子，袁真死后，袁瑾继立），东晋又收复了淮南。此后数年间，桓温忙于废立、禅代之事（未遂），而前秦忙于经营和开拓北方疆土，晋、秦在安徽没有发生大的战事，保持着以淮河为界的南北对峙状态。

前秦又陆续消灭了北方的一些割据政权，接着即发动了对东晋的攻势。晋孝武帝太元三年（公元378）二月，前秦皇帝苻坚命其子长乐公苻丕统诸将率步骑7万进攻襄阳；为了配合荆州战场的攻势，前秦又在苏皖交界地区展开了对东晋的进攻。太元四年（公元379），秦将彭超、俱难、毛盛等率军7万连续攻占了东晋的彭城（今江苏徐州市）、淮阴（今江苏淮安市西南甘罗城）、盱眙（今江苏盱眙县）。接着，又围攻晋幽州刺史田洛于三阿（今江苏宝应县境）。不久前秦又击溃了东

① 王仲荦《魏晋南北朝史》上册，上海人民出版社1979年版，第261页。
② 《资治通鉴》卷一百零二《晋纪·海西公太和五年》。

晋堂邑(今江苏六合县北)驻军。朝廷大震,临江列防,急忙派遣征虏将军谢石率水军屯驻涂中(滁河中下游地区),兖州刺史谢玄率军救三阿。三阿解围后,谢玄、田洛又率军进击,陆续收复了盱眙、淮阴,秦军败退至淮北。前秦进攻淮南失败后,又在淮北重新布防,以将军毛当为徐州刺史,镇彭城,王显为扬州刺史,镇下邳,形成了淝水之战以前晋、秦在东方以淮河为界,南北对峙的形势。晋孝帝太元八年(公元383),淝水之战爆发,结果晋胜秦败,苻坚率领余部返回长安,其所据有的皖北之地又陆续被东晋收复。

淝水之战以后,前秦瓦解,北方又陷入了大分裂。前燕末年投奔前秦的前燕吴王慕容垂在淝水之战以后,乘机返回河北谋求复国。太元九年(公元384),慕容垂建立后燕。太元十一年(公元386)八月,投靠后燕的丁零渠帅翟辽率部进攻谯城(今亳州市),被晋龙骧将军朱序击退。此后,由于当时河北的政治、军事形势错综复杂,后燕再也没有力量大肆向黄淮地区扩张了。

十六国中另一个疆域涉及皖北的是后秦。晋孝武帝太元九年四月,羌帅姚苌起兵背叛苻坚,建立后秦(后来定都长安)。姚苌死后其子姚兴继立。晋安帝隆安三年(公元399)十月,后秦攻陷洛阳。此时正当东晋发生桓玄篡位和孙恩、卢循起义之际,对北方的防御削弱,于是后秦乘机向东方扩张。史称:"洛阳既陷,自淮汉以北诸城,多请降送任。"①《晋书·姚兴载记》有一段耐人寻味的记载:"颍川太守姚平都自许昌来朝,言于兴曰:'刘裕敢怀奸计,屯聚芍陂,有扰边之志,宜遣烧之,以散其众谋。'兴曰:'裕之轻弱,安敢窥吾疆场! 苟有奸心,其在子孙乎!'召其尚书杨佛嵩谓之曰:'吴儿不自知,乃有非分之意。待至孟冬,当遣卿率精骑三万焚其积聚。'嵩曰:'陛下若任臣以此役者,当从肥口济淮,直趋寿春,举大众以屯城,纵轻骑以掠野,使淮南萧条,兵粟俱了,足令吴儿俯仰回惶,神爽飞越。'兴大悦。"姚兴君臣的这段对话虽多大言,但也反映出当时后秦对东方的实际控制情况。东晋既然要以寿阳(即寿春)为据点向后秦疆土扩张,则寿阳以北或西

---

① 《晋书》卷一百一十七《姚兴载记上》。

北的皖北地区则必然为后秦所占有。

后来东晋北伐后秦的进军路线也反映了后秦曾经占领皖北的一些具体情况。据《宋书·檀道济传》、《晋书·姚泓载记》记载,义熙十二年(公元416)刘裕北伐先头部队的进军路线从总体上说是自寿春向西北进军,但自寿春北部渡淮后则兵分两支。由王镇恶率领的一支军队向北进军直捣秦将驻守的漆丘城。漆丘城属山桑县,在今蒙城县北。这里可能是后秦的东部边界。驻守漆丘的秦将王苟生投降后,王镇恶继续向西北进军;由檀道济率领的一支军队在与今安徽界首市相邻的项县(今河南沈丘县)降服了后秦徐州刺史姚掌。显然,檀道济是渡淮后攻占并穿越后秦占领的皖西北地区而至项县的。项县之战后,檀道济又攻占了新蔡郡(治今河南新蔡县)。据清代学者洪亮吉考证,后秦新蔡郡领有 5 县。[①] 其中,固始县(治今临泉县)、铜阳县(治今临泉县西铜城镇)2 县在今安徽境内。又,谭其骧先生主编的《中国历史地图集》义熙五年(公元409)后秦政区图,谯郡(治今亳州市)亦属后秦版图。上述《姚泓载记》所谓"王师遂入颍口",即谓在檀道济、王镇恶二将攻取了上述皖西北和豫东交界的秦地以后,东晋出淮、肥北伐的后续部队才可能出颍口(今颍上县东南颍水入淮之口)继续北上。总之,在后秦末年,皖西北今亳州市、阜阳市一带属于后秦版图。

二、十六国时期皖北经济的凋敝

十六国时期中原地区遭到了严重破坏,而以包括皖北在内的黄淮地区所遭受的破坏最为严重。但南北政权的统治者都没有忘记这块广袤的土地。东晋想收复失地,十六国的统治者只要力所能及也极力地向这块大地扩张。频繁的战争,人民惨遭屠杀,或被迫流徙他乡,社会经济遭到严重破坏。但来到这块土地的各族统治者,为了巩固自己的统治,也多少实行一些招抚流亡等恢复经济的措施。

祖逖北伐失败后,后赵成为第一个全面控制包括皖北在内的整个

---

① 参见洪亮吉《十六国疆域志》卷五,丛书集成初编本。

黄淮地区的十六国政权。后赵的建立者羯人石勒,20 余岁时曾作为诸胡"两胡一枷"被并州刺史司马腾掠卖与茌平(今山东茌平县东南)人师欢为耕奴,后来随马牧帅汲桑起兵,在战乱中崛起,拉出一支队伍。他起初依附于匈奴人刘渊建立的汉国,后来脱离汉国建立后赵,继而又攻灭前赵统一了北方的大部分地区。受当时社会环境影响,石勒实行胡汉分治的政策,在战争中尤其是在其前期攻伐中不免有民族仇杀的弊习。但他汉化程度较深,向往汉文化,尊重汉族士人。石勒不识字,他常让人给他读《汉书》,以便从中吸取历史经验和教训。石勒对投靠他的汉族士人采取优容的政策,即所谓"其衣冠人物集为君子营",量才录用,"引张宾为谋主"。由于石勒任用了许多汉族士人做官,故使得这个少数民族建立的政权能够颁行不少类似汉、魏、西晋的政治、经济、文化典制。如石勒曾杂用魏晋九品中正制及汉代贡举制的选拔人才的办法,史称:"勒清定五品,以张宾领选,复续定九品……令群僚及州郡岁各举秀才、至孝、廉清、贤良、直言、武勇之士各一人。"并且于襄国"立太学,简明经善书吏,署为文学掾,选将佐子弟三百人以教之"。后来又设地方郡学,"命郡国立学官,每郡置博士祭酒二人,弟子百五十人,三考修成,显升台府",即实行了通过郡学从地方上选拔人才的制度。

此外,石勒还实行一些恢复经济的政策。石勒早年为汉国大将,流寇式地转战南北,所需军饷往往就地"税其义谷,以供军士",或"遣诸将收掠野谷"。这种通过掠夺解决军需的方式非王者经久之计。所以石勒在建立政权后,在张宾等人的帮助下逐步建立起了一套恢复农业生产的劝农制度。他经常"遣使循行州郡,劝课农桑"。石勒还制定了明确的租调制:"下州郡阅实人户,户赀(帛)二匹,租二斛"。明确的租调负担规定,有利于防止地方官史在征收租调时徇私舞弊,任意加重农民负担。这里还有一点需要说明,后赵租调制的输纳量比西晋占田制规定的"民丁课田,夫五十亩,收租四斛,绢三匹,绵三斤"[①]的负担要轻得多。后赵统治者还曾将外地人民或降户徙入黄淮地区。

---

① 《初学记》卷二十七引《晋故事》。

如咸康四年(公元338),后赵皇帝石虎击败辽西鲜卑段辽后,曾"徙段国民二万余户于司、雍、兖、豫四州"。六年,又"徙辽西、北平、渔阳万余户于兖、豫、雍、洛四州之地"。① 这些政策有利于农业生产的恢复。上述石勒这些诏下州郡的政策自然亦当施行于作为后赵版图一部分的皖北地区,直到石虎统治的初年,皖北社会尚比较稳定,社会经济得到一定程度的恢复。当然,我们也不能对此作过高的估计,因为后赵的统治仅维持了30年时间,整个局势是动荡的,而且继石勒之后的后赵统治者石虎是一个残暴的君主。他在襄国、邺城、洛阳大建宫室,又大选美女以充后宫。再加上石虎对周边割据政权的战争频繁以及自然灾害,人民负担沉重。咸康八年(公元342)十二月,石虎为了南伐东晋,在包括皖北在内的河南四州进行大规模的军事动员,人民所承受的人力、物力负担都极为沉重,石勒后期皖北经济呈现的恢复势头又丧失了。不久,后赵政权被冉闵颠覆,皖北地区又陷入了新一轮的战乱。

继石氏后赵之后曾一度统治皖北地区的十六国政权是鲜卑族慕容部建立的前燕。永和八年,燕王慕容儁出兵灭冉魏后,称帝,迁都邺城(今河北临漳县西南邺镇)。其后,不断向黄河以南拓境。太和四年,前燕大将慕容垂击退了桓温第三次北伐,东晋全线溃退,于是前燕又占据了整个黄淮大平原,皖北地区亦被并入前燕版图。前燕也实施了一些恢复经济的政策。升平二年,太尉封奕上言:"自今非军期严急,不得遣使,自余赋发皆责成州郡,其群司所遣弹督在外者,一切摄还。"②燕帝慕容儁接受了他的建议。故后来皖北郡县守宰当皆有征调赋税的责任,这无疑是对郡县守宰恢复经济的一种鞭策。

前秦灭前燕后,苻坚对新附之地实行"州县牧、守、令、长,皆因旧以授"的招抚政策,"诸州郡牧守及六夷帅尽降于坚"③。因此,原来前燕所有的淮北之地很快即转属前秦版图。苻坚又"以燕常山太守申绍为散骑常侍,使与散骑侍郎京兆韦儒俱为绣衣使者,循行关东州郡,观

---

① 《资治通鉴》卷九十六《晋纪·成帝咸康六年》。
② 《资治通鉴》卷一百《晋纪·穆帝升平二年》。
③ 《晋书》卷一百一十三卷《苻坚载记上》。

省风俗,劝课农桑,振恤穷困,收葬死亡,旌显节行,燕政有不便于民者,皆变除之"①。前秦农民的赋役负担比较轻,如当苻坚发动淝水之战时,"人十丁遣一兵",这种兵役征发标准比起后赵、前燕的"三五发卒"(即三丁发二,五丁发三)大大减轻了。由于这次淮北易帜没有遭受大规模的残酷战争破坏,所以前秦时期的淮北经济在前燕经营的基础上持续恢复。王猛为丞相时,前秦达到了极盛的时期。史称:"关陇清晏,百姓丰乐。自长安至于诸州,皆夹路树槐柳,二十里一亭,四十里一驿,旅行者取给于途,工商贸贩于道。"②这条记载前秦社会繁荣的史料,既言"自长安至于诸州",当然也包括了属于前秦疆土一部分的皖北地区,可惜语焉不详。苻坚于淝水之战后,败逃至淮北(其地当在今安徽境内)与一进食民庶的对话,反映了淮北人民对苻坚又爱又恨的君臣情结。史称:"坚中流矢,单骑走至淮北,饥甚,民有进壶飧、豚髀者,坚食之,赐帛十匹、绵十斤。辞曰:'陛下厌苦安乐,自取危困。臣为陛下子,陛下为臣父,安有子饲其父而求报乎!'弗顾而去。"③在前秦占领淮北的 10 多年间,社会相对稳定,赋役较轻,经济恢复,人民生活安定,与苻坚结下一段难以割舍的君臣情结,故当其民得知苻坚败逃至附近饥肠辘辘时,进食而不图报。但其民对于苻坚发动了这场不当发动的战争,遭此惨败,不无遗憾,既恨其自讨苦吃,又使淮北人将失去安定的生活。继前秦而起的后秦政权,如前所述,其东部疆土仅至今皖西北的亳州市和阜阳市一带,且未见有关社会经济方面的资料。

第二节　东晋诸将的北伐与淝水之战

　　十六国时期,北方战争频繁。东晋的建立使南下的北方流民有所归依。东晋初年,大多被迫播迁江淮以南的世族地主乃至一般民众都

---

① 《资治通鉴》卷一百二《晋纪·海西公太和五年》。
② 《晋书》卷一百一十三《苻坚载记上》。
③ 《资治通鉴》卷一百五《晋纪·孝武帝太元八年》。

有强烈的收复失地、返回家园的愿望,推动了东晋的北伐。东晋诸将北伐虽能逾淮而攻占一些郡县,甚至辽阔的疆土,但往往得而复失;北方的十六国政权中的强者能够完全占有黄淮大平原,甚至能够逾淮南下攻城略地,但往往不能长久占有。在大多情况下东晋与十六国政权大致维持着以淮河为界的南北对峙局面。

一、东晋北伐形势下的安徽战场

虽然,东晋的历次北伐并不限于皖北地区,但本目只能重点写东晋北伐在皖北及与皖北形势密切相关的周边地区的情况,至于北伐军所历及的其他地区的情况则略言之。

东晋的第一次北伐是祖逖北伐。祖逖,字士稚,范阳遒县人,出身世家大族,永嘉之乱以前曾在洛阳做官。及洛阳沦陷,祖逖"率亲党数百家避地淮、泗"之间,后被移镇建康的司马睿征为丞相谘军祭酒,渡江居于京口(今江苏镇江市)。祖逖素有北伐收复中原之志,不愿安居江南,于是恳请司马睿出师北伐。司马睿正忙于安顿江东,无意北伐,但又不好公开拒绝祖逖的请求,于是给祖逖一个奋威将军、豫州刺史的头衔和千人粮饷、三千匹布,而不给军队、武器,让其自行招募、筹备,实际上是不支持祖逖北伐。建兴元年(公元313)八月,祖逖毅然率其部曲百余家渡江北上,行至江中,祖逖指江而誓曰:"祖逖不能清中原而复济者,有如大江!"[1]祖逖渡江后,进据淮阴,起冶铸兵器,又募得江淮子弟2000余人,组建了一支愿意为收复失地而拼搏的军队,接着即渡淮北上。当时黄淮间的形势是,一部分没有南撤的晋朝州郡镇将和流民坞主虽然大多是拥晋的,但缺乏统一指挥,号令不一,甚至互相混战;石勒虽然已经撤至河北,然亦不断遣将逾河南侵。祖逖渡淮后进军的矛头直指东汉豫州旧治谯县(今亳州市)。当时流民坞主张平自称豫州刺史、樊雅为谯郡太守,各拥众数千人,屯驻谯县。谯县四周还有10多支流民武装,皆依附于张平。张平不受祖逖节制,阻止祖逖北上。相持岁余,祖逖采取分化瓦解办法,斩杀了张平,又联络蓬陂

---

① 《晋书》卷六十二《祖逖传》。

坞主陈川,击溃了樊雅和张平余部,终于攻克了谯城。后赵石勒听说祖逖攻占了谯城,即派遣石虎率军围谯城,祖逖在晋南中郎参军桓宣的支援下击退了石虎的进攻,于是祖逖向朝廷推荐桓宣为谯国内史,进一步巩固了对谯城的占领,从此谯城成了祖逖扩大北伐战果的根据地。《晋书·祖逖传》称,祖逖"有功于谯、沛",可见当时皖北失地已尽为祖逖收复。后来,蓬陂(在今河南开封市东南)坞主陈川叛晋,掳掠豫州诸郡,祖逖遣将讨伐陈川。后赵石虎率领5万大军救陈川,祖逖退屯梁国,但又遣将大破石勒别军于汳水,于是祖逖进据雍丘(今河南杞县)。当时黄淮地区的一些军将、坞主如赵固、上官巳、李矩、郭默等虽然都是拥晋的,但彼此关系不谐,互相攻伐,祖逖遣使和解,于是皆受祖逖节制,因此出现了"黄河以南尽为晋土"[1]的大好局面。司马睿虽然"传檄天下",表彰祖逖北伐的成就,但却借口"道远",即使在祖逖北伐早期非常困难的时候也不愿意给予军饷等方面的支持。但祖逖收复失地的意志不渝。为了解军食民食,他毅然组织军民开展屯田。军民屯田有力支持了北伐战争。随着地盘扩大,形势相对稳定,北伐军占领区的农业生产和整体经济形势皆有所改善。祖逖北伐盛时,"石勒不敢窥兵河南……因与逖书,求通使、交市。逖不报书,而听互市,收利十倍。于是公私丰赡,士马日滋"[2]。正当祖逖雄心勃勃,将要"推锋越河,扫清冀朔"之际,忽然传来朝廷"以尚书戴若思为征西将军、都督司兖豫并冀雍六州军事,镇合肥"的消息,祖逖深知戴若思(即戴渊)其人,虽有才望,而无弘致远识,一旦来统,将会束缚自己的手脚,致大功不遂,意甚怏怏,遂忧虑成疾。太兴四年九月,祖逖病卒于雍丘。祖逖去世的消息传出,"豫州士女若丧考妣,谯、梁百姓为之立祠"[3]。可见祖逖深受淮北人民的拥戴。

祖逖死后,朝廷以其弟祖约为平西将军、豫州刺史,代领其军。祖约"无绥驭之才,不为士卒所附"[4]。这时石勒已平定了河北,又开始

---

① 《晋书》卷六十二《祖逖传》。
② 《晋书》卷六十二《祖逖传》。
③ 《晋书》卷六十二《祖逖传》。
④ 《晋书》卷一百《祖约传》。

大肆向黄河以南扩张,先后攻克了襄城(今河南襄城县)、城父(今亳州市东南城父镇),接着又围攻祖氏的大本营谯城。祖约不能抵御,永昌元年十月,自谯县退屯寿春。这时距祖逖去世仅有 1 年时间,祖逖北伐历时 8 年所收复的皖北失地又弃于一旦。

自祖约退屯淮南以后,后赵进一步向黄河以南扩张,加之这时东晋内部连续发生王敦、苏峻内乱,淮河、汉水以北尽为后赵攻占。后赵将石聪、石堪还曾一度攻占了淮南地区北部寿春一带。这种南北对峙的局面一直维持到后赵末年,东晋才开始大规模北伐反攻。西线是由长江中游的荆州而北上,东线是出淮南而北进。这里着重谈谈在后赵末年和前燕时期东晋出淮南之地北伐所涉及皖北及其周边地区的情况。永和五年六月,石虎死,后赵发生内乱,其扬州刺史王浃举寿春降晋,晋西中郎将陈逵进据寿春受降。晋征北大将军褚裒上表伐赵,即日戒严,率军向泗口(古泗水入淮处,在今江苏淮安市西)进发,遣其前锋督护王颐之等径赴彭城(今徐州市),又遣督护糜嶷进据下邳(今江苏睢宁县西北古邳镇),褚裒亲率 3 万士卒进至彭城。"河朔士庶归降者日以千计"[1]。此前,褚裒曾派遣部将王龛袭击后赵占有的沛郡(治今淮北市),俘获其镇将、辎重及其士卒 2000 余人。及褚裒进据彭城,鲁郡有 500 多家民众欲南奔东晋并请求救援,于是褚裒派王龛率精兵 3000 人前往接应,结果在代陂遭到后赵骑兵的袭击,晋军大败,王龛被杀。褚裒闻讯惊慌失措,急忙率军南逃至广陵(今江苏扬州市西北蜀冈)。驻屯寿春的将军陈逵获悉褚裒败退,亦"焚烧寿春积聚,毁城遁还"[2]。褚裒是晋康帝褚皇后之父,无将帅之才,而又贪生怕死,却担当军事统帅,故导致了这次北伐的惨败。

褚裒北伐失败后,北方政局又发生了很大变化。永和六年闰正月,冉闵杀后赵皇帝石鉴,建立冉魏。七年,氐帅苻健乘机攻占了后赵的关中之地建立了前秦。当时的形势对东晋非常有利。永和八年,晋中军将军殷浩又督诸军北伐,以安西将军谢尚、北中郎将荀羡为都统,

---

①《晋书》卷九十三《褚裒传》。
②《资治通鉴》卷九十八《晋纪二十》。

进屯寿春。后赵灭亡后，依附于后赵的羌族渠帅姚襄率部投降了东晋，驻屯于谯县（今亳州市）。殷浩又命荀羡镇淮阴，寻又加荀羡监青州诸军事、兖州刺史，镇下邳（今江苏睢宁县西北古邳镇）。这时包括皖北在内的黄淮大部分地区又复为晋土。但是，这种局面维持的时间不长。由于镇守许昌的冉魏降将张遇又背叛东晋投降前秦，谢尚遣姚襄攻打张遇而溃败。这时前燕已攻灭冉魏，殷浩失去了北伐的最好时机。姚襄退屯历阳（今和县），认为燕、秦方强，遂无北伐之志。殷浩嫉恨姚襄军队强盛，竟派遣将军魏憬袭击姚襄。殷浩领导的北伐竟然演绎出了一场统帅与新附羌部的内斗。永和九年（公元 353）十月，殷浩又兴师北伐，以姚襄为前锋引兵北上。姚襄渡淮后竟设伏兵袭击殷浩率领的后续部队，殷浩指挥军队追击姚襄至山桑（今蒙城县北），姚襄纵兵反击，殷浩大败，弃辎重，走保谯城（今亳州市）。姚襄俘斩晋兵万余人，又缴获大量军用物资，以其兄姚益驻屯山桑，自己领兵还屯淮南。殷浩不甘心失败，又派遣部将刘启、王彬之攻夺姚益占据的山桑。姚襄闻讯即率军渡淮支援姚益，结果又大败殷浩的部队，斩杀刘启和王彬之。由于殷浩不善于抚绥，这支投降的东晋羌族军队，至此已变成了一支不驯服的割据力量。不久姚襄率军北归，脱离了东晋。殷浩的政敌桓温乘机上书朝廷罢免殷浩为庶人。殷浩北伐，兴师动众而没有建树，以失败告终。

淝水之战以前另一次大规模的北伐是桓温北伐。桓温，字元子，谯国龙亢（治今怀远县西北龙亢镇）人。其父桓彝西晋末避乱渡江，晋明帝时任宣城太守，死于平定苏峻叛乱。桓彝忠于晋室，而桓温与其父不同，有政治野心，总想通过建立军功树立个人威望，以便篡夺东晋政权。但是，如果我们撇开封建的正统道德标准不谈，则皖人桓温仍是当时一位有北伐战绩的统帅。

永和二年（公元 346）十一月，时任晋安西将军、荆州刺史的桓温兴师伐蜀（即成汉），次年三月攻克成都。桓温既灭成汉，威名大振。当桓温行将伐蜀时，"拜表辄行"，即不待朝廷批准即采取军事行动。他桀骜不驯的行为引起了朝廷的猜忌。所以当后赵末年北方大乱时，桓温一再要求北伐，朝廷就是不批准，而先后派遣褚裒、殷浩由东线北

伐。及殷浩北伐失败,桓温独大,朝廷再也没有办法限制桓温北伐了。桓温北伐共有3次,其中2次是由荆州北上。永和十年二月,桓温率步骑4万自江陵北伐,由淅川(今河南淅川县南)出武关(今陕西商洛县西南),在蓝田(今陕西蓝田县西)大败前秦军队,又乘胜进军至灞上(今西安市东北),创造了东晋北伐深入关中腹地的奇迹。但是,由于前秦坚壁清野,桓温孤军深入,军队乏粮,结果还是败退而还。永和十二年(公元356)七月,桓温又自江陵北伐,在伊水(今洛阳市南)大败羌帅姚襄的军队,攻占了洛阳。桓温收复洛阳后,留兵置戍而还。桓温第三次北伐是出淮南北伐前燕。太和四年四月,桓温督诸将率步骑5万自姑孰(今当涂县)出发,北出徐、兖。桓温率领的主力部队自姑孰东出京城建康至金城戍(在今江苏句容县北),沿途增益水军,然后北上,水陆并进,沿沟通江淮的中渎水(即古邗沟)转入淮河,又沿泗水北上。史称桓温"过淮泗,践北境,与诸僚登平乘楼,眺瞩中原"。① 六月,桓温率军至金乡(今山东嘉祥县南)。由于当时自彭城至荥口间的汴水已经淤塞,桓温派遣冠军将军毛虎生"凿钜野三百里,引汶水汇于清水"(后人称为"桓公渎",即后来大运河的山东省南段的雏形),为其"引舟师自清水入河"做准备。此前他已派遣豫州刺史袁真自寿春进攻谯(今亳州市)、梁(今河南商丘县),进攻的矛头直指荥阳石门。桓温这样部署的目的,一方面是为了让袁真的部队与自己率领的主力军形成进攻前燕的掎角之势,同时也是为了解决军粮漕运问题。七月,桓温的水师出清水经四渎口转入黄河,然后溯河西上,至枋头(在今河南浚县西南黄河岸边)。由于袁真虽然攻克了谯、梁(即已占领了皖北之地),但不能进一步攻占前燕驻有重兵的荥阳石门,为桓温输送军粮,使桓温陷于军队乏粮的困境,将士丧失斗志。于是桓温焚舟舰,弃辎重、铠仗,率领军队自陆道奔还。桓温退至襄邑(今河南睢县),遭到前燕慕容垂、慕容德的伏击,损失惨重。及退至谯县(今亳州市),又遭到前秦将苟池的追击,死者万计。桓温北伐收复的淮北之地又得而复失。桓温的3次北伐虽然失败了,但他也创造了东

---

① 《晋书》卷九十八《桓温传》,并参考余嘉锡《世说新语笺疏》上卷《言语》对桓温事迹的考证。

晋北伐的奇迹,如北伐前秦深入至灞上(今西安市东北)、北伐前燕由四渎口沿黄河西巡深入至枋头(今河南浚县西南)及收复并保有洛阳达 10 年之久(356—365),这些战绩都是桓温之前东晋历次北伐未曾做到的。

二、东晋战胜前秦的淝水之战

桓温第三次北伐失败后,东晋又尽失皖北之地。由于桓温转嫁战争失败的责任,迫使豫州刺史袁真据寿春叛变,先后依附于前燕和前秦。太和六年正月,桓温攻灭了依附于前秦的袁瑾(袁真子,袁真死后袁瑾继立),再次收复了寿春。晋太元三年,前秦发动了一场东出淮水下游南攻东晋的战争,虽然没有达到既定目标,但其败退淮北后,仍还占领着彭城、下邳等淮北军事重镇,形成了前秦与东晋西以襄阳(今湖北襄樊市)、东以淮河中下游为界南北对峙的局面。

这时的前秦已经统一了北方,是十六国时期疆域最辽阔的国家。前秦皇帝苻坚企图在此基础上进一步消灭东晋统一全国。实际上他的想法是不切实际的。苻坚虽然建立了一个庞大的国家,但内部的民族矛盾还是相当尖锐的,中原地区的汉人仍心向汉族政权东晋。民族矛盾的化解需要相当长的时间,在这个过程基本完成以前企图消灭南方的汉族政权是不现实的。因此,前秦多数大臣乃至张夫人、太子皆劝阻苻坚发动灭晋战争,唯有前燕降将慕容垂、羌帅姚苌劝其行,于是苻坚作出南伐东晋的重大战略决策。晋太元八年(公元 383)八月,苻坚调集全国 87 万军队,进攻东晋,淝水之战爆发了。

淝水之战以前,面对北方日益强大的前秦,东晋内部的世家大族和各派政治势力为了维护共同的既得利益开始调整和缓和互相间的矛盾,形成了一种朝野一致对外的局面。太元初,谢玄为兖州刺史,镇广陵,招募北方流民组建了一支英勇善战的军队,以刘牢之为参军,号称"北府兵"。北府兵在淝水之战中发挥了重要作用。

太元八年九月,当苻坚到达项县(今河南沈丘县)时,前秦大将苻融等率领的 30 万人的先锋部队已经沿颍水进发到达颍口(今颍上县东南)。谢安闻讯,立即任命尚书仆射谢石为征讨大都督,以徐、兖二州刺史谢玄为前锋都督，与辅国将军谢琰、西中郎将桓伊率领8万军队迎战，又派龙骧将军胡彬率水军5000人配合作战。十月，苻融攻克寿阳（即寿春）①，俘虏了晋平虏将军徐元喜和安丰太守王先。胡彬得知寿阳沦陷，遂退屯硖石（在今凤台、寿县间的淮河两岸）。这时秦将梁成率5万军队进屯洛涧（即洛水，发源于定远县东南，在今淮南市东部入淮），切断了胡彬与后续部队的联系。谢石、谢玄率领晋军进至距离洛涧25里处驻扎下来，不敢继续前进。困守硖石的胡彬，进退维谷，粮饷殆尽，遣使向谢石哀号求救。苻融见晋朝水军被困于硖石，主力军又不敢进击，乃遣使驰报苻坚说："贼少易擒，但恐逃去，宜速赴之！"②于是苻坚留大军于项县，率领骑兵8000人，日夜兼程赶到寿阳。苻坚以为自己强大的军队已经吓倒了晋军，可以不战而胜，于是派在襄阳之战中被俘的晋将朱序到晋营劝降。朱序身在秦营心在晋，他私下向谢石献计说："若秦百万之众尽至，诚难与为敌。今乘诸军未集，宜速击之。若败其前锋，可遂破也。"③谢安的儿子、将军谢琰也劝谢石采纳乘前秦大军未能毕集而速战速决的战术，放弃于晋军不利的持久消耗的战术，因而实现了晋军战术的转变，开始主动出击秦军。十一月，谢玄派刘牢之率领精兵5000人进攻洛涧，梁成于洛涧西岸严阵以待。刘牢之指挥军队奋勇抢渡洛涧，击败了前秦军队，临阵斩其大将梁成和弋阳太守王詠，又分兵堵截其归路，秦步骑营垒崩溃，士卒争赴淮水逃命，溺死者15000人，同时又俘虏了秦将扬州刺史王显等，并缴获了大批器械军粮。洛涧大捷使晋军士气大振，遂乘胜进驻淝水④东岸，形成了晋、秦两国军队隔淝水东西对峙的形势。苻坚登上寿阳城墙，见晋军阵营严整，又以为城北八公山上的草木皆是晋兵，开始害怕起来，当初的那种不着边际的所谓"以吾之众旅，投鞭于江，足断其流"⑤的傲气全然丧失。

---

① 晋孝武帝避简文郑太后讳，改寿春为寿阳。南朝宋大明六年复改为寿春县。
② 《资治通鉴》卷一百五《晋纪·孝武帝太元八年》。
③ 《资治通鉴》卷一百五《晋纪·孝武帝太元八年》。
④ 淝水在洛涧之西。《水经注》：淝水发源于九江成德县广阳乡西，北过寿春东，又西北注于淮。
⑤ 《晋书》卷一百一十四《苻坚载记下》。

由于前秦紧逼淝水列阵,晋军无法进一步前进。谢玄派使者向苻融挑战,要求秦军稍微后撤,使晋得以渡过淝水,以决胜负。前秦诸将皆认为不能同意东晋的要求,应当发挥"我众彼寡"的优势,采取将晋军遏制于淝水以东的"万全"之策。但是,苻坚竟然轻率地决定同意东晋的要求,命令军队后撤,企图待晋军半渡而击之。于是苻融指挥秦军后撤,晋将谢玄、桓伊乘机渡过淝水进攻前秦军队。秦军本来就军心不稳,一撤则不可复止,苻融落马被杀。晋军乘胜收复了寿阳(今寿县),俘获了前秦淮南太守郭褒。原来被前秦俘虏的晋将朱序、徐元喜亦乘机投奔晋营。苻坚在败逃中身中流矢,及其逃回洛阳收罗了残兵败将10万人,不久就返回长安了。苻坚虽然建立了一个疆域辽阔的前秦,但由于他不善于审时度势,作出了错误的战略决策,在战役指挥上又不恰当,故遭此重大挫败。此后不久北方又陷入了新一轮的大分裂。东晋在淝水之战中以少胜多打败前秦,保护了包括安徽淮水以南地区在内的东晋统治区的社会经济免遭战争破坏,有积极意义。南北对峙的局面由此又延续了200年之久。

淝水之战以后,东晋加强了对淮北的攻势。太元九年正月,龙骧将军刘牢之攻克谯城(今亳州市)。八月,东晋以徐、兖二州刺史谢玄为前锋都督,率豫州刺史桓石虔出淮南沿今皖、苏交界的古泗水中下游向淮北前秦残余势力发起了强大攻势。谢玄军至下邳(江苏睢宁县西北古邳镇),前秦徐州刺史赵迁不战而逃,谢玄遂进据彭城(今江苏徐州市)。在这样的形势下,皖北之地又全属东晋了。九月,谢玄派将军刘牢之等攻占了前秦的兖州、青州及黄河以南诸州郡。淝水之战后,皖北虽被东晋收复,但仍不断受到战争扰乱,如太元十一年八月,丁零渠帅翟辽寇略谯郡(治今亳州市),将军朱序击走之。及后秦攻占洛阳后,又向东略地,占领了皖北的部分地区。

三、东晋内乱中的皖江战场

东晋是一个君弱臣强的朝代,但由于南北世家大族和不同政治派系的互相牵制,加之地理和经济上的有利条件,使得东晋的统治得以维持长达百年之久。东晋时期的内战涉及安徽者主要有东晋初年的

王敦之乱、苏峻和祖约之乱及东晋末年的桓玄之乱。本目重点写这些内战所涉及的安徽战场,并由此观察安徽各地在战乱中的地位。

东晋统治集团内部的第一次战乱是发生于东晋初年的王敦之乱。王敦,字处仲,琅邪临沂(治今山东费县东)人,东晋名臣王导之从兄。王敦早年尚武帝襄城公主,拜驸马都尉,除太子舍人。琅邪王司马睿移镇建康(今南京市),召王敦为安东将军、扬州刺史。司马睿初镇江东,威名未著,王敦与从弟王导等同心翼戴,使司马睿在江东站稳了脚跟。及司马睿称帝(是为晋元帝),王敦为侍中、大将军,都督江、扬、荆、湘、交、广六州军事,荆州刺史,专制上游;王导则为侍中、司空、假节、录尚书事、领中书监,总揽朝政。故时人为之语曰:"王与马,共天下。"①晋元帝对这种情况也很担心,开始重用刘隗、刁协,疏远王导。王导对此尚能处之泰然,忠心不变。但是王敦却以为王氏于王室有大功,心怀不平。太兴四年七月,元帝为了加强京师的防御力量,以戴渊为征西将军、司州刺史,镇合肥;又以刘隗为镇北将军、青州刺史,镇淮阴。名为讨胡,实备王敦。桀骜不驯而又有政治野心的王敦实在忍受不了了。永昌元年正月,王敦以讨刘隗为名起兵于武昌。王敦的同党何充则于吴兴(治今浙江湖州市南)起兵响应。王敦自武昌顺流而下至芜湖,又上表追讨刁协。王敦很快即攻入建康,诛杀戴渊、周𫖮等大臣多人,刘隗被迫渡江投奔后赵,而刁协在逃跑途中被杀。王敦在建康耀武扬威一番之后又退回武昌。是年冬,晋元帝忧愤而死,太子司马绍继位,是为晋明帝。太宁元年(公元323)四月,王敦又自武昌移镇芜湖,屯于湖(今当涂县南,地与芜湖相接),自领扬州牧,以便就近谋篡位。二年,王敦病甚,仍谋逆不已。七月,王敦以其所署骠骑大将军王含率领5万大军以诛"奸臣"温峤等为名,自皖南掩袭建康。由于朝廷已有防备,叛军溃败。至此王敦之叛彻底失败。

晋明帝去世后,年仅5岁的成帝即位,皇太后临朝称制,帝舅庾亮辅政。咸和二年(公元327)十一月,庾亮欲内迁拥众历阳(今和县)的苏峻为大司农,苏峻不愿内迁,遂联合豫州刺史祖约反叛。苏峻在历

---

① 《晋书》卷九十八《王敦传》。

阳,"有锐卒万人,器械甚精,朝廷以江外(建康在江东,历阳在江西,故称江外)寄之"。苏峻辜负了朝廷厚望,"颇怀骄溢,自负其众,潜有异志,抚纳亡命"。① 庾亮征调苏峻入仕,实为夺其兵权,故苏峻举兵反。驻屯于寿春的豫州刺史祖约,当王敦叛乱时,也曾入卫京师,又驱逐了王敦所任命的淮南太守任台,以功封五等侯,进号镇西将军,屯寿春,捍卫北境。然而祖约的名位思想极重。及苏峻邀祖约共同起兵讨伐庾亮,祖约欣然赞成,遂派祖逖子沛郡内史祖涣、女婿淮南太守许柳率军赴历阳参与叛乱。十二月,苏峻将韩晃、张健攻克姑孰(今当涂县),取其府库盐米以为军资,杀于湖(治今当涂县南境)令陶馥。这时宣城内史桓彝不顾"郡兵寡弱"奋起平叛,进据芜湖,结果被韩晃打败,又追至宣城,桓彝退屯广德,叛军大掠诸县而还。咸和三年正月,叛将韩晃又进据慈湖(在今当涂县北),袭杀将军司马流。这时苏峻与祖约将祖涣、许柳率领 2 万军队自横江(在今和县东南)东渡,登牛渚山(今马鞍山市采石矶),进驻陵口(在当涂县东北),屡败朝廷派出的阻击部队。时皖南已无王室劲旅,故苏峻遂率领叛军东攻建康。庾亮只好乘小船溯江西上至寻阳(今江西九江市西南),联络荆、江二州军事力量平叛。这时宣州内史桓彝仍在极其艰难形势下与叛军坚持斗争。六月,桓彝被叛将韩晃俘杀于泾县。在淮南地区,当苏峻东取建康之际,祖约遣其将祖涣、桓抚袭江州(治今江西南昌市),晋将毛宝自江州北上阻击叛军,祖涣、桓抚溃败。毛宝又乘胜攻克东关(在今含山县西南),并攻占了合肥戍。七月,后赵将石聪、石堪渡淮攻寿春,祖约溃逃至历阳(今和县)。寿春陷于后赵。九月,征西大将军、荆州刺史陶侃和平南将军、江州刺史温峤收复了建康,斩杀苏峻。不久苏峻弟苏逸亦被杀。咸和四年(公元329)正月,将军甘苗讨伐据守历阳的祖约,祖约溃败,率其部曲投奔后赵。至此,苏峻、祖约叛乱以彻底失败告终。此后几十年东晋没有发生涉及安徽的大规模内战,至东晋末年才又发生了桓玄篡权的战乱。

湘水之战以后,东晋统治集团内部的矛盾又尖锐起来。在湘水之

---

① 《晋书》卷一百《苏峻传》。

战中立了大功的谢氏家族受到孝武帝的猜忌,谢安被迫离开京师出镇广陵。谢安死后,孝武帝的弟弟司马道子独揽军政大权。孝武帝对司马道子专政很不满意,遂以王恭为兖州刺史,镇京口(今江苏镇江市)、殷仲堪为荆州刺史,镇江陵(今湖北江陵县),以牵制司马道子。孝武帝去世后,安帝司马德宗继位,司马道子和他的儿子司马元显专制朝政。东晋统治集团内部的矛盾演变成了司马道子父子与沿江上、下游方镇间的征战。隆安二年(公元398)七月,上、下游方镇兖州刺史王恭、豫州刺史庾楷、荆州刺史殷仲堪、广州刺史桓玄(桓温幼子,当时在荆州)、南蛮校尉杨佺期联合反叛。八月,荆州叛军进至湓口(在今江西九江市西北),驱逐并俘获了司马道子任命的江州刺史王愉。九月,司马道子以司马元显为征讨都督,遣诸军分讨东西方镇,于是爆发了安徽境内的历阳之战。叛将豫州刺史庾楷驻屯历阳(今和县)。及荆州方面叛军顺流东下至江州,庾楷亦率州兵渡江配合作战,结果被谯王司马尚之击溃于牛渚(今马鞍山市采石镇),庾楷单骑投奔桓玄。桓玄率军渡江争夺历阳,大破官军于白石(胡三省注:白石在巢县界),又与杨佺期继续进军至横江(今和县东南),司马尚之战败退走,其弟司马恢之率领的水军亦被击退。历阳之战后,司马元显遂于建康全城戒严,加强防御。桓玄则乘势进军至石头城(今南京市西清凉山),殷仲堪率领后续部队至芜湖。但这时形势发生很大变化,东路叛军中的北府兵名将刘牢之已归附朝廷,王恭兵败被杀,东西夹攻建康的局面已不复存在。但司马道子因为没有把握住这个有利时机,却对荆州叛军采取了姑息政策,宣布不追究殷仲堪的罪责,又提拔桓玄为江州刺史、杨佺期为雍州刺史,于是桓玄等退回至荆、江二州。

隆安三年十二月,桓玄火并了殷仲堪和杨佺期。次年正月,又胁迫朝廷任命他都督荆、江、司、雍、秦、梁、益、宁八州及扬、豫八郡军事,兼领荆、江二州刺史,又以其兄桓伟为雍州刺史、从子桓振为淮南太守。显然,此时的桓玄较之此前他与殷仲堪、杨佺期共统荆州时对东晋朝廷的威胁更为严峻。元兴元年(公元402)正月,在朝中专政的司马元显自任征讨大都督,率镇北大将军刘牢之、前将军豫州刺史司马尚之等自建康讨伐桓玄。桓玄"自谓有晋国三分之二",当然也不示弱,遂率领荆州等上游诸军顺流而下迎击官军,于是桓玄叛军与东晋朝廷间的第二次历阳之战爆发了。二月丁卯,桓玄至姑孰(今当涂县),遣其将冯该等渡江进攻历阳(当时东晋豫州治所,今和县),襄城太守司马休之婴城固守。桓玄率军占领了洞浦(即洞口,在今和县东南),并派遣军队焚烧了江中的豫州舟舰。晋豫州刺史司马尚之则亲率步卒9000人与桓玄对垒浦上,又派将军杨秋屯守横江以切断渡江要道。但是,由于杨秋不战而降,接着司马尚之率领的豫州主力部队也被桓玄击溃。司马尚之逃至涂中(滁河下游)被桓玄俘获。坚守历阳的司马休之率领500人出城力战,寡不敌众,战败后带领亲属投奔南燕去了。桓玄既攻克了号称"西府"的历阳,遂率军东取建康。刘牢之倒戈迎降,桓玄顺利攻入建康,控制了朝廷。元兴二年(公元403)十二月,桓玄篡位称帝,封晋安帝为平固王。元兴三年(公元404)二月,北府兵将领刘裕、刘毅举义兵讨伐桓玄,桓玄辗转退到江陵。五月,益州督护冯迁杀桓玄于江陵。桓玄篡乱的闹剧至此结束。

东晋末年,卢循、徐道覆领导的农民军与东晋官军在皖赣交界地区爆发了桑落洲之战和望江县沿江地区的雷池之战。孙恩领导的浙东农民起义失败后,卢循率领农民军余部浮海南撤至番禺(今广州市),积蓄力量,以待时机。义熙五年(公元409),卢循、徐道覆乘刘裕北伐南燕之机,率军北上。次年三月,徐道覆大败东晋江州刺史何无忌于豫章(今江西南昌市),东晋朝野震恐。刘裕闻讯,急忙班师南归,于四月间回到建康。驻屯于姑孰(今当涂县)的晋豫州刺史刘毅,为了与刘裕争功,不待朝命即率水师2万余人西上阻击农民军。卢循、徐道覆合兵迎击。五月,双方大战桑落洲(江西九江市东北、安徽宿松县南江中之洲)[1]。刘毅军大败,弃军队舟舰,仅带领几百人狼狈逃走,所弃辎重,堆积如山。桑落洲大捷是卢循、徐道覆领导的农民军所打的一场大胜仗。战后,农民军又乘胜进取建康。当时农民军"战士十余万,舟车百里不绝,楼船高十二丈"[2],加之刘毅之败,朝廷在皖

---

① 《读史方舆纪要》卷二十六《安庆府·宿松县·桑落洲》条引《寰宇记》云:"洲在县西南九十里,与寻阳分中流为界。"

② 《资治通鉴》卷一百一十五《晋纪·安帝义熙六年》。

江地区已无坚城锐卒,所以农民军很快就到达建康城下。但是由于卢循战术保守,历时两个月没有战绩,师老兵疲,又缺粮饷,只好再向荆州方向撤退。农民军在荆州遭到晋军的顽强抵抗,数战不利,只好再往下游撤退。十月,刘裕遣军自建康征讨农民军。当卢循西撤时曾留其将范崇民率领将士5000人,舟舰百余艘,驻屯于南陵戍(今池州市西南)防御晋军的追袭。十一月,晋将王促德率领的先锋部队抵达南陵,向农民展开猛烈的进攻,焚其舟舰,收其散卒。范崇民败逃而走。十二月,双方相遇于大雷(雷池入江之口,在今望江县西),农民军数万"塞江而下,前后莫见舳舻之际"①,刘裕率众乘轻便小舰以劲弩射之,加之风向及水势不利,农民军被迫避于西岸,结果遭到了刘裕西岸伏兵的火攻,因而大败。卢循率领余部退至寻阳,由于遭到晋军追杀,损失惨重,以致最后失败。

综观东晋与十六国对峙时期的战争形势,建都于建康的东晋防御北方政权入侵,在东方有两道防线:第一道防线是淮河,出淮水北上则当先西据谯城、梁国,东据下邳、彭城,然后再图进一步发展。谯城在皖西北,其余三镇是皖北周边重镇,与皖北存亡关系密切;欲据有淮南则必须坚守沿淮南岸的寿春、淮阴或盱眙。二镇失守,则淮南不保。第二道防线是长江。东晋都建康,皖江地区为拱卫京师的近畿之地,与东晋存亡至关重要。如江西的历阳(今和县),常为豫州治地。一旦淮南不守,历阳与广陵(治今江苏扬州市西北蜀冈)就是东晋外御北狄、内卫京师的军事重镇。至于江东(或曰江南)的姑孰(今当涂县)、芜湖、赭圻(在今繁昌县西北)、南陵(在今池州市西南)等沿江之地皆置戍,不但意在防御胡马过江,也是为了抵御荆州方镇的反叛。其中姑孰距离建康最近,又西与历阳隔江相对,粮饷军储所在,地位更加重要。胡三省总结说:"晋都建康,以京口为北府,历阳为西府,姑孰为南州。"②可见历阳和姑孰在防御北狄和内乱的战争中确实具有特别重要的战略地位,故被分别美之名曰"西府"和"南州"。

---

① 《资治通鉴》卷一百一十五《晋纪·安帝义熙六年》。

② 《资治通鉴》卷一百二《晋纪·海西公太和四年》。

第三节　北方流民的南下和
东晋时期安徽的社会经济

一、北方流民的南下和东晋在安徽的政区建置

西晋的衰亡和周边少数民族渠帅率部入侵中原促成了中原人民的大批南迁。永嘉五年六月,汉国大将刘曜攻占西晋都城洛阳,形成了中原人民南迁的第一次高潮。史称:"洛京倾覆,中州士女避乱江左者十六七。"①此后东晋每一次北伐失败或由于北方政权更替造成的社会动乱都会掀起新一波的南下流民潮。祖逖北伐收复了黄河以南的大片失地,太兴四年祖逖去世,次年祖约及淮北诸将皆退到淮、汉以南,淮南重镇寿春也一度沦陷,形成了北方流民南下的第二次高潮。永和五年(公元 349),后赵皇帝石虎死后,北方大乱,不久冉闵灭后赵,战乱益甚,形成了北方流民南下的第三次高潮。太和四年,桓温北伐失败,前燕与前秦联合追击晋军,淮北之地得而复失,寿春又一度失守,形成了北方流民南下的第四次高潮。淝水之战以后,东晋乘胜北伐,一度收复了黄淮间的广大地区。但是,由于后秦与南燕东西连横攻略淮北之地,又形成了一次北方流民南下的小高潮。至东晋末,义熙五年三月,刘裕出淮泗北伐,次年二月攻灭了盘踞齐地的南燕(都广固,在今山东益都县西北)。义熙十二年八月,刘裕再次北伐。次年七月攻灭了关中的后秦,收复了黄河以南广大地区,安徽南北皆入东晋版图。以上是自西晋末年永嘉之乱以后北方流民南渡至东晋末安徽归属之大势。据谭其骧先生研究,自晋永嘉之乱到刘宋末年,北方人民流寓到江淮以南者除去未著籍者和依附于大姓为客者共有 70 多万,其中流寓著籍于今安徽境内者有 17 万人。安徽境内之侨民来自

---

① 《晋书》卷六十五《王导传》。

北方诸省者,以河南占绝大多数,河北次之,山东、山西又次之。江北所接收之移民较江南为多,侨在江南者都聚于下游芜湖附近一隅,江北则散处江、淮之间,自滁、和以至于颍、亳,所在皆置侨郡县。① 当北方的官吏或世族带领自己的宗族、部曲、乡里、佃客来到南方时,无家无田,无所归依。东晋是个侨寓政权,统治者在心理上也感到孤独,北方流民的南下无疑表达了对自己的一种拥戴和支持,所以东晋朝廷一方面拉拢流民群中上层世族和官吏到中央或地方政府做官,同时又以侨置州郡县的方式安置广大流民。《隋书·食货志》云:"元帝寓居江左,百姓之自拔南奔者,并谓之侨人。皆取旧壤之名,侨立郡县,往往散居,无有土著。"东晋统治者对侨民实行免除赋役的优待政策,应该说在侨民南来之初给予适当的照顾是应该的,有利于侨民安顿下来恢复生产。但是,随着时间推移,侨置流弊逐渐显现出来。首先,流民是自发地一拨一拨地南下,侨置的州郡县随流民籍贯而设立,错杂于原来的实州郡县之间,必然造成行政区划的紊乱,带来行政管理上的困难。其次,由于政府对侨民与土著民实行的赋役政策不同,侨民长期居住一地已成土著也无赋役负担,也不合理,容易造成侨、土户籍的冒滥,影响国家赋役的正常征发。鉴于以上情况,东晋统治者开始实行与侨置相反的政策,即"土断"。所谓土断,即撤销侨置的郡县,将其并入实土郡县,或虽不改变侨置郡县的名称,而将其所领民户土著化。无论前者或后者,都是将侨户的"白籍"改为土著民的"黄籍",让侨户与土著民对国家承担相同的负担。但是,由于南北对峙局面没有改变,仍不断会有北方流民南下,新的侨置郡县还会陆续出现。这样形成了东晋行政区划极为紊乱的局面。今以义熙十四年(公元418)为标准年代,考述东晋政区建置如下②:

豫州。豫州为汉魏旧州,其所领郡县除淮河上游地区跨越淮河以外其余皆在河南、淮北。东晋对豫州的领属情况前后变化极大。《宋

---

① 参见谭其骧《晋永嘉丧乱后之民族迁徙》,载《长水粹编》,河北教育出版社2000年版。

② 参见《晋书·地理志》、《宋书·州郡志》及胡阿祥《六朝疆域与政区研究》(学苑出版社2005年版)。以下引胡氏宋、齐、梁、陈《政区建置表》皆出此书。本书于东晋和南朝政区建置对胡阿祥著作多有采录参考,谨致谢意。

书·州郡志二》记述东晋时豫州属地变化和侨置于江淮间的大势称："晋江左胡寇强盛,豫部歼覆。元帝永昌元年,刺史祖约自谯城(今亳州市)退还寿春。成帝咸和四年,侨立豫州,庾亮为刺史,治芜湖。咸康四年,毛宝为刺史,治邾城(今湖北黄冈市)。六年,荆州刺史庾翼镇武昌,领豫州。八年,庾怿为刺史,又镇芜湖。穆帝永和元年,刺史赵胤镇牛渚(今马鞍山市采石镇)。二年,刺史谢尚镇芜湖。四年,进寿春。九年,(谢)尚又镇历阳(今和县)。十一年,进马头(今怀远县南淮河南岸马头城)。升平元年,刺史谢奕戍谯。哀帝隆和元年,刺史袁真自谯退守寿春。简文帝咸安元年,刺史桓熙戍历阳。孝武宁康元年,刺史桓冲戍姑孰(今当涂县)。太元十年,刺史朱序戍马头。十二年,刺史桓石虔戍历阳。安帝义熙二年,刺史刘毅戍姑孰。宋武帝(刘裕)欲开拓河南,绥定豫土,九年,割扬州大江以西、大雷(即雷池,望江县西)以北,悉属豫州,豫基址因此而立。十三年,刺史刘义庆镇寿阳(即寿春,今寿县)",遥制淮北郡县。由此可见,自后赵攻占豫州以后,东晋侨置豫州于江淮地区,治地有芜湖、邾城、武昌、牛渚、寿春、历阳、马头城、姑孰8处之多,情况极为复杂。其间,祖逖、桓温等诸将北伐虽曾收复过豫州地区,但往往旋得旋失,不能巩固占有。直到东晋末年刘裕北伐才又收复并较为巩固地占有包括皖北在内的兖、徐、豫3州广大地区。

东晋末年豫州之皖北地区的行政建置:皖北历来属豫、徐2州之地,但由于东晋末年刘裕为北徐州刺史,又先后被封为宋公、宋王,北徐州领地向西拓展,故豫州在皖北所领郡县不多。

汝阴郡,治汝阴县,领县4:汝阴县(治今阜阳市)、宋县(治今太和县倪丘镇附近)、楼烦县(侨县,在今颍上县境)、安城(侨县,在今阜南县境)。

新蔡郡(贴治汝南郡),领县4,其中2县在安徽境内:固始县(治今临泉县)、鮦阳县(治今临泉县西鮦城镇)。

东晋末年侨置豫州在江淮间的行政建置:自汉魏以来,大别山以东的安徽江淮地区皆属扬州。后赵攻占淮北后,东晋于江淮间侨置豫州。义熙九年(公元413),刘裕"割大江以西、大雷以北悉属豫州",本

节记述侨豫在安徽的行政建置其南境即以此为准。侨豫领属的江淮政区既有旧置又有侨置郡县,凡侨置者本文皆随文说明。

南梁郡,孝武帝太元间侨立于淮南,治寿阳,领县10,皆属安徽:寿阳县(治今寿县)、睢阳县(侨置,贴治寿阳)、蒙县(侨置,治今寿县西南)、崇义县(侨置,治今寿县东南),谷熟、陈、义宁、新汲、宁陵6侨县治地未详。

南汝阴郡,侨郡,治汝阴县,领县3:汝阴县(治今合肥市)、慎县(侨县,治今肥东县梁园镇)、宋县(侨县,侨地未详)。

南谯郡,孝武帝太元中侨置,治山桑侨县,领县7:山桑县(治今巢湖市东南)、蕲县(侨置,治今巢湖市)、扶阳县(侨置,治今无为县北)、酂县(治今全椒县西南),其余谯、铚及城父3侨县治地未详。

马头郡,治马头城(在今怀远县南淮河南岸),领侨县3:虞县治马头城,为郡治,零、济阳2侨县(治地当在马头城以东至今凤阳县西境一带)。

庐江郡,汉魏旧郡,治舒县,领县2:舒县(治今舒城县)、灊县(治今霍山县东北)。

晋熙郡,安帝分庐江郡置,治怀宁县,领县3:怀宁县(本皖县,晋安帝易名,治今潜山县)、新冶县(治今望江县)、阴安县(侨置,在今枞阳县北白柳乡城隍庙附近)。

历阳郡,惠帝永兴元年,分淮南郡置,本属扬州,安帝割属豫州,治历阳县,领县3:历阳县(治今和县历阳镇)、乌江县(治今和县乌江镇)、龙亢县(侨置,治今含山县东南张公乡龙角桥)。

武都郡,寄治横江城(今和县东南长江西岸)附近。

北徐州,东晋末年,刘裕北伐南燕,收复了徐州淮北之地。"安帝义熙七年(公元411),始分淮北为北徐,淮南犹为徐州"①。北徐州治彭城(今江苏徐州市)。其所领郡中有8郡有安徽疆土。

沛郡,旧属豫州,东晋末改属徐州,治萧县,领县3,有2县在安徽境内:萧县(治今萧县西北)、相县(治今淮北市相山区)。

---

① 《宋书》卷三十五《州郡志一》。

巨鹿郡,侨置,贴治沛郡相县(在今淮北市相山区)。

北梁郡,原为豫州梁郡或梁国,东晋末年刘裕北伐收复梁郡,改名北梁郡[①],治睢阳县(在今河南商丘县南)。领县 4,仅 1 县在安徽境内:下邑县(治今砀山县东)。

北谯郡,原为豫州谯郡或谯国,东晋末年刘裕北伐收复谯郡,改名北谯郡,隶北徐州,治谯县,领县 2:谯县(治今亳州市)、山桑县(治今蒙城县北坛城镇)。

陈留郡,东晋侨置,治小黄县,领县 5:小黄县(贴治谯县,今亳州市)、长垣县(侨置于今亳州市东),其余酸枣、雍丘、白马 3 侨县寄地不详。

魏郡,侨置,在今蒙城县西北,领县未详。

下邳郡,治下邳县(治今苏睢宁县西北古邳镇),其中 2 县在安徽境内:僮县(治今泗县东北骆庙乡潼城)、睢陵县(治今明光市东北)。

阳平郡,侨置,治茌眉戍(在固镇县西)。其所领馆陶、阳平、廪丘、濮阳 4 侨县皆当寄治于今固镇、灵璧 2 县境内。

钟离郡,东晋安帝设立以安置北方流民,属徐州,治汉、晋钟离县故址(今凤阳县东北临淮关)。领侨县 3:燕县,以钟离县改置;朝歌县,故址在今凤阳县东北;乐平县,故址在今明光市西境。

扬州。治京师建康(今南京市),其所领 4 郡有安徽郡县。

丹阳郡,治建康(今南京市)。由于芜湖、于湖 2 县皆为侨置郡县占有,东晋末年丹阳郡仅有 1 县在安徽境内:丹阳县(治今当涂县东北丹阳镇)。

淮南郡,侨置,西晋时淮南郡治寿春。东晋初,由于"苏峻、祖约为乱于江淮,胡寇又大至,民南渡者转多,乃于江南侨立淮南郡及诸县,晋末遂割丹阳之于湖县为淮南境"[②]。淮南侨郡及诸县本属侨置的豫州,但由于刘裕于义熙九年,以淮南侨郡在江东,改属扬州。淮南郡治于湖县(在今当涂县南与芜湖县相接处),领县 7:于湖县(治地如上)、

---

① 东晋改梁郡为北梁郡、谯郡为北谯郡,并隶徐州之事,见《宋书》卷二《武帝纪中》。

② 《宋书》卷三十五《州郡志一》。

当涂县(治今南陵县东南)、繁昌县(治今繁昌县东北)、襄垣县(故址在今芜湖市西南)、上党县(故址在今芜湖市西南,刘宋元嘉三年并入襄垣县)、定陵县(故址在今铜陵县东北)、逡遒县(故址在今宣城市水阳镇一带)。淮南侨郡所领 7 县,除于湖县外皆为侨置。在以上诸侨县中,繁昌县原属豫州襄城郡,治地在今河南临颍县西北,当涂县原属江北的淮南郡,治地在怀远县南淮河南岸。自东晋将此二县侨置于江南后,经历了一千六七百年政区的沧桑变迁,一直保留至今,遂为皖南名县。这是东晋侨置郡县政策在皖南留下的不可磨灭的印迹。

宣城郡,治宛陵县,领县 10,皆属安徽:宛陵县(治今宣城市宣州区)、宣城县(治今南陵县东弋江镇)、广德县(治今广德县城西南郊)、怀安县(治今宁国市东南旧石口乡)、宁国县(治今宁国市南竹峰乡万福村)、安吴县(治今泾县西南章渡镇安吴村)、泾县(治今泾县城西北部青弋江西岸)、临城县(故址在今青阳南郊)、广阳县(即汉陵阳县,成帝避杜皇后讳改陵阳为广阳县,治今青阳县陵阳镇)、石城县(治今池州市灌口乡石城)。

新安郡,治始新县(故址在浙江淳安县西北),领县 6,其 4 县在今安徽境内:歙县(治今歙县城徽城镇)、黟县(治今黟县东郊)、海宁县(治今休宁县东万安镇)、黎阳县(治今黄山市屯溪区黎阳镇)。

二、江淮经济的凋敝和皖南经济的发展

在东晋和十六国南北对峙的时期,淮北地区成了北方各族或南北政权兵马驰骋的疆场。淮北的官僚、世族和农民虽然有许多人南渡江淮或流亡他方,但也有一些人安土重迁,没有离开故土。他们为了保护自己的既得利益,往往收罗宗族、部曲、徒属、流民等聚保山泽险阻,形成了这一特殊历史条件下的坞堡(或叫垒壁、壁坞、屯坞等)经济。

这一时期淮北坞堡经济最早出现西晋末年。永嘉四年(公元310)汉国大将刘粲、刘曜、王弥等率军 4 万,"周旋梁、陈、汝、颖之间,陷垒壁百余"[1]。后来,当祖逖北伐至淮北时,"流人坞主张平、樊雅等

---

① 《晋书》卷一百零二《刘聪载记》。

在谯(今亳州市)"①,"张平自称豫州刺史,樊雅自号谯郡太守,各据一城,众数千人"②。在谯城附近"又有董瞻、于武、谢浮等十余部,众各数百",皆依附于张平。当祖逖北伐占据谯城后,周围还有许多没有归顺的坞堡,祖逖又"讨诸屯坞未附者"③。沛郡(治相县,今淮北市)人周坚,"与同郡周默因天下乱,各为坞主"④。既招聚数千百人结坞自保,就要开展生产自救。祖逖北伐至谯城,由于得不到东晋的粮饷供给,宛如坞主一样组织军民屯田自救。史称:祖逖在谯城,"佃于城北,虑贼来攻,因以为资,故豫安军屯,以御其外。谷将熟,贼果至。丁夫战于外,老弱获于内"⑤。在生产自救中,祖逖本人也"躬自俭约,劝督农桑,克己务施,不蓄产业,子弟耕耘,负担樵薪"⑥。这是祖逖北伐早期在谯郡组织军民且佃且守的艰难情景。后来,随着地盘扩大到整个黄淮大平原,形势相对稳定,北伐军占领区的农业生产和整体经济形势皆有所改善,并与后赵开展"互市"贸易。祖逖死后,淮北尽陷于后赵,祖逖在淮北的经济建设成果完全丧失。

其后,东晋诸将北伐,于皖北之地往往旋得旋失,谈不到有何经济建设的成就。淝水之战以后,东晋乘胜北伐。谢玄在占据彭城后,为了解决军用物资的漕运问题,进一步扩大战果,遂派其督护闻人奭修治介于苏、皖之间的古泗水漕路。其重点是整治位于今江苏铜山县东南古泗水上的吕梁险滩,其河床上有险峻的石梁,每逢冬春水少季节,必须不断排沙才能通航,是古泗水漕路上的"肠梗阻"。谢玄派遣闻人奭指挥9万人对泗水漕路进行了一次大规模修治。谢玄对泗水漕路的整治,不但有利于战时军用物资的运输,也便利了苏北和皖东北地区的官、私漕运。这是东晋水利史上的一个亮点。但是,后来由于建都关中的后秦和建都今山东的南燕东西连横向淮北扩张,皖北又处于战乱中。东晋末年刘裕北伐虽收复了淮北,但不久就由晋入宋了。

---

① 《晋书》卷六十二《祖逖传》。
② 《晋书》卷八十一《桓宣传》。
③ 《晋书》卷六十二《祖逖传》。
④ 《晋书》卷八十一《刘遐传》。
⑤ 《晋书》卷七十七《蔡谟传》。
⑥ 《晋书》卷六十二《祖逖传》。

　　在东晋与十六国对峙的时期,皖北处于南北政权争夺的前沿,社会经济遭受的破坏严重。相比较而言,淮水以南的江淮地区基本上处于东晋控制之下,北方政权虽曾越淮占领过淮南的部分地区,但时间不长。因此,淮南的局势比淮北稳定得多,因而社会经济形势也好一些。东晋政权为了抵御十六国政权的南犯,巩固北部边防,重视恢复和发展淮南地区的农业生产。其主要措施是兴修水利、推广种植"三麦"(小麦、大麦、元麦)、开展屯田。建武元年,退镇建康的司马睿下令"课督农桑,诏二千石长吏以入谷多少为殿最"。及太兴元年(公元318)元帝又下诏曰:"徐、扬二州土宜三麦,可督令旱地,投秋下种,至夏而熟,继新故之交,于以周济,所益甚大……勿令后晚。"①当时安徽的淮河以南地区(包括皖南)皆属扬州。这里早有稻作习惯,而"三麦"种植尚不普遍,晋元帝此诏,有利于在安徽淮河以南地区推广"三麦"种植,促进农业生产的发展。太兴二年(公元319),"三吴大饥",后军将军应詹上疏云:"故有国有家者,何尝不务农重谷。近魏武皇帝用枣祗、韩浩之议,广建屯田,又于征伐之中,分带甲之士,随宜开垦,故下不甚劳,而大功克举也。间者流人奔东吴,东吴今俭,皆以还反。江西良田,旷废未久,火耕水耨,为功差易。宜简流人,兴复农官,功劳报赏,皆如魏氏故事。一年中与百姓,二年分税,三年计赋税而使之。公私兼济,则仓盈庾亿,可计日而待也。"②六朝人所谓"江西"主要指今安徽江淮地区的南部。应詹建议在这里开展的屯田既有"复兴农官"的民屯,也有"分带甲之士,随宜开垦"的军屯。应詹当时之所以提出在"江西"兴办民屯是因为此前江淮间有不少农民流入"三吴"地区,而太兴二年"三吴"地区发生了饥荒,因而他们又返回"江西"。应詹主张乘此机会安置他们屯田。如此处理,既有利于稳定社会秩序,又有利于恢复经济。至于军屯则并不限于"江西",他说:"三台九府,中外诸军,有可减损,皆令附农"③。及明帝时,温峤亦云:"诸外州郡将兵者及都督府非临敌之军,且佃且守。又先朝使五校出佃,今四军

---

① 《晋书》卷二十六《食货志》。
② 《晋书》卷二十六《食货志》。
③ 《晋书》卷七十《应詹传》。

五校有兵者,及护军所统外军,可分遣二军出,并屯要处。"①东晋统治者接受了他们的建议,促进了淮南军屯的开展。穆帝永和中,殷浩遣北中郎将荀羡等"开江西畦田千余顷,以为军储",及其出镇寿春,"驱其豺狼,翦其荆棘,收罗向义,广开屯田,沐雨栉风,等勤台仆"。②殷浩虽然没有统帅之才,北伐劳而无功,但他在组织军民屯田方面做得还是不错的。当时归附东晋的羌族渠帅姚襄屯于盱眙(今江苏盱眙县),"招掠流人,众至七万,分置守宰,劝课农桑","夹淮广兴屯田,训厉将士"。③

安徽的江淮之地是东晋侨置郡县接纳北方流民的重要地区。为了安置流民,恢复淮南地区的郡县经济,东晋统治者实行了许多"省役"、"赈贷"、"专委农功"的政策。东晋初,应詹上疏云:"今中州萧条,未蒙疆理,此兆庶所以企望。寿春一方之会,去此不远。宜选都督有文武经略者……绥集流散,使人有所攸依,专委农功,令事有所局。"④这种"绥集流散"、"专委农功"的政策一度促进了淮南地区郡县经济的恢复。太和末,伏滔著《正淮论》记述当时寿春地区经济形势云:"彼寿阳(即寿春)者,南引荆、汝之利,东连三吴之富,北接梁、宋,平途不过七日,西援陈、许,水陆不出千里,外有江湖之阻,内保淮、淝之固。龙泉之陂(即芍陂),良畴万顷,舒、六之贡,利尽蛮越,金石皮革之具萃焉,苞木箭竹之族生焉,山湖薮泽之隈,水旱所不能害,土产草滋之实,荒年之所取给。"⑤这段文字显示了淝水之战前夕以寿春为中心的江淮地区北部社会经济复苏的景象。当时的寿春重镇设有官营的手工业作坊"作部",以上引文中提到的金石、皮革、弓箭及竹木器等当即主要为寿春"作部"制造,以供官府和军队之需。灵璧产磬石,泗水有"浮磬",可以制作乐器。永和中,镇西将军谢尚驻寿春,"采拾乐人,并制石磬,以备太乐。江表有钟石之乐,自尚始也"⑥。淝

① 《晋书》卷六十七《温峤传》。
② 《晋书》卷七十七《殷浩传》。
③ 《晋书》卷一百一十六《姚襄载记》。
④ 《晋书》卷二十六《食货志》。
⑤ 《晋书》卷九十二《伏滔传》。
⑥ 《晋书》卷七十九《谢尚传》。

水之战后,东晋又一度收复了淮北地区,淮南形势更加稳定,东晋政府继续经营江淮。孝武帝太元十四年(公元389)春正月癸亥诏:"淮南所获俘虏付诸作部者一皆散遣,男女自相配匹,赐百日廪,其没为军赏者悉赎出之,以襄阳、淮南饶沃地各立一县以居之。"①这是对淝水之战中前秦战俘的最后清理。襄阳战场的俘虏就近安排在襄阳郡(治今湖北襄樊市),淮南战场上的俘虏就近安排在淮南郡(当时治今寿县),免除其奴隶身份,解除其在"作部"的强制性劳动,允许男女匹配成家,调动其生产积极性。东晋末年,刘裕行将北伐后秦,遣毛修之修芍陂,"起田数千顷"②。以上情况说明虽然在南北战争和内部动乱的时期,江淮经济尚有一定程度的恢复,但由于江淮地区位于东晋东方防御北方政权南侵的要冲之地,外患内乱频发,严重制约了江淮经济的全面恢复和发展。

东晋时期,北方政权虽然几次渡淮南侵,但始终未曾渡江。东晋内部的几次叛乱扰乱的地区仅限于沿江一带,对皖南地区的稳定影响不大,故东晋时期皖南经济的发展情况明显好于江淮地区。自东晋初年以来开展的军屯亦曾实施于皖南。明帝时温峤上屯田建议言:"缘江上下,皆有良田,开荒须一年之后即易。且军人累重在外者,有樵采蔬食之人,于事为便。"③温峤规划的缘江军屯是一种分兵屯田办法,即一部分士卒屯守,一部分士卒专事屯田樵采。"诸军各自佃作,即以为廪"④。长江是东晋防御北方政权入侵的第二道防线,皖江军镇自当有不少军屯。但到东晋末年由于州郡镇将侵吞屯田果实,遂至有屯田之名而无屯田之益,因而刘裕曾宣布停废失控的屯田。义熙七年十一月,刘裕颁令:"州郡县屯田池塞,诸非军国所资,利入守宰者,今一切除之。"⑤至此,包括安徽在内的东晋屯田陷入了一个低谷。但是,从总体上看,东晋屯田对于支持北伐和恢复经济曾经发挥过一定的积极作

---

① 《晋书》卷九《孝武帝纪》。
② 《宋书》卷四十八《毛修之传》。
③ 《晋书》卷六十七《温峤传》。
④ 《资治通鉴》卷九十《晋纪十二》。
⑤ 《宋书》卷二《武帝中》。

用则是应当肯定的。

　　皖江沿岸的历阳、姑孰、芜湖、于湖,东晋时交替为侨置的豫州治所,不但具有重要的军事地位,也具有重要的经济地位。其中姑孰(今当涂县)东近京师建康,西与历阳隔江相对,南去芜湖、于湖不远,是东晋在皖江地区的仓储重地。这里储存有大量盐米、布匹等物质以供军需。胡三省曰:"姑孰临江渚,舟船所凑,晋积盐米于此。"①桓温晚年镇姑孰,晋帝诏赐桓温世子桓熙布 3 万匹、米 6 万斛,当即出自姑孰官仓。东晋末,桓玄为豫州刺史,镇姑孰,"大筑城府,台馆山池莫不壮丽"②。元兴二年十二月,桓玄在姑孰上演一场代晋称帝的闹剧,于城南七里立郊,筑坛于九井山(在今当涂县南)北,祭告天地,以登帝位。桓玄在姑孰称帝,虽为一时之举,亦有不少豪华的建筑。史称:"桓玄于南州(即姑孰)起斋,悉画盘龙于其上,号为盘龙斋"③。由此可见当时的姑孰有一批技艺娴熟的能工巧匠制作精美器物。考古工作者在今芜湖、当涂、马鞍山发现的古墓葬对研究皖南沿江地区的经济有参考价值。芜湖赭山古墓包括 14 座魏晋墓。④ 这些墓葬虽早年被盗,考古工作者仍清理出大量瓷器、铜器、陶器、钱币及铁器、漆器等,其中的一座古墓出土了"咸康二年作"的纪年砖,说明这是一座东晋成帝时的墓葬。该墓出土的铜镶斗、铜勺等实用器和瓷虎子等瓷器。当涂县黄山卸巷村的东晋砖室墓⑤,包括甬道、墓室全长 6.52 米,共清理出遗物 26 件。其中包括实用青瓷器 12 件,铜器 3 件(镶斗、三足炉、铜镜各 1 件),金银 2 件(金钗、银手镯各 1 件),铁剑 2 件,另有陶器 4 件、滑石猪 3 件。其铜镜铭文作:"青盖作竟(镜)四夷服,多贺国家人民息,胡虏殄灭天下服,长保二亲得天力。"具有鲜明的时代特色。马鞍市区南佳山山麓砖室墓⑥,包括墓门、甬道、墓室全长 6.25 米。所出土砖刻墓志铭作:"泰元元年十二月十二日晋故平昌郡安丘县始兴相散

---

① 《资治通鉴》卷十五《晋纪·成帝咸和二年》。

② 《晋书》卷九十九《桓玄传》。

③ 《晋书》卷八十五《刘毅传》。

④ 参见王步艺《芜湖赭山古墓清理报告》,《文物参考资料》1956 年第 12 期。

⑤ 参见王俊、李万德《当涂县黄山东晋墓清理简报》,《文物研究》第 9 辑(1994 年 11 月)。

⑥ 参见安徽省文物工作队《安徽马鞍山东晋墓清理》,《考古》1980 年第 6 期。

骑常侍孟府君墓。""泰元"即"太元",孝武帝年号。太元元年,即公元376 年。这是一个有确切纪年的东晋二千石官吏的墓葬。虽然此墓早年被盗,尚出土实用青瓷器 10 件、陶器 18 件、铜棺钉 12 根等。以上这些资料从一个侧面反映了东晋时期皖南沿江地区社会经济的面貌。

西晋时期分割丹阳郡西南部而设立的宣城郡,领属 10 县。东晋时期,由于南下流民和当地土著居民的共同开发,社会经济又有进一步发展。宣城郡治宛陵县(今宣城市),与前面谈到的姑孰地区一样是皖南侨、旧地主田庄集中分布的地区。如谯国龙亢(治今怀远县西北)桓氏,自西晋末年桓彝率领族人南渡定居宛陵,任宣城内史,"在郡有惠政,为百姓所怀"①。自其子桓温以后,桓氏子弟出将入相,成为在东晋历史上能够与琅邪王氏、颖川庾氏、陈郡谢氏并列的左右东晋政局的四大门阀世族。② 这个家族的墓地亦在宛陵,并且在那里建立了自己的田庄。桓彝的第四个儿子桓秘因仕宦不得意,居于宛陵,"放志田园,好游山水"③。至东晋末,宣城郡又出现了许多利用当地山区丰富资源造作器物的官屯和兼营手工业的"私屯"。《宋书·刘敬宣传》云:"宣城多山县,郡旧立屯以供府郡费用,前人多发调工巧,造作器物,敬宣到郡,悉罢私屯,唯伐竹木,治府舍而已。亡叛多首出,遂得三千余户。"刘敬宣在郡省府郡费用,与民休息,罢"私屯",招抚亡叛3000 余家为自耕农,必然能够进一步促进宣城郡农业经济发展。因此自西晋末年以宣城郡二万户为移镇建邺的琅邪王司马睿的食邑,东晋时琅邪王之封从不间断,皆以宣城郡为食邑,或兼食会稽,现择其有明确宣城户数者录于下。司马睿封其子司马裒为琅邪王,"食会稽、宣城邑五万二千户"④。司马裒死后,又封其少子司马昱(即后来的简文帝)为琅邪王,"食会稽、宣城如旧"⑤。简文帝去世前封幼子司马道子

---

① 《晋书》卷七十四《桓彝传》。
② 参见简修炜等著《六朝史稿》,华东师范大学出版社 1994 年版,第 201 页。
③ 《晋书》卷七十四《桓彝传》。
④ 《晋书》卷六十四《宗室传》。
⑤ 《晋书》卷九《简文帝纪》。

为琅邪王,"食邑一万七千六百五十一户,摄会稽国五万九千一百四户"(前一数字当为食宣城郡户数)。"及恭帝为琅邪王,道子受封会稽国,并宣城为五万九千户"①。东晋历代琅邪王在诸王中地位最尊,其所食封皆兼有宣城邑户。这当与东晋时期宣城自耕农经济比较稳定有关。

东吴时期分割丹阳郡西南部山区设置的新都郡(领属6县,其中4县属安徽,2县属浙江),西晋改名新安郡。在其设郡后的100多年中在全国数百千郡县中并不显名,但到东晋末年因五斗米道的传播和孙恩起义而名声大震。孙恩,琅邪人,世奉五斗米道。五斗米道在东南地区很有群众基础,及当地的道首杜子恭死后,南迁到东南地区的孙恩的叔父孙泰就成了公认的五斗米道首领。因孙泰"知养性之方",遂被朝廷任命为辅国将军、新安太守。孙泰见朝廷内乱不断,民不聊生,"以为晋祚将终",于是加紧了以新安郡为根据地的传教和组织农民起义的活动。后来孙泰因"谋反"罪被司马道子杀害。及孙恩率领百余名骨干分子自海岛登陆发动起义,会稽、新安等八郡五斗米道信徒,"一时俱起,杀长吏以应之,旬日之中,众数十万"②。这是新安郡历史上的一件大事。新安郡之所以能与其他名郡共举此大事,当与其经济地位的提高有密切关系。史称:孙泰在新安郡,"收合兵众,聚货巨亿"③。这说明经过劳动人民近200年的辛勤开发,新安郡的经济实力已经大大提升。由于新安郡山多田少,一部分人被迫外出经商。外出经商也很不易,常年在外,风餐露宿,思乡思亲之情油然而生,因而新安商人创作了一种由衷的悲切歌曲。新安商人的真情悲歌引起了在桓温专权下宗室司马晞的共鸣,他常在宴会时,"使人作新安人歌舞离别之辞,其声甚悲"④。离别者,外出经商也。这说明东晋时期新安郡产生了第一代"徽商"。当然,当时新安商人的人数还不多,在经济领域中的地位尚不突出,但其影响是深远的。

---

① 《晋书》卷六十四《宗室传》。
② 《晋书》卷一百《孙恩传》。
③ 《资治通鉴》卷一百一十《晋纪三十二》。
④ 《世说新语》下卷《黜免》注引《司马晞传》。《晋书·五行志》司马晞误作庾晞,故不引。

第八章
南北朝对峙下的安徽

南北朝是继东晋与十六国之后又一个南北对峙的历史时期。南朝包括宋、齐、梁、陈4个续接嬗代的王朝，北朝包括北魏、东魏、西魏、北齐、北周5个王朝。

自北魏中期以后，南北对峙中北强南弱的形势逐渐形成，北魏攻占了刘宋据有的皖北之地。此后，北魏、东魏、北齐、北周又与南方的刘宋、南齐、萧梁和陈朝进行了长期、激烈的争夺。虽然彼此势力时有消长，但总的趋势是北朝各政权不断向南扩张。由于继续实行侨置政策，安徽的政区建置仍然非常紊乱。在经济方面，当刘宋全盛时，安徽南北各地经济均有不同程度的恢复和发展。元嘉时期，缘淮农业连年丰收。宋、齐实行"与民和市"政策，寿春、钟离等地商业贸易活跃。南朝时期，皖南的地主庄园和自耕农经济继续发展，新安郡民户激增。

第一节 北朝诸政权统治下的皖北和淮南

一、北魏占领皖北及其政区建置

淝水之战后,前秦瓦解,北方又陷入了大分裂。鲜卑族拓跋部乘机复国,改国号为魏,迁都平城(今山西大同市),史称北魏。北魏建国后,东征西伐,迅速强大起来,于是开始向南方扩张。与北魏对峙的南方政权先后是刘宋、萧齐和萧梁。这种形势一直持续到梁中大通六年(公元 534),北魏瓦解。

魏太延五年(公元 439),北魏完全统一了北方,于是开始对刘宋发动更大攻势。太平真君十一年(宋元嘉二十七年,公元 450 年)十月,魏太武帝拓跋焘率军自枋头渡河,遣诸将分道并进,永昌王拓跋仁自洛阳出寿春,尚书长孙真趋马头(今怀远县南淮河南岸),楚王拓跋建趋钟离(今凤阳县东北临淮镇)、高凉王拓跋那自青州趋下邳(今江苏睢宁县西北)。十一月,拓跋焘攻陷邹山,宋鲁、阳平二郡太守崔邪利战败被擒。魏将拓跋建进据萧城(今萧县西北),步尼公进据留城(今江苏沛县境),摆出了围攻宋淮北重镇彭城(今江苏徐州市)的阵势。这时魏将拓跋仁已先后攻克了悬瓠城(今河南汝南县)、项城(今河南沈丘县),又追击宋将刘祖康到尉武亭(在今寿县西),祖康战死。拓跋仁进攻寿阳(今寿县),宋南平王刘铄婴城固守,魏军攻之不克,遂转而焚掠马头、钟离。拓跋焘至彭城,宋江夏王刘义恭、武陵王刘骏(即后来的宋孝武帝)严防坚守。拓跋焘攻之不克,十二月遂命其将鲁秀渡淮攻广陵(今江苏扬州市西北蜀冈),拓跋那攻山阳(今江苏淮安市),拓跋仁直趋横江(今和县东南)。太武帝拓跋焘渡淮后,攻盱眙不克,留将拒战,自率大军南趋瓜步(今江苏六合县东南)。这时北魏诸军皆已渡淮临江,声言渡江灭宋,建康城内的宋朝君臣、民庶无不震恐。宋文帝命将军刘遵考等率兵分守津要,游逻上自于湖(今当涂

县南),下至蔡洲(在今南京市西南),陈舰列营,周亘江滨,自采石(今马鞍山市采石镇)至于暨阳(今江苏江阴市东南),六七百里间陈兵设防,严阵以待。拓跋焘虽能凭借强大的骑兵长驱直入,纵横于原野,终因其无水军舟舰,无法渡江攻占近在咫尺的刘宋都城建康。次年正月,拓跋焘率军北归。拓跋焘这次南伐刘宋,就其战争形势看似已占领了皖北和江淮间的不少地方。但由于拓跋焘南征采取不攻坚城而仅依凭强大的骑兵越野深入挺进,故其虽大军临江,而刘宋之战略重镇彭城、寿阳、盱眙犹未失守,故及魏军北还,皖北及江淮之地仍属刘宋。

刘宋时的内乱往往引发北魏的南侵,改变刘宋北方的版图。泰始元年(公元465)十一月,湘东王刘彧杀前废帝刘子业,即皇帝位,是为宋明帝。由于宋明帝不善安抚,这次宫廷政变引发了刘宋许多藩王和方镇的叛离,如北部沿边镇将豫州刺史常珍奇、徐州刺史薛安都、兖州刺史毕众敬、青州刺史沈文秀、冀州刺史崔道固纷纷叛变,先后投降北魏,并引导北魏军队进攻刘宋。《宋书·州郡志》云:"太宗(即宋明帝)初,索虏南侵,青、冀、徐、兖及豫州淮西并皆不守,自淮以北,化为虏庭。于是于钟离置徐州,淮阴为北兖,而青、冀二州治赣榆之县。""所谓淮西,也是指皖北豫东淮河北岸一带"①。具体说,豫州淮西九郡中的谯郡、汝阴郡、新蔡郡的东北部和徐州的西南部诸郡县皆属皖北之地,也就是说,到宋明帝时皖北已为北魏所占领,形成了魏、宋大致以淮水一线南北对峙的形势。

在北魏与南齐对峙的时期,魏孝文帝曾于太和三年(齐建元元年,公元479年)、太和十八年(齐建武元年,公元494年)、太和二十一年(齐建武四年,公元497年)三次大举讨伐南齐,并且曾渡淮作战,但立足未稳,旋又退回淮北,仍然与南齐大致保持着以淮水为界南北对峙的局面。但是,到南齐末年,南齐北境形势发生了很大变化。永泰元年(公元498)七月,齐明帝去世,太子萧宝卷即位(后废为东昏侯)。东昏侯为了巩固自己的地位,数诛大臣,又欲调遣镇守寿春的豫州刺

---

① 周一良《魏晋南北史论集》,北京大学出版社 1997 年版,第 370 页。

史裴叔业任南兖州刺史。裴叔业不乐内徙,次年正月,遣使奉表降魏。魏遣骠骑大将军彭城王元勰、车骑将军王肃率步骑 10 万大军驰赴寿春。二月,魏将李丑、杨大眼、奚康生等率领的先锋部队攻占了寿春。三月,魏又击溃了南齐救援寿春的部队,接着又攻占了合肥、建安(在今河南固始县东)等军镇。并于寿春置扬州,以彭城王元勰为第一任刺史。因此北魏版图又拓展到巢湖以北以寿春为中心的淮南西北部地区。这时淮南东部钟离等军事重镇仍为南齐所有。南齐灭亡后,钟离转为梁朝版图,而寿春仍为北魏疆土,形成了北魏与梁朝在淮南北部东西对峙的局面。

魏景明四年(梁天监二年,公元 503 年)十月,魏扬州刺史、任城王元澄统兵 3 万以寿春为大本营遣党法宗、傅竖眼、王神念等分兵对萧梁发动攻势,并先后攻克了颍川(侨郡,治霍山县境)、关要(在今六安市境)、大岘(在今含山县东北)三城及东关(今含山县西南)等战略要地,及白塔、牵城、清溪诸戍(以上三戍似当在滁州、来安、含山境)。接着北魏又攻克焦城、淮陵(二地皆在今明光市东北)。形成了对萧梁军事重镇钟离的战略包围。这是北魏据有淮南最盛的时期。此后 20 多年间,北魏为了攻占钟离,梁为了保卫钟离并收复寿春,双方在淮南地区发动数十次战役,各有胜负。这种僵局一直持续到魏末。北魏末年,魏庭大乱,梁武帝乘机大举北伐。孝昌二年(梁普通七年,公元 526 年)十一月,魏扬州刺史李宪以寿春降梁,皖北大部分地区旋亦失陷入梁。

北魏虽曾越淮而占有过淮南部分地区,并在寿春设立扬州,但时间仅 27 年。为了避免错杂,更好地反映南北政权分治安徽的大势,今据谭其骧先生主编《中国历史地图集》相关图幅、《魏书·地形志》,并参考李天敏《安徽历代政区治地通释》,以魏太和二十一年(公元 497)为标准年代,对北魏在皖北的政区建置阐述如下:

豫州,治上蔡县(悬瓠城,今河南汝南县),其所领郡中有 2 郡 4 县在安徽境内。

新蔡郡,治新蔡县(今河南新蔡县),其东北部 2 县在安徽境内:固始县(治今临泉县城关镇)、铜阳县(治今临泉县西铜阳镇)。

陈留郡,侨置,治小黄侨县,领县3,其2侨县在安徽境内:小黄县(治今亳州市)、浚仪县(治今亳州市东南城父镇)。

南兖州,侨州,治马头侨郡(今蒙城县城关镇),领县不详。

徐州,治今彭城县(今江苏徐州市)。其所领郡中有5郡数县在今安徽境内。

彭城郡,治彭城县,领县6,其1县在安徽境内:龙城县(治今萧县东龙城镇)。

沛郡,治萧县,领县3,其2县在安徽境内:萧县(治今萧县西北)、相县(治今淮北市相山区)。

南济阴郡,侨置,治竹邑城(今宿州市北符离镇)。领侨县2,皆在安徽境内:顿丘县(治今宿州市北符离镇)、定陶县(治今濉溪县赵集乡山西村东北)。

阳平郡,侨郡,治今固镇县南谷阳乡,领县未详。

临潼郡,治临潼县,领县2,皆在安徽境内:临潼县(治今泗县东南)、僮县(治今泗县东北)。

在宋失淮北4州和豫州淮西9郡以后,皖北之地皆入北魏版图。北魏为了进一步占据淮南,多次自中原向宋、齐政权发动强大攻势,皖北地区尤其是皖西北的颍河与涡河流域是北魏军队戍卫缘淮和进攻淮南必经之地,遭受的战争破坏也最为严重,人民逃亡,郡县荒废。南朝政权于江淮间侨置南汝阴郡、西汝阴郡、南谯郡、南沛郡等,北魏政权则于今河南商丘市东北侨置谯郡,沛郡虽未废而所领县已大大削减,反映了当时皖北人民南迁北徙的情况。至于当时设立于皖北的陈留郡、阳平郡和南济阴郡几个侨郡当是北魏截留北方南迁的人民设立的。至于马头郡则当是北魏俘掠淮南人民至淮北而设立的。这是太和末年北魏皖北政区建置的情况和缘由。

二、东魏、北齐、北周统治皖北和淮南的格局

北魏末年,阶级矛盾和民族矛盾激化,引发了北方各族人民大起义。在各族人民大起义的打击下,北魏统治进一步削弱。魏永熙三年(公元534)八月,孝武帝元修投奔关中宇文泰,建立了西魏。魏权臣

高欢则另立魏宗室元善见为帝,迁都邺城,史称东魏。北魏末年和东魏期间,萧梁不断北伐。经过南北双方的反复争夺,至东魏武定四年(公元546),萧梁虽收复了淮北的不少地方,但今皖北的亳州市(东魏于此置南兖州陈留郡)、萧县(东魏于此置沛郡)及与皖东北相毗邻的军事重镇徐州彭城郡仍属东魏版图。①

　　东魏末年侯景乱梁加速了萧梁的衰亡和东魏向江淮地区拓疆的步伐。武定五年(梁太清元年,公元547年),割据河南的东魏司徒侯景背叛东魏投降梁朝,梁武帝萧衍乘机遣其宗室萧渊明督诸军进攻彭城,企图与侯景构成对抗东魏的掎角之势。但由于东魏徐州刺史王则据城固守,东魏执政高澄又遣其大将高岳、慕容绍宗等率领大军救彭城,结果大破梁军,并俘虏了萧渊明等,梁潼州刺史(治今泗县境)郭凤弃城逃走。侯景东攻谯城(今亳州市)不遂,于是攻拔城父县(今亳州市东南城父镇)。东魏慕容绍宗率10万大军进攻侯景,侯景率4万军队退保涡阳(今蒙城县)。侯景的士卒大多不愿意南渡,纷纷投降东魏。武定六年(梁太清二年,公元548年)正月,侯景溃败,率领余部自峡石(在今凤台县西南)渡淮退至寿春。梁武帝遂以侯景为豫州牧,镇寿春。侯景乘机在寿春招募士卒,扩充军队。同年八月,侯景利用萧梁朝廷内部的矛盾起兵反梁,并乘朝廷征讨之师未集之机,采取速战速决方式向建康进军。十月,攻占谯州(侨州,治今滁州市)、历阳(今和县),自横江(今和县东南)渡江占据了采石,接着又攻占了姑孰(今当涂县),于是北上,并很快攻占了建康。侯景叛军在客观上成了东魏攻占皖北和江淮之地的前驱。

　　武定七年(梁太清三年,公元549年)正月,梁北徐州(侨州治钟离县,今凤阳县东北)刺史萧正表投降东魏。不久,侯景所置寿春镇将王显贵亦投降东魏。一月之间东魏相继占领了淮南重镇钟离和寿春。七月,东魏将李伯穆攻占了合肥。这时,萧梁的东徐州(治宿预郡,今江苏宿迁县东南)、北青州(治今江苏赣榆县西)、青州(治今江苏连云港市)、北兖州(治今江苏淮安市西南)亦先后被东魏占领。至此,东

---

① 参见《魏书》卷一百六《地形志》、谭其骧主编《中国历史地图集》东魏图幅。

魏不但占领了淮北,也控制了淮南的合肥以北地区。

武定八年(梁大宝元年,公元 550 年),东魏权臣高洋废东魏孝静帝元善见称帝,改元天保,建号齐,史称北齐。北齐前期不但继承了东魏攻略皖北和安徽江淮之地的战果,而且又有进一步拓展。天保六年(公元 555)二月,齐帝高洋乘梁元帝萧绎被西魏俘杀之机,兴师遣送以前被俘的梁朝宗室萧渊明入主建康。是月二十三日齐将高涣攻克南谯郡(治今巢湖市)。三月,齐将尉瑾等攻克皖城(今潜山县),并于此置江州,以尉瑾为刺史以镇之。接着高涣攻克东关(在今含山县西南),斩梁将裴之横,俘虏数千人。在大军压境的情况下,梁朝执政大臣王僧辩被迫同意迎纳萧渊明为帝。齐上党王高涣与萧渊明盟约于历阳(今和县),齐、梁之境以大江为界,梁称藩于齐。以齐、梁通和,故北齐于历阳置和州(此即今和县名称的渊源)。至此,安徽的江北之地皆为北齐占领。直到陈朝前期仍与北齐维持着这种大致以长江为界的南北对峙局面。以上是高澄专制东魏时和高洋建立北齐后在皖北和淮南的拓疆建树。北齐自高洋后期统治阶级日趋腐败,北齐末年腐败益甚,群小用事,无故诛杀大臣杨愔、斛律光等,国势更加衰落。这时取代西魏而立的北周,励精图治,国富兵强。周武帝宇文邕见灭齐时机成熟,遂与陈宣帝陈顼达成了合纵攻齐的默契。于是陈宣帝派遣吴明彻率军北伐,收复了淮南之地和淮北的部分地区,北齐控制区收缩到彭城以北。

当陈朝出淮南讨伐北齐时,北周亦自关中向北齐发动了战略性的强大攻势。建德六年(陈太建九年,公元 577 年)正月,北周攻克北齐都城邺城(今河北临漳县),北齐灭亡。北周攻灭北齐后,很快就把战争的矛头转向了南方的陈朝。这时淮北重镇徐州已易手为北周所有,北周以梁士彦为徐州总管。十一月,陈大将吴明彻率军进攻徐州,在吕梁击败周军,梁士彦婴城固守。建德七年(陈太建十年,公元 578年)二月,救援徐州的北周大将王轨遣将至清口(清水乃泗水之别名,清口即泗水入淮之口),切断了吴明彻舰船后撤的道路。在周军的内外夹击下,陈军大败,统帅吴明彻被俘,将士 3 万余人被俘斩。陈朝东方防线遭受到惨烈重创。皖北之地皆入北周版图。北周又于谯县置亳州总管,进一步加强对淮南攻势。周大象元年(陈太建十一年,公元579 年)十一月,周大将韦孝宽突破了陈朝缘淮防线攻克寿春,接着又攻克了霍州(治今霍山县)。十二月,陈朝的北兖州(治今江苏淮安市西北)、南兖州(治今江苏扬州市西北蜀冈)、晋州(治今潜山县)及盱眙(治今江苏盱眙县)、马头(治今怀远县南淮河南岸)、秦郡(治今江苏六合县北)、历阳(治今和县)、南沛(治今天长县西北石梁镇)、北谯(治今全椒县北)、南梁(治今肥东县梁园镇)等三州九郡民皆"自拔还江南"[①]。不久,北周又攻占陈朝的北徐州(治今凤阳县东北)和谯州(治今滁州市)。至此,安徽、江苏的淮南、江北之地尽为北周占有,陈朝则以左卫将军任忠为南豫州刺史,镇宣城,都督缘江防务,又形成了陈朝与北周(不久即入隋)以大江为界南北对峙的局面。陈、隋南北对峙的局面仅持续了八九年时间,隋朝即攻灭了陈朝,全国又重归一统。

三、北朝时期皖北和淮南经济的恢复和发展

如前所述,自北魏中期以后,南北对峙中的北强南弱的形势开始形成。魏皇兴元年(宋泰始三年,公元 467 年),北魏占领了包括皖北在内的淮北广大地区(不含苏北沿海的部分地区)。北魏为了巩固其所占领地盘并进一步扩大战果,曾实行一系列稳定社会秩序和恢复社会经济的措施。其首要措施是整饬吏治,实行颁禄制。北魏前期的统治政策带有浓厚的奴隶制残余,官吏没有俸禄,依靠战争掠夺人口和财物赏赐官吏。地方官吏往往在治区内巧取豪夺,贪赃枉法,或役使奴婢耕织以满足自己的贪欲。这种落后的统治方式容易激化阶级矛盾,引起人民的反抗。为了缓和阶级矛盾和民族矛盾,孝文帝时期最早实施的改革措施就是整饬吏治,实行颁禄制。延兴三年(公元 473)十一月诏:"河南七州牧守多不奉法,致新邦之民莫能上达,遣使者观风察狱,黜陟幽明。"[②]当时皖北即属上述"河南七州"中的豫、徐、南兖

---

① 《陈书》卷五《宣帝纪》。
② 《魏书》卷七《高祖纪》。

三州之地。此诏意在整饬吏治,巩固北魏对包括皖北在内的"河南七州"的统治。此后北魏整饬吏治的措施更加制度化。太和八年(公元484)六月诏:"置官班禄……禄行之后,赃满一匹者死。"太和十年(公元486)十一月,"议定州郡县官依户给俸"①,"依户给俸"不但明确了地方官吏的俸禄标准,而且有利于鼓励地方官吏招抚流亡,发展生产。孝文帝时期,北魏吏治曾一度大为改善,淮北出现了许多为政清廉、注意抚恤人民、重视发展生产的地方官吏。如新蔡郡(治今河南新蔡县,其所领固始、铜阳二县在今临泉县境内)太守刘模,"宽猛相济,颇有治称"②。贪赃枉法的官也往往受到严厉的处罚。如沛郡(北魏郡治今萧县西北)太守邵安、下邳(治今江苏睢宁县西北)太守张樊"赃污",徐州刺史薛虎子对他们毫不留情,"按之以法"。后来徐州"遭水,二麦不收",薛虎子"上表请贷民粟……民得安堵"。③ 宣武帝时,"豫州大饥",刺史薛真度每日"别出州仓米五十斛为粥,救其甚者"④。"徐、兖大水,民多饥馑",徐州刺史元鉴"表加赈恤,民赖以济"。⑤ 这些官吏的清廉作风和抚恤措施为皖北经济的恢复和发展创造了良好的社会环境。

在赋税制度方面,孝文帝初年在包括皖北在内的河南诸州实行的是类似魏晋的租调制。延兴三年七月诏:"河南六州之民,户收绢一匹,绵一斤,租三十石。"⑥由于当时尚没有解决土地问题,这样的租调征发标准对于占有土地多少不等的农户来说必然有畸重畸轻之弊。为了促进农业生产的发展,北魏开始推行均田制和三长制。均田制的具体内容是,男子年十五以上受露田 40 亩,妇人 20 亩。为了轮作的需要,规定在地多人少的宽乡露田可加倍或加两倍授给。又规定,男子授桑田 20 亩,非蚕桑之乡授给麻田,男子 10 亩,妇人 5 亩。同时又规定了相应的输纳租调的义务。为了便于均田制的推行,又颁布了三

---

① 《魏书》卷七《高祖纪》。

② 《魏书》卷四十八《高允传附刘模传》。

③ 《魏书》卷四十四《薛虎子传》。

④ 《魏书》卷六十一《薛安都传附薛真度传》。

⑤ 《魏书》卷十六《河南王曜传附元鉴传》。

⑥ 《魏书》卷七《高祖孝文帝纪》。

长制,规定五家为邻立一邻长,五邻为里立一里长,五里为党立一党长。这时皖北已入魏近 20 年,故北魏均田制和三长制亦必然推行于皖北。均田制下的农民租调负担比此前宗主督护制下的农民负担大大减轻,人身隶属关系削弱,不仅有利于招抚流亡,而且有利于促使坞堡隐民脱离宗主成为国家的编户齐民,促进了皖北地区农业生产的恢复和发展。

为了促进农业生产的发展,北魏政府重视兴修水利。除了中央政府派遣技术人员奔赴各地指导修治灌溉工程以外,皖北地方州郡官吏亦因地制宜兴修水利。延昌二年(公元 513)夏,徐州地区由于暴雨导致泗水、汴水、潍水等洪水泛滥。刺史李彦深入救灾第一线,带领军民成功地救治这次发生于今苏北和皖东北地区的洪涝灾害,因而受到了魏帝下诏表彰。成书于北魏末年的《水经注》记载了许多当时皖北见存的水利灌溉工程,从一个侧面反映了北魏实行均田制后皖北地区水利和农业生产发展的概貌。如汝水流域有鲖陂①(在今临泉县鲖阳镇附近);颍水流域有次塘(即细陂在今阜阳市茨河铺北)、大漴陂②(在今颍上县江口镇北)、江陂(在今颍上县江口镇附近);在由蒗荡渠下游枝分而东南流的古沙水中游有高陂③(约在今太和县北与亳州市南境交界之地);在涡水下游有瑕陂④(约在今蒙城县东南);在汴水的下游有梧桐陂⑤(在今萧县境内);在潍水的下游有郑陂(在今萧县与淮北市之间)、澪陂(在今宿州市东北)、潼陂⑥(在今泗县西南);在今西自阜南县境内东至凤台县西的淮水干流北岸有富陂、高塘陂、焦陵陂、焦湖等;在淮河支流夏肥水流域有高陂(在亳州市南境)、大漴陂(约在今涡阳县西境)、鸡陂(约在今涡阳县西南)、黄陂(约在今蒙城县境)、茅陂⑦(约在今凤台县境)。这些水利灌溉工程为皖北地区农业

① 《水经注》卷二十一《汝水注》。
② 《水经注》卷二十二《颍水注》。
③ 《水经注》卷二十二《渠水注》。
④ 《水经注》卷二十三《汴水注》。
⑤ 《水经注》卷二十三《阴沟水注》。
⑥ 《水经注》卷二十四《睢水注》。
⑦ 《水经注》卷三十《淮水注》。

生产的恢复与发展创造了良好的水利条件。如位于今阜阳市北境的次塘(即细陂),"公私引裂,以供田溉"①。在今阜南县境内,"多陂塘以溉稻"②。地处汴泗交汇之处的徐州(当时的汴水穿越今砀山、萧县二县至彭城北入泗水),灌溉条件优越。史称:"徐州左右,水陆壤沃,清(清水乃泗水别名)汴通流,足盈激灌,其中良田十万余顷。"③由此可见当时皖北水利事业发展的大致情况。

开展屯田是北魏加强对包括皖北在内的河南诸州统治和发展农业生产的又一重要举措。太和四年(公元480),徐州刺史、彭城镇将薛虎子鉴于徐州地区自然环境和水利条件适合发展农业生产,而"在镇之兵","不免饥寒",遂向朝廷建议就地开展军屯。他的实施方案是:"以兵绢市牛,分减士卒,计其牛数,足得万头,兴办公田,必当大获粟稻。一岁之中,且给官食,半兵耘植,余兵尚众,且耕且守,不妨捍边。一岁之收,过于十倍之绢,暂时之耕,足充数载之食。于后兵资,唯须内库,五稔之后,谷帛俱溢。匪直戍士有丰饱之资,于国有吞敌之势。"北魏朝廷批准了他的规划,遍布于苏北和皖东北地区的徐州诸军镇屯田得以普遍开展。薛虎子在州11年,"绥边布化,甚得其和"。④北魏占领寿春后,又在缘淮地区开展军屯。《魏书·食货志》云:"自徐、扬(北魏于寿春置扬州)内附之后,仍世经略江淮,于是转运中州,以实边镇,百姓疲于道路。乃令番戍之兵,营起屯田。"宣武帝景明中,"值朝廷有南讨之计,发河北数州田兵二万五千人,通缘淮戍兵五万余人,广开屯田"⑤。正始元年(公元504)九月,宣武帝诏:"缘淮南北所在镇戍,皆令及秋播麦,春种粟稻,随其土宜,水陆兼用,必使地无遗利,兵无余力,比及来稔,令公私俱济也。"⑥包括皖北地区在内的北魏缘淮军屯的开展,既免除或减轻了人民的军饷转运之劳,同时也加强了北魏的东南边防。北魏在包括皖北在内的河南诸州开展军屯的同

---

① 《水经注》卷二十二《颍水注》。

② 《水经注》卷三十《淮水注》。

③ 《魏书》卷四十四《薛虎子传》。

④ 本段以上引文皆出自《魏书》卷四十四《薛虎子传》。

⑤ 《魏书》卷七十九《范绍传》。

⑥ 《魏书》卷八《世宗宣武帝纪》。

时,也在这里组织民屯。太和十二年(公元488),秘书丞李彪建议:
"别立农官,取州郡户十分之一以为屯民,相水陆之宜,料顷亩之数,以
赃赎杂物余财市牛科给,令其肆力。一夫之田,岁责六十斛,蠲其正课
并征戍杂役。"史称孝文帝对李彪的建议"览而善之,寻皆施行"。[1] 本
节前面谈到的阜阳市北境北魏水利工程次塘即"细陂","公私引裂,
以供田溉"。私家"田溉"当是指灌溉均田制下的露田或桑田,公家
"田溉"则当是指屯田。这里没有镇戍,故知次塘屯田应为民屯。北
魏在缘淮一带设置了许多侨州郡县,流民大多不具备自主恢复生产的
条件,当地郡县官吏自当组织他们开展屯田。北魏在皖北的屯田,无
论是军屯或民屯对皖北农业生产的恢复和发展都有积极作用。

　　景明元年(公元500)正月,北魏占领寿春后,又进一步扩大战果,
今合肥、天柱山以北尽为魏地。北魏于寿春置扬州以统治其新拓展的
淮南之地。这时寿春以东的钟离(治今凤阳县东北)地区仍为南朝的
军事重镇,彼此战争不断。北魏为了巩固对以寿春为中心的淮南西北
部的统治,实施了争取民心的"惠政"。其首任扬州刺史、彭城王元
勰,"政从宽裕,丝毫不犯","简刑导礼,与民休息,州境无虞,遐迩安
静"。[2] 次年,魏帝诏:"免寿春营户为扬州民。"[3]即放免强制征发来为
魏军役使劳作的民户为自耕农。这一措施有利于当地经济的恢复。
王肃继元勰之后担任扬州刺史,"悉心抚接,远近归怀,附者若市,以诚
绥纳,咸得其心"[4]。自正始四年(公元507)以后的十多年间将军李崇
担任扬州刺史,他不但"沉深有将略,宽厚善御众",有效抵御了邻敌
的侵犯,而且注意发展生产,使寿春地区"公私复业","资储丰溢"。[5]
寿春境临萧梁,战事亦多,但每次战役之后,北魏将吏都注意安抚民
庶,恢复生产。如正光中,"梁人围寿春",魏临淮王元彧率军赴援,在
击退梁军以后又招抚民庶,"旬日之间,咸来复业,自合肥以北,安堵如

---

① 本段中关于李彪的引文皆出自《魏书》卷六十二《李彪传》。
② 《魏书》卷二十一《彭城王勰传》。
③ 《魏书》卷八《世宗宣武帝纪》。
④ 《魏书》卷六十三《王肃传》。
⑤ 《魏书》卷六十六《李崇传》。

旧"。①　自公元 500 年至公元 526 年,北魏统治以寿春为中心的淮南西北部地区共 27 年,对寿春地区经济的恢复和发展作出了贡献。《水经注》关于淮水支流决水、泚水、穷水、肥水几个小流域的记载反映了北魏时这里社会经济恢复的面貌。《水经·淮水注》云:穷水"出六安国安风县穷谷……川流泄注于决水之右,北灌安风之左……流结为陂,谓之穷陂。塘堰虽沦,犹用不辍,陂水四分,农事用康。"安风县在今霍邱县西南,穷水和穷陂灌区主要在今霍邱县境内,也延及今河南固始县东境。从这条资料看,当地农民利用穷水和穷陂灌溉农田很有成效,故称"农事用康"。北魏时,寿春南境的芍陂已发展成了一个上承泚水、泄水、肥水的大型水利灌溉工程,"周百二十许里","陂有五门,吐纳川流"。良好的水利条件,促进了寿春地区农副业生产的发展。在寿春郊外的湖区"三春九夏,红荷覆水"。其丘陵岗地,则"长林插天,高柯负日"。②　当后来梁朝攻占寿春时,寿春州库尚有米粮 20 万石。由此可见,寿春不但是北魏统治淮南的军事重镇,也是当时淮南经济最发达的地区。

　　北齐占领淮南后,亦于寿春置扬州,对新附民庶"给十年优复"③,"其新附州郡,羁縻轻税而已"④。这种与民休息的政策有利于淮南经济的恢复。北齐的淮南地方官吏也尚能自我约束,在这片新附的疆土上实行"惠政"。例如,淮南经略使辛术,"凡诸资物一毫无犯"⑤。扬州刺史卢潜善于抚恤,"辑谐内外,甚得边俗之和",其"在淮南十三年,任总军民,大树风绩,甚为陈人所惮"。⑥　北齐也曾在淮南开展屯田。史称:"缘边城守之地,堪垦食者,皆营屯田。"北齐在淮南的屯田以毗邻安徽"石鳖屯"(在今江苏宝应县西南)效益最为显著。史称:"废帝乾明中,尚书左丞苏珍之,议修石鳖等屯,岁收数万石。自是淮

　　①　《周书》卷三十九《王子直传》。
　　②　《水经注》卷三十《淮水注》、卷三十二《肥水注》、《泚水注》。
　　③　《北齐书》卷四十二《卢潜传》。
　　④　《隋书》卷二十四《食货志》。
　　⑤　《北齐书》卷三十八《辛术传》。
　　⑥　《北齐书》卷四十八《卢潜传》。

南军防,粮廪充足。"①北周统治淮南后,继续实行怀绥政策,"江右诸州新附民,给复二十年"②,减轻了淮南农民的负担,为隋朝时期淮南地区农业生产的进一步发展奠定了基础。

北朝时期,皖北地区的手工业也有一定程度的恢复和发展。北朝均田制下的农民不但耕种露田生产粮食,而且还要经营桑田,植桑养蚕。北魏时一夫一妻的小农家庭每年要向国家交纳粟 2 石、帛 1 匹。北齐改为租 2 石、义谷 5 斗,绢 1 匹、绵 8 两。③ 在这样规范的均田制和租调制的大环境下,皖北地区个体农民家庭纺织业也有相应的发展。由于丝织业的恢复和发展,自北魏中期至东魏时期包括皖北所在豫、徐 2 州在内"河南数州"市场绢价急剧下降。天安、皇兴间,"绢匹千钱"。永安二年(公元 529)秋,"官欲贵钱,乃出藏绢,分遣使人卖之,绢匹止钱二百,而私市者犹三百"④。即当时朝廷出于"贵钱"目的而规定的绢价是每匹 200 钱,而市场价是每匹 300 钱。至东魏兴和年间,"以河南绢滥,退绢一匹,征钱三百,人庶苦之"⑤。由于国库收储绢帛积压,朝廷决定在包括豫、徐 2 州在内的"河南数州"调绢的征发以钱代之,每匹 300 钱,结果"人庶苦之"。这说明包括皖北在内的"河南数州"绢价已降至每匹 300 钱以下。从北魏中期到东魏兴和中80 年间,皖北市场绢价由每匹 1000 钱下降到每匹 300 钱以下,说明这个时期皖北地区丝织业有了很大发展。

在魏晋南北朝时期,冶铁业已经是一种成熟的手工业。兵器、农具乃至人民生活用具皆依赖冶铁业。皖北州郡、军镇及民间皆有规模不同公私冶铁作坊。《魏书·食货志》云:"其铸铁为农器、兵刃,在所有之。"州郡官吏和镇将为了加强治下的作坊往往千方百计搜罗民间工匠,甚至连"微解金铁之工,少闲草木之作"者,"无不搜营穷垒,苦役百端"。⑥ 当时皖北的地方官营手工业作坊就是这样勉力而为,以适

① 《隋书》卷二十四《食货志》。
② 《周书》卷七《宣帝纪》。
③ 参见《魏书》卷一百一十《食货志》、《隋书》卷二十四《食货志》。
④ 《魏书》卷一百一十《食货志》。
⑤ 《北史》卷五十五《房谟传》。
⑥ 《魏书》卷六十九《袁翻传》。

应各方面需求。至于徐、兖豪右,则"在山鼓铸",甚至"密造兵仗"①,通过经营冶铁业维护和加强自己的既得利益。

寿春北境淝水入淮处是北魏的一个重要造船基地。《水经·肥水注》云:其地有"船官坊,苍兕都水,是营是作"。又有"船官湖,以置舟舰"。何谓"苍兕都水"? 按,苍兕,水兽名。"以苍兕名官,职掌舟楫。"②《水经注》的上述记载反映了在北魏占领寿春时期曾置"苍兕都水"之官,于"船官坊"造船的繁忙景象。"船官湖"当亦是造船或舟舰聚集之处。东晋南朝控制寿春的时间更长,当亦利用寿春北临淮水的有利条件发展造船业。北魏在寿春造船当即在东晋、宋、齐的基础上的继续经营。北齐占领淮南后,曾派遣将军郭元建"治舟师于合肥",后来这支水军拥有舰船3000艘。③ 这些舰船当是在附近的施水或与施水相通的巢湖船坞制造的。

北朝时期,皖北地区的商业贸易在农业和手工业恢复发展的过程中也逐渐复苏。魏献文帝皇兴元年(公元467)诏:"曲赦淮北三州之民……今阳春之初,东作方兴,三州之民,各安其业,以就农桑。有饥穷不能自存,通其市粜之路。"④此时北魏刚刚占领皖北地区,又时值青黄不接的春天,民生艰难可以想见。魏帝此诏意在通过开放市场,互通有无,苏解民困,以促进恢复生产。太和四年至十五年(480—491),徐州刺史、彭城镇将薛虎子鉴于"州郡镇戍兵,资绢自随,不入公库,任其私用,常苦饥寒",在征得朝廷同意后,"以兵绢市牛",分减士卒,兴办屯田。当时徐州"在镇之兵,不减数万,资粮之绢,人十二匹",一番士卒"资绢",所购耕牛,"足得万头"。⑤ 徐州及缘淮地区是北魏中后期军屯的重点地区,"以兵绢市牛"的措施促进了皖北地区的耕牛贸易。北魏时还曾在淮北地区推行"和籴"的官私交易。《魏书·食货志》云:"自徐、扬(魏扬州治寿春)内附之后,仍世经略江淮……又收

---

① 《魏书》卷四十五《辛绍先传附子辛子馥传》。
② 参见《史记·齐太公世家》索隐引马融语及《辞源》"苍兕"条。
③ 《梁书》卷五《元帝纪》、卷六《敬帝纪》。
④ 《宋书》卷九十五《索虏传》。
⑤ 《魏书》卷四十四《薛虎子传》。

内郡兵资与民和籴,积为边备。"具体办法大概类似薛虎子"以兵绢市牛"的方式由政府以士卒所携"资绢"购买各种军需物质服务边备,其所购物资已不限于耕牛。正光末,孙绍"为徐、兖和籴使"①。薛虎子"以兵绢市牛"和北魏的"和籴"政策激活了包括皖北在内的淮北地区的商业贸易。北魏统治时的寿春,也是一个商业中心。寿春城内有"中都街",有"市",城外有"草市"。②"草市"是农副产品交易的初级市场。设立"草市"有利于人民互通有无。

东魏、北齐时期,南方的梁、陈日趋衰落。北齐占领淮南后,从道理上讲,淮北和淮南的商路应该更加畅通了。但是由于传统"淮禁"政策的影响,仍"不听商贩辄度",尚书左丞苏琼(即苏珍之)采取变通办法促进淮河南北两地间的贸易。"淮南岁俭,启听淮北取籴。后淮北人饥,复请通籴淮南。遂得商估往还,彼此兼济,水陆之利,通于河北"③。但由于北齐后期,政治腐败,朝中的贪赃大臣及宦官往往把手伸向淮南,假公营私,经商敛财。如宦官陈德信欲邀利"淮南富家","敕送突厥马数千匹于扬州(治今寿县)管内,令土豪贵买之。钱值始入,便出敕括江、淮间马,并送官厩"④。他们的巧取豪夺,扰乱了淮南的市场秩序。

南北朝时期,南北政权在缘淮地区存在着一种"互市"的贸易关系。由于北朝的统治阶级喜爱南方珍异物产,所以在"互市"方面表现得很主动。《魏书·食货志》云:魏"于南垂立互市,以致南货,羽毛、齿革之属,无远不至"。致某些官吏为了获得南方珍异,不顾朝廷的"淮禁"之令,私自遣人"互市"。如天保初,随同大军南征江淮的北齐官吏高季式"私使乐人于边境交易"⑤。乾明元年(公元560),齐州刺史崔季舒"遣人渡淮互市"⑥。

在北朝统治下的皖北地区,作为商品交换的媒介仍是绢帛、钱币

---

① 《魏书》卷七十八《孙绍传》。
② 《水经注》卷三十《淮水注》、卷三十二《肥水注》。
③ 《北齐书》卷四十六《苏琼传》。
④ 《北齐书》卷四十二《卢潜传》。
⑤ 《北齐书》卷二十一《高乾传附高季式传》。
⑥ 《北齐书》卷三十九《崔季舒传》。

并用,且以绢帛为主。太和十九年(公元495),北魏铸"太和五铢","诏京师及诸州郡皆通行之"。"民有欲铸,听就铸之。铜必精练,无所和杂"。由此可知,魏行"太和五铢"之初,虽有公铸、私铸之别,但皆比较规范,质量亦高。世宗永平三年(公元510)冬,又铸五铢钱。肃宗初,"京师及诸州镇或铸或否,或只用古钱,不行新铸","随利改易,故使钱有大小之品"。① 由于经济发展水平的限制,再加上钱币不规范,因而影响了钱币的流通效果。孝明帝熙平初,尚书令、任城王元澄言:"太和五铢虽利于京邑(洛阳)之肆,而不入于徐(治今江苏徐州市)、扬(治今寿县)之市。土货(指各地自行铸造的土钱)既殊,贸鬻亦异。便于荆、郢之邦者,则碍于兖、豫之域。"②致使绢帛在皖北地区的商品交换中仍占有重要地位。北魏时被征发到包括皖北在内的淮北各州镇服役的士卒皆携绢帛以为"兵资",徐州刺史薛虎子"以兵绢市牛"兴办屯田,说明当时用绢帛交换各种生产和生活资料的现象仍比较普遍。太和十九年,孝文帝"巡幸淮南,如在内地,军事须伐民树者,必留绢以酬其值"③。由此可见,在北魏时皖北的商品交换中,绢帛仍是通行的媒介物。东魏承北魏后期币制混乱之弊,及至北齐亦不能改变这种趋势,"河南所用,有青薄铅锡之别。青、齐、徐、兖、梁、豫州,币类各殊。武平已后,私铸转甚,或以生铁和铜"④。北齐钱币质量低劣,自然影响流通,在皖北商品交易市场上绢帛仍是重要的媒介物。

第二节　南朝诸政权统治安徽的格局

在南北朝时期,皖北属于北朝诸政权统治的时间长,皖南则一直是南朝诸政权的地盘。至于江淮之间,虽然南北势力互有消长,而南

---

① 本段以上引文皆出自《魏书》卷一百一十《食货志》。

② 《魏书》卷一百一十《食货志》。

③ 《魏书》卷七《高祖孝文帝纪》。

④ 《隋书》卷二十四《食货志》。

朝统治时间长，直到南北朝末年北齐、北周才完全占领江淮地区。本节重点阐述南朝各政权统治安徽的格局。

一、刘宋北伐及其在安徽的政区建置

刘裕平定桓玄篡乱后，掌握了东晋军政大权。由于南燕侵掠淮北，义熙五年（公元409）四月，刘裕出师北伐。史称："舟师发京师，溯淮入泗。五月，至下邳，留船舰辎重，步兵进琅邪。所过皆筑城留守。"①六年二月，刘裕攻克广固（在今山东青州市西北），一举消灭了南燕。从上述记载可知，刘裕北伐南燕，水陆大军渡淮后，沿着位于苏、皖交界的古泗水北上，由于所过之处皆筑城留守，从而控制了皖东北地区。义熙十二年（公元416），刘裕乘后秦皇帝姚兴去世之机兴师伐秦。八月，刘裕自建康进发，遣龙骧将军王镇恶、冠军将军檀道济将步军自淮、淝（即自寿春）向许、洛，新野太守朱超石、宁朔将军胡藩趋阳城，振武将军沈田子、建威将军傅弘之趋武关，建武将军沈林之、彭城内史刘遵考将水军出水门，自汴入河，冀州刺史王仲德督前锋诸军，于钜野入河。②刘裕如此全面出击后秦，不但完全收复了黄河以南大片疆土，并于次年九月攻克长安，消灭了后秦。虽然不久关中之地即得而复失，但包括皖北在内黄河以南地区仍为晋土。元熙二年（公元420）六月，刘裕废晋建宋，于是皖北又转为宋土，直到泰始年间宋才完全丧失皖北之地。今据《宋书·州郡志》、谭其骧主编《中国历史地图集》相关图幅、胡阿祥《宋政区建置表》、李天敏《安徽历代政区治地通释》，以大明八年（公元464）为标准年代，概述刘宋在安徽的政区建置如下：

豫州　东晋时豫州为侨州，治所大多在淮南或江南。自东晋末年刘裕北伐收复豫州旧地后，具备了侨、旧分立的条件。然而，由于形势动荡，豫州侨、旧州域仍分合不定。《宋书·州郡志》南豫州条云："宋武帝（刘裕）欲开拓河南，绥定豫土……（义熙）十三年，刺史刘义庆镇

---

① 《宋书》卷一《武帝纪上》。
② 参见《资治通鉴》卷一百一十八《晋纪·安帝义熙十二年》。

寿阳(即寿春)。永初三年,分淮东为南豫州,治历阳,淮西为豫州。文帝元嘉七年合二豫州为一,十六年又分,二十二年又合。孝武大明三年又分。五年,割扬州之淮南、宣城又属焉,徙治姑孰。明帝泰始二年又合,而以淮南、宣城还扬州。九月又分,还治历阳。三年五月,又合。四年,以扬州之淮南、宣城为南豫州,治宣城,五年罢。时自淮以西悉没于寇。七年,复分历阳、淮阴、南谯、南兖州之临江立南豫州。泰豫元年,以南汝阴郡度属豫州,豫州之庐江度属南豫州。按淮东自永初至于大明,便为南豫,虽乍有离合,而分立居多。爰自泰始甫失淮西,复于淮东分立两豫。今南豫以淮东为境,不复于此更列二州,览者按此以淮东为境,推寻便自得泰始两豫分域也。"因为刘宋时两豫州时有分合,且与安徽境土关系密切,故这里先列出《州郡志》的上述记载,以见刘宋在安徽设立两豫州之大势。从以上记载可知,在大明八年,宋失淮北地以前分置两豫州的情况。豫州治寿春,遥领淮西10郡,其中5郡15县在安徽境内。

新蔡郡,贴治汝南悬瓠城(今河南汝南县),领县4,其中2县在安徽境内:铜阳县(治今临泉县西铜城镇)、固始县(治今临泉县城关镇)。

谯郡,治蒙县,领县6,其中4县在安徽境内;蒙县(侨县,在今蒙城县西北)、蕲县(治宿州市南蕲县镇)、长垣县(侨县,在今亳州市东)、魏县(侨县,治地未详)。

陈留郡(侨置),治今亳州市东,领侨县4:浚仪县(治今亳州市东南城父镇)、小黄县(治今亳州市)。白马、雍丘2侨县治地未详。

汝阴郡,治汝阴县,领县4:汝阴县(治今阜阳市)、宋县(治今太和县倪邱镇附近)、安城县(在今阜南县境内)、楼烦县(侨县,在今颍上县境内)。

梁郡,治下邑县,领县2,其1县在安徽境内:下邑县(治今砀山县东)。

南豫州,治姑孰(今当涂县),领郡12,其中南梁、马头、南汝阴、庐江、晋熙、南谯、历阳、淮南、宣城九郡所领县皆在安徽境内,而弋阳郡仅有2县属安徽。

南梁郡(侨置),治睢阳县,领侨县9:睢阳县(治今寿县)、蒙县(在今寿县南)、崇义县(在今寿县东南)、义宁县(在寿县附近)。虞、谷熟、陈、新汲、义昌5侨县大致皆侨置于以今寿县为中心的西至霍邱、东至淮南市、南至六安市北境一带,治地难以确考。

弋阳郡,治弋阳县(治今河南潢川县西),领县10,其中2县在今安徽境内:安丰县(治今霍邱县西南)、开化县(治今六安市西南青山集)。

马头郡,治马头城(在今怀远县南淮河南岸),其所领济阳侨县大约在马头城附近,虞、零2侨县大约在马头城以东至凤阳县西境一带。

南汝阴郡(侨置),治汝阴县,领县8:汝阴县(侨置,治合肥市区西北境)、慎县(侨置,治今肥东县梁园镇),宋、阳夏、安阳、南陈左县、赤官左县、蓼城左县6县大约在今合肥市、肥东、肥西、长丰南境一带,治地难以确考。

庐江郡,治舒县,领县3:舒县(治今舒城县城关镇)、灊县(治今霍山县东北)、始新左县(治地未详)。

晋熙郡,治怀宁县,领县4:怀宁县(治旧皖县,今潜山县梅城镇)、新冶县(治今望江县城关镇)、阴安县(侨置,治今枞阳县北白柳乡)、南楼烦县(侨置,治地未详)。

南谯郡(侨置),治山桑侨县,领侨县6,皆安徽境内:山桑县(治今巢湖市东南)、蕲县(治今巢湖市)、扶阳县(治今无为县西北)、铚县(疑侨置于今全椒县西境)、谯县(治地在今巢湖市西南)、城父县(侨地未详)。

历阳郡,治历阳县,领县4:历阳县(治今和县历阳镇)、龙亢县(侨置,治今含山县东南)、雍丘县(侨置,治今和县西南)、酂县(侨置,治今全椒县西南)。

淮南郡(侨置),治于湖县,领县6:于湖县(治今当涂县南境)、当涂县(侨置,治今南陵县东南)、繁昌县(侨置,治今繁昌县东北)、襄垣县(侨置,治今芜湖市西南)、定陵县(侨置,治今青阳县东北木镇北)、逡遒县(侨置,治今宣城市北水阳镇一带)。

宣城郡,治宛陵县,领县10:宛陵县(治今宣城市宣州区)、宣城县(治今南陵县东弋江镇)、广德县(治今广德县西南)、怀安县(治今宁

国市东南旧石口乡)、宁国县(治今宁国市南竹峰乡万福村)、安吴县(治今泾县西南章渡镇安吴村)、泾县(治今泾县西北部青弋江西岸)、临城县(故址在今青阳县南郊)、广阳县(治今青阳县陵阳镇)、石城县(治今池州市灌口乡石城)。

徐州,治彭城(今江苏徐州市)。东晋初年,侨置徐州于晋陵(今江苏镇江市丹徒镇),其后治京口(今江苏镇江市)。东晋末年刘裕北伐收复了徐州的淮北之地,于彭城(今徐州市)置北徐州,南方的侨置徐州仍称徐州。宋永初二年(公元421),始改称淮北的北徐州为徐州,南方的侨置徐州曰南徐州。这里仅记述宋大明八年徐州所辖安徽郡县如下:

沛郡,治萧县,领县3,其2县属安徽:萧县(治今萧县西北)、相县(治今淮北市相山区)。

下邳郡,治下邳县(今江苏睢宁县西北古邳镇),领县3:其1县属安徽:僮县(治今泗县东北)。

阳平郡,侨置,治茌眉戍(今固镇县西),其所领馆陶、阳平、濮阳3侨县大约皆在今固镇县一带。

济阴郡,侨置,治睢陵县,领县3:睢陵县(在今明光市东北),定陶、顿丘2侨县治地未详。

南兖州,侨置,治广陵(今江苏扬州市西北蜀冈),其所领3郡有属于安徽的郡县。

钟离郡,治燕县,领侨县3:燕县(治钟离城,今凤阳县东北)、朝歌县(在今凤阳县东)、乐平县(在今明光市西)。

南沛郡,侨置,治所在今天长市西石梁镇。其所领萧、相、沛3侨县当皆在今天长市一带。

临江郡,治乌江县,领县2,其1县属安徽:乌江县(治今和县东北乌江镇)。

扬州,治京师建康(今南京市)。由于宋大明五年(公元461)将原隶属扬州的淮南(侨置于江南者)、宣城2郡割属南豫州,而刘宋时新安郡曾一度割属东扬州,当时皖南地区隶属扬州者仅有丹阳郡之1县:丹阳县(治今当涂县东北丹阳镇)。

东扬州　宋孝武孝建元年（公元454）六月分扬州南部5郡置东扬州，治山阴县（今浙江绍兴市），时新安郡属东扬州。

新安郡，治始新县（故址在今浙江淳安县西北），领5县，由于当时黎阳县已并入海宁县，故新安郡仅有3县在今安徽境内：歙县（治今歙县徽城镇）、黟县（治今黟县东郊）、海宁县（治今休宁县东万安镇）。

二、与北魏隔淮对峙的南齐在安徽的政区建置

刘宋末年，朝政混乱，大权集中到了中领军萧道成之手。萧道成在连续废杀了宋后废帝刘昱和顺帝刘准以后，于昇明三年（公元479）四月称帝，改国号为齐，史称南齐或萧齐。在齐高帝萧道成和武帝萧赜父子统治期间，内部政局比较稳定，对外与北魏通好，边境亦较为安定，在淮河中下游地区基本维持着宋末以来与北魏隔淮对峙的局面（当时南齐尚占有着今江苏连云港市以南的沿海地带）。及永明十一年（公元493）七月齐武帝去世后，宗室骨肉相残的悲剧又在齐朝宫廷上演，国力大大削弱。当此之时，北魏孝文帝已迁都洛阳，从汉沔和淮河中下游地区对南齐发动攻势。由于南齐内部矛盾的激化，永元二年（公元500）正月，豫州刺史裴叔业奉表降魏。北魏立即派遣大军进驻淮南占领了寿春，又击退了南齐讨叛的军队，并先后攻占了军事要地合肥和建安（今河南固始县东）。这时淮东的重镇钟离、淮阴仍为齐地，南齐给萧梁留下一个残缺不全的淮南。

南齐仅维持了24年，在南朝四代中时间最短。淮南之寿春等地的沦陷在其末年，不能反映南齐完全据有淮南的形势。这里以淮南之寿春等地沦陷前的建武四年（公元497）为标准年代，参考《南齐书·州郡志》、谭其骧《中国历史地图集》有关图幅、胡阿祥《齐政区建置表》概述南齐在安徽的政区建置如下：

自泰始年间宋失淮北地，及在后来的魏、齐对峙时期，北方人民南渡者转多，江淮间的侨置郡县激增，以致出现原来一郡县之人因南下早晚和侨地的不同，户口虽不多而重复侨置的情况，政区建置极为混乱。

豫州，治睢阳县，其所领郡有13个在今安徽境内。包括：

南梁郡,侨置,治睢阳县,领侨县5:睢阳县(治今寿县)、蒙县(在今寿县南)、崇义县(在今寿县东南)以及陈、新汲2侨县(当亦在今寿县一带,确址未详)。

梁郡,侨置,治北谯县,领侨县4:北谯县(在今寿县东)、梁县(在今淮南市田家庵附近)以及蒙、城父2侨县(大约亦在今寿县以东及淮南市一带,确址未详)。

北梁郡,侨置,领侨县2,其所领北蒙、北陈2侨县,当亦在今寿县一带,确址未详。

西南顿郡,侨置,贴治睢阳县,领侨县4:西南顿县(治今寿县)以及和城、谯、平乡3侨县(当亦在今寿县一带,确址未详)。

陈留郡,侨置,治浚仪县,领侨县3:浚仪县(在今寿县南)以及小黄、雍丘2侨县(大约亦在今寿县南境一带,确址未详)。

安丰郡,治安丰县,领县4:安丰县(在今霍邱县西南)、松滋县(在今霍邱县境)以及新化、扶阳2县(当亦在今寿县西南和霍邱一带,确址未详)。

陈郡,侨置,治南陈县,领侨县5:南陈县(治今霍山县)、长平县、项县、西华县、阳夏县(大约皆侨置于今六安市以南至霍山县一带,确址未详)。

汝南郡,侨置,领侨县3:瞿阳县、安城县、上蔡县,大约侨置于今霍邱、六安一带,确址未详。

北谯郡,侨置,领侨县2:宁陵县、谯县,大约在今寿县东南及长丰县一带,确址未详。

南顿郡,侨置,领和城、南顿2侨县,侨地大约在今寿县至合肥市之间,确址未详。

西汝阴郡,侨置,领侨县9:楼烦县、汝阴县、宋县、陈县、平豫县、固始县、新蔡县、汝南县、新蔡县,大约皆侨置于今安徽江淮地区北部,确址未详。

南汝阴郡,侨置,治汝阴县,领县11,皆在今安徽境内:汝阴县(侨置于今合肥市区西北)、慎县(侨置于今肥东县东北梁园镇)。其宋、安阳、阳夏、宋丘、樊、郑、东宋7侨县及南陈左县、边水2县治地皆当在今合肥市及肥东、肥西和长丰南境一带,确址未详。

晋熙郡,治怀宁县,领县 6:怀宁县(治今潜山县梅城镇)、新冶县(治今望江县城关镇)、阴安县(侨县,在今枞阳县北白柳乡)、太湖左县(治今太湖县境)。其南楼烦、齐兴 2 县亦当在今安庆地区,确址未详。

南豫州,侨置,治姑孰城(今当涂县),所领侨、旧 8 郡皆在今安徽境内。包括:

淮南郡,侨置,治于湖县。其所领于湖、繁昌、当涂、浚遒、定陵、襄垣 6 县,除于湖县外,皆为侨置,诸县治地皆与刘宋时相同,兹不赘述。

宣城郡,治宛陵县(今宣城市宣州区)。其所领宛陵、广德、怀安、广阳、石城、临城、宁国、宣城、建元、泾、安吴 11 县,除建元县(疑治地在今宁国市境内)为南齐新置以外,其余 10 县皆前代旧县,治地与刘宋时相同,兹不赘述。

历阳郡,治历阳县,领县 3:历阳县(治今和县历阳镇)、龙亢县(侨置,治所在今含山县东南)、雍丘县(侨置,治所在今和县西南)。

南谯郡,侨置,治山桑县,领侨县 6:山桑县(治地在今巢湖市东南)、蕲县(治今巢湖市)、扶阳县(治地在今无为县西北)、嘉平县(治地在今全椒县西南)以及北许昌、曲阳 2 县(北许昌、曲阳工县侨地未详)。

庐江郡,治舒县,领县 7:舒县(治今舒城县城关镇)、灉县(治今霍山县东北)、吕亭左县(治今桐城县吕亭镇)、谯县(侨县,侨地当在巢湖市西南与庐江县交界一带)、始新、和县、西华。其始新及和城、西华 2 侨县治地未详。

临江郡,治乌江县,领县 3,其 2 县属安徽:乌江县(治今和县乌江镇)、鄵县(侨置,在今全椒县南境)。

颍川郡,侨置,其所领临颍、邵陵、南许昌、曲阳 4 侨县治地当在今巢湖市东南境。

汝阳郡,侨置,其所领武津、汝阳 2 侨县治地当今巢湖市、和县一带。

北徐州,宋末分南兖州侨置,南齐因之,治钟离城,领侨、旧郡 5,

皆在今安徽境内。包括：

钟离郡，领侨县 4：燕县（治钟离城，今凤阳县东北临淮镇），朝歌（侨地在今凤阳县东），虞、零 2 侨县大约在马头城以东至凤阳县西境一带。

马头郡，治马头城（在今怀远县南淮河南岸），其所领已吾侨县当在马头城附近。

济阴郡，侨置，治睢陵县，领侨县 4：睢陵县（治今明光市东北）、乐平县（在今明光市西），济安、顿丘 2 侨县确址未详。

新昌郡，侨置，治顿丘县，领侨县 3：顿丘县（治今滁州市）、谷熟（在今全椒县南），尉氏侨县确址未详。

沛郡，侨置。其所领侨相、萧、沛 3 侨县，侨地大约在今凤阳、明光、滁州一带，确址未详。

南兖州，侨置，治广陵县（今扬州市西北蜀冈）。其所领南沛郡在今安徽境内。

南沛郡，侨置，治沛县，领侨县 3：沛县（治今天长市西石梁镇），萧、相 2 侨县亦当侨置于天长市境，确址未详。

扬州，治京师建康。其丹阳、新安 2 郡部分县邑属安徽。分别是：

丹阳郡，治建康，其所领 8 县仅有 1 县属安徽：丹阳县（治今当涂县东北丹阳镇）。

新安郡，治始新县（今浙江淳安县西北）。由于自刘宋前废帝景和元年（公元 465）八月"罢东扬州并扬州"，故新安郡又归属扬州。时新安郡领县 5，其中歙、黟、海宁 3 县在今安徽境内，治地与前代相同，兹不赘述。

三、梁钟离保卫战、浮山堰溃决和萧梁在安徽的政区建置

南齐中兴二年（公元 502）三月，大司马、扬州牧萧衍废齐称帝，改国号为梁，史称萧梁。萧梁初年继续保持着齐末以来据有淮东的钟离、淮阴诸军事重镇与占据寿春、合肥和淮北之地的北魏相对峙的局面。北魏一直想进一步攻占钟离等军镇进一步扩大其在淮南的地盘，萧梁则更想收复寿春、合肥等地而完全据有淮南，因而梁、魏在淮南地

区展开了激烈战争。天监四年(公元505)十月,梁武帝萧衍以其六弟、临川王萧宏统率诸军北伐。五年三月,魏梁城(在寿县东北)镇将陈伯之率部投降。五月,梁将张惠绍攻克宿预(今江苏宿迁市东南)。豫州刺史韦叡攻克合肥,遂徙豫州治合肥。不久,梁庐江太守裴邃攻克魏镇戍羊石城(在今霍邱县东南),又攻克霍丘戍(今霍邱县)。于是萧宏率军进次洛口(洛涧入淮之口,在今淮南市东北洛河镇)。萧梁这次北伐至此胜多败少,已形成了对寿春的包围之势。但由于作为统帅的萧宏既无统帅之才,而又贪生怕死,虽然前军已攻占梁城,却不敢指挥将士进攻寿春。及闻知北魏援军将至,即打算撤退。由于诸将坚决反对撤退,才勉强驻留洛口。七月的一天夜间,暴风雨大作,萧宏恐惧万分,竟独自率数骑弃军南奔。三军顿失统帅,皆奔归,"弃甲投戈,填满水陆,捐弃病者及羸老,死者近五万人"[1]。梁军先前攻占的梁城、宿预等前沿阵地又被魏军占领。十月,魏中山王元英率领援军乘机渡淮包围了钟离(今凤阳县东北临淮镇)。

　　天监六年(公元507)正月,魏军统帅元英与其大将杨大眼等率领数十万大军进攻钟离。时梁北徐州刺史昌义之率领州兵3000人坚守钟离城,随御有方。但是由于众寡悬殊,形势还是非常危急。这时梁将曹景宗、韦叡率领的20万援军赶到,并率领军队直趋位于淮水中的邵阳洲,在洲上筑城戍,目的是要切断魏军的南北通道,孤立渡淮魏军。曹景宗又募勇士自邵阳洲潜入钟离城,鼓励城中将士坚守钟离。邵阳洲上的梁、魏营垒毗邻,战斗十分激烈。魏将杨大眼、元英先后率军进攻登洲的梁军,皆被梁军击退。三月,韦叡遣冯道根等以舟舰载运将士登洲增援,完全歼灭了洲上的魏军。又"别以小船载草,灌之以膏",焚烧邵阳洲通往两岸的南北二桥,魏军大溃。魏军统帅元英和将军杨大眼见大势已去,皆脱身逃走。魏军的淮南"诸营垒相次土崩,悉弃其器,争投水,死者十余万,斩首亦如之",被俘获者5万人。[2] 萧梁钟离保卫战的胜利,为后来收复寿春并进一步向淮北发展奠定了

---

①　《梁书》卷二十二《临川王宏传》、《资治通鉴》卷一百四十六《梁纪·武帝天监五年》。
　　②　本段引文出自《梁书》卷九《曹景宗传》、卷十二《韦叡传》、卷十八《昌义之传》以及《资治通鉴》卷一百四十六《梁纪·武帝天监六年》。

基础。

　　钟离之战后,梁、魏在淮南的争战仍很激烈。收复寿春始终是萧梁前期的一个重要战略目标。天监十三年(公元514),梁武帝采纳魏降将王足堰淮水以灌寿春的建议,征调扬、徐二州民丁及军队将士20万人在淮水筑浮山堰。堰在今五河县东淮河上,南岸起浮山,北岸抵巉石山,依岸筑土,合脊中流。天监十五年四月,"淮堰成,长九里,下广一百四十丈,上广四十五丈,高二十丈,树以杞柳,军垒列居其上"。由于浮山堰的堵塞,淮水不得下泄,包括魏扬州寿春之地在内的浮山堰以上淮河中游两岸皆成为水乡泽国。但是由于魏扬州刺史李崇已早有准备,于八公山东南筑魏昌城,州治移镇八公山,民庶皆散布冈陇,并未遭受毁灭性打击。然而,严重的灾害还是发生了。其年九月,由于"淮水暴涨,堰坏,其声如雷,闻三百里,缘淮城戍村落十余万口皆漂入海"。① 由此可知,浮山堰溃坝受灾最严重的地区还是萧梁北徐州钟离郡一带,而寿春地区却依然为北魏疆土。梁、魏在淮南东西对峙的局面没有改变。萧梁筑浮山堰劳民伤财,干了一件大蠢事。

　　其后,梁魏通好,战事不多。梁魏在淮河中下游的对峙形势没有多大变化。及至北魏末年,魏境各族人民的起义此伏彼起,于是梁武帝又乘机遣将北伐。普通七年(公元526)七月,梁武帝遣郢州刺史元树自北道攻黎浆(在今寿县东南),豫州(治今合肥市)刺史夏侯亶自南道攻寿春。夏侯亶等入魏境,所向克捷。十一月,镇守寿春的魏扬州刺史李宪投降,梁宣猛将军陈庆之入据寿春。于是梁复以寿春为豫州,改合肥为南豫州,以夏侯亶为豫、南豫二州刺史。

　　大通元年(公元527),萧梁又乘胜北伐。五月,将军成景儁先后攻克魏临潼郡(在今灵璧县东北)和南济阴郡治所竹邑城(今宿州市北符离镇),将军兰钦攻克了萧城(在今萧县西北)和厥固(今淮北市境内),形成了进逼彭城(今江苏徐州市)的形势。九月,梁将军曹仲宗和陈庆之围攻北魏的谯州治所涡阳城(今蒙城县),梁武帝又遣将军韦放领兵前来助战。魏则遣将军元昭等率领5万大军救涡阳。陈

---

　　① 本段引文出自《梁书》卷十八《康绚传》、《资治通鉴》卷一百四十八《梁纪·武帝天监十五年》。

庆之乘魏军远来疲惫、立足未稳之机,率领骑兵 200 人破其前锋,挫其锐气。接着陈庆之又与诸将围城打援。魏援军构建了 13 个城垒以与梁军相持,陈庆之指挥将士衔枚夜出,攻陷其 4 个城垒。魏涡阳戍主王纬不堪围困之苦遂向梁军投降。陈庆之遣返魏降者 30 余人分报其援军诸营,瓦解魏军斗志,然后一鼓作气攻破魏其余 9 城垒,梁军士气大振,穷追猛击,"俘斩略尽,尸咽涡水,所降城中男女三万余口"①。并乘胜前屯城父(今亳州市东南城父镇)。战后,梁武帝以护军萧渊藻为北讨都督,镇涡阳,然后以涡阳之地置西徐州。涡阳大捷为萧梁据有皖北地区奠定了基础。此后,梁武帝企图以扶植北魏降梁宗室为傀儡政权的方式占据魏地,几次精心策划,长驱直入,一度攻占了淮北、河南大片土地,但结果都失败了,所得疆土,旋又丧失,终梁之世也没有巩固地完全占有皖北之地。及侯景之乱,皖北和淮南的大部分疆土又沦丧于东魏。今参考《隋书·地理志》、谭其骧主编《中国历史地图集》相关图幅、胡阿祥《梁政区建置表》,以中大同元年(公元546)为标准年代,略述萧梁在安徽的州、郡建置如下:

陈州,治许昌侨县,领郡 12,多为侨置,其 11 郡在今安徽境内:颍川郡,治许昌侨县(在今阜阳市东);汝阴弋阳二郡,双头郡,治汝阴县(今阜阳市);陈留郡,治陈留侨县(在今太和县北);财丘梁兴二郡,双头郡,治梁兴县(治地在今临泉县南);西恒农陈南二郡,双头郡,治胡城(今阜阳市西);清河南阳二郡,双头郡,治清河县(疑在今阜阳市南及阜南县北境);汝南太原二郡,双头郡,治安城县(在今阜南县东);东恒农郡,治阳武县(疑在今界首市、阜阳市、太和县、临泉县境);荥阳北通二郡,双头郡,治临淮县(疑在今界首市、阜阳市、太和县、临泉县境);新兴郡,治安城县(在今寿县西境淮河南岸);东郡汝南二郡,双头郡,治济阳县(疑在今界首市、阜阳市、太和县、临泉县境)。

西徐州,治涡阳城,领郡 6:南谯郡,治涡阳城(今蒙城县);龙亢郡,治龙亢城(今怀远县西北龙亢镇);蕲城郡,治蕲县(今宿州市南蕲县镇);临涣郡,治下邑县(侨县,在今濉溪县南临涣镇);蒙郡,治蒙县

---

① 《资治通鉴》卷一百五十一《梁纪·武帝大通元年》。

（在今蒙城县西北）；阳夏郡，侨置，在今蒙城县境内。

睢州，治竹邑城，领郡2：南济阴郡，治顿丘县（在竹邑城，今宿州市北符离镇）；沛郡，治淮阳县（今宿州市东北）。

仁州，治赤坎戍（在今固镇县东南仁和集）。

潼州，治取虑城（在今灵璧县东北高楼镇潼郡村）。

汴州，治下蔡县，领郡2：汴郡，治下蔡县（今凤台县城关镇）；淮阳郡（治所在今凤台县西北）。

安丰州，治安丰县，领郡2：安丰郡，治安丰县（在今寿县西南）；陈留侨郡（治今寿县西南60里安丰塘北岸）。

豫州，治寿春县，领郡4：梁郡，治寿春县（今寿县寿春镇）；南梁郡（治地在今淮南市境内）；西汝阴郡（治地在今寿县南境）；武安郡（治地在今寿县境内）。

霍州，治岳安县，领郡2：岳安郡，治岳安县（今霍山县城关镇）；北沛侨郡，治新蔡侨县（在今霍山县东北）。

湘州，治庐江县，领郡3：庐江郡，治庐江县（在今庐江县西）；晋熙郡，治怀宁县（今潜山县梅城镇）；枞阳郡，治枞阳县（今枞阳县枞阳镇）。

江州，治浔口城（今江西九江市），领郡14，其1郡在今安徽境内：高塘郡，治高塘县（今宿松县）。

北徐州，治燕县，领郡7：钟离郡，治燕县（钟离城，在今凤阳县东北临淮镇）；马头郡，治马头城（在今怀远县南淮河南岸）；鲁郡（在今凤阳县西境）；九江郡（在今淮南市西淮河南岸）；济阴侨郡，治睢陵县（在今明光市东北）；淮陵郡（疑在今明光市南境）；彭沛二郡（治地未详）。

安州，治定远县，领郡2：定远郡，治定远县（治地在今定远县东南）；西沛侨郡（治地在今定远县北）。

南豫州，治汝阴侨县，领郡3：汝阴侨郡（治地在今合肥市西北）；历阳郡，治历阳县（今和县历阳镇）；临江郡，治乌江县（治今和县东北乌江镇）。

南谯州，治所在今全椒县北，领郡5：北谯郡，治北谯县（治地在今全椒县北）；南谯郡，治山桑县（治地在今巢湖市东南）；新昌郡，治顿丘县（今滁州市南谯区）；高塘郡（治地在今来安县东北）；南梁郡，治阜陵戍（在今全椒县东南）。

泾州，治沛县，领郡 2：泾城郡，治沛县（在今天长市西北）；东阳郡，治横山（在今天长市东南）。

扬州，治京师建康，领郡 7，其部分郡县在今安徽境内：丹阳郡，治建康（今南京市）；其郡仅有丹阳县（治今当涂县东北）在今安徽境内；南丹阳郡，治采石（今马鞍山市采石镇）；淮南郡，治于湖县（治地在今当涂县南境）；宣城郡，治宛陵县（今宣城市宣州区）、南陵郡，治南陵县（治地在今池州市西南）。

东扬州，萧梁于普通五年（公元 524）割扬州东南诸郡置东扬州。地处皖南纵深之地的新安郡属东扬州。新安郡仍治始新县（在今浙江淳安县西北），其西北歙、黟、海宁 3 县在今安徽境内，治地与前朝相同。

四、陈朝一度收复淮南及其在皖南的政区建置

萧梁平定侯景之乱后，王僧辩、陈霸先掌握了朝廷军政大权。不久，陈霸先杀掉了王僧辩，专制朝廷。太平二年（公元 557）十月，陈霸先废掉了梁敬帝萧方智，建立陈朝。陈霸先即陈武帝。在此之前，东魏乘侯景叛乱之机，南袭江淮，占领了淮南大部分地区。北齐禅代东魏后，继续进军淮南，完全占有了江淮之地。陈朝初年，无力收复江淮地区，遂于江南沿江要塞布防，形成了陈与北齐隔江对峙的局面。

陈宣帝太建四年（公元 572）八月，北周派遣使者与陈朝达成了合纵攻齐的默契。五年三月，陈宣帝以镇前将军吴明彻为都督征讨诸军事、都官尚书裴忌为监军，统率 10 万大军渡江伐齐。吴明彻由秦郡（治今江苏六合县北）出涂中（滁河中下游地区），将军黄法氍出历阳（今和县）。秦郡（北齐于此置秦州）和历阳（北齐于此置和州）是北齐在江北的军事重镇，驻有重兵，故陈朝由此二镇出击。这时北齐派遣军队数万人分别救援和州和秦州。吴明彻率领大军渡江后，遣军攻拔了北齐滁河水栅，遣将围攻秦州，然后挥师北上至石梁（今天长市西石梁镇，北齐于此置泾州），迎击北齐大将尉破胡、长孙洪略率领的救兵。吴明彻遣其勇猛大将萧摩诃挫其前锋，继战又斩其副帅长孙洪略，于

是尉破胡率领残部败还彭城。由于陈已攻克泾州,齐阳平郡(治今江苏淮安市西)不战而降。为了支援西路军北上,吴明彻派将军徐榎率军西攻庐江郡(治今庐江县西境)。庐江郡被攻占后,影响所及,齐北高塘郡(治今宿松县)不战而降。吴明彻则回师攻克了秦州。当吴明彻自秦郡北上攻齐之时,黄法氍率领西路军自采石渡江围攻历阳。为了孤立历阳,黄法氍遣将军鲁广达攻占了大砚成(在今含山县北)。黄法氍围城打援攻占历阳后,又派遣将军任忠攻占了东关(在今含山县西南东关镇),进克蕲城(今巢湖市境),于是又率军北上攻克了合州(梁太清元年改南豫州置,治今合肥市)。在西路攻占合州后,吴明彻率领大军自石梁城北上渡淮攻克了仁州(治赤坎城,在今固镇县东),接着又向西南进军攻占了军事要地峡山口(在今凤台县西南)。这样就形成了对北齐淮南战略要地寿春和钟离的大包围,参战的各路军队共有 20 万之多。太建五年(公元 573)七月,吴明彻对寿春发动攻击,克其外城。北齐诸将退守寿春大城中的相国城和金城,顽强抵抗,彼此相持至十月,吴明彻"堰肥水以灌城,城中多病肿泄,死者十六七"。当此之时,北齐派其大将皮景和率军救援,皮景和畏缩拖延,屯于颍口,不敢参战。吴明彻乘机对寿春发动了最后的总攻击,终于攻占了寿春,俘获了北齐寿春镇将巴陵王王琳、扬州刺史王贵显、扬州道行台尚书卢潜及扶风王可朱浑道裕、尚书左丞李骑骓等。陈朝复以寿春之地置豫州,且以收复寿春之功,升任吴明彻为都督豫、合等六州诸军事、车骑大将军、豫州刺史,黄法氍为征西大将军、合州刺史,镇合肥。十一月,陈将鲁广达攻克了北齐南徐州(治钟离,今凤阳县东北),以鲁广达为北徐州刺史以镇之。[①] 就是这样,陈朝北伐军,势如破竹,以短短数月时间收复了淮南。

但是,这时北周正对北齐发动强大的攻势,北齐王朝岌岌可危,陈朝战略保守,只想据淮而守,没有抓住有利时机进一步扩大战果,直到太建七年(公元 575)才发动一些局部攻势。正月,左卫将军樊毅进克潼州(治取虑城,今灵璧县东北潼郡村)。二月,樊毅又进克下邳(在

---

① 参见《陈书》卷五《宣帝纪》、卷九《吴明彻传》、《资治通鉴》卷一百七十一《陈纪五》。

今江苏睢宁县西北)、高栅城(在今江苏宿迁市境)。闰九月,吴明彻
又率军进攻彭城,在吕梁(在今江苏徐州市东南)大败齐军,于是又裹
足不前。太建八年(公元 576),北周长驱直入,攻占了北齐许多战略
要地和大片疆土,陈朝竟按兵不动,坐山观虎斗。太建九年(公元
577)正月,周师攻占齐都邺城,北齐灭亡。不久,彭城即易手为北周所
有。十月,陈宣帝始诏吴明彻继续北伐,争夺彭城。结果,吴明彻先有
小胜继而大败,吴明彻本人也被俘,陈军元气大伤。于是北周乘胜进
军淮南,尽得江淮之地,又形成了北周和继周而起的隋朝与陈朝隔江
南北对峙的局面。这里参考《隋书·地理志》、谭其骧主编《中国历史
地图集》和胡阿祥《陈政区建置表》,以隋灭陈前的祯明二年(公元
588)为标准年代概述陈朝在皖南的政区建置如下:

扬州,治京师建康。陈朝时,扬州领地大大缩小,实为京畿。

丹阳郡,领县 7,仅有 1 县在今安徽境内:丹阳县(治今当涂县东
北丹阳镇)。

陈留郡,侨置,治石封县,领县 4,其中 2 县在今安徽境内:石封县
(梁置,治今广德县桃州镇)、广德县(治所在今广德县西南)。

东扬州,治山阴县(今浙江绍兴市),领郡 5,其中新安郡领县 6,西
北 3 县在今安徽境内:歙县、黟县、海宁县,3 县治地与以前相同,不
赘述。

南豫州,侨置,治姑孰(即姑孰),领郡 2。

淮南郡,侨置,治于湖县,领县 5,其中于湖、当涂、襄垣、繁昌 4 县
治地与以前相同,不赘述,西乡县,梁、陈时置,治地不详。

宣城郡,治宛陵县(今宣城市宣州区),领县 9。其宛陵、宣城、宁
国、安吴、泾、广阳、怀安 7 县,治地与以前相同,不赘述。石埭县,梁大
同二年(公元 536)置,治今石台县境。逡遒县,侨置,原属淮南侨郡,
后割属宣城郡,治地在今宣城市北水阳镇一带。

北江州,陈置,治南陵县,仅有南陵 1 郡。领县 5,其南陵、临城、石
城、定陵 4 县治地与前朝相同,故冶县,疑为梁置,治地不详。

第三节　南朝时期安徽经济的恢复和发展

南朝时期是安徽经济在动乱中恢复和发展的重要时期。但是,由于南朝时期安徽各地遭受战争破坏的程度不同,发展的机遇不同,因而南北各地经济恢复和发展的情况是不平衡的。

一、皖北和江淮地区农业生产的恢复与发展

在南朝诸政权中,刘宋疆土最大。刘宋前期,安徽南北之地尽为宋有。刘宋统治者为了巩固自己的统治,对抗强大的北魏,重视恢复和发展农业生产。其具体措施包括原除逋租宿债、赈恤灾民、平反冤狱等。如永初元年(公元420)六月,宋武帝刘裕诏:"赐民爵二级,鳏寡孤独不能自存者,人谷五斛。逋租宿债勿复收。"①八月,刘裕又下诏对其故乡所在的位于今苏北和皖东北相邻的彭城等3郡实行特殊的优惠政策,即如同刘邦当年永久免除丰、沛租赋那样永久免除其故乡彭城郡的租赋,而对与其故乡相邻的沛(其所领萧、相2县在今安徽境内)、下邳(其所领僮县在今安徽境内)2郡则免征租布30年。② 其后,宋文帝刘义隆继续实行蠲免赈恤的政策。元嘉元年(公元424)八月诏:"逋租宿债勿复收。"元嘉十七年(公元440)八月,徐州等处发生了严重水灾,诏"遣使检行赈恤"。十一月诏:"兖、两豫、青、徐诸州比年所宽租谷应督入者,悉除半。今年有不收处,都原之。凡诸逋债,优量申减。"当时皖北之地属徐、豫二州,安徽的江淮之地大多属南豫州。此诏所给予往年拖欠租谷"悉除半"及当年受灾郡县皆免除的惠政,安徽江北之地皆受其惠。元嘉二十一年七月诏:"比岁谷稼伤损,淫亢成灾,亦由播殖之宜,尚有未尽。南徐、兖、豫及扬州浙江西属郡,自今

---

① 《宋书》卷三《武帝纪下》。
② 参见《宋书》卷三《武帝纪下》。

悉督种麦,以助阙乏。速运彭城、下邳郡见种,委刺史贷给。徐、豫土多稻田,而民间专务陆作,可符二镇,履行旧陂,相率修立,并课垦辟,使及来年。凡诸州郡,皆令尽勤地利,劝导播殖,蚕桑麻纻,各尽其力,不得但奉行公文而已。"①文帝这道督课农桑的诏书,并非一般泛谈重农的例行公文,内容很翔实,措施很具体:既有调拨有麦作优势的淮北彭城、下邳 2 郡小麦良种督课南兖州(安徽江淮之地小部分属该州)、南豫州(安徽江淮之地大部分属该州)及江南诸州郡种麦,又有督遣地方长吏修治徐、豫 2 州陂塘水利工程以便进一步发展包括皖北郡县在内的徐、豫 2 州稻作的要求,务求因地制宜,广泛种植粮食作物,并兼及蚕桑麻纻,以尽地利。这样的诏书很多,不容一一列举。同时由于宋初政治较为清明,皖北地区出现了许多良吏。如,元嘉初,"北谯梁二郡太守、关中侯申季历,自奉职邦畿,于兹五年,信惠并宣,威化兼著,外清奸暴,内辑民黎,役赋均平,间进齐肃,绥穆初附,招携荒远,郊境之外,仰泽怀风"。良吏中也有许多被称为父母官的县令,如:"前宋县(治今太和县北)令成浦,治政宽济,遗咏在民。前铜阳(治今临泉县西)令李熙国,在事有方,民思其政。山桑(治今蒙城县北)令何道,自少清廉,白首弥厉。"②在这样的大环境下,实际上到元嘉中期皖北地区农业已经得到了显著的恢复和发展。史称,元嘉十二年(公元435)六月,"丹阳、淮南(侨置于江南者)、吴、吴兴、义兴大水,京邑乘船。己酉,以徐豫南兖三州、会稽宣城二郡米数百万斛赐五郡遭水民"③。丹阳等沿江 5 郡遭受了严重水灾,刘宋朝廷从包皖北在内的徐、豫 2 州调发米粮救济南方的灾民说明了刘宋前期皖北地区的农业生产已经得到了比较充分的恢复。

在淮河以南,寿春不但是一个军事重镇,也是一个重要的经济中心。元嘉七年至十六年(430—439),刘义欣任豫州刺史,镇寿阳(即寿春),对寿春地区的经济恢复和发展作出了重要贡献。当刘义欣到任之初,寿春地区"土境荒毁,人民凋散,城郭颓败,盗贼公行"。"苟

---

① 本段以上诏书引文皆出自《宋书》卷五《文帝纪》。
② 《宋书》卷九十二《良吏传》。
③ 《宋书》卷五《文帝纪》。其中吴郡为作者考补。

陂良田万余顷,堤竭久坏,秋夏常苦旱"。于是刘义欣"遣谘议参军殷肃循行修理。有旧沟引渒水入陂,不治积久,树木榛塞。肃伐木开榛,水得通注,旱患由是得除"。刘义欣又简拔知"绥牧之宜"之人为管内官长,"纲维补辑,随宜经理,劫盗所经,立讨诛之制。境内畏服,道不拾遗,城府库藏,并皆完实,遂为盛藩强镇"。① 泰始中,夏侯详为新汲(侨县,在今寿县境)令,"治有异绩,刺史段佛荣班下境内,为属城表"②。刘宋的经营为南朝以后各代经营寿春奠定了基础。寿春以东的今苏皖交界地区是刘宋时期淮南另一个经济较为发达的地区。元嘉中,钟离太守沈邵,"在郡有惠政,夹淮人民慕其化,远近莫不投集",盱眙太守沈璞,以"郡首淮隅,道当冲要,乃修城垒,浚重隍,聚材石,积盐米","人情辑和,鲑米丰盛,器械山积",以雄厚的物力加强了缘淮边防。③

由于刘宋前期缘淮农业生产发达,粮食丰足,故当元嘉中扬州丹阳诸郡发生水灾时,刘宋政府除了调运徐、豫诸州郡租粮救灾以外,又策划以缘淮"估赋"(即商税)就地购粮赈贷"三吴饥民"。史称:"三吴水灾,谷贵民饥",扬州西曹主簿沈亮鉴于"缘淮岁丰,邑富地穰,麦既已登,黍粟行就",建议"析其估赋,仍就交市,三吴饥民,即以贷给,使强壮转运,以赡老弱"。刘宋政府接受了他的建议,"即并施行"。④ 以缘淮粮食赈贷"三民灾民",反映刘宋前期缘淮地区农业生产发展的盛况。

与北魏陆战,马匹是重要战略物资。刘宋前期鼓励包括皖北在内适合养马的河南、淮北人民养马,以备战争之需。元嘉二十七年(公元450),魏太武帝拓跋焘率领大军屯于汝阳(今河南商水县西北)。宋武陵王、徐州刺史刘骏征征调彭城百里内马1500匹,以刘泰之为元帅,组建骑兵进攻魏军。刘泰之率军行至谯城(今亳州市),"更简阅人马,得精骑千一百匹"⑤,扩大了骑兵队伍,于是向魏军发动进攻。及

① 《宋书》卷五十一《刘义欣传》。
② 《梁书》卷十《夏侯详传》。
③ 《宋书》卷一百《自序》。
④ 《宋书》卷一百《自序》。
⑤ 《宋书》卷九十五《索虏传》。

刘骏为帝（即孝武帝），又于孝建三年（公元456）下诏："制荆、徐、兖、豫、青、冀、雍七州统内，家有马一匹者，蠲复一丁。"①现在的皖北属当时的徐、豫二州之地。以上资料说明，在刘宋前期，皖北民间的养马业也比较发达。

江淮地区东南部的历阳郡（治历阳县，今和县），是刘宋的近畿要地。二豫分立时，常为南豫州治所。元嘉二年（公元425），王准之任南豫州刺史、江夏王刘义恭长史，领历阳太守，"行州府之任，绥怀得理，军民便之"②。元嘉中，南豫州于历阳"营创城府"，而"功课严促"，行征虏参军沈亮启文帝"宽其工课，稍均其优剧"，文帝优诏答之，采纳了他的意见。③ 由于孝武帝刘骏早年曾任南豫州刺史镇历阳，对西府历阳有特殊的感情。大明七年（公元463）二月，孝武帝巡狩历阳之乌江（在今和县东北乌江镇），下诏曰："大赦天下，行幸所经，无出今岁租布。其逋租余债，勿复收。赐民爵一级，女子百户牛酒。"又诏曰："可蠲历阳郡租输三年，遣使巡慰，问民疾苦，鳏寡、孤老、六疾不能自存者，厚赐粟帛，高年加以羊酒。"十二月，孝武帝又行幸历阳，诏"南豫州别署敕系长徒，一切原散。其兵期考袭谪戍，悉停。历阳郡女子百户牛酒；高年孤老，赐帛十匹，蠲郡租十年"。④ 孝武帝的这些特殊优惠政策有利于历阳郡农业生产的恢复和发展。

宋失淮北地后，刘宋政权于安徽淮河以南地区置豫、南豫、徐诸州，继续经营淮南。到刘宋末年，淮南地区的经济形势虽然不如以前，但仍是刘宋政权的重要财赋来源。元徽四年（公元476）尚书右丞虞玩之表陈时事曰："昔岁奉敕，课以扬徐众逋，凡入米谷六十万斛，钱五千余万，布绢五万匹，杂物在外，赖此相赡，故得推移。"⑤扬州之地在江南，宋末的徐州治钟离（今凤阳县东北临淮镇），今皖东滁州市所属各

---

① 《宋书》卷六《孝武帝纪》。
② 《宋书》卷六十《王准之传》。
③ 《宋书》卷一百《自序》。
④ 《宋书》卷六《孝武帝纪》。
⑤ 《宋书》卷九《后废帝纪》。

县及巢湖市东南部的含山、和县皆属当时的徐州之地。① 虞玩之奉敕征收扬、徐二州"众逋"（即往年拖欠的租赋），所得数额众多，解决了刘宋国家财政的暂时困难，说明当时江淮间的皖东地区正常课税可观，农业生产还是有一定基础的。此外，从虞玩之所说"天府所资，唯有淮海"，也可以看到淮南地区在刘宋财政中的重要地位。

萧齐前期的疆土基本维持在宋末的规模上，以淮河一线与北魏对峙，淮河以北仅拥有苏北沿海地带。宋末齐初的战乱使江淮地区遭到了破坏，史称："江淮之间，仓廪既虚，遂草窃充斥，互相侵夺，依阻山湖，成此逋逃。"②齐高帝和齐武帝为了恢复江淮经济，巩固缘淮边防，实行一系列抚恤和鼓励发展生产的政策。高帝建元二年（公元480）二月，齐高帝"遣大使巡慰淮、肥，徐（侨州，治钟离）、豫（侨州，治寿春）边民尤贫遭难者，刺史二千石量加赈恤"。甲午，诏："江西北民避难流徙者，制遣还本，蠲今年租税。单贫及孤老不能自存者，即听番籍，郡县押领。"③武帝永明四年（公元486）闰四月辛亥诏："诸逋负在三年以前尤穷弊者，一皆蠲除。孝悌力田，详授爵位，孤老贫穷，赐谷十石。凡欲附农而粮种缺乏者，并加给贷，务在优厚。"永明六年闰十月乙卯诏："北兖（侨州，治盱眙）、北徐（侨州，治钟离）、豫（侨州，治寿春）、司（侨州，治今河南信阳市）、青、冀（青、冀二侨州治今江苏连云港市）八州，边接疆场，民多悬罄，原永明以前所逋租调。"永明十一年七月丁巳诏："曲赦南兖、兖、豫、司、徐五州，南豫州之历阳、谯、临江、庐江四郡三调（胡三省曰：调粟、调帛及杂调也），众逋宿债，并同原除。其缘淮及青、冀新附侨民，复除已讫，更申五年。"④（此诏中所言豫、徐2州皆侨置于安徽的淮南地区，南豫州历阳等4郡皆在今安徽江淮地区的南部。）同年八月癸未诏："凡逋三调及众债，在今年七月三十日前，悉同蠲除。"丙戌诏："近北掠余口，悉充军实。刑故无小，

----

① 《宋书·后废帝纪》：元徽元年十月癸酉，"割南兖州之钟离、豫州之马头，又分秦郡、梁郡、历阳置新昌郡，立徐州"。由此知宋末之徐州领有今滁州市所辖诸县及巢湖市东南部一带。

② 《南齐书》卷三《武帝纪》。

③ 《南齐书》卷二《高帝纪下》。

④ 《南齐书》卷三《武帝纪》。

罔或攸赦,抚辜兴仁,事深睿范。宜从荡宥,许以自新,可一同放遣,还复民籍。已赏赐者,亦皆为赎。"[1]上述齐高帝、武帝的这些振兴经济的诏书皆与安徽江淮之地关系密切,甚至有很强的针对性。在朝廷诏书的鞭策下,萧齐时江淮地区出现了不少恤民的良吏。如北徐州(侨州,治钟离)刺史戴僧静,"买牛给贫民令耕种,甚得荒情"[2]。南谯郡(侨郡,治山桑县,在今巢湖市东南)太守王珍国,"治有能名。时郡境苦饥,乃发米散财,以拯穷乏"[3]。安丰县(治今寿县西南)令郑绍叔,"居县有能名"[4]。南齐的这些复除、抚恤和遣释战俘、解放奴婢的政策以及良吏们的有效推行,缓和了社会矛盾,促进了南齐前期江淮地区农业生产的恢复和发展。与此同时,不少地方林业也有所发展。如庐江郡所领灊、舒、始新左3县,"村竹产,府州采伐,为益不少"[5]。在恢复郡县经济的同时,南齐统治者亦重视在淮南开展屯田。齐高帝对豫州(侨州,治寿春)刺史垣崇祖曰:"卿视吾是守江东而已邪? 所少者食,卿但努力营田,自然平殄残丑。"于是"敕崇祖修治芍陂田"。[6] 萧齐时,淮河下游的石鳖屯仍受到重视,且经营情况可观,《南齐书·州郡志》云:北兖州"有阳平石鳖,田稻丰饶"。

在宋齐统治比较稳定的时期,随着经济的恢复,统治者开始在江淮地区封建王国。现择要列举几例。如元嘉十年(公元433)正月宋文帝改封竟陵王刘义宣为南谯王(都山桑县,今巢湖市东南),食邑五千户,至元嘉三十年才改封刘义宣为南郡王,刘义宣王南谯达20年之久;宋孝武帝末年,封其幼子刘子舆为晋熙王(都怀宁县,今潜山县),泰始元年十二月,宋明帝改封其为庐陵王。泰始六年(公元470)四月,宋明帝封其第六皇子刘燮为晋熙王(都怀宁县,今潜山县),食邑3000户,至宋末昇明三年,因改朝换代被废杀。永明四年二月,齐武帝封其皇弟萧铄为晋熙王,延兴元年(公元494)被废杀。后来齐明帝

---

① 《南齐书》卷四《郁林王纪》。
② 《南齐书》卷三十《戴僧静传》。
③ 《梁书》卷十七《王珍国传》。
④ 《梁书》卷十一《郑绍叔传》。
⑤ 《南齐书》卷十四《州郡志上》。
⑥ 《南齐书》卷二十五《垣崇祖传》。

又封其第十子萧宝嵩为晋熙王,在齐末改朝换代时被废杀。宋、齐在江淮地区封建王国从一个侧面反映了当时江淮间的形势稳定,经济情况也比较好。但到萧齐末年,由于战争的影响,淮南地区的农业生产又逐渐衰落了。

梁朝前期,梁、魏在淮南进行了20多年的激烈争战。频繁的战争严重制约了淮南经济的发展。普通七年,萧梁收复了以寿春为中心的淮南西北部地区,接着又乘北魏衰落之机向淮北扩张,但其经营的重点仍在淮南。萧梁时期,安徽江淮地区的农业生产虽然皆有所恢复,但还是以寿春为中心的淮南西北部地区情况比较好。普通四年(公元523),裴邃北伐至寿春南境,即遣军民"修芍陂"①。萧梁收复寿春后,豫州刺史夏侯亶鉴于"寿春久罹兵荒,百姓多流散",实行"轻刑薄赋,务农省役"的抚恤政策,于是寿春之地经济又得到了恢复,史称"顷之民户充复"。中大通六年夏侯亶的弟弟夏侯夔继任豫州刺史,"帅军人于苍陵立堰(堰在今寿县西南),溉田千余顷,岁收谷百余万石,以充储备,兼赡贫人,境内赖之。夔兄亶先经此任,至是夔又居焉。兄弟并有恩惠于乡里,百姓歌之曰:'我之有州,频仍夏侯。前兄后弟,布政优优。'在州七年,甚有声绩,远近多附之。"经济和民政搞好了,寿春作为萧梁北方重镇军事防御力量自然大大增强了。史称当夏侯夔在州时,"有部曲万人,马二千匹,并服习精强,为当时之盛"。②自公元526年萧梁收复寿春后,经过两位夏侯刺史十多年的经营,寿春地区的社会经济又呈现出一派繁荣的景象。

梁大同八年(公元542)三月,江州刺史、湘东王萧绎在镇压了农民起义后,将被俘的农民迁徙到南新蔡郡(治今湖北黄梅县西南)、高塘郡(治今宿松县)开展屯田,"立颂平屯,垦作蛮田"③,促进了皖西南地区的开发。梁末侯景之乱时,梁将鲁悉达"纠合乡人,保新蔡,力田蓄谷。时兵荒饥馑,京都及上川饿死者十八九,有得存者,皆携老幼以归焉。悉达分给粮廪,其所济活者甚众,仍于新蔡置顿(屯)以居之。

① 《梁书》卷二十八《裴邃传》。
② 本段夏侯亶、夏侯夔相关引文皆出自《梁书》卷二十八《夏侯亶传》、《夏侯夔传》。
③ 《梁书》卷三《武帝纪下》。

招集晋熙等五郡,尽有其地……悉达抚绥五郡,甚得民和,士卒皆乐为之用"①。鲁悉达所经营的区域西自南新蔡郡(治今湖北黄梅县西南),东至晋熙郡(治今潜山县)。显然此东西二郡间的高塘郡(治今宿松县)和与晋熙郡相邻的枞阳郡(治今枞阳县)亦应属鲁悉达经营的范围。也就是说,当梁末战乱之际,与湖北省相邻的皖西南地区在鲁悉达的抚绥下,社会形势尚比较稳定,农业生产的情况也比较好,因此成为远近流民投奔的目标。

南朝时期,虽然安徽的江淮地区由于受南北战争和南朝政权更替的影响,社会环境不如皖南稳定,地主庄园也不如皖南多,但在某些南朝政权统治较长的地区,也出现了一些地主庄园。如北部的寿春地区,水利条件好,宋齐时期出现了一些大族,被称为"豫州豪族"②。这些大族当拥有规模可观的庄园。萧齐末年,北魏占领了寿春后,这些大族大多被驱掠北徙。但当萧梁收复寿春后,这些大族的后人又努力在寿春地区恢复他们的庄园。如梁中散大夫裴髦之子裴之横,"遂与僮属数百人,于芍陂大营田墅,遂致殷积"③。南朝时期,江淮地区也有一些中小地主的庄园。如,宋明帝初年,晋熙蛮梅式生因参加平定内乱,封高山侯,"食所统牛岗、下柴二村三十户"④。晋熙郡治今潜山县,梅式生因有军功而成为一个小地主。

梁末、陈初,安徽的江淮地区皆为北齐占领。陈宣帝时,吴明彻北伐虽然一度收复了江淮地区,但不久又陷于北周。由于陈朝统治江淮地区的时间很短,在经济建设方面没有明显的建树。

二、皖南农业生产和地主庄园的持续发展

在南朝近170年中,皖南基本上没有遭遇到激烈的南北战争的破坏(除北齐一度渡江作战外),因此皖南社会相对的稳定,农业生产在东晋的基础上持续发展。皖南经济的持续发展与东晋、南朝政权对皖

---

① 《陈书》卷十三《鲁悉达传》。
② 《梁书》卷二十八《裴邃传》。
③ 《梁书》卷二十八《裴邃传》附《裴之横传》。
④ 《宋书》卷九十七《豫州蛮传》。

南的重视是分不开的。东晋统治者以其地近京师,战略地位重要,故称历阳为西府,称姑孰为南州,至刘宋时则曾一度把皖南的沿江北部明确划入为京畿之地。孝武帝大明三年(公元459)三月"以扬州所统六郡为王畿",胡三省注:"六郡,丹阳、淮南、宣城、吴郡、吴兴、义兴也。"①也就是说今皖南北部的淮南郡、宣城郡及丹阳郡的丹阳县(治今当涂县东北丹阳镇)皆属刘宋的王畿地区。淮南郡自东晋咸和初侨置于于湖县(治今当涂县南境),至隋开皇初废除。其所领诸侨县皆分布在今当涂县、芜湖市区及邻近的繁昌县、铜陵县、宣城市北境一带,是皖南接收北方流民的重要地区。南朝时仍不断有流民迁入,如元嘉二十八年(公元451),宋文帝遣"征北参军程天祚徙江西流民数千家于姑孰"②。及后来宋失淮北地又有大批流民迁入。齐梁时期,与北魏在缘淮作战,又有不少"江西北民避难流徙"③至江南。太建十二年(公元580)十二月,随着陈朝北伐的失败,江淮间三州九郡吏民"并自拔还江南"④。由此可知,在整个南朝时期都不断有北方流民迁居皖南。

　　南朝时期虽然仍有不少北方流民陆续南迁,但皖南的自耕农经济发展得并不顺利。皖南自耕农在发展过程中遇到了一个严重的障碍,即豪家富室和达官权贵依靠自己的政治特权和经济实力广占田宅甚至封固山泽。宋大明初,扬州刺史西阳王刘子尚上言:"山湖之禁,虽有旧科,民俗相因,替而不奉,燃山封水,保为家利。自顷以来,颓弛日甚。富强者兼岭而占,贫弱者薪苏无托。至渔采之地,亦又如兹。斯实害治之深弊,为政所宜去绝。捐益旧条,更申恒制。"鉴于豪强封固山泽不仅使广大自耕农失去了土地,而又断绝了他们樵采和渔猎的生活门路,并且危及了国家赋役征发,于是尚书左丞羊希提出了限制官僚豪强任意兼并山泽的"占山格":"凡是山泽,先常燃爔种养竹木杂果为林芿,及陂湖江海鱼梁鳅蟹场,常加功修作者,听不追夺。官品第

---

① 《宋书》卷六《孝武帝纪》、《资治通鉴》卷一百二十九《宋纪·孝武帝大明三年》。

② 《资治通鉴》卷一百二十六《宋纪·文帝元嘉二十八年》。

③ 《南齐书》卷二《高帝纪下》。

④ 《陈书》卷五《宣帝纪》。

一、第二,听占山三顷;第三、第四品,二顷五十亩;第五、第六品,二顷;第七、第八品,一顷五十亩;第九品及百姓,一顷。皆依定格,条上赀簿。"①尽管刘宋的"占山格"已经照顾到了豪家富室的利益,如对已占山泽,皆"听不追夺",然后又依据官品规定占山的数额,而且又将逾制者由"强盗"罪降为"常盗"罪。但逾制多占情况仍有增无减。萧梁时又重申东晋旧制:"名山大泽不以封,盐铁金银铜锡及竹园、别都公室园圃,皆不以属国(即不属于各封国及私家)。"②而在实际执行中却大打折扣,并且着意照顾或保护那些豪家富室的既得利益。综观南朝帝王禁止封固山泽的诏令,一方面尽量照顾到了豪家富室和达官权贵的既得利益,同时又想把他们禁固山泽的行为限制在一定的范围内,不允许他们任意扩张。不管怎么说,有所限制总比不限制好。这样就为自耕农经济的生存和发展留下了一定的空间。再加上前述各代颁布的招抚流民和抚恤小农的政策,使得南朝时期皖南地区自耕农经济得以持续发展。

南朝时期,宣城已是江南的名郡,故统治者重视经营宣城。刘宋元嘉初年(公元424),刘式之为宣城太守,贪赃枉法,为政严苛,"立吏民亡叛制,一人不擒,符伍里吏送州作部,若获者赏位二阶"。继任太守羊玄保认为刘式之所立"吏民亡叛制"对逃避赋役者的处理办法过于严苛,既不符合自宋武帝刘裕以来"逋租宿债勿复收"的诏意,且"今一人不测,坐者甚多,既惮重负,各为身计,牵挽逃窜,必致繁滋",既扰乱了社会秩序,又影响农业生产的发展。③ 因此他毅然上疏文帝,取消了刘式之的苛政,为刘宋时期宣城地区农业生产的持续发展创造了良好的社会环境。故元嘉十二年六月,丹阳、淮南(侨置于江南者)、吴兴等5郡发生水灾,朝廷从各地调拨米粮数百万斛救济灾民,宣城郡即是调粮地区之一,这反映了元嘉中期宣城郡农业生产的情况比较好。

宋末改朝换代的战乱使京师建康周围水利工程遭到破坏,人民废

---

① 本段以上引文皆出自《宋书》卷五十四《羊玄保传附羊希传》。
② 《隋书》卷二十六《百官志》。
③ 本段以上引文皆出自《宋书》卷五十四《羊玄保传》。

业,甚至部分土地荒芜,皖南地区亦不能幸免。但到齐朝建立后,统治者又开始重新经营皖南。建元三年(公元481),丹阳尹萧子良(即后来的竞陵王)鉴于境内"萦原抱隰,其处甚多,旧竭古塘,非唯一所,而民贫业废,地利久芜",于是派遣官吏勘察,"得丹阳、溧阳、永世等四县解,并村耆辞列,堪垦之田,合计荒熟有八千五百五十四顷,修治塘竭可用十一万八千余夫,一春就功,便可成立"。①萧子良表疏中所说的4县皆在江南今苏皖交界的地区,其中丹阳县治所在今当涂县东北丹阳镇。萧子良的计划后来虽因其迁任他职未得实施,但却为后人修治这里的水利工程和发展农业生产提供了一个良好的预案。萧齐初年,王志为宣城内史,"清谨有恩惠"②,妥善解决了郡民经年不决的"争田"问题,有利于农业生产的发展。建武初,著名文学家谢朓在宣城太守任上写了不少有关宣城的农事诗,万绳楠先生用以诗证史的方法揭示出了这些诗所反映的社会经济内容。③《在郡卧病呈沈尚书》:"连阴盛农节,答笠聚东菑。"是描写农夫们披蓑戴笠冒着绵绵春雨在田里插秧稻作的情况。《郡内登望》:"切切阴风暮,桑柘起寒烟。"是描写郡城郊外一片片的桑田,反映了当时宣城郡蚕桑业的发达。《高斋视事》:"暖暖江村见,离离海树出。"是描写山陵岗地的一望无际丛树林海。这些农事诗反映了萧齐中后期宣城郡农业、林业一派生机勃勃的发展景象。

梁天监初,王峻任宣城太守,"为政清和,吏民安之"④。天监中,梁武帝亲自提拔以"清公"称著的武康县令何远为宣城太守。何远没有辜负梁武帝的信赖,政绩可观。史称何远在郡重视整修道路、城隍、厩库、市里,乃至民居,又重视救济贫民,甚至用自己的"田秩俸钱"充抵赤贫者的租调,同时又能严格执法,这样就为农业生产的发展创造了良好的社会环境。⑤

---

① 《南齐书》卷四十《竞陵王子良传》。
② 《梁书》卷二十一《王志传》。
③ 参见万绳楠《魏晋南北朝史论稿》,安徽教育出版社1983年版,第125页。
④ 《梁书》卷二十一《王峻传》。
⑤ 参见《梁书》卷五十三《何远传》。

刘宋时宣城郡被划入王畿之地。依古制,王畿之地例不分封王侯。自萧齐以后,王畿观念逐渐淡化,于是农业生产发达的宣城郡又陆续出现一批食封地主。永明七年(公元489)三月甲寅,齐武帝封其第十九子萧子琳为宣城王,史不载食邑数,依齐武帝封子例,食邑当为2000户。延兴元年七月丁酉,齐废帝海陵王封西昌侯萧鸾(即后来的齐明帝)为宣城公,食邑2000户。十月癸巳,又进封萧鸾为宣城王,食邑5000户。中大通四年(公元532)正月庚午,梁武帝封其嫡长孙萧大器(即简文帝萧纲之子)为宣城王,食邑2000户。至太清三年(公元549)简文帝即位,立大器为皇太子,萧大器为宣城王长达17年之久。大同二年(公元536),梁武帝封其孙萧大临为宁国县公,大款为石城县公(县治今池州市西南),大连为临城县公(县治今青阳县南),食邑各1500户。① 南朝王侯虽不躬亲农桑,只是衣食租税,但齐、梁时期于宣城郡频封王侯,反映了当时宣城郡农业生产的发达。

梁末陈初,战乱频仍。江北之地被北齐占领,上游荆州江北之地先为梁朝残余势力占有,接着又先后失之于西魏、北周。在南朝四代中,陈朝疆域最为狭小。后来宣帝陈顼虽一度收复了淮南之地,但不久又得而复失。因此,对于安徽来说,陈朝政令基本上只施行于皖南。陈朝统治者重视恢复和发展农业生产。武帝陈霸先即位时,虽然外侵内叛,战事频繁,仍下诏抚恤贫民,赐"鳏寡孤独不能自存者人谷五斛。逋租宿债,皆勿复收";"晚订军资未送者并停,元年军粮逋余者原其半。州郡县军戍并不得辄使民,务存优养。若有侵扰,严为法制"。② 及文帝陈蒨平定王琳叛乱后,又下诏抚恤流民:"自顷丧乱,编户播迁,言念余黎,良可哀惕。其亡乡失土,逐食流移者,今年内随其适乐。来岁不问侨旧,悉令著籍,同土断之例。"又下诏在包括皖南在内的不适宜种稻的地方推广种麦:"麦之为用,要切斯甚。今九秋在节,万实可收,其班宣远近,并令播种。守宰亲临劝课,务使及时。其有尤贫,量

① 以上食封情况见《梁书》卷三《武帝纪下》、卷八《哀太子大器传》、卷四十四《太宗十一王传》、《南史》卷五十四《梁简文帝诸子传》。

② 《陈书》卷二《高祖纪下》。

给种子。"①这些抚恤流民和劝课种麦的措施都是很切合时务的,有利于皖南地区农业生产的恢复和发展。

如本节前文所述,南朝帝王对豪强们的兼并行为实行的是一种既限制而又妥协的政策,因而关于南朝豪强封固山泽和建立庄园的现象仍史不绝书。就安徽而言,则主要集中在皖南北部的宣城郡、淮南郡和丹阳郡的丹阳县。萧齐永明中,司徒、竟陵王萧子良"于宣城(治今南陵县东青弋镇)、临成(即临城,治今青阳县南)、定陵(治今铜陵市东北)三县界立屯,封山泽数百里,禁民樵采"②。萧子良不但"立屯"(即建立庄园),且又"封山泽数百里"。这是见于记载的南朝在皖南最大规模的封固山泽。梁朝时,宣城郡是梁武帝嫡孙萧大器的封邑。及梁末萧大器被侯景杀害后,承圣二年(公元553),荀朗"率部曲万余家济江,入宣城郡界立顿(屯)"③,即一度又在宣城郡建立了庄园。南朝时侨置于皖南的淮南郡也是一个经济较为发达的地区。萧梁时,在当时的当涂县(治今南陵县东南)境内兴修了一个规模和效益都较为可观的水利工程——"当涂堰"。这里当有一个大地主庄园。梁武帝命司徒左长史萧洽"撰《当涂堰碑》,辞亦赡丽"④。萧梁中后期,姑孰(今当涂县)是地主庄园集中分布的地区。这里的庄园与周围的山水、古迹浑然一体,形成了一道美丽的风景线。史称:"姑孰饶旷,荆河斯拟,博望关畿,天限严峻,龙山南指,牛渚北临,对熊绎之余城,迩全琮之故垒,良畴美柘,畦畎相望,连宇高甍,阡陌如绣。"⑤梁末的战乱使姑孰地区的地主庄园和整个社会经济遭到了严重破坏,尽管陈朝统治者又采取了一些恢复经济的措施,但是由于北齐、北周已经大军压境,姑孰作为防御北敌的重镇,其周围地区的经济再也不可能恢复到梁代的水平了。

南朝时期,地处安徽南部和浙江交界之地的新安郡,遭遇的战乱

① 《陈书》卷三《世祖纪》。
② 《梁书》卷五十二《顾宪之传》。
③ 《陈书》卷十三《荀朗传》。
④ 《梁书》卷四十一《萧介传》附《萧洽传》。
⑤ 《陈书》卷五《宣帝传》。

少,社会形势稳定,经济迅速发展。南朝时新安郡出现了许多良吏,朝廷的抚恤和发展生产的政策都能得到较好的落实。如,刘宋初年,羊欣任新安太守,"在郡四年,简惠著称"。后来文帝又以羊欣为新安太守,"在郡十三年,乐其山水。尝谓子弟曰:'人生仕宦至二千石,斯可矣。'及是便怀止足。"①羊欣知足"简惠",实行无为而治,久任太守,当然有利于新安郡经济的持续发展。梁天监初,王泰任新安太守,"在郡和理得民心"②。天监六年(公元507),任昉任新安太守,"为政清省,吏民便之",卒于官。"遗言不许以新安一物还都,杂木为棺,浣衣为敛。阖境痛惜,百姓共立祠堂于城南,岁时祠之"。③ 天监中,伏暅为新安太守,"在郡清恪……民赋税不登者,辄以太守田米助之。郡多麻苎,家人乃至无以为绳,其廉志如此。属县始新、遂安、海宁,并同时生为立祠"④。中大通三年(公元531),徐摛为新安太守,"为治清静,教民礼义,劝课农桑,期月之中,风俗便改"⑤。萧梁时的这几任新安太守皆清廉爱民,自然能缓和阶级矛盾,促进农业生产的发展。梁末,新安海宁(治今休宁县东万安镇)人程灵洗,自少"性好播植,躬勤耕稼,至于水陆所宜,刈获早晚,虽老农不能及也。伎妾无游手,并督之纺绩。至于散用资财,亦弗俭吝"⑥。程灵洗是海宁县的一个勤劳好施的庶族地主,他亲自参加农田稻作和麦作,这与南朝皇帝一再下诏在南方推广旱地种麦相吻合。至于督伎妾纺绩,由于"郡多麻苎",新安郡的民间纺织业仍以麻纺织为主。在水稻的栽培方面,最迟在萧梁天监年间,勤劳的新安郡农民已经培育出了一种名叫"桃花米"的优质水稻。《太平寰宇记》卷一百零四《歙州·歙县》条云:"休宁县尤多,为饭香软。"⑦

　　随着农业生产的发展,新安郡的户口迅速增加。由于资料的限

---

① 《南史》卷三十六《羊欣传》。
② 《梁书》卷二十一《王泰传》。
③ 《梁书》卷十四《任昉传》、《南史》卷五十九《任昉传》。
④ 《梁书》卷五十三《伏暅传》。
⑤ 《梁书》卷三十《徐摛传》。
⑥ 《陈书》卷十《程灵洗传》。
⑦ 《辞源》云:桃花米,"次等米,略如今之糙米"。俟考。

制,这里仅举一例加以说明。据《晋书·地理志》和《宋书·州郡志》记载,西晋太康元年(公元280)新安郡仅有5000户(口数不详),而到刘宋大明八年激增至12058户,36651口。因而这个原来偏僻落后的山区郡,成了南朝各代分封王侯的一个重要地区。如大明四年(公元460),宋孝武帝封其第八子刘子鸾为新安王。泰始二年(公元466)十一月,宋明帝封建平王刘景素子刘延年为新安王。永明十一年十一月,齐武帝封文惠太子第二子萧昭文为新安王,食邑2000户。天嘉六年(公元565)八月,陈文帝封其第五子伯固为新安王,食邑2000户。至太建十四年(公元582)正月,以谋反诛。伯固王新安达17年之久。

三、手工业、商业和城市的发展

南朝时的手工业有官营、私营两种类型。当时安徽的官营手工业主要为州郡"作部"经营。"作部"里的劳动者是从民间征发来的"番匠"或被罚没的刑徒和战俘。寿春是南朝的北部重镇,自东晋时即设有"作部",当南朝政权稳固统治寿春的时期,也往往在这里设置"作部",生产各种手工业产品供应官府和将吏之需。景平二年(公元424),豫州(治寿春)刺史刘粹徙淮北民户"男丁一百三十七人、女弱一百六十二口,收付作部"[①]。由此可知,刘宋初年寿春即设有州"作部"。只是由于史料缺乏不知当时的寿春"作部"有哪些生产项目。另一个明确记载有"作部"的地方是宣城郡。元嘉初,刘式之为宣城太守,"立吏民亡叛制,一人不擒,符伍里吏送州作部,若获者赏位二阶"[②]。刘式之做法是一项苛政,但这条材料反映出因宣城郡资源丰富,扬州于此设有"州作部"。南朝时期安徽官营手工业中有一处著名的采矿和铜铁器铸造基地,即与湖北冶塘山齐名的梅根冶(在今池州市东北)。皖南铜冶由来已久,自西晋始有梅根冶的名称,南朝相沿不废。《太平寰宇记》卷一百零五池州铜陵县:"自齐、梁之代,为梅根冶,以烹铜铁。"《隋书·百官志上》云:梁置梅根令。皖南诸郡皆无梅

---

①《宋书》卷四十九《刘粹传》。

②《宋书》卷五十四《羊玄保传》。

根县。由此可知,梅根令所领梅根冶是一个直属南朝中央政府的重要冶金基地。

南朝时安徽的手工业以个体农民家庭纺织业最普遍。当时农民的家庭纺织业仍以麻纺织为主。皖北地近中原,原本丝纺业较为发达,但是由于战争的影响,桑林遭到了破坏,而麻纺织易见成效,促进了个体农民家庭麻纺织的发展。刘宋时农民向国家缴纳租调也一度由输粮输绢变成了输粮输布。故刘裕即位之初对其故乡彭城及附近沛、下邳二郡实行特殊的照顾政策即是复除租布:"彭城桑梓,加隆攸在,优复之制,宜同丰、沛。其沛郡、下邳可复租布三十年。"①南朝时期,皖南地区的麻纺业发达。《太平寰宇记》卷一百零五《太平州当涂县》:"白纻亭,图经云,昔宋武帝与群臣会于此山,游唱白纻歌,因以为名。在县东七十五里。"②白纻是一种以纻麻纺织的细麻布。自东晋中期以来,皖南人民即能通过将纻麻沤制、漂白,制作成一种"质如轻云色如银"③的白纻布,成为一方名优特产,故皖南有白纻山、白纻亭。诗人为讴歌皖南人民巧夺天工的制作而创作的白纻歌、白纻舞,成了宋武帝君臣聚会皖南助兴的最好选择。梁时新安郡"多麻苎"④,因而民间的麻纺织业也迅速发展起来。梁末陈初,在海宁县(治今休宁县东万安镇)人程灵洗经营的庄园里,"伎妾无游手,并督之纺绩"⑤,当主要是从事苎麻纺织。由于南朝时期包括皖南在内的民间麻纺业发达,因而麻布成为朝廷户调征收的大宗。宋大明五年(公元461)十二月,孝武帝诏:"制天下民户岁输布四匹。"⑥反映了包括安徽在内的刘宋统治区民间麻纺织发达的情况。南朝统治区(除蜀郡以外)丝织业起步较晚,发展水平低于北方。东晋末年刘裕消灭姚秦后,迁徙长安百工于建康,建立"锦署",江东才开始有了上档次的官营丝织业。南朝统治者鼓励农民植桑养蚕发展丝织业。元嘉二十一年(公元444)

---

① 《宋书》卷三《武帝纪下》。
② 隋开皇九年(公元589)徙当涂县治姑孰,即今当涂县。
③ 《白纻舞歌诗》,《宋书》卷二十二《乐志四》。
④ 《梁书》卷五十三《伏暅传》。
⑤ 《陈书》卷十《程灵洗传》。
⑥ 《宋书》卷六《孝武帝纪》。

七月丁酉文帝诏:"凡诸州郡,皆令尽勤地利,劝导播殖,蚕桑麻纻,各尽其方。"①再加上大批南渡的北方农民具有桑蚕和丝织的生产经验,这样在包括安徽在内的南朝统治区内的民间丝织业也逐渐发展起来。宋后废帝元徽四年二月尚书右丞虞玩之表陈时事曰:"昔岁奉敕,课以扬、徐众通",钱粮之外,又得"布绢五万余匹"。② 当时的徐州治钟离县,领钟离、马头(治马头城,今怀远县南淮河南岸)、新昌(治今滁州市)三郡,大致相当于今滁州市所辖市、县,而皖南地区皆属当时的扬州。虞玩之奉敕追缴扬、徐"众通",所得纺织品既有麻布,又有丝绢,反映了当时安徽江淮之地和皖南民间丝织业已有一定程度的发展。永明五年(487)九月,齐武帝下诏京师及四方经济情况较好的 11 州出钱"亿万"与民"和市"。其中涉及安徽者有 4 州:豫州,"市丝绵纹绢布米大麦";南豫州、南兖州,"市绢绵布米";扬州,"于郡所市籴"(籴米谷丝绵之属)。③ 豫州(治寿春,今寿县),今淮南市、六安市、合肥市、安庆市一带皆为其所领属。南豫州(治历阳,今和县),今巢湖市及江南的池州市、芜湖市、宣城市、马鞍山市南部一带为其所领属。南兖州(治广陵,今江苏扬州市西北蜀冈),今天长市一带为其所领属。扬州(治建康,今南京市),新安郡的黟、海宁(休宁)、歙三县及丹阳郡丹阳县(治今当涂县丹阳镇)为其所领属。南齐在安徽各地与民"和市"的纺织品,既有麻织品(布)又有各种丝织品(绢),说明南齐统治下的安徽各地民间丝织业已经较为普及,丝织品已不是罕见之物。虽然南朝时安徽的丝织业的发展水平还落后于北朝,但却为隋唐时期安徽丝织业的进一步发展奠定了基础。

虽然自新中国成立以来考古工作者在安徽南北各地的古墓葬中发现了大量魏晋瓷器,但由于迄今没有发现南朝以前安徽的瓷窑遗址,因此这些墓葬中的瓷器当是由外地输入的。考古发现表明南北朝是我省制瓷业产生的重要时期。安徽凤阳县淮南窑(属早期寿州窑)、宿县曹村窑的发现揭示了我省早期瓷器生产的面貌。自 20 世纪

---

① 《宋书》卷五《文帝纪》。

② 《宋书》卷九《后废帝纪》。

③ 《南齐书》卷三《武帝纪》、《通典》卷十二《食货·轻重》。

60 年代初以来,我省考古工作者经过多次田野考古调查,在西从淮南市东到凤阳县西境延绵 80 多公里的区域内发现古瓷窑遗址 10 余处,烧制时间上自南朝早期,下至唐朝晚期,前后延续 400 多年。其中位于凤阳县西境临泉寺、大刘庄和上刘庄窑是南朝时期窑址。有学者将这些早期寿州窑命名为"淮南青瓷窑"。临泉寺窑位于凤阳县武店镇临泉寺东南的山坡上,出土的器物有淡青灰釉瓷碗、青釉瓷盏、淡青灰釉瓷豆、青绿釉瓷豆、青釉瓷盘的残片及窑具圆形多足支托、三岔支托等;上刘庄窑位于凤阳县官塘乡上刘庄东部,出土的器物有青绿釉瓷碗、青绿釉流口瓷壶的残片及窑具圆形多足支托、三岔支托等;大刘庄窑位于官塘乡大刘庄东部,出土的器物有黄绿釉瓷罐、黄绿釉双系瓷壶、黄釉双纽瓷注子(喇叭口)、黄釉双纽瓷注(外折口)、黄绿釉瓷杯的残片及窑具三岔支托等。[①] 1985 年发现的宿县(今宿州市)曹村窑有曹村镇后望庄和下庄芦花湖两处窑址。现场采集到的文物标本有碗、盏、罐、杯、钵、龙柄注子、辟雍砚等瓷器的残片及窑具圆盘支托、三角支托等。器物造型敦厚,胎质较细,烧制火候较高,胎釉结合牢固,釉厚,玻璃质感较强。[②] 考古工作者将曹村窑创烧确定在南北朝时期。结合历史情况看,其创烧具体时间或当在刘宋统治皖北时期,或当在北魏占领皖北以后。南北朝时期"淮南青瓷窑"和"曹村窑"的创建和生产为安徽人民提供了更多的生活器皿,丰富了人民生活,同时也为隋唐时期安徽制瓷业的进一步发展奠定了基础,其中南朝的"淮南青瓷窑"终于发展成了唐代著名的"寿州窑"。

南朝时期姑孰(今当涂县)因其特产所出而有两种特色手工业。其一是制作箫管(乐器)。《太平寰宇记》卷一百零五《太平州当涂县》云:"慈母山在县北七十里,临江,亦谓之慈姥山。《丹阳记》云:山出箫管竹。王褒《洞箫赋》云,原夫箫干之所生于江南之丘墟,即此处也。其竹竿见珍,历代尝给乐府。而俗呼为鼓吹山,山有慈母祠。"

① 参见胡悦谦《谈寿州瓷窑》,《考古》1988 年第 8 期;胡悦谦《寿州瓷器釉色的科研成果》,《文物研究》第 10 期,黄山书社 1995 年版;叶润清《安徽古瓷概述》,《文物研究》第 8 期,黄山书社 1993 年版。

② 参见李广宁《宿县曹村发现古代青瓷址》,《考古简讯》1986 年第 2 期;王化民《曹村窑址》,《安徽省文物志稿》(补编),安徽文物志编辑室印行,1996 年 12 月。

《丹阳记》的作者山谦之是刘宋人,《洞箫赋》的作者王褒是西汉人。这条资料说明至少自西汉时原属丹阳县的姑孰之地即优质箫管的产地,下至刘宋时期仍然兴旺不衰。其二是开采石墨。《太平寰宇记》又云,当涂县翰辟山产石墨,"梁《大同起居注》云,九年鸿胪卿上表,传诏往姑熟(孰)翰辟山采石墨"。由于采石墨是为了制墨而用于书写,故山称"翰辟"。

南朝时期,安徽境内的商业也有一定程度的发展。寿春是南朝北部的军事重镇,也是淮南地区的经济中心。无论南朝还是北朝统治下的寿春,商业都较为发达。寿春城内有"市",有"东都街",郊外有"草市"(农副产品交易的初级市场)①,有"市估"(商品交易税)之征,说明市场管理已经比较规范。梁末侯景占领寿春后以"停责市估及田租"②以争取人心。刘宋元嘉时期,沈邵为钟离太守,"在郡有惠政",社会稳定,经济形势也比较好,然而"郡先无市"(即无官设的市场),因而"江夏王义恭为南兖州,启太祖置立焉"。③ 刘宋前期缘淮地区农业生产形势比较好,粮食贸易一度成为商品交换的大宗。元嘉中,"缘淮岁丰,邑富地穰,麦既已登,黍粟行就",于是朝廷"析其估赋,仍就交市",赈贷"三吴饥民"。④ 这是刘宋政府利用在缘淮地区征收的商税就地收购粮食救济他处灾民的一个典型事例。从商业的角度看,这个事例说明元嘉时期缘淮地区商税数额可观,商品交换活跃,粮食市场繁荣。

宋、齐时期,"和市"贸易活跃。宋武帝永初元年七月丁亥诏:"台府所须,皆别遣主帅与民和市,即时裨值,不复责租民求办……又以市税繁苦,优量减降。"⑤就是说,朝廷所需物资的不足部分不再通过对"租民"额外的无偿摊派办法征收,而以"与民和市"的方式筹集,同时又降低了市税,以减轻人民负担。由于刘宋前期安徽的经济形势比较

① 《水经注》卷三十二《肥水注》。
② 《梁书》卷五十六《侯景传》。
③ 《宋书》卷一百《自序》。
④ 《宋书》卷一百《自序》。
⑤ 《宋书》卷三《武帝纪下》。

好,因而刘宋朝廷亦于安徽实行"和市"。宋文帝元嘉十七年(440)丁亥诏:"州郡估税,所在市调,多有繁刻……自今咸依法令,务尽优允"①。"市调"即"和市"。由于自宋武帝以来"和市"的办法在实际执行中渐滋"烦刻",故文帝又下诏匡时救弊,进一步规范了"和市"政策。上述刘宋朝廷以缘淮"估赋"(商税)就地收购粮食救济"三吴饥民"即元嘉时期在安徽的一次成功的"与民和市"。见于记载的南朝在安徽规模最大的"和市"是南齐永明"和市"。齐武帝永明五年(487)九月丙午诏:"京师及四方出钱亿万,籴米谷丝绵之属,其和价以优黔首。远邦尝市杂物,非土俗所产者,皆悉停之。必是岁赋攸宜,都邑所乏,可见值和市,勿使逼刻。"②据《通典》记载,这次"和市"的范围包括京师建康和南齐统治区的 11 州,其中涉及安徽者 4 州。具体情况是:豫州(治今寿县),出钱"二百万,市丝绵纹绢布米大麦";南豫州(治今和县)、南兖州(治今江苏扬州市西北蜀冈)各出钱二百五十万,"市绢绵布米";扬州(治今南京市),出钱千九百一十万,"各于郡所市籴"。③ 由此可知,南齐的这次大规模"和市"涉及了除当时北徐州(治钟离)以外的安徽淮河以南(包括皖南)的广大地区。宋、齐"和市"不但激活了安徽商品交换市场,而且对当时安徽农业和手工业的发展也都有一定促进作用。

皖南的姑孰,南朝时常为南豫州治地,是沿江的一个军事重镇,又是军民商贾往返长江南北的重要渡口,地位极其重要,故东晋南朝时称姑孰为"南州",称姑孰津渡为"南州津"。南齐初年,太子萧赜(即后来的齐武帝)"任左右张景真……度丝锦与昆仑舶营货,辄使传令防送过南州津"④。普通七年四月,梁武帝为了打击利用长江航道和姑孰津渡进行的非法贸易,提升了管理南州津官吏的职级,即所谓"南州津改置校尉,增加俸秩"⑤。姑孰地近京师,又处长江航路和商旅渡江

---

① 《宋书》卷五《文帝纪》。

② 《南齐书》卷三《武帝纪》。

③ 《通典》卷十二《食货·轻重》。

④ 《南齐书》卷三十一《荀伯玉传》。

⑤ 《梁书》卷三《武帝纪下》。

的要冲,南州津校尉是直属朝廷的官吏,其职责是向朝廷通报安全警讯和向过往商人收取津税。宋、齐和梁朝前中期,姑孰地区地主庄园集中,经济发达,商品交换活跃,地方政府有"市租"之征。但梁末陈初的战乱使姑孰地区的商业乃至整个社会经济遭到严重的破坏。但当皖南社会基本安定下来以后,陈朝统治者又采取措施恢复"咫尺封畿"的姑孰经济,其具体办法是将罢任的"众将部下"及迎还的江外部众,"悉住南州津里安置。有无交货,不责市估。莱芜垦辟,亦停租税。台遣镇监一人,共刺史、津主分明检押,给地赋田,各立顿舍"。① "有无交货,不责市估"的宽松政策,有利于战乱后姑孰地区商业的恢复。

南朝统治下的安徽商品交换的媒介仍是谷帛、钱币并用。宋孝建初,周朗上书说:"凡自淮以北,万匹为市;从江以南,千斛为货。亦不患其难也。今且听市至千钱以还者用钱,余皆用绢、布及米,其不中度者坐之。"②价值千钱以下的交易才直接用钱币支付,无论淮北或江南,千钱以上的大宗买卖则仍须用绢布或粮食作为交换媒介,说明当时钱币的信誉仍然不高。宋末,虞玩之到部分地区属于安徽的徐、扬二州追征"众逋","凡入米谷六十万石,钱五千余万,布绢五万匹"③,说明粮食、绢布及钱币皆可用于向国家纳税。永明五年(公元487),南齐在安徽各地"与民和市"则完全使用钱币,反映了南齐朝廷提倡使用钱币的意向。这里再介绍两条萧梁时期皖南市场使用钱币的实例。梁朝前期,王实娶武帝女安吉公主,任新安太守,其从兄来郡求赡给。王实"与铜钱五十万",从兄"于郡市货,还都求利"。④ 王实身份特殊,故能聚敛大量高质量的铜钱,在商品交换中为市场所接受。这在当时是一个特例。由于币制混乱而又缺乏铜材铸造标准的新钱,因而至普通中,梁武帝君臣"乃议尽罢铜钱,更铸铁钱"⑤。考古工作者在宣城市电厂南朝墓葬中发现铁钱47枚。圆饼型,直径2.2厘米、厚0.2厘

① 《陈书》卷五《宣帝纪》。
② 《宋书》卷八十二《周朗传》。
③ 《宋书》卷九《后废帝纪》。
④ 《南史》卷二十三《王诞传》附《王实传》。
⑤ 《隋书》卷二十四《食货志》。

米。虽然这些铁钱"锈蚀严重，正面已无法辨认"①，但由于此前没有铸造铁钱的记录，这些铁钱当是梁朝铸造的，同时也说明梁朝的铁钱曾经作为商品交换媒介在皖南市场上流通过。但是，铁钱的弊端很快就暴露出来了。"人以铁钱易得，并皆私铸。及大同已后，所在铁钱，遂如丘山，物价腾贵。交易者以车载钱，不复计数，而唯论贯。商旅奸诈，因之以求利"②。南朝的钱币走到了末路。

　　南北朝时期，战争频繁，严重影响了安徽城市建设的发展。就现有资料看，南朝时期的安徽城市还是以北部边境的寿春较具规模。寿春是一座历史悠久的名城，战国末年为楚国都城，秦汉九江郡和淮南国治所。曹魏时期，寿春为扬州治地，是曹魏经营淮南的军事和经济中心。魏末，寿春有军民十多万人。在经历了西晋短期统一以后，寿春又成为南北对峙形势下的军事重镇。寿春水路交通发达，灌溉条件好。每当战争间歇，这里的经济即有所恢复。作为军镇，寿春"城小而固"。外城之内又有二城：一曰"金城"（又叫"罗城"），官衙宅第所在；二曰"相国城"，东晋末年刘裕所建。南北朝时，寿春多庙宇寺观等建筑。如：城东中都街之左道有宋元徽二年（公元474）所建"刘勔庙"，表彰其平定殷琰叛乱的功绩；城北有"导公寺"，寺"因溪建刹五层，屋宇闲敞，崇虚携觉"，城北之"山源寺"，"道俗嬉游，多萃其下"；城西北之陆道士"解南精庐"，"临侧川溪，大不为广，小足闲居，亦胜境也"；城西北的八公山南有齐武帝所建"西昌寺"，"寺三面阻水，佛堂设三像，真容妙相，相服精炜"；八公山上有"刘安庙"，庙前有齐永明十年碑，庙中有刘安及其八士像，"皆坐床帐如平生，被服纤丽，咸羽扇裙帔，巾壶枕物，一如常居"。③

　　姑孰城（今当涂县治地），是东晋南朝时的一个新兴城市。地近牛渚矶，与江西的历阳横江渡相对，因为这里江"最狭"④，故成为军民

---

　　① 安徽省考古研究所等《安徽宣城电厂墓地发掘报告》，《文物研究》第14辑，黄山书社2005年出版。

　　② 《隋书》卷二十四《食货志》。

　　③ 《水经注》卷三十二《肥水注》、《读史方舆纪要》卷二十一《凤阳府·寿州》。

　　④ 《太平寰宇记》卷一百零五《太平州当涂县》。

渡江最便利的津口,因其地近京师,战略地位重要。东晋南朝时号称
"南州"。姑孰虽非郡县治地,却多次成为南豫州治所。东晋末年桓
玄曾在这里举行篡逆的"禅让"仪式,南朝皇帝于姑孰置博望、梁山双
阙,建"别宫"。① 萧梁时期,姑孰地区经济繁荣。史称:"姑孰饶
旷……良畴美柘,畦畎相望,连宇高甍,阡陌如绣。"②"连宇高甍"的记
载反映了姑孰的城市建筑可观。至隋开皇九年(公元589),始徙当涂
县于姑孰,至今有1400多年了。

除寿春、姑孰以外,其他重要城市有:钟离城(即燕侨县,今凤阳县
东北临淮镇),齐、梁北徐州治地;怀宁县(即古皖县,今潜山县梅城
镇),宋、齐、梁三代晋熙郡治地和晋熙王封地所在;历阳县(今和县治
地历阳镇),历阳郡治地,因其地近京师建康,东晋以来号称"西府",
多次为南豫州治地,北齐于此置和州,这是和县名称的渊源。宛陵县
(今宣城市治地宣州区),宣城郡治地,是南朝时期皖南的一个政治和
经济中心。

① 参见《宋书》卷六《孝武帝纪》、《梁书》卷十六《王莹传》。
② 《陈书》卷五《宣帝纪》。

第九章

魏晋南北朝时期安徽的哲学、宗教与学术

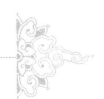

魏晋南北朝时期,地处中间地带的安徽深受战乱之苦,但在文化方面仍取得较大发展。伴随着汉末以来整合儒道思想的社会思潮的形成,在淮河流域浓厚道家文化的氛围下,出现了以夏侯玄、嵇康为代表的思想深刻、影响深远的玄学家。南朝儒学复兴,出现了以何尚之、刘瓛为代表的经学家。佛教逐渐由安徽北部传向安徽全境;道教在逐步渗透,士大夫阶层中流行神仙道教,下层民众则崇尚道术。安徽籍学人在史学、地理学、医学方面也成就斐然。

第一节 哲学与宗教

汉魏之际,社会动荡,儒学衰微,诸子思想复兴,人们试图从中寻求解决关于社会和人生问题的答案。以道家思想为中心的玄学逐渐成为时代思潮的主流。其间,一些安徽籍名士在思想方面颇有建树,如曹魏时期蒋济《万机论》、桓范《世要论》反映了玄学方兴未艾时期儒、道、法、名诸家思想的整合;正始时期有夏侯玄,竹林时期有嵇康和刘伶。两晋南朝时期还有一批长于玄谈的安徽籍名士,如桓温、桓玄、桓石秀、刘惔、纪瞻①、毕卓、武陔、何偃等。还有一些不废玄谈、但崇尚务实的名士如桓彝、刘弘等。

宗教迅猛发展。佛教广泛传播于江淮地区,并向皖南流衍。安徽境内兴建起一些佛寺,出现了一些佛教徒和信众,不少高僧曾在安徽境内传法。道教也赢得了广大信徒,社会上求仙学道风气渐盛。

一、哲学

(一)夏侯玄与正始玄学

曹魏正始年间,洛阳活跃着一批玄学名士,其中沛国谯(今亳州市)人夏侯玄(209—254)为一时领袖。夏侯玄字太初,是曹操的侄孙,与诸葛诞等人交往,太和年间被评为"四聪"之一。"风格高朗,弘辩博畅"②,时人评价他"朗朗如日月之入怀"③。夏侯玄雅量非常。他曾靠着柱子写信,一时大雨倾盆,雷电交加,霹雳击破柱子,电火烧焦了他的衣帽,左右宾客都吓得站不稳,他却非常镇定,神色不改,照旧写信。他为人方正。嘉平六年(公元254),中书令李丰等因不满司马师等权势膨胀,为维护曹氏皇权,图谋诛杀司马师,以夏侯玄辅政,因

---

① 据《晋书·纪瞻传》:纪瞻,丹阳秣陵人,吴平,徙家历阳郡(治今和县)。
② 《世说新语·方正》注引《魏氏春秋》。
③ 《世说新语·容止》。

事败被捕入狱。当时钟毓担任廷尉，见夏侯玄不肯屈服，而审理时间有限，他只好连夜替夏侯玄写下供词，拿给夏侯玄看，夏侯玄却不置一词。其子钟会想趁机与夏侯玄套近乎，不料夏侯玄正色说："我是受刑的人，岂敢听从你的安排？"司马师欲杀夏侯玄，犹豫不决，征求安平王司马孚的意见，司马孚说："以前赵俨埋葬儿子的时候，你来，一半来宾起身迎接；太初后到，所有来客都站起问候。由此看来，恐怕你不如他。"于是司马师决定杀夏侯玄。夏侯玄临刑东市，举止自若。他以其独特的品格受到后人的仰慕。

夏侯玄与何晏、王弼开创了玄学清谈之风，是玄学发展初期一位开创性的人物。他与汉末名士荀粲友情深厚。荀粲曾说夏侯玄是"一时之杰"①。荀粲最早质疑六经的神圣性和权威性，是汉魏之际具有原创性的思想家。夏侯玄与他深交，必定受其思想影响。

据《三国志·夏侯玄传》注引《魏氏春秋》："（夏侯）玄尝著《乐毅》、《张良》及《本无》、《肉刑论》，辞旨通远，咸传于世。"②《隋志》著录有《夏侯玄集》三卷。《文心雕龙·论说》对夏侯玄《本无论》评价很高，认为该文"师心独见，锋颖精密，盖人伦之英也"。夏侯玄是何晏、邓飏集团的宗主，其《本无论》当是阐发玄学思想的论文，惜已佚，其玄学思想及玄学造诣不可得知，但他不失为正始谈坐的重要人物。③在他周围聚集有一批热衷玄谈的青年士子。

东晋袁宏著《名士传》，以夏侯玄为正始名士第一。他称赞夏侯玄："邈哉太初，宇量高雅。器范自然，标准无假。全身由直，迹洿必伪。处死匪难，理存则易。万物波荡，孰任其累！六合徒广，容身靡寄。君亲自然，匪由名教。爱敬既同，情礼兼到。"④这是对夏侯玄人格风范及思想的精炼描述和概括。

（二）嵇康与竹林玄学

嵇康（223—262），字叔夜，曹魏时谯国铚县（治今濉溪县西南临

---

① 《三国志》卷二十一《魏书·傅嘏传》注引《傅子》。
② 《文心雕龙·论说》中，《本无论》作《本玄论》。
③ 参见唐翼明《魏晋清谈》"正始谈坐（下）：夏侯玄诸人"，人民文学出版社2002年版，第141页。
④ 《晋书》卷九十二《文苑·袁宏传》。

涣镇)人。他因娶沛王曹林女(一说孙女)长乐亭主为妻,迁郎中,拜中散大夫。寓居于河内郡山阳县(今河南修武县),与陈留阮籍、河内山涛、河南向秀、阮籍之侄阮咸、琅琊王戎、沛人刘伶交往,"游于竹林,号为七贤"①。竹林七贤并非一政治集团,七人因喜好老庄而一度走到一起,以一种不问世事的姿态回避政治。此后,"竹林"几乎成为清谈、隐居、避世、饮酒、放达等的代名词。②

嵇康家世儒学,他"学不师授,博洽多闻"③,长好《老》、《庄》,有"奇才俊辩"④。他身长七尺八寸,风姿特秀。与他相交有年的山涛说:"嵇叔夜之为人也,岩岩若孤松之独立;其醉也,傀俄若玉山之将崩。"⑤嵇康堪称当时思想领袖。他长于文论,每有新作,则年轻士子争相传抄。其"所著诸文论六七万言,皆为世所玩咏"⑥。

嵇康为人光明磊落,绝不阿附权贵。钟会听说嵇康和向秀在嵇家附近的柳树下锻铁,于是带领一帮朋友,都穿着鲜艳的衣服,骑着高头大马,去看嵇康。哪知嵇康不理睬他,锻铁不止。钟会等了半天,见嵇康不看他,觉得很无趣,正准备离开,突然听到嵇康冷冷地问:"何所闻而来,何所见而去?"钟会悻悻地说:"闻所闻而来,见所见而去。"⑦山涛自吏部郎任上离职,推荐嵇康自代,嵇康写《与山巨源绝交书》宣布与山涛绝交,其中有"非汤武而薄周孔"等语,触犯了谋求篡夺曹氏权力的司马氏的忌讳。他与吕安交情深厚,"每一相思,辄千里命驾"⑧。吕安因兄长吕巽诬陷他对母亲不孝顺而被关进监牢,因此嵇康也被捕入狱。钟会趁机向司马昭进言:"嵇康是一条卧龙。他曾想帮助毋丘俭发动叛乱,被山涛劝止。嵇康、吕安言论放荡,非毁典谟,这是帝王不该容忍的。应清除他们,以端正风俗。"司马昭接受其进言。嵇康被

① 《三国志》卷二十一《魏书·王粲传》注引《魏氏春秋》。
② 参见唐翼明《魏晋清谈》"竹林七贤与清谈",人民文学出版社 2002 年版,第 152 页。
③ 《三国志》卷二十一《魏书·王粲传》注引嵇喜《嵇康别传》。
④ 《世说新语·德行》注引王隐《晋书》。
⑤ 《世说新语·容止》。
⑥ 《三国志》卷二十一《魏书·王粲传》注引《魏氏春秋》。
⑦ 《晋书》卷四十九《嵇康传》。
⑧ 《晋书》卷四十九《嵇康传》。

杀前,曾有太学生数千人去请求司马昭释放他,当时豪杰都自愿随嵇康下狱,后来被遣散。嵇康临刑,慨然索琴而弹,并感叹:"《广陵散》于今绝矣!"①时人深为惋惜。

嵇康是竹林名士中最有思想深度、最富有创造性的人。他的一些思想观点影响深远。

首先,嵇康提出了较为系统的养生理论。

东汉中后期以来,外戚、宦官轮流执掌政权,朝政混乱。党锢之祸将士人从治国平天下的社会价值观中唤醒,他们清醒地认识到人生的无奈、生命的脆弱和短暂。如何延长生命这一问题困扰着人们。嵇康曾撰写《养生论》、《答难养生论》专门讨论养生问题。他认为神仙肯定是有的,"禀之自然,非积学所得",如果"导养得理"②,也可如安期、彭祖般长寿;那些过分追求荣华富贵、声色犬马、看重现世生命享受的人,只会适得其反,迷失本性;理想的生活态度应该是"超然独达,遂放世事,纵意于尘埃之表"③。

在《养生论》中,嵇康认为:"精神之于形骸,犹国之有君也……君子知形恃神以立,神须形以存。悟生理之易失,知一过之害生。故修性以保神,安心以全身。爱憎不栖于情,忧喜不留于意。泊然无感,而体气和平。又呼吸吐纳,服食养身;使形神相亲,表里俱济也。"神形相亲,而神更重要。养生不仅需服食、导引以保持身体的健康,还需修性安心忘情以保持精神的宁静。人生易逝,生命脆弱而易受伤害,现实生活中的物质享受和情感都会伤身损神。善养生者,知道名位、厚味伤生害性,所以很自然地不去考虑这些需要,不以外物累心,达到无思虑无忧患的虚寂境界,再用"一"来守住它,用"和"来培养它,臻至大顺之境。这是养神的方法。然后再以灵芝、醴泉、朝阳、音乐来辅佐养生,以达到一种"无为自得,体妙心玄"的境界,在这个境界中,感受到生命的欢乐。嵇康设想了一整套从养神到养生的方法,其核心是抛弃世俗的身心系累,追求超越现实的精神意境。

---

① 《晋书》卷四十九《嵇康传》。
② 《晋书》卷四十九《嵇康传》。
③ 《晋书》卷四十九《嵇康传》。

在《答难养生论》中，嵇康针对向秀提出的"富与贵，是人之所欲"等观点展开论证，提出"君子""以名位为赘瘤，资财为尘垢"。他否定了传统的价值观，指出人世间最难得的是"意"（即内在精神）的满足。真正的富贵是什么呢？富贵是内在精神的自足，无假于外，无往而不适，是不趋从外在世俗的生活或观念、逍遥于广阔精神之乡的自得，善养生者"明天下之轻于其身，酒色之轻于天下"，"识智以无恒伤生，欲以逐物害性，故智用则收之以恬，欲动则纠之以和"，灭名利，除喜怒，去声色，绝滋味，神虚精散，最终达到"被天和以自言，以道德为师友，玩阴阳之变化，乐长生之永久，因自然以托身，并天地而不朽"的境界。在嵇康看来，"生命的目的在乎保持生命本身的恬静，让生命像一道平稳的长流，无喜无乐地过着天和自然的生活，长生而不死"[①]。

其次，嵇康倡导"越名教而任自然"，批判君主专制，提倡自然人性的发展。

在《太师箴》中，嵇康将自上古以来的历史分为三个阶段："厥初冥昧，不虑不营……下逮德衰，大道沉沦……季世陵迟，继体承资。凭尊恃势，不友不师。宰割天下，以奉其私……刑本惩暴，今以胁贤。"他强烈控诉统治者用严刑酷法来对付有才德的士人、不顾天下利益而满足一己欲望、虚设赏罚等君主专制独裁的弊端。他对专制君主提出忠告，提倡实行开明君主统治，主张用人唯贤，积极纳谏。嵇康理想的君主形象是："圣人不得已而临天下，以万物为心，在宥群生"[②]。"至人"实行无为政治，居位而不炫耀，以天下为公，注意引导民众达到富足、康乐自得、君臣相忘的境界。

嵇康反对虚伪，提倡真诚。在《声无哀乐论》中，他写道："玉帛非礼敬之实，歌舞非悲哀之主。"否定以玉帛和歌舞伪饰和代替虔诚的礼敬和发自内心的悲哀，否定虚伪的礼。在《释私论》中，他指出，是非善恶的评判不能依据事情的结果，而应根据行事者的动机："论其用心，定其所趣，执其辞而准其礼，察其情以寻其变，肆乎所始，明其所

---

① 侯外庐《中国思想通史》第三卷，人民出版社 1965 年版，第 195 页。

② 《答难养生论》，《汉魏六朝百三家集》卷三十五。

终"。他指责那些伪君子刻情修容,假装遵守礼法,遂其私心,丧失自然本色。

针对虚伪的礼法和名教,嵇康大胆提出"越名教而任自然"。在《释私论》中,他指出:"夫气静神虚者,心不存于矜尚;体亮心达者,情不系于所欲。矜尚不存乎心,故能越名教而任自然;情不系于所欲,故能审贵贱而通物情。物情顺通,故大道无违;越名任心,故是非无措也。"做到心中不曾想到去伪装,才能"越名教而任自然",才能在行事时不去想如何刻意追求真善美而结果却能自然地达到真善美,这就是理想的合于大道的境界。嵇康排斥任何虚伪矫饰的成分,力主自然地行事,反对违性去顺从名教的条条框框。

嵇康甚至猛烈攻击六经及统治者依托儒家思想实施统治的系列具体措施。在《难自然好学论》中,他认为人并非本性即好学,六经百家等文化是被统治者利用来为其统治服务、约束世人的行为的,它开了荣利奔竞之途,是社会秩序混乱的产物,也是社会风俗败坏的原因。从人性发展的角度看,"六经以抑引为主,人性以从欲为欢……故仁义务于理伪,非养真之要术,廉让生于争夺,非自然之所出也。"①即六经实际是违反自然人性的。由此看来,"六经未必为太阳",为宣扬、贯彻儒家典籍、礼制的那套东西如明堂、讽诵、六经、仁义、文籍、揖让、章服、礼典等都应该抛弃。这实际上彻底否定了名教。

概言之,嵇康倡导"越名教而任自然",批判君主专制,否定社会和名教的虚伪,反对矫性去顺从名教,适应社会,提倡自然人性的发展和"任自然"的生存方式。

嵇康以其独特的人格风姿受到后世的仰慕。他所提出的越名教而任自然论、养生论、声无哀乐论、难自然好学论等思想均发前人所未发,被时人及后世接受。西晋郭象在《庄子注》中发挥嵇康的思想,明确提出"守分任性"和"适性逍遥",这一观点被东晋南朝士人广泛接受。东晋风流宰相王导过江,只谈论声无哀乐论、养生论、言尽意论②,

---

① 《难自然好学论》,《汉魏六朝百三家集》卷三十五。

② 一说"言不尽意论",参见《世说新语·文学》。

其中两论来自嵇康,足见嵇康思想的影响力。

二、宗教

(一)佛教

1. 佛教在安徽境内的传播

佛教自两汉之际传入中国,逐渐流传开来。"洛阳以东,淮水以北,佛教已有流传","彭城广陵间,亦盛行其教"[①]。东汉楚王刘英崇信佛教,"为浮屠斋戒祭祀"[②]。为表达虔敬之心,他一度斋戒三月。汉明帝支持他供养僧人。楚王的崇佛行为必然带动楚国境内民众信仰佛教。楚国都彭城(治今江苏徐州市),境跨今皖、苏二省边界。今临近江苏的安徽一些地区是史籍所见安徽境内最早信佛的区域。楚王刘英一度被贬到丹阳郡(治今宣城市)的泾县,随从多达千人,佛教由此得以扩展到皖南。

东汉后期,桓帝于宫中立"黄帝、老子之祠"[③],同时礼敬浮屠。建和初,安息国(今伊朗东北)太子安世高到洛阳主持译经活动,直至建宁初因时局混乱,离开洛阳南下,前往庐山,共译出《安般守意经》等经、论共 95 部 115 卷。朝廷派一些学者协助他译经,严佛调是其中之一。严佛调是临淮郡(今苏皖交界地区)人,自幼聪敏好学,涉猎甚广,因通晓梵语,奉命参与译经。他后来由安世高剃度出家(一说是居士),被称为"阿祇黎"(即规范师或导师),是最早出家为僧的汉人。灵帝末年,安息国人安玄来到洛阳,他与严佛调合作译出《法镜经》,由安玄口译梵文,严佛调笔录。《阿含口解经》、《十二因缘经》等也由此而成。这些佛经宣扬小乘毗昙学和禅定。安世高称赞严佛调所译经"要而不烦,全本巧妙"[④]。严氏将自己的学佛心得写成《沙弥十慧章句》,这是我国第一部注疏佛经的著作。他被誉为"汉土(佛经)注

---

① 参见汤用彤《中国现代学术经典·汤用彤卷》之《汉魏两晋南北朝佛教史》,河北教育出版社1996 年版,第 62 页、第 65 页。

② 《后汉书》卷四十二《楚王英传》。

③ 《后汉书》卷七《孝桓帝纪》。

④ (梁)释慧皎撰,汤用彤校注《高僧传》卷一"译经上",中华书局 1992 年版,第 11 页。

疏之祖"。

汉末,北方人民为逃避军阀混战,纷纷逃到相对安定的徐州地区,其中有些流民是佛教徒。陶谦担任徐州刺史期间,下邳相笮融建造佛寺,大阐佛法,使得徐淮地区一度成为佛教传播的中心。①

早在曹魏建国之前,北方就有佛寺存在,并有外来僧人从事译经活动。据刘宋陆澄《法论序》:"魏祖答孔,是知英人开尊道之情。"所谓"尊道",指尊崇佛教。僧祐《弘明集后序》提及"至魏武英鉴,书述妙化",似曹操曾称赞佛教的神奇。伴随着西域和中原交通的加强,佛教在中土进一步传播开来,魏地也修建了佛寺、佛塔。嘉平之后,来到洛阳的高僧逐渐增多,如昙柯迦罗、康僧铠、昙帝、帛延先后居留洛阳,并翻译了《僧祇戒心》、《郁伽长者》、《昙无德羯磨》、《无量清静平等觉经》等佛典。

汉末三国之际,经海道来华的高僧自交州、广州北上传法,一般是先赴荆湘,再沿长江东下。② 因此,安徽沿江较早有佛寺建立。公元229年,孙权在建业(今江苏南京)称帝,建立了孙吴政权。孙权尊礼支谦,拜他为博士,让他辅导太子,与韦昭等人一起匡益国事。他还为康僧会在当涂造化城寺,该寺成为康僧会的三大道场之一。这是安徽省历史上最早有记载的佛寺。吴末的孙皓也支持佛教。在孙氏的扶持下,佛教在吴地取得较快发展。马鞍山采石矶的广济寺、全椒县西的石溪寺,均建于三国吴赤乌年间。

两晋南北朝时期,佛教迅速发展。东晋初,罽宾沙门卑摩罗叉(汉译"无垢眼")从龟兹(今新疆境)到长安译经,鸠摩罗什待之以师礼。为避战乱,他移居寿春(今寿县)石涧寺继续译经。他曾整理佛教律学经典之一《十诵律》,极大地促进了佛教戒律在中国的传播。他在江淮之间颇有盛名,人称"青眼律师"。

净土宗始祖东晋名僧慧远(334—416)在太元年间途经庐山,与九江太守桓伊结识,桓伊为其于庐山创建东林寺。以此为中心,净土

---

① 参见任继愈主编《中国佛教史》第一卷,中国社会科学出版社 1985 年版,第 156 页。

② 参见张弓《汉唐佛寺文化史(上)》,中国社会科学出版社 1997 年版,第 25 页。

宗逐渐向长江流域尤其是安徽西南地区的宿松、潜山、太湖等地传播。

东晋高僧宝云(376—449),西凉(今甘肃)人,隆安初曾前往天竺研修佛法。回国后跟随佛陀跋陀罗修行禅道,后因其师在译经问题上与鸠摩罗什有分歧,随师南下,至建康(今江苏南京)专门译经。其所译《新无量寿经》、《佛所行经》等颇为流行。他终老于六合山(今和县境内)。

东晋末年,关中大乱。为避北方战乱,著名僧人僧导与三论宗传人鸠摩罗什的一批弟子慧严、昙无成、慧果、昙泓、僧审、昙济等数百人护卫刘裕之子刘义真南下寿春。刘裕为表示感激而在寿春创建东山寺安置他们。僧导是成实学领袖人物,曾帮助鸠摩罗什译经,著《成实义疏》,兼通"三论"、《维摩》。他坚持撰述,讲说《成实论》等,人称"成实师"。跟随他学习的有千余人。东山寺和此后建立的淮南中寺都是北方僧众南迁的落脚地,也是其布道阵地。僧人的往来促进了佛学在江淮之间的传播。"刘宋南齐,《涅槃》、《成实》,相继流行。其学风颇异于东晋之特重虚无。"①安徽成为传播佛教的重要地域。

这一时期,以鸠摩罗什为代表的三论宗在安徽影响较大。三论宗源于印度大乘"中观派",以《中论》、《百论》、《十二门论》为立宗根本,着重宣扬佛教"诸法性空"的理论及非有非空的双重否定的思维方式,建立"真"、"俗"二谛的理论体系。一般认为三论宗是般若学传入中国以来的一个总结。

安徽北部寿春石涧寺是这一时期的重要佛寺,由高僧主持,因位处南北交通要道,经常有名僧居留。高僧卑摩罗叉、释僧审、释僧钟、释道猛等均曾居住在该寺。卑摩罗叉在鸠摩罗什去世后出游关左,长期居留于寿春,住在石涧寺。当时慕名而来者不少,"律众云聚,盛阐毗尼"②。他于77岁时卒于该寺。南齐时有祖上世代寓居谯郡的太原王氏子弟出家,即释僧审。他常住寿春石涧寺,诵《法华》、《首楞严》。

另有僧导、慧通、慧益等名僧在寿春活动过。释僧导在寿春东山

---

① 参见《中国现代学术经典·汤用彤卷》之《汉魏两晋南北朝佛教史》,河北教育出版社1996年版,第530页。

② 《高僧传》卷二"晋寿春石涧寺卑摩罗叉"。

寺,经常宣讲佛教经、论,受业者达1000余人。北魏太武帝灭佛法,不少沙门南下避难,投奔东山寺的僧人有数百,僧导一概供给衣食。他还为那些死于北魏境内的人设立斋会行香,表示深切悼念。释僧钟在寿春时,德高望重的僧导一见之下觉得他不同常人。后来他主讲《百论》,僧导前往听讲,感叹:"后生可畏,真不虚矣。"①

僧朗弟子罗云等则到舒州(今潜山)等地弘法,江淮一带佛教活跃。

淮南是另一佛教重地。晋宋之间,释昙无成师从鸠摩罗什,佛学造诣深厚。关中混乱之际,他南下居于淮南中寺,宣讲《涅槃》、《大品》,受业者有200余人。他与颜延之、何尚之多次讨论实相问题,并撰写《实相论》、《明渐论》阐明观点。同时,该寺还有与释昙无成同学齐名的昙冏,极受临川王刘义庆的看重。

晋隆安五年(公元401),从天竺来的神异僧杯渡(?—426)在九华山安禅峰(今青阳城南)结茅居住,后在东崖建化城寺。这是佛教立足九华山的开始。晋宋之际,他长期在彭城(治今江苏徐州)、建康(今江苏南京)一带活动,常随身携带一芦圈子,赤脚入市,有时砸破厚冰洗浴,形迹神异。《元丰九域志》卷六《太平州》"古迹"条下载有桂月峰,为杯渡禅师经行之地。另据方志记载,沿江一带有些寺院是杯渡创建的,如南陵隐静寺、宣城法云寺、繁昌灵山寺、铜陵崇福寺等。实际上这些寺多为南朝齐梁间建造,其事存疑。

东晋中期,有历阳郡(治今和县)乌江寺尼道容,"苦行通灵,预知祸福,世传为圣嫄"②。咸安初,乌鸦在宫殿做巢。占筮者认为是妖怪。简文帝派人请道容来驱遣。道容建斋七天,礼忏精勤,乌鸦运巢离去。

宋孝武帝曾驻跸当涂化城寺,将其扩建为有二十八院的大寺,这是化城寺的极盛期。

宋齐之间,释慧芬(407—485)住在谷熟县(侨县,在今和县西北)常山寺。他"学业优深,苦行精峻,每赴斋会,常为大众说法。梁楚之

①《高僧传》卷七"齐京师中兴寺释僧钟"。
②《法苑珠林》卷三十一。

间,悉奉其化"①。他对当地佛教的发展做出了极大贡献。

公元503年,僧人伏虎来到九华山,居拾宝岩,建伏虎庵为道场。②

北魏太武帝因崇信道教而灭佛,使得北方佛教发展一度受挫。一些高僧被迫南下传法。北周武帝灭佛时,二祖慧可、三祖僧璨南下,分别传法于岳西司空山、灊之天柱山。他们选地建坛,兴建寺院。今潜山县三祖寺就是僧璨扩建梁代高僧宝志创建的山谷寺而成的。

这些在安徽境内活动的僧人中,有神异僧和苦行僧。神异僧是指那些据说有"神妙不测之德"(神通)的高僧,如东晋的杯渡、南朝宝志、慧通。苦行僧是指以修苦行闻名的僧人,如南朝的法慧、伏虎。他们卓绝的行为吸引着佛教信众,扩大了佛教的影响。

大体而言,南方佛教重义理,北方佛教重修行,比如造像、修造石窟等。亳州北齐北周石刻造像为我们提供了北方有一定规模造像的信息。

2. 安徽境内佛寺

根据方志统计,两晋南朝时期今安徽境内各地创建佛寺数量如下③:西晋时期,丹阳郡于湖、宣城郡宛陵、春谷各创建1座佛寺。④ 东晋时期,庐江郡合肥、居巢各创建1座佛寺,皖县有6座佛寺;宣城郡宛陵、青阳、广德各有佛寺1座,泾县、芜湖有2座佛寺。南朝刘宋时期,宣城郡泾县、赫圻各建佛寺1座,芜湖建佛寺2座。南齐时淮南郡姑熟县建佛寺1座,宣城郡泾县建佛寺2座。梁朝新安郡歙县、黟县、南陵郡临城县、梁郡寿县、汝阴郡巢县、晋熙郡桐城、高塘郡大雷戍各建佛寺1座,淮南郡姑熟、汝阴郡合肥县新建佛寺2座,宣城郡宛陵、当涂各建佛寺3座。陈朝宣城郡安吴县建佛寺1座。

而至6世纪末,今安徽境内建于南朝的佛寺总计大约有⑤:扬州淮南郡(治今当涂县南)2座;南豫州(治今当涂县)共51座,其中包括历

① 《高僧传》卷十三"齐兴福寺释慧芬"。
② 参见张轼、杨玉华编著《九华山史话》,中国文史出版社1989年版,第34页。
③ 参见张弓《汉唐佛寺文化史(上)》,中国社会科学出版社1997年版,第42、44、47、48、51、52、56页。仅据方志统计,未考虑《高僧传》和正史。
④ 于湖治今当涂南。宛陵治今宣城市。春谷县治今繁昌县西北。
⑤ 参见张弓《汉唐佛寺文化史》(上),中国社会科学出版社1997年版,第60~65页。

阳郡(治今和县)2座、庐江郡(治今舒城县)2座、南汝阴郡(治今合肥市)5座、南梁郡(治今寿县)1座、晋熙郡(治今潜山县)11座、宣城郡(治今宣城)30座;豫州梁郡(今砀山)1座。

北齐北周时期,淮扬片——含东广、淮、江、罗州,大致相当于今淮南地区,计佛寺15座,散布在5郡、5县。①

大体看来,安徽南部佛寺数量较北方多。这源于南部战乱相对较少,统治者尊崇佛教;而北方先后有北魏太武帝和北周武帝灭佛,导致佛教发展受挫。

表9-1　魏晋南北朝时期安徽境内佛寺

寺名②	始建时间	曾居留名僧	资料来源
当涂县化城寺	吴赤乌年间	康僧会	《江南通志》卷四十八《舆地志·寺观·太平府》
马鞍山市广济寺	吴赤乌年间	—	《江南通志》卷四十八《舆地志·寺观·太平府》
全椒县石溪寺	吴赤乌年间	—	道光《安徽通志》卷四十一《寺观》
寿县石涧寺	晋	卑摩罗叉、释僧审、释僧钟、释道猛	《高僧传》卷二、卷十一、卷七
桐城市石屋寺	晋	—	《江南通志》卷四十七《舆地志·寺观·安庆府》
潜山县太平寺	晋咸和年间	—	《江南通志》卷四十七《舆地志·寺观·安庆府》
潜山县百丈寺	晋	—	《江南通志》卷四十七《舆地志·寺观·安庆府》
和县乌江寺	晋	尼道容	《比丘尼传》卷一③
和县六合山寺	东晋隆安初	释宝云	《高僧传》卷三
太湖县佛图寺	东晋	佛图澄	《江南通志》卷四十七《舆地志·寺观·安庆府》

① 参见张弓《汉唐佛寺文化史(上)》,中国社会科学出版社1997年版,第79页。
② 为便于读者了解寺院所在,寺名前皆冠以今地名。
③ 《比丘尼传》,中华书局2006年版。另参《法苑珠林》卷三十一、卷四十二。

寺名	始建时间	曾居留名僧	资料来源
宿松县忠节寺	东晋	慧远	《江南通志》卷四十七《舆地志·寺观·安庆府》
宿松县东林寺	晋永和初	—	《江南通志》卷四十七《舆地志·寺观·安庆府》
宁国市永安寺	晋	—	《江南通志》卷四十七《舆地志·寺观·宁国府》
宁国市法云寺	不详	杯渡	《江南通志》卷四十七《舆地志·寺观·宁国府》
青阳县化城寺	晋	杯渡	《江南通志》卷四十七《舆地志·寺观·池州府》
繁昌县广善寺	晋	宝月禅师	《江南通志》卷四十八《舆地志·寺观·太平府》
繁昌县隐静寺	不详	杯渡	《江南通志》卷四十八《舆地志·寺观·太平府》
芜湖市吉祥寺	晋	—	《明一统志》卷十五《太平府》
广德县海会寺	晋义熙年间	—	《江南通志》卷四十八《舆地志·寺观·广德州》
太平县白云寺	宋	—	《江南通志》卷四十八《舆地志·寺观·太平府》
淮南市中寺	宋	释昙无成	《高僧传》卷七
怀宁县三城寺、禅龛寺、宣圆寺、延寿寺、双城寺、四武寺	宋	—	《江南通志》卷四十七《舆地志·寺观·安庆府》
寿县东山寺（导公寺）	宋（刘裕建）	释僧导	《水经注》卷三十二《肥水》、《高僧传》卷七
太平县龙泉寺	宋	螺浮尊者	《江南通志》卷四十八《舆地志·寺观·太平府》
和县常山寺	齐	释慧芬	《高僧传》卷十三

寺名	始建时间	曾居留名僧	资料来源
泾县凌岩寺	南齐永元①元年(499)	—	《江南通志》卷四十七《舆地志·寺观·徽州府》
池州市禅那院	齐永明二年(484)	—	《江南通志》卷四十七《舆地志·寺观·池州府》
淮南市西昌寺	梁武帝时	—	《水经注》卷三十二《肥水》
怀宁县法雨寺	梁	—	《江南通志》卷四十七《舆地志·寺观·安庆府》
宿松县龙山寺	梁	—	《江南通志》卷四十七《舆地志·寺观·安庆府》
望江县妙光寺	梁	—	《江南通志》卷四十七《舆地志·寺观·安庆府》
合肥市铁佛寺	梁武帝时	—	《安徽省文物志稿》②第199页
铜陵市崇福寺(祝圣寺)	不详	杯渡	《江南通志》卷四十七《舆地志·寺观·池州府》
南陵县灵山寺	梁天监元年(502)	杯渡	《江南通志》卷四十七《舆地志·寺观·徽州府》
庐江县浮槎山道林寺	梁天监三年(504)	梁武帝女总持大师	《明一统志》卷十四《庐州府》;《大清一统志》卷八十五《庐州府·寺观》
歙县向杲院	梁大同元年(535)	—	《新安志》卷三
歙县任公寺③	不详	—	《新安志》卷三
黟县永宁寺	梁大同元年(535)	—	《新安志》卷五
黟县闲居尼寺	梁大同元年(535)	—	《新安志》卷五

① 史载:"崇庆寺在县西,南齐永平元年建,名凌岩。"南齐无永平年号,疑"永平"为永元(东昏侯年号,499—500)之误。

② 刘景龙主编《安徽省文物志稿》,安徽省文物志编辑室编印,1993年。

③ 《新安志》卷三:"任公寺在宁泰乡仁佑里,莫知始所建。大中祥府元年用旧额起废。先是,寺侧有富资水,梁太守任昉每行春至此,累日不能反,傍有大石,往往坐钓其上。后人因名其溪为昉溪,村为昉村。大中九年,刺史卢潘以贤守名宜讳,始改为任公溪、任公村。而寺旧亦以昉名,僧籍则稍变其言为牓寺。元丰元年本县始立任公寺户,而僧籍犹如其故。"

寺名	始建时间	曾居留名僧	资料来源
太湖县二祖寺	不详	二祖慧可	《江南通志》卷四十七《舆地志·寺观·安庆府》
岳西县司空山	不详	二祖慧可	《五灯会元》卷一
潜山县山谷寺(三祖寺)	梁大同二年(536)	宝志、三祖僧璨	《江南通志》卷四十七《舆地志·寺观·安庆府》;《五灯会元》卷一
石台县崇明寺	梁大同二年(536)	—	《江南通志》卷四十七《舆地志·寺观·池州府》
青阳县圆寂寺	梁天监二年(503)	—	《江南通志》卷四十七《舆地志·寺观·池州府》
池州市净居院	梁大宝元年(550)	—	《江南通志》卷四十七《舆地志·寺观·池州府》
天长市真胜寺	梁普通年间	达摩	《江南通志》卷四十八《舆地志·寺观·泗州》
宿松县宝相寺(白马寺)	不详	僧璨	《江南通志》卷四十七《舆地志·寺观·安庆府》
旌德县护国寺	陈祯明元年(587)	—	《江南通志》卷四十七《舆地志·寺观·徽州府》
潜山县皖公山吉州寺	北齐	道信	《续高僧传》卷21
泾县宝胜寺	北魏永平元年(508)	—	《安徽省文物志稿》第179页
淮南市药王寺	不详	—	《梁书·孝行·刘昙净传》
寿县山渊寺	不详	—	《水经注》卷三十二《肥水》
寿县栖贤寺	不详	—	《魏书·萧宝夤传》
肥水草堂寺	不详	—	《魏书·灵征志下》
凤台县栖贤寺	六朝	—	《江南通志》卷四十八《舆地志·寺观·凤阳府》

3. 佛教信徒

表9-2　魏晋南北朝时期安徽籍僧人、信众

朝代	法号	俗姓(名)	籍贯	驻锡地	资料来源
晋	无	李恒	谯国	不详	《法苑珠林》卷五十六
晋	无	胡茂回	淮南	不详	《法苑珠林》卷四十六
晋	道容	不详	历阳	历阳乌江寺	《法苑珠林》卷三十一
晋	无	张应	历阳	不详	《法苑珠林》卷六十二
晋	昙泓	不详	淮南	江陵辛寺	《高僧传》卷七
宋	僧瑾	朱	沛郡	京师灵根寺	《高僧传》卷七
宋	慧通	刘	沛郡	京师冶城寺	《高僧传》卷七
宋	道盛	朱	沛郡	京师天保寺	《高僧传》卷八
宋	法庄	申	淮南	京师道场寺	《高僧传》卷十二
宋	慧果	潘	淮南	冶城景福寺	《比丘尼传》卷二
宋	昙远	不详	庐江	不详	《法苑珠林》卷十五
宋	僧秀	赵习	淮南	不详	《法苑珠林》卷二十二
齐	僧印	朱	寿春	京师中兴寺	《高僧传》卷八
齐	僧审	王	太原王氏寓居谯国	寿春石涧寺、京师灵鹫寺	《高僧传》卷十一

（1）安徽籍僧人

佛教在安徽境内广泛传播,出现了一些安徽籍高僧。主要有:

释昙泓,东晋淮南人,在江陵某寺庙修行,"愿生安养,临终祥瑞"①。

释法庄,俗姓申,晋宋间淮南人。十岁出家,为庐山慧远弟子。少以苦节闻名。后游关中,师从高僧僧睿。元嘉初到京师,住在道场寺。他禀性率直冲淡,长于诵《大涅槃》、《法华》、《净名》等经。宋大明初去世,年七十六。

---

① 《高僧传》卷七"宋江陵辛寺释昙鉴附昙泓"。

释僧瑾，俗姓朱，刘宋沛国人，少时熟读《老》、《庄》及《诗》、《礼》，后在广陵见到昙因法师，转而服膺佛法，熟读佛藏。此后在京师遇见道生禅师，追随受业，住在冶城寺。宋孝武帝命其为湘东王刘彧的老师。刘彧即位后，任他为僧正，主持佛教事务。他创建灵根寺、灵基寺。刘彧晚年多忌讳好猜疑，凡是死亡、凶祸、衰白等词语都不能言及，因此而得罪的人不少。释僧瑾多次劝谏无效，逐渐被疏远。宋元徽中去世，年七十九。

释慧通，俗姓刘，刘宋时沛国人。年轻时"神情爽发，俊气虚玄"[①]，居留于京城冶城寺。每次他宣讲佛法，都吸引了很多听众。宋孝武帝对他礼遇甚厚，命他与其子海陵王、建平王结为朋友。袁粲写《蓂颜论》给他看，他撰文批驳袁粲。他还为《大品》、《胜鬘》、《杂心》、《毘昙》等佛经作义疏，并写《驳夷夏论》、《显证论》、《法性论》、《爻象记》等论文，流传于世。宋昇明中去世，年六十三。

释道盛，俗姓朱，宋齐间沛国人。年幼出家，学习勤奋，善《涅槃》、《维摩》，兼通《周易》。最初住在湘州（治今湖南长沙市），宋明帝即位后令其住在彭城寺。谢灵运之孙谢超宗一见之下，倾心敬以师礼。他写有《述交论》和《生死本无源论》等。后转居天宝寺，齐高帝命他任僧主。当时丹阳尹沈文季尊奉道教，建立义符僧局，要求僧人注籍，想沙汰僧尼。道盛上书齐武帝力争，平息此事。后来沈文季特地在天宝寺设会，请吴郡道士陆修静和道盛辩论。道盛精于佛理，加之"词气俊发"[②]，娓娓而辩，陆修静明显居于劣势，惭愧退走。齐永明中去世，年六十余。

释僧印，俗姓朱，宋齐间寿春（治今寿县）人。年少时思虑深沉，安于清苦，好学。最初在彭城师从名僧昙度习得《三论》，后前往庐山，师从高僧慧龙研读《法华经》，能提出独到的见解。之后到京师中兴寺，研读《涅槃》等经典。宋大明中，何点请僧印为法匠，听众达700余人。僧印戒行清严，禀性和穆，宽容沉静。当时有些盛气之人故意

---

① 《高僧传》卷七"宋京师冶城寺释慧通"。
② 《高僧传》卷八"齐京师天保寺释道盛"。

戏谑他,僧印毫不介意,神态怡然。博涉佛典,但以阐释《法华经》著名,共宣讲《法华经》252遍。齐永元元年(公元499)去世,年六十五。

宋沙门昙远,庐江人。其家数世信奉佛教。宋元嘉九年(公元432),其父去世。他请来僧人转经。他在为父服丧期间,因过于哀伤而生病。出家后,奉法精至,持菩萨戒。他一心向往净土世界,常向其师僧含忏悔,僧含鼓励他坚持不懈。次年去世。

宋淮南赵习,元嘉二十年(公元443)担任卫军府佐,在生病一段时间后,担心病不能治好,于是一心向佛。后梦见神人授药与剃刀,梦醒后服药即病愈。此后他出家为僧,法名僧秀,年逾八十乃亡。

(2)普通信众

普通民众中佛教信徒不少。《法苑珠林》中有关张应、李恒、胡茂回、昙远、赵习的故事虽基于宣扬佛教的意图而有浓厚的神秘气息,但从中可见民众信仰佛教的动机。东晋谯国人李恒敬佛只因事关自己仕途,并不虔诚崇信佛教。淮南胡茂回见群鬼畏避沙门,于是精诚奉佛。历阳(治今和县)人张应(后迁居芜湖)本事俗神,其妻是佛教弟子。他见僧人昙铠治好了妻子的病而改信佛教。历阳(治今和县)郡乌江寺尼道容因能预知祸福而吸引大批信众。普通民众信仰佛教有非常实际的目的,如为超度亡灵而斋僧。家中如有人生病也会请来僧人做法事。刘宋时刘敬宣8岁随父亲刘牢之在芜湖,"四月八日,敬宣见众人灌佛,乃下头上金镜以为母灌,因悲泣不自胜"①。看来当时已盛行在四月八日佛诞日举行灌佛,参加者可施舍财物为亡灵祈福。

曹植与佛教之间也颇有因缘。《佛法金汤编》将他列为护法王臣,因他曾撰《辩道论》,制"鱼山梵呗"。《辩道论》旨在批判道教,虽然并未涉及佛教,但后来的佛教信徒却将其看作佛教护法之作,并经常引用其中文字来驳斥道教。唐代道宣编《广弘明集》时即收录有《辩道论》。②

佛教音乐源于印度,传入中国的最初被称作"梵呗",相当于歌

———————

　① 《宋书》卷四十七《刘敬宣传》。

　② 关于曹植及其《辩道论》,参见潘桂明《中国居士佛教史(上)》,中国社会科学出版社2000年版,第70~73页。

赞。因"梵音重复,汉语单奇"①,梵呗不能适应在汉语区传播佛教的需要,有必要"改梵为秦",即改造梵音使华人易于理解、接受。据佛典记载,曹植是改造梵音使之中国化的开山人物:"始有魏陈思王曹植,深爱声律,属意经音。既通般遮之瑞响,又感鱼山之神制。于是删治《瑞应本起》,以为学者之宗。传声则三千有余,在契则四十有二。"②曹植在与曹丕立嗣之争失败后,一直过着郁郁寡欢的生活。在这种情形下,他寄情于佛教是很有可能的。曹植曾据《庄子·至乐篇》作《骷髅记》,内容似与佛教小乘的悲观厌世教义极为接近,或即因受佛教思想影响。加之他精通音乐,在登山临水之际,有感于佛教徒诵经之声而创制梵呗,完全可能。就此而言,曹植对于佛教的发展可谓功不可没。

两晋南朝时期,佛教逐渐被上层广泛接受,名士与高僧频繁来往,他们谈玄论佛,玄学与佛学逐渐走向合流。东晋玄佛交融已成为思想发展的主流。士人对佛教教义的理解实际上是在玄学理论的框架下进行的。

世家大族中,有庐江何氏、谯国戴氏、龙亢桓氏崇信佛教,相关记载较多。

庐江何氏

庐江何氏崇奉佛教,始自东晋何充。③ "何氏……世奉佛法,并建立塔寺。"④

何充(292—346)字次道,庐江灊县(治今霍山县东北)人。他"性好释典,崇修佛寺,供给沙门以百数,靡费巨亿而不吝"⑤,却从不帮助或赠送物资给其贫乏亲友,因此受到时人讥讽。他常到瓦官寺拜佛,并与高僧竺法潜、支遁等交游频繁。建元元年(公元343),他舍宅为建福寺,来安养比丘尼。何充还多次就沙门不应礼敬君王问题据理力

---

① 《高僧传》卷十三。
② 《高僧传》卷十三"经师"。
③ 参见汤用彤《汉魏两晋南北朝佛教史》,河北教育出版社1996年版,第319~320页。
④ 《梁书》卷三十七《何敬容传》。
⑤ 《晋书》卷七十七《何充传》。

争。他认为：佛教是修善之法，沙门乃行善之人，不应要求沙门跪拜王者，如听任佛法流播，终将有助于王化。正因何充等人再三反对，庾冰等人的主张没有得到实施。梁代僧祐指出：在沙门敬王问题上，"若何公莫言，则法相永沉"①，肯定何充于佛教护法建功甚伟。

何充之弟何准自幼清净寡欲，"唯诵佛经，修营塔庙而已"②。其女为皇后，曾亲自讲解佛典，并建永安寺（俗称"何后寺"），请尼姑昙备居住。

宋司空何尚之笃信佛法。他与释慧严、释慧观、释昙无成、释慧静、释法瑗、释志道等均有往来。元嘉七年（公元430），他曾在建康建南涧精舍供养僧人，释道冏曾寓居于此。高僧法瑗是慧观弟子，他主张顿悟，引起很大反响。何尚之将其比为竺道生："今日复闻象外之谈，可谓天未丧斯文也。"③释志道学通三藏，尤长于律品。何尚之请他居住在他施建的法轮寺。

元嘉十二年（公元435），宋文帝在与何尚之、羊玄保的谈话中说："若使率土之滨，皆纯此化，则吾坐致太平，夫复何事？"④显然认为佛教有助于统治。何尚之希望借助帝王护法扩大佛教的影响。在他看来，佛教有助于教化：若人人遵守五戒十善，甚至仅持一戒一善，则风俗会日益变得淳谨和厚，由此能成就百万仁人。佛教感化那些杀人如麻的人，在战乱时代挽救了不少性命。佛教灵验，有目共睹，不信佛教甚至诋毁佛教者均是"愚暗之徒"。虽有无行僧尼败坏佛门形象，兴建佛寺难免破费，但绝不能因噎废食，完全杜绝佛教。因此宋文帝称赞何尚之："释门有卿，亦犹孔氏之有季路。"⑤

刘宋中期，高僧僧远以"言论清畅，风容秀整"享有盛名，何点等人"皆投身接足，谘其戒范"。⑥ 当时京师有释僧印博涉诸多佛典，但于《法华》最著名。宋大明年间，何点曾"招僧大集，请印为法匠，听者

① 《弘明集》卷十二。
② 《晋书》卷九十三《外戚·何准传》。
③ 《高僧传》卷八"齐京师灵根寺释法瑗"。
④ 《何令尚之答宋文皇帝赞扬佛教事》，《弘明集》卷十一。
⑤ 《何令尚之答宋文皇帝赞扬佛教事》，《弘明集》卷十一。
⑥ 《高僧传》卷八"齐上定林寺释僧远"。

七百余人"①。这是一次规模宏大的讲经活动。何点常"招携胜侣及名德桑门,清言赋咏,优游自得"②。

何点弟何胤与开善寺智藏交游频繁。京师高僧慧基去世,何胤"为造碑文于宝林寺"③。京师中寺的高僧法安精于佛教义理,他"禀服文义,共为法友"④。慧基弟子昙斐精熟佛教义理,泛览老庄儒墨之书,"于《小品》、《净名》尤成独步",善于谈辩。何胤等人"远把徽猷,招延讲说"⑤。何胤还曾注《百法论》和《十二门论》。

何敬容曾施舍宅东为伽蓝。趋势者竞相捐资赞助,何敬容一概不拒绝,因而这座寺庙堂宇宏阔,装饰华丽。一时轻薄者称其为"众造寺"。中大同元年(公元546)三月,梁武帝萧衍至同泰寺讲《金字三惠经》,何敬容曾去听讲。

何炯曾致信释法云就范缜《神灭论》提出看法:"纷纶圣迹,不由一道,参差动应,本自因时。今浇流已息,无明将启,物有其机,教惟斯发,笃孝治之义,明觉者之旨……昭然大道,于斯为极。"⑥显然深信佛教与儒家思想有相通之处。

谯国戴氏

谯国戴氏对于佛教相当尊崇。东晋戴逵(约326—396)对佛教"禀志归依,厝心崇信"⑦。他与名僧支道林(即支遁)交情深厚。支遁死后,戴逵见其墓,不禁感叹道:"德音未远,而拱木已积。冀神理绵绵,不与气运俱尽耳!"⑧他与慧远交往密切,在《与远法师书》中自称弟子;慧远《与戴处士书》中称戴逵为"佛弟子"。戴逵曾写《释疑论》以示慧远,质疑因果报应说:"束修履道,言行无伤,而天罚人楚,百罗备婴;任性恣情,肆行暴虐,生保荣贵,子孙繁炽。"⑨认为它完全不能解

---

① 《高僧传》卷八"齐京师中兴寺释僧印"。
② 《南史》卷三十《何尚之传附点传》。
③ 《高僧传》卷八"齐山阴法华山释慧基"。
④ 《高僧传》卷八"齐京师中寺释法安"。
⑤ 《高僧传》卷八"梁剡法华台释昙斐"。
⑥ 《答释法云书难范缜神灭论》,《弘明集》卷十。
⑦ 《高僧传》卷七"宋京师东安寺释慧严"。
⑧ 《世说新语·伤逝》。
⑨ 《广弘明集》卷二十《释疑论》。

释种种善恶颠倒的现实。他还笃信命定论，认为："贤愚善恶，修短穷达"，均有"分命"，并非"积行所致"。①慧远将此文交给其弟子周续之，周续之作《难释疑论》应答。此后，戴逵和周续之又多次讨论这一问题。在此基础上，慧远作《三报论》具体阐述人有三业、业有三报、生有三世等看法，提出了比传统的善恶报应说更为精致圆通的佛教理论。②戴逵之子戴颙对高僧释僧诠"慕德结交，崇以师礼"，在僧诠去世后，戴颙等人为其刻石立碑。戴逵父子还善于制作佛像、绘制佛教题材绘画。戴氏父子在这些方面的成就与其笃信佛教有关。

龙亢桓氏

龙亢桓氏也颇奉佛法。两晋之际的桓彝与当时高僧如帛尸梨蜜、竺法深有较多来往。桓彝评帛尸梨蜜"精神渊著"③，颇得其神采。

在桓彝的影响下，其子桓温"少见高座"④。名僧竺法汰因病暂居汤口，镇守荆州的桓温"遣使要过，供事汤药"⑤，颇为殷勤。永和六年（公元350），荆州出现金像，桓温"躬事顶拜，倾动邦邑"⑥。桓温"末年颇奉佛法，饭馔僧尼"⑦。

桓温之子桓玄（369—404）曾通过孝武帝时"权倾一朝，威行内外"⑧的比丘尼妙音推荐才弱易制的殷仲堪任荆州刺史，为此后他夺取荆州奠定了基础。隆安三年（公元399），桓玄出征殷仲堪，道经庐山，他去见慧远，"不觉致敬"⑨。这种礼敬，实际上表明了桓玄对慧远僧团的保护态度。元兴元年（公元402），桓玄率军进入建康，自署太尉。其时，他曾下《沙汰众僧与僚属教》⑩，意欲清整僧团。他指出：由于大量普通民众出家以逃避赋役，导致僧尼数量剧增，政府财政收入减少，

①　《广弘明集》卷二十《释疑论》。

②　参见潘桂明《中国居士佛教史（上）》，中国社会科学出版社2000年版，第153~154页。

③　《世说新语·赏誉》。

④　《高僧传》卷一"晋建康建初寺帛尸梨蜜"。

⑤　《高僧传》卷五"晋京师瓦官寺竺法汰"。

⑥　《法苑珠林》卷十三"东晋荆州金像远降缘"引《出神州三宝感通录》。

⑦　《法苑珠林》卷三三"晋大司马桓温"引《冥祥记》。

⑧　《比丘尼传》卷一《妙音尼传》。

⑨　《高僧传》卷六"晋庐山释慧远"。

⑩　《桓玄辅政欲沙汰众僧与僚属教》，《弘明集》卷十二。

社会风俗败坏,有碍统治秩序的稳定。但那些"能伸述经诰,畅说义理者;或禁行修整,奉戒无亏,恒为阿练若者;或山居养志,不营流俗者"不在沙汰之列。他还特地指出:"唯庐山道德所居,不在搜简之例。"① 可见,桓玄之沙汰僧尼,并非欲毁灭佛教,只是针对诸多佛教之弊,试图将佛教的教义和活动置于世俗政权管制之下。而对以慧远为核心的庐山教团,则明显持积极扶植态度。慧远在《与桓太尉论料简沙门书》中表示:赞成桓玄沙汰僧尼的基本原则;应严格区别对待以真正有效地保护佛教;要求扩大受保护的僧尼范围,允许士族子弟自由出家。这些意见得到桓玄的认同。由此,桓玄实际上扮演了护法者的角色。

此后,桓玄又提出沙门礼敬王者的问题。咸康年间,中书监庾冰辅政,首先提出沙门应该向帝王行跪拜之礼。桓玄随后赞成其议。他认为:王与天地并列,王有特殊地位和发挥"资生通运"的作用,理当受到特殊尊重。沙门之生存、给养,实际上依赖于帝王;如果沙门不敬王,则为受德沾惠而遗弃礼敬,不符合做人的道理。② 这一主张遭到以何充为代表的众多崇佛大臣的反对。此后,王谧与桓玄又多次反复讨论沙门敬王问题。桓玄认为,此前信佛的均是胡人,君王不与沙门来往,故可不拘礼;但现在君王奉佛,沙门则应依礼行事。他所论其实关涉到佛教发展壮大的现实理由,含有佛教必须适应传统文化、遵循汉民族伦理的意义,有其合理性。桓玄曾说:"沙门抗礼至尊,正是情所不安。一代大事,宜共论尽之。"③表示一定要把这一问题讨论透彻,意在最终要求沙门敬王。桓玄还致信慧远,指出沙门不敬王者于情理不通,要求慧远回答。桓玄篡位称帝后,却改变态度,颁布《许道人不致礼诏》。④ 这一是为了取得佛教僧团的全面支持,二是对慧远答书的尊重。由此,沙门敬王问题的争辩告一段落。⑤

桓玄还多次听高僧释道祖讲法,对其评价很高。《高僧传》卷六

① 《弘明集》卷十二。
② 参见潘桂明《中国居士佛教史(上)》,中国社会科学出版社 2000 年版,第 156 页。
③ 《与王中令难沙门应敬王事》,《弘明集》卷十二。
④ 参见《弘明集》卷十二。
⑤ 参见潘桂明《中国居士佛教史(上)》,中国社会科学出版社 2000 年版,第 141～161 页。

"晋吴台寺释道祖"条:"祖后还京师瓦官寺讲说,桓玄每往观听,乃谓人曰:'道祖后发,愈于远公,但儒博不逮耳。'"桓玄欲使沙门敬王,释道祖辞还吴郡台寺。桓玄篡位后,下令吴郡送道祖到建康,道祖称病不行。桓玄曾致信慧远云:"而令一生之中,困苦形神,方求冥冥黄泉下福,皆是管见,未体大化。迷而知反,去道不远,可不三思?运不居人,忽然将老,可复追哉!"①则批评佛教来世说,他希望佛教中人能够迷途知返而归于大化。

南齐陆澄《法论目录》载桓玄写《心无义》,内容系王谧问、桓玄答,可知桓玄有认同心无宗的意思。② 汤用彤《汉魏两晋南北朝佛教史》将桓玄列入"六家七宗"之心无宗。③ 则桓玄之于佛教,并非简单地从政治出发,他对于佛教义理已有一定程度的理解。

继何充等人之后,时任尚书令的桓谦等人站在佛教立场上为沙门不敬王辩护。在他们看来,沙门敬王问题的争论,关系到佛教前途和命运。在《答桓玄论沙门敬事书》④中,桓谦等人指出:佛法不同于世法,故不能以世俗礼教来要求出家人。桓谦还认为:帝王多崇信佛法,既然敬信佛法,却想改变其仪规使佛教徒礼敬帝王,于情理上不通。

此外,桓彝之子桓豁镇守江陵时,曾特地从襄阳请来名僧释道安,以便请教佛法。桓氏子弟桓冲、胤、嗣、石秀、伟、石生等均与名僧有交往。桓冲镇守荆州期间,曾耗资巨万为高僧道安建上明寺,"宝阁连云,僧房万间",被许为长江"上游第一"。⑤ 前秦苻坚据有荆州北岸后,桓冲邀请道安的弟子翼法师渡江,并特地建造东、西二寺来安顿僧人。

桓伊字叔夏,谯国铚县(今濉溪县临涣镇)人,素为王濛、刘惔所知。太元三年(公元378),前秦攻陷襄阳,掳走道安,慧远等人率弟子南下。太元九年(公元384),时为江州刺史镇守寻阳(今江西九江)的

---

① 《与释慧远书劝罢道》,《全晋文》卷一百十九。
② 参见潘桂明《中国居士佛教史(上)》,中国社会科学出版社2000年版,第97页。
③ 参见汤用彤《汉魏两晋南北朝佛教史》,河北教育出版社1996年版,第202页。
④ (梁)僧祐撰《弘明集》卷十二。
⑤ 《高僧传》卷五"晋长安五级寺释道安"。

桓伊于庐山之东建东林寺安顿慧远师徒。

(二)道教

1. 安徽神仙传说

道教产生于东汉后期,神仙传记是其渊源之一。安徽很早就有神仙传说。世传黄帝与容成子、浮丘公炼药于黄山,黄山即因黄帝而得名。黄山风景秀美,"霞城、洞室、岩窦、瀑泉,则无峰不有,信为灵仙之窟宅也。山中多黄连、紫术,有汤泉出香溪中,常涌丹砂,浴之愈疾"[①]。

崔文子[②]是泰山人,世好黄老之事,居潨山下。后作黄散赤丸,卖药于都市。疾疫流行时,他以散药救了数万人。

陶安公是六安(今六安市西北)铸冶师。他善行火法,于七月七日骑龙飞升,这些都是道教变化方术。

窦子明[③]是铚县(今濉溪县临涣镇)人,他上黄山,采五石脂,放在水中烧开后服用。三年后,他被龙接走,到陵阳山隐居达百余年。后化鹤探视其弟窦子安墓。这则神仙故事反映了道教在安徽境内流传的情形。故事中主角窦子明因服食五石脂汤而凭借龙飞升成仙,与汉魏时期盛行通过服食养生的社会风尚相一致。据方志记载,唐代天宝年间,在石埭县陵阳山窦子明炼丹之所建造了仙坛宫,那里有丹灶、丹井,山麓有黄鹤池、白鹤墩、黄鹤林,都是窦子明修炼的遗迹。

华子期,淮南人,师角里先生。受《山隐灵宝方》,能日行百里,力举千斤,后成仙飞去。西汉淮南王刘安得道登仙的传说流传至今:刘安喜好道术,倾财招徕各方有道之士。大夫刘更生曾献淮南枕中洪宝苑秘之方。仙人王仲高传授长生之诀。某天,有八位老者登门求见,在遭到守门人拒绝后,他们变为儿童,受到刘安的隆重招待。这就是淮南八仙。他们取鼎煮药给刘安及其家人喝,三百余人同日升天。那些舔食药器中残汁的鸡犬也一同飞升。据说因此天帝罚刘安守天厕,刘安为厕神。

西汉楚元王刘交之孙刘德"修黄老术,有智略……常持老子知足

---

① 《江南通志》卷十五《舆地志·山川·徽州府》。
② 一说汉代人。
③ 《江南通志》卷一百七十五《人物志·方外二·宁国府》以为"晋窦子明"。

之计"①,他很可能对养生有兴趣。

巢湖四顶山相传是东汉魏伯阳炼丹之所。魏伯阳是吴人,性好道术,所著《周易参同契》是道教外丹理论之祖。

世传当涂灵墟山是丁令威修道飞升之所。他本是辽东人,曾任泾县令,游当涂,喜爱灵墟山泉石幽秀,在此炼丹,丹成飞去。李白《灵墟山》诗即咏其事。

以上故事表明:原始道教产生之前,神仙信仰已在安徽境内广泛存在,为道教的传播提供了丰厚的土壤。

2. 道教在安徽境内的传播

东汉末年,在原始信仰、神仙传说、民间方术和整合儒家、道家思想的基础上,道教产生。这一时期道教主要在青、徐州和西南巴蜀传播,江南受道教影响不大。天师道的创始人张道陵是沛郡丰邑(今江苏丰县)人,可能道教在安徽北部有些影响。太平道创始人张角派八名弟子出使各地宣教,"十余年间,众徒数十万,连结郡国,自青、徐、幽、冀、荆、扬、兖、豫八州之人,莫不毕应"②,安徽在其传教范围内。

汉末至三国两晋间,江南相对偏安,许多中原、巴蜀民众为避乱而迁居吴地,其中不乏道教信徒。曹操在统一北方后,曾下令"除奸邪鬼神之事"③,断绝一切"淫祀";又招致民间方士集中管理,以防滋事生非。曹丕继位后,也宣称反对"非祀之祭"。曹魏建国初期颁布的禁止淫祀的命令在魏中叶逐渐松弛。西晋对道教严加控制。而孙吴和东晋政权对道教的控制不像曹魏、西晋那么严厉,因此江南道教的发展渐超过中原和巴蜀。

汉晋时期,先后传入江南的道教有属于太平道支派的于君道、帛家道,属于五斗米道支派的李家道、清水道、杜子恭道团等,呈现出民间道教支派林立的杂乱情况。东晋孙泰"世奉五斗米道",继杜子恭为五斗米道领袖,曾任新安太守,"以为晋祚将终,乃扇动百姓,私集徒

---

① 《汉书》卷三十六《楚元王传》。
② 《后汉书》卷七十一《皇甫嵩传》。
③ 《三国志》卷一《魏书·武帝纪》。

众,三吴士庶多从之"①。他被司马道子杀死后,其侄孙恩起义,响应者有数十万,其中包括新安郡民。

李根字子源,长期居住在寿春(治今寿县)吴太公家,教太公作金银法,能很快变出金银。某天李根预言:"王凌当败,寿春当陷,兵中不复居,可急徙去。"他嘱咐太公父亲对前来抓捕他的人说他已离开不知去向。官兵走后,吴太公发现李根仍坐在原处。李根对吴太公说:"王太尉当族诛。卿弟泄语,十日中当卒死。"②这则神话故事表明:曹魏时寿春有修道之人活动,也有道教信徒。吴太公迷恋炼金银术反映了丹鼎道教的发展。故事中神仙李根精通预测方术、变化方术(隐遁术)。

汉末三国之际的庐江(治今庐江县西南)人左慈较早将道教传入江南。他师从李仲甫学习道术,明五经,通望星、占气等方术。他本为曹操军吏,于建安末渡江,孙权对他礼遇甚厚。他授弟子鲍靓《中部法》及《三皇五岳劾召之要》,能役使鬼神,封山制魔。他还授弟子葛玄《太清丹经》3卷、《九鼎丹经》1卷、《金液丹经》1卷。这些书江东本来没有,实际上是左慈所撰。唐初人所辑《黄帝九鼎神丹经诀》卷七载:"六一泥法……以左元放所授'狐刚子七宝未央丸',其泥釜药乃用紫石英、白石脂、赤石脂、牡蛎粉。"③这是关于炼丹用料的记载。据《真诰》记载:左慈就司命乞丹砂,得十二斤,以炼制九华丹。庐江玉虚观相传是左慈所居,内有丹井遗址。他曾在天柱山石洞中精思。灊山有左慈炼丹房,宋代犹存金丹灶基。

葛玄是两晋之际道教重要人物葛洪的从祖,葛玄教授郑隐,郑隐教授葛洪。和县淳熙观是葛玄炼丹的地方,有八卦池。葛玄通晓变化术。

结合《抱朴子·内篇》、《晋书·葛洪传》看,郑隐、葛洪可能原来曾奉帛家道。这一派起源托始于仙人帛和。帛家道以金丹经、《三皇文》、《五岳真形图》等道书相传承,传入南方后被称为"俗神祷"(祷祀俗神)。帛家道道术有炼丹服气、祷祀俗神、召劾厌胜等。沛国刘氏、

① 《晋书》卷一百《孙恩传》。
② 《神仙传》卷十。
③ 转引自容志毅《中国炼丹术考略》,上海三联书店1998年版,第52页。

丹阳葛氏等士族原来都曾信奉过帛家道,但在东晋南朝时大多逐渐抛弃帛家道而转奉道教上清派。

另一民间道派是李家道。该派托始于仙人李八百,吴末西晋由李宽传入江东。

李家道在民间影响深远,常被民间道教领袖利用来作为发动和组织起义的口号。宋元嘉二十九年(公元452),淮上司马黑石推立庐江叛吏夏侯放进为主,改名李弘,诱惑豫州西阳五水蛮为寇。夏侯放进当因崇信道教才参加司马黑石的组织。

天柱山是六朝时期重要的修道场所。曹操时,张玄宾在少室山遇到樊子明,被传授变化术,后来他在天柱山修行。左慈曾在此炼丹修道。晋初有郑景世、张重华在这里修行。王玄甫与邓伯元都曾在霍山学习服食修炼内丹之法。刘宋道士陆修静一度在灊山寻仙问道。相传梁武帝时有白鹤道人喜爱舒州灊山奇绝,高僧宝志也有意于此修行。梁武帝命二人各以物圈定地域。道人以白鹤落下的地方为记,宝志以禅杖落处为记。最后宝志禅杖落于山麓,而鹤飞落别处。于是宝志和道士各以禅杖和鹤落下的地方为中心筑室修行。这一故事反映了梁代潜山佛、道教势力斗争的情形。《真诰》载:"天柱山有玉女乘白鹤,仙人乘白鹿,在云台,治前有两碑。"①天柱山被道教视为仙窟。

陶弘景,丹阳秣陵(今江苏南京)人。年十岁时,偶尔得到葛洪《神仙传》,便有养生之志。永明十年(公元492),他归隐于句容(今江苏句容县)之句曲山(茅山),自号"华阳隐居"。梁武帝常派人去咨询国事,时人称其为"山中宰相"。陶弘景"遍历名山,寻访仙药"②,曾到安徽活动。他一度居住在当涂县横望山(一名横山)炼丹,故当地有陶公读书堂、石门、古祠、灰井、丹炉诸遗迹。③

现将史籍所见汉魏晋南北朝时期籍贯为安徽或曾在安徽境内活动的道士列表如下:

---

① 《太平御览》卷六百七十四《道部十六·理所》。
② 《梁书》卷五十一《处士·陶弘景传》。
③ 参见《江南通志》卷三十五《舆地志·古迹·太平府》和卷十七《舆地志·山川·太平府》。

表9-3　汉魏晋南北朝时期安徽道士

朝代	道士	修炼地(或籍贯)	资料来源
汉	壶公谢元	(历阳人)	《太平御览》卷六百六十二《道部四·天仙》引《三洞珠囊》、《太平御览》卷六百六十四《道部六·尸解》引《神仙传》
汉	刘冯	(沛人)	《太平御览》卷三十九《地部四·泰山》引《神仙传》(参卷九百七十《果部七·石榴》引《神仙传》)
汉	清平吉	(沛人)	《太平御览》卷六百六十四《道部六·尸解》引《登真隐诀》①
曹魏	左慈	庐江县玉虚观	《江南通志》卷四十八《舆地志·寺观·庐州府》
曹魏	张玄宾	天柱山	《太平御览》卷六百七十九《道部二十一·传授下》引《天戒经》
曹魏	李根	寿县	《神仙传》卷十
晋	郑景世、张重华	潜山县	《太平御览》卷六百六十二《道部四·天仙》引《真诰》、《太平御览》卷六百七十一《道部十三·服饵下》引《登真隐诀》
晋	葛仙翁	和县淳熙观	《江南通志》卷四十八《舆地志·寺观·和州》
晋	王玄甫②	霍山(或曰沛人)	《太平御览》卷六百七十一《道部十三·服饵下》引《登真隐诀》;《明一统志》卷十八《徐州》
晋	邓伯元	霍山	《太平御览》卷六百七十一《道部十三·服饵下》引《登真隐诀》
晋	韩友	(庐江舒人)	《晋书·艺术·韩友传》
晋	裴、阮、郭三仙	桐城市	《江南通志》卷四十七《舆地志·寺观·安庆府》"太霞宫"③
梁	陶弘景	当涂县	《江南通志》卷三十五《舆地志·古迹·太平府》

①　《登真隐诀》和《真诰》均为梁代陶弘景所撰。

②　东晋沛人王玄甫学道于赤城霍山,服青精石饭,吞日精丹景之法。后为中岳真人。

③　桐城县青山石屋寺据传是晋裴仙修炼处。相传裴、阮、郭三仙游桐城县时,当地人见彩霞满天,于是立太霞宫祭祀他们。

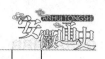

朝代	道士	修炼地(或籍贯)	资料来源
梁	匡阜真人	宿松县	《江南通志》卷三十四《舆地志·古迹·安庆府》①、卷四十七《舆地志·寺观·安庆府》
梁	白鹤道人	舒州灊山	《明一统志》卷十四《安庆府》
梁	薛玉宝	(沛国人)	《太平御览》卷六百六十六《道部八·道士》引《道学传》②
不详	刘千寿	(沛人)	《真诰》卷一
不详	刘政	(沛人)	《太平御览》卷六百六十三《道部五·地仙》引《道学传》
不详	刘凭	(沛人)	《太平御览》卷六百六十三《道部五·地仙》引《真诰》
不详	董仲居	(淮南人)	《太平御览》卷六百六十四《道部六·尸解》引《登真隐诀》
不详	陆道士	寿春解南精舍	《水经注》卷三十二《肥水》

总体看来,这些道人籍贯多为沛(治今淮北市)、历阳(治今和县),多行养生、服食、炼丹之术,在安徽南部活动的较多,其中潜山是一中心。

3. 安徽境内道观

六朝时期,有些道士采药服食,寻访名山洞室修行,在此基础上发展出道观。安徽在三国、两晋时已建有道观,如含山县运漕镇三元观建于吴赤乌年间,巢县金庭山紫微宫建于东晋咸康四年(公元338)。南朝时期,道观遍及江南各名山大都。和县如方山麓龙兴观,宿松县灵泉观、元真观,均为南朝梁时建。③ 据《云笈七签》记载:亳州太清宫"其古迹自汉宣、汉桓增修营葺,魏太武、隋文帝别授规模,边韶、薛道衡为碑以纪其事"④,亳州祭祀老子的建筑发展成为道观,且规模不断扩大。从下表看,安徽南部的道观较多,这与安徽道教发展南盛于北

---

① 仙田在宿松县北,即西汉松滋县治,匡阜真人修炼于此。
② 《隋志》著录有《道学传》二十卷。
③ 参见《安徽百科全书》,南京大学出版社1994年版,第1037页。
④ 《云笈七签》卷一百十七"亳州太清宫老君挫贼验"条。

的情形一致。

表 9 - 4　魏晋南北朝时期安徽道观

道观名①	始建时间或创建者	资料来源
亳州市太清宫	不详	《云笈七签》卷一百十七
石台县仙坛宫	窦子明	《江南通志》卷四十七《舆地志·寺观·池州府》
含山县三元观	吴赤乌年间	《安徽百科全书》②
芜湖市城隍祠	吴赤乌二年(239)	《春明梦余录》卷十五《太岁坛》
太湖县玄妙观	魏左慈	《江南通志》卷四十七《舆地志·寺观·安庆府》
庐江县玉虚观	魏左慈	《明一统志》卷十四《庐州府》
巢湖市圣妃神宫	晋	《江南通志》卷四十八《舆地志·寺观·庐州府》
和县淳熙观	晋葛仙翁	《江南通志》卷四十八《舆地志·寺观·和州》
巢湖紫薇观	晋咸康四年(338)	《江南通志》卷四十八《舆地志·寺观·庐州府》
马鞍山承庆观	晋	《明一统志》卷十五《太平府》
和县龙兴观	梁	《安徽百科全书》③
宿松县灵泉观	梁	《江南通志》卷四十七《舆地志·寺观·安庆府》
宿松县灵佑观	梁	《江南通志》卷四十七《舆地志·寺观·安庆府》④
宿松县元真观	梁	《江南通志》卷四十七《舆地志·寺观·安庆府》

---

① 为便于读者了解道观所在,道观名前皆冠以今地名。
② 转引自《安徽百科全书》,南京大学出版社 1994 年版,第 1037 页。
③ 转引自《安徽百科全书》,南京大学出版社 1994 年版,第 1037 页。
④ 灵泉观,宿松县学西。梁天监二年(公元 503),匡阜真人救民疫,插剑得泉,饮之立愈,遂以名观。

4. 道教信仰

汉末六朝时期道教盛行,社会上层盛行神仙道教,下层民众重视道术。安徽当涂、南陵出土的地券中提到天帝、土伯、东王公、西王母,这些是道教信奉的神灵。[①] 神仙传说、道教历史、道士故事、道观的修建均表明道教的盛行逐渐影响到民众日常生活。

(1)曹氏与道教信仰

曹操不信鬼神,但有神仙思想。其《气出唱》、《度关山》、《秋胡行》是游仙之作。据曹丕《典论》说,曹操担心有影响的方士与民间道教结合,危及政权,因此将著名术士如庐江左慈、谯郡华佗、甘陵甘始、阳城郄俭十多人召集到京师。曹操"好养性法,亦解方药"[②],曾向他们学习服饵养生及房中术,并学会吃野葛至一尺,能喝点鸩酒。

曹丕批评时人热衷于追逐术士学习长生术的风气,指斥他们愚昧荒谬。黄初三年(公元222),他下诏批评汉桓帝派人祭祀老子的做法可笑,指出老子不应先于孔子。他要求地方官禁止民间奉老子为神。

曹植曾写《辩道论》,旨在批评道教长生神仙之说,以论证曹操处理方士的政策得当。他说:曹操之所以将术士召集到魏国,并非有意跟他们学习养生术,而是担心这些人欺民惑众,扰乱社会秩序。他认为养生即使不一定能增加寿命,至少可治病且使人不怕饥馑。他批驳道教徒所宣扬的淮南王刘安和钩弋夫人得道飞升的故事虚妄不实,并指出寿命长短、骨体强弱因人而异,所谓仙人大抵是"猱猿之属";道教所谓世人得道成仙不过是道教的"虚妄之词"、"眩惑之说"。总体看来,曹植对养生术有较理性的认识,强调其积极的一面,并不全盘否定;对神仙说则明确指斥其虚诞。

(2)嵇康服散与锻铁、养生思想

嵇康崇信养生,曾撰写《养生论》、《答难养生论》,其中阐述养生可以长寿甚至成仙的思想,提出养生不仅要养形,更重要的是养神。

---

① 参见《六朝艺术》,南京出版社2004年版,第211~213页。

② 《三国志》卷一《魏书·武帝纪》注引张华《博物志》。

他指出养生有五难:名利不灭、喜怒不除、声色不去、滋味不绝、神虚精散。如果不从根本上做到淡泊名利、不为情所困、不追逐声色、淡薄滋味、集中精神,再怎么一心向往长生、研读经典、呼吸导引都只会缩短生命,不可能终其天年。灭除五难是养生之大理。

嵇康还将其养生思想付诸实践。他"性好服食,常采御上药"①,曾追随隐者孙登采药数年。他自言:"又闻道士遗言:饵术黄精,令人久寿。意甚信之。"②因服散后需通过劳动来使药力发作,所以嵇康锻铁。葛洪将嵇康列为神仙之一,"周乞、嵇康为中央鬼帝,治抱犊山"③。

（3）龙亢桓氏与天师道

东晋时谯国龙亢桓氏家族中有人信奉天师道。当时江南五斗米道集团首领杜子恭与桓温交往密切。桓温北伐,曾问杜昺是否取胜,杜昺云:"公明年三月专征,当挫其锋。"④及至枋头兵败,桓温后悔未听杜昺之言。杜昺对桓温预言卢竦将扰乱宫阙而后死,事情验证后,桓温叹伏服。桓温还曾问杜昺自己的禄位,杜昺回答:"明公勋格宇宙,位极人臣。"⑤综上可见,桓温不止一次向杜子恭询问祸福休咎。桓温妾马氏生桓玄时难产,扈谦为其卜筮解疑,桓温及马氏各送钱 30 万以示感谢。⑥ 史家周一良指出:"玄、道、灵等字皆天师道世家习用为名者。"⑦桓温有六子,除"最愚,不辨菽麦"的桓祎史未载其字外,其余五人字中均有"道"字;桓冲临终前曾寄书谢安云:"妙灵、灵宝尚小,亡兄寄托不终,以此为恨!"⑧灵宝即桓玄。《灵宝经》是道教上清派重要经典,"灵宝"、"妙灵"则与道教难脱干系。桓氏对道教的崇信由此可见一斑。

---

① 《三国志》卷二十一《魏书·王粲传》注引《嵇康别传》。
② 《与山巨源绝交书》,《汉魏六朝百三家集》卷三十五。
③ 葛洪《枕中记》,《说郛》卷七下。
④ 《云笈七签》卷一百一十一《洞仙传·杜昺》。
⑤ 《资治通鉴》卷一百三"简文帝咸安元年十月"条。
⑥ 《云笈七签》卷一一一《扈谦传》。
⑦ 周一良《魏晋南北朝史札记》,中华书局 1985 年版,第 106 页。
⑧ 《晋书》卷七十四《桓彝传》。

桓玄、桓石秀善啸。"啸"本是道教徒的一种修身养气之术。桓玄《与袁宜都书论啸》云："苟一音足以究清和之极,阮公之言不动苏门之听,而微啸一鼓,玄默为之解颜。若人之兴逸响,惟深也哉!"[1]足见他对啸颇为推崇。

陶弘景《真诰》卷十五载:纪瞻本为抚河将军司马,为北天修门郎,与虞谭轮流值守天门,每人一天。疑纪瞻本崇信道教。

(4)何琦修道

出身于庐江何氏的东晋何琦曾隐居于朗陵山辟谷炼丹,山南有丹井。

(5)道教徒起事

梁天监九年(公元510)六月,宣城郡吏吴承伯宣扬道教,长于道术,并聚集一批信徒,攻打宣城,杀害太守朱僧勇。他们翻山越岭,进入吴兴郡内,所过处村庄被毁。随从人数激增至2万。吴承伯倾尽精锐进攻吴兴郡城,吴兴太守蔡撙率众出战,两军在城门附近,官军临阵杀吴承伯。叛乱分子余党逃到新安,与新安郡吏鲍叙(一作叔)等联合,攻陷歙、黟等县城,进逼新安郡城。时新安太守谢览派遣郡丞周兴嗣在锦沙立坞拒战,被击败,于是放弃郡城,逃奔会稽(今浙江绍兴)。最后官军镇压叛乱分子。这次活动维持的时间不长,但势头很猛,影响及于安徽南部、浙江部分地域,估计在这些地域道教传播较盛。

第二节　学术

魏晋南北朝时期,安徽籍学者的学术成就集中在经学、史学和地理学方面,也有一些名士参与清谈,对玄学的发展做出了贡献。

现将魏晋南北朝时期安徽籍人士著述列表如下:

---

① 《艺文类聚》卷十九《人部三·啸》。

表9-5　　魏晋南北朝时期安徽籍人士著述一览表①

朝代	作者	籍贯(今地)	书名	隋志	旧唐志	新唐志
魏	曹操	沛国谯县(亳州市)	兵书接要	十卷	—	—
魏	曹操	沛国谯县(亳州市)	兵法接要	三卷	—	—
魏	曹操	沛国谯县(亳州市)	兵书略要	九卷	—	—
魏	曹操	沛国谯县(亳州市)	魏武帝兵法	一卷	—	—
魏	曹操	沛国谯县(亳州市)	续孙子兵法	二卷	—	二卷
魏	曹操	沛国谯县(亳州市)	太公阴谋解	三卷	—	—
魏	曹操	沛国谯县(亳州市)	孙子注	—	—	三卷
魏	曹操	沛国谯县(亳州市)	魏武帝集	二十六卷(梁三十卷，录一卷)	三十卷	三十卷
魏	曹操	沛国谯县(亳州市)	武皇帝逸集	十卷	—	—
魏	曹操	沛国谯县(亳州市)	魏武帝集新撰	十卷	—	—
魏	曹丕	沛国谯县(亳州市)	典论	五卷	—	—
魏	曹丕	沛国谯县(亳州市)	海内士品录	—	二卷	—
魏	曹丕	沛国谯县(亳州市)	士操②	一卷	一卷	一卷
魏	曹丕	沛国谯县(亳州市)	兵书要略	—	—	十卷
魏	曹丕	沛国谯县(亳州市)	皇博经	—	一卷	一卷
魏	曹丕	沛国谯县(亳州市)	魏文帝集	十卷(梁二十三卷)	十卷	十卷
魏	曹植	沛国谯县(亳州市)	列女传颂	一卷	—	—
魏	曹植	沛国谯县(亳州市)	魏陈思王曹植集	三十卷	二十卷，又三十卷	二十卷，又三十卷
魏	曹植	沛国谯县(亳州市)	画赞	五十卷	—	—

① 此表据《隋书·经籍志》(简称《隋志》)、《旧唐书·经籍志》(简称《旧唐志》)、《新唐书·艺文志》(简称《新唐志》)作。

② 据中华书局版《隋志》后附校勘文字,曹丕当避父讳,"操"当为"品"。

朝代	作者	籍贯(今地)	书名	隋志	旧唐志	新唐志
魏	丁仪①	沛郡(淮北市)	丁仪集	一卷(梁二卷,录一卷)	二卷	二卷
魏	丁廙	沛郡(淮北市)	丁廙集	一卷(梁二卷,录一卷)	二卷	二卷
魏	曹叡	沛国谯县(亳州市)	海内先贤传	—	四卷	—
魏	曹叡	沛国谯县(亳州市)	魏明帝集	七卷(梁五卷,或九卷,录一卷)	十卷	十卷
魏	曹髦	沛国谯县(亳州市)	春秋左氏传音②	三卷	三卷	三卷
魏	曹髦	沛国谯县(亳州市)	高贵乡公集	四卷	二卷	二卷
魏	曹毗	沛国谯县(亳州市)	论语释	一卷		
魏	曹毗	沛国谯县(亳州市)	曹氏家传	一卷	一卷	
魏	曹毗	沛国谯县(亳州市)	曹毗集	十卷(梁十五卷,录一卷)③	十五卷	十五卷
魏	曹羲	沛国谯县(亳州市)	曹羲集	五卷(录一卷)	五卷	五卷
魏	桓范	谯国龙亢县(怀远县龙亢镇)	世要论④	十二卷	十卷	十二卷
魏	桓范	谯国龙亢县(怀远县龙亢镇)	桓范集	二卷	二卷	二卷
魏	嵇康	谯国铚县(濉溪县临涣镇)	春秋左氏传音	三卷	—	—
魏	嵇康	谯国铚县(濉溪县临涣镇)	圣贤高士传赞⑤	三卷	三卷	八卷
魏	嵇康	谯国铚县(濉溪县临涣镇)	养生论	三卷	—	—

① 《隋志》、《旧唐志》均将丁仪、丁廙列入"后汉"。因二人属建安文学集团成员,故列入此表。
② 《新唐志》著录为《左氏音》。
③ 《隋志》著录:晋《曹毗集》四卷。
④ 《旧唐志》因避李世民讳著录为《桓子代要论》,《新唐志》著录为《桓氏世要论》。
⑤ 《旧唐志》著录为《高士传》,《新唐志》著录为《圣贤高士传》。当即一书,故并为一条。

朝代	作者	籍贯(今地)	书名	隋志	旧唐志	新唐志
魏	嵇康	谯国铚县 (濉溪县临涣镇)	嵇康集	十三卷 (梁十五卷, 录一卷)	十五	卷十五卷
魏	夏侯玄	沛国谯县(亳州市)	夏侯玄集	三卷	二卷	二卷
魏	夏侯霸	沛国谯县(亳州市)	夏侯霸集	二卷	二卷	二卷
魏	夏侯惠	沛国谯县(亳州市)	夏侯惠集	二卷(录一卷)	二卷	二卷
魏	蒋济	楚国平阿县 (怀远县西南)	郊丘议	三卷	—	—
魏	蒋济	楚国平阿县 (怀远县西南)	蒋子万机论①	八卷	八卷	—
吴	薛综	沛郡竹邑县(宿州市)	二京赋音②	二卷	二卷	二卷
吴	薛综	沛郡竹邑县(宿州市)	薛综集	三卷(录一卷)	二卷	三卷
吴	胡综	汝南固始县(临泉县)	胡综集	二卷(梁有 录一卷)	二卷	二卷
吴	薛莹	沛郡竹邑县 (宿州市符离镇)	后汉记	六十五卷 (本一百卷)	一百卷	一百卷
吴	薛莹	沛郡竹邑县 (宿州市符离镇)	薛莹集	三卷	二卷	二卷
吴	胡冲	汝南固始县(临泉县)	吴朝人士品秩状	—	八卷	八卷
吴	胡冲	汝南固始县(临泉县)	吴历	—	六卷	
吴	胡冲	汝南固始县(临泉县)	答问③	—	—	—
吴	王蕃	庐江(潜山县)	浑天象注	一卷	—	一卷
魏	何桢 (一作祯)	庐江灊县 (霍山县东北)	何桢集	一卷 (梁五卷)	五卷	

---

① 《旧唐志》著录为《万机论》。

② 《隋志》云:梁有薛综注张衡《二京赋》二卷,至隋亡。疑与《旧唐志》著录的《二京赋音》实为一书,故并为一条。即《三国志》卷五十三《吴书·薛综传》所云《二京解》。

③ 《三国志》卷五十九《吴书·吴主五子·孙和传》注:(屈)晃,汝南人,见胡冲《答问》。则胡冲著有《答问》。姑置于此。

朝代	作者	籍贯(今地)	书名	隋志	旧唐志	新唐志
晋	杜夷	庐江灊县 (霍山县东北)	杜氏幽求新书①	二十卷	—	三十卷
晋	曹志	沛国谯县(亳州市)	曹志集	二卷,录一卷	二卷	二卷
晋	嵇喜	谯国铚县 (濉溪县临涣镇)	嵇喜集	一卷(梁二卷,录一卷)	二卷	二卷
晋	嵇绍	谯国铚县 (濉溪县临涣镇)	嵇绍集	二卷,录一卷	二卷	二卷
晋	嵇含	谯国铚县 (濉溪县临涣镇)	嵇含集	十卷,录一卷	十卷	十卷
晋	夏侯湛	沛国谯县(亳州市)	新论	十卷	十卷	十卷
晋	夏侯湛	沛国谯县(亳州市)	夏侯湛集	十卷(梁有录一卷)	十卷	十卷
晋	夏侯淳	沛国谯县(亳州市)	夏侯淳集	二卷	十卷	十卷
晋	夏侯靖	沛国谯县(亳州市)	夏侯靖集	—	二卷	二卷
晋	曹摅	沛国谯县(亳州市)	曹摅集	三卷,录一卷	二卷	二卷
晋	戴逵	谯国(亳州市)	五经大义	三卷	—	—
晋	戴逵	谯国(亳州市)	竹林七贤论	二卷	二卷	二卷
晋	戴逵	谯国(亳州市)	纂要②	一卷	—	—
晋	戴逵	谯国(亳州市)	戴逵集	九卷(梁十卷,录一卷)	十卷	十卷
晋	何楷	庐江灊县 (霍山县东北)	何子③	五卷	五卷	五卷
晋	何充	庐江灊县 (霍山县东北)	何充集	四卷,梁五卷	五卷	五卷
晋	何瑾之	庐江灊县 (霍山县东北)	何瑾之集	十一卷	—	—

① 《新唐志》著录为《幽求子》。
② 《隋志》:亦云颜延之撰。
③ 《隋志》著录《何子》五卷,不著撰人,《旧唐志》著录有何楷《何子》五卷,当为一书,何楷著。

朝代	作者	籍贯(今地)	书名	隋志	旧唐志	新唐志
晋	何常侍①	庐江灊县(霍山县东北)	论三国志	九卷	—	—
晋	刘恢	沛国相县(淮北市)	刘恢集	—	五卷②	二卷
晋	桓麟	谯国龙亢县(怀远县龙亢镇)	桓麟集③	二卷	—	二卷
晋	桓温	谯国龙亢县(怀远县龙亢镇)	桓温集	十一卷(梁有四十三卷)	二十卷	二十卷
晋	桓温	谯国龙亢县(怀远县龙亢镇)	桓温要集	二十卷,录一卷	—	—
晋	桓玄	谯国龙亢县(怀远县龙亢镇)	周易系辞注	二卷	二卷	二卷
晋	桓玄	谯国龙亢县(怀远县龙亢镇)	桓玄集	二十卷	二十卷	二十卷
晋	桓嗣	谯国龙亢县(怀远县龙亢镇)	桓嗣集	五卷	五卷	五卷
宋	戴颙	谯国(亳州市)	月令章句	—	十二卷	十二卷
宋	戴颙	谯国(亳州市)	礼记中庸传	二卷	二卷	二卷
宋	戴颙	谯国(亳州市)	消摇论注④	—	—	—
宋	戴氏⑤	谯国(亳州市)	琴谱	四卷	—	—
宋	刘损(之)⑥	沛郡萧县(萧县)	京口记	二卷	二卷	二卷
宋	何尚之	庐江灊县(霍山县东北)	何尚之集	十卷	—	—
宋	何戢	庐江灊县(霍山县东北)	《庄子·消摇篇》注⑦	—	—	—

① 疑为何琦。何琦,东晋庐江灊县(今霍山)人,曾著《三国评论》等,均佚。今存辑本《孙曾为后议》。
② 《旧唐志》著录有《刘恢集》五卷,应即《刘恢集》。"恢"为"恢"形近之误。
③ 《新唐志》著录为《桓麟集》。
④ 《宋书》卷九十三《隐逸·戴颙传》。
⑤ 疑为戴颙或戴逵。宋高似孙《剡录》卷五将此书列入谯国戴氏著述中。
⑥ 《旧唐志》、《新唐志》均著录为"刘损之"。
⑦ 《宋书》卷五十九《何偃传》:(何偃)素好谈玄,注《庄子·消摇篇》传于世。

朝代	作者	籍贯(今地)	书名	隋志	旧唐志	新唐志
宋	何偃	庐江灊县 (霍山县东北)	楚辞(删王逸注)	十一卷	—	—
宋	何偃	庐江灊县 (霍山县东北)	何偃集	十九卷 (梁十六卷)	八卷	八卷
宋	何偃	庐江灊县 (霍山县东北)	毛诗释	一卷	—	—
齐	刘瓛	沛国相县 (淮北市)	周易乾坤义①	一卷	一卷	一卷
齐	刘瓛	沛国相县 (淮北市)	周易四德例	一卷	—	—
齐	刘瓛	沛国相县 (淮北市)	周易系辞义疏	二卷	二卷	二卷
齐	刘瓛	等沛国相县 (淮北市)	毛诗序义疏②	一卷 (梁三卷)	一卷	一卷
齐	刘瓛	沛国相县 (淮北市)	毛诗篇次义	一卷	—	—
齐	刘瓛	沛国相县 (淮北市)	丧服经传义疏	一卷	—	—
齐	刘瓛	沛国相县 (淮北市)	刘瓛集	三十卷	—	—
齐	刘璡	沛国相县 (淮北市)	刘璡集	三卷	—	—
齐	何约之 (执经)	庐江灊县 (霍山县东北)	大明中皇太子 讲孝经义疏	—	一卷	一卷
齐	何翌之③	庐江灊县 (霍山县东北)	谏林	五卷	十卷	十卷
梁	何胤	庐江灊县 (霍山县东北)	周易注	十卷	十卷	十卷
梁	何胤	庐江灊县 (霍山县东北)	毛诗总集	六卷	—	—

① 《旧唐志》、《新唐志》著录为《周易乾坤义疏》。

② 《旧唐志》、《新唐志》均著录有:《毛诗序义》一卷,刘氏撰。参考《隋志》著录有刘瓛等撰《毛诗序义疏》一卷,疑即同书,故并为一条。

③ 《旧唐志》、《新唐志》均作"何望之"。

朝代	作者	籍贯(今地)	书名	隋志	旧唐志	新唐志
梁	何胤	庐江灊县（霍山县东北）	毛诗隐义	十卷	—	—
梁	何胤	庐江灊县（霍山县东北）	答问	五十卷		
梁	何胤	庐江灊县（霍山县东北）	政礼仪注①	十卷	九卷	九卷
梁	何胤	庐江灊县（霍山县东北）	士丧仪注②	九卷	—	九卷
梁	何諲之③	庐江灊县（霍山县东北）	周易疑通	五卷	—	—
梁	何佟之	庐江灊县（霍山县东北）	丧服经传义疏	一卷		
梁	何佟之	庐江灊县（霍山县东北）	礼答问	十卷（梁二十卷）	十卷	十卷
梁	何佟之	庐江灊县（霍山县东北）	礼记问答钞	一卷	—	—
梁	何佟之④	庐江灊县（霍山县东北）	礼记义	十卷	十卷	十卷
梁	周兴嗣	姑孰(当涂县)	千字文⑤	一卷	一卷	一卷
梁	周兴嗣	姑孰(当涂县)	梁皇帝实录	三卷	三卷	二卷
梁	周兴嗣	姑孰(当涂县)	周兴嗣集	—	—	十卷
梁	任孝恭	临淮(固镇县东)	古文大义	—	—	二十卷
梁	任孝恭	临淮(固镇县东)	任孝恭集	十卷	十卷	十卷
陈	何之元⑥	庐江灊县（霍山县东北）	梁典	三十卷	三十卷	三十卷

　　① 《旧唐志》、《新唐志》均著录为何点《理礼仪注》九卷。据《隋志》校勘文字,书名当为《治礼仪注》。作者是何点还是何胤,待考。
　　② 《新唐志》著录有何胤《丧服治礼仪注》九卷,当是一书,故并为一条。
　　③ 据阮孝绪《七录》和《南齐书》,何諲之梁代曾任录事,精于礼学。参梁代虞羲《赠何录事諲之诗》等推断何諲之当出身于庐江何氏。
　　④ 《隋志》著录有何氏《礼答问》,《旧唐志上》著录有何佟之《礼答问》,当为一书,故并为一条。
　　⑤ 《新唐志》著录为《次韵千字文》。
　　⑥ 《隋志》与《新唐志》均作"何之元",《旧唐志》作"何元之"。

由上表可见,这一时期沛国谯县(今亳州)曹氏、夏侯氏、谯国铚县(治今濉溪临涣镇)嵇氏、谯国(今亳州)戴氏、谯国龙亢(今怀远)桓氏、沛国相县(今濉溪)刘氏、庐江灊县(今霍山)何氏等家族成员著述较多,三国时沛郡薛氏、沛郡丁氏、固始(今临泉)胡氏等家族成员也表现突出。这与魏晋南北朝时期学术重心从京师转移到地方、从朝廷转移到家族的总体文化格局一致。各地的世家大族重视文化传承,成为学术传播与发展的核心。如:出身于谯国龙亢桓氏的桓温貌虽雄武,但文化素养不低。桓氏家族颇注重提升文化素养。东晋桓石秀"博涉群书,尤善《老》、《庄》"①,很受简文帝看重。太元十八年(公元393)正月,秘书丞王谧上表指出:桓石秀等诸家藏书较多,请秘书郎分局采借。② 可见桓氏在文化方面的积累不可小视。另一方面,除庐江何氏外,其余家族主要籍属安徽北部和中部。可以说,这一时期安徽文化发展的重心在江淮区域,尤其是安徽北部和中部,并表现出文化由北向南发展的态势。

一、经学

魏晋南北朝时期,经学玄学化是明显趋势。以老庄思想来解释儒家经典是曹魏、西晋时期学术发展的特点,及至东晋南朝,玄、佛、儒合流成为主要趋势。为适应家族发展的需要,礼学受到重视,可谓一枝独秀。沛国曹氏家族的曹羲、庐江何氏和沛国相县刘氏家族的刘瓛在经学方面成就突出。

(一)曹羲与经学

曹羲,沛国谯(今亳州)人,曹魏宗室,曹爽之弟。曹爽辅政,兄弟贵盛,独曹羲谦逊,曾写三文奉劝曹爽。在何晏领导下,曹羲与孙邕、郑冲、荀顗编写《论语集解义疏》,"集《论语》诸家训诂之善者,义有不安,辄改易之"③,正始中呈上,盛行于世。

---

① 《晋书》卷七十四《桓彝传附桓石秀传》。
② 参见《太平御览》卷二百三十三引檀道鸾《续晋阳秋》。
③ 文渊阁四库全书本《论语集解义疏》叙。

（二）庐江何氏与经学

祖籍庐江灊县（今霍山县东北）的何氏经学著述相对较多，集中在《诗》、《礼》方面。其中较为突出的人物有何尚之、何佟之、何胤。

何尚之（382—460）字彦德。东晋末年，起家任临津令。刘裕领征南将军，何尚之为府主簿，从征长安，以公事免。此后历任丹阳尹、尚书右仆射、尚书令，卒官左光禄大夫、开府仪同三司。宋文帝立儒、玄、文、史四学，让时任丹阳尹的何尚之主持玄学。何尚之立宅于南郭外，教授生徒，东海徐秀、庐江何昙、黄回、颍川荀子华、太原孙宗昌、王延秀、鲁郡孔惠宣等人都仰慕其学问，前来求学于他。其学派被称为"南学"。[①] 宋建立国子学后，以何尚之领国子祭酒。

何胤（446—531）字子季，被过继给叔父何旷，故改字胤叔。年少时轻薄不羁，后折节好学，师事沛国刘瓛，学习《易》、《礼记》、《毛诗》。后入钟山定林寺听内典，精通佛学。刘瓛与汝南周颙都很器重他。朝廷先后委任王俭、张绪撰新礼，书未成而二人去世。朝廷令竟陵王萧子良总其事。萧子良设学士20人帮助何胤撰成新礼。何胤著述颇丰，曾注《百法论》、《十二门论》各1卷、注《周易》10卷、《毛诗总集》6卷、《毛诗隐义》10卷、《礼记隐义》20卷、《礼答问》55卷，涉及经学、佛学。他还曾和雷次宗合作《钟律图》。

何佟之（449—503）字士威，少好三礼，熟读礼论200篇。王俭为当时儒宗，很看重他。初为扬州从事，后为总明馆学士。建武中，担任镇北记室参军，为皇太子讲经。此时刘瓛、吴苞等已去世，京邑硕儒只有何佟之。他明习事数，当时国家吉凶礼都取决于他。永元末，京师兵乱，何佟之常聚集诸生讲论，孜孜不倦。梁武帝即位，尊崇儒术，以其为尚书左丞。当时百度草创，何佟之依礼定议，多所裨益。他去世后，梁武帝特诏赠黄门侍郎，儒者引以为荣。何佟之精通礼学，《隋书·礼仪志》、《音乐志》多次记载他和别人讨论礼仪的事例。他著有《丧服经传义疏》1卷、《礼答问》10卷、文章礼义100余篇、《礼杂问答钞》1卷。

---

① 参见《宋书》卷六十六《何尚之传》。

在玄风盛行的时代思潮下,庐江何氏也不乏精通玄学、善于玄谈之士。如何尚之之子何偃,"素好谈玄,注《庄子·消摇篇》传于世"①。

(三)刘瓛与经学

南朝宋齐之际,儒学复兴,其中一个关键人物是刘瓛(434—489)。刘瓛字子珪,沛国相(今淮北市)人。他少年即笃于学问,博通《五经》;聚徒教授,常有数十人。萧道成称帝后,很看重刘瓛,多次召见他,问以政道。为奉养母亲,刘瓛接受彭城郡丞一职。建元二年(公元480),萧道成祭祀太庙六室,后至昭皇后室前祭祀时,对有关礼仪产生疑问,他想让太庙官僚祭祀,又想让诸侯王代替祝令在昭皇后室前执爵,以此询问刘瓛。刘瓛指出:应该祭祀昭皇后,庙僚即是代皇帝执爵馈奠的人,祝令位卑,诸侯王不能代替祝令。齐太祖采纳了他的建议。建元三年(公元481),除会稽郡丞,为时任会稽太守的武陵王梁曅讲学,有更多学徒追随学习。吴郡钱唐征士杜京产请刘瓛至山舍讲书,竭尽财力供养,其子杜栖为刘瓛生徒料理伙食。永明七年(公元489),经竟陵王萧子良上表,齐武帝特为刘瓛立学馆。天监元年(公元502),梁武帝下诏为刘瓛立碑,谥贞简先生。

刘瓛为南齐大儒,"承马、郑之后,一时以为师范"②,被许为"当时马、郑"③。京师士子贵游莫不下席受业。其弟子中有名的有庐江何胤、河内司马筠、彭城刘绘、从阳范缜、钱塘杜京产、杜栖父子等。齐临川王萧映还以听刘瓛讲《礼》为居家乐事之一。

刘瓛曾著述:《周易乾坤义》1卷、《周易四德例》1卷、《周易系辞义疏》2卷、《毛诗序义疏》3卷、《毛诗篇次义》1卷、《丧服经传义疏》1卷以及《孝经说》。另有《刘瓛集》30卷,"皆是《礼》义,行于世"④。这些著述多已亡佚,大体说来是注释五经之书,尤其精于《周易》、《毛诗》、《礼记》,并兼及《孝经》。其易学注重对郑玄易学重视义理的解

---

① 《宋书》卷五十九《何偃传》。
② 《南齐书》卷三十九《刘瓛传》。
③ 《金楼子·兴王篇》。
④ 《南齐书》卷三十九《刘瓛传》。

经体系的传承,对促进郑玄易学在南朝的发展颇有意义。①

梁代刘峻《辨命论》称赞:沛国刘瓛与其弟刘琎,均是一时秀士。刘瓛可谓关西孔子,"通涉《六经》,循循善诱,服膺儒行";刘琎则"志烈秋霜,心贞昆玉,亭亭高竦,不杂风尘",二人"皆毓德于衡门,并驰声于天地"。② 这是对刘瓛、刘琎兄弟二人学识、风尚的高度评价。

二、史学与地理学

魏晋南北朝时期史学从经学中独立出来,史书体例、类别等有很多变化,不少文人撰史。安徽籍士人在史学和地理学方面均有些成就。有一些著述未被收入《隋志》等史志目录,如何琦曾撰《三国评论》,何点曾撰《齐书》,刘师知曾撰《起居注》10 卷、《聘游记》3 卷。还有些官员在任职安徽期间有史学著述,如:范晔在宣城太守任上写《后汉书》;梁代萧几为新安太守,爱新安山水,撰《新安山水记》。以下仅介绍薛莹、胡冲、刘损、周兴嗣、刘显、何之元这 6 位安徽籍士人的史学及地理学成就。

(一)薛莹《吴书》与《后汉记》、《荆扬已南异物志》

薛莹(?—282)字道言,沛郡竹邑(今宿州市北)人。孙亮即位,诸葛恪辅政,表韦曜为太史令,主持编撰《吴书》,华核、薛莹等参与其事。后薛莹因事受到牵连下狱,因镇军大将军陆抗上疏请求赦免其罪,遂徙广州。时任右国史的华核上疏力荐薛莹"涉学既博,文章尤妙"③,是编修《吴书》的良才。孙皓召还薛莹,以为左国史。不久,薛莹因受缪袆事牵连,还广州,未到广州又被召还复职。他多次针对时弊上疏要求缓刑减役以济育百姓。天纪四年(公元 280),晋军临境,薛莹为孙皓写降书。吴亡,随迁至洛阳,为散骑常侍。著书 8 篇,名《新议》。另撰有《后汉记》100 卷。《隋志》著录有《薛莹集》3 卷。

右国史华核称誉薛莹"涉学既博,文章尤妙,同僚之中,莹为冠首",谦称自己"愚浅才劣",只堪为薛莹作记注而已,其他人"虽多经

---

① 参见张轶《刘瓛易学与宋齐之际易学的转型》,《北方工业大学学报》2009 年第 4 期。
② 《梁书》卷五十《文学下·刘峻传》。
③ 《三国志》卷五十三《吴书·薛综传附子莹传》。

学,记述之才,如莹者少",认为只有薛莹能成就国史。① 看来薛莹颇有史才。《隋志》著录韦昭撰《吴书》,唐代刘知几也以为是韦昭终其事,实际上《吴书》未成而韦昭死,故终其事者不可能是韦昭,而是薛莹。吴之国史编修有一过程,其中薛莹功不可没。陈寿《三国志》即以此为基础,裴松之注引《吴书》达 123 次,足见《吴书》有较高史料价值。

《后汉记》是薛莹私撰之作,本 100 卷,梁代存而隋已残缺,今仅存少量佚文。周天游从《北堂书钞》诸书中共辑得 19 条佚文。从佚文看,薛莹书采用纪传体例,篇后有赞,如今存《光武帝纪》、《明帝纪》、《章帝纪》、《安帝纪》、《桓帝纪》、《灵帝纪》"赞",犹可见薛莹对历史的看法。他重视对帝王个人德行的评价,称许光武帝"聪明仁勇",明帝有"聪允之德",章帝有"仁贤之风",批评桓帝"淫暴";关注帝王在位期间的德政,肯定章帝"息省徭赋,绥静兆民,除苛法,蠲禁锢"的仁政。② 他坚持历史进化观,认为:汉室衰败是一个长期的过程,自安帝以下,皇帝昏庸,宠信宦官等奸邪之人,日积月累,导致朝政混乱,桓帝、灵帝则促使汉室衰颓。其文风简练精致,叙事流畅生动。

侯康《补三国艺文志》著录有薛莹《荆扬已南异物志》。荆扬,即荆州、扬州合称,泛指长江以南。《文选·吴都赋》刘逵(渊林)注引薛莹《荆扬已南异物志》关于余甘、荔枝、槟榔、椰树、龙眼、橄榄、㮈、榴等果树形态、果实形状、颜色、味道、食用方法、产地的记载,如:"余甘如梅李,核有刺,初食之味苦,后口中更甘。"薛莹《荆扬已南异物志》是较早全面记载长江以南物产的专著。目前可考的同类书是东汉杨孚的《交州异物志》,今存佚文数条。相较而言,杨孚书带有搜奇猎异的意味,薛莹书对事物的记载更翔实真切,撰述态度更为严谨求实。

(二)胡冲《吴历》

胡冲,孙吴固始(今临泉县)人。避难江东。胡冲在孙皓时仕中书令,主张投降晋;吴亡后入洛阳,曾任晋尚书郎、吴郡太守。《旧唐志(上)》著录胡冲撰有《吴朝人士品秩状》8 卷和《吴历》6 卷。

---

① 《三国志》卷五十三《吴书·薛综传附子莹传》。
② 周天游《八家后汉书辑注》(上),上海古籍出版社 1986 年版,第 285~294 页。

《吴历》是编年类史书。裴松之注《三国志》引胡冲《吴历》共 35 条，其中《魏志》引 2 条、《蜀志》引 3 条、《吴志》引 30 条，可见《吴历》是裴松之注《三国志》的重要参考书。从《三国志》注看，孙盛、裴松之对《吴历》评价相当高，肯定该书记事有超过《吴录》等书之处。而李贤《后汉书注》、《文选》注、《通鉴考异》数次引《吴历》以证史决疑，可见《吴历》被认为有它书所不及的史料价值。

从现有文字看，《吴历》文笔生动形象，叙事详细，颇有条理，且注意到对女性的记载，如《吴书·宗室传·孙韶传》注引《吴历》关于孙翊妻徐氏善卜、悬赏招募勇士追捕杀夫仇人边洪、用智守节等事，栩栩如生地记载了一位有胆有识的女性。

(三) 刘损《京口记》

刘损字子骞，刘宋沛郡萧 (今萧县) 人，世居京口 (今江苏镇江)。元嘉中为吴郡太守，以善政闻名。他撰有《京口记》2 卷。[①]

《京口记》今已散佚，刘纬毅从《北堂书钞》、《艺文类聚》、《太平御览》、《舆地纪胜》、《初学记》、《齐民要术》等书中辑得十七条。[②] 从现存文字看，《京口记》是反映京口 (今江苏镇江) 风土的地记类志书，以记地为主。刘损注意到记载某地 (山、水、村庄等) 地名来源与历史沿革、地势、方位、交通、里程、地理特征、物产、相关传说与故事、名人故迹等内容，为研究沿革地理、人文风俗、动植物、生态环境、交通、物产等提供了资料。

(四) 周兴嗣修史

周兴嗣 (？—521) 字思纂，世居姑孰 (今当涂县)。十三岁起，游学于京师，经十余年刻苦攻读，博通记传，长于撰文，"才学迈世"[③]。齐隆昌中，侍中谢朏担任吴兴太守，只与周兴嗣谈论文史。谢朏返京，大力称荐他。天监中，周兴嗣任员外散骑侍郎，佐撰国史。天监十二

---

①　史书中引用《京口记》提及作者为刘桢、刘贞、刘植、刘直、刘氏、刘祯、刘镇、刘损、刘损之、刘慎等共 10 种记载。

②　参见刘纬毅《汉唐方志辑佚》，北京图书馆出版社 1997 年版，第 168 ~ 170 页。

③　《梁书》卷四十九《文学上·周兴嗣传》。

年,迁给事中,任职期间,依旧撰史。① 他勤于笔耕,著有《梁皇帝实录》、《皇德记》、《起居注》、《职仪》等百余卷,文集十卷。其中《梁皇帝实录》记载梁武帝事;以实录名书,自周兴嗣始,为后世继承。其《梁武帝实录》等是写当代史,价值较高,惜今亡佚。

（五）"汉圣"刘显与古文文字学

刘显(481—543)字嗣芳,沛国相(今淮北市)人,幼聪敏,号"神童"。他好学博识。任昉曾经得到一篇残简,文字零落,没人知道是什么。刘显说是《古文尚书》所删逸篇。任昉查检《周书》核实无误,因此很赏识他。沈约问刘显经史十事,他答出九条。刘显问沈约五事,沈约答对两条。傅昭掌著作,撰国史,以刘显为助手。他与河东裴子野、南阳刘之遴、吴郡顾协任职禁中,互为师友,时人艳羡。刘显博闻强记,超过裴、顾。有魏人献古器,上有铭文,无人辨识。他顺畅地识读文字,考校年月,一字不差。刘显"偏精班汉,梁代谓之汉圣"②。其子刘臻(527—598)也精于《两汉书》,时称"汉圣"③。

（六）何之元《梁典》

何之元(？—593),庐江灊(今霍山县东北)人。幼好学,有才思,居丧过礼,受到梁司空袁昂的重视。天监末,袁昂上表推荐他,梁武帝任其为太尉临川王扬州议曹从事史,不久转主簿。袁昂转任丹阳尹,辟他为丹阳五官掾,不久转任信义县令。安西武陵王任益州刺史,以他为安西刑狱参军。侯景之乱中,武陵王以太尉承制,授其为南梁州刺史、北巴西太守。武陵王从成都举兵东下,何之元劝阻未成,被囚于船中。武陵王兵败后,他跟随邵陵太守刘恭到郡。江陵陷落,刘恭去世,王琳召他为记室参军。梁敬帝任王琳为司空,何之元任司空府咨议参军,领记室。王琳立萧庄为帝,署何之元为中书侍郎。何之元奉命吊齐文宣帝之丧,归途得知王琳失败,齐主任其为扬州别驾,治寿春。陈军北伐,占据淮南一带,时为湘州刺史的始兴王陈叔陵遣功曹史柳咸带信召何之元。他随其至湘州。太建八年(公元576),他担任

---

① 参见《梁书》卷四十九《文学上·周兴嗣传》。
② 《颜氏家训·书证》。
③ 《隋书》卷七十六《刘臻传》。

中卫府功曹参军事,不久迁咨议参军。陈叔陵被杀后,何之元屏绝人事,专心著述。祯明三年(公元589),隋灭陈,他移居常州晋陵县(今江苏常州市)。

《隋志》著录有何之元撰《梁典》30卷①。《梁典》撰写于582—593年间。该书记事起于齐永元元年(公元499),终于王琳被杀(公元573),共75年。原有30卷,《陈书》本传备载其序,《文苑英华》载《高祖事论》一篇,目录称为《高祖革命论》。

何之元认为:梁朝由武皇萧衍起家,终于敬帝,"其兴亡之运,盛衰之迹,足以垂鉴戒,定褒贬"②。他还认为何法盛撰《晋书》变帝纪为帝典,"既云师古,在理为优",故仿其体例,称为《梁典》。

《梁典》在体例方面颇有创新之处,以人物为经,事件为纬,分为《追述》、《太平》、《叙乱》、《世祖》、《敬帝》、《后嗣主》6篇,每篇下有若干卷。以梁武帝萧衍创基于齐末,追根溯源,起自永元,分为若干卷,为《追述》。萧衍结合亲身经历和感受,"知风教之臧否,识民黎之情伪",最初治理期间达到"四纪之内,寔云殷阜"的局面,是为《太平》。治乱相仍,萧衍治理后期的社会混乱为《叙乱》。梁元帝萧绎平定侯景之乱,是为《世祖》。梁敬帝萧方智禅位于陈,是为《敬帝》。梁骠骑将军王琳扶立后嗣主,是为《后嗣主》。以中大同元年(公元546)、太清元年(公元547)为界,何之元将梁朝历史分为两个阶段:中大同元年前"区寓宁晏",太清元年后"寇盗交侵"。《梁典》还涉及北魏、东魏、西魏的历史,"以未分之前为北魏,既分之后高氏所辅为东魏,宇文所挟为西魏,所以相分别也"③。

就历史观而言,何之元崇尚德治,肯定萧衍早期的治理,肯定王琳扶立后嗣主忠于梁朝的气节。他立足于从长时段来纵观历史,具有通识。此外,何之元坚持历史循环观,认为历史的发展是治乱相仍,五德更始。

---

① 《旧唐志(上)》作"何元之"。
② 《陈书》卷三十四《文学·何之元传》。
③ 《陈书》卷三十四《文学·何之元传》。

第十章

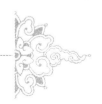

魏晋南北朝时期安徽的文艺、科教与社会生活

魏晋南北朝时期,出现了一批杰出的安徽籍文学家和艺术家,如"三曹"、"七子"、嵇康、戴逵父子等。以曹氏父子为核心的建安文学影响深远;嵇康在诗、文、赋方面成就不凡;嵇康、戴逵父子为代表的一批士人在音乐、书画、佛像雕刻等方面表现突出。在科技方面,曹翕的医学成就、王蕃的天文学成就、嵇含《南方草木状》对植物学的贡献均不可忽视。在教育方面,以杜夷、庐江何氏为代表的私学值得关注。在社会生活方面,宗教盛行背景下秘学兴盛,民间信仰丰富多彩。

第一节　文学与艺术

一、文学①

魏晋南北朝时期是文学自觉的时期,文学脱离"文以载道"的模式,具有独立的价值和地位。文学作品不再是"载道"的媒介,文学创作成为文人表达情感、思绪的方式。众多文人参与其中,在文学创作方面积累了丰富的经验,并形成了较高水平的文学理论。安徽籍文人成就突出,最有代表性的是以曹操、曹丕、曹植父子为中心的建安文人集团、嵇康、刘伶等。

(一)曹氏父子与建安文学

建安年间,群雄割据,混战不已,民生维艰。这种社会环境使得建安文学形成"志深而笔长,故梗概而多气"②的特色,即"建安风骨"。建安诗人关心民生疾苦,富有悲天悯人的情怀,具有积极进取、建功立业的志向,这些构成建安风骨的精髓。

建安文学的代表作家有曹操、曹植、曹丕(即"三曹")和王粲、孔融、阮瑀、陈琳、应玚、刘桢、徐干(即"七子")。孔融于建安十三年(公元208)被杀,实际上只有六人是邺下文学集团的主要成员。

曹氏父子生活经历不同,文风迥异。曹操古直悲凉,曹丕便娟婉约,曹植文采骨气兼备。曹氏父子的诗歌创作促进了乐府民歌向文人诗的转变。

曹操(155—220)于军旅之际,不废吟咏,"昼则讲武策,夜则思经

---

① 本节的撰写,主要参考曹道衡《魏晋文学》(安徽教育出版社2001年版)、袁行霈主编《中国文学史》第二卷(高等教育出版社1999年版)、徐公持《魏晋文学史》(人民文学出版社1999年版)等论著。以下不一一注明。

② 《文心雕龙·时序》。

传,登高必赋"①。他还大力网罗文学之士,倡导和鼓励文学创作。建安文学的兴盛与曹操的提倡及其文学创作活动密不可分。

曹操诗现存20多首,都是学习、改造乐府诗的成果。他以乐府古题写时事,如《蒿里》和《薤露》本是汉代挽歌,曹操却将其改造来描述社会现实。如《蒿里行》描述了初平元年(公元190)关东义军联合讨伐董卓,义军各怀私心,初聚复散,民生凋敝、人口锐减的情形。曹操的部分诗作真实反映了汉末战乱给社会生活带来的混乱,这些诗作被后人称为"汉末实录"和"诗史"。

曹操诗较多抒发个人的政治主张和欲统一天下的雄心壮志。如《短歌行》充分表达了他有感于人生短暂、求贤若渴、欲统一天下的雄心。类似抒发个人心志的诗还有《步出夏门行》第四章《神龟虽寿》。诗以"神龟"和"腾蛇"为喻,说明人寿有限。但他并未陷入悲观,反而以"老骥"为喻,表达"烈士暮年,壮心不已"积极进取的情志。全诗慷慨激昂,浩气回荡。

《步出夏门行》第一章《观沧海》是我国现存第一首完整的山水诗:

> 东临碣石,以观沧海。水何澹澹,山岛竦峙。树木丛生,百草丰茂。秋风萧瑟,洪波涌起。日月之行,若出其中。星汉灿烂,若出其里。幸甚至哉,歌以咏志。

诗虽寥寥数语,但大海之浩荡、山石之崔嵬、草木之繁盛历历在目。全诗意象宏伟,气势雄浑,语言简劲,显示出作者深厚的笔力。

总体说来,曹操诗作继承乐府诗的传统,既反映现实,又感慨颇深,语言质朴率真,故明代胡应麟说他"汉人乐府本色尚存"②。

现存曹操文章多是应用性文字,以建安十五年(公元210)《让县自明本志令》最有代表性。文中述及其生平不同时期的志向和实践。

---

① 《三国志》卷一《魏书·武帝纪》注引王沈《魏书》。
② 《诗薮·内编》卷一。

文章质朴平实,足见曹操的性格特征和不同境遇下的内心活动。

建安九年(公元204),曹操攻下邺城(今河北临漳县西南),以此为根据地。在这里聚集着一批文士,包括王粲、刘桢等人,其子曹丕(187—226)成为实际上的组织者。建安二十二年(公元217),王粲、陈琳、徐干、应玚、刘桢等相继去世,曹丕在《与吴质书》中以深情的笔墨追忆旧日生活,伤悼之情溢于言表。他还整理诸人遗文各编为一集,足见他对文学的大力倡导。

曹丕作品今存诗、文、辞赋。刘勰说曹丕"妙善辞赋"①,"乐府清越,《典论》辩要,迭用短长,亦无懵焉"②。曹丕辞赋仅剩类书收录的残篇。从篇名看,既有铺张叙事的大赋,也有抒情写景的小赋。如《沧海赋》较多写实,对西晋木华《海赋》和东晋郭璞《江赋》都有影响。《柳赋》较完整,抒发感逝伤时之情,可能对庾信《枯树赋》有影响。

曹丕最有名的七言诗是《燕歌行》第一首,诗中描写一位女子想念远在异乡的丈夫,文字绮丽,音节优美,颇为哀婉感人。明代王夫之评其"倾情倾度,倾色倾声,古今无两"③。这是我国现存第一首成熟的七言诗,对后世歌行体诗的发展产生了重大影响。

曹丕的四言乐府诗颇多佳作。如《善哉行》第一首写客游者思乡之深切苦闷,这种乡情无法彻底解脱,只好以"人生如寄,多忧何为"的理性和"策我良马,被我轻裘"的现世享乐暂时排解。全诗意象极具代表性,情感真切感人。

曹丕五言诗构思和手法受古诗十九首影响很大。其《西北有浮云》一诗写游子因战乱不得已漂泊异乡却不甘心、身世如浮云的悲苦。《芙蓉池作》、《于玄武陂作诗》等写景诗已注意到讲究辞藻和对仗,如"菱芡覆绿水,芙蓉发丹荣",开后来写景诗之先河。

曹丕诗较曹操之作多雕饰,故清代沈德潜说曹操诗"犹是汉音",而曹丕诗"有文士气,一变乃父悲壮之习矣。要其便娟婉约,能移人

---

① 《文心雕龙·时序》。
② 《文心雕龙·才略》。
③ (明)王世贞《艺苑卮言》卷三。

情"，"纯乎魏响"。① 他是建安诗风由古朴质直走向华丽缠绵的过渡性人物。

曹丕文多佳作。如《与朝歌令吴质书》，其中回忆南皮之游一段，情真意切：

> 每念昔日南皮之游，诚不可忘。既妙思六经，逍遥百氏，弹棋间设，终以六博，高谈娱心，哀筝顺耳。驰骛北场，旅食南馆。浮甘瓜于清泉，沈朱李于寒水。白日既匿，继以朗月。同乘并载，以游后园。舆轮徐动，宾从无声。清风夜起，悲笳微吟。乐往哀来，怆然伤怀。

这段文字讲究辞藻和色彩对比，但曹丕写来自然流畅，并无雕琢之嫌。《典论·自叙》则以简练质朴的文笔自叙平生技艺学习，娓娓道来，读来历历在目。

曹丕作于建安后期的《典论·论文》和《与吴质书》是中国文学批评史上具有里程碑意义的两篇文字。在《典论·论文》中，他首先分析文人相轻这一现象的缘由：人各有所长和所短，但人惯以己之所长去批评人之所短。而各人气质、性格决定其作品风格："文以气为主，气之清浊有体，不可力强而致。譬诸音乐，曲度虽均，节奏同检，至于引气不齐，巧拙有素，虽在父兄，不能以移子弟。"曹丕肯定文学的重要性及其独立价值，从而将文学从"文以载道"的传统中独立出来："盖文章，经国之大业，不朽之盛事……是以古之作者，寄身于翰墨，见意于篇籍，不假良史之辞，不托飞驰之势，而声名自传于后。"他还对各种文体作了初步分类，指出不同文体应各有特色："盖奏议宜雅，书论宜理，铭诔尚实，诗赋欲丽。"为后世文体分类开一先河。他逐一评点七子文风：

> 王粲长于辞赋，徐干时有齐气，然粲之匹也……琳、瑀之

---

① （清）沈德潜《古诗源》卷五。

章表书记,今之隽也。应场和而不壮,刘桢壮而不密,孔融体气高妙,有过人者,然不能持论,理不胜辞,至于杂以嘲戏,及其所善,扬(雄)、班(固)俦也。

在《与吴质书》中,他点评道:

孔璋(陈琳)章表殊健,微为繁富;公干(刘桢)有逸气,但未遒耳,至其五言诗之善者,妙绝时人;元瑜(阮瑀)书记翩翩,致足乐也;仲宣(王粲)独自善于辞赋,惜其体弱,不足起其文,至于所善,古人无以远过也。

而评徐干所著《中论》"成一家之言,辞义典雅,足传于后。此子为不朽矣"。这些评论区别各人才性与文风,可谓中肯精辟。

曹丕还曾评论屈原、司马相如、扬雄三人之赋:"优游案衍,屈原之尚也。穷侈极妙,相如之长也。然原据托譬喻,其意周旋,绰有余度矣。"这一评价可谓高屋建瓴。

建安文学中成就最高的是曹植。曹植(192—232)十几岁时登铜雀台作赋为曹操激赏,加之对答机敏,"特见宠爱"。曹操一度想立他为嗣。但曹植"任性而行,不自凋励"①,使得曹操转立曹丕为嗣。自此,曹植一直过着郁郁不得志的生活。这番人生经历表现在其文学创作中,其前后期文风有变化。

曹植早年颇有建功立业之志,不甘心做文士。在《与杨德祖书》中,他表示愿"戮力上国,流惠下民。建永世之业,流金石之功",不甘心"徒以翰墨为勋绩,辞赋为君子"。著书立说只是其建功立业志向不遂时的退路。其诗歌的主要内容之一,便是表达这种雄心壮志。其《薤露行》诗云:"愿得展功勤,输力于明君。怀此王佐才,慷慨独不群。"由于诗人前后期生活境遇不同,表现这方面内容的作品的情绪、风貌也有显著差异。其前期以《白马篇》为代表,充满豪壮

---

① 《三国志》卷十九《魏书·陈思王植传》。

的乐观精神,后期以《杂诗》为代表,更多表现的是壮志不得施展的激愤之情。

曹丕代汉自立,对曹魏宗室采取严厉的管制措施。他畏忌任城王曹彰骁勇健壮、长于用兵,于黄初四年(公元223)趁曹植、曹彪、曹彰到洛阳朝见时在食物中下毒害死曹彰。曹植归途所作《赠白马王彪》历来被认为是其代表作。此诗以章章蝉联的辘轳体形式表现复杂的情感,极有层次。感情虽十分悲愤,但融情于叙事、写景,或通过哀悼、劝勉等方式宕开去写,将感情表达得沉着从容、丰富深厚。明代王世贞评其"悲婉宏壮,情事理境,无所不有"①。

曹植感慨屡被迁徙、生活漂泊无定的《吁嗟篇》以飞蓬自喻,表达了内心的悲愤之情。此诗形象地描绘了飘蓬随风浮沉不得安宁的情形,而第一人称的手法更易唤起读者的深切同情。《野田黄雀行》则表达了他对迫害的愤怒和反抗。

曹植前期诗歌主要表现其壮志豪情,很少反映社会现实,只有《送应氏》之一写董卓之乱后洛阳残破的景象。后期因自身生活不安宁,饱尝艰辛,转而更多关注普通民众的困苦。如《泰山梁甫行》:"八方各异气,千里殊风雨。剧哉边海民,寄身于草野。妻子象禽兽,行止依林阻。柴门何萧条,狐兔翔我宇。"此诗对"边海民"简陋凄苦的生活深表同情。

曹植在诗歌史上占有重要地位。钟嵘极推崇曹植,概括其诗歌"骨气奇高,词采华茂",并感叹:"陈思之于文章也,譬人伦之有周孔"②。

曹植还长于文与赋。其文以"书"、"表"体裁中名篇较多。《与杨德祖书》真率自然,不仅直陈希望建功立业的心志,而且直接批评当时文人,文笔锋利简洁,很能表现他自视甚高的性格。他的《与吴季重书》写得坦率诚挚,行文如行云流水,读来只觉曹植才华横溢,其胸襟之坦荡与为人之豁达如在眼前。这两篇是曹植有名的散文书札。

---

① (明)王世贞《艺苑卮言》卷三。
② 《诗品》卷一。

《求自试表》、《求通亲亲表》是曹植两篇骈俪成分极重的文章。《求自试表》吐露他欲建功立业的壮志。全文虽多对句,但感情真挚,读来自然流畅,曹植唯恐虚度时日的急切心情跃然纸上。在《求通亲亲表》中,曹植提到宗室间音信不通的孤苦之情。以上二表直陈胸臆,情理兼备,文笔自然流畅,而曹植之诚挚忧郁流溢于字里行间,历千载犹动人心魄。

曹植赋以《洛神赋》成就最高。该赋作于黄初年间,托男女以喻君臣,表现他欲效忠朝廷却不可得的心情。赋采用虚实交替使用的笔法写洛神之美,想象丰富,描写细腻,词采流丽,抒情意味和神话色彩浓厚,极富艺术魅力。

刘宋谢灵运曾不无自负地说:"天下才有一石,曹子建独占八斗,我得一斗,天下共分一斗"①,足见他对曹植相当崇拜。后世文人常以曹植作为典范,影响深远。

(二)嵇康的文学创作

嵇康"文辞壮丽"②,"善属文论,弹琴咏诗,自足于怀抱之中"③。他在诗、文、赋方面均成就不凡。其诗以四言诗最为有名,如《赠秀才入军诗》想象其兄入军后自己过着悠闲却孤寂的生活,表达依依惜别之情,其中"目送归鸿,手挥五弦"句以细致的意象表现了作者的超迈胸襟。又如嵇康狱中所作《幽愤诗》,慷慨直陈自己致祸之由,表达哀怨之情,而其刚切峻直之性情历历展现。

嵇康五言诗成就不如四言,如《兄秀才公穆入军赠诗十九首》之一"双鸾匿景曜,戢翼太山崖"诗采用比喻的手法,想象兄弟别离后的孤独生活,慨叹人生之多艰与无奈。钟嵘以为此诗为"五言之警策者"④。

嵇康与阮籍历来被认为是正始诗人中成就最高的。刘勰云"嵇志

---

① (元)陶宗仪《说郛》卷十二下《释常谈卷中·八斗之才》。
② 《三国志》卷二十一《魏书·王粲传》。
③ 《三国志》卷二十一《魏书·王粲传》注引嵇喜《嵇康别传》。
④ 《诗品》卷下。

清峻,阮旨遥深"①。钟嵘批评其诗"过为峻切,讦直露才,伤渊雅之致。然托喻清远,良有鉴裁"②。

嵇康赋以《琴赋》最有名。文中从制琴的材质梧桐生于高山峻岭入手,逐步写到制琴、调琴、弹琴、携琴出游、听琴。因嵇康妙于弹琴,故文中细腻传神地描述琴声之繁杂多变,词采华丽,比喻丰富,气势纵横。

嵇康文尤胜于诗赋,以《与山巨源绝交书》传诵最广。山涛举荐嵇康接任吏部郎。嵇康愤而作书以示绝交。文中慨然直陈自己心志及性情,尤提及做官"有必不堪者七,甚不可者二",其性情之峻烈真率历历可见。

嵇康最具特色的是论辩文。他精于名理,故文笔简练,思路缜密。如《养生论》论述神仙之必有,养生需兼养神形,"析理缜密,辞喻丰博"③。类似论辩文还有《答难养生论》、《声无哀乐论》、《难张辽叔自然好学论》、《难宅无吉凶摄生论》、《释私论》、《明胆论》。这些文章讨论的是当时的热门话题,每一篇出,则士子争相传抄。

刘勰云:"嵇康师心以遣论,阮籍使气以命诗,殊声而合响,异翮而同飞。"④他精炼地概括出嵇康文如其人的特点。

(三)其他作家

魏晋南北朝时期,还有一些安徽籍文人值得注意。

曹彪(195—251),曹操之子。其诗今仅存《答东阿王诗》四句:"盘径虽怀抱,停驾与君诀。即车登北路,永叹寻先辙。"钟嵘《诗品》虽将其列为下品,但仍承认他"亦能闲雅"。

魏明帝曹叡(205—239)也会做诗,故历来将曹操、曹丕、曹叡并称"魏三祖"。他讲究辞藻,但成就远不及曹操和曹丕。如《燕歌行》以白描手法描绘深秋时节薄暮时分凄凉之景,以飞蓬喻游子。其《猛虎行》中"双桐生空井"句常为后人模仿。《长歌行》、《种瓜篇》也颇有文

---

① 《文心雕龙·明诗》。

② 《诗品》卷中。

③ 袁行霈主编《中国文学史》(第二卷),高等教育出版社 2005 年第二版,第 139 页。

④ 《文心雕龙·才略》。

采和情感。

曹丕孙曹髦（241—260）喜好文学。今仅存诗 2 首，且非全篇。因过于残缺，难以判断其文学水平。

曹冏字元首，其《六代论》被收入《文选》。六代指夏、商、周、秦、汉、魏。该文论分封制与郡县制之得失，指出曹魏未倚助宗室以巩固统治，全文一气呵成，气势纵横，纯为政论性质。清人何焯疑其为曹植所作。

曹嘉曾以诗赠石崇①，表达与石崇多年的交情。

曹摅（？—308）诗以被《文选》收录的《思友人诗》和《感旧诗》有名。前者以白描手法写秋景，思友之情表现得细腻传神。《感旧诗》以典故和比喻来说明主题句，言简意赅。

夏侯玄（209—254）能文善赋，最有名的文章是《乐毅论》。全文论理严密，环环相扣，这源于夏侯玄精通名理。其《本无论》亦"锋颖精密"②。

桓范少时以才学闻名，号"智囊"。"以有文学，与王象等典集《皇览》"③。他曾采撮《汉书》中的杂事，以己意斟酌而撰《世要论》十二卷，这是曹魏时期的重要政论文。

薛综（？—243）少明经，善属文。黄龙三年（公元 231），建昌侯孙虑任镇东大将军，以薛综为长史。他"外掌众事，内授书籍"④，"凡所著诗赋难论数万言，名曰《私载》，又定《五宗图述》、《二京解》"⑤。其子薛莹（？—282）博学多识，"文章尤妙"，为一时同僚之冠。建衡三年（公元 271），孙皓追叹薛综遗文，命薛莹续作。薛莹献诗历述家世及孙吴政权对薛氏的恩惠，表达尽忠报国之心。

胡综（183—243）曾奉孙权命为"黄龙大牙"（行军时一种旗帜）作赋。该赋四字一句，为歌颂之辞。"诸文诰策命，邻国书符"，多出自

---

① 参见《三国志》卷二十《魏书·楚王彪传》注。
② 《文心雕龙·论说》。
③ 《三国志》卷九《魏书·曹爽传》注此《魏略》。
④ 《三国志》卷五十三《吴书·薛综传》。
⑤ 《三国志》卷五十三《吴书·薛综传》。

胡综之手。陈寿称赞其所撰吴蜀会盟之文"文义甚美"①。

　　夏侯湛(243—291)因容貌俊秀,与潘岳号称"连璧"。他文章宏富,善构新词,曾作《周诗》,潘岳称赞:"此非徒温雅,乃别见孝悌之性。"②其作品以《文选》收录的《东方朔画赞》最有名。此文多用对句,忽略东方朔事迹的相关记载,重在抒发对其行为高洁、才识渊博的钦佩之情。他所作杂言诗介于诗赋之间,虽脱胎于《楚辞》,但文体自由,形式灵活,如《长夜谣》。南朝作家如谢庄多采用这种诗体,对此后作家如李白影响很大。

　　刘伶传世之作有《酒德颂》,文风汪洋恣肆。他还留下《北芒客舍诗》一首,描述了寒冬时节彻夜难眠、感慨万端、以酒和音乐消愁的情形。

　　嵇康之侄孙嵇含(263—306)好学,能属文。嵇含惠帝时曾任中书侍郎(一作中书郎),"书檄云集,初不立草"③,可见他才思敏捷,文笔流畅。弘农王粹以贵公子尚主,馆宇雄壮,墙上绘制庄周像,广邀朝士,命嵇含作赞。嵇含拿笔即写,文不加点。

　　东晋时龙亢桓氏在文学方面有些成就。刘勰评桓温《檄胡文》④"观衅尤切",誉之为"壮笔"。⑤《文选》收录其《荐谯元彦表》。桓温文风遒壮,引典自如,用词洗练,令人想起其为人之豪迈风概。其诗不如文,今仅存《八阵图》⑥,文辞平实,毫无玄味。

　　桓温之子桓伟的玄言诗成就较高。今留有其《兰亭诗》一首,诗中表达了对孔子与其弟子沂水言志情境的向往,其情志与风格与钟嵘所谓玄言诗风一致。

　　桓温子桓玄"博综艺术,善属文"⑦,"文翰之美,高于一世"⑧。"桓

①　《三国志》卷四十七《吴书·吴主权传》。
②　《世说新语·文学》。
③　《北堂书钞·设官部》引《嵇氏家传》。
④　《艺文类聚》卷五十八《杂文部四·檄》。
⑤　《文心雕龙·移檄》。
⑥　《古诗纪》卷四十二桓温《八阵图》:"望古识其真,临源爱往迹。恐君遗事节,聊下南山石。"逯钦立《先秦汉魏晋南北朝诗》漏收此诗。
⑦　《晋书》卷九十九《桓玄传》。
⑧　《世说新语·文学》注引《晋安帝纪》。

玄尝登江陵城南楼云:'我今欲为王孝伯作诔。'因吟啸良久,随而下笔,一坐之间,诔以之成。"①足见其文思敏捷。今存其诗《登荆山诗》和《南林弹诗》2首,颇有玄言诗风味。

桓温弟桓秘"少有才气,不伦于俗","与谢安书及诗十首,辞理可观"。②

庐江何氏家族在文学方面也有些成就。何祯十余岁时即"耽志博览,研精群籍,名驰淮泗"③,有文学才干,曾作《许都赋》,受到魏明帝称赞。东晋何充,"风韵淹雅,文义见称"④。何琦以述作为事,撰《三国评论》;凡所撰录百许篇,均行于当世。刘宋何尚之"爱尚文义,老而不休"⑤,今存有《华林清暑殿赋》等作品。其子何偃仿照汉乐府《冉冉孤生竹》所做诗从自然物景起兴,细腻地表现了独守空闺女子幽怨的心情。齐何点有诗才,与当时名士交游宴乐,或以酒会友,或"清言赋咏"⑥;或以诗为媒,赋咏赠答。何胤"文范高世,玄晏绝伦"⑦,"文宗儒肆,互居其长"⑧。今存其《皇太子释奠诗》一首。他曾参与竟陵王萧子良、齐文惠太子萧长懋、梁昭明太子萧统文士集团的文学活动。何昌寓很可能也一度是这些文学集团的成员。何宪是王俭文学集团的重要成员。今存何敬容《咏舞诗》⑨一首,寥寥数语,表现出舞女舞姿的轻柔和其眉目间的多情。

二、艺术

魏晋南北朝时期是人的觉醒的时期。伴随着人的觉醒,文艺具有了独立的价值,不再是载道的媒介。名士们通过文艺来彰显才情,文艺获得极大的发展。这一时期,书法、绘画、音乐、雕塑等艺术门类发

---

① 《世说新语·文学》。

② 《晋书》卷七十四《桓彝传附秘传》。

③ 《太平御览》卷三百八十五《人事部·幼智下》引《何祯别传》。

④ 《晋书》卷七十七《何充传》。

⑤ 《宋书》卷六十六《何尚之传》。

⑥ 《南史》卷三十《何尚之传附点传》。

⑦ 《艺文类聚》卷三十七《人部·隐逸下》"梁简文帝《征君何先生墓志》"。

⑧ 《梁书》卷十五《谢朏传》。

⑨ 逯钦立《先秦汉魏晋南北朝诗·梁诗》卷十九,中华书局1983年版,第1888页。

展迅速。当时不少名士兼通琴、棋、书、画。就安徽籍人士而言,谯国曹氏、夏侯氏、戴氏、龙亢桓氏等有较突出表现。以下将按照艺术门类逐一说明。

(一)绘画

据唐代张彦远《历代名画记》,这一时期善于绘画的安徽籍人士有三国时的曹髦、桓范、嵇康,晋时的夏侯瞻、戴逵、戴勃、戴颙等。

曹髦善书画,张彦远评"曹髦之迹,独高魏代"①,将其列入中品。其《祖二疏图》、《盗跖图》、《黄河流势》、《新丰放鸡犬图》在唐代仍传存于世。另有《於陵子黔娄夫妻图》。

桓范善丹青。

嵇康善鼓琴,工书画,有《狮子击象图》、《巢由图》传于世。

夏侯瞻创作有《郢匠图》、《高士图》、《锤山图》、《楚人祠鬼神图》。谢赫说他"气韵不足,精秘有余,擅名当代,事非虚美"②。《历代名画记》将其列为第三品。

戴逵幼有巧慧,聪悟,博学,工书画。他所画古代人物、山水非常精妙。十余岁时,他在京城瓦官寺中画画。他创作的《南都赋》让其师范宣改变了对绘画的看法,转而要从他学画。戴逵中年以后所画佛像特别精妙,他不再单纯临摹天竺佛像原本,而是开始了佛像中国化的艺术创作活动。他还曾创作过文殊菩萨壁画以及其他佛教题材的画。戴逵画作有《阿谷处女图》、《孙绰高士像》、《胡人弄猿画》、《梁图》、《董威辇诗图》、《孔子弟子图》、《金人铭三马伯乐图》、《三牛图》、《尚子平》、《白画嵇阮像》、《嵇阮十九首诗图》、《五天罗汉图》、《名马图》、《渔父图》、《狮子图》、《吴中溪山邑居图》、《杜征南人物图》等。谢赫评价他:"情韵绵密,风趣巧拔,善图贤圣,百工所范,荀、卫之后,实称领袖。"③

戴逵之子戴勃,颇有父风,也擅长绘画。其画作有《秦皇东游图》、《风云水月图》、《曹长儒像》、《三马图》、《九州岛名山图》、《朝阳

---

① 《历代名画记》卷四。

② 《历代名画记》卷五。

③ 《历代名画记》卷五。

谷神图》等。《历代名画记》卷五列其为下品。

戴勃之弟戴颙字仲若,继承父亲在抚琴、书法、丹青方面的造诣,其巧思达到戴逵的水平。

史无明载说桓温和桓玄父子善画,但桓氏父子长于绘画赏鉴。桓温常通宵达旦地与精通书画的羊欣和顾恺之谈书论画,足见他相当迷恋书画且在书画方面有较高素养。其子桓玄酷爱绘画作品,为得到好画不择手段。顾恺之曾将一箱非常珍爱的画寄放在桓玄处,桓玄打开箱子后壁取走画作,却骗顾恺之说从未打开箱子。《历代名画记》卷一载:"桓玄性贪好奇,天下法书名画,必使归己。及玄篡逆,晋府名迹,玄尽得之。"桓玄珍惜书画,每逢战事,必先安排好书画。余嘉锡说:"桓玄为人,性耽文艺,酷爱书画,纯然名士家风。"①

南齐丹阳(治今当涂县东北)人刘系宗(413—495)"少便书画"②。

(二)音乐

东晋"永和十一年,谢尚镇寿阳,于是采拾乐人,以备太乐,并制石磬,雅乐始颇具"③。可见,社会混乱之际,一些乐人流亡至安徽境内,他们可能带动了安徽本地音乐的发展。在安徽境内出现了地域性的流行民乐。灵璧磬云山出产的磬石,因战乱期间朝廷雅乐被破坏而一度中止输入宫廷,在东晋中期恢复磬石生产。魏晋南北朝时期,士人以音乐畅情抒志体玄。通晓音乐的安徽籍人士不少,如曹操父子、周瑜、嵇康父子、何胤、戴逵父子、桓氏父子、桓伊等。

1. 曹氏父子与音乐

张华《博物志》曰:"桓谭、蔡邕善音乐……太祖皆与埒能。"④他将曹操与精通音乐的桓谭、蔡邕相提并论,足见曹操在音乐方面造诣颇深。曹操"及造新诗,被之管弦,皆成乐章"⑤。正因他精通音乐,其诗均可配乐歌唱。他"好音乐,倡优在侧,常以日达夕"⑥。曹操还曾组

① 余嘉锡《世说新语笺疏》,上海古籍出版社1993年版,第546页。
② 《南齐书》卷五十六《幸臣·刘系宗传》。
③ 《晋书》卷二十三《乐志下》。
④ 《三国志》卷一《魏书·武帝纪》注引《博物志》。
⑤ 《太平御览》卷九十三《皇王部十八·魏太祖武皇帝》引王沈《魏书》。
⑥ 《三国志》卷一《魏书·武帝纪》。

织人员整理几乎失传的汉代乐舞。据《晋书·乐志上》载："汉自东京大乱,绝无金石之乐……及魏武平荆州,获汉雅乐郎河南杜夔,能识旧法,以为军谋祭酒,使创定雅乐。"平定荆州后,曹操任命精通汉雅乐的杜夔负责组织邓静、尹商、冯肃、服养等人整理汉代乐舞,并付诸实践。

曹氏父子促进了清商乐的发展。清商乐兴起于曹魏,从汉代相和歌发展而来,是六朝时期在宫廷及民间用于宴饮、娱乐、祭祀等活动的"俗乐"的总称,简称"清商",后世又称"清乐"。宋代郭茂倩《乐府诗集》卷四十四载:"清商乐……其始即相和三调是也,并汉魏以来旧曲。其辞皆古调及魏三祖所作。"并引南朝刘宋王僧虔语:"今之清商,实由铜雀。魏氏三祖,风流可怀。京洛相高,江左弥重。"①可见清商乐起源于建安十五年曹操所建铜雀台,它成为最早的管理清商乐的机构。曹操还设置了管理清商乐的职官,平日由乐伎在台中表演歌舞。曹丕即位后,专门设立音乐机构"清商署",委任左延年等音乐家从事整理、编创清商乐的工作。"三曹"更依清商乐三调(平调、清调、瑟调)创作不少曲辞,如《平调·对酒》、《清调·愿登》等。② 曹丕《燕歌行》描述秋风萧瑟中思念丈夫的女子"不觉泪下沾衣裳,援瑟鸣弦发清商"③,亦可见清商在当时非常流行。西晋清商乐颇受推崇,东晋更盛行于朝野。而曹操、曹丕、曹叡三人在清商乐的发展过程中起着举足轻重的作用。

曹操尤喜《但歌》。"《但歌》四曲,出自汉世。无弦节,作伎,最先一人倡,三人和。魏武帝尤好之。"④

曹丕精通音律。他为哀悼曹操而作《短歌行》,南朝王僧虔评此诗"声制最美"。据说曹丕"制此辞,自抚筝和歌"⑤,足见曹丕有相当高的音乐造诣。在《典论·论文》中,为论证人的气质、性格决定其作品风格,他以音乐素养之不同作喻:"文以气为主,气之清浊有体,不可

---

① 《宋书》卷十九《乐志一》。
② 参见林树中《六朝艺术》,南京出版社2004年版,第286页。
③ 《宋书》卷二十一《乐志三》。
④ 《宋书》卷二十一《乐志三》。
⑤ 《乐府诗集》卷三十。

力强而致。譬诸音乐,曲度虽均,节奏同检,至于引气不齐,巧拙有素,虽在父兄,不能以移子弟。"如非深通音乐,当不会这样比较。

曹植精通音乐。据佛教典籍记载,曹植曾创制鱼山梵呗,他被视为中国佛教音乐的开创者。相传道教步虚之声来源于曹植。《异苑》卷五载:"陈思王游山,忽闻空里诵经声,清远遒亮,解音者则而写之,为神仙声。道士效之,作步虚声也。"

2. 周瑜

周瑜曾自言:"吾虽不及夔、旷,闻弦赏音,足知雅曲也。"[1]他的音乐修养极高,即使是酒后,对弹奏者偶尔的失误也能迅速做出反应。"瑜少精意于音乐,虽三爵之后,其有阙误,瑜必知之,知之必顾,故时人谣曰:'曲有误,周郎顾。'"[2]"周郎顾曲"今已成为表明某人音乐欣赏水平高的常用语。

3. 嵇康与嵇绍

嵇康善于弹琴。其兄嵇喜说他"弹琴咏诗,自足于怀抱之中"[3]。嵇康最擅长弹奏《广陵散》。他因好友吕安事被牵连入狱,最后被杀。《世说新语·雅量》载其临终弹奏《广陵散》的情形:"嵇中散临刑东市,神气不变。索琴弹之,奏《广陵散》。曲终,曰:'袁孝尼尝请学此散,吾靳固不与,《广陵散》于今绝矣!'"《广陵散》绝的故事流传至今。嵇康的独立人格由此凸显。实际上,《广陵散》是古曲,表现的是聂政刺韩王的情节,在汉代已流传于世。东汉末应璩《与刘孔才书》即提及"听广陵之清散"[4],该曲绝非嵇康所创。但嵇康对此曲有深刻的理解,演奏有自己的特色,因此备受推崇。

嵇康在音乐理论方面很有贡献。他曾写《琴赋》、《声无哀乐论》两文。在《琴赋》中,嵇康指出:"余少好音声,长而玩之……可以导养神气,宣和情志,处穷独而不闷者,莫近于音声也。"[5]他一改《礼

---

① 《三国志》卷五十四《吴书·周瑜传》注引《江表传》。
② 《三国志》卷五十四《吴书·周瑜传》。
③ 《三国志》卷二十一《魏书·王粲传》注引嵇喜《嵇康别传》。
④ 《汉魏六朝百三家集》卷三十三。
⑤ 《汉魏六朝百三家集》卷三十五。

记·乐记》为代表的传统儒家重视音乐的教化功能的看法,肯定了音乐与赏乐者之间的密切联系以及赏乐者的主观能动性,强调音乐有畅情的功用。他针对时人在音乐欣赏方面存在的诸多弊端,提出"众器之中,琴德最优"。文中描述了琴材生长的环境、制琴的程序、听琴的审美联想、赏琴的不同境界。嵇康还指出赏琴的人必须具有一定素养:"然非夫旷远者不能与之嬉游,非夫渊静者不能与之闲止,非夫放达者不能与之无隙,非夫至精者不能与之析理也。"①真正能欣赏琴的人只有"至人"②。在《声无哀乐论》中,嵇康指出:音乐本身并无哀乐,强调主体在音乐欣赏中的作用。这是中国古典音乐理论的重要论文,是"中国美学史上讲音乐的第一篇文章"③。

山涛称嵇康之子嵇绍"平简温敏,有文思,又晓音"④,则嵇绍知晓音乐。

4. 公孙宏

谯人公孙宏,善鼓琴,能属文,为河阳令潘岳所看重。⑤

5. 纪瞻

纪瞻字思远,吴亡后迁居历阳(治今和县)。"好读书,手自抄写,妙解音律"⑥。

6. 谯国戴氏家族

谯国戴氏堪称琴艺世家,有戴逵、戴逯兄弟及戴逵儿子戴颙等均精于弹琴。戴逵"能鼓琴……常以琴书自娱"⑦。太宰、武陵王司马晞听说戴逵会弹琴,派人召见,戴逵当着使者的面毁坏琴,并说:"戴安道不为王门伶人。"司马晞发怒,派人叫来其兄戴逯⑧。戴逯"闻命欣然,拥琴而往"⑨。

---

① 《汉魏六朝百三家集》卷三十五。
② 《汉魏六朝百三家集》卷三十五。
③ 冯友兰《中国哲学史新编》第四册,人民出版社 1986 年版,第 86 页。
④ 《三国志》卷二十一《魏书·王粲传附嵇康传》注。
⑤ 参见《晋书》卷五十五《潘岳传》。
⑥ 《书小史》卷五。
⑦ 《晋书》卷九十四《隐逸·戴逵传》。
⑧ 《世说新语·栖逸》"逯"作"逯"。
⑨ 《晋书》卷九十四《隐逸·戴逵传》。

戴颙继承了戴逵琴书等方面的技艺，"凡诸音律，皆能挥手"[1]。戴颙及其兄勃继承家学，学会弹琴；父亲去世后，不忍弹奏父亲传授的作品，"各造新弄，勃五部，颙十五部。颙又制长弄一部，并传于世"[2]。戴颙也继承了戴逵的傲骨。中书令王绥曾带宾客造访他，当时戴勃等正在吃豆粥，不应答王绥听琴的请求，王绥恨恨而去。衡阳王刘义季镇京口，戴颙穿着便装，从容地为刘义季弹奏新曲《游弦》、《广陵》等乐曲，均与当时的流行曲调不同。因戴颙喜好音乐，宋太祖还送他"正声伎一部"。戴颙曾利用民间相和歌的形式和素材，"合《何尝》、《白鹄》二声，以为一调，号为清旷"[3]。元嘉十四年（公元437），宋太祖赏赐萧思话乐器，并致亲笔信云："前得此琴，云是旧物，亦有名京邑，今以相借。因是戴颙意于弹抚，响韵殊胜，直尔嘉也。"[4]似乎戴颙曾弹过此琴，音色绝好，故为宋太祖珍物。《隋志》经部乐类录有戴氏撰《琴谱》4卷，疑为戴氏父子所作。

7. 龙亢桓氏家族

龙亢桓氏家族在音乐方面颇有造诣。桓氏家族家传《金石弄》，而随着桓氏的灭亡，《金石弄》几成绝学。史籍中虽未见有桓温、桓玄、桓冲等善于演奏某一乐器的记载，但大量史料表明他们喜好音乐并有较高鉴赏力。

桓温携妓出游好为《白纻歌》。谢尚任豫州主簿，桓温听说他善于弹筝，请来表演。"谢即理弦抚筝，因而歌《秋风》，意气殊异。"[5]桓温欣赏谢尚之才艺及风度而器重他，看来桓温有很高的音乐鉴赏力。桓温外甥善弹琵琶，大概与其家族好乐以及名士们重视以音乐畅情体玄的背景有关。

桓玄颇有音乐素养。《世说新语·豪爽》载："桓玄西下，入石头。外白司马梁王奔叛。玄时事形已济，在平乘上，笳鼓并作，直高咏云：

---

① 《宋书》卷九十三《隐逸·戴颙、戴勃传》。
② 《宋书》卷九十三《隐逸·戴颙、戴勃传》。
③ 《宋书》卷九十三《隐逸·戴颙传》。
④ 《宋书》卷七十八《萧思话传》。
⑤ 《艺文类聚》卷四十四引《俗说》。

'箫管有遗音,梁王安在哉?'"又"伟服始以公除,玄便作乐。初奏,玄抚节恸哭,既而收泪尽欢"①。音乐成为桓玄畅情的重要方式。他还以音乐来激发做诗的灵感:"桓玄作诗,思不来,辄作鼓吹,既而思得……叹曰:'鼓吹固自来人思。'"②

桓冲有高妙的音乐鉴赏力。《世说新语·任诞》载:"张驎酒后挽歌甚凄苦。桓车骑曰:'卿非田横门人,何乃顿尔至致?'"桓冲必是有感于张湛挽歌"凄苦",因而想探究"顿尔至致"的理由。

8. 桓伊

桓伊字叔夏,谯国铚(治今濉溪临涣镇)人,"善音乐,尽一时之妙,为江左第一"③。他常随身携带"蔡邕柯亭笛",时时吹奏。桓伊为素不相识的王徽之吹笛的故事被传为千古佳话。

桓伊善唱挽歌。《晋书·袁山松传》载:"初,羊昙善唱乐,桓伊能挽歌,及山松《行路难》继之,时人谓之'三绝'。"

桓伊还善弹筝。谢安晚年,因女婿王国宝经常在晋孝武帝和会稽王司马道子面前说其坏话而受到猜疑。一次,孝武帝召桓伊饮宴,命桓伊吹笛。桓伊吹奏一曲后,放下笛子,请求允许他弹筝,并请善于吹笛的家奴伴奏。孝武帝应允。桓伊抚筝而歌《怨诗》:"为君既不易,为臣良独难。忠信事不显,乃有见疑患。周旦佐文武,《金縢》功不刊。推心辅王政,二叔反流言。"声节慷慨,动人心魄。侍坐的谢安非常感动,不禁泪如雨下,甚至"越席而就之,捋其须曰:'使君于此不凡。'"④孝武帝因此感到很惭愧。

琴曲《梅花三弄》原为桓伊创作的一首笛曲,后人改为琴曲。"曲中泛音曲调在不同徽位上重复三次(故又称'三弄'),用以表现梅花恬静高洁的静态。另有快速指法和强烈的音色对比,表现了梅花不畏严寒、迎风傲雪的形象。各段多以共同曲调作结,在我国民间音乐中

---

① 《晋书》卷九十九《桓玄传》。

② 《太平御览》卷五百六十七引《俗说》。

③ 《晋书》卷八十一《桓宣传附族子伊传》。

④ 《晋书》卷八十一《桓宣传附族子伊传》。

称其为'合尾'。"①它成为"古淡清雅"之名曲。

9. 何胤

据《隋书·律历志上》载:雷次宗、何胤二人曾作《钟律图》。

10. 白纻歌舞与新安民歌

东晋桓温携妓出游当涂白纻山,常让乐妓表演《白纻歌》。白纻歌舞本产生于吴地,至迟于吴黄龙年间已颇为流行,在孙皓时被吸收为宫廷乐舞。西晋灭吴,掳掠吴宫女 5000 人,白纻歌舞自此进入朝廷,受到上层贵族的喜爱。晋室南迁,中原乐舞传到南方,江南吴歌与荆楚西声也融入清商乐,清商乐更加丰富。② 白纻歌舞属于清商乐"杂舞"类。这类乐舞舞姿优美,表演细腻生动,自六朝至唐朝,逐渐在大江南北流行开来。因此,安徽境内极有可能早在孙吴时期就流行白纻歌舞,至唐不衰。

东吴时期割丹阳郡西南部山区置新都郡,西晋时改名新安郡(治今浙江淳安县西北)。因山多田少,为了生存,一部分人外出经商。艰苦的生活和怀念亲人之情使得新安一带的民歌格调悲切。东晋太和年间,桓温掌权,废太宰、宗室司马晞,甚至上表请求简文帝清除司马晞父子。简文帝不同意,于是桓温将司马晞父子远徙新安郡。此前,司马晞不满桓温专权,常在宴会时,"使人作新安人歌舞离别之辞,其声甚悲"③。司马晞正是试图寄情于悲伤的新安歌舞来排解抑郁不得志的心情。这说明格调悲凉的新安民歌伴随着新安商人的足迹流传到安徽境外。

11. 寿阳乐舞

刘宋南平王刘铄任豫州刺史镇守寿阳(今寿县)期间(约 445—451)创作舞曲《寿阳乐》,共 9 支曲子,在宋代配舞者为 16 人,梁代为 8 人。歌辞描述了伤离别、盼早归的缠绵孤寂、哀怨之情。歌辞为:

---

① 林树中《六朝艺术》,南京出版社 2004 年版,第 289～290 页。
② 参见王克芬《中国舞蹈发展史》,上海人民出版社 2004 年版,第 140、141 页。
③ 《世说新语·黜免》注引《司马晞传》。《晋书·五行志》司马晞误作"庾晞",故不引。

可怜八公山,在寿阳,别后莫相忘。

东台百余尺,凌风云,别后不忘君。

梁长曲水流,明如镜,双林与郎照。

辞家远行去,空为君,明知岁月驶。

笼窗取凉风,弹素琴,一叹复一吟。

夜相思,望不来,人乐我独愁。

长淮何烂漫,路悠悠,得当乐忘忧。

上我长濑桥,望归路,秋风停欲度。

衔泪出郭门,寿阳去,必还当几载。①

12. 建衡中寿春童谣

孙吴建衡年间,寿春童谣曰:"吴天子,当西上。"孙皓信以为天命,载母、妻子、后宫数千,从牛渚经陆路西上,结果碰上大雪天,道路难行,兵士拉车,寒冻将死,因恐军心混乱,无功而返。

13. 豫州耆老为祖逖歌

两晋之际,祖逖(266—321)任豫州刺史,立身俭约,招集流民,督课农桑,勤政爱民,不蓄资产,子弟劳作。他还收葬枯骨,祭祀亡人。百姓感悦,于是歌以颂其德:"幸哉遗黎免俘虏,三辰既朗遇慈父。玄酒忘劳甘瓠脯,何以咏恩歌且舞。"②

14. 宣城民为陶汪歌

东晋咸康年间,丹阳(治今当涂县东北)人陶汪任宣城内史,招隐逸,广开学舍,发展教育。学有所成者选为郡吏。百姓歌咏他:"人当勤学得主簿,谁使为之陶明府。"③

15. 历阳歌

东晋庾楷(?—402)任豫州刺史镇守历阳(今和县),百姓歌云:"重罗黎,重罗黎,使君南上无还时。"④后来他南奔桓玄,被桓玄杀害。

---

① 《乐府诗集》卷四十九《清商曲辞·西曲歌下》。
② 《晋书》卷六十二《祖逖传》。
③ 《艺文类聚》卷六《郡部·宣城郡》。
④ 《晋书》卷二十八《五行志》。

16. 淮泗民歌

司马休之(? —417)兄尚之被桓玄战败,休之逃到淮泗一带,颇受当地人喜爱。随从歌云:"可怜司马公,作性甚温良。忆昔水边戏,使我不能忘。"①歌颂了旧日好时光和司马休之的温良。

17. 越谣歌

生活在安徽南部的山越民族本性率真质朴,若情投意合,则结拜为亲。盟曰:"君乘车,我戴笠,他日相逢下车揖。君担簦,我跨马,他日相逢为君下。"②

(三)书法

书法在魏晋南北朝时期具有了独立的审美功能,成为抒发情怀的重要方式。书法名家辈出,其中有一些安徽籍人士,如曹操、曹植、曹髦、嵇康、刘伶、纪瞻、桓氏子弟、何充、刘惔、刘瑰之、薄绍之。

曹操在书法方面有一定造诣。张华《博物志》载:"汉世,安平崔瑗、瑗子寔、弘农张芝、芝弟昶并善草书,而太祖亚之。"③曹操尤工章草,雄逸绝伦。梁庾肩吾《书品论》以曹操"笔墨雄赡"④,将其品为中之中。唐代张怀瓘《书估》将曹操、曹植、嵇康等并列为第三等,并评价云:"或奇材见拔,或绝世难求,并庶几右军草书之价。"⑤

曹植善书法。宋徽宗时宫廷藏有《曹子建表》,为八分书;另有章草《鹞雀赋》。"然其胸中磊落,发于笔墨间者,固自不恶尔。观其以章草书《鹞雀赋》,可以想见其人也。"⑥

曹髦善书画⑦。

嵇康"工书画"⑧。《法书要录》卷八载:"(嵇康)善书,妙于草制,观其体势,得之自然,意不在乎笔墨,若高逸之士,虽在布衣,有傲然之

---

① 《艺文类聚》卷十九《人部三·讴谣》。
② 《乐府诗集》卷八十七《杂歌谣辞》。
③ 《三国志》卷一《魏书·武帝纪》注引《博物志》。
④ 《法书要录》卷二。
⑤ 《法书要录》卷四。
⑥ 《宣和书谱》卷十三。
⑦ 参见《历代名画记》卷一。
⑧ 《历代名画记》卷一。

色。故知临不测之水,使人神清;登万仞之岩,自然意远。"唐张怀瓘《书议》称嵇康"独擅一家之美"。其特点在自然,力透纸背。

刘伶"善行草书"①。

纪瞻"工书翰","善行书"②,于草书有相当造诣。

何充善行书。窦臮《述书赋(上)》评:"次道淳实,寡于风彩。自是雄姿,翰墨具在。如士大夫之京华游处,参贵胄而肤质未改。"其书法一如其人,保持"淳实"本色。

刘惔"善行草书"③。窦臮《述书赋(上)》云:"真长则草含稚恭(庾翼)之厚爽,正迩越石(刘琨)之羁束。"他的草书兼备庾翼的"厚爽",正书接近刘琨的"羁束",显得婉转流媚,又颇具自然情趣。

沛国(今淮北市)人刘瑰之④善行草、八分书。东晋太元中,孝武帝令他以八分书题诸门榜。窦臮《述书赋(上)》评:"元宝刚直,两王之次。骨正力全,轨范宏丽。凌突子敬,病于轻肆。同变武而习文,若访龙而获骥。"可见他师法王羲之,但是失之于轻肆。

戴逵"工书画"⑤。他小的时候,曾以白瓦屑、鸡蛋汁和溲作小碑子,为郑玄碑。时人称其"词美书精,器度巧绝"⑥。其子戴颙"父之琴书丹青皆能传之"⑦。

桓温、桓玄父子于书法颇有造诣。桓玄"博综艺术"⑧。他乐于与书法名家羊欣交换看法。窦臮《述书赋(上)》"翰墨之妙可入品流者"载有桓温桓玄父子,并云:"元子正草,厚而不伦,若遗翰墨,犹带真淳。"可见桓温楷书、草书都显得真淳。又云:"敬道耽玩,锐思毫翰。依凭右军,志在凌乱。草狂逸而有度,正疏涩而犹惮。"桓玄耽于书法,其草书狂逸而不失节度,楷书疏涩而内敛。桓玄自谓书法不逊于王献

① 《书小史》卷四,文渊阁《四库全书》本。
② 《书小史》卷五,文渊阁《四库全书》本。
③ 《书小史》卷五,文渊阁《四库全书》本。
④ 据《书小史》卷六记为:"刘瑰,字元宝。"即刘瑰之。
⑤ 《历代名画记》卷一。
⑥ 《历代名画记》卷五。
⑦ 《历代名画记》卷一。
⑧ 《晋书》卷九十九《桓玄传》。

之。① 其"平生最得意者,尤在书法"②。

桓胤在书法方面颇有造诣。他曾将羊孚《雪赞》诗写在扇上。③

刘宋丹阳(治今当涂县东北)人薄绍之也善书。他师法王献之。梁代袁昂《古今书评》:"薄绍之书字势蹉跎,如舞女低腰,仙人啸树,乃至挥毫振纸,有疾闪飞动之势。"④梁代学习薄绍之书法的人不少。张怀瓘《书断》卷中列其隶书、行书、草书入妙品,赞其"宪章小王,风格秀异"。

梁代沛国(今淮北市)道士薛玉善书翰,曾经在崇灵观墙壁上书写一篇文字,见者莫不欣赏。⑤

南齐沛国相(今淮北市)人刘休善隶书。因刘宋书法家羊欣喜爱王羲之正隶书,世人重羊欣书法,反而轻视王羲之书法。因刘休推重王羲之书法,才真正使得王羲之书法大行于世。⑥

南齐丹阳(治今当涂县东北)人刘系宗"少便书画"⑦,"尤工行草"⑧,在宋为景陵王子刘景粹侍书,入齐为东宫侍书。

随着书法成为艺术,民间工匠也出手不凡。安徽亳州出土东汉延熹七年(公元164)曹操宗族墓砖上已留有诸多民间工匠的行书字迹。在西晋至萧齐时期的墓砖上,民间工匠使用行草的字迹已较普遍,⑨此外,楷书也广泛使用。如:1976年马鞍山东晋孟府君墓出土5块《孟府君墓志》,制作于太元元年(公元376)。墓志为砖制,每块砖字数、内容相同,均为楷书。但笔画粗细不同,字形有大小之别,风格各异,或娟秀,或端雅,或散逸,或拙重,或雄放。这些墓志出自民间善书文人之手(一人或数人),展现出民间书法的多姿多彩。⑩

---

① 参见《世说新语·品藻》。
② 余嘉锡《世说新语笺疏》,上海古籍出版社1993年版,第546页。
③ 《世说·文学》。
④ 《法书要录》卷二。
⑤ 参见《太平御览》卷六百六十六《道部八·道士》引《道学传》。
⑥ 参见《南齐书》卷三十四《刘休传》。
⑦ 《南齐书》卷五十六《幸臣·刘系宗传》。
⑧ 《书小史》卷六,文渊阁《四库全书》本。
⑨ 参见林树中编著《六朝艺术》,南京出版社2004年版,第210页。
⑩ 参见林树中编著《六朝艺术》,南京出版社2004年版,第157~158页。

（四）雕塑

佛教自汉代传入，佛像也相应出现于寺院，但形制不够精良。东晋戴逵笃信佛教，在雕刻佛像的过程中，逐步完善佛像形制和佛像制作工艺。其子戴颙也参与其事。父子二人均善于铸造佛像及雕刻。改造外来佛像使之中国化，从戴逵就已经开始了。戴逵曾为招提寺制五夹苎像，精妙无比。东晋京师瓦官寺有戴逵所制佛像 5 座以及戴颙所治丈六金像。戴逵在瓦官寺所制佛像、顾恺之的维摩诘画像、狮子国进献的玉像，时称瓦官寺"三绝"。"将传统夹苎工艺用于佛像制作、创'夹苎行像'的当为戴逵。"①

戴逵曾造高一丈六的无量寿木像和胁侍菩萨像。他考虑到所制佛像"古制朴拙"，恐难打动人心，于是"潜坐帷中，密听众论。所听褒贬，辄加详研。积思三年，刻像乃成"②。戴逵之所以如此用心，权衡众人意见来琢磨佛像，实际上是希望依据民众的审美需要塑造出感人形象。他"核准度于毫芒，审光色于浓淡。其和墨点采，刻形镂法，虽周人尽策之微，宋客象楮之妙，不能逾也"③。这种形象符合中国人的艺术口味和欣赏水平，而不再是外来佛像的复制。可见戴逵在推进佛教艺术中国化方面做出了卓越贡献。

唐代释道世指出：在戴逵以前，佛像熔铸均力求仿照西土像制，而"精分密数，未有殊绝"。戴逵以其对佛理的理解和高妙的技艺与巧思，殚精竭虑费时多年创造了中国化的佛像，扩大了佛教的影响，其所创风格流传后世，"振代迄今，所未曾有"。④ 唐代张彦远在《历代名画记》卷五中指出："后晋明帝、卫协皆善画像，未尽其妙；泊戴氏父子皆善丹青，又崇释氏，范金赋采，动有楷模。"南方佛教造像正是在晋宋之际逐渐形成中国化特色，其中以褒衣博带、衣裾覆坛等最为显著。戴氏父子凭借其对造像仪规和绘画的精通，成功地将这些造像因素运用到佛教造像中。⑤

---

① 林树中《六朝艺术》，南京出版社 2004 年版，第 234 页。
② 《历代名画记》卷五。
③ 《法苑珠林》卷十六《敬佛篇·感应缘》。
④ 《法苑珠林》卷十六。
⑤ 参见林树中《六朝艺术》，南京出版社 2004 年版，第 251～252 页。

第二节　科技与教育

魏晋南北朝时期,安徽出现一些在科技方面有突出贡献的人士。另外,随着文化中心转向地方和宗族,伴随着私学的发展和国家对教育的重视,安徽在教育方面也有较大发展,尤其是出现了像庐江何氏、周兴嗣这样对教育影响深远的人士。

一、科技

(一)医学

东汉后期,华佗在医学方面的深厚造诣为安徽医学奠定了深厚的传统。此后,安徽不乏医学人物。如曹魏宗室东平灵王曹徽之子曹翕,曾撰写《解寒食散方》,与皇甫谧所撰方书并行于世。

(二)王蕃的天文学成就

王蕃(228—266)字永元,三国时庐江(治今潜山县)人。博览多闻,兼通术艺。中书令胡冲以为楼玄、贺邵、王蕃均"一时清妙"①。孙皓称帝,他任常侍,遭宠臣万彧、陈声等人排挤。王蕃"体气高亮,不能承颜顺指"②。甘露二年(公元266),孙皓大会群臣,王蕃沉醉顿伏,引起孙皓怀疑,令人抬出殿外。孙皓见王蕃行止自若,大怒,呵令左右于殿下斩首。

王蕃精通数术,继承刘洪《乾象历》,依"乾象法",参考张衡所造浑天仪制作了浑天仪,至刘宋不复存。

王蕃的天文学成就主要体现在两个方面:

第一,总结、论证和发展"浑天说"。在《浑天象说》一文中,他首先总结了张衡等人的观点,简要概括浑天说,并对各种天文现象加以

---

① 《三国志》卷六十五《吴书·华核传》。
② 《三国志》卷六十五《吴书·王蕃传》。

解释。他用来解释的数据在当时是最为精确的,如周天度数、黄道、赤道交角数据,他的误差较前人小。

第二,运用"重差测天术"计算天球周长,制作浑天仪。这种仪器集中了前代浑天仪和浑天象两种仪器的功能,既可观测天体坐标,又能形象地演示天象。

（三）嵇含《南方草木状》

嵇含（263—306）字君道,嵇康之子嵇绍之侄。好学能属文。《南方草木状》一般认为是嵇含所著①,约成书于西晋永兴元年（公元304）。全书3卷,上卷记草类29种、中卷记木类28种、下卷记果类17种和竹类6种。所记全是中国岭南地区的热带、亚热带植物。这是中国现存最早的区域植物地理著作。

全书每个条目下都对植物的形态（包括叶、花、茎、根、种子）、性味、颜色、功用、产地以及有关的故事等作详细说明,为我们研究这一时期岭南地区的植物类别、植被分布、植物的传播等提供了丰富的资料。

《南方草木状》对植物学的贡献主要体现在两个方面:

第一,最早注意到南岭是中国南北植物分布的另一分界线。《南方草木状》注意到不同地域植物分布的不同,如:"芜菁,岭峤以南俱无之,偶有士人因官携种,就彼种之,出地则变为芥"。岭峤,即南岭。芜菁是北方栽种的植物,南岭以南没有,偶然有人携带种子种植,则变为"芥"。岭南是中国南亚热带与中亚热带的分界线,岭南、岭北的气温相差较大,植物分布有显著差别。②

第二,首次提出利用害虫天敌来防治病虫害。书中提到,当时南方果农已发现一种"赤黄色,大于常蚁"的蚁,是柑橘害虫的天敌,并用它来防治柑橘害虫。所谓"赤黄色,大于常蚁"的蚁,即现在所说的

---

① 清代文廷式最早对嵇含写《南方草木状》质疑。张宗子在其《嵇含文辑注》（中国农业科技出版社1992年版）中质疑《南方草木状》作伪于南宋的说法。江建俊认为:《南方草木状》虽是嵇含抄集前人之作,后人也增加一部分内容于其中,但不能说它是伪书。此说请参看章培恒主编《中国中世文学论集》（下）,上海古籍出版社2006年版。

② 参见卢嘉锡总主编、孙关龙主编《自然科学发展大事记·地学卷》,辽宁教育出版社1994年版,第15页。

黄惦蚁，又称为红树蚁，常常在柑橘树上吐丝结网筑巢，"其巢如薄絮"。当时有贩子专门收集黄惦蚁卖给果农，果农把蚁放养在果树上。利用害虫天敌防治虫害，是中国古代的一个创举。①

二、教育

魏晋南北朝时期，由于长期战乱，教育的中心由都城转向地方，由朝廷转向家族。官学虽屡建而发展不力，私学兴盛。东汉末，沛国相（今淮北市）人刘馥担任扬州刺史期间，推行恩惠，招集流民，"聚诸生，立学校"②，有效推进了扬州地区的文化发展。陶汪在宣城内史任上广开学舍，发展教育。安徽人曹操、唐固、杜夷、刘瓛、庐江何氏子弟在教育方面有突出贡献。

（一）曹操

东汉末年，军阀混战，学校教育遭受重创。为复兴儒学，教化民众，曹操召集大儒名士"考论六经，刊定传记"③。建安七年（公元202），曹操下令搜寻在战争中阵亡的将士之后或其亲戚，"授土田，官给耕牛，置学师以教之"④。这是针对其家乡的一道特殊命令，是抚恤阵亡将士的一种手段，也反映了他对家乡教育事业的重视。次年，他下令置校官，选乡学，在更大范围内普及教育。其《修学令》说："丧乱已来，十有五年，后生者不见仁义礼让之风，吾甚伤之。其令郡国各修文学，县满五百户置校官，选其乡之俊造而教学之，庶几先生之道不废，而有以益于天下。"⑤这为此后曹魏地方学校建置奠定了基础。三国鼎立的局面形成后，由于战乱和社会经济的凋敝，学校教育已脱离两汉时的正常轨道。但从总体情况看，曹魏的学校教育要优于吴、蜀，这应当得益于曹操的重教举措。由于曹操吏治清明，经济基础比较雄厚，因此《修学令》在地方上被切实贯彻实施。

---

① 参见卢嘉锡总主编，汪子春主编《自然科学发展大事记·生物卷》，辽宁教育出版社1994年版，第7~8页。
② 《三国志》卷十五《魏书·刘馥传》。
③ 《三国志》卷十《魏书·荀彧传》注引《彧别传》。
④ 《三国志》卷一《魏书·武帝纪》。
⑤ 《三国志》卷一《魏书·武帝纪》。

（二）唐固

唐固（？—约225）字子正，孙吴丹阳（治今当涂县东北）人。他德行高尚，学殖深厚，为一时名儒。他著有《春秋外传》、《春秋公羊传注》、《国语注》和《春秋谷梁传注》，另有《春秋古今会盟地图》1卷。聚徒讲授，常有数十人。

（三）杜夷

杜夷（258—323）字行齐，西晋庐江灊（今霍山县东北）人，世以儒学相传。杜夷博览群籍，兼通历算图纬。寓居于汝、颍之间十年，足不出户。年四十余，才回到家乡，闭门教授，弟子千人。他多次拒绝出仕。西晋末，渡江。王导派人周济他。司马睿任杜夷为国子祭酒。皇太子三次至杜夷住所执经问义。朝廷每有大政，常派人咨询杜夷。明帝即位，杜夷上表请退。他是两晋之际的教育家。

《隋志》著录杜夷撰《杜氏幽求新书》20卷（《旧唐志下》著录为《幽求子》30卷）。

（四）刘瓛

刘瓛"辞禄怀道，栖迟养志，不戚戚于贫贱，不耽耽于富贵"，被推为"儒行之高者"。①他博通《五经》，聚徒教授，常有数十弟子。建元二年（公元480），齐太祖任他为会稽郡丞，让他为武陵王萧晔讲学。在会稽，他的生徒更多。他"承马、郑之后，一时学徒以为师范"②，"为儒者宗"③。吴郡钱塘杜京产仰慕其声名，特地请他至山舍讲书，罄尽家产招待他。其子杜栖也跟从学习。④刘瓛常勉励年轻有为的士子。如司马褧"少传家业，强力专精，手不释卷，其礼文所涉书，略皆遍睹"⑤，刘瓛欣赏其学问和为人。他格外器重贺场，并曾上表称赞范元琰。范缜年二十，投奔到刘瓛门下求学，卓尔不群而勤学，刘瓛亲自为他加冠。司马筠好学，"强力专精"⑥，为刘瓛器重。庐江何胤好学，师

① 《梁书》卷五十二《止足传序》。
② 《南齐书》卷三十九《陆澄传附王摛传》。
③ 《梁书》卷四十《司马褧传》。
④ 参见《南齐书》卷三十九《刘瓛传》。
⑤ 《梁书》卷四十《司马褧传》。
⑥ 《梁书》卷四十八《儒林·司马筠传》。

从刘瓛，习得《易》及《礼记》、《毛诗》，为人"纵情诞节"①，很多人并不认同其行为，而刘瓛却很器重他。梁代刘峻在其《辨命论》中称刘瓛为"关西孔子"，说他"循循善诱，服膺儒行"。②

（五）庐江何氏

祖籍庐江灊县（今霍山县东北）的何氏家族在教育方面有突出贡献。刘宋何尚之雅好文学，颇受宋文帝器重。元嘉十三年（公元436），宋文帝任命他为丹阳尹。文帝立儒、玄、文、史四学，让何尚之主持玄学，在南郭外设立学校，由他传授生徒，一时秀士如东海徐秀、庐江何昙等纷纷慕道来学，当时称为"南学"。③ 王球常云："尚之西河之风不坠。"④宋建立国子学后，以何尚之领国子祭酒。

梁代何胤年少时轻薄不羁，后折节好学，师事沛国刘瓛，学习《易》、《礼记》、《毛诗》，还精通佛典。何胤居会稽（今浙江绍兴）若邪山云门寺，朝廷派何子朗、孔寿等六人跟随他学习。太守衡阳王萧元简非常尊敬他，常坐车到其住所谈论终日。何胤因若邪山活动空间不大，迁居秦望山。山有飞泉，他就近修建学舍。他在树林边借助岩石单独修造小阁室，寝处其中，亲自开关门。他还在山侧垦田两顷，讲授之余带领生徒游玩其间。后移居虎邱山西寺，讲经论学，学徒、僧人追随而至。经过这里的东境守宰都会登门拜访他。⑤

何佟之少好三礼，勤奋专精，手不释卷，熟读《礼论》200篇，大都能背诵。太尉王俭为当时儒宗，很看重他。他曾为总明馆学士。南齐建武中，他曾为皇太子讲经。此时刘瓛、吴苞等已去世，京邑硕儒只有何佟之。他明习事数，当时国家吉凶礼都取决于他。永元末，京师兵乱，何佟之常聚集诸生讲论。梁武帝即位，尊崇儒术，以何佟之为尚书左丞。他多次参与制定朝廷礼仪。

（六）周兴嗣与《千字文》

《隋书·经籍志》著录周兴嗣撰《千字文》1卷。据《尚书故实》

---

① 《梁书》卷五十一《处士·何点传附弟胤传》。

② 《梁书》卷五十《文学下·刘峻传》。

③ 参见《宋书》卷六十六《何尚之传》。

④ 《南史》卷三十《何尚之传》。

⑤ 参见《梁书》卷五十一《处士·何点传附弟胤传》。

载:"梁武教诸王书,令殷铁石于大王书中拓一千字不重者,每字片纸,杂碎无序。武帝召兴嗣,谓曰:'卿有才思,为我韵之。'兴嗣一夕编缀进上,鬓发皆白,而赏赐甚厚。"可见他用功之深和才力之丰。《千字文》自问世起,流行到清末,计1400多年,甚至远传日本,是世界上现存成书最早、使用时间最久、影响最大的识字书,是世界教育史上的奇迹。该书四字一句,每句成文,前后连贯,并押韵,只用一千字,基本上不重复,内容包括天地、历史、人事、修身、饮食、居住、农艺、园林、祭祀等各种社会文化常识。《千字文》不仅是儿童识字课本,在社会上也广泛流传,以前商人账册、考场试卷、大部头书卷册编号,也常依《千字文》字序。历史上还流行过满汉对照本和蒙汉对照本。

第三节　社会生活①

魏晋南北朝时期,安徽人在衣食住行等日常生活方面,虽因南北自然条件和物产不同而存在一些差异,但总体上来说,与其他汉族聚居地区尤其是中部其他省份的人们并无明显差异。本节仅就娱乐活动、巫术信仰、节庆习俗三个方面分述如下。

一、娱乐活动

魏晋南北朝时期流行一些娱乐活动,一些安徽籍人也表现活跃,这表明在安徽地区很可能有这些活动。

博戏。《旧唐书·经籍志》和《新唐书·艺文志》"子部·杂艺术类"均著录有曹丕撰《皇博经》1卷。显然曹丕于博戏颇有心得。

双陆。北宋高承在《事物纪原》中载:"陈思王曹子建置双陆,置

---

① 本节主要参考朱大渭、刘驰、梁满仓、陈勇《魏晋南北朝社会生活史》(中国社会科学出版社1998年版)以及张承宗、魏向东《中国风俗通史·魏晋南北朝卷》(上海文艺出版社2002年版)等论著。以下不再注明。

投子二。"据《资治通鉴》卷一百六十二胡三省注:"双六,亦博之一名。《续事始》云:陈思王制双六局,置骰子二。"则说明生活于汉末魏初的曹植创造双六。而明人俞弁《山樵暇语》则云"双陆出天竺(今印度)……其流入中国则自曹植始之也",显然认为曹植改造了从印度传来的双陆。这两种关于双陆起源的说法不同,但都肯定曹植与汉魏之际双陆的出现和流传有关系。《颜氏家训·杂艺》云:"古为大博则六箸,小博则二箸,今无晓者。"可能曹植在创制双陆过程中受到古代博戏的影响。双陆流行于曹魏,盛于南北朝迄宋元时期。具体玩法不能确知。

樗蒲。魏晋南北朝时期盛行樗蒲。桓温经常樗蒲。有次,他樗蒲输掉数百斛米,请来高手袁耽帮忙,不一会转败为胜。[①] 桓温得势后要伐蜀,时人多认为蜀不易取,只有其好友沛国刘惔认为他必定成功。有人问及原因,他说:"以蒲博验之,其不必得,则不为也。"[②]刘惔从桓温樗蒲推知他行事志在必得。可见桓温和刘惔都经常樗蒲。桓玄通过樗蒲得到垂涎已久的园宅。[③] 何尚之"少颇轻薄,好摴蒱"[④]。博戏和樗蒲都有赌博的性质。

击剑。曹丕曾师从河南史阿习剑,剑术精熟;并与"善有手臂,晓五兵"、"能空手入白刃"[⑤]的邓展于酒酣耳热之际以甘蔗代剑交手,挫败邓展。看来曹丕剑术较高明。

斗鸡。魏晋南北朝时期盛行斗鸡。曹植曾作《斗鸡诗》[⑥],描述了众人围观斗鸡的场景。

斗鸭。建安二十五年(公元220),曹丕派使者向孙权索要斗鸭、长鸣鸡等"珍玩之物"。当时孙权僚属以"荆、扬二州,贡有常典"[⑦]而反对,这说明荆州或扬州出产斗鸭和长鸣鸡。而斗鸭流行于江南,闻

① 参见《太平御览》卷七百五十四《工艺部·摴蒱》引《郭子》。"摴蒱"同"樗蒲"。
② 《晋书》卷七十五《刘惔传》。
③ 《太平御览》卷七百五十四《工艺部·摴蒱》引《晋书》。
④ 《南史》卷三十《何尚之传》。
⑤ 《三国志》卷二《魏书·文帝纪》注引《典论·自叙》。
⑥ 《曹植集》卷五。
⑦ 《资治通鉴》卷六十九。

名于北方。黄龙元年(公元229),建昌侯孙虑"于堂前作斗鸭栏,颇施小巧"①,受到大臣陆逊的指责。魏晋南朝时期,斗鸭之戏盛行于江南。

斗鹅。桓玄少时,与堂兄弟们各养鹅共斗。桓玄鹅不善斗,他很气愤,晚上到鹅栏里把堂兄弟们的鹅都杀死了。②这虽是关于儿童斗鹅的记载,但是儿童很多活动是模仿成年人的,不排除当时社会上有成人斗鹅。至唐代犹盛行斗鹅。

弹棋。弹棋始创于曹魏宫中。曹丕尤精于弹棋,"用手巾角拂之,无不中"③。文献中保存有安徽籍人曹丕、丁廙、夏侯惇《弹棋赋》④,可见他们善于弹棋,从中大致可见弹棋的玩法⑤。

围棋。据张华《博物志》记载:"汉世……冯翊山子道、王九真、郭凯等善围棋,太祖皆与埒能。"⑥看来曹操围棋水平相当高,与当时名手旗鼓相当。晋代曹摅曾撰《围棋赋》,说明他熟悉围棋。

猜谜。魏晋南北朝时期,以字为谜的角智活动出现。曹操长于猜谜。《世说新语·捷悟》记载有三则他和杨修角智的故事。其一,曹操视察在建的相府大门,在门上题一"活"字而去。杨修当即令人重修,并解释说:"'门'中'活','阔'字,王嫌门太大。"其二,有人送给曹操一杯酪,曹操尝过后盖上,并在盖子上写一"合"字给大家传看,无人明白何意。杨修打开便吃,说:"公教每人吃一口,何必犹疑?"其三,杨修随曹操经过曹娥碑,见碑上有"黄绢幼妇,外孙齑臼"八字。曹操问杨修:"你明白吗?"杨修答:"明白。"曹操说:"你先别说,等我想想。"走了三十里路,曹操说:"我知道了。"他和杨修分别写下答案,均释为"绝妙好辞"。曹操叹道:"我才能不及你,相差三十里。"

弹弓。弹弓是下自平民百姓上至贵族子弟甚至皇帝的玩具。曹芳担任皇帝期间,"常喜以弹弹人"⑦。

---

① 《三国志》卷五十八《吴书·陆逊传》。
② 参见《世说新语·忿狷》。
③ 《世说新语·巧艺》。
④ 《艺文类聚》卷七十四《巧艺部·弹棋》。
⑤ 参见朱大渭等《魏晋南北朝社会生活史》,中国社会科学出版社1998年版,第399~400页。
⑥ 《三国志》卷一《魏书·武帝纪》注引张华《博物志》。
⑦ 《太平御览》卷七百五十五《工艺部·弹》引《魏书》。

儿童的一些游戏来自对成人行为的模仿,如战阵之戏和骑竹马。战阵之戏指儿童模仿大人布阵点将、指挥战斗的游戏。曹魏大将夏侯称,"自孺子而好合聚童儿,为之渠帅,戏必为军旅战阵之事,有违者辄严以鞭捶,众莫敢逆"①。即使是游戏,夏侯称也严于惩罚。

骑竹马是儿童模仿大人骑马的游戏,通常是将一根竹竿斜放在胯下,一手握住竹竿前端,另一手抬起模仿扬鞭打马,一边奔跑一边发声模仿骑马飞奔。殷浩少与桓温齐名,桓温以雄豪自许,轻视殷浩。殷浩北伐失败,桓温上疏请求将其废为庶人,并对别人说:"少时吾与浩共骑竹马,我弃去,浩辄取之,故当出我下也。"②看来桓温年少时经常骑竹马。

马鞍山孙吴大将朱然墓中出土一彩绘漆盘,上有《童子对棍图》,描绘的是两个儿童下身弓步,上身略前倾,双手抬起举棍,一人前击,一人力挡,正在对练棍术。由此可见安徽境内武术的发展。

这一时期社会上还有其他一些娱乐活动,如斗草、秋千、藏钩、投壶等,但因缺乏资料,无法说明它们在安徽境内是否盛行,姑从略。

二、巫术信仰

(一)方术

这一时期方术盛行。人们习惯于通过占卜、释梦、看相等方式来预测未来或解除一时的迷惑。有名的安徽籍术士有历阳陈训、庐江韩友、北周楚国平阿人蒋升、宋齐之际沛郡相县人刘休。巫祝活动相当频繁。

陈训字道元,少好秘学,精通天文、历算、阴阳、占候,尤善风角。孙皓任他为奉禁都尉,专司占候。

庐江舒(今舒城)人韩友字景先,曾学《易》,善占卜、风水,并行京房、费长房厌胜之术。

① 《三国志》卷九《魏书·夏侯渊传》注引《世语》。
② 《晋书》卷七十七《殷浩传》。

楚国平阿(治今怀远西南)人蒋升,少好天文玄象之学,颇受宇文泰信任。

宋齐之际沛郡相县(治今淮北市)人刘休善筮。泰始初,诸州反,他占筮明帝当胜,数年后他经人介绍见到明帝,受到宠信。

沛国谯人文钦和扬州(治今寿县)刺史诸葛诞均曾求助方术。文钦"日祠祭事天",诸葛诞"夫妇聚会神巫,淫祀求福"。①桓温久有篡位之心,任荆州刺史期间,曾于夜晚执手问占星术士晋朝国运长短。占星人回答:"世祚方永。"桓温不悦而罢。②

一些普通民众也笃信方术。常有人因家人生病或家有异象求助于术士。

巫蛊之术在安徽民间仍有势力。巫蛊是古代的一种巫术信仰,蛊是特意饲养的毒虫,通过毒虫体内的毒素加害仇敌。刘宋时沛国相县(治今淮北市)唐赐到别人家喝酒,回家后大病一场,吐出蛊虫十余条而死。他妻子张氏听从其遗言剖腹,发现"五脏悉糜碎"。③

人们相信相面术。汉魏之间沛国(治今淮北市)人朱建平善相术。他曾为曹丕、夏侯威、应璩、曹彪、荀攸、王昶、程喜、王肃等人相面,预言诸人寿命。

人们还相信相宅,认为宅影响居民吉凶。嵇康曾写《难宅无吉凶论》来阐明宅有吉凶、关涉人生命运的观点。

(二)鬼神崇拜

这一时期鬼神崇拜繁复多样,大体可分为帝天崇拜、人神及人鬼崇拜、自然神崇拜。

1. 帝天崇拜

中国很早就出现帝天崇拜。人们相信冥冥中有天神安排认识一切事务。魏晋南北朝时期,安徽境内的民众表现出对于天神的信仰。曹魏谯人文钦"日祠祭事天"④。魏明帝时一位寿春农民的妻子、东晋

---

① 《三国志》卷二十八《魏书·诸葛诞传》注引《傅子》。
② 参见《晋书》卷八十二《习凿齿传》。
③ 参见《宋书》卷八十一《顾觊之传》。
④ 《三国志》卷二十八《诸葛诞传》注引《傅子》。

时一位历阳女子均自言为天神所下,来救护世人。

2. 人神及人鬼崇拜

魏晋南北朝时期对人神的崇拜包括三类:一是被神化了的先人,二是被神化的当时的官吏,三是被神化的普通百姓。安徽境内人们崇拜的人神包括:

周大夫皖伯。陈顾野王《舆地志》载:山神皖伯在怀宁县西北20里。①

老子。在老子故里,很早就有祭祀老子的习俗。随着道教发展,老子逐渐被仙化。北魏时南兖州陈留郡(今亳州)有老子庙。魏太武帝曾增修亳州太清宫。

伍子胥。刘宋刘道真②《钱塘记》载:"庐州城内泚河岸上,亦有子胥庙。每朝暮潮时,泚河之水,亦鼓怒而起。"③人们相信泚河水之涨落与钱塘潮水相应,源于伍子胥冤死,故立伍子胥庙。

刘邦。据《魏书·地形志》记载,徐州沛郡萧县(今萧县)等地有汉高祖庙。

刘安。八公山上有淮南王刘安庙。④

范增。居巢(治今巢湖市居巢区)吏民祭祀范增。《皇览》曰:"吏民皆祭亚父于居巢庭上。长吏初视事,皆祭而后从政。"⑤

曹操。据《魏书·地形志》记载,谯州南谯郡涡阳县(今蒙城附近)有曹操祠。

周瑜、何无忌。《初学记》卷八淮南道引《水经注》:"江水对雷州之北侧有周瑜庙。"南齐谢朓出任宣城太守期间,曾作《祭大雷周何二神文》。大雷位于今望江县境内,"周"即周瑜,"何"为何无忌,二人皆被奉为神,受到祭祀。

孔愉。惠帝末,孔愉入新安山中,以稼穑读书为务,信著乡里,后

① 转引自《汉唐地理书钞》,中华书局 1961 年版,第 202 页。
② 疑为刘真道。
③ 《太平广记》卷二九一《伍子胥》。
④ 参见《水经注》卷三十二《肥水》。
⑤ 《后汉书》志第二十二《郡国志四》"庐江郡·居巢侯国"注。

【秦汉魏晋南北朝卷】

忽然离去,乡人以为他是神而立祠祭祀他。① 至南宋孔灵村人祷赛犹及孔愉。②

谢尚。据陈顾野王《舆地记》载:牛渚山北的采石矶渡口旁有谢将军祠。谢将军指曾镇守牛渚的东晋镇西将军谢尚。

桓温。大明七年(公元463)十一月,宋孝武帝派使者祭祀"晋大司马桓温、毛璩等墓,置守冢三十户"③。朝廷专门设置守冢户四时祭祀桓温。

许逊。在建德县城北6里,相传晋旌阳令许逊曾斩蛟于此,当地人立庙祭祀。④

刘勔。他曾平定豫州刺史殷琰叛乱,平叛过程中不犯百姓秋毫。宋元徽二年(公元474)建庙于寿春城东都街左道北。⑤

任昉。任昉于梁天监六年(公元507)为新安太守,不修边幅,常挂杖步行。百姓有诉讼,他就在路边处理。他在任上去世,百姓立祠堂于城南,岁时祭祀。⑥

伏暅。梁武帝时,伏暅任新安太守,常以禄米帮助那些无力交纳赋税的百姓。离任后,百姓为他立生祠。⑦

何远。梁武帝时,何远曾任宣城太守,清正廉洁,每年以禄米俸钱为最贫穷的百姓充租调,百姓为其立生祠。⑧

夏侯亶。梁大通三年(公元529),豫州、南豫州刺史夏侯亶去世。州民夏侯简等五百人上表请为他立碑置祠,朝廷允许。⑨

程灵洗。歙县程灵洗曾助白蛟战胜黑蛟,后随陈武帝征战有功。

---

① 参见《晋书》卷七十八《孔愉传》。
② 参见《新安志》卷三《歙县》。
③ 《建康实录》卷十三《世祖孝武皇帝》。
④ 参见《明一统志》卷十六《池州府》。
⑤ 《水经注》卷三十二《肥水》。
⑥ 参见《新安志》卷九《牧守》。
⑦ 参见《南史》卷七十一《儒林伏曼容附子暅传》。《梁书》卷五十三《良吏·伏暅传》载此为其任东阳太守时事。
⑧ 参见《梁书》卷五十三《良吏·何远传》。
⑨ 参见《梁书》卷二十八《夏侯亶传》。

其乡人立祠。① 唐宋间程灵洗被神化,当地人祭祀他以祈福禳灾。

丁姑。丹阳丁氏女年十六嫁给全椒谢家。因婆婆严酷,限期干活,如未完成则棍棒相加。她于九月七日自杀,后显灵于民间。江南人皆呼为丁姑,于每年九月七日祭祀她。②

袁双。晋丹阳县有袁双庙。晋太和中,据守寿阳(今寿县)的袁真反叛,被桓温杀害,其第四子袁双销声匿迹。太元中他见形于丹阳,求立庙。③ 道俗常以二月晦鼓舞祈祠。④

萧王与孙王。歙县南长垓有一大土堆,其上有"如聚冢者二三十处",号萧王墓。民间请雨必祭萧王及孙王。孙王当是吴太子和。⑤

对人鬼的崇拜主要表现为鬼魂观念。鬼魂观念起源很早。人死为鬼,鬼魂需有一个安顿处,不然就成为游魂,不得安宁。因此生者造墓来安顿死者,并通过祭祀亡灵等方式来与他们取得联系,希望死者安心、舒适。曹氏宗族墓、陶氏宗族墓、马鞍山朱然墓等墓葬反映了民众对死亡的看法。人们相信:鬼像人一样有各种需求和感情,甚至会索命报仇。人死后宗族会定期祭祀,以满足鬼的要求。

3. 自然神崇拜

人们对自然界感到神奇,相信万物有灵,由此产生了自然神崇拜。崇拜的对象无所不有。关于六安铸冶师陶安公乘龙飞升和窦子明修炼成仙的传说反映了民间对朱雀、龙、白鱼、黄鹤的泛灵信仰。对与民生最相关的山、水、动植物神灵的信仰在史籍中记载最多。

淮水和长江为"四渎"之二,历代政府均尊崇并隆重祭祀。如:黄初二年(公元221)六月庚子,"初礼五岳四渎,咸秩群祀,瘗沈珪璧"。黄初六年(公元225)九月壬戌,"遣使者沈璧于淮"。⑥ 咸和八年(公元333)正月立天地二郊祀,其中地郊祭神包括四渎。⑦

---

① 参见《新安志》卷三《歙县》。
② 参见《搜神记》卷五。
③ 参见《异苑》卷五。
④ 参见《异苑》卷五。
⑤ 参见《新安志》卷三《歙县》。
⑥ 《晋书》卷十九《礼志上》。
⑦ 参见《晋书》卷十九《礼志上》。

焦湖（即今巢湖）有庙，且有巫主持祭祀庙神。据《幽明录》载：焦湖庙有一柏枕，一说玉枕，有小坼。商人杨林到庙中祭神。他听从巫的安排，头靠近枕边，恍惚见自己进入坼中，与豪门女结婚生子。六个儿子都担任秘书郎。忽然，他发现自己还躺在枕边，梦中的人物都不见了。① 这个故事当然不可信，但焦湖神庙及巫祝的存在则可以肯定。

淮南牛渚津水极深。相传水下多怪物。有人说这里通往洞庭，水里有一头壮硕的金牛，以金为锁绊。② 东晋温峤至牛渚矶，听到水底有音乐声，点燃犀角来察看。他看到水族覆火，奇形异状。当晚他梦见一人指责他："与君幽明道隔，何意相照耶？"温峤因此胸闷，没过多久去世。③ 人们归因于他不当查看水族。这些故事表现了人们对深水世界的无知和恐惧。

有关巢湖形成的传说实是水神崇拜。《搜神记》卷二十载：有条重达万斤的大鱼搁浅，死在港中。全郡人都吃了鱼肉，除了一位老婆婆。忽然有位老叟出现在她面前，说那条鱼是他儿子，因只有她没有吃他儿子的肉，将要报答她，并说："如果东门外石龟的眼睛变红，城将要陷落。"老婆婆每天去看东门石龟。有儿童好奇地探问原因，老婆婆告知实情。儿童有意欺骗老婆婆，找来朱粉涂在龟眼睛上。老婆婆发现龟眼睛变红，赶紧出城。路上碰到青衣童子，自称龙子，引老婆婆登山。而城沉陷为湖。大鱼、老叟、青衣童子都是水神——龙的变相。

人们深信山水有灵。泾县盖山下有舒姑泉。传说从前有舒女和父亲一起砍柴。女子久坐泉边，其父拉不动她。母亲闻讯赶来，想到女儿喜好音乐，就弹琴唱歌。很快泉涌洄流，有两条红鲤鱼跃出水面。据说人们在泉边作乐嬉戏，则泉涌鱼。④

歙县黄墩湖一名蛟潭。传说湖中有蜃。程灵洗勇敢而善射，梦黄墩湖蜃化为白衣道士，说他数次为吕湖蜃所困，希望程相助，并说："束

① 参见《幽明录》及《太平寰宇记》卷一百二十六《淮南道四·庐州》。

② 参见《幽明录》及《舆地记》。

③ 参见《异苑》卷七。

④ 参见《搜神后记》卷一。

白练者是我。"第二天,程灵洗带人在湖边鼓噪助阵。只见二牛厮斗,白牛不敌黑牛。程灵洗弯弓射中黑牛。吕湖自此逐渐淹塞。有道士带程母到山上,以白石标记一地,说:"葬此可以骤贵。"程灵洗将父亲埋葬在那里。此后,他随陈武帝征战,为佐命功臣,封侯。① 这个故事中,蛟是湖神,变形为牛、人,甚至精通风水术——亦可见当地堪舆术早有发展。

山神崇拜中,有文献记载的如下:

慈母。当涂县北临江有慈母山,山上有慈母祠。

敬亭山。南齐谢朓在宣城太守任上曾作《赛敬亭山庙喜雨》、《祀敬亭山庙》、《祀敬亭山春雨》诗,反映了人们以美食和曼妙歌舞祭祀、娱乐敬亭山神的场景。

金牛山。郎蔚之《隋州郡图经》云:"合肥县金牛山,昔有金牛从此山出奔,入江中,故其处有渚,犹谓金牛渚。"②

涂山神庙。陈顾野王《舆地志》载:"涂山有神庙……水每干涸。若祭祀者至,其水辄随出,随人多少给用,祭祀还则无。"③

歙县石鼓山。石鼓山有石如鼓形,还有石人、石驴。俗传石鼓鸣则驴鸣人哭,而县官不利。后有人将石鼓凿破,石鼓遂不复鸣。④

黄山旧名黟山。其山景致得名多源于神仙信仰。相传黄帝与容成子、浮丘公同游黄山,并在此炼丹;此外曾有仙人曹、阮氏居住。⑤《太平御览》云:"山中峰有浮丘公仙坛,彩霞灵禽栖止其上,是浮丘公与容成子游之处……山下人往往闻峰上有仙乐之声。"⑥黄山被视为"灵仙之窟宅"。

八公山。东晋谢玄与前秦苻坚对峙,曾"祈八公山"。⑦ 寿阳有八

---

① 参见《方舆胜览》卷十六及《新安志》卷三《歙县》。
② 转引自《汉唐地理书钞》,中华书局1961年版,第221页。
③ 转引自《汉唐地理书钞》,中华书局1961年版,第203页。
④ 《歙州图经》,转引自《汉唐地理书钞》,中华书局1961年版,第222页;另见《汉唐方志辑佚》,北京图书馆出版社1997年版,第384页。
⑤ 参见《新安志》卷三《歙县·山阜》。
⑥ 《太平御览》卷四十六《地部十一·黟山》。
⑦ 《水经注》卷三十二《肥水》。

公山庙,梁豫州刺史萧遥昌立碑,使主簿裴邈撰文。①

霍山。汉武帝以霍山(今天柱山)为南岳,至隋文帝开皇元年才以衡山取代霍山为南岳。山上有祠②,太平时节历代政府常以太牢祭祀霍山。③ 咸和八年正月立天地二郊祀,其中地郊祭神之一有霍山。④ 东晋何琦的上疏揭示了社会混乱对中央或地方政府祭祀霍山的影响:"自永嘉之乱,神州倾覆,兹事替矣。惟灊之天柱,在王略之内也。旧台选百户吏卒,以奉其职。中兴之际,未有官守,庐江郡常遣大吏兼假四时祷赛,春释寒而冬请冰。咸和迄今,又复隳替。"⑤大明七年二月,孝武帝派使者祭祀霍山。⑥ 这次祭祀是"兼太常持节奉牲,牲用太牢,加以璋币,器用陶匏……以爵献。凡肴馔种数,一依社祭"⑦。这种国家性祭祀活动使得霍山被赋予神秘性。传说:庙中本来有四镬,每逢祭祀则自动装满刚好够祭祀用的水,盆中水一尘不染。五十年间,每年都四次祭祀霍山,后来改成每年祭祀三次,就有一只镬破裂不能用。⑧

历阳县(今和县)历山上有石印,巫祝说掌管石印的有三郎神。相传石印封发则天下当太平。石山下有祠堂,巫祝主持祭祀三郎神。孙皓在位期间,历阳县长上表说石印文发。孙皓派使者以太牢祭祀。巫称:"石印三郎说:'天下方太平。'"使者爬上石山顶,去看石印文,谎称上有朱书二十字:"楚,九州渚;吴,九州都。扬州士,作天子,四世治,太平始。"上报孙皓。孙皓以为将应在自己身上,派使者拜石印三郎为王,并刻石铭立碑以褒颂灵德。⑨

《搜神记》卷十二载:"庐江皖、枞阳二县境,上有大青、小青居,山野之中,时闻哭声",却看不见人。"然于哭地必有死丧。率声若多则

---

① 参见《梁书》卷二十八《裴邈传》。
② 参见《晋书》卷十五《地理志下》。
③ 参见《宋书》卷十七《礼志四》。
④ 参见《晋书》卷十九《礼志上》。
⑤ 《晋书》卷十九《礼志上》。
⑥ 参见《建康实录》卷十三《世祖孝武皇帝》。
⑦ 《宋书》卷十七《礼志四》。
⑧ 参见《搜神记》卷十三。
⑨ 参见《三国志》卷四十八《吴书·三嗣主传》注引《江表传》,另参见《建康实录》卷四。

为大家,声若小则为小家。"山发出的神秘声音被人们视为预兆死亡的哭声。

人们甚至相信植物、动物和器物也有神灵。《搜神记》和《搜神后记》记载了不少关于树神、动物或器物化身为人为妖的神话故事。

概言之,以万物有灵论为基础的巫术信仰广泛存在,渗透在国家行为和个人日常生活中。人们通过巫术试图了解未来或解除困惑,借助鬼神信仰来解释自然界的神秘或人事的怪异,基于实用的目的来选择鬼神加以崇拜,从而在天地之间借助鬼神安顿自己。

三、节庆习俗

魏晋南北朝时期节日逐渐由宗教性向娱乐性发展,主要有以下节日习俗[1]:

元日。夏历正月一日,又称"正旦"、"元正"。全族老幼鸡鸣即起,先在庭前燃放爆竹以辟山臊恶鬼,贴画鸡、门神,悬苇索以畏鬼。大家穿戴整齐,相聚祭祀祖先。之后,按照长幼顺序饮椒柏酒和桃汤,饮酒先幼后长。还饮屠苏酒,吃胶牙糖,下五辛盘,进敷于散,服却鬼丸。

人日。正月初七为人日。以七种菜做羹汤,剪彩为人,或镂金箔为人,贴在屏风上,或者戴在头鬓边。造华丽的头饰相互赠送,登高赋诗。

立春。剪彩为燕以戴,贴"宜春"二字。又进行打球、秋千游戏。

正月十五日。作豆糜,加油膏其上,以祠门户。黄昏时,迎紫姑神,占卜当年蚕桑等事。

刘宋赵伯符担任豫州刺史期间,于寿阳城立明义楼,每逢正月初一、初七、十五,在明义楼上奏乐,群众盛服游玩观看。[2] 赵伯符任豫州刺史时间是元嘉二十一年(公元444),次年转为护军将军、丹阳尹。这几天顺应时俗,官民共乐。

---

① 以下多参考文渊阁《四库全书》本《荆楚岁时记》。
② 参见《说郛》卷六九下《岁华纪丽》卷一注引《寿阳记》。

正月未日，晚上，点燃芦苣，以火照亮井和厕，以驱鬼。

正月晦日（最后一天），人们"送穷鬼"，即用粥和破衣在巷中祭祀穷鬼。

从正月初一到正月最后一天，人们经常性的活动是相聚饮食。士女们或泛舟，或临水宴会，行乐饮酒。

因佛教盛行，佛教节日也逐渐世俗化。二月八日是释迦牟尼出家之日，崇信佛教的人家举行八关斋，造车轮宝盖、七变八会之灯。这天清晨，人们执香花绕城一圈，谓之行城。

春分这一天，人们纷纷在屋上种戒火草。有一种像乌鸦的鸟，在鸡之前"架架格格"地叫，人们听到鸟叫声即下田备耕。

社日，四邻联合宗族，结成会社。宰杀牲畜，在树下建坛以祭神，然后分享祭神的猪肉。掷教来占卜来年丰俭，或者折断竹子来占卜。①

东晋中期始，二月的最后一天，道教徒和普通百姓以鼓乐祭祀袁双，祭祀的中心地是丹阳县（南朝时丹阳县治今当涂县丹阳镇）袁双庙。

寒食节。清明前两日，禁火三天，吃大麦粥。吃生菜，斗鸡。

三月三日上巳节。人们穿着艳丽的衣服到水边为流觞曲水之饮。取黍曲菜汁作羹，以蜜和粉，谓之龙舌料，以驱逐邪气。

四月，布谷鸟叫，农民携犁耙耕作。

四月八日为释迦牟尼佛诞日。诸寺设斋，以五色香水浴佛，共作龙华会。刘宋时期，刘敬宣在芜湖，在这一天"见众人灌佛，乃下头上金镜以为母灌"②。

四月十五日，僧尼就禅刹挂搭，谓之结夏。至七月十五日解夏。

五月俗称恶月，多禁忌。不能曝晒床、席，不能盖房子。

五月五日是浴兰节。四民并踏百草之戏，采艾编为人形挂在门户上，以驱逐毒气；以菖蒲泡酒喝。这天，竞渡，采杂药以解除毒气。以五彩丝系臂，名为"辟兵"，令人不生病发瘟。又编织条达等杂物相

---

① 参见《太平御览》卷七百二十六《方术部七·竹卜》。
② 《宋书》卷四十七《刘敬宣传》。

赠。取鸲鹆教其学人说话。扬州部分地方如丹阳、京口、宣城"俗以五月五日为斗力之戏,各料强弱相敌,事类讲武"①。

夏至这天吃粽,取菊为灰以止小麦蠹。

六月必有三时雨,农民以为甘泽,邑里相贺,名为"贺嘉雨"。伏日,作汤饼,名为"辟恶饼"。

七月七日为牵牛织女聚会之夜。这天晚上,妇女结彩缕,穿七孔针,有的以金银输石为针,在庭中摆设几筵,陈列酒、脯、瓜、果以乞巧。如有蜘蛛结网于瓜上,则以为是好兆头。

七月十五日,僧尼道俗悉以百味五果置于盂兰盆中以供养四方诸佛。

八月十四日,人们以朱墨点小儿头额,名为"天灸",以预防疾病。又以锦彩为眼明囊,相互赠送。

江南人在九月七日这天祭祀丁姑。女子可不劳作,休息一天。

自汉始盛行九月九日登高。这一天全家登山,饮茱萸酒;女子佩带绛纱囊。东晋桓温曾与僚属于九月九日登当涂县龙山,饮酒赋诗。②

十月初一,设黍臛,俗谓"秦岁首"。

仲冬之月,采撷霜芜菁、葵等杂菜,晒干,做咸、酸菜。

冬至这天,量日影,做赤豆粥以禳疫。

十二月八日为腊日。谚曰:"腊鼓鸣,春草生。"村人在这天举行傩戏:系上细腰鼓,戴胡公头,扮成金刚力士,驱逐瘟疫。沐浴。人们还以猪、酒祭祀灶神。

除夕这一天,家家准备酒菜,相聚酣饮,以迎接新年。留下旧年的饭,在新年第十二日,则丢弃在街道上,以示去故纳新。

闰月,百事不举。

四、社会风气

魏晋南北朝时期,伴随着经济、文化的发展,安徽境内各地风俗都

---

① 《隋书》卷三十一《地理志下》。
② 参见《太平寰宇记》卷一〇五《当涂县》。

有变化。长期作为南北方军事争夺的中间地带,民风明显受到战争影响。

魏晋时期皖北民风强悍。东晋伏滔跟随桓温到寿阳(今寿县)讨伐袁真,有感于淮南多次发生战乱,作《正淮论》①,提及寿阳一带风俗:崇尚气力,勇敢强悍,熟习战斗而崇尚狡诈欺骗;豪强大族家家藏有武器,不懂仁义,不遵法令。义熙二年(公元406),刘毅镇守姑熟(今当涂),说到当地民风强悍粗犷,常聚集生事,"民不识义,唯战是习"②。北魏时期,今蒙城县一带民俗贪婪虚伪,喜欢骑马驰骋,经过这里的旅客很可能遭遇抢劫而丧失财货。③ 至隋,今安徽西北部地区如砀山、涡阳、亳州、蒙城、阜阳一带风俗从"邪僻傲荡"④转变为性情清和,民间讲究孝顺友善,男耕女织,重视礼仪,文质彬彬。今安徽东北部地区如萧县、宿州、灵璧、淮北、固镇、五河、泗县一带犹有楚人风尚,民风"劲悍轻剽",读书人"挟任节气",崇尚节气,颇有任侠气概,喜欢结交朋友。⑤ 同时,因地近儒家思想诞生地山东,也受到儒家思想的影响,百姓都轻贱商人,重视农耕,尊重有学问的人。济阴睢陵(今明光市东北)人陈伯之可谓是当时皖北民风强悍的代表。他年少时喜欢戴獭皮帽,佩带刺刀,经常偷割邻居水稻,甚至曾拿刀威胁田主;长大后,数次在钟离抢劫,有一次被船主砍去左耳。后来他因勇敢善战而多次立功。这显然是地域风气熏陶的结果。

东汉三国时期,在今安徽省山区生活着山越民族。这些住在深山老林的山越人,多果敢强劲,善于自制兵器,"好武习战,高尚气力"⑥,惯于攀山越岭,常常利用农闲出山抢劫。东吴政权通过多次征讨或迁徙,将山越人收编为国家的屯田客户或整编入军队。此后,山越人逐渐融入汉人之中。山越民族率直质朴,碰到意气相投的人,当即解下头巾和腰间佩刀送给对方,结拜为亲。结拜的仪式很郑重:在山间一

---

① 《晋书》卷九十二《文苑·伏滔传》。
② 《南齐书》卷十四《州郡志上》。
③ (北魏)阚骃《十三州志》,转引自《汉唐地理书钞》,中华书局1961年版,第148页。
④ 《隋书》卷三十《地理志中》。
⑤ 《隋书》卷三十一《地理志下》。
⑥ 《三国志》卷六十四《吴书·诸葛恪传》。

棵大树下垒土筑坛，以一只白狗、一只鸡、三枚鸡蛋祭祀，发誓说："卿虽乘车我戴笠，后日相逢下车揖。我虽步行卿乘马，后日相逢卿当下。"①

安徽中北部民众"信鬼神，好淫祀"②，父子分居。淮南、钟离、庐江、历阳诸郡百姓性情急躁强劲，风气果决，"包藏祸害，视死如归，战而贵诈"③。陈亡之后，风俗变异，崇尚淳朴，生活节俭，逐渐讲究婚丧嫁娶合礼。隋灭陈后包括今寿县、凤阳在内的这些地方风俗逐渐趋向淳朴、俭约、守礼。

宣城（治今宣城市）一带百姓习战，常于五月五日举行"斗力之戏"，类似摔跤比赛。因土壤肥沃，自然资源丰富，商业发展较早。这里的读书人讲究礼节，普通民众敦厚质朴，风俗醇正清明，教化有成。

新安（今黄山地区）一带，多以勇力保卫乡土的勇士，如程灵洗。在几任太守的引导下，风俗改变。晋宋之间，羊欣两度任新安太守，前后共13年，治尚简惠。梁初，伏暅任新安太守，他拿出太守田米代贫穷百姓交赋；在任廉洁，虽然该地盛产麻苎，他的家人却没有编绳的原材料。梁大通三年，徐摛任新安太守，为政崇尚清净，教民礼义，劝课农桑，数月之间，风俗改易。这里的读书人善于理家，百姓勤于耕作。当地百姓很少争讼，喜好歌舞。这里养蚕一年收获四五次，女子勤于纺绩，以致有晚上浣纱而早上成布的，俗呼为鸡鸣布。

新安一带还盛行畜蛊之风。每年五月初五，人们收集上百种虫子，大至蛇，小到虱子，都装在一个容器中，让它们互相残杀，只剩下一种留下来养着，如果是蛇就叫蛇蛊，是虱子就叫虱蛊，留着杀人。将蛊放在别人的食物中，让蛊破坏五脏，人死后则其家产转移到蛊的主人家。如果三年不杀他人，养蛊的人自己要死。累世子孙相传不绝，也有蛊随女子出嫁的现象。④ 看来这里的百姓还远未脱离迷信巫术、残害他人的阶段。

---

① 《太平御览》卷四百六《人事部·叙交友》。
② 《隋书》卷三十一《地理志下》。
③ 《隋书》卷三十一《地理志下》。
④ 参见《隋书》卷三十一《地理志下》。

附录一
秦汉魏晋南北朝安徽大事编年

秦始皇帝二十六年（前221）

秦始皇统一全国，废分封诸侯之制，分天下为三十六郡。安徽南北各地，分属其淮阳、砀、泗水、东海、九江、会稽六郡。

秦始皇帝二十七年（前220）

修筑驰道，东穷燕齐，南极吴楚。道宽五十步，三丈而树。

秦始皇帝二十八年（前219）

始皇东巡，辗转至彭城斋戒祷祠求周鼎未果，然后经泗水郡渡淮至寿春（今寿县）。又西南至衡山，祀南岳，登天柱山，转至南郡。

秦始皇帝三十六年（前211）

泗水郡沛县泗水亭长刘邦送徒骊山，沿途徒多逃亡，于是率壮士逃亡芒、砀山泽间（今砀山与河南永城之间）。六（今六安市）人英布（亦称黥布）与在骊山服役的同伴逃至鄱阳湖一带从事反秦活动。

秦始皇帝三十七年（前210）

十月，始皇南巡。行至云梦，自九疑山浮江而下，在枞阳（今枞阳县）略事停留，又东下丹阳（今当涂县丹阳镇），然后南下浙江。

秦二世元年（前209）

秦征发"闾左"，戍渔阳（今北京密云）。七月，戍卒陈胜、吴广因遇雨失期，按律当斩，于是率戍卒九百人，在蕲县大泽乡（今宿州市南西寺坡乡刘村集一带）揭竿而起。攻占陈（今河南淮阳县）后，陈胜称王，建立张楚政权。刘邦、项梁、田儋等纷纷起兵响应。符离（今宿州市东北灰古镇）人葛婴奉陈胜之命攻略九江郡（治今寿县），至东城

（今定远东南）立襄强为楚王。

秦二世二年（前208）

十月，陈胜诛杀葛婴。十二月，陈胜从陈县败退，至下城父（今涡阳县东南）被其御者庄贾杀害。陈胜部属吕臣在新阳（今界首市北）组织"苍头军"，夺回陈县。二月，项梁渡江而西，陈婴、英布等先后率军归属。六月，项梁立原楚怀王的孙子心为楚怀王，都盱眙（今江苏盱眙县东北）。九月，怀王迁都彭城，命宋义、项羽、范增率军北上救赵，另派刘邦将砀郡兵西攻咸阳。

汉王刘邦元年（前206）

秦朝灭亡。二月，项羽自立为西楚霸王。王梁、楚等九郡，都彭城。封刘邦为汉王，英布为九江王，都六（今六安市东北）。

汉王二年（前205）

四月，刘邦以义帝被杀事率诸侯兵伐楚，大败于彭城（今江苏徐州市铜山县境）及灵璧（今灵璧县境）东睢水，汉军士卒"十余万人皆入睢水，睢水为之不流"，刘邦仅余数十骑逃至砀（今砀山县南）。

汉王三年（前204）

十一月，九江王英布叛楚附汉。

汉王四年（前203）

七月，汉立英布为淮南王，仍都六。

汉高祖刘邦五年（前202）

十一月，刘贾入楚地，围寿春。汉诱楚大司马周殷叛楚，以舒屠六，举九江兵迎黥布，并行屠城父。刘贾、英布、韩信、彭越、周殷等会军垓下（今灵璧与固镇交界处）。

十二月，楚汉决战于垓下，楚军溃败，项羽乌江（今和县乌江镇）自刎。

正月，刘邦徙齐王韩信为楚王，王淮北，都下邳（今江苏邳县），今皖北、皖东境内各有其若干属县。

汉高祖六年（前201）

十二月，刘邦大封功臣。夏侯婴改封为汝阴侯，食邑汝阴（今阜阳市）。

正月,大封同姓。楚国一分为二,以淮东五十三县为荆国,封刘贾为荆王,后改称吴国;以淮西三十六县为楚国,封刘交为楚王。

汉高祖七年(前200)

是年,刘邦封伯兄子刘信为羹颉侯,封邑龙舒(今舒城县境)。

汉高祖十一年(前196)

七月,淮南王英布起兵反汉,高祖自将击之。

汉高祖十二年(前195)

十月,高祖刘邦与英布战于蕲西,布兵败,渡淮,走江南,被杀。刘邦立幼子刘长为淮南王,迁都寿春。

汉高皇后吕雉称制元年(前187)

羹颉侯刘信削爵为关内侯。

汉文帝前三年(前177)

四月,淮南王刘长击杀汉辟阳侯审食其。

汉文帝前五年(前175)

赐邓通蜀严道铜山铸钱,吴王刘濞开鄣郡铜山铸钱。吴、邓钱布于天下。

汉文帝前六年(前174)

十月,淮南王刘长以谋反罪被削爵,流放蜀郡,途中绝食死。

汉文帝前八年(前172)

五月,封淮南厉王刘长子刘安等四人为列侯。汝阴侯夏侯婴死。

汉文帝前十六年(前164)

分淮南国为三,封于刘长三子:刘安为淮南王,刘勃为衡山王,刘赐为庐江王。

汉景帝前三年(前154)

正月,吴王刘濞联合六个同姓王起兵反汉,史称"七国之乱"。晁错被杀。二月,汉军与叛军战于淮北,太尉周亚夫击破吴、楚叛军于下邑(今砀山县境),后平定叛乱。

汉景帝前四年(前153)

衡山王刘勃徙为济北王,庐江王刘赐转为衡山王。庐江国除为庐江、豫章二郡。

汉武帝建元二年（前139）

十月，淮南王刘安朝见汉武帝，献其与宾客所著《淮南子》。

汉武帝建元三年（前138）

七月，闽越攻东瓯，东瓯请救于汉。闽越兵退，汉徙东瓯人于江、淮间。

汉武帝元光三年（前132）

五月，黄河复决于濮阳瓠子（今河南濮阳县西南），东南注巨野，通于淮、泗，泛郡十六。

汉武帝元狩元年（前122）

刘安、刘赐案发，自杀。列侯、二千石、豪杰被二狱牵连死者数万人。淮南国除为九江郡，衡山国除为衡山郡。

汉武帝元狩二年（前121）

七月，武帝封景帝孙、胶东康王刘寄少子刘庆为六安王，六安国正式设置，辖原刘赐衡山国北部数县及原淮南国部分县地，都于六。

汉武帝元鼎二年（前115）

除汝阴侯国。

汉武帝元封元年（前110）

十月，汉军平息东越王馀善的叛乱，徙数万东越民于江淮之间。

汉武帝元封二年（前109）

汉武帝东巡，求神仙，亲睹淮、泗灾情，塞瓠子决口，黄河复故道。

汉武帝元封五年（前106）

冬，汉武帝南巡，祭祀南岳——安徽境内"灊之天柱山"，太史令司马迁从行。

汉宣帝神爵元年（前61）

正式确定东岳泰山、中岳嵩山、南岳灊（天柱）山、西岳华山、北岳常（避汉文帝讳改恒为常）山为五岳。

汉宣帝甘露三年（前51）

五月，诏诸儒石渠阁论经，讲五经异同。沛郡薛广德、施雠、闻人通汉三人以大儒身份与会。

汉元帝永光五年（前 39）

秋，颍水溢。

汉成帝建始四年（前 29）

秋，黄河再决于馆陶（今河北馆陶境）及东郡金隄，灌四郡三十二县。

汉成帝河平元年（前 28）

三月，以王延世为河隄使者，塞黄河东郡决口，三十六日而成，因改元河平。

新皇帝王莽始建国元年（公元 9）

沛郡龙亢（今怀远境）大学者桓荣辞官至九江郡，讲学于民间。

新天凤四年（公元 17）

临淮人瓜田仪起义于会稽长洲（今江苏吴县境）。庐江郡王州公起义。

新地皇四年（公元 23）

十月，颍川李宪据庐江，称淮南王。

汉光武帝建武元年（公元 25）

汉光武帝封功臣坚镡为合肥侯，改合肥县为侯国。

汉光武帝建武三年（公元 27）

李宪称帝于淮南。

汉光武帝建武四年（公元 28）

刘秀督军江淮，征讨李宪割据势力。

汉光武帝建武六年（公元 30）

正月，吴汉等攻斩董宪、庞萌，江淮悉平。

汉光武帝建武十三年（公元 37）

省六安国，诸县并入庐江郡。

汉光武帝建武十七年（公元 41）

李广等攻据皖城（今潜山县），杀皖侯刘闵。马援击之，李广败死。

汉光武帝建武二十年（公元 44）

徙中山王刘辅为沛王，建沛国。

汉明帝永平十三年(公元 70)

王景修汴河成,河汴分流,六十年河患息。楚王英狱,牵连死及徙者数千人。

汉明帝永平十六年(公元 73)

分九江郡东部置阜陵国,徙封淮阳王刘延为阜陵王。

汉章帝建初八年(公元 83)

庐江太守王景修复芍陂,径百里,溉田万顷。

汉章帝元和二年(公元 85)

改庐江郡为六安国,徙封江陵王刘恭为六安王。

汉顺帝永建七年(公元 132)

扬州六郡人民暴动。

汉顺帝永和三年(公元 138)

九江蔡伯流起义,攻广陵,杀江都长,徐州刺史应志诱降之。

汉顺帝永和六年(公元 141)

九江人范容、周生等起义,攻据历阳。九江人徐凤、马勉等起义,建年号,置百官。

汉顺帝汉安元年(公元 142)

广陵人张婴等游击扬、徐间十余年,广陵太守张纲说降之。

汉顺帝汉安元年(公元 142)

徐、扬等州民变,攻城杀守令。

汉顺帝汉安三年(公元 144)

扬州刺史尹耀、九江太守邓显击范容等,败死。九江人黄虎起义,攻合肥。

汉冲帝永憙(嘉)元年(公元 145)

马勉、范容、周生等为九江都尉滕抚攻杀。丹阳人陆宫起义,为郡兵所破。下邳谢安率宗亲击杀徐凤。庐江民变、历阳华孟起义,皆为滕抚部所破。张婴重新起义,又为滕抚破之。

汉桓帝延熹九年(公元 166)

沛国戴异与广陵龙尚作符书,称太上皇,被杀。

汉桓帝延熹十年（公元 167）

庐江人民暴动。

汉灵帝建宁二年（公元 169）

丹阳山越围郡城，太守陈夤击破之。朱寓、范滂等"党人"罹难。

汉灵帝光和三年（公元 180）

庐江人黄穰起义，合"江夏蛮"，为庐江太守陆康击败。

汉灵帝光和七年（公元 184）

张角等发动黄巾起义，青、徐、荆、扬、兖、豫、冀、幽八州太平道信徒同时俱起，各地黄巾军达三十余万人。

汉献帝初平四年（公元 193）

袁术为曹操所逐，走据淮南。曹操攻陶谦，坑男女数十万口，屠取虑、睢陵、夏丘。

汉献帝兴平二年（公元 195）

袁术遣孙策破扬州刺史刘繇，据江东。

汉献帝建安二年（公元 197）

袁术称帝于寿春，号仲家。是岁，江淮饥，人相食。

汉献帝建安四年（公元 199）

六月，袁术困毙寿春，结束其割据淮南的局面。

汉献帝建安五年（公元 200）

曹操表刘馥为扬州刺史。刘馥单马造合肥空城，建立州治。庐江太守李术叛孙氏，孙权屠皖城。

汉献帝建安九年（公元 204）

孙权部将妫览杀丹阳太守孙翊，欲附曹操，寻为翊妻徐氏所杀。

汉献帝建安十一年（公元 206）

阜陵国除，其地还属九江郡。

汉献帝建安十三年（公元 208）

孙权遣兵破丹阳郡黝、歙帅陈仆等，置新都郡。

汉献帝建安十四年（公元 209）

曹操开芍陂屯田。庐江陈兰、梅成据灊、六，曹操遣将击杀之。

汉献帝建安十七年（公元 212）

孙权遣吕蒙建立濡须坞。

汉献帝建安十九年（公元 214）

孙权复征皖城，俘获魏庐江太守朱光。

汉献帝建安二十年（公元 215）

孙权围合肥，魏将张辽英勇抵抗，孙权无功而退。

汉献帝建安二十二年（公元 217）

孙权使陆逊击破丹阳费栈及山越。

魏文帝黄初三年（公元 222）

九月，魏遣夏侯惇、曹仁等出江西攻吴。夏侯惇出历阳洞口（在今和县东南）渡江未遂。

魏文帝黄初四年（公元 223）

二月，吴濡须督朱桓击退曹仁军。

魏文帝黄初五年（公元 224）

七月，魏文帝东巡，御龙舟幸寿春。九月，至广陵而还。

魏文帝黄初六年（公元 225）

八月，魏文帝自谯县率舟师循涡入淮。十月，行幸广陵故城，临江观兵，戍卒十余万，不得渡江而还。

魏明帝太和二年（公元 228）

八月，吴将军陆逊大破曹休于石亭（今潜山县东北）。

魏明帝青龙元年（公元 233）

魏作合肥新城。是岁，孙权进攻合肥新城，别遣全琮征六安，皆无功而退。

魏明帝青龙二年（公元 234）

五月，孙权率大军进攻合肥新城，魏征东将军满宠拒退之。八月，吴以诸葛恪为丹阳太守，镇抚山越，至嘉禾六年（公元 237）事毕，北屯庐江皖口。

魏齐王正始二年（公元 241）

是年，吴大举攻魏。遣全琮略淮南，诸葛恪攻六安。魏将王凌等顽强抵抗，吴军无功而退。自是年起以后数年，司马懿遣邓艾于淮水

南北大兴水利和屯田。

魏齐王正始四年（公元 243）

吴诸葛恪攻六安，破魏将谢顺营。魏司马懿进军至舒县，诸葛恪退屯柴桑。

魏齐王嘉平三年（公元 251）

魏王凌据寿春反抗司马氏，未遂自杀。

魏齐王嘉平四年（公元 252）

四月，诸葛恪遏巢湖，筑东兴堤。十二月，吴大破魏军于东关。

魏齐王嘉平五年（公元 253）

吴诸葛恪围合肥新城，持久不克，被迫撤退。

魏高贵乡公正元二年（公元 255）

魏镇东将军毌丘俭、扬州刺史文钦据寿春起兵讨伐司马师，旋溃败。司马师去世，弟司马昭专魏政。

魏高贵乡公甘露二年（公元 257）

五月，魏征东大将军诸葛诞引吴军为援据寿春反叛，司马昭指挥平叛。

魏高贵乡公甘露三年（公元 258）

二月，魏破寿春城，斩诸葛诞。

晋武帝泰始元年（公元 265）

晋大封宗室为王。其中，以司马骏为汝阴王（都今阜阳市）、司马子文为沛王（都今淮北市相山区）、司马逊为谯王（都今亳州市）、司马权为彭城王（都今江苏徐州市）、司马晃为下邳王（都今江苏睢宁县西北）。

晋武帝泰始四年（公元 268）

九月，晋青、徐、兖、豫四州大水，乃立常平仓。此后数年，淮北屡有水灾。

晋武帝咸宁三年（公元 277）

杜预上整治兖、豫东界诸陂疏，朝廷从之。

晋武帝咸宁四年（公元 278）

晋都督扬州诸军事王浑遣将袭皖城（今潜山县），斩首五千级，践其稻田,焚其舟船。

晋武帝咸宁五年（公元279）

十一月,晋武帝诏令大举伐吴,五道并进。其中,镇军将军、琅邪王司马伷出涂中(滁河流域),安东将军王浑出横江(在今和县东南)。

晋武帝咸宁六年,太康元年（公元280）

三月,晋军攻克建业,吴国灭亡。晋徙吴国吏民于寿春。

晋武帝太康二年（公元281）

分丹阳郡西部诸县置宣城郡。改新都郡为新安郡。是年二月,淮南、丹阳地震。

晋武帝太康十年（公元289）

改封司马允为淮南王(都寿春)。淮南相刘颂修治芍陂,"计功受分,百姓歌其平惠"。

晋惠帝元康四年（公元294）

五月,淮南寿春洪水出,山崩地陷,坏城府及百姓庐舍。六月,寿春地大震,死者二十余家。

晋惠帝永宁元年（公元301）

十二月,继封司马超为淮南王。

晋惠帝太安二年（公元303）

义阳蛮张昌率流民起义,别遣石冰攻陷扬州诸郡。

晋惠帝永兴元年（公元304）

三月,陈敏攻石冰,斩之,扬、徐二州平。

晋怀帝永嘉元年（公元307）

专制朝廷的东海王司马越以琅邪王司马睿为安东将军、都督扬州江南诸军事,移镇建邺(今南京市)。

晋怀帝永嘉四年（公元310）

匈奴族汉国石勒、王弥攻掠徐、豫、兖诸州。

晋怀帝永嘉五年（公元311）

六月,汉将刘曜攻陷洛阳,俘获晋怀帝。中原吏民大批南迁。

晋愍帝建兴元年（公元313）

是岁,祖逖自京口(今江苏镇江市)渡江北伐,进驻淮阴。

晋元帝建武元年（公元 317）

祖逖北伐进据谯城（今亳州市）、太丘（今河南永城县东北太丘集）。

晋元帝太兴元年（公元 318）

诏徐、扬二州督令旱田种麦。

晋元帝太兴四年（公元 321）

祖逖去世，弟祖约代领其兵，屯谯城。

晋元帝永昌元年（公元 322）

是年，晋大将军王敦发动叛乱，司马睿以忧愤死，太子司马绍继位，是为明帝。后赵向黄河以南扩张，祖约自谯城退屯寿春。

晋成帝咸和二年（公元 327）

历阳太守苏峻、豫州刺史祖约发动叛乱。

晋成帝咸和三年（公元 328）

苏峻率军自横江（在今和县东南）渡江，至建康。庾亮、温峤、陶侃联合平叛。宣城内史桓彝阵亡。后赵将石聪等攻占寿春。祖约退据历阳。

晋成帝咸和四年（公元 329）

正月，晋将甘苗讨伐祖约，祖约败奔后赵。七月，晋会稽、吴兴、宣城、丹阳大水。诏免遭贼郡县租税三年。

晋穆帝永和五年（公元 349）

后赵皇帝石虎死，后赵扬州刺史王浃降晋，东晋收复寿春。晋征北大将军褚裒北伐，进次彭城，旋败还。

晋穆帝永和八年（公元 352）

晋遣中军将军殷浩北伐，进屯寿春。北中郎将荀羡开江西曒田千余顷。

晋穆帝升平三年（公元 359）

前燕攻占谯、沛等淮北地。

晋哀帝隆和元年（公元 362）

十二月，徐、兖二州刺史庾希自下邳退镇山阳，豫州刺史袁真自汝南退镇寿春。

晋哀帝兴宁二年（公元 364）

四月,桓温率舟师次于合肥。八月,桓温城赭圻(在今繁昌县西北长江南岸),遥领扬州牧。

晋废帝太和四年（公元 369）

晋大司马桓温出淮、泗北伐前燕,后撤时,在襄邑遭前燕伏击,退至谯县又遭前秦追击,损失惨重。晋将袁真据寿春降燕。

晋简文帝咸安元年（公元 371）

晋桓温攻占寿春,杀叛将袁真子袁瑾(此前袁真已病死)。

晋孝武帝太元八年（公元 383）

八月,前秦苻坚倾其全国之军进攻东晋。九月,晋命谢石、谢玄等率军八万拒敌。十一月,秦、晋战于淝水,晋以少胜多,大败秦军。

晋孝武帝太元九年（公元 384）

东晋乘胜北伐。正月,刘牢之攻克谯城。八月,谢玄进据彭城,河南城堡多降附。

晋孝武帝太元十九年（公元 394）

六月,晋孝武帝追尊会稽王太妃郑氏(名阿春)为简文宣太后,改寿春为寿阳、春谷为阳谷(在今繁昌县西北)。至刘宋大明六年(公元462)皆复旧名。

晋安帝隆安二年（公元 398）

七月,晋豫州刺史庾楷、荆州刺史殷仲堪、广州刺史桓玄举兵反。九月,谯王司马尚之大破庾楷于牛渚。五斗米道首领新安太守孙泰聚众谋反,被捕杀,其侄孙恩率众逃入海岛。

晋安帝隆安三年（公元 399）

十月,孙恩又自海岛登陆作战,攻占会稽、新安等八郡。

晋安帝元兴元年（公元 402）

桓玄率叛军自荆州东下,败王师于姑孰(今当涂县),追杀谯王司马尚之。

晋安帝元兴二年（公元 403）

十二月壬辰,桓玄在姑孰上演即皇帝位的闹剧。

晋安帝义熙五年(公元 409)

四月,刘裕自建康出发,出淮泗北攻南燕。

晋安帝义熙六年(公元 410)

十二月,刘裕在大雷(今望江县境)大破卢循、徐道覆农民军。

晋安帝义熙十二年(公元 416)

刘裕北伐,遣将檀道济等出淮颍进击后秦。

宋武帝永初元年(公元 420)

七月,颁"和市"令。八月,颁优复彭、沛、下邳三郡诏。

宋永初三年(公元 422)

二月丁丑,宋武帝诏:置两豫州,淮西诸郡立为豫州,自淮以东为南豫州。

宋文帝元嘉五年(公元 428)

三月,宋右将军到彦之出淮泗北伐。十月,宋罢南豫州并于豫州。十一月,魏军大举南下,到彦之自滑台退至彭城。十二月,以长沙王刘义欣为豫州刺史,镇寿阳(今寿县)。义欣久在此任,随宜经理,遂为盛藩强镇。

宋文帝元嘉十年(公元 433)

宋改封宗室刘义宣为南谯王(都山桑县,今巢湖市东南)。

宋文帝元嘉十二年(公元 435)

六月,丹阳、淮南(侨置于江南者)、吴兴、义兴大水。朝廷以徐、豫、南兖三州及会稽、宣城二郡米数百万斛赐诸郡遭水民。

宋文帝元嘉十七年(公元 440)

八月,徐、兖、青、冀四州大水,遣使检行赈恤。

宋文帝元嘉二十一年(公元 444)

七月,宋文帝诏尽播殖之宜,要求淮水以南旱田推广种麦,淮北修治旧陂课种稻。

宋文帝元嘉二十七年(公元 450)

十月,魏太武帝拓跋焘大举攻宋,矛头直指彭城、寿阳、钟离、盱眙诸军事重镇。十二月,拓跋焘攻诸镇不克,长驱直入至瓜步(今江苏六合县东南)。

宋文帝元嘉三十年（公元 453）

正月,魏拓跋焘自瓜步北归。六月,改封南谯王刘义宣为南郡王。

宋孝武帝孝建元年（公元 454）

六月,分扬州立东扬州,新安郡割属东扬州。

宋孝武帝大明三年（公元 459）

二月,宋以扬州所统六郡(包括皖南的宣城、淮南侨郡及丹阳尹所属丹阳县)为王畿,以东扬州为扬州,新安郡属焉。

宋孝武帝大明四年（公元 460）

正月,宋立第七皇子子顼为历阳王。九月,改封襄阳王刘子鸾为新安王。

宋孝武帝大明六年（公元 462）

三月,宋改豫州南梁郡为淮南郡,侨置于皖南的淮南郡并于宣城郡。

宋孝武帝大明七年（公元 463）

二月,宋孝武帝巡幸南豫、南兖二州,校猎于历阳之乌江。蠲历阳郡租输三年。八月,立第十六皇子刘子孟为淮南王。十月,孝武帝又巡幸南豫州,校猎于姑孰。

宋孝武帝大明八年（公元 464）

六月,以豫州之淮南郡复为南梁郡,复分宣城还置淮南郡。十二月,以王畿诸郡为扬州,还以扬州为东扬州(新安郡又属东扬州)。

宋明帝泰始元年（公元 465）

八月,罢东扬州并于扬州。免抚军将军、南徐州刺史新安王刘子鸾为庶人,赐死。改封晋熙王刘子舆为庐陵王。

宋明帝泰始二年（公元 466）

宋明帝继位后,四方藩王、方镇相继反叛。十月,宋徐州刺史薛安都以州投降北魏。十一月,封宗室刘延年为新安王。十二月,宋刘勔平叛,攻占寿春。

宋明帝泰始三年（公元 467）

十月,改封新安王刘延年为始平王。

宋明帝泰始五年(公元 469)

经过数年激烈争夺,宋失淮北四州(青、冀、徐、兖)及豫州淮西地(汝南、新蔡、谯、梁、陈、南顿、颍川、汝阳、汝阴九郡),北魏完全占有皖北。

宋明帝泰始六年、北魏皇兴四年(公元 470)

四月,宋明帝封第六皇子刘燮为晋熙王(都怀宁县,今潜山县)。

宋后废帝元徽元年(公元 473)

魏诏郡县劝农,家有二牛者,助借无者。又诏河南六州(青、徐、兖、豫、济、东徐)之民,户收绢一匹、绵一斤、租三十石。宋割南兖州之钟离、豫州之马头,又分秦郡、梁郡、历阳置新昌郡,立徐州(治钟离)。

宋后废帝元徽三年(公元 475)

元徽中,宋尚书右丞虞玩之奉敕课扬、徐众逋,凡入米谷六十万斛、钱五千余万、布绢五万匹及杂物等。

齐高帝建元二年(公元 480)

是年,魏军渡淮攻钟离、寿春,齐诸将击退之。

齐高帝建元三年(公元 481)

魏徐州刺史薛虎子以兵绢市牛,兴置屯田。齐豫州刺史垣崇祖修治芍陂营田。

齐武帝永明四年(公元 486)

二月,齐帝封皇弟銶为晋熙王。

齐武帝永明五年(公元 487)

齐于豫州(治寿春县)、南豫州(治历阳县)及扬州皖南之地"与民和市"。

齐武帝永明十一年(公元 493)

七月丁巳,齐帝诏:"曲赦南兖、兖、豫、司、徐五州,南豫州之历阳、谯、临江、庐江四郡三调,众逋宿债,并同原除。"

齐东昏侯永元二年(公元 500)

二月,齐豫州刺史裴叔业投降北魏,寿春沦陷。魏以彭城王元勰为扬州刺史,镇寿春。

梁武帝天监四年（公元505）

梁以临川王萧宏督诸军北伐，屯于洛口（今淮南市东）。

梁武帝天监五年（公元506）

梁帅萧宏怯战，弃军自洛口逃还江南。

梁武帝天监六年（公元507）

魏中山王元英转攻钟离，军队增至数十万。梁将昌义之、曹景宗、韦叡等顽强抵抗，大破魏军。

梁武帝天监九年（公元510）

梁宣城郡吏吴承伯攻杀太守，转战至吴兴，败死。其余部转战入新安郡，攻陷黟、歙诸县，旋败。

梁武帝天监十二年（公元513）

五月，寿春久雨，大水入城，庐舍皆没。

梁武帝天监十三年（公元514）

梁为堰淮水灌寿春，始于钟离东淮水上筑浮山堰。

梁武帝天监十五年（公元516）

九月丁丑，淮水暴涨，浮山堰溃决，缘淮城戍村落十余万口皆漂流入海。

梁武帝普通元年（公元520）

七月，江、淮、海并溢。

梁武帝普通二年（公元521）

七月，梁遣将军裴邃北伐，大败魏军于檀公岘（在今金寨县西南）。梁以裴邃为豫州刺史，镇合肥。

梁武帝普通七年（公元526）

四月，梁南州津（即姑孰，今当涂县）改置校尉，增加俸秩。梁将夏侯亶等攻克北魏扬州，复于寿春置豫州，合肥改为南豫州。夏侯亶任豫、南豫二州刺史，务农省役，数年后民户充复。

梁武帝大通元年（公元527）

是年，梁乘魏乱，遣将北伐。五月，将军成景携攻克临潼（在今灵璧县东北）、竹邑（今宿州市北符离镇）。兰钦攻占萧城、厥固（在今淮北市相山区）。十月，将军陈庆之等攻克涡阳（今蒙城县），梁于此置

569

西徐州。

梁武帝中大通元年（公元529）

十二月，梁北徐州僧强自称天子，土豪蔡伯龙起兵响应，拥众三万，攻占钟离。北兖州刺史陈庆之讨斩之。

梁武帝中大通四年（公元532）

正月，梁立嫡皇孙萧大器为宣城郡王。以魏南兖州旧地立谯州（治今亳州市）。

梁武帝大同八年（公元542）

是年，梁于江州南新蔡（治今湖北黄梅县西南）、高塘（治今宿松县）二郡立颂平屯，垦作蛮田。

梁武帝中大同二年，太清元年（公元547）

二月，东魏河南大行台侯景遣使降梁。七月，梁以悬瓠城置豫州，寿春置南豫州，合肥置合州。十一月，东魏大将军慕容绍宗在寒山堰（在彭城西南）大破梁北伐军，俘虏梁宗室萧渊明。十二月，东魏攻占潼州（治今灵璧县东北）。

梁武帝太清二年（公元548）

正月，东魏大败侯景于涡阳（今蒙城县）。侯景率残部退据寿春。八月，侯景据寿春叛梁。十月，侯景先后攻占南谯州（治今滁州市）、历阳（今和县），由横江渡江至采石，乘势掩袭京师建康。

梁武帝太清三年（公元549）

正月，东魏乘侯景乱梁之机，先后占领钟离和寿春。三月，侯景攻陷台城。侯景以其将任约镇姑孰。七月，东魏占领合肥。是年，东魏占有了淮南大部分地区。

梁简文帝大宝元年（公元550）

三月，宣城内史杨白华拒侯景军于安吴（在今泾县西南）。四月，梁鄱阳王萧范改晋熙郡为晋州（治怀宁县，今潜山县）。

梁简文帝大宝二年（公元551）

新安人程灵洗起兵反侯景，梁湘东王萧绎以其领新安太守。

梁元帝承圣元年（公元552）

二月，梁湘东王遣王僧辩、陈霸先顺江东下，与侯景诸将战于南陵、芜湖。三月,梁军大败侯景军于姑孰,并乘胜攻克建康。五月,北齐攻克历阳(今和县)。

梁元帝承圣二年(公元553)

九月,北齐于合肥治水军,谋袭建康。闰十月,齐、梁战于东关,齐师大败。

梁贞阳侯天成元年,敬帝绍泰元年(公元555)

正月,北齐以梁宗室萧渊明入梁为帝。三月,北齐攻克晋熙,置江州(治今潜山县)。北齐攻克东关。

梁敬帝绍泰二年,太平元年(公元556)

是年,北齐遣大将萧轨等率领十万人自栅口(在今无为县东南)渡江,占据芜湖,攻入建康,旋齐军溃败。

梁敬帝太平二年,陈武帝永定元年(公元557)

二月,梁将徐度出东关进攻北齐,进至合肥,焚烧齐船舰三千艘。

陈武帝永定二年(公元558)

八月,陈改广梁郡为陈留郡(治石封县,今广德县)。

陈武帝永定三年(公元559)

二月,陈将侯瑱率诸军自江入合州(治今合肥市),焚齐舟舰。

陈文帝天嘉元年(公元560)

二月,陈将侯瑱与梁残余势力王琳大战于芜湖,王琳败奔北齐。齐以王琳为扬州刺史,镇寿春。

陈文帝天嘉六年(公元565)

八月,陈文帝封皇子伯固为新安王。

陈宣帝太建四年、北齐武平三年(公元572)

闰十一月,陈颁发恢复南州姑孰经济诏书:商业交易,"不债市估";开荒辟田,"亦停租税"。

陈宣帝太建五年(公元573)

是年,陈遣吴明彻督诸将进攻北齐,陆续攻克历阳(今和县)、东关、庐江郡(治今庐江县)、合肥、寿春、钟离等重镇,完全收复了淮南之地。

陈宣帝太建七年（公元575）

正月,陈将樊毅攻克潼州城(在今灵璧县东北潼郡村)。三月,移谯州于新昌郡(治今滁州市)。闰九月,吴明彻大破齐军于吕梁(今江苏铜山县东南吕梁集)。十月,陈宣帝封皇子叔文为晋熙王(都今潜山县)。

陈宣帝太建八年（公元576）

九月,封皇子叔彪为淮南王(治于湖县,今当涂县南境)。十一月,陈分江州晋熙、高塘、新蔡三郡复置晋州(治怀宁县,今潜山县)。

陈宣帝太建十年（公元578）

二月,北周将王轨率领援军至彭城,大破陈军,吴明彻及将士三万人被俘。三月,陈遣将军淳于量、任忠等缘淮布防以御北周。

陈宣帝太建十一年（公元579）

十一月,北周韦孝宽攻克陈豫州(治寿春)及霍州(治今霍山县东北)。十二月,陈江淮间南北兖、晋三州九郡民皆自拔还江南,江北之地没于周。

陈宣帝太建十二年（公元580）

正月,陈以左卫将军任忠为南豫州刺史,镇宣城,督缘江军防事务。

陈宣帝太建十三年（公元581）

三月,隋以将军贺若弼为吴州总管,镇广陵(今江苏扬州市)、将军韩擒虎为庐江总管,镇庐江(今庐江县),筹划灭陈。

陈后主祯明二年（公元588）

十月,隋置淮南行台省于寿春,以晋王杨广为行台尚书令,指挥各路大军攻陈。

陈后主祯明三年,隋文帝开皇九年（公元589）

正月,隋各路大军攻克建康,陈朝灭亡。

附录二
秦汉魏晋南北朝安徽人物传记表

姓名	生卒年	籍贯	事迹	资料来源
葛婴	？—前208	符离县（治今宿州市东北）	陈胜于大泽乡起义后，率部攻蕲以东诸地。至东城，立襄彊为楚王。后至陈，为陈胜所杀。	《史记·陈涉世家》《汉书·陈胜项籍传》
朱鸡石	？—前208	符离县（治今宿州市东北）	曾从秦嘉攻秦东海守于郯。后归项梁，为别将。因击秦兵败，为项梁所诛。	《史记·项羽本纪》《汉书·陈胜项籍传》
邓宗	不详	汝阴县（治今阜阳市）	曾奉陈胜令徇九江郡。	《史记·陈涉世家》《汉书·季布栾布田叔传》
宋留	不详	铚县（治今濉溪县南临涣镇）	曾奉陈胜命定南阳，攻武关。旋为秦所败，退至新蔡，举军降秦。押送咸阳，车裂而死。	《史记·陈涉世家》《汉书·陈胜项籍传》
范增	前277—前204	居巢（治今巢湖市境）	素好奇计，随项梁起事，劝立楚怀王孙心。后辅佐项羽，封历阳侯，尊为"亚父"。刘邦行反间计，为羽所疑，忿怨请归，途中疽发而死。	《史记·项羽本纪》《史记·高祖本纪》《安徽大辞典》
张良字子房	？—前189（一说前186）	城父县（治今亳州市境）	原为韩国贵族。曾募客企图在博浪沙刺杀秦始皇，未成，亡匿下邳。遇黄石公，赠《太公兵法》。亡秦和楚汉战争中辅助刘邦，克敌制胜，有远见。因功封为留侯。刘邦称赞他"运筹帷幄之中，决胜千里之外"。后于分封功臣、定都长安、因太子位诸事，亦屡献奇策。病卒，谥文成侯。	《史记·留侯世家》《汉书·张良传》

姓名	生卒年	籍贯	事迹	资料来源
英布 又名 黥布	？—前195	六县（治今六安市境）	早年坐法，受黥刑。以论输骊山，后率徒亡于江中为盗。秦末随番君起事，项梁渡淮，以部属之，封当阳君。随项羽破章邯于巨鹿，坑秦降卒于新安，破函谷关，因功封九江王，都六。后叛楚归汉，封淮南王。高帝十一年（前196），举兵反汉，兵败被杀。	《史记·黥布列传》
刘长	前198—前174	受封淮南王，都寿春县（治今寿县）	汉高帝子。英布被灭后，刘长被立为淮南王。文帝时，刘长在封地不用汉法，自作法令。公元前174年，因谋叛事被拘。文帝废其王号，谪徙蜀郡严道邛邮，途中不食而死。	《史记·淮南衡山列传》
夏侯婴	？—前172	受封汝阴侯，都汝阴县（治今阜阳市）	楚汉战争中，为刘邦驾车，为高祖身边亲近而得力的将领，长期任太仆之职。洛阳之战中表现出色，获赐滕公封号。彭城大战中，努力救护汉惠帝和鲁元公主。汉立国后，改封为汝阴侯。去世后，谥号文侯。	《史记·滕公列传》、《汉书·滕公传》
文翁 一名党，字仲翁，一说翁仲	不详	舒县（治今庐江县西南，一说舒城县）	景帝末，任蜀郡太守。在任期间，兴修水利，扩建和完善都江堰北部灌区的工程；省费派遣开明有才者诣京师学习；于成都兴办郡学，对蜀地文化教育的发展起了重要的开拓作用。汉武帝时，"令天下郡国皆立学校官，自文翁为之始"。	《汉书·循吏传·文翁》
刘安	前179—前122	受封淮南王，都寿春（治今寿县）	汉高帝孙、淮南厉王刘长之子，袭封淮南王。刘安为人好读书鼓琴，善为文辞，通天文、地理、诸子之说，才思敏捷，武帝使作《离骚传》，朝命午就。曾招致宾客方术之士数千人，形成了一个以自己为核心的淮河流域学术文化中心，并主持编写《淮南子》，留有其他著述若干。后因谋反罪自杀。	《史记·淮南衡山列传》、《汉书·淮南王》

姓名	生卒年	籍贯	事迹	资料来源
朱浮 字叔元	？—66	沛国萧县 (今萧县 境)	新莽末从刘秀起兵，从破邯郸，拜大将军幽州牧。建武二年(公元26)，封舞阳侯，迁执金吾，徙城父侯。建武二十年，为大司空，二十五年，徙封新息侯。明帝永平中，赐死。	《后汉书·光武帝纪》《后汉书·朱浮传》
朱邑 字仲卿	？—前61	舒县(治今 庐江县西 南，一说舒 城县)	西汉宣帝时名臣。曾任大司农。在任期间，廉洁公正，受到吏民的尊敬。曾考为政绩与德行第一。病逝后，百姓为起冢立碑，祭祀不绝。	《汉书·循吏传·朱邑》
召信臣 字翁卿	不详	寿春(治今 寿县)	西汉名臣。历任郎中、谷阳长、上蔡长、零陵太守、南阳太守、河南太守、少府等职。在南阳太守任上，大力发展生产和兴修水利，奉法循理。修建的著名水利工程有"六门竭"等，并制定灌溉管理制度"均水约束"。	《汉书·循吏传·召信臣》
桓谭 字君山	约前20— 约公元56	沛国相县 (治今淮北 市)	东汉哲学家。少以父荫为郎，王莽时任掌乐大夫。更始时任太中大夫。光武初，拜议郎给事中，以上疏反对谶纬几被诛。出为六安丞，卒于途。著有《新论》一书，现存辑本。	《后汉书·桓谭传》
桓荣 字春卿	约前23 —公元59	沛国龙亢 县(治今怀 远县龙亢 镇)	东汉经学家。西汉末游学长安，习《欧阳尚书》。新莽时授徒数百人。建武十九年(公元43)，辟大司徒府。光武帝召问《尚书》，拜为议郎，入授太子，充《欧阳尚书》博士。二十八年，为太子少傅，三十年，拜太常。明帝即位，以帝师为五更，封关内侯。	《后汉书·桓荣传》
陈众	不详	庐江郡(治 今庐江县 西南，一说 舒城县)	建武初为扬州牧欧阳歙从事，歙讨李宪余党淳于临于潜山，众请单车白马说降之。潜山人共为立生祠，称"白马陈从事"。	《后汉书·李宪传》
赵孝 字长平	不详	沛国蕲县 (治今宿州 市蕲县镇)	王莽时为郎。明帝永平中拜谏议大夫，迁侍中、长乐卫尉。	《后汉书·赵孝传》

姓名	生卒年	籍贯	事迹	资料来源
胡宪	不详	九江郡(治今寿县)	桓荣门生。光武帝末年为太子侍讲《诗》、《书》等。	《后汉书·桓荣传》
鲍骏	不详	九江郡(治今寿县)	少与颍川丁鸿友善,共事桓荣习《欧阳尚书》。后劝逃避袭父爵的丁鸿回乡袭爵,并向明帝荐举丁鸿,使得任用。	《后汉书·桓荣传》
桓郁字仲恩	?—93	沛国龙亢县(治今怀远县龙亢镇)	桓荣之子。少以父任为郎,明帝时,迁侍中。永平十五年(公元72),入授太子经,和帝即位,以帝师迁长乐少府,转侍中奉车都尉。永元四年(公元92),为太常,次年卒。删节桓荣《欧阳尚书章句》为《桓君大小太常章句》。	《后汉书·桓荣传》
张酺字孟侯	?—104	汝南细阳县(治今阜阳市西北)	西汉学者张充之孙,少从祖习《尚书》。明帝永平九年(公元66),为四姓小侯开学于南宫,后入授皇太子。章帝即位,擢侍中、虎贲中郎将,出为东郡太守。和帝初迁魏郡太守,征入为河南尹。永元五年迁为太仆,擢太尉,因过被策免。十六年,复为光禄勋,不久为司徒,卒于官。	《后汉书·和帝纪》、《后汉书·张酺传》
陈宠字昭公	?—106	沛国浚县(治今固镇县东)	陈躬之子。少为州郡吏,司徒鲍昱辟为辞曹,掌天下狱讼。章帝初为尚书,出为山阳太守。和帝时擢为大司农,转廷尉。永元十六年(公元104)为司空,卒于官。	《后汉书·和帝纪》、《后汉书·陈宠传》
召驯字伯春	不详	沛国谯县(治今亳州市)	习《韩诗》,德行学识过人,章帝时历陈留太守、河南尹,官至光禄勋。	《后汉书·召驯传》
周荣字平孙	不详	庐江舒县(治今庐江县西南,一说舒城县)	章帝时举明经,辟司徒袁安府。窦宪败,擢为尚书令,出为颍川太守,坐法当下狱,转共令。复为山阳太守。以老病乞归,卒于家。	《后汉书·周荣传》

姓名	生卒年	籍贯	事迹	资料来源
徐防 字谒卿	不详	沛国铚县 (治今濉溪县南临涣镇)	徐宣之孙。少习《周易》。和帝时迁为司隶校尉,出为魏郡太守。永元十年(公元98),迁少府、大司农。十四年,拜司空。十六年为司徒。延平元年(公元106),为太尉,与太傅张禹参录尚书事。安帝即位,封龙乡侯,旋免就国。	《后汉书·和帝纪》、《后汉书·徐防传》
夏勤 字伯宗	不详	九江寿春县(治今寿县)	少习《公羊春秋》。安帝初,为大鸿胪。永初三年,拜司徒。元初二年(公元115)免。六年三月,再为司徒。	《后汉书·安帝纪》
桓汎	不详	沛国龙亢县(治今怀远县龙亢镇)	桓荣之孙。荣卒,子桓郁当嗣,让爵于兄子汎,明帝未允,乃以租入与汎。	《后汉书·桓荣传》
陈忠 字伯始	?—125	沛国浚县(治今固镇县东)	陈宠子。安帝永始中辟司徒府,迁廷尉正,擢拜尚书。省苛刑条文,转仆射,迁尚书令。延光三年(公元124)为司隶校尉,四年出为江夏太守,留拜尚书令,会卒。	《后汉书·陈宠传》
施延	不详	沛国(治今淮北市)	安帝延光间,以有道高第为侍中。太子刘保被废为济阴王,延等共为之辩诬。顺帝即位,乃以延为大鸿胪。阳嘉三年(公元135),为太尉。四年,以选举贪污策罢。	《后汉书·顺冲质帝纪》、《后汉书·来历传》
桓焉 字叔元	?—143	沛国龙亢县(治今怀远县龙亢镇)	桓荣孙、桓郁三子。永初元年(公元107),以家学入授安帝。永宁元年(公元120),太子刘保立,拜焉为太子少傅,迁太傅。顺帝立,入宫授经,录尚书事,封阳平侯。阳嘉二年(公元133),徙大鸿胪、太常。永和五年(公元140),为太尉。桓焉弟子无数,能传其学者数百人。	《后汉书·桓荣传》

姓名	生卒年	籍贯	事迹	资料来源
刘光 字叔辽	不详	沛国萧县 (治今萧县 境)	少好学敦整,为太尉徐防、太傅 桓焉所举,辟为公府博士,为议 郎,累官至尚书令,与迎立顺帝 之谋。顺帝即位,迁太常。永建 二年(公元127),为太尉,录尚书 事。四年,以阴阳不和,免。	《后汉书·刘矩 传》
马勉 一作马免	?—145	九江阴陵 县(治今定 远县西北)	东汉农民起义领袖。永和六年 (公元141),与徐凤等起兵,自称 "黄帝"。建康二年(公元145), 为九江都尉滕抚破斩。	《后汉书·顺冲 质帝纪》、《后汉 书·滕抚传》
蔡伯流	不详	九江郡(治 今定远县 西北)	东汉农民起义首领。顺帝永和 三年(公元138)率众围攻广陵, 杀江都长。后降徐州刺史应志。	《后汉书·顺冲 质帝纪》、《续汉 书·天文志》
黄虎	不详	九江郡(治 今定远县 西北)	农民起义军徐凤、马勉部将。建 康元年(公元144)攻破合肥,随 后为九江都尉滕抚击破。	《后汉书·顺冲 质帝纪》、《后汉 书·滕抚传》
陆宫	不详	丹阳郡(治 今宣州市)	东汉农民起义首领。永熹元年(公 元145)率众围攻丹阳,为太守江汉 击破。	《后汉书·顺冲 质帝纪》
徐凤	不详	九江阴陵 县(治定远 县西北)	东汉农民起义领袖。顺帝末年起 于当涂马丘聚,称"无上将军",穿 绛衣,系黑带。攻占曲阳、东城, 杀长吏。旋为官军破杀。	《后汉书·顺冲 质帝纪》、《后汉 书·滕抚传》
刘长 卿妻	不详	沛郡龙亢 县(治怀远 县龙亢镇)	姓桓氏。嫁同郡刘长卿,生男五 岁而夫死,不嫁自守。儿十五 天,乃坏其耳以示节行。沛相王 吉奏其高行,乃以"行义桓釐"表 其门闾。	《后汉书·列女 传》
桓麟	不详	沛国龙亢 县(治今怀 远县龙亢 镇)	桓荣曾孙。有著作21篇流传后 世,被认为是"七体"的重要创 作者。	《后汉书·桓荣 传》
朱寓	?—169	沛国(治今 淮北市)	桓帝末任尚书,灵帝初任司隶校 尉,与李膺等并称"八俊",建宁 三年(公元170),遭宦官诬陷,死 于狱中。	《后汉书·党锢 列传》

姓名	生卒年	籍贯	事迹	资料来源
闻人袭 字定卿	不详	沛国（治今 淮北市）	灵帝建宁元年（公元168）由太仆 为太尉，二年罢。三年，复为太 尉，四年免。	《后汉书·灵 纪》
张济 字元江	（？—184）	汝南细阳 县（治今阜 阳市西北）	张酺曾孙。灵帝初与杨赐、刘宽 并入宫侍讲，光和元年（公元 178），自太常为司空。中平元年 （公元184）以病罢免，卒。	《后汉书·张酺 传》
张喜	不详	汝南细阳 县（治今阜 阳市西北）	张酺曾孙，张济之弟。献帝初平 四年（公元193）由卫尉为司空， 李傕、郭汜相攻，献帝遣喜与杨 彪赴汜营调解，汜不从并扣二 人。后随献帝入许，建安元年 （公元196），曹操代喜为司空。	《后汉书·张酺 传》
曹腾	不详	沛国谯县 （治今亳州 市）	东汉宦官。曹操祖父。历黄门 从官、小黄门、中常侍，以定策立 桓帝功为大长秋、位特进。	《后汉书·宦者 列传》
曹嵩	？—194	沛国谯县 （治今亳州 市）	曹腾养子，曹操之父。灵帝时任 大司农，迁大鸿胪，至太尉。操 起兵，嵩避居琅琊，为陶谦所杀。	《后汉书·宦者 列传》
陶谦 字恭祖	132—194	丹阳郡（治 今宣城市）	少好学，举茂才，为卢令。迁幽 州刺史，旋召任议郎。车骑将军 张温讨边章，谦为司马。会徐州 黄巾起，以谦为徐州刺史，讨平 之。响应袁绍，率众攻董卓。后 为徐州牧，封溧阳侯，割据徐州， 流民多往依之。献帝兴平元年 （公元195），为曹操所攻，病卒。	《后汉书·献帝 纪》《后汉书· 陶谦传》
笮融	不详	丹阳郡（治 今宣城市）	陶谦部将。谦使督广陵、下邳、 彭城粮运，融断绝运输，大造佛 寺。曹操攻陶谦，笮融率众逃往 广陵，杀太守赵昱，纵兵大掠。 渡江奔豫章，杀太守朱皓。后为 扬州刺史刘繇所破。	《后汉书·陶谦 传》
华佗 一名旉， 字元化	不详	沛国谯县 （治今亳州 市）	东汉医学家。精于医术，终身行 医。内、外、妇、儿诸科以及针灸 无不精熟。发明"麻沸散"麻醉 以施行外科手术。编制"五禽 戏"以强身健体。后为曹操杀害。	《后汉书·方术 列传》《三国志 ·魏书·方伎 传》

姓名	生卒年	籍贯	事迹	资料来源
史涣 字公刘	?—209	沛国(治今淮北市)	从曹操起兵,行中军校尉,数从征伐,以忠勇显,常监诸将,官至中领军,掌禁军,因功封列侯。	《三国志·魏书·夏侯惇传》《三国志·魏书·徐晃传》
桓典 字公雅	?—201	沛国龙亢县(治今怀远县龙亢镇)	桓荣玄孙,桓顺之子。以《尚书》教授颍川,门徒数百。司徒袁隗辟,拜侍御史。黄巾起,曾奉使督军。献帝初,为御史中丞,赐关内侯。建安元年(公元196)迁光禄勋,四年卒。	《后汉书·桓荣传》
周瑜 字公瑾	175—210	庐江舒(治今庐江县西南)	少与孙策交好,佐其平定江东;后辅孙权,反对送质子给曹操。建安十三年(公元208)为前部都督,败曹操于赤壁;复进军南郡,迫使他自江陵撤军。拜偏将军,领南郡太守,镇江陵。后病卒于巴丘。	《三国志·吴书·周瑜传》
陈武 字子烈	?—215	庐江松兹(治今霍邱县东)	从孙策渡江,以功拜别部司马。及孙权总事,转督五校。累功进位偏将军。建安二十年(公元215),从击合肥,战死。	《三国志·吴书·陈武传》
鲁肃 字子敬	172—217	临淮东城县(治今定远县东南)	随周瑜东渡,被荐于孙权,颇受器重。力助周瑜破曹操于赤壁。继周瑜领军,拜奋武校尉、汉昌太守、偏将军。刘备据荆州,定益州,遣关羽至益阳,就荆州事交涉。会曹操入汉中,刘备割湘水为界罢兵。治军严整,常手不释卷。	《三国志·吴书·鲁肃传》
曹操 字孟德, 小字阿瞒	155—220	沛国谯县(治今亳州市)	东汉著名政治家、军事家、文学家。曹嵩子。黄巾军起,以骑都尉参与镇压,迁济南相。献帝初平三年(公元192),领兖州牧,收编黄巾为"青州兵"。建安元年(公元196),迎献帝都于许,自任大将军。十三年,为丞相。先后击败吕布、袁术、袁绍,基本统一了北方。二十一年,进封魏王。二十五年,病卒。曹丕建魏,追封为魏武帝。诗文收入有《魏武帝集》。	《后汉书·献帝纪》《三国志·魏书·武帝纪》

姓名	生卒年	籍贯	事迹	资料来源
夏侯惇 字元让	？—220	沛国谯县 (治今亳州市)	少以烈气闻,多次随曹操征伐,颇受亲重。建安二十二年(公元217)率军屯居巢拒吴。黄初元年(公元220),拜大将军。	《三国志·魏书·夏侯惇传》
吕蒙 字子明	178—219	汝南富陂县(治今阜南东南)	初为邓当属下,后从孙权讨丹阳,拜平北都尉,领广德长。从破黄祖,参加赤壁之战,随周瑜破曹仁,取南郡。攻皖,取长沙、零陵、桂阳三郡,拒曹操于濡须。继鲁肃领其军,拜汉昌太守。建安二十四年(公元219),大败关羽,定荆州。不久病卒。	《三国志·吴书·吕蒙传》
丁冲	不详	沛国谯县(治今亳州市)	献帝兴平中为黄门侍郎,二年,与钟繇等共谋杀李傕,未遂。建安元年(公元196)随献帝归洛阳,任侍中,封列侯。与曹操友善,劝操迎献帝至许都,任司隶校尉。	《后汉纪》卷二十八
丁斐	不详	沛国谯县(治今亳州市)	官至典军校尉,与曹操友善,建安十六年(公元211)随操征马超,马超半济而击之,丁斐接应曹操渡河。	《三国志·魏书·武帝纪》
曹仁 字子孝	168—223	沛国谯县(治今亳州市)	曹操从弟。从曹操征袁术、陶谦、吕布、张绣等,败刘备,破马超,镇压田银、苏伯于河北,平侯音之乱。拜征南将军,屯樊,对抗关羽。曹丕即位,都督荆、扬、益州诸军事,后迁大将军,封陈侯。	《三国志·魏书·曹仁传》
曹彰 字子文	190—223	沛国谯县(治今亳州市)	曹操子。建安二十一年(公元216),封鄢陵侯。后拜北中郎将,行骁骑将军,平定代北乌桓无(能)臣氏。黄初二年(公元221),晋爵为公。次年,为任城王。黄初四年(公元223),入京都朝觐,暴毙于府邸中。	《三国志·魏书·任城王彰传》

姓名	生卒年	籍贯	事迹	资料来源
夏侯尚 字伯仁	?—225	沛国谯县 (治今亳州 市)	夏侯渊从子。从曹操征河北,平定乌桓。文帝拜征南将军,领荆州刺史,假节都督南方诸军事,长期与蜀、吴作战。	《三国志·魏书·夏侯尚传》
曹丕 字子桓	187—226	沛国谯县 (治今亳州 市)	曹操次子。建安十六年(公元211),为五官中郎将、副丞相。延康元年(公元220),即魏王位,任丞相。十月,称帝,国号魏。推行九品中正制。设立中书省;将州牧制度固定化,始置都督诸州军事,加强对地方的控制,加强对藩国的监管。庙号世祖,谥文帝。有文集传世。	《三国志·魏书·文帝纪》
吕范 字子衡	?—228	汝南细阳县(治今阜阳市西北)	少为县吏,后避乱寿春,将私客百人投奔孙策。曾任扬州牧。黄武七年(公元228),迁大司马,印绶未下,疾卒。	《三国志·吴书·吕范传》
周泰 字幼平	不详	淮南下蔡县(治今凤台县)	与周瑜、程普拒曹操于赤壁,攻曹仁于南郡。于濡须败曹操,拜平房将军。封陵阳侯。黄武中卒。	《三国志·吴书·周泰传》
曹休 字子烈	?—228	沛国谯县 (治今亳州 市)	曹操族子。从曹操征刘备,败其将吴兰。黄初三年(公元222),以征东大将军都督诸军伐吴,不利。太和二年(公元228)伐吴,因轻信周鲂诈降而率军深入,大败于石亭。	《三国志·魏书·曹休传》
许褚 字仲康	不详	沛国谯县 (治今亳州 市)	汉末聚宗族守坞壁以拒黄巾。从曹操征张绣、袁绍、马超。以其力如虎而痴,号“虎痴”。魏文帝、明帝时封侯,又称“虎侯”。	《三国志·魏书·许褚传》
仓慈 字孝仁	不详	淮南郡(治今寿县)	建安年间,曹操屯田于淮南,任绥集都尉。黄初末年任长安令,吏民畏爱。太和中任敦煌太守,胡、汉称其德政。	《三国志·魏书·仓慈传》

姓名	生卒年	籍贯	事迹	资料来源
曹真 字子丹	？—231	沛国谯县（治今亳州市）	本姓秦，曹操养子。曹丕即位，任镇西将军，假节都督雍、凉州军事。黄初三年（公元222），任上军大将军，都督中外诸军事，与夏侯尚征孙权。与陈群、司马懿同受遗诏辅政。明帝即位，为大将军，抵御诸葛亮北伐，平定三郡叛乱。	《三国志·魏书·曹真传》
曹植 字子建	192—232	沛国谯县（治今亳州市）	曹操子。自幼颖慧，颇有文才。曹丕继魏王位后，颇受猜忌。此后多次被徙封，不得志而终。谥思。有文集传世。	《三国志·魏书·陈思王植传》
曹洪 字子廉	？—232	沛国谯县（治今亳州市）	曹操从弟。募兵助曹操，聚粮济操击陶谦、吕布。奉命西迎汉献帝。屡次征伐有功。文帝时为卫将军，进骠骑将军，封野王侯。因家客犯法，免官削爵。明帝即位，拜骠骑将军。	《三国志·魏书·曹洪传》
刘晔 字子扬	？—234	淮南成德县（治今寿县东南）	年少知名，有佐世之才。曹操辟为仓曹掾，转主簿，迁行军长史兼领军。文帝受禅，进侍中，赐爵关内侯。明帝即位，进封东亭侯。	《三国志·魏书·刘晔传》
陈表 字文奥	约205—238	庐江松兹县（治今霍邱县东）	陈武子。黄武元年（公元222），为太子孙登侍从。嘉禾三年（公元234），领新安都尉，协助太守诸葛恪讨平山越。后平鄱阳民吴遽乱。拜偏将军，进封都乡侯。	《三国志·吴书·陈武传》
曹叡 字元仲	205—239	沛国谯县（治今亳州市）	即魏明帝。太和年间，打击浮华之风。沉毅有识断，政自己出，然托孤不当。	《三国志·魏书·明帝纪》
胡综 字伟则	183—243	汝南固始县（治今临泉县）	少孤，避难江东。孙策领会稽太守，为门下循行，与孙权共读书。孙权为吴王，封为亭侯。孙权称帝，为侍中，进封乡侯。	《三国志·吴书·胡综传》

姓名	生卒年	籍贯	事迹	资料来源
薛综	?—243	沛国竹邑县(治宿州市符离镇)	少遭离乱,随族人避乱于交州。后为士燮所召,任孙权合浦、交趾太守,历官尚书仆射、奉车都尉,至太子少傅,选曹尚书,赤乌六年(公元243)卒。有文集二卷传于世。	《三国志·吴书·薛综传》
曹爽字昭伯	?—249	沛国谯县(治今亳州市)	曹真子,年少时谨慎持重。受魏明帝器重,为顾命大臣,拜为大将军,与司马懿并受遗诏辅佐少帝。嘉平元年(公元249),司马懿发动高平陵政变,被杀。	《三国志·魏书·曹爽传》
桓范字元则	?—249	谯国龙亢县(治怀远县龙亢镇)	建安末为曹操丞相府掾。黄初中,与王象等共撰《皇览》。正始间任大司农,以清省称。司马懿发动高平陵政变,劝曹爽挟魏帝到许昌,曹爽不听。后被司马懿杀害。著有《世要论》12卷,或称《桓范新书》。	《三国志·魏书·曹爽传》
丁谧字彦靖	?—249	沛国谯县(治今亳州市)	明帝时为度支郎中。齐王时迁散骑常侍,转尚书,为曹爽重要谋臣,被杀。	《三国志·魏书·曹爽传》
蒋济字子通	?—249	楚国平阿县(治今怀远县西南)	汉末任九江郡吏、扬州别驾。后为曹操心腹谋士。文帝即位,任右中郎将。明帝时任中护军,封关内侯。曹芳即位,任领军将军,封昌陵亭侯,后任太尉。	《三国志·魏书·蒋济传》
胡质字文德	?—250	楚国寿春县（今寿县）	少知名于江淮间。魏文帝时,官至东莞太守、荆州刺史,后加封振威将军,赐爵关内侯。政绩卓著。为官忠正清廉,家无余财。	《三国志·魏书·胡质传》
曹彪字朱虎	195—251	沛国谯县(治今亳州市)	曹操子。太和六年(公元232),改封为楚王。嘉平元年(公元249),兖州刺史令狐愚与太尉王凌谋迎其都许昌。受牵连,自杀。	《三国志·魏书·楚王彪传》
夏侯霸字仲权	不详	沛国谯县(治今亳州市)	夏侯渊次子。太和四年(公元230),随曹真伐蜀,后屯兵陇西。正始中,为右将军、征蜀护军。高平陵事变后,投奔蜀国,封车骑将军。曾随姜维伐魏。	《三国志·魏书·夏侯霸传》

姓名	生卒年	籍贯	事迹	资料来源
刘靖	？—253	沛国相县（治今淮北市）	刘馥之子。曾为河南尹，为政便利百姓。有其父遗风。	《三国志·魏书·傅嘏传》
曹冏字元首	不详	沛国谯县（治今亳州市）	曹操从子。有文才。著《六代论》，建议分封宗室子弟，授以军政实权，巩固曹魏统治。曹爽未采纳。	《三国志·魏书·曹爽传》
夏侯玄字太初	209—254	沛国谯县（治今亳州市）	夏侯尚之子。魏征西将军。有文才气度。为曹爽集团重要人物。与李丰、张缉等密谋除司马氏，事败被杀。	《三国志·魏书·夏侯玄传》
吕据字世议	？—256	汝南细阳（治今阜阳市西北）	吕范次子。随丁奉出征东兴，抵抗魏军。后欲废孙綝，綝攻之，自杀。	《三国志·吴书·诸葛恪传》、《孙亮传》
文钦字仲若	？—258	沛国谯县（治今亳州市）	魏将，任扬州刺史。不满司马师擅权，与毌丘俭联合起兵，兵败后逃往吴国。	《三国志·魏书·毌丘俭传》、《三国志·吴书·孙峻传》
曹节	？—260	沛国谯县（治今亳州市）	献帝皇后，谥献穆。曹操次女。建安十八年（公元213）为献帝夫人，次年拜贵人。伏皇后被杀，立节为皇后。曹丕废献帝为山阳公，称山阳公夫人。景元元年（公元260）卒，葬禅陵。	《后汉书·皇后纪下》
曹髦字彦士	241—260	沛国谯县（治今亳州市）	曹霖之子。正始五年（公元244），封高贵乡公。嘉平六年（公元254），司马师迎立为帝。因不满司马昭擅权，率侍卫讨伐司马昭，被杀。	《三国志·魏书·三少帝纪》
嵇康字叔夜	223—262	谯国铚县（治今濉溪县临涣镇）	"竹林七贤"之一。尚曹魏宗室女，为中散大夫。后被司马氏杀害。有《嵇康集》传世。	《三国志·魏书·王粲传》、《晋书·嵇康传》
曹宇字彭祖	不详	沛国谯县（治今亳州市）	曹操子，被封燕王。魏明帝时拜大将军，因受刘放谗毁而被免职。	《三国志·魏书·燕王宇传》
武陔字元夏	？—266	沛国竹邑（治今宿州市符离镇）	武周子。少好人伦。魏明帝世，累迁下邳太守。为司马懿大将军从事中郎，累迁司隶校尉，转太仆卿。	《三国志·魏书·胡质传》、《晋书·武陔传》

姓名	生卒年	籍贯	事迹	资料来源
王蕃 字永元	228—266	庐江（治今潜山县）	博览多闻，通晓天文、数学。先后任吴国尚书郎、散骑中常侍等职。曾制作浑天仪，算出周天长度。后被孙皓杀害。	《三国志·吴书·王蕃传》
刘伶 字伯伦	不详	沛国相县（治今淮北市）	"竹林七贤"之一。曾为建威参军。晋泰始初，对策强调无为而治，不为朝廷所用。嗜酒任诞，曾作《酒德颂》。	《晋书·刘伶传》
曹芳 字兰卿	232—274	沛国谯县（治今亳州市）	魏明帝养子。青龙三年（公元235）封齐王，景初三年（公元239）被立为太子，即帝位。嘉平六年（公元254），被司马氏废为齐王。司马炎称帝后，降为邵陵县公。	《三国志·魏书·三少帝纪》
鲁淑	217—274	临淮东城县（治今定远县东南）	鲁肃子。永安中，为昭武将军、都亭侯、武昌督。建衡中，假节，迁夏口督。所在严整，有方干。	《三国志·吴书·鲁肃传》
楼玄 字承先	不详	沛郡蕲县（治今宿州市蕲县镇）	孙休时为监农御史。孙皓即位，以忠清选任宫下镇禁中候，主殿中事。为孙皓所忌，被诬交通贺邵而贬广州，转徙交阯，被杀。	《三国志·吴书·楼玄传》
胡威 一名貔，字伯武	？—280	淮南寿春县（治今寿县）	胡质之子。早厉志尚。拜前将军、监青州诸军事、青州刺史，以功封平春侯。以清正称。追赠使持节、都督青州诸军事、镇东将军。	《晋书·良吏·胡威传》
薛莹 字道言	？—282	沛郡竹邑县（治今宿州市符离镇）	初为秘府中书郎，孙休即位，为散骑中常侍。孙皓初，为左执法，迁选曹尚书，领太子少傅。仕晋为散骑常侍。	《三国志·吴书·薛莹传》
曹志 字允恭	？—288	沛国谯县（治今亳州市）	曹植子。少好学，以才行称。晋立，降为鄄城县公。历任乐平、章武、赵郡太守，不以政事为意。改散骑常侍、国子博士。因论宗王事得罪武帝，被免官。居母丧过礼，以致笃病，喜怒失常。	《晋书·曹志传》
陈训 字道元	不详	历阳（治今和县）	少好秘学，尤善风角。孙皓以为奉禁都尉，使其占候。吴亡，拜谏议大夫。后去职还乡。	《晋书·艺术·陈训传》

姓名	生卒年	籍贯	事迹	资料来源
嵇喜 字公穆	不详	谯国铚县（治今濉溪县临涣镇）	嵇康兄。魏时举秀才，后为卫将军司马攸之司马，为其重要幕僚。晋时历江夏太守、徐州刺史、扬州刺史、太仆、宗正。	《晋书·嵇康传》
夏侯湛 字孝若	243—291	沛国谯县（治今亳州市）	初为太尉掾。泰始中举贤良，拜郎中，出为野王令。任中书侍郎，出补南阳相。惠帝即位，为散骑常侍。	《晋书·夏侯湛传》
曹奂 字景明，一名璜	246—302	沛国谯县（治今亳州市）	曹宇之子。甘露三年（公元258）封常道乡公。五年，司马昭迎立为帝。咸熙二年（公元265），司马炎称帝，被废为陈留王。	《三国志·魏书·三少帝纪》
嵇绍 字延祖	253—304	谯国铚县（治今濉溪县临涣镇）	嵇康之子。体态魁伟，聪明英俊。晋惠帝时，任侍中，为保护晋惠帝而死。	《晋书·忠义·嵇绍传》
刘弘 字和季	236—306	沛国相县（治今淮北市）	刘靖少子。有干略之才，历任显官，颇有政绩。以镇南大将军督理荆州，劝课农桑，宽刑省赋，安抚流民。病卒襄阳。	《晋书·刘弘传》
何桢 字元干	不详	庐江郡（治今六安市）	有文学才干、志略。太和中为扬州别驾，正始中为弘农太守、历幽州刺史、廷尉，入晋为尚书、光禄大夫。	《三国志·魏书·管宁传》
胡冲	不详	固始县（治今临泉县）	胡综子。平和有文干，天纪中为中书令，作《吴历》六卷。吴亡后，仕晋为尚书郎、吴郡太守。	《三国志·吴书·孙皓传》
嵇含 字君道	263—306	谯国铚县（治今濉溪县临涣镇）	嵇绍从子。好学，善属文。元康中举秀才，除郎中，为齐王同征西参军，转中书侍郎。后为襄阳太守，被杀。	《晋书·嵇绍传附嵇含传》
陈敏 字令通	？—307	庐江（治今舒城县）	因平定石冰、封云立功，封广陵相。永兴二年（公元305），自为扬州刺史，据有吴越之地。因刑政无章，江东大族不满，起兵讨伐，被杀。	《晋书·陈敏传》

姓名	生卒年	籍贯	事迹	资料来源
曹摅 字颜远	?—308	沛国谯县 (治今亳州市)	初任临淄令,颇有政绩,号为"圣君"。历官洛阳令、齐王同记室督、中书侍郎、襄阳太守、征南司马。镇压流民起义,军败身死。	《晋书·良吏·曹摅传》
丁绍 字叔伦	?—309	谯国(治今亳州市)	少开朗公正。早历清官,为广平太守,颇有政绩。迁徐州刺史,未至任而转为荆州刺史,旋为冀州刺史。平贼有功,加宁北将军、假节监冀州诸军事,号令严肃。永嘉三年(公元309),暴疾而卒。怀帝策赠车骑将军。	《晋书·良吏·丁绍传》
赵诱 字元孙	?—317	淮南郡(治今寿县)	积功赐爵平阿县侯,代陶侃为武昌太守。杜曾迎第五猗于荆州作乱,奉王敦命与襄阳太守朱轨抵抗,战死。	《晋书·赵诱传》
薛兼 字令长	?—322	沛郡竹邑县(今宿州市符离镇)	清素有器宇,少与顾荣等齐名,并称"五俊",被张华誉为"南金"。司空东海王司马越引为参军。司马睿为安东将军,引为军谘祭酒,稍迁丞相长史,勤于王事。东晋建立,转丹阳尹。永昌初,兼太常。明帝即位,加散骑常侍。	《晋书·薛兼传》
杜夷 字行齐	258—323	庐江灊县(治今霍山县东北)	少恬静淡泊,博览经籍百家之书。教授于乡里。著《幽求子》二十篇。	《晋书·儒林·杜夷传》
桓彝 字茂伦	276—328	谯国龙亢县(治今怀远县龙亢镇)	少孤贫,性通朗。惠帝时为州主簿,拜骑都尉。东晋立,累迁中书郎、尚书吏部郎。转宣城内史,苏峻反,守节而死。	《晋书·桓彝传》
桓宣	?—344	谯国铚县(治今濉溪县临涣镇)	初为琅邪王司马睿丞相舍人。后为都督,司梁雍及荆州之南阳、襄阳、新野、南乡军事,颇有政绩。	《晋书·桓宣传》

姓名	生卒年	籍贯	事迹	资料来源
何充 字次道	292—346	庐江灊县 (治今霍山 县东北)	何桢曾孙。以风韵淹雅文义见称。成帝即位，为给事黄门侍郎，调任丹阳尹。加吏部尚书。咸康五年(公元339)，参录尚书事，辅佐康帝。出镇京口。建元二年(公元344)，奉遗诏辅佐穆帝，总理朝政。	《晋书·何充传》
何琦 字万伦	不详	庐江灊县 (治今霍山 县东北)	初为郡主簿，察孝廉，任郎中，补宣城郡泾县令。后为太尉参军，封都乡侯。因母丧离职，以述作为事。著有《三国评论》等。	《晋书·何琦传》
何准 字幼道	不详	庐江灊县 (治今霍山 县)	何充弟，穆章皇后父。高尚寡欲，州府交辟，并不就。唯诵佛经，修营塔庙。	《晋书·外戚·何准传》
刘惔 字真长	314—349	沛国相县 (治今淮北 市)	少清远有标格。雅善言理，简文帝初作相，与王濛并为座上谈客。累迁丹阳尹，为政清静。	《晋书·刘惔传》
丁穆 字彦远	不详	谯国(治今 亳州市)	积功封真定侯，累迁为顺阳太守。太元四年(公元379)，除振武将军、梁州刺史。符坚寇顺阳，被执至长安，不仕伪朝。暗与关中人士唱义，谋袭长安，事泄，遇害。	《晋书·忠义·丁穆传》
桓温 字元子	312—373	谯国龙亢县(治今怀远县龙亢镇)	桓彝子。拜驸马都尉，累迁徐州刺史。明帝时，伐蜀，灭成汉。永和十年(公元354)，伐前秦，进至关中，因军粮不足退兵。兴宁元年(公元363)，录尚书事，都督中外诸军事，太和四年(公元369)，北伐前燕，大败于枋头。六年，废海西公，立简文帝。掌重兵镇姑孰，把持朝政。简文帝遗诏总理军国事。本望禅位于己，未遂，病卒。	《晋书·桓温传》
桓豁 字朗子	320—377	谯国龙亢县(治今怀远县龙亢镇)	桓温弟。兴宁二年(公元364)，督沔中七郡军事，败前燕慕容尘。后讨平司马勋、赵弘之乱，督交广等州军事。前秦南侵益州时部下奔溃，引咎辞职，寻卒。	《晋书·桓彝传附桓豁传》

姓名	生卒年	籍贯	事迹	资料来源
桓秘 字穆子	不详	谯国龙亢县（治今怀远县龙亢镇）	桓温弟。初拜秘书郎，为辅国将军。时司马勋叛入蜀，以本官监梁益二州征讨军事。乱平，为散骑常侍，改任中领军。咸安二年（公元372）参与平卢悚之乱。桓温入朝，被免官，居宛陵。桓温疾笃，委权于桓冲，谋废冲，事败被废。	《晋书·桓彝传附桓秘传》
桓冲 字幼子，小字买德郎	328—384	谯国龙亢县（治今怀远县龙亢镇）	桓温弟。征伐有功，累迁振威将军、江州刺史。桓温死，拜中将军，扬豫二州刺史，都督江、扬、豫诸州军事。出任荆州刺史，镇江陵。	《晋书·桓彝传附桓冲传》
桓伊 字叔夏，小字野王、子野	不详	谯国铚县（治今濉溪县临涣镇）	桓景之子。有武略，频参诸府军事，与谢玄共破王鉴、张蚝等，以功封宣城县子。太元八年（公元383），与谢玄、谢石破前秦军。太元九年（公元384），迁都督江州、荆州十郡、豫州四郡军事，江州刺史，为政宽恤。	《晋书·桓伊传》
桓石虔 小字镇恶	？—388	谯国龙亢县（治今怀远县龙亢镇）	桓豁之子。从桓温入关击前秦，勇武无敌。袁真以寿阳叛，石虔以宁远将军、南顿太守帅诸将攻之，克其南城。前秦寇淮南，大破秦将梁成、闫震。复逐秦兖州刺史张崇。太元九年（公元384），为豫州刺史，镇历阳。从谢玄伐秦，进据彭城。	《晋书·桓彝传附桓石虔传》
戴逵 字安道	约326—396	谯国铚县（治今濉溪县临涣镇）	少博学，好谈论，善属文，能鼓琴，工书画。屡辞征辟，终生不仕。	《晋书·隐逸·戴逵传》
何澄 字季玄	？—402	庐江灊县（治今霍山县东北）	何准子。清正有器望，受孝武帝敬爱，以为冠军将军、吴国内史。太元末，征拜尚书，领琅邪王师。安帝即位，迁尚书左仆射，典选举。桓玄执政，以疾奏免。	《晋书·何准传》

姓名	生卒年	籍贯	事迹	资料来源
戴逯 字安丘	不详	谯国铚县 (治今濉溪 县临涣镇)	戴逵兄。以武勇显。前燕慕容 恪攻青州，与萧辖守泰山。累迁 龙骧将军，领沛郡太守，戍彭城。 太元三年(公元378)，以数千戍 卒抗击前秦五万精兵，固守彭城 数月。次年二月，与谢玄联军于 君川击败秦军。因功封广陵侯。 仕至大司农。	《晋书·戴逵 传》、《世说新语 ·栖逸》
桓不才 一名之才	不详	谯国铚县 (治今濉溪 县临涣镇)	桓伊弟。有将略，孝武帝时，为 江夏相。太元十五年(公元 390)，从征虏将军朱序击败西燕 慕容永。隆安二年(公元398)， 从司马元显击王恭。四年，与辅 国将军孙无终、宁朔将军高雅之 击退孙恩。	《晋书·桓伊 传》
桓石秀	不详	谯国龙亢 县(治今怀 远县龙亢 镇)	桓豁子。博览群书，尤善《老》、 《庄》。善骑射，曾代桓冲任宁远 将军、荆州刺史、镇蛮护军、西阳 太守，居寻阳。太元元年(公元 376)，符坚攻前凉，与朱序等在 沔、汉间游击。以疾去职。	《晋书·桓彝传 附桓石秀传》
曹毗 字辅佐	不详	谯县(今亳 州市)	少好文籍，善属词赋，与庾阐并 称"中兴时秀"。累迁尚书郎、下 邳太守、光禄勋。	《晋书·文苑· 曹毗传》
桓石民	不详	谯国龙亢 县(治今怀 远县龙亢 镇)	桓豁子。孝武帝时，谢安引为参 军，以振武将军领襄城太守，戍 夏口。桓冲去世后，监荆州军 事，屡破符坚兵，累功进左将军。	《晋书·桓彝传 附桓石民传》
桓嗣 字恭祖 小字豹奴	不详	谯国龙亢 县(治今怀 远县龙亢 镇)	桓冲子。太元二年(公元377)， 代父为江州刺史。莅事简约。 转西阳、襄城二郡太守，镇夏口。 卒于江夏相任上。	《晋书·桓彝传 附桓嗣传》
桓伟 字幼道	？—403	谯国龙亢 县(治今怀 远县龙亢 镇)	桓温子。平厚笃实，居藩为士庶 所怀。历使持节督荆、益、宁、 秦、梁五州诸军事，安西将军，领 南蛮校尉、荆州刺史、西昌侯。	《晋书·桓温传 附桓伟传》

【秦汉魏晋南北朝卷】

姓名	生卒年	籍贯	事迹	资料来源
桓玄 字敬道 小名灵宝	369—404	谯国龙亢县(治今怀远县龙亢镇)	桓温子。隆安二年(公元398),起兵响应王恭。王恭死,与殷仲堪、杨佺期回师寻阳,抗拒朝命。三年,袭江陵,杀殷、杨,平荆、雍州,诏以为荆州刺史、都督八州及扬、豫八郡。元兴元年(公元402),率军东下,诛司马元显,把持朝政,封楚王。次年称帝,国号楚。刘裕起兵讨伐,被益州督护冯迁所杀。	《晋书·桓玄传》
桓振 字道全	?—405	谯国龙亢县(治今怀远县龙亢镇)	桓石虔之子。有父风,果锐敢斗。桓玄称帝,授扬武将军、江夏相,以凶暴免官。桓玄死后,聚众攻陷江陵,挟持安帝,自为都督八州军事、镇西将军、荆州刺史。及刘毅领兵伐江陵,溃走郧城。义熙元年(公元405),复袭江陵,自称荆州刺史,与刘怀肃战于沙桥,临阵被杀。	《晋书·桓舞传附桓振传》
刘损 字子骞	不详	沛郡萧县(治今萧县境)	元嘉中,任御史中丞,弹劾范晔居丧无礼。出为义兴太守,以绥抚有方,时称"良守"。后为吴郡太守,修葺太伯庙。著《京口记》。	《宋书·范晔传》
刘粹 字道冲	375—427	沛郡萧县(治今萧县境)	初宋武帝立,以佐命功封建安县侯。永初三年(公元422),出任豫州刺史、领梁郡太守,镇寿阳。文帝即位,迁雍州刺史,加都督,镇襄阳。在位简约爱民。	《宋书·刘粹传》
赵伦之 字幼成	?—429	僮县(治今泗县东北)	从刘裕讨桓玄,以军功封雍州刺史。义熙十三年(公元417),遣顺阳太守傅弘之、扶风太守沈田子出峣柳,大破姚泓于蓝田。刘裕称帝,以佐命功,封霄城县侯,进安北将军,镇襄阳。元嘉三年(公元426),迁左光禄大夫、领军将军。	《宋书·赵伦之传》
戴颙 字仲若	378—441	谯国铚县(治今濉溪县)	戴逵子。以孝行称,传承父业,创制乐曲,善雕塑。隐遁不仕。	《宋书·隐逸·戴颙传》

姓名	生卒年	籍贯	事迹	资料来源
何偃字仲弘	413—458	庐江灊县（治今霍山县东北）	何尚之子。元嘉中，位太子中庶子。刘劭弑父自立，以为侍中，掌诏语。孝建中，领骁骑将军，转吏部尚书，典选举。	《宋书·何偃传》
何尚之字彦德	382—460	庐江灊县（治今霍山县东北）	初为刘裕府主簿。从征长安，以功赐爵。文帝时历任临川内史、黄门侍郎等，迁侍中。元嘉十三年（公元436），为丹阳尹。朝廷于建康立四学，以其主持玄学馆，谓之"南学"。国子学建，任祭酒。大明二年（公元458），迁左光禄大夫、尚书令，不久以本官领中书令。立身简约，畏远权柄。	《宋书·何尚之传》
何子平	418—477	庐江灊县（治今霍山县东北）	初为扬州从事史。元嘉三十年（公元453），从随王刘诞讨刘劭。事平，为海虞令。大明七年（公元463），以母丧去官，不复出仕。	《宋书·孝义·何子平传》
夏侯祖权	？—478	谯国（今亳州市）	宋文帝时，从杜骥伐北魏。以兖州刺史助平刘义宣叛军。以功封祁阳县子。大明中，为建武将军、兖州刺史。	《宋书·武二王·南郡王义宣传》
杨运长	？—478	宣城怀安（治今宁国市东南）	素善射，元嘉中为湘东王射师，以性谨悫，颇受信任。明帝即位，与执权要。泰始七年（公元471），力赞明帝诛宗室诸王。废帝时以平刘休范，封南城县子。顺帝时，出为宁朔将军、宣城太守。不久离职还家。	《宋书·杨运长传》
刘休字弘明	427—482	沛国相县（治今淮北市）	孝武帝世，坐事被系尚方七年。泰始中，板为桂阳王征北参军。因多艺能、善烹饪、精卜筮，颇受宠信。齐建元四年（公元482）为豫章内史，加冠军将军。好王羲之书法，使其大行于世。著《刘休食方》。	《南齐书·刘休传》

姓名	生卒年	籍贯	事迹	资料来源
何戢 字慧景	447—482	庐江灊县 (治今霍山 县东北)	何偃子。元徽初，任司徒左长史，升侍中。与萧道成交好，入齐任散骑常侍、太子詹事，后转吏部尚书，加骁骑将军。建元三年(公元481)，为左将军、吴兴太守。	《南齐书·何戢传》
夏侯方进	不详	庐江西乡 (今舒城县)	初为庐江郡吏。元嘉二十九年(公元452)，以西阳郡为中心，鼓动五水蛮起义，在淮、汝、江、沔水流域引起轰动。后被王玄谟斩杀。	《宋书·沈庆之传》
夏侯恭叔	不详	谯国(治今亳州市)	豫州刺史垣崇祖辟为主簿，兼掌书翰。入齐，为平西记室参军，上表论柳元景中兴元勋、刘勔殒身王事宜存封爵。后为竟陵令，惠化大行。	《南史·垣崇祖传》
刘瓛 字子珪	434—489	沛国相县 (治今淮北市)	笃志好学，博通五经。聚徒教授不倦，齐世，任会稽郡丞，京师士子贵游莫不下席受业。	《南齐书·刘瓛传》
何求 字子有	434—489	庐江灊县 (治今霍山县东北)	何尚之孙。宋元嘉末，曾历任太子洗马、丹阳郡丞、吴郡丞。泰始中，隐居若寺。宋明帝崩，奔丧。除永嘉太守，后逃归隐虎丘山。	《南齐书·何求传》
王广之 字林之	425—497	沛郡相县 (治今淮北市)	有勇力。屡立战功，封宁都县子。齐高帝即位，历官镇南将军、江州刺史，进封应城县公。	《南齐书·王广之传》
何昌寓 字俨望	447—497	庐江灊县 (治今霍山县东北)	何尚之侄子。仕宋，历任扬州主簿、司徒行参军、尚书仪曹郎，出任湘东太守，在职以清白称。永明元年(公元483)，为竟陵王萧子良文学。建武二年(公元495)，为侍中，领长水校尉，转部尚书。	《南齐书》卷四十三《何昌寓传》

姓名	生卒年	籍贯	事迹	资料来源
何佟之 字士威	449—503	庐江灊县 (治今霍山 县东北)	少好三礼,师心独学。强力专 精,手不辍卷。宋世为扬州从 事,总明馆学士。入齐,为国子 助教,后仕梁为尚书左丞。精于 礼制。	《梁书·何佟之 传》
何点 字子皙	437—503	庐江灊县 (治今霍山 县东北)	何求弟。笃信佛学,无意仕宦。 永明元年(公元483),征中书郎, 辞不就。齐永元中,崔慧景围建 康,迫其讲论佛义,遂终日谈说, 不及军事。后梁武帝欲授侍中, 辞疾不就。	《梁书·处士· 何点传》
夏侯详 字叔业	434—507	谯县(治今 亳州市)	宋泰始中,为新汲令,获好评。 梁天监元年(公元502),以功封 宁都县侯。后改封丰城县公。 三年,迁湘州刺史,颇有善绩。 六年,征为尚书左仆射、金紫光 禄大夫,病卒。	《梁书·夏侯详 传》
吴承伯	?—510	宣城郡(治 今宣城市)	曾为宣城郡吏。天监九年(公元 510)六月,以祆教聚众攻宣城, 杀太守朱僧勇,转战旁县,攻吴 兴郡城,临阵被斩。	《梁书·蔡撙 传》、《谢览传》
王珍国 字德重 一作王弥国	?—515	沛国相县 (治今淮北 市)	王广之子。迁南谯太守,治有能 名。永明初,迁桂阳内史,讨捕 盗贼,境内肃清。建武末,抗击 北魏军。平王敬则叛军。永元 二年(公元500),结好于萧衍,杀 东昏侯。梁天监五年(公元 506),抗击北魏军。九年,出为 湘州刺史。视事四年,征还为丹 阳尹。	《梁书·王珍国 传》
周兴嗣 字思纂	?—521	姑孰(今当 涂县)	博学善属文。南齐末,举秀才,授 桂阳郡丞。天监中,任给事中,掌 草诏,佐撰国史。撰《千字文》,另 撰《皇帝实录》、《皇德记》、《起居 注》、《职仪》等百余卷。	《梁书·文学· 周兴嗣传》

姓名	生卒年	籍贯	事迹	资料来源
陈伯之	不详	济阴睢陵（治今明光市）	幼有膂力，以盗劫为生。后征讨齐安陆王萧子敬有功，封鱼复县伯。永元二年（公元500），归附萧衍，从克建康有功，镇江州。梁天监元年（公元502），举兵反于寻阳，后投降北魏。四年，迫于形势，带八千兵在寿阳归降。后官至骁骑将军、太中大夫。	《梁书·陈伯之书》
夏侯道迁	不详	谯国（治今亳州）	初仕齐萧鸾，以军勋迁至前军将军、辅国将军。随裴叔业至寿春，为南谯太守。后单骑投奔北魏，拜骁骑将军，随王肃至寿春，守合肥。王肃去世后，弃戍降梁。正始元年（公元504），复叛归北魏。为散骑常侍、平南将军，封濮阳县侯。历数州刺史，以清严称。	《魏书·夏侯道迁传》
昌义之	？—523	乌江县（治今和县乌江镇）	干略沉济，志怀宽隐。齐末为雍州刺史萧衍部将，历战多捷。梁初任辅国将军、北徐州刺史，镇守钟离。普通三年（公元522），征为护军将军，封营道县侯。	《梁书·昌义之传》
裴邃字渊明	？—524	寿阳（治今寿县）	齐始安王萧遥光引为参军，及遥光败，还寿阳。值裴叔业降魏，被驱掠至魏。魏宣武帝以为司徒属、魏郡太守。天监初，南归梁。为辅国将军、庐江太守。败魏将吕颀五万军，加右军将军。五年，率众北征，以功封夷陵县子，任始安太守，历竟陵太守、北梁秦二州刺史，垦田数千顷。普通四年（公元523），率众北伐。次年略地至汝、颍之间，屡败魏军。以疾笃还军合肥。	《梁书·裴邃传》
曹世表字景升	473—526	谯县（治今亳州市）	延昌中，为清河太守，治官省约。后大将军王继西征为从事中郎，摄中水军事，勤勉能干。孝昌初，奉命往青、齐间慰抚民众，还转尚书右丞，加征虏将军，行东豫州刺史，升东南道行台。	《魏书·曹世表传》

姓名	生卒年	籍贯	事迹	资料来源
夏侯亶 字世龙	？—529	谯县（治今亳州）	夏侯详子。萧衍起兵，密持宣德宫王皇后令前迎。萧衍克建康，以为尚书吏部郎，升侍中。梁普通七年（公元526），大破魏军。为豫、南豫二州刺史，加都督豫州及缘淮五州诸军事，轻刑薄赋，务农省役，招纳流民。历为六郡三州，不修产业。性俭率，不事华侈。	《梁书·夏侯亶传》《南史·夏侯详传附夏侯亶传》
何胤 字子季 一字胤叔	446—531	庐江灊县（治今霍山县东北）	何尚之孙。起家齐秘书郎，出为建安太守，在郡有恩信。后入为黄门侍郎、太子中庶子，参与撰定新礼。历任国子祭酒、侍中、中书令。齐建武元年（公元494），辞官隐会稽若邪寺，后迁居虎丘寺。	《梁书·何胤传》
董绍 字兴远	？—535	新蔡鲖阳县（治今临泉县鲖城镇）	起家四门博士，敏于对问，为世宗所赏。奉命赴豫州慰抚乱民，被执送梁。萧衍有意与魏通好，送归。永安中，为山南行台，颇有清称。尔朱天光为关右大行台，启为大行台从事、兼吏部尚书，又除征南将军、金紫光禄大夫。天光败，贺拔岳复请为开府谘议参军。后为宇文黑獭所杀。	《魏书·董绍传》
刘显 字嗣芳 本名颙	481—543	沛国相县（治今淮北市）	刘瓛族子。仕梁，历任尚书仪曹郎、步兵校尉、中书侍郎、尚书左丞。后出为寻阳太守。随移镇郢州，卒于夏口。	《梁书·刘显传》
夏侯夔 字季龙	493—548	谯郡（治今亳州）	夏侯详子。天监中，累迁司州刺史，领安陆太守。普通六年（公元525），梁大举伐魏，率军出义阳道，攻破平静、穆陵、阴山三关。中大通六年（公元534），为豫州刺史。率军人于苍陵立堰，溉田千余顷，岁收谷百余万石。在州七年，士马精强，为当时之盛。性奢豪，爱好人士。	《南史·夏侯详传附夏侯夔传》

姓名	生卒年	籍贯	事迹	资料来源
任孝恭 佚名， 字孝恭	？—548	临淮郡（治今固镇县东）	有才学，被梁武帝召入西省撰史。掌公家笔翰。才思敏捷。太清二年（公元548），侯景之乱中被杀。	《梁书·文学·任孝恭传》
何敬容 字国礼	？—549	庐江灊县（治今霍山县东北）	何昌寓子。尚齐武帝女，拜驸马都尉。历任吏部尚书、吴郡太守、丹阳尹、尚书令。熟知旧事，勤于政务。太清二年（公元548），侯景进攻建康，被围困于台城，卒。	《梁书·何敬容传》
胡明星 字太白	不详	新安郡黟县（治今黟县）	梁天监初，为太学博士。贺玚推荐其助修五礼，迁太常卿。武帝崇佛，宗庙以面为牺牲，上疏切谏，不听。因与朱异不合，弃官归乡。	《江南通志·人物志·儒林·徽州府》
裴之高 字如山	480—552	寿阳（治今寿县）	裴邃侄子。尝随叔父裴邃征讨，所在立功，裴邃委以军政。裴邃去世，从夏侯夔平寿阳，除梁郡太守。侯景之乱，率众入援，都督江右诸军事。及建康城陷，应梁元帝之召至江陵。	《梁书·裴邃传附裴之高传》
任忠 字奉诚 小名蛮奴	不详	陈朝汝阴郡（治今合肥市）	少孤微，多计略，膂力过人，善骑射。侯景之乱时，聚乡里数百人起兵，随太守讨伐侯景。乱平，授荡寇将军。入陈，历任多职。随吴明彻北伐，迁霍州刺史。后主即位，入为领军将军。隋军渡江，降于隋将韩擒虎。陈亡，入长安，隋授开府仪同三司。	《陈书·任忠传》
刘毅 字仲宝	不详	沛国相县（治今淮北市）	刘显堂弟。少方正，有器局。自国子礼生射策高第，稍迁湘东王萧绎记室参军。太清中，侯景乱，萧绎承制上流，书檄多出其手。萧绎称帝，历尚书左丞、御史中丞、吏部尚书、国子祭酒。承圣三年（公元554），西魏陷江陵，被执送长安。	《梁书·王规传附刘毅传》

姓名	生卒年	籍贯	事迹	资料来源
裴之礼 字子义	不详	寿阳(今寿县)	裴邃子。随军讨寿阳,授云麾将军,迁散骑常侍。以攻克魏广陵城,升信武将军、西豫州刺史。迁北徐州刺史,都督北徐等三州诸军事。	《南史·裴邃传附裴之礼传》
程茂	不详	新安海宁县(治今休宁县境)	南齐永元中为郢州长史。萧衍起兵襄阳,分兵围郢城,与守将张中协力拒守,因无援军,城陷,义不任梁官。	《南齐书·张冲传》
裴之横 字如岳	515—555	寿阳(今寿县)	裴之高弟。与僮属数百人于芍陂大营田墅,致殷富。侯景乱梁,从鄱阳王萧范入援台城,败还合肥,后投奔梁元帝。随王僧辩破侯景于巴陵。北齐克江陵,出守蕲城,营垒未就而敌军大至,兵尽矢穷,阵亡。	《南史·裴邃传附裴之横传》
刘师知	?—567	沛国相县(治今淮北市)	博涉书史,工文笔,善仪体,详悉台阁故事。陈霸先为丞相及加九锡并受禅,其仪注均其所定。入陈,为中书舍人。	《陈书·刘师知传》《南史·陈师知传》
程灵洗 字玄涤	514—568	新安海宁县(治今休宁县境)	少以勇力闻,素为乡里所畏伏。梁末,地方官委其招募少年追捕劫盗。侯景之乱时,聚众抗击侯景军。陈时平徐嗣徽,大破王琳军于南陵。光大元年(公元567),与子文季坚守郢城。因破华皖及北周援军,封重安县公。	《陈书·程灵洗传》
程文季 字少卿	?—579	新安海宁县(治今休宁县境)	程灵洗子。幼习骑射,果决多干略。世祖嗣位,除新安太守。太建五年(公元573),从吴明彻伐北齐,每战常为先锋,齐军称其"程虎"。九年,军败被俘。十一年,死于狱中。	《陈书·程灵洗传附程文季传》

姓名	生卒年	籍贯	事迹	资料来源
何之元	？—593	庐江灊县（治今霍山县东北）	起家太尉临川王扬州议曹从事史，寻转主簿。太建中，历湘州刺史、始兴王陈叔陵谘议参军。及陈叔陵被杀，屏绝人事。著《梁典》三十卷。	《陈书·何之元传》
裴忌字无畏	522—594	寿阳（治今寿县）	梁太清二年（公元548），从陈霸先征讨侯景，封宁远将军。陈初，征为左卫将军。先后平张绍宾、华皎反叛，封乐安县侯。后奉命以都督配合吴明彻进军吕梁，兵败被执。隋开皇十四年（公元594）卒于长安。	《陈书·裴忌传》

主要参考文献

《史记》,(西汉)司马迁撰,中华书局点校本,1959年版。

《汉书》,(东汉)班固撰,中华书局点校本,1962年版。

《后汉书》,(南朝宋)范晔撰,中华书局点校本,1965年版。

《三国志》,(晋)陈寿撰,中华书局点校本,1982年版。

《晋书》,(唐)房玄龄撰,中华书局点校本,1974年版。

《宋书》,(南朝梁)沈约撰,中华书局点校本,1974年版。

《南齐书》,(南朝梁)萧子显撰,中华书局点校本,1972年版。

《梁书》,(唐)姚思廉撰,中华书局点校本,1973年版。

《陈书》,(唐)姚思廉撰,中华书局点校本,1973年版。

《魏书》,(北齐)魏收撰,中华书局点校本,1972年版。

《北齐书》,(唐)李百药撰,中华书局点校本,1972年版。

《周书》,(唐)令狐德棻撰,中华书局点校本,1971年版。

《南史》,(唐)李延寿撰,中华书局点校本,1975年版。

《北史》,(唐)李延寿撰,中华书局点校本,1974年版。

《隋书》,(唐)魏征等撰,中华书局点校本,1972年版。

《两汉纪》,(东汉)荀悦、(晋)袁宏撰,中华书局点校本,2002年版。

《资治通鉴》,(宋)司马光等撰,中华书局1982年版。

《读通鉴论》,(明)王夫之撰,中华书局1975年版。

《通志二十略》,(宋)郑樵撰,王树民点校,中华书局1995年版。

《两汉会要》,(宋)徐天麟撰,上海人民出版社1977年版。

《二十二史札记校证》,(清)赵翼撰,王树民校证,中华书局1984年版。

《二十二史考异》,(清)钱大昕撰,上海古籍出版社2004年版。

《十七史商榷》,(清)王鸣盛撰,上海书店出版社2005年版。

《史记汉书诸表订补十种》,(清)梁玉绳等撰,中华书局1982年版。

《汉书补注》,(清)王先谦撰,中华书局1983年版。

《后汉书集解》,(清)王先谦撰,中华书局1984年版。

《全上古三代秦汉三国六朝文》,(清)严可均校辑,中华书局1958年版。

《华阳国志校注》,(晋)常璩撰,刘琳校注,巴蜀书社1984年版。

《水经注疏》,(北魏)郦道元注,(民国)杨守敬、熊会贞疏,江苏古籍出版社1989年版。

《玉台新咏》(南朝陈)徐陵编,(清)吴兆宜注,(清)程琰删补,曹明纲导读,尚成整理集评,上海古籍出版社2007年版。

《世说新语笺疏》,(南朝宋)刘义庆撰,(梁)刘孝标注,余嘉锡笺疏,上海古籍出版社1993年版。

《齐民要术校释》,(北魏)贾思勰撰,缪启愉校释,中国农业出版社1998年版。

《建康实录》,(唐)许嵩撰,张忱石点校,中华书局1986年版。

《通典》,(唐)杜佑撰,中华书局点校本,1988年版。

《元和郡县图志》,(唐)李吉甫撰,中华书局点校本,1983年版。

《太平寰宇记》,(宋)乐史撰,中华书局点校本,2007年版。

《新安志》,(宋)罗愿撰,《四库全书》本。

《读史方舆纪要》,(清)顾祖禹撰,中华书局1955年版。

《北堂书钞》,(隋)虞世南编,中国书店1989年版。

《艺文类聚》,(唐)欧阳询等编,中华书局上海编辑所1965年版。

《初学记》,(唐)徐坚等编,中华书局1979年版。

《太平御览》,(宋)李昉等编,中华书局影印本,1960年版。

《册府元龟》,(宋)王钦若等编,中华书局影印本,1960年版。

《三国会要》,(清)杨晨编,中华书局点校本,1956年版。

《南朝宋会要》、《南朝齐会要》、《南朝梁会要》、《南朝陈会要》,(清)朱铭盘编,上海古籍出版社点校本,1984年版。

《三国志集解》,卢弼撰,中华书局1982年版。

《史记新证》,陈直撰,天津人民出版社1979年版。

《汉书新证》,陈直撰,天津人民出版社1979年版。

《汉书窥管》,杨树达撰,上海古籍出版社1984年版。

《淮南鸿烈集解》,刘文典撰,冯逸、乔华点校,中华书局1989年版。

《淮南子集释》,(西汉)刘安等撰,何宁集释,中华书局1998年版。

《新论》,(东汉)桓谭撰,上海人民出版社1977年版。

《中国哲学史资料简编(两汉—隋唐部分上册)》,中国科学院哲学研究所中国哲学史组、北京大学哲学系中国哲学史教研室编,中华书局1963年版。

《贾谊集》,(西汉)贾谊撰,上海人民出版社1976年版。

《论衡》,(东汉)王充撰,上海人民出版社1974年版。

《白虎通义疏证》,(东汉)班固整理编撰、(清)陈立疏证,中华书局1994年版。

《十三经注疏》,(清)阮元校刻,中华书局1980年版。

《曹操集》,(三国)曹操撰,中华书局1959年版。

《魏文帝集》,(三国)曹丕撰,《汉魏名家初刻》本。

《曹植集校注》,(三国)曹植撰,赵幼文校注,人民文学出版社1984年版。

《嵇康集校注》,(三国)嵇康撰,人民文学出版社1962年版。

《抱朴子内篇校释》,(晋)葛洪撰,王明校释,中华书局1980年版。

《抱朴子外篇校笺》,(晋)葛洪撰,杨明照校笺,中华书局1997年版。

《搜神记》,(晋)干宝撰,诸子集成补编本,四川人民出版社1997年版。

《异苑》,(南朝宋)刘敬叔撰,诸子集成补编本,四川人民出版社1997年版。

《弘明集》,(南朝梁)僧祐辑,诸子集成补编本,四川人民出版社1997年版。

《广弘明集》,(唐)释道宣辑,诸子集成补编本,四川人民出版社1998年版。

《高僧传》,(南朝梁)释慧皎撰,汤用彤注,中华书局 1992 年版。

《续高僧传》,(唐)释道宣撰,文物出版社 1989 年版。

《法苑珠林校注》,(唐)释道世撰,周叔迦、苏晋仁校注,中华书局 2003 年版。

《荆楚岁时记》,(南朝梁)宗懔撰,丛书集成初编本,中华书局 1989 年重印本。

《文选》,(南朝梁)萧统编、(唐)李善注,中华书局影印本,1997 年版。

《文心雕龙义证》,(南朝梁)刘勰撰,詹锳义证,上海古籍出版社 1989 年版。

《汉唐地理书钞》,(清)王谟辑,中华书局 1961 年版。

《汉唐方志辑佚》,刘纬毅辑,北京图书馆出版社 1997 年版。

《先秦汉魏晋南北朝诗》,逯钦立辑,中华书局 1983 年版。

《二十五史补编》,上海开明书店辑,中华书局影印本,1995 年版。

《汉魏南北朝墓志汇编》,赵超编纂,天津人民出版社 1992 年版。

《汉魏六朝笔记小说大观》,王根林校注,上海古籍出版社 1999 年版。

《中国史稿》,郭沫若主编,人民出版社 1979 年版。

《中国通史》,白寿彝主编,上海人民出版社 1995 年版。

《中国通史简编》,范文澜著,人民出版社 1964 年版。

《中国史纲要》,翦伯赞主编,人民出版社 1983 年版。

《剑桥中国秦汉史》,[英]崔瑞德、鲁唯一编,杨品泉等译,中国社会科学出版社 1992 年版。

《中国史通论(上)》,[日]内藤湖南著,夏应元等译,社会科学文献出版社 2004 年版。

《秦汉史》,吕思勉著,开明书店 1947 年版。

《汉史初探》,安作璋著,学习生活出版社 1955 年版。

《秦汉史》,林剑鸣著,上海人民出版社 1989 年版。

《秦汉史论集》,高敏著,中州书画社 1982 年版。

《二十史朔闰表》,陈垣著,中华书局 1962 年版。

《中国封建社会经济史(第 2 卷)》,傅筑夫著,人民出版社 1982 年版。

《中国经济史资料(秦汉三国编)》,傅筑夫、王毓瑚编,中国社会科学出版社 1982 年版。

《先秦两汉经济史稿》,李剑农著,中华书局 1962 年版。

《两汉经济史料论丛》,陈直著,陕西人民出版社 1958 年版。

《秦汉魏晋南北朝土地制度研究》,高敏著,中州古籍出版社 1986 年版。

《秦汉问题研究(增订本)》,张传玺著,北京大学出版社 1995 年版。

《秦汉土地制度与阶级关系》,朱绍侯著,中州古籍出版社 1985 年版。

《中国封建土地制度史(第一卷)》,林甘泉、童超著,中国社会科学出版社 1990 年版。

《秦汉官制史稿》,安作璋、熊铁基著,齐鲁书社 1984 年版。

《军功爵制初探》,朱绍侯著,商务印书馆 2008 年版。

《秦汉法制史研究》,[日]大庭脩著,林剑鸣等译,上海人民出版社 1991 年版。

《汉代社会结构》,瞿同祖著,上海人民出版社 2007 年版。

《淮河流域经济开发史》,王鑫义主编,黄山书社 2001 年版。

《中国水利史稿(上册)》,武汉水利电力学院、水利水电科学研究院《中国水利史稿》编写组著,水利电力出版社 1979 年版。

《安徽省志·文物志》,安徽省地方志编纂委员会编,方志出版社 1998 年版。

《汉代画像石与画像砖》,蒋英炬、杨爱国著,文物出版社 2001 年版。

《淮北汉画像石》,高书林编著,天津人民美术出版社 2002 年版。

《秦汉农民战争史》,漆侠著,三联书店 1962 年版。

《两汉三国学案》,(清)唐晏著,吴东民点校,中华书局 1986 年版。

《中国中古思想史长编》,胡适著,安徽教育出版社 2006 年版。

《中国思想通史》,侯外庐等著,人民出版社 1957 年版。

《中国哲学史新编》,冯友兰著,人民出版社 1985 年版。

《中国哲学史》,任继愈主编,人民出版社 1996 年版。

《中国思想史》,葛兆光著,复旦大学出版社 2001 年版。

《汉晋学术编年》,刘汝霖著,上海书店 1992 年版。

《中国学术流变(上册)》,冯天瑜等著,华东师范大学出版社 2002

年版。

《中国教育发展史》,喻本伐、熊贤君著,华中师范大学出版社1991年版。

《安徽教育史》,陈贤忠、程艺主编,安徽教育出版社2004年版。

《安徽文化史》,《安徽文化史》编委会编,南京大学出版社2000年版。

《通鉴地理志词典》,冯惠民等编,齐鲁书社1986年版。

《阜阳汉简诗经研究》,胡平生、韩自强著,上海古籍出版社1988年版。

《文物研究(第7期)》,安徽文物考古研究所编,黄山书社1991年版。

《新中国的考古发现与研究》,国家文物局编,文物出版社1984年版。

《中国大百科全书》,《中国大百科全书》编委会编,中国大百科全书出版社1992年版。

《魏晋南北朝史》(上、下册),王仲荦著,上海人民出版社1979年版。

《魏晋南北朝史纲》,韩国磐著,人民出版社1983年版。

《三国史》,马植杰著,人民出版社1993年版。

《魏晋南北朝史述论稿》,万绳楠著,安徽教育出版社1983年版。

《魏晋南北朝史论集》,周一良著,北京大学出版社1997年版。

《东晋门阀政治》,田余庆著,北京大学出版社1996年版。

《魏晋南北朝史论丛》,唐长孺著,三联书店1955年版。

《魏晋南北朝隋唐史三论》,唐长孺著,武汉大学出版社1993年版。

《读史集》,何兹全著,上海人民出版社1982年版。

《六朝史论》,朱大渭著,中华书局1998年版。

《魏晋南北朝史论》,黎虎著,学苑出版社1999年版。

《魏晋南北朝经济史探讨》,高敏著,人民出版社1987年版。

《魏晋南北朝史探索》,郑欣著,山东大学出版社1989年版。

《六朝史稿》,简修炜等著,华东师范大学出版社1994年版。

《六朝史》,张承宗主编,江苏古籍出版社1991年版。

《六朝民俗》,张承宗著,南京出版社2002年版。

《六朝艺术》,林树中编著,南京出版社 2004 年版。

《六朝经学与玄学》,田汉云著,南京出版社 2003 年版。

《六朝文物》,罗宗真、王志高著,南京出版社 2004 年版。

《六朝宗教》,许杭生、赵建功、田永胜著,南京出版社 2004 年版。

《安徽历史述要》,李则纲著,安徽省地方志编委会 1982 年印行。

《安徽科学技术史稿》,张秉伦等著,安徽科技出版社 1990 年版。

《简明安徽通史》,张南等著,安徽人民出版社 1994 年版。

《安徽大辞典》,《安徽大辞典》编委会编,上海辞书出版社 1992 年版。

《魏晋南北朝经济史》,高敏主编,上海人民出版社 1996 年版。

《汉魏两晋南北朝佛教史》,汤用彤撰,河北教育出版社 1996 年版。

《中国道教史》,任继愈主编,中国社会科学出版社 2001 年版。

《中国文学史》,袁行霈主编,高等教育出版社 1999 年版。

《魏晋南北朝社会生活史》,朱大渭等撰,中国社会科学出版社 2005 年版。

《魏晋南北朝考古》,罗宗真著,文物出版社 2001 年版。

《六朝考古》,罗宗真撰,南京大学出版社 1994 年版。

《六朝文化概论》,许辉、李天石撰,南京出版社 2003 年版。

《中国历史地图集》,谭其骧主编,中国地图出版社 1982 年版。

《秦代政区地理》,后晓荣著,社会科学文献出版社 2009 年版。

《西汉政区地理》,周振鹤著,人民出版社 1987 年版。

《东汉政区地理》,李晓杰著,山东教育出版社 1999 年版。

《六朝疆域与政区研究》,胡阿祥撰,学苑出版社 2005 年版。

《安徽历代政区治地通释》,李天敏撰,安徽省地方志编委会 1986 年印本。

《安徽省志·建置沿革志》,安徽省地方志编纂委员会,方志出版社 1999 年版。

《中国历史大事件表》(古代),沈起炜撰,上海辞书出版社 1983 年版。

后　记

　　本书是安徽省委宣传部规划、《安徽通史》编纂委员会组织编写的《安徽通史·秦汉魏晋南北朝卷》。全书由安徽大学、淮北师范大学和皖西学院的 6 位学者协作完成,王鑫义、张子侠任主编,分别拟定了魏晋南北朝和秦汉部分的编写大纲。具体分工如下:张子侠:第一章;马育良、王俊:第二章、第四章;牛继清:第三章、第五章;王鑫义:第六章、第七章、第八章;胡秋银:第九章、第十章。附录中《大事编年》和《人物传记表》的秦汉部分由张子侠、马育良、牛继清撰稿,魏晋南北朝部分的《大事编年》由王鑫义撰稿,《人物传记表》由胡秋银撰稿。张子侠、王鑫义分别重点审读了秦汉部分和魏晋南北朝部分的书稿,其后二人又通读了全部书稿。

　　本书的撰写得到了安徽省委宣传部和《安徽通史》编委会的关怀和指导。安徽省社科院历史所朱玉龙研究员和徐州师范大学历史文化学院院长王健教授先后对本书的两轮送审稿提出了宝贵修改意见。书稿提交出版社后,责任编辑杨咸海先生、陈娟女士又提出了许多宝贵意见,在安徽省文物局的支持下,责任编辑从省文物局编《安徽馆藏珍宝》画册中选录了多幅与本册内容紧密联系的彩色图片,为本书增色不少。值本书即将付梓之际,我们对多年来关心本书撰著、出版的领导、专家和出版单位表示衷心感谢!

　　本书是作者们通力合作,倾心劳作数年的成果。由于作者学识的限制,疏漏之处在所难免,竭诚欢迎方家和读者指正。

作　者

二〇一〇年十二月